DIE BAUMEISTER DER WELT : VERSUCH EINER TYPOLOGIE DES GEISTES

BALZAC - DICKENS - DOSTOJEWSKI - HÖLDERLIN - KLEIST - NIETZSCHE - CASANOVA – STENDHAL – TOLSTOI

STEFAN ZWEIG

FV ÉDITIONS

INHALT

BAND I : DREI MEISTER

BAND II : DER KAMPF MIT DEM DÄMON

BAND III : DREI DICHTER IHRES LEBENS

BAND I : DREI MEISTER

BALZAC - DICKENS - DOSTOJEWSKI

ROMAIN ROLLAND
als Dank für seine unerschütterliche Freundschaft
in lichten und dunklen Jahren

VORWORT

Obwohl in einem Zeitraum von zehn Jahren entstanden, bindet doch kein Zufall diese drei Versuche über Balzac, Dickens und Dostojewski zu einem Buche zusammen. Einheitliche Absicht versucht die drei großen und in meinem Sinne einzigen Romanschriftsteller des neunzehnten Jahrhunderts als Typen zu zeigen, die eben durch den Kontrast ihrer Persönlichkeiten einander ergänzen und vielleicht den Begriff des epischen Weltbildners, des Romanciers, zu einer deutlichen Form erheben.

Nenne ich Balzac, Dickens und Dostojewski hier die einzigen großen Romanschriftsteller des neunzehnten Jahrhunderts, so verkenne ich in dieser Voranstellung keineswegs die Größe einzelner Werke Goethes, Gottfried Kellers, Stendhals, Flauberts, Tolstois, Victor Hugos und anderer, von denen mancher einzelne Roman oftmals das abgesonderte Werk insbesondere Balzacs und Dickens' weitaus übertrifft. Und ich glaube, meinen innerlichen und unerschütterlichen Unterschied zwischen dem Verfasser eines Romanes und dem Romancier darum ausdrücklich feststellen zu müssen. Romanschriftsteller im letzten, im höchsten Sinne ist nur das enzyklopädische Genie, der universale Künstler, der – hier wird Breite des Werkes und Fülle der Figuren zum Argument – einen ganzen Kosmos baut, der eine eigene Welt mit eigenen Typen, eigenen Gravitationsgesetzen und einem eigenen Sternenhimmel neben die irdische stellt. Der jede Figur, jedes Geschehnis so sehr mit seinem Wesen imprägniert, daß sie nicht nur für ihn typisch werden, sondern auch für uns selbst mit jener Eindringlichkeit bildkräftig, die uns dann oft verlockt, Geschehnisse und Personen nach ihnen zu benennen, so daß wir von Menschen im lebendigen Leben etwa sagen: eine balzacsche Figur, eine Dickensgestalt, eine Dostojewskinatur. Jeder dieser Künstler bildet ein Lebensgesetz, eine Lebensauffassung durch die Fülle seiner Gestalten so einheitlich hervor, daß es durch ihn eine neue Form der Welt wird. Und dieses innerste Gesetz, diese Charakterformation in ihrer verborgenen Einheit darzustellen ist der wesentliche Versuch meines Buches, dessen ungeschriebener Untertitel lauten könnte: Psychologie des Romanciers.

Jeder dieser drei Romanschriftsteller hat seine eigene Sphäre. Balzac die Welt der Gesellschaft, Dickens die Welt der Familie, Dostojewski die Welt des Einen und des Alls. Vergleiche dieser Sphären zeigen ihre Unterschiede, niemals aber ist unternommen, diese Unterschiede in Werturteile umzudeuten oder die nationalen Elemente eines Künstlers in Neigung oder Abwehr zu betonen. Jeder große Schöpfer ist eine Einheit, die ihre Grenzen und ihr Gewicht in eigenen Maßen in sich schließt: es gibt nur ein spezifisches Gewicht innerhalb eines Werkes, kein absolutes in der Wagschale der Gerechtigkeit.

Alle drei Aufsätze setzen Kenntnis der Werke voraus: sie wollen keine Einführung sein, sondern Sublimierung, Kondensierung, Extrakt. Sie können darum, weil sie zusammendrängen, nur das persönlich als wesentlich Empfundene zur Erkenntnis bringen; am meisten bedaure ich diese notwendige Unzulänglichkeit bei dem Aufsatz über Dostojewski, dessen unendliches Maß ebensowenig wie das Goethes jemals auch von breitester Formel wird umfaßt werden können.

Gern wäre diesen großen Gestalten eines Franzosen, eines Engländers, eines Russen auch das Bildnis eines repräsentativen deutschen Romanschriftstellers, eines epischen Weltbildners in jenem hohen Sinne, wie ich ihn für das Wort Romancier anspreche, beigefügt worden. Doch ich finde keinen einzigen jenes höchsten Ranges in Gegenwart und Vergangenheit. Und es ist vielleicht der Sinn dieses Buches, ihn für die Zukunft zu fordern und den noch Fernen zu grüßen.

SALZBURG 1919.

1

BALZAC

Balzac ist 1799 geboren, in der Touraine, der Provinz des Überflusses, in Rabelais' heiterer Heimat. Im Juni 1799, das Datum ist wert, wiederholt zu werden. Napoleon – die von seinen Taten schon beunruhigte Welt nannte ihn noch Bonaparte – kam in diesem Jahre aus Ägypten heim, halb Sieger und halb Flüchtling. Unter fremden Sternbildern, vor den steinernen Zeugen der Pyramiden hatte er gefochten, war dann, müd, ein grandios begonnenes Werk zäh zu vollenden, auf winzigem Schiffe durchgeschlüpft zwischen den lauernden Korvetten Nelsons, faßte ein paar Tage nach seiner Ankunft eine Handvoll Getreuer zusammen, fegte den widerstrebenden Konvent rein und riß mit einem Griff die Herrschaft Frankreichs an sich. 1799, das Geburtsjahr Balzacs, ist der Beginn des Empire. Das neue Jahrhundert kennt nicht mehr le petit général, nicht mehr den korsischen Abenteurer, sondern nur mehr Napoleon, den Kaiser Frankreichs. Zehn, fünfzehn Jahre noch – die Knabenjahre Balzacs – und die machtgierigen Hände umspannen halb Europa, während seine ehrgeizigen Träume mit Adlersflügeln schon ausgreifen über die ganze Welt von Orient zu Okzident. Es kann für einen alles so intensiv Miterlebenden, für einen Balzac nicht gleichgültig sein, wenn sechzehn Jahre ersten Umblicks mit den sechzehn Jahren des Kaiserreichs, der vielleicht phantastischesten Epoche der Weltgeschichte, glatt zusammenfallen. Denn frühes Erlebnis und Bestimmung, sind sie nicht eigentlich nur Innen- und Außenfläche eines Gleichen? Daß einer, irgendeiner kam, von irgendeiner Insel im blauen Mittelmeer, nach Paris

kam, ohne Freund und Geschäft, ohne Ruf und Würde, schroff die eben
zügellose Gewalt dort packte, sie herumriß und in den Zaum zwang, daß
irgendeiner, ein einzelner, ein Fremder, mit einem Paar nackter Hände
Paris gewann und dann Frankreich und dann die ganze Welt – diese Aben-
teurerlaune der Weltgeschichte wird nicht aus schwarzen Lettern unglaub-
haft zwischen Legenden oder Historien ihm vermittelt, sondern farbig,
durch all seine durstig aufgetanen Sinne dringt sie ein in sein persönliches
Leben, mit tausend bunten Erinnerungswirklichkeiten die noch unbe-
schrittene Welt seines Innern bevölkernd. Solches Erlebnis muß notwendigerweise zum Beispiel werden. Balzac, der Knabe, hat das Lesen
vielleicht gelernt an den Proklamationen, die stolz, schroff, mit fast römi-
schem Pathos die fernen Siege erzählten, der Kinderfinger zog wohl ungelenk auf der Landkarte, von der Frankreich wie ein überströmender Fluß
allmählich über Europa schwoll, den Märschen der napoleonischen
Soldaten nach, heute über den Mont Cenis, morgen quer durch die Sierra
Nevada, über die Flüsse hin nach Deutschland, über den Schnee nach
Rußland, über das Meer vor Gibraltar hin, wo die Engländer mit
glühenden Kanonenkugeln die Flottille in Brand schossen. Tags haben
vielleicht die Soldaten auf der Straße mit ihm gespielt, Soldaten, denen die
Kosaken ihre Säbelhiebe ins Gesicht geschrieben hatten, nachts mag er
oft aufgewacht sein vom zornigen Rollen der Kanonen, die hinzogen nach
Österreich, um die Eisdecke unter der russischen Reiterei bei Austerlitz
zu zerschmettern. Alles Begehren seiner Jugend mußte aufgelöst sein in
den aneifernden Namen, in den Gedanken, in die Vorstellung: Napoleon.
Vor dem großen Garten, der aus Paris hinausführt in die Welt, wuchs ein
Triumphbogen auf, dem die besiegten Städtenamen der halben Welt einge-
meißelt waren, und dieses Gefühl der Herrschaft, wie mußte es
umschlagen in eine ungeheure Enttäuschung, als dann fremde Truppen
mit Musik und wehenden Fahnen durchzogen durch diese stolze
Wölbung! Was außen, in der durchstürmten Welt geschah, wuchs nach
innen als Erlebnis. Früh erlebte er schon die ungeheure Umwälzung der
Werte, der geistigen ebenso wie der materiellen. Er sah die Assignaten, auf
denen 100 oder 1000 Francs mit dem Siegel der Republik verheißen
waren, als wertlose Papiere im Winde flattern. Auf dem Goldstück, das
durch seine Hand glitt, war bald des enthaupteten Königs feistes Profil,
bald die Jakobinermütze der Freiheit, bald des Konsuls Römergesicht, bald
Napoleon im kaiserlichen Ornat. In einer Zeit so ungeheurer Umwälzun-
gen, da die Moral, das Geld, das Land, die Gesetze, die Rangordnungen,
alles, was seit Jahrhunderten in feste Grenzen eingedämmt war, einsickerte
oder überschwemmte, in einer Epoche so nie erlebter Veränderungen

mußte ihm früh die Relativität aller Werte bewußt werden. Ein Wirbel war die Welt um ihn, und wenn der schwindlige Blick nach Übersicht suchte, nach einem Symbol, nach einem Sternbild über diesem gebäumten Wogen, so war es in diesem Auf und Nieder der Ereignisse immer nur der Eine, der Wirkende, von dem diese tausend Erschütterungen und Schwingungen ausgingen. Und ihn selbst, Napoleon, hatte er noch erlebt. Er sah ihn zur Parade reiten mit den Geschöpfen seines Willens, mit Rustan, dem Mamelucken, mit Josef, dem er Spanien geschenkt hatte, mit Murat, dem er Sizilien zu eigen gegeben, mit Bernadotte, dem Verräter, mit allen, denen er Kronen gemünzt hatte und Königreiche erobert, die er aufgehoben aus dem Nichts ihrer Vergangenheit in den Strahl seiner Gegenwart. In einer Sekunde war in seine Netzhaut sinnfällig und lebendig ein Bild eingestrahlt, das größer war als alle Beispiele der Geschichte: er hatte den großen Welteroberer gesehen! Und ist für einen Knaben, einen Welteroberer zu sehen, nicht gleichviel mit dem Wunsche, selbst einer zu werden? Noch an zwei anderen Stellen ruhten in diesem Augenblicke zwei Welteroberer aus, in Königsberg, wo einer die Wirre der Welt sich auflöste in eine Übersicht, und in Weimar, wo sie ein Dichter nicht minder in ihrer Gänze besaß als Napoleon mit seinen Armeen. Aber dies war für lange noch unfühlbare Ferne für Balzac. Den Trieb, immer nur das Ganze zu wollen, nie ein Einzelnes, die ganze Weltfülle gierig zu erstreben, diesen fieberhaften Ehrgeiz hat vorerst das Beispiel Napoleons an ihm verschuldet.

Dieser ungeheure Weltwille weiß noch nicht sofort seinen Weg. Balzac entscheidet sich zunächst für keinen Beruf. Zwei Jahre früher geboren, wäre er, ein Achtzehnjähriger, in die Reihen Napoleons getreten, hätte vielleicht bei Belle Alliance die Höhen gestürmt, wo die englischen Kartätschen niederfegten; aber die Weltgeschichte liebt keine Wiederholungen. Auf den Gewitterhimmel der napoleonischen Epoche folgen laue, weiche, erschlaffende Sommertage. Unter Ludwig XVIII. wird der Säbel zum Zierdegen, der Soldat zur Hofschranze, der Politiker zum Schönredner; nicht mehr die Faust der Tat, das dunkle Füllhorn des Zufalls vergeben die hohen Staatsstellen, sondern weiche Frauenhände schenken Gunst und Gnade, das öffentliche Leben versandet, verflacht, der Gischt der Ereignisse glättet sich zum sanften Teich. Mit den Waffen war die Welt nicht mehr zu erobern. Napoleon, dem einzelnen ein Beispiel, war eine Abschreckung für die vielen. So blieb die Kunst. Balzac beginnt zu schreiben. Aber nicht wie die anderen, um Geld zu raffen, zu amüsieren, ein Bücherregal zu füllen, ein Boulevardgespräch zu sein: ihn lüstet nicht nach einem Marschallstab in der Literatur, sondern nach der Kaiserkrone.

In einer Mansarde fängt er an. Unter fremdem Namen, wie um seine Kraft zu proben, schreibt er die ersten Romane. Es ist noch nicht Krieg, sondern nur Kriegsspiel, Manöver und noch nicht die Schlacht. Unzufrieden mit dem Erfolg, unbefriedigt vom Gelingen, wirft er dann das Handwerk hin, dient drei, vier Jahre lang anderen Berufen, sitzt als Schreiber in der Stube eines Notars, beobachtet, sieht, genießt, dringt mit seinem Blick in die Welt, und dann fängt er noch einmal an. Jetzt aber mit jenem ungeheuren Willen auf das Ganze hinzielend, mit jener gigantischen fanatischen Gier, die das Einzelne, die Erscheinung, das Phänomen, das Losgerissene mißachtet, um nur das in großen Schwingungen Kreisende zu umfassen, das geheimnisvolle Räderwerk der Urtriebe zu belauschen. Aus dem Gebräu der Geschehnisse die reinen Elemente, aus dem Zahlengewirr die Summe, aus dem Getöse die Harmonie, aus der Lebensfülle die Essenz zu gewinnen, die ganze Welt in seine Retorte zu drängen, sie noch einmal zu schaffen, „en raccourci", in der genauen Verkürzung, und die so unter-jochte mit seinem eigenen Atem zu beseelen, mit seinen eigenen Händen zu lenken: das ist nun sein Ziel. Nichts soll verloren gehen von der Vielfalt, und um dieses Unendliche in ein Endliches, das Unerreichbare in ein Menschenmögliches zusammenzupressen, gibt es nur einen Prozeß: die Komprimierung. Seine ganze Kraft arbeitet dahin, die Phänomene zusam-menzudrängen, sie durch ein Sieb zu jagen, wo alles Unwesentliche zurück-bleibt und nur die reinen, wertvollen Formen durchsickern; und sie dann, diese zerstreuten Einzelformen, in der Glut seiner Hände zusammenzu-pressen, ihre ungeheure Vielfalt in ein anschauliches, übersichtliches System zu bringen, wie Linné die Milliarden Pflanzen in eine enge Über-sicht, wie der Chemiker die unzählbaren Zusammensetzungen in eine Handvoll Elemente auflöst – das ist nun sein Ehrgeiz. Er vereinfacht die Welt, um sie dann zu beherrschen, er preßt die Bezwungene in den gran-diosen Kerker der „Comédie humaine". Durch diesen Prozeß der Destilla-tion sind seine Menschen immer Typen, immer charakteristische Zusammenfassungen einer Mehrheit, von denen ein unerhörter Kunstwille alles Überflüssige und Unwesentliche abgeschüttelt hat. Diese geradlinigen Leidenschaften sind die Stoßkräfte, diese reinen Typen die Schauspieler, diese dekorativ vereinfachte Umwelt die Kulissen der „Comédie humaine". Er konzentriert, indem er das administrative Zentralisationssystem in die Literatur einführt. Wie Napoleon macht er Frankreich zum Umkreis der Welt, Paris zum Zentrum. Und innerhalb dieses Kreises, in Paris selbst, zieht er mehrere Zirkel, den Adel, die Geistlichkeit, die Arbeiter, die Dichter, die Künstler, die Gelehrten. Aus fünfzig aristokratischen Salons macht er einen einzigen, den der Herzogin von Cadignan. Aus hundert

Bankiers den Baron von Nucingen, aus allen Wucherern den Gobsec, aus allen Ärzten den Horace Bianchon. Er läßt diese Menschen enger beieinander wohnen, häufiger sich berühren, vehementer sich bekämpfen. Wo das Leben tausend Spielarten erzeugt, hat er nur eine. Er kennt keine Mischtypen. Seine Welt ist ärmer als die Wirklichkeit, aber intensiver. Denn seine Menschen sind Extrakte, seine Leidenschaften reine Elemente, seine Tragödien Kondensierungen. Wie Napoleon beginnt er mit der Eroberung von Paris. Dann faßt er Provinz nach Provinz – jedes Departement sendet gewissermaßen seinen Sprecher in das Parlament Balzacs – und dann wirft er wie der siegreiche Konsul Bonaparte seine Truppen über alle Länder. Er greift aus, sendet seine Menschen an die Fjorde Norwegens, in die verbrannten, sandigen Ebenen Spaniens, unter den feuerfarbenen Himmel Ägyptens, an die vereiste Brücke der Beresina, überallhin und noch weiter greift sein Weltwille wie der seines großen Vorbildners. Und so wie Napoleon, ausruhend zwischen zwei Feldzügen, den Code civil schuf, gibt Balzac, ausruhend von der Eroberung der Welt in der „Comédie humaine“, einen Code moral der Liebe, der Ehe, eine prinzipielle Abhandlung und zieht über die erdumspannende Linie der großen Werke noch lächelnd die übermütige Arabeske der „Contes drolatiques“. Vom tiefsten Elend, aus den Hütten der Bauern wandert er in die Paläste von St. Germain, dringt in die Gemächer Napoleons, überall reißt er die vierte Wand auf und mit ihr die Geheimnisse der verschlossenen Räume, er rastet mit den Soldaten in den Zelten der Bretagne, spielt an der Börse, sieht in die Kulissen des Theaters, überwacht die Arbeit des Gelehrten, kein Winkel ist in der Welt, wo seine zauberische Flamme nicht hinleuchtet. Zwei- bis dreitausend Menschen bilden seine Armee, und tatsächlich: aus dem Boden hat er sie gestampft, aus seiner flachen Hand ist sie aufgewachsen. Nackt, aus dem Nichts sind sie gekommen, und er wirft ihnen Kleider um, schenkt ihnen Titel und Reichtümer, wie Napoleon seinen Marschällen, nimmt sie ihnen wieder ab, er spielt mit ihnen, hetzt sie durcheinander. Unzählbar ist die Vielfalt der Geschehnisse, ungeheuer die Landschaft, die hinter diese Ereignisse sich stellt. Einzig in der neuzeitlichen Literatur, wie Napoleon einzig in der modernen Geschichte, ist diese Eroberung der Welt in der „Comédie humaine“, dieses Zwischen-zwei-Händen-Halten des ganzen, zusammengedrängten Lebens. Aber es war der Knabentraum Balzacs, die Welt zu erobern, und nichts ist gewaltiger als früher Vorsatz, der Wirklichkeit wird. Nicht umsonst hatte er unter ein Bild Napoleons geschrieben:

> „Ce qu'il n'a pu achever par l'épée je l'accomplirai par
> la plume."

Und so wie er, sind seine Helden. Alle haben sie das Welteroberungsgelüst. Eine zentripetale Kraft schleudert sie aus der Provinz, aus ihrer Heimat, nach Paris. Dort ist ihr Schlachtfeld. Fünfzigtausend junge Leute, eine Armee, strömt heran, unversuchte keusche Kraft, entladungssüchtige, unklare Energie, und hier, im engen Raume prallen sie aufeinander wie Geschosse, vernichten sich, treiben sich empor, reißen sich in den Abgrund. Keinem ist ein Platz bereitet. Jeder muß sich die Rednerbühne erobern und dies stahlharte, biegsame Metall, das Jugend heißt, umschmieden zu einer Waffe, seine Energien konzentrieren zu einem Explosiv. Daß dieser Kampf innerhalb der Zivilisation nicht minder erbittert ist als der auf den Schlachtfeldern, dies als erster bewiesen zu haben, ist der Stolz Balzacs: „Meine bürgerlichen Romane sind tragischer als eure Trauerspiele!" ruft er den Romantikern zu. Denn das erste, was diese jungen Menschen in den Büchern Balzacs lernen, ist das Gesetz der Unerbittlichkeit. Sie wissen, daß sie zuviel sind, und müssen sich – das Bild gehört Vautrin, dem Liebling Balzacs – auffressen wie die Spinnen in einem Topf. Sie müssen die Waffe, die sie aus ihrer Jugend geschmiedet haben, noch eintauchen in das brennende Gift der Erfahrung. Nur der Überbleibende hat recht. Aus allen zweiunddreißig Windrichtungen kommen sie her wie die Sansculotten der „Großen Armee", zerreißen sich die Schuhe auf dem Wege nach Paris, der Staub der Landstraße klebt an ihren Kleidern, und ihre Kehle ist verbrannt von einem ungeheuren Durst nach Genuß. Und wie sie sich umsehen in dieser neuen, zauberischen Sphäre der Eleganz, des Reichtums und der Macht, da fühlen sie, daß, um diese Paläste, diese Frauen, diese Gewalten zu erobern, all das wenige, das sie mitgebracht haben, wertlos sei. Daß sie ihre Fähigkeiten, um sie auszunützen, umschmelzen müßten, Jugend in Zähigkeit, Klugheit in List, Vertrauen in Falschheit, Schönheit in Laster, Verwegenheit in Verschlagenheit. Denn die Helden Balzacs sind starke Begehrende, sie streben nach dem Ganzen. Sie alle haben das gleiche Abenteuer: ein Tilbury saust an ihnen vorbei, die Räder sprühen sie an mit Kot, der Kutscher schwingt die Peitsche, aber darin sitzt eine junge Frau, in ihrem Haar blinkt der Schmuck. Ein Blick weht rasch vorüber. Sie ist verführerisch und schön, ein Symbol des Genusses. Und alle Helden Balzacs haben in diesem Augenblicke nur einen Wunsch: Mir diese Frau, der Wagen, die Diener, der Reichtum, Paris, die Welt! Das Beispiel Napoleons, daß alle Macht auch für den Geringsten feil sei, hat sie verdorben. Nicht wie ihre Väter in der Provinz ringen sie um einen Weinberg, um eine Präfektur, um eine Erbschaft, sondern um Symbole schon, um die Macht, um den Aufstieg in jenen Lichtkreis, wo die Liliensonne des Königtums glänzt und das Geld wie Wasser durch die Finger rinnt. So werden sie ja jene großen Ehrgeizigen, denen Balzac stärkere Muskeln, wildere Beredsamkeit, energischere Triebe, ein wenn auch rascheres, so doch lebendigeres Leben zuschreibt, als den anderen. Sie sind Menschen, deren Träume Taten werden, Dichter, wie er sagt, die in der Materie des Lebens dichten. Zwiefach in ihrer Angriffsweise, ein besonderer Weg bahnt sich dem Genie, ein anderer dem gewöhnlichen. Man muß sich eine eigene Weise finden, um zur Macht zu gelangen, oder man muß die der anderen, die Methode der Gesellschaft erlernen. Als Kanonenkugel muß man mörderisch hineinschmettern in die Menge der anderen, die zwischen einem und dem Ziele stehen, oder man muß sie schleichend vergiften wie die Pest, rät Vautrin, der Anarchist, die grandiose Lieblingsfigur Balzacs. Im Quartier Latin, wo Balzac selbst in enger Stube begonnen hat, treten auch seine Helden zusammen, die Urformen des sozialen Lebens, Desplein, der Student der Medizin, Rastignac, der Streber, Louis Lambert, der Philosoph, Bridau, der Maler, Rubempré, der Journalist — ein Cénacle junger Menschen, die ungeformte Elemente sind, reine, rudimentäre Charaktere, aber doch: das ganze Leben gruppiert um eine Tischplatte in der sagenhaften Pension Vauquer. Dann aber, hineingegossen in die große Retorte des Lebens, eingekocht in die Hitze der Leidenschaften, und wieder erkaltend, erstarrend an den Enttäuschungen, unterworfen den vielfachen Wirkungen der gesellschaftlichen Natur, den mechanischen Reibungen, den magnetischen Anziehungen, den chemischen Zersetzungen, den molekularen Zerlegungen, bilden sich diese Menschen um, verlieren sie ihr wahres Wesen. Die furchtbare Säure, die Paris heißt, löst die einen auf, zerfrißt sie, scheidet sie aus, läßt sie verschwinden und kristallisiert, verhärtet, versteint wiederum die anderen. Alle Wirkungen der Wandlung, Färbung und Vereinung vollziehen sich an ihnen, aus den vereinten Elementen bilden sich neue Komplexe, und zehn Jahre später grüßen sich die Übergebliebenen, Umgeformten mit Augurenlächeln auf den Höhen des Lebens, Desplein, der berühmte Arzt, Rastignac, der Minister, Bridau, der große Maler, während Louis Lambert und Rubempré das Schwungrad zermalmend faßte. Nicht umsonst hat Balzac die Chemie geliebt, die Werke Cuviers, Lavoisiers studiert. Denn in diesem vielfältigen Prozeß der Aktionen und Reaktionen, der Affinitäten, der Abstoßungen und Anziehungen, Ausscheidungen und Gliederungen, Zersetzungen und Kristallisierungen, in der atomhaften Vereinfachung des Zusammengesetzten schien ihm deutlicher als anderswo das Bild der sozialen Zusammensetzung gespiegelt zu sein. Daß jede Vielheit nicht minder auf die Einheit wirkte, wie die Einheit selbst wieder bestimmend auf die Vielheit, diese seine Auffassung, die er Lamarquismus nannte – und die Taine später zu Begriffen erstarrt hat –, daß jedes Individuum ein Produkt sei, geformt von Klima, Milieu, Sitten, Zufall, von all dem, was schicksalsträchtig an ihm rührt, daß jedes Individuum seine Wesenheit aus einer Atmosphäre sauge, um selbst wieder eine neue Atmosphäre zu entstrahlen –, dieses universelle Bedingtsein von In- und Umwelt war ihm Axiom. Und diesen Abdruck des Organischen im Unorganischen und die Griffspuren des Lebendigen im Begrifflichen wieder, diese Summierungen eines momentanen geistigen Besitzes im sozialen Wesen, die Produkte ganzer Epochen aufzuzeichnen, schien ihm höchste Aufgabe des Künstlers. Alles fließt ineinander, alle Kräfte sind in Schwebe und keine frei. Ein so unbegrenzter Relativismus hat jede Kontinuität, selbst die des Charakters geleugnet. Balzac hat seine Menschen immer an den Ereignissen sich formen lassen, sich modellieren wie Ton in der Hand des Schicksals. Selbst die Namen seiner Menschen umspannen einen Wandel und kein Einheitliches. Durch zwanzig der Bücher Balzacs geht der Baron von Rastignac, Pair von Frankreich. Man glaubt ihn schon zu kennen, von der Straße her, oder vom Salon, oder von der Zeitung, diesen rücksichtslosen Arrivierten, dies Prototyp eines brutalen pariserischen unbarmherzigen Strebers, der aalglatt durch alle Schlupfwinkel der Gesetze sich durchdrückt und die Moral einer verkommenen Gesellschaft meisterhaft verkörpert. Aber da ist ein Buch, in dem lebt auch ein Rastignac, der junge arme Edelmann, den seine Eltern nach Paris schicken mit vielen Hoffnungen und wenig Geld, ein weicher, sanfter, bescheidener, sentimentaler Charakter. Und das Buch erzählt, wie er in die Pension Vauquer gerät, in jenen Hexenkessel von Gestalten, in eine jener genialen Verkürzungen, wo Balzac in vier schlecht tapezierte Wände die ganze Lebensvielfalt der Temperamente und Charaktere einschließt, und hier sieht er die Tragödie des ungekannten König Lear, des Vaters Goriot, sieht, wie die Flitterprinzessinnen des Faubourg St. Germain gierig den alten Vater bestehlen, sieht alle Niedertracht der Gesellschaft, gelöst in eine Tragödie. Und da, wie er endlich dem Sarge des allzu Gütigen folgt, allein mit einem Hausknecht und einer Magd, wie er in zorniger Stunde Paris schmutziggelb und trüb wie ein böses Geschwür von den Höhen des Père Lachaise zu seinen Füßen sieht, da weiß er alle Weisheit des Lebens. In diesem Momente hört er die Stimme Vautrins, des Sträflings, in seinem Ohr aufklingen, seine Lehre, daß man Menschen wie Postpferde behandeln müsse, sie vor seinem Wagen hetzen und dann krepieren lassen am Ziel, in dieser Sekunde wird er der Baron Rastignac der anderen Bücher, der rücksichtslose, unerbittliche Streber, der Pair von Paris. Und diese Sekunde am Kreuzweg des Lebens erleben alle Helden Balzacs. Sie alle werden Soldaten im Kriege aller gegen alle, jeder stürmt vorwärts, über die Leiche des einen geht der Weg des andern. Daß jeder seinen Rubikon, sein Waterloo hat, daß die gleichen Schlachten sich in Palästen, Hütten und Tavernen liefern, zeigt Balzac, und daß unter den abgerissenen Kleidern Priester, Ärzte, Soldaten, Advokaten die gleichen Triebe entäußern, das weiß sein Vautrin, der Anarchist, der die Rollen aller spielt und in zehn Verkleidungen in den Büchern Balzacs auftritt, immer aber derselbe und bewußt derselbe. Unter der nivellierten Oberfläche des modernen Lebens wühlen die Kämpfe unterirdisch weiter. Denn der äußeren Egalisierung wirkt der innere Ehrgeiz entgegen. Da keinem ein Platz reserviert ist wie einst dem König, dem Adel, den Priestern, da jeder ein Anrecht auf alle hat, so verzehnfacht sich ihre Anspannung. Die Verkleinerung der Möglichkeiten äußert sich im Leben als Verdoppelung der Energie.

Gerade dieser mörderische und selbstmörderische Kampf der Energien ist es, der Balzac reizt. Die an ein Ziel gewandte Energie als Ausdruck des bewußten Lebenswillens nicht in ihrer Wirkung, sondern in ihrem Wesen zu schildern, ist seine Leidenschaft. Ob sie gut oder böse, wirkungskräftig oder verschwendet bleibt, ist ihm gleichgültig, sobald sie nur intensiv wird. Intensität, Wille ist alles, weil dies dem Menschen gehört, Erfolg und Ruhm nichts, denn ihn bestimmt der Zufall. Der kleine Dieb, der ängstliche, der ein Brot vom Bäckerladentisch in den Ärmel verschwinden läßt, ist langweilig, der große Dieb, der professionelle, der nicht nur um des Nutzens, sondern um der Leidenschaft willen raubt, dessen ganze Existenz sich auflöst in den Begriff des Ansichreißens, ist grandios. Die Effekte, die Tatsachen zu messen, bleibt Aufgabe der Geschichtschreibung, die Ursachen, die Intensitäten freizulegen, scheint für Balzac die des Dichters. Denn tragisch ist nur die Kraft, die nicht zum Ziel gelangt. Balzac schildert die héros oubliés, für ihn gibt es in jeder Epoche nicht nur einen Napoleon, nicht nur den der Historiker, der die Welt erobert hat von 1796 bis 1815, sondern er kennt vier oder fünf. Der eine ist vielleicht bei Marengo gefallen und hat Desaix geheißen, der zweite mag vom wirklichen Napoleon nach Ägypten gesandt worden sein, fernab von den großen Ereignissen, der dritte hat vielleicht die ungeheuerste Tragödie erlitten: er war Napoleon und ist nie an ein Schlachtfeld gelangt, hat in irgendeinem Provinznest einsickern müssen, statt Wildbach zu werden, aber er hat nicht minder Energie verausgabt, wenn auch an kleinere Dinge. So nennt er Frauen, die durch ihre Hingebung und ihre Schönheit berühmt geworden wären unter den Sonnenköniginnen, deren Namen geklungen hätten wie der der Pompadour oder der Diane de Poitiers, er spricht von den Dichtern, die an der Ungunst des Augenblicks zugrunde gehen, an deren Namen der Ruhm vorbeigeglitten ist und denen der Dichter erst den Ruhm wieder schenken muß. Er weiß, daß jede Sekunde des Lebens eine ungeheure Fülle von Energie unwirksam verschwendet. Ihm ist bewußt, daß die Eugenie Grandet, das sentimentale Provinzmädel, in dem Augenblicke, wo sie, erzitternd vor dem geizigen Vater, ihrem Vetter die Geldbörse schenkt, nicht minder tapfer ist als die Jeanne d'Arc, deren Marmorbild auf jedem Marktplatze Frankreichs leuchtet. Erfolge können den Biographen unzähliger Karrieren nicht blenden, den nicht täuschen, der alle Schminken und Mixturen des sozialen Auftriebs chemisch zersetzt hat. Balzacs unbestechliches Auge, einzig nach Energie ausspähend, sieht aus dem Gewühl der Tatsachen immer nur die lebendige Anspannung, greift in jenem Gedränge an der Beresina, wo das zersprengte Heer Napoleons über die Brücke strebt, wo Verzweiflung und Niedertracht und Heldentum hundertfach geschilderter Szenen zu einer Sekunde zusammengedrängt sind, die wahren, die größten Helden heraus: die vierzig Pioniere, deren Namen niemand kennt, die drei Tage bis zur Brust im eiskalten, schollentreibenden Wasser gestanden hatten, um jene schwanke Brücke zu bauen, auf der die Hälfte der Armee entkam. Er weiß, daß hinter den verhängten Scheiben von Paris in jeder Sekunde Tragödien geschehen, die nicht geringer sind als der Tod der Julia, das Ende Wallensteins und die Verzweiflung Lears, und immer wieder hat er das eine Wort stolz wiederholt: „Meine bürgerlichen Romane sind tragischer als eure tragischen Trauerspiele." Denn seine Romantik greift nach innen. Sein Vautrin, der Bürgerkleidung trägt, ist nicht minder grandios als der schellenumhangene Glöckner von Notre-Dame, der Quasimodo des Viktor Hugo, die starren felsigen Landschaften der Seele, das Gestrüpp von Leidenschaft und Gier in der Brust seiner großen Streber ist nicht minder schreckhaft, als die schaurige Felsenhöhle des Han d'Islande. Balzac sucht das Grandiose nicht in der Draperie, nicht im Fernblick auf das Historische oder Exotische, sondern im Überdimensionalen, in der gesteigerten Intensität eines in seiner Geschlossenheit einzig werdenden Gefühls. Er weiß, daß jedes Gefühl erst bedeutsam wird, wenn es in seiner Kraft ungebrochen bleibt, jeder Mensch nur groß, wenn er sich konzentriert in ein Ziel, sich nicht verschleudert, in einzelne Begierden zersplittert, wenn seine Leidenschaft die allen anderen Gefühlen zugedachten Säfte in sich auftrinkt, durch Raub und Unnatur stark wird, so wie ein Ast mit doppelter Wucht erst aufblüht, wenn der Gärtner die Zwillingsäste gefällt oder gedrosselt hat. Solche Monomanen der Leidenschaft hat er geschildert, die in einem einzigen Symbol die Welt begreifen, einen Sinn sich statuierend in dem unentwirrbaren Reigen. Eine Art Mechanik der Leidenschaften ist das Grundaxiom seiner Energetik: der Glaube, daß jedes Leben eine gleiche Summe von Kraft verausgabe, gleichviel, an welche Illusionen es diese Willensbegehrungen verschwende, gleichviel, ob es sie langsam verzettle in tausend Erregungen, oder sparsam aufbewahre für die jähen heftigen Ekstasen, ob in Verbrennung oder Explosion das Lebensfeuer sich verzehre. Wer rascher lebt, lebt nicht kürzer, wer einheitlich lebt, nicht minder vielfältig. Für ein Werk, das nur Typen schildern will, die reinen Elemente auflösen, sind solche Monomanen allein wichtig. Flaue Menschen interessieren Balzac nicht, nur solche, die etwas ganz sind, die mit allen Nerven, mit allen Muskeln, mit allen Gedanken an einer Illusion des Lebens hängen, sei es, an was immer auch, an der Liebe, der Kunst, dem Geiz, der Hingebung, der Tapferkeit, der Trägheit, der Politik, der Freundschaft. An irgendeinem beliebigen Symbol, aber an diesem ganz. Diese hommes à passion, diese Fanatiker einer selbstgeschaffenen Religion, sehen nicht nach rechts, nicht nach links. Sie sprechen verschiedene Sprachen untereinander und verstehen sich nicht. Biete dem Sammler eine Frau, die schönste der Welt − er wird sie nicht bemerken; dem Liebenden eine Karriere − er wird sie mißachten; dem Geizigen ein anderes als Geld − er wird nicht aufschauen von seiner Truhe. Läßt er sich aber verlocken, verläßt er die eine geliebte Leidenschaft um der anderen willen, so ist er verloren. Denn Muskeln, die man nicht gebraucht, zerfallen, Sehnen, die man jahrelang nicht gespannt, verknöchern, und wer zeitlebens Virtuose einer einzigen Leidenschaft war, Athlet eines einzigen Gefühls, ist Stümper und Schwächling auf jedem anderen Gebiet. Jedes zur Monomanie aufgepeitschte Gefühl vergewaltigt die anderen, gräbt ihnen das Wasser ab und läßt sie vertrocknen: aber ihre Reizwerte saugt es in sich. Alle Graduationen und Peripetien der Liebe, Eifersucht und Trauer, Erschöpfung und Ekstase, sind bei dem Geizigen in der Sparsucht, beim Sammler in der Sammelwut gespiegelt, denn jede absolute Vollkommenheit vereinigt die Summe der Gefühlsmöglichkeiten. Die Intensität der Einseitigkeit hat in ihren Emotionen die ganze Vielfalt der vernachlässigten Begehrungen. Hier setzen die großen Tragödien Balzacs ein. Der Geldmensch Nucingen, der Millionen gesammelt hat, an Klugheit überlegen allen Bankiers des Kaiserreichs, wird ein läppisches Kind in den Händen einer Dirne, der Dichter, der sich dem Journalismus hinwirft, wird zerrieben wie ein Korn unter dem Mühlstein. Ein Traumbild der

Welt, ein jedes Symbol ist eifersüchtig wie Jehova und duldet keine anderen Leidenschaften neben sich. Und von diesen Leidenschaften ist keine größer und keine geringer, sie haben ebensowenig eine Rangordnung wie Landschaften oder Träume. Keine ist zu gering. „Warum sollte man nicht die Tragödie der Dummheit schreiben?" sagt Balzac, „die der Verschämtheit, die der Ängstlichkeit, die der Langeweile?" Auch sie sind bewegende, treibende Kräfte, auch sie bedeutsam, insofern sie nur genugsam intensiv sind, selbst die ärmlichste Lebenslinie hat Schwung und Schönheitsgewalt, sobald sie ungebrochen gerade fortstrebt oder ihr Schicksal ganz umkreist. Und diese Urkräfte – oder besser, diese tausend Proteusformen der wirklichen Urkraft – aus der Brust der Menschen zu reißen, sie zu heizen durch den Druck der Atmosphäre, sie peitschen zu lassen durch das Gefühl, sie zu berauschen an den Elixieren des Hasses und der Liebe, sie rasen zu lassen im Rausche, am Prellstein des Zufalls die einen zu zerschmettern, sie zusammenzupressen und auseinanderzureißen, Verbindungen herzustellen, Brücken zu schlagen zwischen den Träumen, zwischen dem Geizigen und dem Sammler, dem Ehrsüchtigen und dem Erotiker, rastlos das Parallelogramm der Kräfte zu verschieben, in jedem Schicksal den drohenden Abgrund von Wellenberg und Wellental aufzureißen, sie zu schleudern von unten nach oben und von oben nach unten und dabei in dieses flackernde Spiel mit erhitzten Augen zu starren, wie Gobsec, der Wucherer, auf die Diamanten der Gräfin Restaud, das erlöschende Feuer mit dem Balg immer wieder aufflammen zu lassen, die Menschen wie Sklaven zu hetzen, nie sie ruhen zu lassen, sie zu schleppen wie Napoleon seine Soldaten durch alle Länder von Österreich wieder in die Vendée, über das Meer wieder nach Ägypten und nach Rom, durch das Brandenburger Tor und wieder vor den Abhang der Alhambra, über Sieg und Niederlage nach Moskau schließlich – die Hälfte unterwegs liegen zu lassen, zerschmettert von den Granaten oder unter dem Schnee der Steppen – die ganze Welt zuerst zu schnitzen wie Figuren, zu malen wie eine Landschaft und dann das Puppenspiel mit erregten Fingern zu beherrschen – das war seine, das war Balzacs Monomanie.

Denn er, Balzac, war selbst einer der großen Monomanen, wie er sie in seinem Werke verewigt hat. Enttäuscht, in allen seinen Träumen zurückgestoßen von einer rücksichtslosen Welt, die den Anfänger nicht mag und den Armen, grub er sich ein in seine Stille und schuf sich selbst ein Symbol der Welt. Eine Welt, die ihm gehörte, die er beherrschte und die mit ihm zugrunde ging. Wirkliches stürzte an ihm vorbei, und er griff nicht danach, er lebte eingeschlossen in seinem Zimmer, festgenagelt an den Schreibtisch, lebte in dem Wald seiner Gestalten, wie Elie Magus, der

Sammler, zwischen seinen Bildern. Von seinem fünfundzwanzigsten Jahre an hat ihn die Wirklichkeit kaum – nur in Ausnahmen, die dann immer zu Tragödien wurden – anders interessiert als ein Material, als Brennstoff, um das Schwungrad seiner eigenen Welt zu treiben. Fast bewußt lebte er am Lebendigen vorbei, wie im ängstlichen Gefühle, daß eine Berührung dieser beiden Welten, der seinen und der der anderen, immer eine schmerzhafte werden müßte. Abends um acht Uhr ging er ermattet zu Bette, schlief vier Stunden und ließ sich um Mitternacht wecken; wenn Paris, die laute Umwelt, ihr glühendes Auge schloß, wenn Dunkel über das Rauschen der Gassen fiel, die Welt entschwand, begann die seine zu erstehen, und er baute sie auf, neben der anderen, aus ihren eigenen zerstückten Elementen, lebte durch Stunden einer fiebernden Ekstase, unablässig die ermattenden Sinne mit schwarzem Kaffee wieder aufpeitschend. So arbeitete er zehn, zwölf, manchmal auch achtzehn Stunden, bis ihn irgend etwas aufriß aus dieser Welt, zurück in die eigene Wirklichkeit. In diesen Sekunden des Erwachens muß er jenen Blick gehabt haben, den Rodin ihm gab auf seiner Statue, dieses Aufgeschrecktsein aus tausend Himmeln und dieses Rückstürzen in eine vergessene Wirklichkeit, diesen entsetzlich grandiosen, fast schreienden Blick, diese um die fröstelnde Schulter das Kleid anstraffende Hand, die Gebärde eines vom Schlaf Gerüttelten, eines Somnambulen, dem jemand roh seinen Namen zugeschrien. Bei keinem Dichter ist die Intensität des Sichverlierens in sein Werk, der Glaube an die eigenen Träume stärker gewesen, die Halluzination so nahe der Grenze der Selbsttäuschung. Nicht immer wußte er die Erregung zu stoppen wie eine Maschine, das ungeheure kreisende Schwungrad jäh aufzuhalten, Spiegelschein und Wirklichkeit zu unterscheiden, eine scharfe Linie zu ziehen zwischen dieser und jener Welt. Ein ganzes Buch hat man gefüllt mit Anekdoten, wie sehr er im Rausch der Arbeit an die Existenz seiner Gestalten glaubte, ein Buch mit oft drolligen und meist ein wenig grausigen Anekdoten. Ein Freund tritt ins Zimmer. Balzac stürzt ihm entsetzt entgegen: „Denk dir, die Unglückliche hat sich ermordet!" und merkt erst an dem entsetzten Zurückprallen seines Freundes, daß die Gestalt, von der er sprach, die Eugenie Grandet, nur in seinen Sternenkreisen je gelebt. Und was diese so andauernde, so intensive, so vollständige Halluzination von dem pathologischen Wahn eines Tollhäuslers unterscheidet, ist vielleicht nur die Identität der in dem äußeren Leben und in dieser neuen Wirklichkeit bestehenden Gesetze, die gleichen Kausalbedingungen des Seins, nicht die Lebensform so sehr als die Lebensmöglichkeit seiner Menschen, die, als hätten sie nur die Tür seines Arbeitszimmers überschritten, von außen in sein Werk traten. Aber an Dauerhaftigkeit, an

Zähigkeit und Abgeschlossenheit des Wahnes war diese Versenkung die eines perfekten Monomanen, seine Arbeit war nicht Fleiß mehr, sondern Fieber, Rausch, Traum und Ekstase. Ein Palliativmittel der Bezauberung war sie, ein Schlafmittel, das ihn seinen Lebenshunger vergessen lassen sollte. Er selbst, zum Genießer, zum Verschwender befähigt wie keiner, hat zugestanden, daß diese fieberhafte Arbeit ihm nichts war als ein Mittel zum Genuß. Denn ein so zügellos Begehrender konnte, wie die Monomanen seiner Bücher, auf jede andere Leidenschaft nur verzichten, weil er sie ersetzte. All die Aufpeitschungen des Lebensgefühls, Liebe, Ehrsucht, Spiel, Reichtum, Reisen, Ruhm und Siege konnte er missen, weil er siebenfaches Surrogat in seinem Schaffen fand. Die Sinne sind töricht wie Kinder. Sie können das Echte vom Falschen, Trug von der Wirklichkeit nicht unterscheiden. Sie wollen nur gefüttert sein, gleichviel mit Erlebnis oder Traum. Und Balzac hat seine Sinne ein Leben lang betrogen, indem er ihnen Genüsse vorlog, statt sie ihnen hinzuwerfen, er sättigte ihren Hunger mit dem Duft der Gerichte, die er ihnen versagen mußte. Sein Erlebnis war das leidenschaftliche Beteiligtsein an den Genüssen seiner Kreaturen. Denn er war es ja, der jetzt die zehn Louis hinwarf auf den Spieltisch, zitternd stand, während die Roulette sich drehte, der jetzt die klingende Flut der Gewinste mit heißen Fingern einstrich, er war es, der jetzt im Theater den großen Sieg erfocht, der jetzt mit Brigaden die Höhen stürmte, mit Pulverminen die Börse in ihren Grundfesten erbeben ließ; alle die Lüste seiner Kreaturen gehörten ja ihm, sie waren die Ekstasen, in denen sein äußerlich so armes Leben sich verzehrte. Er spielte mit diesen Menschen so wie Gobsec, der Wucherer, mit den Gequälten, die hoffnungslos zu ihm kamen, um sich Geld auszuborgen, die er aufschnellen ließ an seiner Angel, deren Schmerz, Lust und Qual er nur prüfend mitansah als das mehr oder minder talentvolle Sichgebärden von Schauspielern. Und sein Herz spricht unter dem schmutzigen Kittel Gobsecs: „Glauben Sie, daß es nichts bedeutet, wenn man so in die verborgensten Falten des menschlichen Herzens eindringt, wenn man so tief darin eindringt und es in seiner Nacktheit vor sich hat?" Denn er, der Zauberer des Willens, schmolz Fremdes zu Eigenem um, Traum zu Leben. Man erzählt von ihm, daß er in seiner Jugend, als er in seiner Mansarde trockenes Brot, seine ärmliche Mahlzeit, verzehrte, sich auf den Tisch mit Kreide die Randspur von Tellern gezeichnet habe und in ihre Mitte die Namen der erlesensten Lieblingsgerichte geschrieben, um so im trockenen Brot nur durch die Suggestion des Willens den Geschmack der verschwenderischesten Speisen zu spüren. Und so wie er hier den Geschmack zu schmecken meinte, wie er ihn wirklich schmeckte, so hat er sicherlich alle

Reize des Lebens in den Elixieren seiner Bücher unbändig in sich getrunken, so eigene Armut betrogen mit dem Reichtum und der Verschwendung seiner Knechte. Er, der ewig von Schulden Gehetzte, von Gläubigern Gequälte, empfand sicherlich einen geradezu sinnlichen Reiz, wenn er hinschrieb: Hunderttausend Francs Rente. Er war es, der in den Bildern von Elie Magus wühlte, der diese beiden Gräfinnen liebte als ihr Vater Goriot, der gipfelhoch mit Seraphitus über die niegesehenen Fjorde Norwegens aufstieg, der mit Rubempré die bewundernden Blicke der Frauen genoß, er, er selbst war es, für den er aus all diesen Menschen die Lust wie Lava aufschießen ließ, denen er Glück und Schmerz aus den hellen und dunklen Kräutern der Erde braute. Kein Dichter war je mehr Mitgenießer seiner Gestalten. Gerade an jenen Stellen, wo er den Zauber des so sehr ersehnten Reichtums schildert, spürt man stärker als in den erotischen Abenteuern den Rausch des Selbstbezauberten, die Haschischträume des Einsamen. Das ist seine innerste Leidenschaft, dieses Auf- und Abströmen von Zahlen, dieses gierige Gewinnen und Zerrinnen von Summen, dieses Schleudern von Kapitalien von Hand zu Hand, das Schwellen der Bilanzen, der Wettersturz der Werte, diese Stürze und Aufstiege ins Grenzenlose. Millionen läßt er wie Ungewitter über Bettler hereinbrechen, Kapitale wieder in weichen Händen wie Quecksilber zerrinnen, mit Wollust malt er die Paläste der Faubourgs, die Magie des Geldes. Die Worte Millionen, Milliarden, das ist immer hingestammelt mit jenem ohnmächtigen Nicht-mehr-sprechen-können, dem Röcheln letzten sinnlichen Begehrens. Voluptuös wie die Frauen eines Serails sind die Prunkstücke der Gemächer gereiht, wie wertvolle Kronjuwelen die Insignien der Macht ausgebreitet. Bis in seine Manuskripte hat sich dieses Fieber eingebrannt. Man kann sehen, wie die anfangs ruhigen und zierlichen Zeilen aufschwellen gleich den Adern eines Zornigen, wie sie taumeln, rascher werden, wie sie rasend sich überhetzen, befleckt von den Spuren des Kaffees, mit dem er die ermatteten Nerven vorwärtspeitschte, hört fast das rastlose, ratternde Keuchen der überhitzten Maschine, den fanatischen, maniakalischen Krampf ihres Schöpfers, diese Gier des Don Juan du verbe, des Menschen, der alles besitzen will und alles haben. Und sieht den nochmaligen impetuosen Ausbruch des ewig Ungenügsamen in den Korrekturbogen, deren starres Gefüge er immer wieder aufriß wie der Fiebernde seine Wunde, um noch einmal das rote pochende Blut der Zeilen durch den schon starren, erkalteten Körper zu jagen.

Solche titanische Arbeit bliebe unverständlich, wäre sie nicht Wollust gewesen und noch mehr: der einzige Lebenswille eines asketisch allen anderen Machtformen entsagenden Menschen, eines Leidenschaftlichen, dem die Kunst die einzige Möglichkeit der Entäußerung war. Einmal, zweimal hatte er ja flüchtig in anderem Material geträumt. Er hatte sich im praktischen Leben versucht, zum erstenmal, als er, verzweifelnd am Schaffen, die wirkliche Geldgewalt wollte, Spekulant wurde, eine Druckerei gründete und eine Zeitung; aber mit jener Ironie, die das Schicksal immer für Abtrünnige bereit hat, hat er, der in seinen Büchern alles kannte, die Coups der Börsenleute, die Raffinements der kleinen und der großen Geschäfte, die Schliche der Wucherer, der jedem Ding seinen Wert wußte, der Hunderten von Menschen in seinen Werken die Existenz errichtet, ein Vermögen mit richtigem, logischem Aufbau gewonnen hatte, er selbst, der Grandet, Popinot, Crevel, Goriot, Bridau, Nucingen, Wehrbrust und Gobsec reich gemacht hat, er selbst hat sein Kapital verloren, ist schmählich zugrunde gegangen, und nichts blieb ihm als jenes furchtbare Bleigewicht von Schulden, die er dann stöhnend auf seinen breiten Lastträgerschultern das halbe Jahrhundert seines Lebens weiterschleppte, Helote der unerhörtesten Arbeit, unter der er eines Tages mit zersprengten Adern lautlos zusammenbrach. Die Eifersucht der verlassenen Leidenschaft, der einzigen, der er sich hingegeben hatte, der Kunst, hat sich furchtbar an ihm gerächt. Selbst die Liebe, den andern ein wunderbarer Traum über ein Erlebtes und Wirkliches, wurde bei ihm erst Erlebnis aus einem Traum. Frau von Hanska, seine spätere Gattin, die étrangère, der jene berühmten Briefe galten, war von ihm leidenschaftlich schon geliebt, ehe er in ihre Augen gesehen, war damals schon geliebt von ihm, als sie noch Unwirklichkeit war, wie die fille aux yeux d'or, wie die Delphine und die Eugenie Grandet. Für den wahrhaften Schriftsteller ist jede andere Leidenschaft als die des Schaffens, des Erträumens eine Abirrung. „L'homme des lettres doit s'abstenir des femmes, elles font perdre son temps, on doit se borner à leur écrire, cela forme le style", sagte er zu Theophile Gautier. Im Innersten liebte er auch nicht Frau von Hanska, sondern die Liebe zu ihr, liebte nicht die Situationen, die ihm begegneten, sondern die er sich erschuf, er fütterte den Hunger nach Wirklichkeit so lange mit Illusionen, spielte so lange in Bildern und Kostümen, bis er, wie die Schauspieler in den erregtesten Momenten, selbst an seine Leidenschaft glaubte. Unermüdlich hat er dieser Leidenschaft des Schaffens gefrönt, den inneren Verbrennungsprozeß so lange beschleunigt, bis die Flamme aufschlug und nach außen brach, bis er zugrunde ging. Mit jedem neuen Buch schrumpfte, wie die magische Elentiershaut seiner mystischen Novelle, bei jedem so betätigten Wunsch sein Leben zusammen, und er unterlag seiner Monomanie wie der Spieler den Karten, der Trinker den Weinen, der Haschischträumer der verhängnisvollen Pfeife und der

Wollüstling den Frauen. Er ging an der überreichen Erfüllung seiner Wünsche zugrunde.

Es ist ein nur Selbstverständliches, daß ein dermaßen kolossalischer Wille, der Träume so mit Blut und Lebendigkeit erfüllte, der sie so anspannte, bis ihre Erregungen nicht minder stark waren wie die Phänomene der Wirklichkeit, daß ein solch ungeheuer zauberkräftiger Wille in seiner eigenen Magie das Geheimnis des Lebens sah und sich selbst zum Weltgesetz erhob. Eine eigentliche Philosophie konnte der nicht haben, der nichts von sich verriet, vielleicht nichts mehr war als ein Wandelhaftes, der keine Gestalt hatte wie Proteus, weil er alle in sich verkörperte, der wie ein Derwisch, ein flüchtiger Geist, in die Körper von tausend Gestalten unterschlüpfte und sich verlor in den Irrgängen ihres Lebens, jetzt mit dem einen Optimist, jetzt Altruist, jetzt Pessimist und Relativist, der alle Meinungen und Werte in sich ein- und ausschalten konnte wie elektrische Ströme. Er gibt keinem unrecht und gibt keinem recht. Balzac hat immer nur épousé les opinions des autres – wir haben kein deutsches Wort für dieses spontane Aufnehmen einer Meinung ohne dauernde Identifizierung –, er war eingefangen im Augenblick, in der Brusthöhle seiner Menschen, trieb mit im Schwall ihrer Leidenschaften und Laster. Wahrhaft und unabänderlich mußte ihm nur der ungeheure Wille sein, dieses Zauberwort Sesam, das ihm, dem Fremden, die Felsen vor der unbekannten Menschenbrust aufsprengte, ihn hinabführte in die finsteren Abgründe ihres Gefühls und ihn von dort, beladen mit dem Edelsten ihres Erlebens, wieder aufsteigen ließ. Er mußte mehr als ein anderer geneigt sein, dem Willen eine über das Geistige ins Materielle hinüberwirkende Gewalt zuzuschreiben, ihn als Lebensprinzip und Weltgebot zu empfinden. Ihm war bewußt, daß der Wille, dieses Fluidum, das, ausstrahlend von einem Napoleon, die Welt erschütterte, das Reiche stürzte, Fürsten erhob, Millionen Schicksale verwirrte, daß diese immaterielle Schwingung, dieser reine atmosphärische Druck eines Geistigen nach außen sich auch im Materiellen manifestieren müßte, die Physiognomie modellieren, einströmen in die Physis des ganzen Körpers. Denn so wie eine momentane Erregung bei jedem Menschen den Ausdruck fördert, brutale und selbst stumpfsinnige Züge verschönt und charakterisiert, um wie viel mehr mußte ein andauernder Wille, eine chronische Leidenschaft das Material der Züge herausmeißeln. Ein Gesicht war für Balzac ein versteinerter Lebenswille, eine in Erz gegossene Charakteristik, und so wie der Archäologe aus den versteinerten Resten eine ganze Kultur zu erkennen hat, so schien es ihm Erfordernis des Dichters, aus einem Antlitz und aus der um einen Menschen lagernden Atmosphäre seine innere Kultur zu erkennen.

Diese Physiognomik ließ ihn die Lehre Galls lieben, seine Topographie der im Gehirn gelagerten Fähigkeiten, ließ ihn Lavater studieren, der ebenfalls im Gesichte nichts anderes sah als den Fleisch und Bein gewordenen Lebenswillen, den nach außen gestülpten Charakter. Alles, was diese Magie, die geheimnisvolle Wechselwirkung des Innerlichen und Äußerlichen betonte, war ihm erwünscht. Er glaubte an Mesmers Lehre der magnetischen Übertragung des Willens von einem Medium in das andere, glaubte daran, daß die Finger Feuernetze seien, die den Willen ausstrahlten, verkettete diese Anschauung mit den mystischen Vergeistigungen Svedenborgs, und all diese nicht ganz zur Theorie verdichteten Liebhabereien faßte er in der Lehre seines Lieblings, des Louis Lambert, zusammen, des chimiste de la volonté, jener seltsamen Gestalt eines früh Verstorbenen, die Selbstporträt und Sehnsucht nach innerer Vollendung sonderbar vereint, öfter als jede andere Figur Balzacs in sein eigenes Leben hinabgreift. Ihm war jedes Gesicht eine zu enträtselnde Scharade. Er behauptete, in jedem Antlitz eine Tierphysiognomie zu erkennen, glaubte, den Todgeweihten an geheimen Zeichen bestimmen zu können, rühmte sich, jedem Vorübergehenden auf der Straße die Profession von seinem Antlitz, seinen Bewegungen, seiner Kleidung ablesen zu können. Diese intuitive Erkenntnis schien ihm aber noch nicht die höchste Magie des Blicks. Denn all dies umschloß nur das Seiende, das Gegenwärtige. Und seine tiefste Sehnsucht war, zu sein wie jene, die mit konzentrierten Kräften nicht nur das Momentane, sondern auch aus den Spuren das Vergangene, das Zukünftige aus den vorgestreckten Wurzeln aufspüren können, Bruder zu sein der Chiromanten, der Wahrsager, der Steller von Horoskopen, der „voyants“, all derer, die mit dem tieferen Blick der „seconde vue“ begabt, das Innerlichste aus dem Äußerlichen, das Unbegrenzte aus den bestimmten Linien zu erkennen sich erboten, die aus den dünnen Streifen der Handfläche den kurzen Weg des zurückgelegten Lebens und den dunklen Pfad in das Zukünftige hinein weiterzuführen vermochten. Ein solcher magischer Blick ist nach Balzac nur jenem gegeben, der seine Intelligenz nicht in tausend Richtungen zersplittert hat, sondern – die Idee der Konzentrierung ist bei Balzac in ewiger Wiederkehr – in sich aufgespart einem einzigen Ziele entgegenwendet. Die Gabe der „seconde vue“ ist nicht nur die des Zauberers und Sehers allein; „seconde vue“, spontane visionäre Erkenntnis, dies unbezweifelbare Merkmal des Genies, haben die Mütter gegenüber ihren Kindern, Desplein hat sie, der Arzt, der aus der verworrenen Qual eines Kranken sofort die Ursache seines Leidens und die vermutliche Grenze seiner Lebensdauer bestimmt, der geniale Feldherr Napoleon, der die Stelle sofort erkennt, wo er die Brigaden hinschleudern muß, um das Schicksal der Schlacht zu entscheiden; Marsay, der Verführer, besitzt sie, der die flüchtige Sekunde aufgreift, in der er eine Frau zu Fall bringen kann, Nucingen, der Börsenspieler, der den großen Börsencoup im richtigen Momente zur Explosion bringt; alle diese Astrologen des Himmels der Seele haben ihre Wissenschaft dank des nach innen dringenden Blicks, der wie durch ein Perspektiv Horizonte sieht, wo das unbewaffnete Auge nur ein graues Chaos unterscheidet. Hierin schlummert die Affinität zwischen der Vision des Dichters und der Deduktion des Gelehrten, dem rapiden, spontanen Begreifen und dem langsamen, logischen Erkennen. Balzac, dem sein eigener intuitiver Überblick selbst unbegreiflich werden und der oft erschreckt mit fast irrem Blick sein Werk überschauen mußte wie ein Unbegreifliches, war gezwungen zu einer Philosophie des Inkommensurablen, einer Mystik, der der landläufige Katholizismus eines de Maistre nicht mehr genügte. Und dieses Korn Magie, das seinem innersten Wesen beigemengt war, diese Unbegreiflichkeit, die seine Kunst nicht nur Chemie des Lebens sein läßt, sondern Alchimie, ist sein Grenzwert gegen die Späteren, gegen die Nachahmer, gegen Zola besonders, der Stein um Stein zusammenraffte, wo Balzac nur den Zauberring drehte, und schon ein Palast mit tausend Fenstern sich aufbaute. So ungeheuer die Energie seines Werkes ist, der erste Eindruck bleibt doch immer der von Zauberei und nicht von Arbeit, nicht der eines Ausborgens vom Leben, sondern eines Beschenkens und Bereicherns.

Denn Balzac – und dies schwebt wie eine undurchdringliche Wolke von Geheimnis um seine Gestalt – hat in den Jahren seines Schaffens nicht mehr studiert und experimentiert, nicht mehr das Leben beobachtet wie etwa Zola, der sich, ehe er einen Roman schrieb, ein Bordereau für jede einzelne Figur anlegte, nicht wie Flaubert, der Bibliotheken durchstöberte für ein fingerschmales Buch. Balzac kam selten wieder zurück in jene Welt, die außer der seinen lag, er war eingeschlossen in seine Halluzination wie in ein Gefängnis, angenagelt an den Marterstuhl der Arbeit, und was er mitbrachte, wenn er einen jener flüchtigen Ausflüge in die Wirklichkeit unternahm, wenn er ging, mit seinem Verleger zu kämpfen oder die Korrekturbogen in eine Druckerei zu bringen, bei einem Freunde zu speisen, oder die Bric-à-brac-Läden von Paris zu durchstöbern, war immer eher Bestätigung als Informierung. Denn damals, als er zu schreiben begann, war schon auf irgendeine geheimnisvolle Weise das Wissen des ganzen Lebens in ihn eingedrungen, lag gesammelt und aufgespeichert, und es ist vielleicht mit der fast mythischen Erscheinung Shakespeares das größte Rätsel der Weltliteratur, wie, wann und woher all diese ungeheuerlichen, aus allen Berufsklassen, Materien, Temperamenten und Phänomenen herbeigeholten Vorräte von Kenntnissen in ihn eingewachsen sind. Drei, vier Jahre, Jünglingsjahre, war er in Berufen gestanden, bei einem Advokaten als Schreiber, dann als Verleger, als Student, aber in diesen paar Jahren muß er alles eingeschöpft haben, diese ganz unerklärliche, unübersehbare Fülle von Tatsachen, die Kenntnis aller Charaktere und Phänomene. Er muß unglaublich beobachtet haben in diesen Jahren. Sein Blick muß ein furchtbar saugender gewesen sein, ein gieriger, der alles, was ihm begegnete, vampirhaft nach innen riß, in ein Inneres, ein Gedächtnis, wo nichts vergilbte, nichts zerrann, nichts sich mischte oder verdarb, wo alles geordnet, gespart, getürmt lag, immer bereit und stets nach seiner wesentlichen Seite hin gekehrt, alles federnd und aufspringend, sobald er nur leise mit seinem Willen und Wunsche daran rührte. Alles hat Balzac gewußt, die Prozesse, die Schlachten, die Börsenmanöver, die Grundstückspekulationen, die Geheimnisse der Chemie, die Schliche der Parfumeure, die Kunstgriffe der Künstler, die Diskussionen der Theologen, den Betrieb der Zeitung, den Trug des Theaters und jener anderen Bühne, der Politik. Er hat die Provinz gekannt, Paris und die Welt, er, der connaisseur en flânerie, las wie in einem Buch in den krausen Zügen der Straßen, wußte bei jedem Hause, wann es gebaut war und von wem und für wen, enträtselte die Heraldik des Wappens über der Tür, eine ganze Epoche aus der Bauart und wußte gleichzeitig den Preis der Mieten, bevölkerte jedes Stockwerk mit Menschen, stellte Möbel in die Zimmer, füllte sie an mit einer Atmosphäre von Glück und Unglück und ließ vom ersten zum zweiten, vom zweiten zum dritten Stockwerk das unsichtbare Netz des Schicksals sich spinnen. Er hat eine enzyklopädische Kenntnis gehabt, wußte, wieviel ein Bild des Palma Vecchio wert ist, wieviel ein Hektar Weideland kostet, was eine Spitzenmasche, was ein Tilbury und ein Diener, er hat das Leben der Elegants gekannt, die, zwischen Schulden vegetierend, in einem Jahr zwanzigtausend Francs anbringen; und schlägt man zwei Seiten weiter, so ist es wieder die Existenz eines armseligen Rentiers, in dessen peinlich ausgetüfteltem Leben ein zerrissener Schirm, eine zerbrochene Fensterscheibe zur Katastrophe wird. Wieder ein paar Seiten, und nun ist er unter den ganz Armen, er geht ihnen nach, wie jeder seine paar Sous verdient, der arme Auvergnate, der Wasserträger, dessen Sehnsucht es ist, das Faß nicht selbst ziehen zu müssen, sondern ein kleines, kleines Pferd zu haben, der Student und die Näherin, alle diese fast vegetabilischen Existenzen der Großstadt. Tausend Landschaften stehen auf, jede ist bereit, hinter seine Schicksale zu treten, sie zu formen, und alle sind deutlicher in ihm nach einem Augenblick des Schauens, als anderen nach den

Jahren, die sie darin lebten. Alles hat er gewußt, was er einmal flüchtig mit dem Blick angerührt hat, und – merkwürdiges Paradoxon des Künstlers – er hat selbst das gewußt, was er gar nicht kannte, er hat die Fjorde Norwegens und die Wälle von Saragossa aus seinen Träumen wachsen lassen, und sie waren wie die Wirklichkeit. Ungeheuer ist diese Rapidität der Vision. Es war, als ob er nackt und klar das erkennen könnte, was die anderen umhängt und unter tausend Bekleidungen erblickten. Ihm war an allem ein Zeichen, zu allem ein Schlüssel, daß er die Außenfläche abtun konnte von den Dingen und sie ihm ihr Inneres zeigten. Die Physiognomien taten sich ihm auf, alles fiel in seine Sinne wie der Kern aus einer Frucht. Mit einem Ruck reißt er das Essentielle aus dem Faltenwerk des Unwesentlichen, aber nicht, daß er es freigräbt, langsam wühlend von Schicht zu Schicht, sondern wie mit Pulver sprengt er die goldenen Minen des Lebens auf. Und zugleich mit diesen wirklichen Formen faßt er auch das Unfaßbare, die gasförmig über ihnen schwebende Atmosphäre von Glück und Unglück, die zwischen Himmel und Erde schwebenden Erschütterungen, die nahen Explosionen, die Wetterstürze der Luft. Was den anderen eben nur Umriß ist, was sie sehen, kalt und ruhig wie unter einer gläsernen Vitrine, das fühlt seine magische Sensibilität wie in der Hülse des Thermometers als atmosphärischen Zustand.

Dieses ungeheure, unvergleichlich intuitive Wissen ist das Genie Balzacs. Was man dann noch den Künstler nennt, den Verteiler der Kräfte, den Ordner und Gestalter, den Zusammenhaltenden und Lösenden, den spürt man nicht so deutlich bei Balzac. Man wäre versucht zu sagen, er war gar nicht das, was man Künstler nennt, so sehr war er Genie. „Une telle force n'a pas besoin d'art." Das Wort gilt auch von ihm. Denn wirklich, hier ist eine Kraft, so grandios und so groß, daß sie wie die freiesten Tiere des Urwaldes der Zähmung widerstrebt, sie ist schön wie ein Gestrüpp, ein Sturzbach, ein Gewitter, wie alle jene Dinge, deren ästhetischer Wert einzig in der Intensität ihres Ausdrucks besteht. Ihre Schönheit bedarf nicht der Symmetrie, der Dekoration, der nachhelfenden, sorglichen Verteilung, sie wirkt durch die ungezügelte Vielfalt ihrer Kräfte. Balzac hat seine Romane nie genau komponiert, er hat sich in ihnen verloren wie in einer Leidenschaft, in den Schilderungen, im Wort gewühlt wie in Stoffen oder nacktem blühenden Fleisch. Er reißt Gestalten auf, hebt sie von allen Ständen, Familien, von allen Provinzen Frankreichs aus, wie Napoleon seine Soldaten, teilt sie in Brigaden, macht den einen zum Reiter, stellt den anderen zu den Kanonen und den dritten zum Train, schüttet Pulver auf die Pfannen ihrer Gewehre und überläßt sie dann ihrer inneren ungebändigten Kraft. Die „Comédie humaine" hat trotz der schönen – aber nachträglichen! – Vorrede keinen inneren Plan. Sie ist planlos, wie das Leben ihm selbst planlos erschien, sie zielt nicht auf eine Moral hin und nicht auf eine Übersicht, sie will als Wandelndes das ewig sich Wandelnde zeigen; in all diesem Ebben und Fluten ist keine dauernde Kraft, sondern nur ein momentaner Zug wie die geheimnisvolle Anziehung des Mondes, jene unkörperliche, wie aus Wolken und Licht gewebte Atmosphäre, die man Epoche nennt. Dieses neuen Kosmos einziges Gesetz wäre, daß alles, was gleichzeitig aufeinander wirkt, auch sich selbst verändert, daß nichts frei wie ein Gott, der nur von außen stieße, wirkt, sondern daß alle die Menschen, deren unbeständige Vereinung erst die Epoche ausmacht, ebenso von der Epoche geschaffen werden, daß ihre Moral, ihre Gefühle ebenso Produkte sind wie sie selbst. Daß alles Relativitäten sind, daß, was in Paris Tugend genannt wird, hinter den Azoren ein Laster sei, daß für nichts feste Werte vorhanden seien und daß leidenschaftliche Menschen die Welt so werten müssen, wie Balzac sie die Frau werten läßt: daß sie immer wert sei, was sie ihn koste. Aufgabe des Dichters, dem – schon weil er selbst nur Produkt, Kreatur seiner Zeit ist – versagt ist, das Bleibende aus diesem Wandel zu gewinnen, kann nur sein, den atmosphärischen Druck, den geistigen Zustand seiner Epoche zu schildern, das Wechselspiel der gemeinsamen Kräfte, die die Millionen Moleküle beseelten, zusammenfügten und wieder zerteilten. Meteorologe der sozialen Luftströmungen, Mathematiker des Willens, Chemiker der Leidenschaften, Geologe der nationalen Urformen – ein vielfältiger Gelehrter zu sein, der mit allen Instrumenten den Körper seiner Zeit durchdringt und behorcht, und gleichzeitig ein Sammler aller Tatsachen, ein Maler ihrer Landschaften, ein Soldat ihrer Ideen, das zu sein ist Balzacs Ehrgeiz, und darum war er so unermüdlich im Verzeichnen ebenso der grandiosen wie der infinitesimalen Dinge. Und so ist sein Werk nach dem Dauerwort Taines das größte Magazin menschlicher Dokumente seit Shakespeare geworden. Seinen Zeitgenossen und vielen der heutigen ist Balzac freilich nur der Verfasser von Romanen. So betrachtet, durch das ästhetische Glas visiert, erscheint er nicht so überlebensgroß. Denn er hat eigentlich wenige standard works. Balzac will nicht am Einzelwerk gemessen werden, sondern am Ganzen, will betrachtet sein wie eine Landschaft mit Berg und Tal, unbegrenzter Ferne, verräterischen Klüften und raschen Strömen. Mit ihm beginnt – man könnte fast sagen, hört auch auf, wäre nicht Dostojewski gekommen – der Gedanke des Romans als Enzyklopädie der inneren Welt. Die Dichter vor ihm wußten nur zweierlei, um den schläfrigen Motor der Handlung nach vorne zu treiben: sie statuierten entweder den von außen wirkenden Zufall, der wie ein scharfer Wind sich in die Segel legte und das Fahrzeug nach vorne trieb, oder sie wählten als die von innen treibende Kraft einzig den erotischen Trieb, die Peripetien der Liebe. Balzac nun hat eine Transponierung des Erotischen vorgenommen. Für ihn gab es zweierlei Begehrende (und wie gesagt, nur die Begehrenden, die Ambitiösen haben ihn interessiert): die Erotiker im eigentlichen Sinne, ein paar Männer also und fast alle Frauen, deren Sternbild einzig die Liebe ist, die unter ihm geboren werden und zugrunde gehen. Daß aber alle diese in der Erotik ausgelösten Kräfte nicht die einzigen seien, daß die Peripetien der Leidenschaft auch bei anderen Menschen nicht um ein Gran vermindert und, ohne daß die treibende Urkraft zerstäube oder zersplittere, in anderen Formen, in anderen Symbolen erhalten seien, durch diese tätige Erkenntnis hat der Roman Balzacs eine ungeheuerliche Vielfalt gewonnen.

Aber noch aus einer zweiten Quelle hat Balzac ihn mit Wirklichkeit gespeist: er hat das Geld in den Roman gebracht. Er, der keine absoluten Werte anerkannte, beobachtete als Sekretär seiner Zeitgenossen, als Statistiker des Relativen genau die äußeren, die moralischen, politischen, ästhetischen Werte der Dinge und vor allem jenen allgemein gültigen Wert der Objekte, der sich in unseren Tagen bei jedem Dinge fast dem absoluten nähert: den Geldwert. Seit die Vorrechte der Aristokratie gefallen sind, seit der Nivellierung der Unterschiede ist das Geld zum Blute, zur treibenden Kraft des sozialen Lebens geworden. Jedes Ding ist durch seinen Wert, jede Leidenschaft durch ihre materiellen Opfer, jeder Mensch durch sein äußeres Einkommen bestimmt. Zahlen sind die Gradmesser für gewisse, atmosphärische Zustände des Gewissens, die Balzac zu erforschen sich zur Aufgabe gesetzt hat. Und Geld kreist in seinen Romanen. Nicht nur das Anwachsen und Hinstürzen der großen Vermögen, die wilden Spekulationen der Börse sind geschildert, nicht nur die großen Schlachten, in denen ebensoviel Energie verausgabt wird wie bei Leipzig und Waterloo, nicht nur diese zwanzig Typen der Gelderraffer aus Geiz, Haß, Verschwendungslust, Ambition, nicht nur jene Menschen, die das Geld um des Geldes willen lieben, und die, welche es um des Symbols willen lieben, und die wieder, denen es nur Mittel zu ihren Zwecken ist, sondern Balzac hat als der erste und kühnste an tausend Beispielen gezeigt, wie das Geld selbst in die edelsten, feinsten und immateriellsten Empfindungen eingesickert ist. Alle seine Menschen rechnen, wie wir es unwillkürlich im Leben tun. Seine Anfänger, die nach Paris kommen, wissen rasch, was ein Besuch der guten Gesellschaft kostet, eine elegante Gewandung, blanke Schuhe, ein neuer Wagen, eine Wohnung, ein Diener, tausend Kleinigkeiten und Kleinlichkeiten, die alle bezahlt und erlernt sein wollen. Sie kennen die Katastrophen, verachtet zu werden um einer unmodischen Weste willen, sie haben bald heraus, daß nur Geld oder der Schein des Geldes die Türen sprengt, und aus diesen kleinen unablässigen Demütigungen wachsen dann die großen Leidenschaften und die zähe Ambition. Und Balzac geht mit ihnen. Er rechnet den Verschwendern ihre Ausgaben nach, den Wucherern ihre Prozente, den Kaufmännern ihre Verdienste, den Dandys ihre Schulden, den Politikern ihre Bestechungen. Die Summen sind die Gradziffern der aufsteigenden Unruhegefühle, der Barometerdruck der nahenden Katastrophen. Da Geld der materielle Niederschlag des universellen Ehrgeizes war, da es eindrang in alle Gefühle, so mußte er, der Pathologe des sozialen Lebens, um die Krisen des kranken Leibes zu erkennen, die Mikroskopie des Blutes unternehmen, den Geldgehalt desselben gewissermaßen feststellen. Denn aller Leben ist damit gesättigt, es ist Sauerstoff für die gehetzten Lungen, keiner kann es entbehren, der Ehrgeizige nicht für seinen Ehrgeiz, der Liebende nicht für sein Glück und am wenigsten der Künstler, das hat er selbst am besten gewußt, auf dessen Schultern die Schuld von hunderttausend Francs sich türmte, dieses furchtbare Gewicht, das er oft flüchtig – in der Ekstase der Arbeit – wegschleuderte von seinen Schultern und das schließlich zerschmetternd auf ihn niederfiel.

Unübersehbar ist sein Werk. In den achtzig Bänden steht eine Zeit, eine Welt, eine Generation. Nie vorher ist bewußt ein so Gewaltiges versucht worden, nie wurde die Vermessenheit eines übergroßen Willens besser belohnt. Den Genießenden, den Ausruhenden, die am Abend, aus ihrer engen Welt flüchtend, neue Bilder und neue Menschen wollen, ist Erregung und ein wandelnd Spiel gegeben, den Dramatikern Stoff für hundert Tragödien, den Gelehrten – lässig hingeworfen wie Brocken vom Tisch eines Übersättigten – eine Fülle von Problemen und Anregungen, den Liebenden eine geradezu vorbildliche Glut der Ekstase. Am gewaltigsten aber ist die Erbschaft für die Dichter. In dem Entwurf der „Comédie humaine" stehen nebst den vollendeten noch vierzig unvollendete, ungeschriebene Romane, Moskau heißt der eine, jener die Ebene von Wagram, ein anderer gilt dem Kampf um Wien und wieder einer dem Leben der Passion. Fast ist es ein Glück, daß nicht alle diese zu Ende gelangt sind. Balzac hat einmal gesagt: „Genie ist derjenige, der jederzeit seine Gedanken in Tat umsetzen kann. Aber das ganz große Genie entfaltet nicht unablässig diese Tätigkeit, sonst würde es Gott zu sehr gleichen." Denn hätte er alle diese vollenden dürfen, den Kreis der Leidenschaften und Geschehnisse ganz in sich zurückführen, sein Werk wäre ins Unbegreifliche gewachsen. Es wäre ein Ungeheures geworden, eine

Abschreckung für alle Späteren durch seine Unerreichbarkeit, während es so – ein Torso ohnegleichen – die ungeheuerste Aneiferung, das grandioseste Beispiel ist für jeden schöpferischen Willen zum Unerreichbaren.

2

DICKENS

Nein, man soll nicht Bücher und Biographen befragen, wie sehr Charles Dickens von seinen Zeitgenossen geliebt worden ist. Liebe lebt atmend nur im gesprochenen Wort. Man muß es sich erzählen lassen, am besten von einem Engländer, der mit seinen Jugenderinnerungen noch zurückreicht bis an jene Zeit der ersten Erfolge, von einem derer, die sich noch immer nicht nach nun fünfzig Jahren entschließen können, den Dichter des „Pickwick" Charles Dickens zu nennen, sondern ihm unentwegt seinen alten vertraulicheren, innigeren Necknamen „Boz" geben. An ihrer wehmütig rücksinnenden Rührung kann man den Enthusiasmus der Tausende messen, die damals mit ungestümem Entzücken jene blauen, monatlichen Romanhefte empfangen hatten, die heute, ein Rarissimum für den Bibliophilen, in Fächern und Schränken gilben. Damals – so erzählte mir einer dieser „old Dickensians" – konnten sie es am Posttage niemals über sich bringen, den Boten zu Hause abzuwarten, der endlich, endlich das neue blaue Heft von Boz im Bündel trug. Einen ganzen Monat hatten sie danach gehungert, hatten geharrt, gehofft, gestritten, ob Copperfield die Dora heiraten werde oder die Agnes, hatten sich gefreut, daß Micawbers Verhältnisse wieder zu einer Krisis gelangt waren – wußten sie doch, er werde sie mit heißem Punsch und guter Laune heroisch überwinden! – und nun sollten sie noch warten, warten, bis der Postbote auf der schläfrigen Kutsche kam und ihnen all diese heiteren Scharaden auflöste? Das konnten sie nicht, es ging einfach nicht. Und alle, die Alten wie die Jungen, wanderten Jahr für Jahr

33

am fälligen Tage dem Briefboten zwei Meilen entgegen, nur um ihr Buch früher zu haben. Im Heimwandern schon fingen sie an zu lesen, einer guckte dem andern über die Schulter ins Blatt, andere lasen laut vor, und nur die gutmütigsten liefen mit langen Beinen zurück, um die Beute rascher zu Frau und Kind zu bringen. So wie dieses Städtchen hat damals jedes Dorf, jede Stadt, das ganze Land und darüber hinaus die in allen Erdteilen gesiedelte englische Welt Charles Dickens geliebt; hat ihn geliebt von der ersten Stunde der Begegnung bis zur letzten seines Lebens. Nie im neunzehnten Jahrhundert hat es irgendwo ein ähnlich unwandelbares herzliches Verhältnis zwischen einem Dichter und seiner Nation gegeben. Wie eine Rakete schoß dieser Ruhm auf, aber er losch nie aus, er blieb wie eine Sonne wandellos leuchtend über der Welt. Vom ersten Heft der „Pickwickier" wurden 400 Exemplare gedruckt, vom fünfzehnten bereits 40 000: mit solcher Lawinenmacht stürzte sein Ruhm nieder in seine Zeit. Nach Deutschland bahnte er sich schnell den Weg, Hunderte und Tausende kleiner Groschenhefte säten Lachen und Freude in die Furchen selbst der verwittertsten Herzen; nach Amerika, Australien und Kanada wanderte der kleine Nikolaus Nickleby, der arme Oliver Twist und die tausend anderen Gestalten dieses Unerschöpflichen. Heute sind schon Millionen Bücher von Dickens im Umlauf, große, kleine, dicke und dünne Bände, billige Ausgaben für die Armen und die teuerste Ausgabe drüben in Amerika, die je von einem Dichter veranstaltet worden ist (dreimalhunderttausend Mark, glaube ich, kostet sie: diese Ausgabe für Milliardäre), aber in all den Büchern nistet heute wie damals noch immer das selige Lachen, um aufzuflattern wie ein zwitschernder Vogel, sobald man die ersten Blätter gewendet hat. Beispiellos ist die Beliebtheit dieses Autors gewesen: wenn sie sich im Laufe der Jahre nicht steigerte, so war es nur, weil die Leidenschaft keine höheren Möglichkeiten mehr kannte. Als Dickens sich entschloß, öffentlich zu lesen, als er zum erstenmal seinem Publikum Auge in Auge entgegentrat, war England im Taumel. Man stürmte die Säle, pfropfte sie voll, an den Säulenpfeilern klammerten sich Enthusiasten an, krochen unter sein Podium, nur um den geliebten Dichter hören zu können. In Amerika schliefen die Leute bei bitterster Winterkälte auf mitgebrachten Matratzen vor den Kassen, Kellner brachten ihnen das Essen aus den benachbarten Restaurants, aber der Andrang wurde unaufhaltsam. Alle Säle wurden zu klein, und man räumte schließlich dem Dichter in Brooklyn eine Kirche ein als Vorlesesaal. Von der Kanzel las er die Abenteuer Oliver Twists und die Geschichte der kleinen Nell. Launenlos war dieser Ruhm, er drängte Walter Scott zur Seite, überschattete ein Leben lang das Genie Thackerays; und als die

Flamme erlosch, als Dickens starb, ging es wie ein Riß durch die ganze englische Welt. Auf der Straße erzählten es Fremde einander, Bestürzung verstörte London wie nach einer verlorenen Schlacht. Zwischen Shakespeare und Fielding bettete man ihn, in Westminster Abbey, dem Pantheon Englands; Tausende strömten hinzu, und tagelang war die schlichte Gedenkstätte überflutet von Blumen und Kränzen. Und noch heute, nach vierzig Jahren, kann man selten vorübergehen, ohne ein paar von dankbarer Hand hingestreute Blüten zu finden: der Ruhm und die Liebe ist nicht gewelkt in all den Jahren. Heute wie damals in jener Stunde, da England dem Ahnungslosen, dem Namenlosen das unverhoffte Geschenk des Weltruhms in die Hand drückte, ist Charles Dickens der geliebteste, umworbenste und gefeierteste Erzähler der ganzen englischen Welt.

Eine so ungeheuerliche, gleicherweise in die Breite wie in die Tiefe dringende Wirkung eines dichterischen Werkes kann nur durch das seltene Zusammentreffen zweier meist widerstrebender Elemente Wirklichkeit werden: durch die Identität eines genialen Menschen mit der Tradition seiner Zeit. Im allgemeinen wirken das Traditionelle und das Geniale gegeneinander wie Wasser und Feuer. Ja, es ist beinahe das Merkzeichen des Genies, daß es als verkörperte Seele einer werdenden Tradition die vergangene befeindet, daß es als Ahnherr eines neuen Geschlechtes dem absterbenden Blutfehde ansagt. Ein Genie und seine Zeit sind wie zwei Welten, die zwar Licht und Schatten miteinander tauschen, aber in anderen Sphären schwingen, die sich auf ihren kreisenden Bahnen begegnen, aber nie vereinen. Hier ist nun jene seltene Sekunde des Sternenhimmels, wo der Schatten des einen Gestirns die leuchtende Scheibe des anderen so ausfüllt, daß sie sich identifizieren: Dickens ist der einzige große Dichter des Jahrhunderts, dessen innerste Absicht sich ganz mit dem geistigen Bedürfnis seiner Zeit deckt. Sein Roman ist absolut identisch mit dem Geschmack des damaligen England, sein Werk ist die Materialisierung der englischen Tradition: Dickens ist der Humor, die Beobachtung, die Moral, die Ästhetik, der geistige und künstlerische Gehalt, das eigenartige und uns oft fremde, oft sehnsüchtig-sympathische Lebensgefühl von sechzig Millionen Menschen jenseits des Ärmelkanals. Nicht er hat dieses Werk gedichtet, sondern die englische Tradition, die stärkste, reichste, eigentümlichste und darum auch gefährlichste der modernen Kulturen. Man darf ihre vitale Kraft nicht unterschätzen. Jeder Engländer ist mehr Engländer als der Deutsche Deutscher. Das Englische liegt nicht wie ein Firnis, wie eine Farbe über dem geistigen Organismus des Menschen, es dringt ins Blut, wirkt regelnd ein auf seinen

Rhythmus, durchpulst das Innerste und Geheimste, das Ureigenste im Individuum: das Künstlerische. Auch als Künstler ist der Engländer mehr rassepflichtig als der Deutsche oder Franzose. Jeder Künstler in England, jeder wahrhafte Dichter hat darum mit dem Englischen in sich gerungen; aber selbst inbrünstigster, verzweifeltster Haß haben es nicht vermocht, die Tradition niederzuzwingen. Sie reicht mit ihren feinen Adern zu tief hinab ins Erdreich der Seele: und wer das Englische ausreißen will, zerreißt den ganzen Organismus, verblutet an der Wunde. Ein paar Aristokraten haben es, voll Sehnsucht nach freiem Weltbürgertum, gewagt: Byron, Shelley, Oskar Wilde haben den Engländer in sich vernichten wollen, weil sie das Ewig-Bürgerliche im Engländer haßten. Aber sie zerfetzten nur ihr eigenes Leben. Die englische Tradition ist die stärkste, die siegreichste der Welt, aber auch die gefährlichste für die Kunst. Die gefährlichste, weil sie heimtückisch ist: keine frostige Öde ist sie, nicht unwirtlich oder ungastlich, sie lockt mit warmem Herdfeuer und sanfter Bequemlichkeit, aber sie zäunt ein mit moralischen Grenzen, sie beengt und regelt und verträgt sich übel mit dem freien künstlerischen Trieb. Sie ist eine bescheidene Wohnung mit stockender Luft, geschützt vor den gefährlichen Stürmen des Lebens, heiter, freundlich und gastlich, ein echtes „home“ mit allem Kaminfeuer bürgerlicher Zufriedenheit, aber doch ein Gefängnis für den, dessen Heimat die Welt, dessen tiefste Lust das nomadenhaft selige, abenteuerliche Schweifen im Unbegrenzten ist. Dickens hat sichs behaglich in der englischen Tradition gemacht, hat sich häuslich eingerichtet in ihren vier Mauern. Er fühlte sich wohl in der heimatlichen Sphäre und hat nie, sein Leben lang, die künstlerische, moralische oder ästhetische Grenze Englands überschritten. Er war kein Revolutionär. Der Künstler in ihm vertrug sich mit dem Engländer, löste sich allmählich ganz in ihm auf. Was Dickens geschaffen hat, steht fest und sicher auf dem jahrhundertalten Fundament der englischen Tradition, beugt sich nie oder nur selten um Haaresbreite über sie hinaus, führt aber den Bau zu unverhoffter Höhe mit einer reizvollen Architektonik empor. Sein Werk ist der unbewußte, Kunst gewordene Wille seiner Nation: und wenn wir die Intensität, die seltenen Vorzüge und die versäumten Möglichkeiten seiner Dichtung umgrenzen, rechten wir gleichzeitig immer mit England.

Dickens ist der höchste dichterische Ausdruck der englischen Tradition zwischen dem heroischen Jahrhundert Napoleons, der ruhmreichen Vergangenheit, und dem Imperialismus, dem Traum seiner Zukunft. Wenn er für uns nur ein Außerordentliches geleistet hat und nicht das Gewaltige, zu dem ihn sein Genie prädestinierte, so ist es nicht England, nicht die

Rasse selbst, die ihn gehemmt hat, sondern der unverschuldete Augenblick: das viktorianische Zeitalter Englands. Auch Shakespeare war ja höchste Möglichkeit, poetische Erfüllung einer englischen Epoche: aber der elisabethanischen, des starken tatenfrohen, jünglinghaften, frischsinnlichen England, das zum erstenmal die Fänge nach dem Imperium mundi reckte, das heiß und vibrierend war von überschäumender Kraft. Shakespeare war der Sohn eines Jahrhunderts der Tat, des Willens, der Energie. Neue Horizonte waren aufgetaucht, in Amerika abenteuerliche Reiche gewonnen, der Erbfeind zerschmettert, von Italien her flackte das Feuer der Renaissance herüber in den nordischen Nebel, ein Gott, eine Religion waren abgetan, die Welt wieder anzufüllen mit neuen lebendigen Werten. Shakespeare war die Inkarnation des heroischen England, Dickens nur das Symbol des bourgeoisen. Er war loyaler Untertan der anderen Königin, der sanften, hausmütterlichen, unbedeutenden, old queen Victoria, Bürger eines prüden, behaglichen, geordneten Staatswesens ohne Elan und Leidenschaft. Sein Auftrieb war gehemmt durch die Schwere des Zeitalters, das nicht hungrig war, das nur verdauen wollte: schlaffer Wind nur spielte mit den Segeln seines Schiffes, trieb es nie fort von der englischen Küste zur gefährlichen Schönheit des Unbekannten, hinein in die pfadlose Unendlichkeit. Vorsichtig ist er immer in der Nähe des Heimischen, Gewohnten und Althergebrachten geblieben: wie Shakespeare der Mut des gierigen, ist Dickens die Vorsicht des satten England. 1812 ist er geboren. Gerade wie seine Augen um sich greifen können, wird es dunkel in der Welt, die große Flamme verlischt, die das morsche Gebälk der europäischen Staaten zu vernichten drohte. Bei Waterloo zerschellt die Garde an der englischen Infanterie, England ist gerettet und sieht seinen Erbfeind auf ferner Insel einsam ohne Krone und Macht zugrunde gehen. Das hat Dickens nicht mehr miterlebt; er sieht nicht mehr die Flamme der Welt, den feurigen Schein von einem Ende Europas sich gegen das andere wälzen; sein Blick tappt in den Nebel Englands hinein. Der Jüngling findet keine Helden mehr, die Zeit der Heroen ist vorüber. Ein paar in England wollen es freilich nicht glauben, sie wollen mit Gewalt und Enthusiasmus die Speichen der rollenden Zeit zurückreißen, der Welt den alten sausenden Schwung geben, aber England will Ruhe und stößt sie von sich. Sie flüchten der Romantik nach in ihre heimlichen Winkel, suchen aus armen Funken das Feuer wieder zu entfachen, aber das Schicksal läßt sich nicht zwingen. Shelley ertrinkt im Tyrrhenischen Meer, Lord Byron verbrennt im Fieber zu Missolunghi: die Zeit will keine Aventüren mehr. Aschfarben ist die Welt. Behaglich verschmaust England die noch blutige Beute; der Bourgeois, der Kaufmann, der Makler ist König und räkelt sich auf dem Thron wie auf einem Faulbett. England verdaut. Eine Kunst, die damals gefallen konnte, mußte digestiv sein, sie durfte nicht stören, nicht mit wilden Emotionen rütteln, nur streicheln und krauen, sie durfte nur sentimental sein und nicht tragisch. Man wollte nicht den Schauer, der die Brust wie ein Blitz spaltet, den Atem zerschneidet, das Blut einfrieren läßt – zu gut kannte man das vom wirklichen Leben, als die Gazetten aus Frankreich und Rußland kamen –, nur das Gruseln wollte man, das Schnurren und Spielen, das unablässig den farbigen Knäuel der Geschichten hin und her rollt. Kaminkunst wollten die Leute von damals, Bücher, die sich behaglich, während der Sturm an den Pfosten rüttelt, am Kamin lesen und die selbst so züngeln und knacken mit vielen kleinen ungefährlichen Flammen, eine Kunst, die das Herz wärmt wie Tee, nicht eine, die es freudig und lodernd berauschen will. So ängstlich sind die Sieger von vorgestern geworden – sie, die nur behalten möchten und bewahren, nichts mehr wagen und wandeln –, daß sie Angst haben vor ihrem eigenen starken Gefühl. In den Büchern wie im Leben wünschen sie nur wohltemperierte Leidenschaften, keine Ekstasen, die aufstürmen, immer nur normale Gefühle, die sittsam promenieren. Glück wird in England damals identisch mit Beschaulichkeit, Ästhetik mit Sittsamkeit, und Sinnlichkeit wiederum mit Prüderie, Nationalgefühl mit Loyalität, Liebe mit Ehe. Alle Lebenswerte werden blutarm. England ist zufrieden und will keinen Wandel. Eine Kunst, die eine so satte Nation anerkennen kann, muß darum selbst irgendwie zufrieden sein, das Bestehende loben und nicht darüberhinaus wollen. Und dieser Wille nach einer behaglichen, freundlichen, einer digestiven Kunst findet sein Genie, wie einst das elisabethanische England seinen Shakespeare. Dickens ist das Schöpfung gewordene künstlerische Bedürfnis des damaligen England. Daß er im richtigen Augenblicke kam, schuf seinen Ruhm; daß er von diesem Bedürfnis überwältigt wurde, ist seine Tragik. Seine Kunst ist genährt von der hypokritischen Moral von der Behaglichkeit des satten England: und stände nicht eine so außerordentliche dichterische Kraft hinter seinem Werke, täuschte nicht sein glitzernder, goldfunkelnder Humor hinweg über die innere Farblosigkeit der Gefühle, so hätte er nur Wert in jener englischen Welt, wäre uns indifferent wie die Tausende von Romanen, die jenseits des Ärmelkanals von fingerfertigen Leuten produziert werden. Erst wenn man aus tiefster Seele die hypokritische Borniertheit der viktorianischen Kultur haßt, kann man das Genie eines Menschen mit voller Bewunderung ermessen, der uns diese widerliche Welt der satten Behäbigkeit als interessant und fast liebenswert zu empfinden zwang, der die banalste Prosa des Lebens zu Poesie erlöste.

Dickens hat selbst nie gegen dieses England angekämpft. Aber in der Tiefe – unten im Unbewußten – war das Ringen des Künstlers in ihm mit dem Engländer. Er ist ursprünglich stark und sicher ausgeschritten, nach und nach aber in dem weichen, halb zähen, halb nachgiebigen Sand seiner Zeit müde geworden und immer öfter und öfter schließlich in die alten, breitgestapften Fußspuren der Tradition getreten. Dickens ist überwältigt worden von seiner Zeit, und ich muß bei seinem Schicksal immer an das Abenteuer Gullivers bei den Liliputanern denken. Während der Riese schläft, spannen ihn die Zwerge mit tausenden kleinen Fäden an den Erdboden an, halten den Erwachenden so fest und lassen ihn nicht früher frei, ehe er nicht kapituliert und geschworen hat, die Gesetze des Landes nie zu verletzen. So hat die englische Tradition Dickens im Schlaf seiner Unberühmtheit eingesponnen und festgehalten: sie preßte ihn mit den Erfolgen an die englische Scholle, sie rissen ihn hinein in den Ruhm und banden ihm damit die Hände. Er war nach einer langen trüben Kindheit Stenograph im Parlament geworden und hatte einmal versucht, kleine Skizzen zu schreiben, mehr eigentlich um sein Einkommen zu vermehren als aus impulsivem dichterischen Bedürfnis. Der erste Versuch gelang, die Zeitung verpflichtete ihn. Dann bat ihn ein Verleger um satirische Glossen zu einem Klub, die gewissermaßen den Text zu Karikaturen aus der englischen gentry bilden sollten. Dickens nahm an. Und es gelang, gelang über alle Erwartung. Die ersten Hefte des „Pickwick-Klub" waren ein Erfolg ohne Beispiel; nach zwei Monaten war Boz ein nationaler Autor. Der Ruhm schob ihn weiter, aus Pickwick wurde ein Roman. Es gelang wieder. Immer dichter spannen sich die kleinen Netze, die geheimen Fesseln des nationalen Ruhmes. Von einem Werke drängte ihn der Beifall zum andern, drängte ihn immer mehr in die Windrichtung des zeitgenössischen Geschmackes hinein. Und diese hunderttausend Netze, aus Beifall, baren Erfolgen und stolzem Bewußtsein künstlerischen Wollens auf das verwirrendste gewoben, hielten ihn nun fest an der englischen Erde, bis er kapitulierte, innerlich gelobte, die ästhetischen und moralischen Gesetze seiner Heimat nie zu übertreten. Er blieb in der Gewalt der englischen Tradition, des bürgerlichen Geschmackes, ein moderner Gulliver unter den Liliputanern. Seine wundervolle Phantasie, die wie ein Adler hätte hinschweben können über dieser engen Welt, verhakte sich in den Fußfesseln der Erfolge. Eine tiefinnerliche Zufriedenheit belastet seinen künstlerischen Auftrieb. Dickens war zufrieden. Zufrieden mit der Welt, mit England, mit seinen Zeitgenossen und sie mit ihm. Beide wollten sie sich nicht anders, als sie waren. In ihm war nicht die zornige Liebe, die züchtigen will, aufrütteln, anstacheln und erheben, der Urwille des großen

Künstlers, mit Gott zu rechten, seine Welt zu verwerfen und sie neu, nach seinem eigenen Dünken zu erschaffen. Dickens war fromm, fürchtig; er hatte für alles Bestehende eine wohlwollende Bewunderung, ein ewig kindliches, spielfrohes Entzücken. Er war zufrieden. Er wollte nicht viel. Er war einmal ein ganz armer, vom Schicksal vergessener, von der Welt verschüchterter Knabe gewesen, dem erbärmliche Berufe die Jugend verzettelt hatten. Damals hatte er bunte farbige Sehnsucht gehabt, aber alle hatten ihn zurückgestoßen in eine lange und hartnäckig getragene Verschüchterung. Das brannte in ihm. Seine Kindheit war das eigentlich dichterisch-tragische Erlebnis – hier war der Same seines schöpferischen Wollens eingesenkt in das fruchtbare Erdreich von schweigsamem Schmerz; und seine tiefste seelische Absicht war, als ihm dann die Macht und Möglichkeit der Wirkung ins Weite wurde, diese Kindheit zu rächen. Er wollte mit seinen Romanen allen armen, verlassenen, vergessenen Kindern helfen, die so wie er einst Ungerechtigkeit erlitten durch schlechte Lehrer, vernachlässigte Schulen, gleichgültige Eltern, durch die lässige, lieblose, selbstsüchtige Art der meisten Menschen. Er wollte ihnen die paar farbigen Blüten Kinderfreude retten, die in seiner eigenen Brust verwelkt waren ohne den Tau der Güte. Später hatte ihm das Leben dann alles gewährt, und er wußte es nicht mehr anzuklagen: aber die Kindheit rief in ihm um Rache. Und die einzige moralische Absicht, der innere Lebenswille seines Dichtens war, diesen Schwachen zu helfen: hier wollte er die zeitgenössische Lebensordnung verbessern. Er verwarf sie nicht, er bäumte sich nicht auf gegen die Normen des Staates, er droht nicht, reckt nicht die zornige Faust gegen das ganze Geschlecht, gegen die Gesetzgeber, die Bürger, gegen die Verlogenheit aller Konventionen, sondern deutet nur hier und dort mit vorsichtigem Finger auf eine offene Wunde. England ist das einzige Land Europas, das damals, um 1848, nicht revolutionierte; und so wollte auch er nicht umstürzen und neu schaffen, nur korrigieren und verbessern, wollte nur die Phänomene des sozialen Unrechts, dort wo ihr Dorn zu spitz und schmerzhaft ins Fleisch drang, abschleifen und mildern, doch nie die Wurzel, die innerste Ursache, aufgraben und zerstören. Als echter Engländer wagt er sich nicht an die Fundamente der Moral, sie sind dem Konservativen sakrosankt wie das gospel, das Evangelium. Und diese Zufriedenheit, dieser Absud vom flauen Temperament seiner Epoche, ist so charakteristisch für Dickens. Er wollte nicht viel vom Leben: und so seine Helden. Ein Held bei Balzac ist gierig und herrschsüchtig, er verbrennt vor ehrgeiziger Sehnsucht nach Macht. Nichts ist ihm genug, unersättlich sind sie alle, jeder ein Welteroberer, ein Umstürzler, ein Anarchist und ein Tyrann zugleich. Sie haben ein napoleonisches

Temperament. Auch die Helden Dostojewskis sind feurig und ekstatisch, ihr Wille verwirft die Welt und greift in herrlichster Ungenügsamkeit über das wirkliche Leben nach dem wahren Leben; sie wollen nicht Bürger und Menschen sein, sondern in jedem von ihnen funkelt durch alle Demut der gefährliche Stolz, ein Heiland zu werden. Ein Held Balzacs will die Welt unterjochen, ein Held Dostojewskis sie überwinden. Beide haben sie eine Anspannung über das Alltägliche hinaus, eine Pfeilrichtung gegen das Unendliche. Die Menschen bei Dickens sind alle bescheiden. Mein Gott, was wollen sie? Hundert Pfund im Jahr, eine nette Frau, ein Dutzend Kinder, einen freundlich gedeckten Tisch für die guten Freunde, ihr Cottagehaus bei London mit einem Blick von Grün vor dem Fenster, mit einem kleinen Gärtchen und einer Handvoll Glück. Ihr Ideal ist ein spießerisches, ein kleinbürgerliches: damit muß man sich bei Dickens zurechtfinden. Alle seine Menschen wollen innerlich keinen Wandel der Weltordnung, wollen weder Reichtum noch Armut, sondern dieses behagliche Mittelmaß, das als Lebensmaxime so weise für den Krämer und Kärrner, so gefährlich für den Künstler ist. Die Ideale Dickens' haben abgefärbt von ihrer armen Umwelt. Hinter dem Werke steht als der Schöpfer, der Bändiger des Chaos, nicht ein zorniger Gott, gigantisch und übermenschlich, sondern ein zufriedener Betrachter, ein loyaler Bürger. Das Bürgerliche ist die Atmosphäre aller Romane von Dickens.

Seine große und unvergeßliche Tat war darum eigentlich nur: die Romantik der Bourgeoisie zu entdecken, die Poesie des Prosaischen. Er hat als erster den Alltag der unpoetischesten aller Nationen ins Dichterische umgebogen. Er hat Sonne durch dieses stumpfe Grau leuchten lassen; und wer in England einmal gesehen hat, wie strahlend der Goldglanz ist, den dort die erstarkende Sonne aus dem trüben Knäuel des Nebels spinnt, der weiß, wie sehr ein Dichter seine Nation beseligen mußte, der ihr künstlerisch diese Sekunde der Erlösung aus dem bleiernen Hindämmern gegeben hat. Dickens ist dieser goldene Reif um den englischen Alltag, der Heiligenschein der schlichten Dinge und simpeln Menschen, die Idylle Englands. Er hat seine Helden, seine Schicksale in den engen Straßen der Vorstädte gesucht, an denen die anderen Dichter achtlos vorbeigingen. Die suchten ihre Helden unter den Kronleuchtern der aristokratischen Salons, auf den Wegen in den Zauberwald der fairy tales, sie forschten nach dem Entlegenen, Ungewöhnlichen und Außerordentlichen. Ihnen war der Bürger die Substanz gewordene irdische Schwerkraft, und sie wollten nur feurige, kostbare, in Ekstasen aufstrebende Seelen, den lyrischen, den heroischen Menschen. Dickens schämte sich nicht, den ganz einfachen Tagwerker zum Helden zu machen. Er war ein self-made-man;

er kam von unten und bewahrte diesem Milieu eine rührende Pietät. Er hatte einen sehr merkwürdigen Enthusiasmus für das Banale, eine Begeisterung für ganz wertlose altväterische Dinge, für den Kleinkram des Lebens. Seine Bücher sind selbst so ein curiosity shop voll mit Gerümpel, das jeder für wertlos gehalten hätte, ein Durcheinander von Seltsamkeiten und schnurrigen Nichtigkeiten, die jahrzehntelang vergeblich auf den Liebhaber gewartet hatten. Aber er nahm diese alten wertlosen, verstaubten Dinge, putzte sie blank, fügte sie zusammen und stellte sie in die Sonne seiner Heiterkeit. Und da fingen sie plötzlich an zu funkeln mit einem unerhörten Glanz. So nahm er die vielen kleinen verachteten Gefühle aus der Brust einfacher Menschen, horchte sie ab, fügte ihr Räderwerk zusammen, bis sie wieder lebendig tickten. Plötzlich begannen sie da wie kleine Spieluhren zu surren, zu schnurren und dann zu singen, eine leise altväterische Melodie, die lieblicher war als die schwermütigen Balladen der Ritter aus Legendenland und die Kanzonen der Lady vom See. Die ganze bürgerliche Welt hat Dickens so aus dem Aschenhaufen der Vergessenheit aufgestöbert und wieder blank zusammengefügt: in seinem Werk erst wurde sie wieder eine lebendige Welt. Ihre Torheiten und Beschränktheiten hat er durch Nachsicht begreiflich, ihre Schönheiten durch Liebe sinnfällig gemacht, ihren Aberglauben verwandelt in eine neue und sehr dichterische Mythologie. Das Zirpen des Heimchens am Herd ist Musik geworden in seiner Novelle, die Silvesterglocken sprechen mit menschlichen Zungen, der Zauber der Weihnacht versöhnt Dichtung dem religiösen Gefühl. Aus den kleinsten Festen hat er einen tieferen Sinn geholt; er hat allen diesen schlichten Leuten die Poesie ihres täglichen Lebens entdecken geholfen, ihnen noch lieber gemacht, was ihnen schon das Liebste war, ihr „home", das enge Zimmer, wo der Kamin mit roten Flammen prasselt und das dürre Holz zerknackt, wo der Tee am Tische surrt und singt, wo die wunschlosen Existenzen sich absperren von den gierigen Stürmen, den wilden Verwegenheiten der Welt. Die Poesie des Alltäglichen wollte er alle die lehren, die in den Alltag gebannt waren. Tausenden und Millionen hat er gezeigt, wo das Ewige in ihr armes Leben hinabreichte, wo der Funke der stillen Freude verschüttet unter der Asche des Alltags lag, er hat sie gelehrt, ihn aufflammen zu lassen zu heiter behaglicher Glut. Helfen wollte er den Armen und den Kindern. Was über diesen Mittelstand des Lebens materiell oder geistig hinausging, war ihm antipathisch; er liebte nur das Gewöhnliche, das Durchschnittliche von ganzem Herzen. Den Reichen und den Aristokraten, den Begünstigten des Lebens war er gram. Die sind fast immer Schurken und Knauser in seinen Büchern, selten Porträts, fast immer Karikaturen. Er mochte sie nicht. Zu oft hatte er als Kind dem Vater ins Schuldgefängnis, in die Marshalsea, Briefe gebracht, die Pfändungen gesehen, zu sehr die liebe Not des Geldes gekannt; jahraus, jahrein war er in Hungerford Stairs ganz oben in einem kleinen, schmutzigen, sonnenlosen Zimmer gesessen, hatte Schuhwichse in Tiegel eingestrichen und mit Fäden Hunderte und Hunderte täglich umwickelt, bis ihm die kleinen Kinderhände brannten und die Tränen der Zurücksetzung aus den Augen schossen. Zu sehr hatte er Hunger und Entbehrung gekannt an den kalten Nebelmorgen der Londoner Straßen. Keiner hatte ihm damals geholfen, die Karossen waren vorübergefahren an dem frierenden Knaben, die Reiter vorbeigetrabt, die Tore hatten sich nicht aufgetan. Nur von den kleinen Leuten hatte er Gutes erfahren: nur ihnen wollte er darum die Gabe erwidern. Seine Dichtung ist eminent demokratisch – nicht sozialistisch, dazu fehlt ihm der Sinn für das Radikale –, Liebe und Mitleid allein geben ihr pathetisches Feuer. In der bürgerlichen Welt – in der mittleren Sphäre zwischen Armenhaus und Rente – ist er am liebsten geblieben; nur bei diesen schlichten Menschen hat er sich wohlgefühlt. Er malt ihre Stuben mit Behaglichkeit und Breite aus, als wollte er selbst darin wohnen, webt ihnen bunte und immer mit sonnigem Feuer überflogene Schicksale, träumt ihre bescheidenen Träume; er ist ihr Anwalt, ihr Prediger, ihr Liebling, die helle, ewig warme Sonne ihrer schlichten, grautönigen Welt.

Aber wie reich ist sie durch ihn geworden, diese bescheidene Wirklichkeit der kleinen Existenzen! Das ganze bürgerliche Beisammensein mit seinem Hausrat, dem Kunterbunt der Berufe, dem unübersehbaren Gemisch der Gefühle ist noch einmal Kosmos geworden, ein All mit Sternen und Göttern in seinen Büchern. Aus dem flachen, stagnierenden, kaum wellenden Spiegel der kleinen Existenzen hat hier ein scharfer Blick Schätze erspäht und sie mit dem feinmaschigsten Netz ans Licht gehoben. Aus dem Gewühl hat er Menschen gefangen, o wie viele Menschen, Hunderte von Gestalten, genug, eine kleine Stadt zu bevölkern. Unvergeßliche sind unter ihnen, Gestalten, die ewig sind in der Literatur und schon mit ihrer Existenz hinausreichen in den wirklichen Sprachbegriff des Volkes, Pickwick und Sam Weller, Pecksniff und Betsey Trotwood, sie alle, deren Namen in uns lächelnde Erinnerung zauberisch entfachen. Wie reich sind diese Romane! Die Episoden des David Copperfield genügten für sich allein, das dichterische Lebenswerk eines anderen mit Tatsächlichkeiten zu versorgen; Dickens' Bücher sind eben wirkliche Romane im Sinn der Fülle und unablässigen Bewegtheit, nicht wie unsere deutschen fast alle nur ins Breite gezerrte psychologische Novellen. Es gibt keine toten Punkte in ihnen, keine leeren sandigen Strecken, sie haben Ebbe und Flut von Geschehnissen, und wirklich, wie ein Meer sind sie unergründlich und unübersehbar. Kaum kann man das heitere und wilde Durcheinander der wimmelnden Menschen überschauen; sie drängen herauf an die Bühne des Herzens, stoßen einer wieder den andern hinab, wirbeln vorbei. Wie Wogenkämme tauchen sie auf aus der Flut der Riesenstädte, stürzen wieder in den Gischt der Ereignisse, aber sie tauchen neu auf, steigen und fallen, umschlingen einander oder stoßen sich ab: und doch, diese Bewegungen sind keine zufälligen, hinter der ergötzlichen Wirrnis waltet eine Ordnung, die Fäden flechten sich immer wieder zusammen in einen farbigen Teppich. Keine der Gestalten, die nur spaziergängerisch vorbeizustreifen scheinen, geht verloren; alle ergänzen, befördern, befeinden einander, häufen Licht oder Schatten. Krause, heitere, ernste Verwicklungen treiben in katzenhaftem Spiel den Knäuel der Handlung hin und her, alle Möglichkeiten des Gefühls klingen in rascher Skala auf und nieder, alles ist gemengt: Jubel, Schauer und Übermut; bald funkelt die Träne der Rührung, bald die der losen Heiterkeit. Gewölk zieht auf, zerreißt, türmt sich aufs neue, aber am Schlusse strahlt die vom Gewitter reine Luft in wundervoller Sonne. Manche dieser Romane sind eine Ilias von tausend Einzelkämpfen, die Ilias einer entgötterten irdischen Welt, manche nur eine friedfertige bescheidene Idylle; aber alle Romane, die vortrefflichen wie die unlesbaren, haben dies Merkmal einer verschwenderischen Vielfalt. Und alle haben sie, selbst die wildesten und melancholischsten, in den Fels der tragischen Landschaft kleine Lieblichkeiten wie Blumen eingesprengt. Überall blühen diese unvergeßlichen Anmutigkeiten: wie kleine Veilchen, bescheiden und versteckt, warten sie im weitgesteckten Wiesenplan seiner Bücher, überall sprudelt die klare Quelle sorgloser Heiterkeit klingend von dem dunkeln Gestein der schroffen Geschehnisse nieder. Es gibt Kapitel bei Dickens, die man nur Landschaften in ihrer Wirkung vergleichen kann, so rein sind sie, so göttlich unberührt von irdischen Trieben, so sonnig blühend in ihrer heiteren milden Menschlichkeit. Um ihretwillen schon müßte man Dickens lieben, denn so verschwenderisch sind diese kleinen Künste verstreut in seinem Werk, daß ihre Fülle zur Größe wird. Wer könnte allein seine Menschen aufzählen, alle diese krausen, jovialen, gutmütigen, leicht lächerlichen und immer so amüsanten Menschen? Sie sind aufgefangen mit all ihren Schrullen und individuellen Eigentümlichkeiten, eingekapselt in die seltsamsten Berufe, verwickelt in die ergötzlichsten Abenteuer. Und so viele sie auch sind, keiner ist dem andern ähnlich, sie sind minuziös bis ins kleinste Detail persönlich herausgearbeitet, nichts ist Guß und Schema an ihnen, alles Sinnlichkeit und Lebendigkeit, sie alle sind nicht ersonnen, sondern gesehen. Gesehen von dem ganz unvergleichlichen Blick dieses Dichters.

Dieser Blick ist von einer Präzision sondergleichen, ein wunderbares, unbeirrbares Instrument. Dickens war ein visuelles Genie. Man mag jedes Bildnis von ihm, das der Jugend und das (bessere) der Mannesjahre betrachten: es ist beherrscht von diesem merkwürdigen Auge. Es ist nicht das Auge des Dichters, in schönem Wahnsinn rollend oder elegisch umdämmert, nicht weich und nachgiebig oder feurig-visionär. Es ist ein englisches Auge: kalt, grau, scharfblinkend wie Stahl. Und stählern war es auch wie ein Tresor, in dem alles unverbrennbar, unverlierbar, gewissermaßen luftdicht abgeschlossen ruhte, was ihm irgend einmal, gestern oder vor vielen Jahren von der Außenwelt eingezahlt worden war: das Erhabenste wie das Gleichgültigste, irgendein farbiges Schild über einem Kramladen in London, das der Fünfjährige vor undenklicher Zeit gesehen, oder ein Baum mit seinen aufspringenden Blüten gerade drüben vor dem Fenster. Nichts ging diesem Auge verloren, es war stärker als die Zeit; sparsam reihte es Eindruck an Eindruck im Speicher des Gedächtnisses, bis der Dichter ihn zurückforderte. Nichts rann in Vergessenheit, wurde blaß oder fahl, alles lag und wartete, blieb voll Duft und Saft, farbig und klar, nichts starb ab oder welkte. Unvergleichlich ist bei Dickens das Gedächtnis des Auges. Mit seiner stählernen Schneide zerteilt er den Nebel der Kindheit; in „David Copperfield", dieser verkappten Autobiographie, sind Erinnerungen des zweijährigen Kindes an die Mutter und das Dienstmädchen mit Messerschärfe wie Silhouetten vom Hintergrund des Unbewußten losgeschnitten. Es gibt keine vagen Konturen bei Dickens; er gibt nicht vieldeutige Möglichkeiten der Vision, sondern zwingt zur Deutlichkeit. Seine darstellende Kraft läßt der Phantasie des Lesers keinen freien Willen, er vergewaltigt sie (weshalb er auch der ideale Dichter einer phantasielosen Nation wurde). Stellt zwanzig Zeichner vor seine Bücher und verlangt die Bilder Copperfields und Pickwicks: die Blätter werden sich ähnlich sehen, werden in unerklärlicher Ähnlichkeit den feisten Herrn mit der weißen Weste und den freundlichen Augen hinter den Brillengläsern oder den hübschen blonden, ängstlichen Knaben auf der Postkutsche nach Yarmouth darstellen. Dickens schildert so scharf, so minuziös, daß man seinem hypnotisierenden Blicke folgen muß; er hatte nicht den magischen Blick Balzacs, der die Menschen der feurigen Wolke ihrer Leidenschaften sich erst chaotisch formend entringen läßt, sondern einen ganz irdischen Blick, einen Seemanns-, einen Jägerblick, einen Falkenblick für die kleinen Menschlichkeiten. Aber Kleinigkeiten, sagte er einmal, sind es, die den Sinn des Lebens ausmachen. Sein Blick hascht nach kleinen Merkzeichen, er sieht den Flecken am Kleid, die kleinen hilflosen Gesten der Verlegenheit, er faßt die Strähne roten Haares, die unter einer dunkeln Perücke hervorlugt, wenn ihr Eigner in Zorn gerät. Er spürt die Nuancen, tastet die Bewegung jedes einzelnen Fingers bei einem Händedruck ab, die Abschattung in einem Lächeln. Er war Jahre vor seiner literarischen Zeit Stenograph im Parlament gewesen und hatte sich dort geübt, das Ausführliche ins Summarische zu drängen, mit einem Strich ein Wort, mit kurzem Schnörkel einen Satz darzustellen. Und so hat er später dichterisch eine Art Kurzschrift des Wirklichen geübt, das kleine Zeichen hingestellt statt der Beschreibung, eine Essenz der Beobachtung aus den bunten Tatsächlichkeiten destilliert. Für diese kleinen Äußerlichkeiten hatte er eine unheimliche Scharfsichtigkeit, sein Blick übersah nichts, faßte wie ein guter Verschluß am photographischen Apparat das Hundertstel einer Sekunde in einer Bewegung, einer Geste. Nichts entging ihm. Und diese Scharfsichtigkeit wurde noch gesteigert durch eine ganz merkwürdige Brechung des Blicks, die den Gegenstand nicht wie ein Spiegel in seiner natürlichen Proportion wiedergab, sondern wie ein Hohlspiegel ins Charakteristische übertrieb. Dickens unterstreicht immer die Merkzeichen seiner Menschen, er dreht sie aus dem Objektiven hinüber ins Gesteigerte, ins Karikaturistische. Er macht sie intensiver, erhebt sie zum Symbol. Der wohlbeleibte Pickwick wird auch seelisch zur Rundlichkeit, der dünne Jingle zur Dürre, der Böse zum Satanas, der Gute die leibhaftige Vollendung. Dickens übertreibt wie jeder große Künstler, aber nicht ins Grandiose, sondern ins Humoristische. Die ganze, so unsäglich ergötzliche Wirkung seiner Darstellung entwuchs nicht so sehr seiner Laune, nicht seinem Übermut, sondern sie saß schon in dieser merkwürdigen Winkelstellung des Auges, das mit seiner Überschärfe alle Erscheinungen irgendwie ins Wunderliche und Karikaturistische übertrieben auf das Leben zurückspiegelte.

Tatsächlich: in dieser eigenartigen Optik – und nicht in seiner ein wenig zu bürgerlichen Seele – steckt Dickens' Genie. Dickens war eigentlich nie Psychologe, einer, der magisch die Seele des Menschen erfaßt, aus ihrem hellen oder dunklen Samen in geheimnisvollem Wachstum sich die Dinge in ihren Farben und Formen entfalten ließ. Seine Psychologie beginnt beim Sichtbaren, er charakterisiert durch Äußerlichkeiten, allerdings durch jene letzten und feinsten, die eben nur einem dichterisch scharfen Auge sichtbar sind. Wie die englischen Philosophen, beginnt er nicht mit Voraussetzungen, sondern mit Merkmalen. Die unscheinbarsten, ganz materiellen Äußerungen des Seelischen fängt er ein und macht an ihnen durch seine merkwürdig karikaturistische Optik den ganzen

Charakter augenfällig. Aus Merkmalen läßt er die Spezies erkennen. Dem Schullehrer Creakle gibt er eine leise Stimme, die mühsam das Wort gewinnt. Und schon ahnt man das Grauen der Kinder vor diesem Menschen, dem die Anstrengung des Sprechens die Zornader über die Stirne schwellen läßt. Sein Uriah Heep hat immer kalte, feuchte Hände: schon atmet die Gestalt Mißbehagen, schlangenhafte Widrigkeiten. Kleinigkeiten sind das, Äußerlichkeiten, aber immer solche, die auf das Seelische wirken. Manchmal ist es eigentlich nur eine lebendige Schrulle, die er darstellt; eine Schrulle, die mit einem Menschen umwickelt ist und ihn wie eine Puppe mechanisch bewegt. Manchmal wieder charakterisiert er den Menschen durch seinen Begleiter – was wäre Pickwick ohne Sam Weller, Dora ohne Jip, Barnaby ohne den Raben, Kit ohne das Pony! – und zeichnet die Eigentümlichkeit der Figur gar nicht an dem Modell selbst, sondern am grotesken Schatten. Seine Charaktere sind eigentlich immer nur eine Summe von Merkmalen, aber von so scharfgeschnittenen, daß sie restlos ineinander passen und ein Bild vortrefflich in Mosaik zusammensetzen. Und darum wirken sie meistens immer nur äußerlich, sinnfällig, sie erzeugen eine intensive Erinnerung des Auges, eine nur vage des Gefühles. Rufen wir in uns eine Figur Balzacs oder Dostojewskis beim Namen auf, den Père Goriot oder Raskolnikow, so antwortet ein Gefühl, die Erinnerung an eine Hingebung, eine Verzweiflung, ein Chaos der Leidenschaft. Sagen wir uns Pickwick, so taucht ein Bild auf, ein jovialer Herr mit reichlichem Embonpoint und goldenen Knöpfen auf der Weste. Hier spüren wir es: an die Figuren Dickens' denkt man wie an gemalte Bilder, an die Dostojewskis und Balzacs wie an Musik. Denn diese schaffen intuitiv, Dickens nur reproduktiv, jene mit dem geistigen, Dickens mit dem körperlichen Auge. Er faßt die Seele nicht dort, wo sie geisterhaft, nur von dem siebenfach glühenden Licht der visionären Beschwörung bezwungen, aus der Nacht des Unbewußten steigt, er lauert dem unkörperlichen Fluidum auf, dort, wo es einen Niederschlag im Wirklichen hat, er hascht die tausend Wirkungen des Seelischen auf das Körperliche, aber dort übersieht er keine. Seine Phantasie ist eigentlich bloß Blick und reicht darum nur aus für jene Gefühle und Gestalten der mittleren Sphäre, die im Irdischen wohnen; seine Menschen sind nur plastisch in den gemäßigten Temperaturen der normalen Gefühle. In den Hitzegraden der Leidenschaft zerschmelzen sie wie Wachsbilder in Sentimentalität, oder sie erstarren im Haß und werden brüchig. Dickens gelingen nur geradlinige Naturen, nicht jene ungleich interessanteren, in denen die hundertfachen Übergänge vom Guten zum Bösen, vom Gott zum Tier fließend sind. Seine Menschen sind immer eindeutig, entweder vortrefflich als Helden oder niederträchtig als Schurken, sie sind prädestinierte Naturen mit einem Heiligenschein über der Stirne oder dem Brandmal. Zwischen good und wicked, zwischen dem Gefühlvollen und Gefühllosen pendelt seine Welt. Darüber hinaus, in die Welt der geheimnisvollen Zusammenhänge, der mystischen Verkettungen, weiß seine Methode keinen Pfad. Das Grandiose läßt sich nicht greifen, das Heroische nicht erlernen. Es ist der Ruhm und die Tragik Dickens', immer in einer Mitte geblieben zu sein zwischen Genie und Tradition, dem Unerhörten und dem Banalen: in den geregelten Bahnen der irdischen Welt, im Lieblichen und im Ergreifenden, im Behaglichen und Bürgerlichen.

Aber dieser Ruhm genügte ihm nicht: der Idylliker sehnte sich nach Tragik. Immer wieder hat er zur Tragödie emporgestrebt, und immer kam er nur zum Melodram. Hier war seine Grenze. Diese Versuche sind unerfreulich: mögen in England die „Geschichte der beiden Städte", „Bleak House" für hohe Schöpfungen gelten, für unser Gefühl sind sie verloren, weil ihre große Geste eine erzwungene ist. Die Anstrengung zum Tragischen ist in ihnen wirklich bewundernswert: in diesen Romanen türmt Dickens Konspirationen, wölbt große Katastrophen wie Felsblöcke über den Häuptern seiner Helden, er beschwört den Schauer der Regennächte, den Volksaufstand und die Revolutionen, entfesselt den ganzen Apparat des Grauens und Entsetzens. Aber doch, jener erhabene Schauer stellt sich nie ein, es wird nur ein Gruseln, der rein körperliche Reflex des Entsetzens, und nicht der Schauer der Seele. Jene tiefen Erschütterungen, jene gewitterhaften Wirkungen, die vor Angst das Herz sehnsüchtig stöhnen lassen nach der Entladung im Blitz, brechen nie mehr aus seinen Büchern. Dickens türmt Gefahr über Gefahren, aber man fürchtet sie nicht. Bei Dostojewski starren manchmal plötzlich Abgründe, man jappt nach Luft, wenn man dieses Dunkel, diesen namenlosen Abgrund in der eigenen Brust aufgerissen fühlt; man fühlt den Boden unter den Füßen schwinden, spürt einen jähen Schwindel, einen feurigen, aber süßen Schwindel, möchte gern nieder, niederstürzen, und schauert doch zugleich vor diesem Gefühl, wo Lust und Schmerz zu so ungeheuren Hitzegraden weißgeglüht sind, daß man sie voneinander nicht scheiden kann. Auch bei Dickens sind solche Abgründe. Er reißt sie auf, füllt sie mit Schwärze, zeigt ihre ganze Gefahr; aber doch, man schauert nicht, man hat nicht jenen süßen Schwindel des geistigen Niederstürzens, der vielleicht der höchste Reiz künstlerischen Genießens ist. Man fühlt sich bei ihm immer irgendwie sicher, als hielte man ein Geländer, denn man weiß, er läßt einen nicht niederstürzen; man weiß, der Held wird nicht untergehen; die beiden Engel, die mit weißen Flügeln durch die Welt dieses englischen Dichters schweben, Mitleid oder Gerechtigkeit, werden ihn schon unbeschädigt über alle Schründe und Abgründe tragen. Dickens fehlt die Brutalität, der Mut zur wirklichen Tragik. Er ist nicht heroisch, sondern sentimental. Tragik ist Wille zum Trotz, Sentimentalität Sehnsucht nach der Träne. Zu der tränenlosen, wortlosen, letzten Gewalt des verzweifelten Schmerzes ist Dickens nie gelangt: sanfte Rührung – etwa der Tod Doras im „Copperfield“ – ist das äußerste ernste Gefühl, das er vollendet darzustellen vermag. Holt er zum wirklich wuchtigen Schwung aus, so fällt ihm immer das Mitleid in den Arm. Immer glättet das (oft ranzige) Öl des Mitleids den heraufbeschworenen Sturm der Elemente; die sentimentale Tradition des englischen Romans überwindet den Willen zum Gewaltigen. Denn in England soll das Geschehen eines Romans eigentlich nur die Illustration der landläufigen moralischen Maximen sein; durch die Melodie des Schicksals werkelts immer als Unterton: „Üb immer Treu und Redlichkeit.“ Das Finale muß eine Apokalypse sein, ein Weltgericht, die Guten steigen nach oben, die Bösen werden bestraft. Auch Dickens hat leider diese Gerechtigkeit in die meisten Romane übernommen, seine Schurken ertrinken, ermorden sich gegenseitig, die Hochmütigen und Reichen machen Bankrott, und die Helden sitzen warm in der Wolle. Noch heute duldet der Engländer kein Drama, das ihn nicht am Ende mit der Beruhigung entläßt, alles in dieser Welt sei in schönster Ordnung. Und diese echt englische Hypertrophie des moralischen Sinnes hat Dickens' grandioseste Inspirationen zum tragischen Roman irgendwie ernüchtert. Denn die Weltanschauung dieser Werke, der eingebaute Kreisel, der ihre Stabilität aufrechterhält, ist nicht die Gerechtigkeit des freien Künstlers mehr, sondern die eines anglikanischen Bürgers. Dickens zensuriert die Gefühle, statt sie frei wirken zu lassen: er gestattet nicht wie Balzac ihr elementares Überschäumen, sondern lenkt sie durch Dämme und Gruben in Kanäle, wo sie die Mühlen der bürgerlichen Moral drehen. Der Prediger, der Reverend, der common-sense-Philosoph, der Schulmeister, alle sitzen sie unsichtbar mit ihm in der Werkstatt des Künstlers und mengen sich ein: sie verleiten ihn, den ernsten Roman statt ein demütiges Nachbild der freien Wirklichkeiten lieber ein Vorbild und eine Warnung für junge Leute sein zu lassen. Freilich, belohnt ward die gute Gesinnung: als Dickens starb, wußte der Bischof von Winchester an seinem Werk zu rühmen, man könne es beruhigt jedem Kinde in die Hände geben; aber gerade dies, daß es das Leben nicht in seinen Wirklichkeiten zeigt, sondern so, wie man es Kindern darstellen will, schmälert seine überzeugende Kraft. Für uns Nichtengländer strotzt und protzt es zu sehr mit Sittlichkeit. Um Held bei Dickens zu werden, muß man ein Tugendausbund sein, ein puritanisches

Ideal. Bei Fielding und Smollet, die ja doch auch Engländer waren, allerdings Kinder eines sinnefreudigeren Jahrhunderts, schadet es dem Helden absolut nicht, wenn er einmal bei einem Raufhandel seinem Gegenüber die Nase eintreibt oder wenn er trotz aller hitzigen Liebe zu seiner adeligen Dame einmal mit ihrer Zofe im Bette schläft. Bei Dickens erlauben sich nicht einmal die Wüstlinge solche Abscheulichkeiten. Selbst seine ausschweifenden Menschen sind eigentlich harmlos, ihre Vergnügungen noch immer so, daß sie eine ältliche spinster ohne Erröten verfolgen kann. Da ist Dick Swiveller der Libertin. Wo steckt denn eigentlich seine Libertinage? Mein Gott, er trinkt vier Glas Ale statt zwei, zahlt seine Rechnungen höchst unregelmäßig, bummelt ein wenig, das ist alles. Und zum Schluß macht er im rechten Augenblick eine Erbschaft – eine bescheidene natürlich – und heiratet höchst anständig das Mädchen, das ihm auf die Bahn der Tugend half. Wahrhaft unmoralisch sind bei Dickens nicht einmal die Schurken, selbst sie haben trotz aller böser Instinkte blasses Blut. Diese englische Lüge der Unsinnlichkeit sitzt als Brand in seinem Werke; die schieläugige Hypokrisie, die übersieht, was sie nicht sehen will, wendet Dickens den spürenden Blick von den Wirklichkeiten. Das England der Königin Viktoria hat Dickens verhindert, den vollendet tragischen Roman zu schreiben, der seine innerste Sehnsucht war. Und es hätte ihn ganz niedergezogen in seine eigene satte Mediokrität, hätte ihn ganz mit den klemmenden Armen der Beliebtheit zum Anwalt seiner sexuellen Verlogenheit gemacht, wäre dem Künstler nicht eine Welt frei gewesen, in die seine schöpferische Sehnsucht hätte flüchten können, hätte er nicht jene silberne Schwinge besessen, die ihn stolz über die dumpfen Bezirke solcher Zweckmäßigkeiten hob: seinen seligen und fast unirdischen Humor.

Diese eine selige, halkyonisch freie Welt, in die der Nebel Englands nicht niederhängt, ist das Land der Kindheit. Die englische Lüge verschneidet die Sinnlichkeit in den Menschen und zwingt den Erwachsenen in ihre Gewalt; die Kinder aber leben noch paradiesisch unbekümmert ihr Fühlen aus, sie sind noch nicht Engländer, sondern nur kleine helle Menschenblüten, in ihre bunte Welt schattet noch nicht der englische Nebelrauch der Hypokrisie. Und hier, wo Dickens frei, unbehindert von seinem englischen Bourgeoisgewissen schalten durfte, hat er Unsterbliches geleistet. Die Jahre der Kindheit in seinen Romanen sind einzig schön; nie werden, glaube ich, in der Weltliteratur diese Gestalten vergehen, diese heiteren und ernsten Episoden der Frühzeit. Wer wird je die Odyssee der kleinen Nell vergessen können, wie sie mit ihrem greisen Großvater aus dem Rauch und Düster der großen Städte hinauszieht ins erwachende Grün der Felder, harmlos und sanft, dies engelhafte Lächeln selig über alle Fährlichkeiten und Gefahren hinrettend bis ins Verscheiden. Das ist rührend in einem Sinne, der über alle Sentimentalität hinausreicht zum echtesten, lebendigsten Menschengefühl. Da ist Traddles, der fette Junge in seinen geblähten Pumphosen, der den Schmerz über die erhaltenen Prügel im Zeichnen von Skeletten vergißt, Kit, der Treueste der Treuen, der kleine Nickelby und dann dieser eine, der immer wiederkehrt, dieser hübsche, „sehr kleine und nicht eben zu freundlich behandelte Junge", der niemand anderes ist als Charles Dickens, der Dichter, der seine eigene Kinderlust, sein eigenes Kinderleid wie kein zweiter unsterblich gemacht hat. Immer und immer wieder hat er von diesem gedemütigten, verlassenen, verschreckten, träumerischen Knaben erzählt, den die Eltern verwaisen ließen; und hier ist sein Pathos wirklich tränennah geworden, seine sonore Stimme voll und tönend wie Glockenklang. Unvergeßlich ist dieser Kinderreigen in Dickens' Romanen. Hier durchdringt sich Lachen und Weinen, Erhabenes und Lächerliches zu einem einzigen Regenbogenglanz; das Sentimentale und das Sublime, das Tragische und das Komische, Wahrheit und Dichtung versöhnen sich in ein Neues und Nochniedagewesenes. Hier überwindet er das Englische, das Irdische, hier ist Dickens ohne Einschränkung groß und unvergleichlich. Wollte man ihm ein Denkmal setzen, so müßte marmorn dieser Kinderreigen seine eherne Gestalt umringen als den Beschützer, den Vater und Bruder. Denn sie hat er wahrhaft als die reinste Form menschlichen Wesens geliebt. Wollte er Menschen sympathisch machen, so ließ er sie kindlich sein. Um der Kinder willen hat er die sogar geliebt, die schon nicht mehr kindlich, sondern kindisch waren, die Schwachsinnigen und Geistesgestörten. In allen seinen Romanen ist einer dieser sanften Irren, deren arme verlorene Sinne weit oben wie weiße Vögel wandern über der Welt der Sorgen und Klagen, denen das Leben nicht ein Problem, eine Mühe und Aufgabe ist, sondern nur ein seliges, ganz unverständliches, aber schönes Spiel. Es ist rührend zu sehen, wie er diese Menschen schildert. Er faßt sie sorgsam an wie Kranke, legt viel Güte um ihr Haupt wie einen Heiligenschein. Selige sind sie ihm, weil sie ewig im Paradies der Kindheit geblieben sind. Denn die Kindheit ist das Paradies in Dickens' Werken. Wenn ich einen Roman von Dickens lese, habe ich immer eine wehmütige Angst, wenn die Kinder heranwachsen; denn ich weiß, nun geht das Süßeste, das Unwiederbringliche verloren, nun mischt sich bald das Poetische mit dem Konventionellen, die reine Wahrheit mit der englischen Lüge. Und er selbst scheint dieses Gefühl im Innersten zu teilen. Denn nur ungern gibt er seine Lieblingshelden an das Leben. Er begleitet sie nie bis ins Alter hinein, wo sie banal werden, Krämer und Kärrner des Lebens; er nimmt Abschied von ihnen, wenn er sie emporgeführt hat bis an die Kirchentür der Ehe, durch alle Fährnisse in den spiegelglatten Hafen der bequemen Existenz. Und das eine Kind, das ihm das liebste war in der bunten Reihe, die kleine Nell, in der er die Erinnerung an eine ihm sehr teure Frühverstorbene verewigt hatte, sie ließ er gar nicht in die rauhe Welt der Enttäuschungen, die Welt der Lüge. Sie behielt er für immer im Paradies der Kindheit, schloß ihr vorzeitig die blauen sanften Augen, ließ sie ahnungslos übergleiten von der Helle der Frühzeit in die Dunkelheit des Todes. Sie war ihm zu lieb für die wirkliche Welt.

Denn diese Welt ist bei Dickens, ich sagte es ja schon, eine bürgerlich bescheidene, ein müdes, sattes England, ein enger Ausschnitt der ungeheuren Möglichkeiten des Lebens. Eine solche arme Welt konnte nur reich werden durch ein großes Gefühl. Balzac hat den Bourgeois gewaltig gemacht durch seinen Haß, Dostojewski durch seine Heilandsliebe. Und auch Dickens, der Künstler, erlöst diese Menschen von ihrer lastenden Erdschwere: durch seinen Humor. Er betrachtet seine kleinbürgerliche Welt nicht mit objektiver Wichtigkeit, er stimmt nicht jenen Hymnus der braven Leute, der alleinseligmachenden Tüchtigkeit und Nüchternheit an, der jetzt die meisten unserer deutschen Heimatkunstromane so widerlich macht. Sondern er zwinkert seinen Leuten gutmütig und doch lustig zu, er macht sie wie Gottfried Keller und Wilhelm Raabe ein ganz klein wenig lächerlich in ihren liliputanischen Sorgen. Aber lächerlich in einem freundlichen, gutmütigen Sinne, so daß man sie für alle Schnurren und Skurrilitäten nur noch lieber hat. Wie ein Sonnenblick liegt der Humor über seinen Büchern, macht ihre bescheidene Landschaft plötzlich heiter und unendlich lieblich, voll von tausend entzückenden Wundern; an dieser guten wärmenden Flamme wird alles lebendiger und wahrscheinlicher, selbst die falschen Tränen flimmern wie Diamanten, die kleinen Leidenschaften flammen wie wirklicher Brand. Der Humor Dickens' hebt sein Werk über die Zeit hinaus in alle Zeiten. Er erlöst es von der Langeweile alles Englischen, Dickens überwindet die Lüge durch sein Lächeln. Wie Ariel schwebt dieser Humor geisternd durch die Luft seiner Bücher, füllt sie an mit heimlicher Musik, reißt sie in einen Tanzwirbel, eine große Freudigkeit des Lebens. Allgegenwärtig ist er. Selbst aus dem Schacht der finstersten Verwirrungen funkelt er auf wie ein Bergmannslicht, er löst die überstraffen Spannungen, er mildert das allzu Sentimentale durch den Unterton der Ironie, das Übertriebene durch seinen Schatten, das Groteske, er ist das Versöhnende, das Ausgleichende, das Unvergängliche in seinem Werk. Er ist − wie alles bei Dickens − natürlich englisch, ein echtenglischer Humor. Auch ihm fehlt es an Sinnlichkeit, er vergißt sich nicht, betrinkt sich nicht an seiner eigenen Laune und wird nie ausschweifend. Er bleibt in seinem Überschwang noch gemessen, grölt nicht und rülpst sich nicht wie Rabelais, überpurzelt sich nicht wie bei Cervantes vor tollem Entzücken oder springt kopfüber ins Unmögliche wie der amerikanische. Er bleibt immer aufrecht und kühl. Dickens lächelt wie alle Engländer nur mit dem Mund, nicht mit dem ganzen Körper. Seine Heiterkeit verbrennt sich nicht selbst, sie funkelt nur und zersplittert ihr Licht in die Adern der Menschen hinein, flackert mit tausend kleinen Flammen, geistert und irrlichtert neckisch, ein entzückender Schelm, mitten in den Wirklichkeiten. Auch sein Humor ist – denn es ist das Schicksal Dickens', immer eine Mitte darzustellen – ein Ausgleich zwischen der Trunkenheit des Gefühls, der wilden Laune und der kaltlächelnden Ironie. Sein Humor ist unvergleichbar dem der anderen großen Engländer. Er hat nichts von der zerfasernden, beizenden Ironie Sternes, nichts von der breitstapfigen, launigen Landedelmannsheiterkeit Fieldings; er ätzt nicht wie Thackeray schmerzhaft in den Menschen hinein, er tut nur wohl und nie weh, spielt wie Sonnenkringel ihnen lustig um Haupt und Hände. Er will nicht moralisch sein und nicht satirisch, nicht unter der Narrenkappe irgendeinen feierlichen Ernst verstecken. Er will überhaupt nicht und nichts. Er ist. Seine Existenz ist absichtslos und selbstverständlich; der Schalk steckt schon in jener merkwürdigen Augenstellung Dickens', verschnörkelt und übertreibt dort die Gestalten, gibt ihnen jene ergötzlichen Proportionen und komischen Verrenkungen, die dann das Entzücken von Millionen wurden. Alles tritt in diesen Kreis von Licht, sie leuchten wie von innen heraus; selbst die Gauner und Schurken haben ihren Glorienschein von Humor, die ganze Welt scheint irgendwie lächeln zu müssen, wenn Dickens sie betrachtet. Alles glänzt und wirbelt, die Sonnensehnsucht eines nebligen Landes scheint für immer erlöst. Die Sprache schlägt Purzelbäume, die Sätze quirlen ineinander, springen weg, spielen Verstecken mit ihrem Sinn, werfen sich einer dem anderen Fragen zu, necken sich, führen sich irre, eine Launigkeit beflügelt sie zum Tanz. Unerschütterlich ist dieser Humor. Er ist schmackhaft ohne das Salz der Sexualität, das ihm ja die englische Küche versagte; er ließ sich nicht verwirren dadurch, daß hinter dem Dichter der Drucker hetzte; denn selbst im Fieber, in Not und Ärger konnte Dickens nicht anders als heiter schreiben. Sein Humor ist unwiderstehlich, er saß fest in diesem herrlich scharfen Auge und verlosch erst mit seinem Licht. Nichts Irdisches vermochte ihm etwas anzuhaben, und auch der Zeit wird es kaum gelingen. Denn ich kann mir Menschen nicht denken, die Novellen wie „Das

Heimchen am Herd" nicht lieben würden, die der Heiterkeit wehren könnten bei manchen Episoden dieser Bücher. Die seelischen Bedürfnisse mögen sich wandeln wie die literarischen. Aber solange man Sehnsucht nach Heiterkeit haben wird, in den Augenblicken jener Behaglichkeiten, wo der Lebenswille ruht und nur das Gefühl des Lebens sanft seine Wellen in einem rührt, wo man sich nach nichts so sehnt als nach irgendeiner arglosen melodischen Erregung des Herzens, wird man nach diesen einzigen Büchern greifen, in England und überall in der Welt.

Das ist das Große, das Unvergängliche in diesem irdischen, allzu irdischen Werke: es hat Sonne in sich, es strahlt und wärmt. Man soll die großen Kunstwerke nicht allein nach ihrer Intensität fragen, nicht nur nach dem Menschen, der hinter ihnen stand, sondern auch nach ihrer Extensität, der Wirkung auf die Mengen. Und von Dickens wird man wie von keinem in unserem Jahrhundert sagen können, er habe die Freudigkeit der Welt gemehrt. Millionen Augen haben bei seinen Büchern in Tränen gefunkelt; Tausenden, denen das Lachen verblüht oder verschüttet war, hat er es neu in die Brust gepflanzt: weit über das Literarische hinaus ging seine Wirkung. Reiche Leute besannen sich und machten Stiftungen, als sie von den Brüdern Chereby lasen; Hartherzige wurden gerührt; die Kinder bekamen – es ist verbürgt –, als „Oliver Twist" erschien, mehr Almosen auf den Straßen; die Regierung verbesserte die Armenhäuser und kontrollierte die Privatschulen. Das Mitleid und Wohlwollen in England ist stärker geworden durch Dickens, das Schicksal von vielen und vielen Armen und Unglücklichen gelindert. Ich weiß: solche außerordentliche Wirkungen haben nichts zu tun mit der ästhetischen Wertung eines Kunstwerkes. Aber sie sind wichtig, weil sie zeigen, daß jedes ganz große Werk über die Welt der Phantasie hinaus, wo ja jeder schaffende Wille zauberhaft frei schweifen kann, auch in der realen Welt Wandlungen hervorbringt. Wandlungen im Wesentlichen, im Sichtbaren und dann in der Temperatur des Gefühlsempfindens. Dickens hat – im Gegensatz zu den Dichtern, die für sich selbst um Mitleid und Zuspruch bitten – die Heiterkeit und Lust seiner Zeit gemehrt, ihren Blutkreislauf befördert. Die Welt ist heller geworden seit dem Tage, da der junge Stenograph des Parlaments zur Feder griff, um von Menschen und Schicksalen zu schreiben. Er hat seiner Zeit die Freude gerettet und den späteren Generationen den Frohsinn jenes „merry old England", des England zwischen den Napoleonskriegen und dem Imperialismus. Nach vielen Jahren wird man noch zurückschauen nach dieser dann schon altväterischen Welt mit ihren seltsamen, verlorenen Berufen, die längst im Mörser des Industrialismus zerpulvert sein werden, wird sich vielleicht hineinsehen in dies Leben, das arglos war, voll von einfachen, stillen Heiterkeiten. Dickens hat dichterisch die Idylle Englands geschaffen – das ist sein Werk. Achten wir dieses Leise, das Zufriedene nicht zu gering gegenüber dem Gewaltigen: auch die Idylle ist ein Ewiges, eine uralte Wiederkehr. Das Georgikon oder Bukolikon, das Gedicht des fliehenden, vom Schauer des Begehrens ausruhenden Menschen ist hier erneut, so wie es immer im Umschwung der Generationen wieder sich erneuern wird. Es kommt, um wieder zu vergehen, die Atempause zwischen den Erregungen, das Kraftgewinnen vor oder nach der Anstrengung, die Sekunde der Zufriedenheit im rastlos hämmernden Herzen. Andere schaffen die Gewalt, andere die Stille. Charles Dickens hat einen Augenblick der Stille in der Welt zum Gedicht gefügt. Heute ist das Leben wieder lauter, die Maschinen dröhnen, die Zeit saust in rascherem Umschwung. Aber die Idylle ist unsterblich, weil sie Lebensfreude ist; sie kehrt wieder wie der blaue Himmel hinter den Wettern, die ewige Heiterkeit des Lebens nach allen Krisen und Erschütterungen der Seele. Und so wird auch Dickens immer wieder aus seiner Vergessenheit wiederkehren, wenn Menschen der Fröhlichkeit bedürftig sind und, ermattet von den tragischen Anspannungen der Leidenschaft, auch aus den leisern Dingen die geisterhafte Musik des Dichterischen werden vernehmen wollen.

3

DOSTOJEWSKI

"Daß du nicht enden kannst, das macht dich groß."

— GOETHE, WESTÖSTLICHER DIVAN

EINKLANG

Es ist schwer und verantwortungsvoll, von Fedor Michailowitsch Dostojewski und seiner Bedeutung für unsere innere Welt würdig zu sprechen, denn dieses Einzigen Weite und Gewalt will ein neues Maß.

Ein umschlossenes Werk, einen Dichter vermeinte erstes Nahen zu finden und entdeckt Grenzenloses, einen Kosmos mit eigen kreisenden Gestirnen und anderer Musik der Sphären. Mutlos wird der Sinn, diese Welt jemals restlos zu durchdringen: zu fremd ist erster Erkenntnis ihre Magie, zu weit ins Unendliche verwölkt ihr Gedanke, zu fremd ihre Botschaft, als daß die Seele unvermittelt aufschauen könnte in diesen neuen wie in heimatlichen Himmel. Dostojewski ist nichts, wenn nicht von innen erlebt. Im tiefsten müssen wir die eigene Kraft des Mitfühlens und Mitleidens erst prüfen und stählen zu einer neuen gesteigerten Empfänglichkeit: bis zu den untersten geheimsten Wurzeln unseres Wesens müssen wir graben, um die Zusammenhänge mit seiner erst phantastischen und dann wundervoll wahren Menschlichkeit zu entdecken. Nur dort, ganz im Untersten, im Ewigen und Unabänderlichen unseres

57

Seins, Wurzel in Wurzel, können wir uns Dostojewski zu verbinden hoffen; denn wie fremd scheint äußerem Blick diese russische Landschaft, die, wie die Steppen seiner Heimat, weglose und wie wenig Welt von unserer Welt! Nichts Freundliches umfriedet dort lieblich den Blick, selten rät eine sanfte Stunde zur Rast. Mystische Dämmerung des Gefühls, trächtig von Blitzen, wechselt mit einer frostigen, oft eisigen Klarheit des Geistes, statt warmer Sonne flammt vom Himmel ein geheimnisvoll blutendes Nordlicht. Urweltlandschaft, mystische Welt hat man mit Dostojewskis Sphäre betreten, uralt und jungfräulich zugleich, und süßes Grauen schlägt einem entgegen wie vor jeder Nahheit ewiger Elemente. Bald schon sehnt sich Bewunderung gläubig zu verweilen, und doch warnt eine Ahnung das ergriffene Herz, hier dürfe es nicht heimisch werden für immer, müsse es doch wieder zurück in unsere wärmere, freundlichere, aber auch engere Welt. Zu groß ist, spürt man beschämt, diese erzene Landschaft für den täglichen Blick, zu stark, zu beklemmend diese bald eisige, bald feurige Luft für den zitternden Atem. Und die Seele würde fliehen vor der Majestät solchen Grauens, wäre nicht über dieser unerbittlich tragischen, entsetzlich irdischen Landschaft ein unendlicher Himmel der Güte sternenklar ausgespannt, Himmel auch unserer Welt, doch höher ins Unendliche gewölbt in solchem scharfen geistigen Frost, als in unseren linden Zonen. Beruhigter Aufblick aus dieser Landschaft zu ihrem Himmel spürt erst die unendliche Tröstung dieser unendlichen irdischen Trauer, und ahnt im Grauen die Größe, im Dunkel den Gott.

Nur solcher Aufblick zu seinem letzten Sinne vermag unsere Ehrfurcht vor dem Werke Dostojewskis in eine brennende Liebe zu verwandeln, nur der innerste Einblick in seine Eigenheit das Tiefbrüderliche, das Allmenschliche dieses russischen Menschen uns klarzutun. Aber wie weit und wie labyrinthisch ist dieser Niederstieg bis zum innersten Herzen des Gewaltigen; machtvoll in seiner Weite, schreckhaft durch seine Ferne, wird dies einzige Werk in gleichem Maße geheimnisvoller, als wir von seiner unendlichen Weite in seine unendliche Tiefe zu dringen suchen. Denn überall ist es mit Geheimnis getränkt. Von jeder seiner Gestalten führt ein Schacht hinab in die dämonischen Abgründe des Irdischen, jeder Aufschwung ins Geistige rührt mit seiner Schwinge bis an Gottes Antlitz. Hinter jeder Wand seines Werkes, jedem Antlitz seiner Menschen, jeder Falte seiner Verhüllungen liegt die ewige Nacht und glänzt das ewige Licht: denn Dostojewski ist durch Lebensbestimmung und Schicksalsgestaltung allen Mysterien des Seins restlos verschwistert. Zwischen Tod und Wahnsinn, Traum und brennend klarer Wirklichkeit steht seine Welt. Überall grenzt sein persönliches Problem an ein unlösbares der Menschheit, jede einzelne belichtete Fläche spiegelt Unendlichkeit. Als Mensch, als Dichter, als Russe, als Politiker, als Prophet: überall strahlt sein Wesen von ewigem Sinn. Kein Weg führt an sein Ende, keine Frage bis in den untersten Abgrund seines Herzens. Nur Begeisterung darf ihm nahen, und auch sie nur demütig in der Beschämung, geringer zu sein als seine eigene liebende Ehrfurcht vor dem Mysterium des Menschen.

Er selbst, Dostojewski, hat niemals die Hand gerührt, um uns an sich heranzuhelfen. Die anderen Baumeister des Gewaltigen in unserer Zeit offenbarten ihren Willen. Wagner legte neben sein Werk die programmatische Erläuterung, die polemische Verteidigung, Tolstoi riß alle Türen seines täglichen Lebens auf, jeder Neugier Zutritt, jeder Frage Rechenschaft zu geben. Er aber, Dostojewski, verriet seine Absicht nie anders als im vollendeten Werk, die Pläne verbrannte er in der Glut der Schöpfung. Schweigsam und scheu war er ein Leben lang, kaum das Äußerliche, das Körperliche seiner Existenz ist zwingend bezeugt. Freunde besaß er nur als Jüngling, der Mann war einsam: wie Verminderung seiner Liebe zur ganzen Menschheit schien es ihm, einzelnen sich hinzugeben. Auch seine Briefe verraten nur Notdurft der Existenz, Qual des gefolterten Körpers, alle haben sie verschlossene Lippen, so sehr sie Klage und Notruf sind. Viele Jahre, seine ganze Kindheit sind von Dunkel umschattet, und schon heute ist er, dessen Blick manche in unserer Zeit noch brennen sahen, menschlich etwas ganz Fernes und Unsinnliches geworden, eine Legende, ein Heros und ein Heiliger. Jenes Zwielicht von Wahrheit und Ahnung, das die erhabenen Lebensbilder Homers, Dantes und Shakespeares umwittert, entirdischt uns auch sein Antlitz. Nicht aus Dokumenten, sondern einzig aus wissender Liebe läßt sich sein Schicksal gestalten.

Allein also und führerlos muß man hinab in das Herz dieses Labyrinths zu tasten suchen und den Faden Ariadnes, der Seele, vom Knäuel der eigenen Lebensleidenschaft ablösen. Denn je tiefer wir uns in ihn versenken, desto tiefer fühlen wir uns selbst. Nur wenn wir an unser wahres allmenschliches Wesen hinangelangen, sind wir ihm nah. Wer viel von sich selbst weiß, weiß auch viel von ihm, der oder keiner das letzte Maß aller Menschlichkeit gewesen. Und dieser Gang in sein Werk führt durch alle Purgatorien der Leidenschaft, durch die Hölle der Laster, führt über alle Stufen irdischer Qual: Qual des Menschen, Qual der Menschheit, Qual des Künstlers und der letzten, der grausamsten, der Gottesqual. Dunkel ist der Weg, und von innen muß man glühen in Leidenschaft und Wahrheitswillen, um nicht in die Irre zu gehen: unsere eigene Tiefe erst müssen wir durchwandern, ehe wir uns in die seine wagen. Er sendet keine Boten, einzig das Erlebnis führt Dostojewski zu. Und er hat keine Zeugen, keine anderen als des Künstlers mystische Dreieinheit in Fleisch und Geist: sein Antlitz, sein Schicksal und sein Werk.

DAS ANTLITZ

Sein Antlitz scheint zuerst das eines Bauern. Lehmfarben, fast schmutzig falten sich die eingesunkenen Wangen, zerpflügt von vieljährigem Leid, dürstend und versengt spannt sich mit vielen Sprüngen die rissige Haut, der jener Vampir zwanzigjährigen Siechtums Blut und Farbe entzogen. Rechts und links starren, zwei mächtige Steinblöcke, die slawischen Backenknochen heraus, den herben Mund, das brüchige Kinn überwuchert wirrer Busch von Bart. Erde, Fels und Wald, eine tragisch elementare Landschaft, das sind die Tiefen von Dostojewskis Gesicht. Alles ist dunkel, irdisch und ohne Schönheit in diesem Bauern- und beinahe Bettlerantlitz; flach und farblos, ohne Glanz dunkelt es hin, ein Stück russische Steppe auf Stein versprengt. Selbst die Augen, die tief eingesenkten, vermögen aus ihren Klüften nicht diesen mürben Lehm zu erleuchten, denn nicht nach außen schlägt klar und blendend ihre gerade Flamme, gleichsam nach innen ins Blut hinein brennen zehrend ihre spitzen Blicke. Wenn sie sich schließen, stürzt der Tod sofort über dies Gesicht, und die nervöse Hochspannung, die sonst die mürben Züge zusammenhält, sinkt nieder ins lethargisch Unbelebte.

Wie sein Werk ruft dies Antlitz erst das Grauen vom Reigen der Gefühle auf, dem sich zögernd Scheu und dann leidenschaftlich, in wachsender Bezauberung, Bewunderung gesellt. Denn nur die irdische Niederung, die fleischliche, seines Antlitzes dämmert hin in dieser düstererhabenen naturhaften Trauer. Aber wie eine Kuppel, weißstrahlend und gewölbt, hebt sich ragend über dem engen bäurischen Gesicht die aufstrebende Rundung der Stirne: aus Schatten und Dunkel steigt blank und gehämmert der geistige Dom: harter Marmor über den weichen Lehm des Fleisches, das wüste Dickicht des Haares. Alles Licht strömt in diesem Antlitz nach oben, und blickt man in sein Bild, so fühlt man immer nur sie, diese breite mächtige, königliche Stirne, sie, die immer strahlender leuchtet und sich zu weiten scheint, je mehr das alternde Antlitz in Krankheit vergrämt und vergeht. Wie ein Himmel steht sie hoch und unerschütterlich über der Hinfälligkeit des gebrestigen Körpers, Glorie von Geist über irdischer Trauer. Und auf keinem Bilde leuchtet dies heilige Gehäuse des sieghaften Geistes glorreicher als von jenem des Totenbetts, da die Lider schlaff über die gebrochenen Augen gefallen sind, die entfärbten Hände, fahl und doch fest, das Kreuz gierig umfassen (jenes arme kleine

Holzkruzifix, das einst eine Bäuerin dem Zuchthäusler schenkte). Da strahlt sie wie von morgens die Sonne über nächtiges Land nieder auf das entseelte Antlitz und kündet mit ihrem Glanz die gleiche Botschaft wie alle seine Werke: daß der Geist und der Glaube ihn erlösten vom dumpfen niederen und körperlichen Leben. In letzter Tiefe ist immer Dostojewskis letzte Größe: und nie spricht sein Antlitz stärker als aus seinem Tod.

DIE TRAGÖDIE SEINES LEBENS

„Non vi si pensa quanto sangue costa."

— DANTE

Immer ist bei Dostojewski Grauen der erste Eindruck und der zweite dann Größe. Auch sein Schicksal scheint anfangs dem flüchtigen Blick so grausam und gemein, wie sein Antlitz bäuerisch und gewöhnlich. Zuerst empfindet man es nur als eine sinnlose Marter, denn mit allen Instrumenten der Qual foltern diese sechzig Jahre den hinfälligen Körper. Die Feile der Not reibt seiner Jugend und seinem Alter die Süße weg, die Säge des körperlichen Schmerzes knirscht in sein Gebein, die Schraube der Entbehrung wühlt ihm hart bis an den Lebensnerv, die brennenden Drähte der Nerven zucken und zerren unaufhörlich durch seine Glieder, der feine Stachel der Wollust reizt unersättlich seine Leidenschaft. Keine Qual ist gespart, keine Marter vergessen. Eine sinnlose Grausamkeit, eine blindwütige Feindseligkeit scheint dies Schicksal vorerst. Rückschauend nur begreift man, daß es sich so hart zum Hammer geschmiedet, weil es Ewiges aus ihm meißeln wollte, daß es gewaltig war, um einem Gewaltigen gemäß zu sein. Denn nichts mißt es dem Maßlosen gemächlich zu, nirgends ähnelt sein Lebensgang dem gut gepflasterten breiten Bürgersteig aller anderen Dichter des neunzehnten Jahrhunderts, immer fühlt man hier eines finstern Schicksalsgottes Lust, sich stark an dem Stärksten zu versuchen. Alttestamentarisch, heroisch und in nichts neuzeitlich und bürgerlich ist Dostojewskis Schicksal. Ewig muß er mit dem Engel ringen wie Jakob, ewig sich gegen Gott empören und ewig sich beugen wie Hiob. Nie läßt es ihn sicher werden, nie träge, immer muß er den Gott spüren, der ihn straft, weil er ihn liebt. Nicht eine Minute darf er rasten im Glück, damit sein Weg bis ins Unendliche gehe. Manchmal scheint der Dämon seines Schicksals schon innezuhalten in seinem Zorn und ihm zu verstatten, wie alle anderen die gemeine Straße des Lebens zu gehen, aber immer wieder reckt sich die gewaltige Hand und stößt ihn ins Dickicht zurück, in die brennenden Dornen. Schleudert es ihn hoch, so ists nur, um ihn in tiefere Abgründe hinabzustürzen, ihn die ganze Weite der Ekstase und Verzweiflung zu lehren; es hebt ihn auf in Höhen des Hoffens, wo andere schwach zerschmelzen in Wollust, und wirft ihn in Schlünde des Leidens, wo alle andern zerschellen in Schmerz: und eben wie Hiob zerschmettert es ihn immer in den Augenblicken der höchsten Sicherheiten, nimmt ihm Frau und Kind, belädt ihn mit Krankheit und schändet ihn mit Verachtung, damit er nicht innehalte, mit Gott zu rechten und ihm durch seine unaufhörliche Empörung und seine unaufhörliche Hoffnung nur mehr gewonnen sei. Es ist, als hätte sich diese Zeit lauer Menschen gerade diesen einen aufgespart, um zu zeigen, welche titanischen Maße in Lust und Qual auch unserer Welt noch möglich seien, und er, Dostojewski, scheint dumpf den gewaltigen Willen über sich zu spüren. Denn niemals wehrt er sich gegen sein Schicksal, niemals hebt er die Faust. Der Körper, der wunde, bäumt sich konvulsivisch in Zuckungen empor, aus seinen Briefen bricht manchmal wie Blutsturz ein heißer Schrei, aber der Geist, der Glaube, zwingt die Revolte nieder. Der mystisch Wissende in Dostojewski spürt das Heilige dieser Hand, den tragisch fruchtbaren Sinn seines Schicksals. Aus seinem Leid wird Liebe zum Leiden, und mit der wissenden Glut seiner Qual umflammt er seine Zeit, seine Welt.

Dreimal schwingt ihn das Leben empor, dreimal reißt es ihn nieder. Früh schon atzt es ihn mit der süßen Speise des Ruhms: sein erstes Buch schenkt ihm einen Namen; aber rasch faßt ihn die harte Kralle und schleudert ihn wieder zurück ins Namenlose: ins Zuchthaus, in die Katorga, nach Sibirien. Wieder taucht er, nur noch stärker und mutiger, empor: seine Memoiren aus dem Totenhause reißen Rußland in einen Taumel. Der Zar selbst netzt das Buch mit seinen Tränen, die russische Jugend steht in Flammen für ihn. Er gründet eine Zeitschrift, seine Stimme tönt zum ganzen Volke, die ersten Romane entstehen. Da bricht im Wettersturz seine materielle Existenz zusammen, Schulden und Sorgen peitschen ihn aus dem Land, Krankheit beißt sich in sein Fleisch, ein Nomade, irrt er durch ganz Europa, vergessen von seiner Nation. Aber zum drittenmal, nach Jahren der Arbeit und Entbehrung, taucht er aus den grauen Gewässern namenloser Not: die Rede zu Puschkins Gedächtnis bezeugt ihn als den ersten Dichter, den Propheten seines Landes. Unauslöschlich ist nun sein Ruhm. Aber gerade jetzt schlägt ihn die eiserne Hand nieder, und die verzückte Begeisterung seines ganzen Volkes schäumt ohnmächtig gegen einen Sarg. Das Schicksal bedarf seiner nicht mehr, der grausam weise Wille hat alles erreicht, aus seiner Existenz das Höchste gewonnen an geistiger Frucht: achtlos wirft es nun die leere Hülse des Körpers hin.

Durch diese sinnvolle Grausamkeit wird Dostojewskis Leben zum Kunstwerk, seine Biographie zur Tragödie. Und in wundervoller Symbolik nimmt sein künstlerisches Werk die typische Form des eigenen Schicksals an. Es gibt da geheimnisvolle Identitäten, mystische Zusammenhänge, wunderbare Spiegelungen, die nicht zu deuten und zu erklären sind. Schon der Anbeginn seines Lebens ist Symbol: Fedor Michailowitsch Dostojewski wird im Armenhaus geboren. Mit der ersten Stunde ist ihm so schon die Stelle seiner Existenz angewiesen, irgendwo im Abseits, im Verachteten, nahe dem Bodensatz des Lebens und doch mitten im menschlichen Schicksal, nachbarlich von Leiden, Schmerz und Tod. Niemals bis zum letzten Tage (er starb in einem Arbeiterviertel, in einer Winkelwohnung des vierten Stocks) ist er dieser Umgürtung entronnen, alle die sechsundfünfzig schweren Jahre seines Lebens bleibt er mit Elend, Armut, Krankheit und Entbehrung im Armenhaus des Lebens. Sein Vater, Militärarzt wie der Schillers, ist adliger Abstammung, seine Mutter aus Bauernblut: beide Quellen des russischen Volkstums strömen so befruchtend in seine Existenz zusammen, strenggläubige Erziehung wendet schon früh seine Sinnlichkeit zur Ekstase. Dort im Moskauer Armenhaus, in einem engen Verschlag, den er mit seinem Bruder teilt, hat er die ersten Jahre seines Lebens verbracht. Die ersten Jahre: man wagt nicht zu sagen: seine Kindheit, denn dieser Begriff ist irgendwo aus seinem Leben verschollen. Niemals hat er von ihr gesprochen, und Dostojewskis Schweigen war immer Scham oder stolze Angst vor fremdem Mitleid. Ein grauer leerer Fleck ist dort in seiner Biographie, wo sonst bei Dichtern bunte Bilder lächelnd aufsteigen, zärtliche Erinnerungen und ein süßes Bedauern. Und doch meint man ihn zu kennen, blickt man tiefer in die brennenden Augen der Kindergestalten, die er schuf. Wie Koljä muß er gewesen sein, frühreif, phantasievoll bis zur Halluzination, voll jener flackernden, unsicheren Glut, etwas Großes zu werden, voll jenes gewaltsamen und knabenhaften Fanatismus, über sich selbst hinauszuwachsen und „für die ganze Menschheit zu leiden". Wie die kleine Njetoscha Neswanowa muß er kelchvoll gewesen sein mit Liebe und zugleich der hysterischen Angst, sie zu verraten. Und wie jener Iljutschka, der Sohn des betrunkenen Hauptmanns, voll Scham über häusliche Kläglichkeiten und den Jammer der Entbehrungen, aber doch immer bereit, seine Nächsten vor der Welt zu verteidigen.

Wie er dann, ein Jüngling, aus dieser finsteren Welt vortritt, ist die Kindheit schon weggelöscht. In die ewige Freistatt aller Unbefriedigten, das Asyl der Vernachlässigten ist er geflohen, in die bunte und gefährliche Welt der Bücher. Er hat unendlich viel damals mit seinem Bruder gemeinsam gelesen, Tag um Tag und Nacht für Nacht – schon damals trieb er, der Unersättliche, jede Neigung bis zum Laster empor –, und diese phantastische Welt entfernt ihn noch mehr von der Wirklichkeit. Voll stärkster Begeisterung zur Menschheit ist er doch bis ins Krankhafte menschenscheu und verschlossen, Glut und Eis zugleich, ein Fanatiker gefährlichster Einsamkeit. Seine Leidenschaft tappt wirr umher, geht in diesen „Kellerjahren" alle dunklen Wege der Ausschweifung, aber immer einsam mit Ekel in aller Lust, Schuldgefühl bei jedem Glück und immer mit verbissenen Lippen. Aus Geldnot, nur um der paar Rubel willen, geht er zum Militär: auch dort findet er keinen Freund. Ein paar dumpfe Jünglingsjahre kommen. Wie die Helden aller seiner Bücher lebt er in einem Winkel ein troglodytisches Dasein, träumend, sinnend, mit allen geheimen Lastern des Denkens und der Sinne. Sein Ehrgeiz weiß noch keinen Weg, er lauscht auf sich selbst und bebrütet seine Kraft. Er spürt sie mit Wollust und Grauen tief unten gären, er liebt sie und fürchtet sie, er wagt nicht, sich zu rühren, um dies dumpfe Werden nicht zu zerstören. Ein paar Jahre verharrt er in diesem schwarzen, formlosen Puppenstand von Einsamkeit und Schweigen, Hypochondrie fällt ihn an, eine mystische Angst zu sterben, ein Grauen oft vor der Welt, oft vor sich selbst, ein urmächtiger Schauer vor dem Chaos in der eigenen Brust. In den Nächten übersetzt er, um seinen verwirrten Finanzen aufzuhelfen (sein Geld zerfloß, typisch genug, in den gegensätzlichen Neigungen, in Almosen und Ausschweifungen), Balzacs Eugenie Grandet und Schillers Don Carlos. Aus dem trüben Dunst dieser Tage ballen sich langsam eigene Formen, und endlich reift aus diesem vernebelten traumhaften Zustand von Angst und Ekstase sein erstes dichterisches Werk, der kleine Roman „Arme Leute".

1844, mit vierundzwanzig Jahren, hat er diese meisterhafte Menschenstudie geschrieben, er, der Einsamste, „mit leidenschaftlicher Glut, ja fast unter Tränen". Seine tiefste Demütigung, die Armut, hat es gezeugt, seine höchste Gewalt, die Liebe zum Leid, das unendliche Mitleiden es gesegnet. Mißtrauisch betrachtet er die beschriebenen Blätter. Er ahnt darin eine Frage an das Schicksal, die Entscheidung, und nur mühsam entschließt er sich, Nekrasoff, dem Dichter, das Manuskript zur Prüfung anzuvertrauen. Zwei Tage vergehen ohne Antwort. Einsam grüblerisch sitzt er nachts zu Hause, arbeitet, bis die Lampe verqualmt. Plötzlich um vier Uhr morgens wird heftig an der Klingel gerissen, und Dostojewski, dem erstaunt Öffnenden, stürzt Nekrasoff in die Arme, umhalst, küßt ihn und jubelt ihm zu. Er und ein Freund hatten gemeinsam das Manuskript gelesen, die ganze Nacht gehorcht, gejubelt und geweint, und am Ende hielt es beide nicht: sie mußten ihn umarmen. Es ist Dostojewskis erste Lebenssekunde, diese Klingel nachts, die ihn zum Ruhm ruft. Bis in den hellen Morgen tauschen die Freunde Glück und Ekstase in heißen Worten. Dann eilt Nekrasoff zu Bjelinski, dem allmächtigen Kritiker Rußlands. „Ein neuer Gogol ist erstanden", ruft er schon an der Türe, das Manuskript wie eine Fahne schwingend. „Bei euch wachsen die Gogols wie die Pilze", brummt der Mißtrauische, durch so viel Begeisterung verärgert. Aber als Dostojewski ihn am nächsten Tag besucht, ist er verwandelt. „Ja, begreifen Sie denn selbst, was Sie da geschaffen haben", schreit er voll Erregung den verwirrten jungen Menschen an. Grauen überfällt Dostojewski, ein süßer Schauer vor diesem neuen plötzlichen Ruhm. Wie im Traum geht er die Treppe hinab, an der Straßenecke bleibt er taumelnd stehen. Zum erstenmal fühlt er und wagt doch nicht, es zu glauben, daß all dies Dunkle und Gefährliche, das ihm das Herz auftrieb, ein Gewaltiges ist und vielleicht das „Große", von dem seine Kindheit wirr geträumt, die Unsterblichkeit, das Leiden für die ganze Welt. Erhebung und Zerknirschung, Stolz und Demut schwanken wirr durch seine Brust, er weiß nicht, welcher Stimme er glauben soll. Trunken taumelt er über die Straße, und in seine Tränen mischen sich Glück und Schmerz.

So melodramatisch geschieht Dostojewskis Entdeckung zum Dichter. Auch hier ahmt die Form seines Lebens die seiner Werke geheimnisvoll nach. Hier wie dort haben die rohen Konturen etwas von der banalen Romantik eines Schauerromans, die Schicksalsschläge etwas Kindlich-Primitives, und nur die innere Größe und Wahrheit reißt sie empor zum Grandiosen. In Dostojewskis Leben ist oft der Ansatz Melodram, aber immer wird es zur Tragödie. Es ist ganz auf Spannung gestellt: in einzelne Sekunden, ohne Übergang, sind die Entscheidungen komprimiert, mit zehn oder zwanzig solcher Sekunden der Ekstase oder des Niedersturzes sein ganzes Schicksal fixiert. Epileptische Ausbrüche des Lebens – eine Sekunde Ekstase und ohnmächtiger Zusammenbruch – könnte man sie nennen. Hinter jeder Ekstase steht schon drohend die graue Dämmerung des erschlaffenden Gefühls, und aus langem Gewölk ballt sich behutsam der neue mörderische Lebensblitz. Jeder Aufschwung ist bezahlt durch Niedersturz und diese eine Sekunde der Begnadung mit vielen hoffnungslosen Stunden des Robots und der Verzweiflung. Der Ruhm, dieser funkelnde Reif, den ihm Bjelinski in jener Stunde aufs Haupt drückt, ist auch gleichzeitig schon der erste Ring einer Fußkette, an der Dostojewski klirrend sein Leben lang die schwere Kugel der Arbeit schleppt. Die „Hellen Nächte", sein erstes Buch, bleibt auch das letzte, das er als freier Mann einzig um der schöpferischen Freude willen schuf. Dichten besagt für ihn von nun ab auch: erwerben, zurückerstatten, abzahlen, denn jedes Werk, das er seither beginnt, ist vor der ersten Zeile schon mit Vorschuß verpfändet, das noch ungeborene Kind in die Sklaverei des Gewerbes verkauft. Für immer ist er jetzt in das Bagno der Literatur gemauert, ein Leben lang gellen die verzweifelten Schreie des Eingesperrten nach Freiheit, aber erst der Tod bricht seine Ketten. Noch ahnt der Beginner nicht die Qual in der ersten Lust. Ein paar Novellen sind rasch vollendet, und schon plant er einen neuen Roman.

Da hebt das Schicksal warnend den Finger. Er will nicht, sein wachsamer Dämon, daß ihm das Leben zu leicht werde. Und damit er es erkennen lerne in allen seinen Tiefen, sendet ihm der Gott, der ihn liebt, seine Prüfung.

Wieder wie damals in der Nacht gellt die Klingel, Dostojewski öffnet erstaunt, aber diesmal ists nicht die Stimme des Lebens, ein jubelnder Freund, Botschaft des Ruhms, sondern Ruf des Todes. Offiziere und Kosaken dringen in sein Zimmer, der Aufgestörte wird verhaftet, seine Papiere versiegelt. Vier Monate schmachtet er in einer Zelle der Sankt-Pauls-Festung, ohne das Verbrechen zu ahnen, dessen man ihn beschuldigt: Teilnahme an den Diskussionen einiger aufgeregter Freunde, die man übertrieben die Petraschewskysche Verschwörung genannt hat, ist sein ganzes Delikt, seine Verhaftung zweifellos ein Mißverständnis. Dennoch blitzt plötzlich die Verurteilung nieder zur härtesten Strafe, zum Tode durch Pulver und Blei.

Wieder drängt sich sein Schicksal in eine neue Sekunde, die engste und reichste seiner Existenz, eine unendliche Sekunde, in der sich Tod und Leben die Lippen reichen zum brennenden Kuß. Im Morgengrauen wird er mit neun Gefährten aus dem Gefängnis geholt, ein Sterbehemd ihm umgeworfen, die Glieder an den Pfahl geschnürt und die Augen verbunden. Er hört sein Todesurteil lesen und die Trommeln knattern – sein ganzes Schicksal ist zusammengepreßt in eine Handvoll Erwartung, unendliche Verzweiflung und unendliche Lebensgier in ein einziges Molekül Zeit. Da hebt der Offizier die Hand, winkt mit dem weißen Tuche und verliest die Begnadigung, das Todesurteil in sibirisches Gefängnis verwandelnd.

In einen Abgrund ohne Namen stürzt er jetzt hinab aus seinem ersten jungen Ruhm. Vier Jahre lang umgrenzen fünfzehnhundert eichene Pfähle seinen ganzen Horizont. An ihnen zählt er mit Kerben und mit Tränen Tag um Tag die viermal dreihundertfünfundsechzig Tage ab. Seine Genossen sind Verbrecher, Diebe und Mörder, seine Arbeit Alabasterschleifen, Ziegeltragen, Schneeschaufeln. Die Bibel wird das einzig verstattete Buch, ein räudiger Hund und ein flügellahmer Adler seine einzigen Freunde. Vier Jahre weilt er im „Totenhaus", in der Unterwelt, Schatten zwischen Schatten, namenlos und vergessen. Als sie ihm dann die Kette von den wunden Füßen abschmieden und die Pfähle hinter ihm liegen, eine braune morsche Mauer, ist er ein anderer: seine Gesundheit zerstört, sein Ruhm zerstäubt, seine Existenz vernichtet. Nur seine Lebenslust bleibt unversehrt und unversehrbar: heller als je flammt aus dem schmelzenden Wachs seines zerkneteten Körpers die heiße Flamme der Ekstase. Ein paar Jahre noch muß er in Sibirien verbleiben, halbfrei und ohne die Verstattung, eine Zeile zu veröffentlichen. Dort in der Verbannung, in bitterster Verzweiflung und Einsamkeit geht er jene seltsame Ehe mit seiner ersten Frau ein, einer kranken und eigenartigen, die seine mitleidige Liebe unwillig erwidert. Irgendeine dunkle Tragödie der Aufopferung ist in diesem seinen Entschluß für immer der Neugier und Ehrfurcht verborgen, nur aus einigen Andeutungen in den „Erniedrigten und Beleidigten" vermag man den schweigsamen Heroismus dieser phantastischen Opfertat zu ahnen.

Ein Vergessener, kehrt er nach Petersburg zurück. Seine literarischen Gönner haben ihn fallen gelassen, seine Freunde sich verloren. Aber mutig und kraftvoll ringt er sich aus der Welle, die ihn niederwarf, wieder ans Licht. Seine „Erinnerungen aus dem Totenhause", diese unvergängliche Schilderung einer Sträflingszeit, reißen Rußland aus der Lethargie gleichgültigen Miterlebens. Mit Grauen entdeckt die ganze Nation, daß ganz atemnah unter der flachen Schicht ihrer ruhigen Welt eine andere waltet, ein Purgatorium aller Qualen. Bis in den Kreml empor schlägt die Flamme der Anklage, der Zar schluchzt über dem Buche, von tausend Lippen klingt Dostojewskis Name. In einem einzigen Jahr ist sein Ruhm wieder erbaut, höher und dauerhafter als je. Gemeinsam mit seinem Bruder gründet der Auferstandene eine Zeitschrift, die er selbst fast allein schreibt, dem Dichter gesellt sich der Prediger, der Politiker, der „Praeceptor Russiae". Stürmisch tönt der Widerhall, die Zeitschrift hat weiteste Verbreitung, ein Roman wird vollendet, heimtückisch, mit vielen blinzelnden Blicken lockt ihn das Glück. Dostojewskis Schicksal scheint für immer gesichert.

Aber noch einmal sagt der dunkle Wille, der über seinem Leben waltet: Es ist zu früh. Denn eine irdische Qual ist ihm noch fremd, die Marter des Exils und die fressende Angst der täglichen, erbärmlichen Nahrungssorgen. Sibirien und die Katorga, die grauenhafteste Verzerrung Rußlands, sie war immerhin noch Heimat gewesen, nun soll er noch die Sehnsucht des Nomaden nach dem Zelte kennen lernen um der urmächtigen Liebe zum eigenen Volk willen. Noch einmal muß er zurück ins Namenlose, noch tiefer hinab in das Dunkel, ehe er der Dichter, der Herold seiner Nation sein darf. Wieder zuckt ein Blitz nieder, eine Sekunde der Vernichtung: die Zeitschrift wird verboten. Wieder ist es ein Mißverständnis und gleich mörderisch wie das erste. Und nun fällt, Wetterschlag auf Wetterschlag, das Grauen mitten in sein Leben. Seine Frau stirbt, kurz nach ihr sein Bruder und gleichzeitig sein bester Freund und Helfer. Zweier Familien Schulden hängen sich bleiern an ihn und krümmen sein Rückgrat unter unerträglicher Last. Noch wehrt er sich verzweifelt, arbeitet Tag und Nacht wie im Fieber, schreibt, redigiert, druckt selbst, nur um Geld zu ersparen, die Ehre, die Existenz zu retten, aber das Schicksal ist stärker als er. Wie ein Verbrecher flüchtet er vor seinen Gläubigern eines Nachts hinaus in die Welt.

Nun beginnt jene jahrelange ziellose Wanderung durch das europäische Exil, jene grauenhafte Abschnürung von Rußland, dem Blutquell seines Lebens, die ärger seine Seele beengte als die Pfähle der Katorga. Furchtbar ist es auszudenken, wie der größte russische Dichter, der Genius seiner Generation, der Bote einer Unendlichkeit, mittellos, heimatlos, ziellos von Land zu Land irrt. Mit Mühe findet er Herbergen in kleinen niederen Zimmern, die der Dunst der Armut füllt, der Dämon der Epilepsie krallt sich an seine Nerven, Schulden, Wechsel, Verpflichtungen peitschen ihn von Arbeit zu Arbeit, Verlegenheit und Scham jagt ihn von Stadt zu Stadt. Blinkt ein Strahl Glück in sein Leben, so schiebt das Schicksal sogleich neue dunkle Wolken vor. Ein junges Mädchen, seine Stenographin, war seine zweite Frau geworden, aber das erste Kind, das sie ihm schenkt, rafft die Entkräftung, die Not des Exils schon nach wenigen Tagen fort. War Sibirien das Purgatorium, der Vorhof seines Leidens, so ist Frankreich, Deutschland, Italien sicherlich seine Hölle. Kaum wagt man sich diese tragische Existenz zu vergegenwärtigen. Aber immer in Dresden, wenn ich durch die Straßen gehe, vorbei an irgendeinem niederen und schmutzigen Haus, so faßt michs an, ob er da nicht irgendwo wohnte, zwischen kleinen sächsischen Krämern und Handlangern, oben im vierten Stock, einsam, unendlich einsam in dieser fremden Geschäftigkeit. Keiner hat ihn gekannt in all diesen Jahren. Eine Stunde weit in Naumburg wohnt Friedrich Nietzsche, der einzige, der ihn verstehen könnte, Richard Wagner, Hebbel, Flaubert, Gottfried Keller, die Zeitgenossen sind da, aber er weiß von ihnen nichts und sie nichts von ihm. Wie ein großes gefährliches Tier, struppig und in abgetragenen Kleidern, schleicht er aus seiner Arbeitshöhle scheu auf die Straße, immer den gleichen Weg, in Dresden, in Genf, in Paris: ins Café, in einen Klub, um nur russische Zeitungen zu lesen. Rußland will er spüren, Heimat, den bloßen Anblick der cyrillischen Lettern, den flüchtigen Atem des heimischen Wortes. Manchmal setzt er sich, nicht aus Liebe zur Kunst (ewig blieb er der byzantinische Barbar, der Bilderstürmer), sondern um sich zu wärmen, in die Galerie. Er weiß nichts von den Menschen, die um ihn sind, er haßt sie nur, weil sie nicht Russen sind, haßt die Deutschen in Deutschland, die Franzosen in Frankreich. Sein Herz horcht nach Rußland, nur sein Körper vegetiert teilnahmslos in dieser fremden Welt. Kein Gespräch, keine Begegnung hat irgendeiner der deutschen, französischen oder italienischen Dichter bezeugt. Nur im Bankhaus kennen sie ihn, wo er bleich tagtäglich an den Schalter kommt und mit vor Erregung zitternder Stimme fragt, ob nicht endlich der Wechsel aus Rußland gekommen sei, die hundert Rubel, für die er sich tausendfach in Worten vor niedrigen und fremden Menschen in die Knie gestürzt. Schon lachen die Angestellten über den armen Narren und seine ewige Erwartung. Auch im Pfandleihhaus ist er steter Gast: alles hat er dort versetzt, einmal sogar seine letzte Hose, um nur ein Telegramm nach Petersburg senden zu können, einen jener markerschütternden Schreie, wie sie immer wieder gellend in seinem Briefe wiederkehren. Das Herz krampft sich zusammen, liest man die speichelleckerisch, hündisch demütigenden Briefe dieses Gewaltigen, in denen er um zehn erbetener Rubel willen fünfmal den Heiland anruft, diese entsetzlichen Briefe, die keuchen, heulen und winseln für eine erbärmliche Handvoll Geld. Die Nächte hindurch arbeitet er und schreibt, während seine Frau nebenan in den Wehen stöhnt, während die Epilepsie schon die Kralle spannt, ihm das Leben aus der Kehle zu pressen, während die Hausfrau mit der Polizei um ihre Miete droht und die Hebamme um ihre Bezahlung keift – schreibt er „Raskolnikoff", den „Idioten", die „Dämonen", den „Spieler", diese monumentalen Werke des neunzehnten Jahrhunderts, diese universellen Gestaltungen unserer ganzen seelischen Welt. Die Arbeit ist seine Rettung und seine Qual. In ihr lebt er in Rußland, in der Heimat. In der Ruhe schmachtet er in Europa, in der Katorga. Immer tiefer stürzt er sich darum in seine Werke hinein. Sie sind das Elixier, das ihn trunken macht, sie sind das Spiel, das seine Nerven, die gepeinigten, zu höchster Lust anspannt. Und zwischendurch zählt er, wie einst die Pfähle des Zuchthauses, gierig die Tage: Heimkehren können als Bettler, aber nur heimkehren! Rußland, Rußland, Rußland ist der ewige Schrei seiner Not. Aber noch darf er nicht zurück, noch muß er der Namenlose bleiben um des Werkes willen, der Märtyrer all dieser fremden Straßen, der einsame Dulder ohne Schrei und Klage. Noch muß er beim Gewürm des Lebens wohnen, ehe er aufsteigt in die große Herrlichkeit des ewigen Ruhms. Schon ist sein Körper ausgehöhlt von den Entbehrungen, immer häufiger schmettern die Keulenschläge der Krankheit auf sein Gehirn, daß er tagelang betäubt liegen bleibt, mit verdunkelten Sinnen, um sich mit erster Kraft taumelnd wieder an den Schreibtisch zu schleppen. Fünfzig Jahre ist Dostojewski alt: aber er hat die Qual von Jahrtausenden erlebt.

Da sagt endlich, im letzten, drängendsten Augenblick sein Schicksal: Es ist genug. Gott wendet Hiob wieder sein Antlitz zu: Mit zweiundfünfzig Jahren darf Dostojewski wieder zurück nach Rußland. Seine Bücher haben für ihn geworben, Turgenjeff, Tolstoi sind verschattet. Rußland blickt nur mehr auf ihn. Das „Tagebuch eines Schriftstellers" macht ihn zum Herold seines Volkes, und mit letzter Kraft und höchster Kunst vollendet er sein Testament an die Zukunft der Nation: „Die Karamasoff". Und nun entschleiert sein Schicksal endgültig ihm den Sinn und schenkt dem Geprüften eine Sekunde höchsten Glücks, die ihm weisen soll, daß der Same seines Lebens in unendlicher Saat aufgegangen ist. Endlich ist in einem Augenblick Dostojewskis sein Triumph so zusammengedrängt wie einst seine Qual, einen Blitz schickt ihm sein Gott, aber diesmal nicht einen, der ihn niederschlägt, sondern einen, der ihn wie seine Propheten mit feurigem Wagen ins Ewige entrückt. Zum hundertsten Geburtstag Puschkins sind die großen Dichter Rußlands entboten, die Festrede zu halten. Turgenjeff, der Westler, der Dichter, der ein Leben lang ihm den Ruhm usurpierte, hat den Vorrang und spricht unter lauer und freundlicher Zustimmung. Am nächsten Tag ist das Wort Dostojewski gegeben, und er faßt es in dämonischer Trunkenheit wie einen Donnerkeil. Mit Flammen der Ekstase, die aus seiner leisen, heiseren Stimme plötzlich wie ein Gewitter bricht, verkündet er die heilige Mission der russischen Allversöhnung, wie hingemäht stürzen die Zuhörer an seine Knie. Der Saal erbebt unter der Explosion des Jubels, Frauen küssen ihm die Hände, ein Student bricht ohnmächtig vor ihm zusammen, alle anderen Redner verzichten auf das Wort. Ins Unendliche wächst die Begeisterung und feurig entbrennt die Glorie über dem Haupt mit der Dornenkrone.

Dies wollte sein Schicksal noch: in einer glühenden Minute die Erfüllung seiner Mission, den Triumph des Werkes zeigen. Dann wirft es – die reine Frucht ist gerettet – die verdorrte Hülse seines Körpers hin. Am 10. Februar 1881 stirbt Dostojewski. Ein Schauer geht durch Rußland. Ein Augenblick wortloser Trauer. Aber dann flutets heran, aus den fernsten Städten reisen gleichzeitig und doch ohne Vereinbarung Deputationen, ihm die letzte Ehre zu erweisen. Aus allen Winkeln der tausendhäuserigen

Stadt schäumt jetzt – zu spät! zu spät! – die ekstatische Liebe der Menge heran, alles will den Toten sehen, den sie ein Leben lang vergessen. Die Schmiedestraße, in der er aufgebahrt ist, braust schwarz von Menschen, finstere Massen schwemmen in schauerndem Schweigen die Stiegen des Arbeiterhauses empor und füllen die engen Räume bis hart an den Sarg. Nach ein paar Stunden ist der Blumenschmuck verschwunden, unter den man ihn gebettet, weil hundert Hände sich einzelne Blüten als kostbare Reliquie mitnehmen. So stickig wird die Luft des engen Raumes, daß die Kerzen keine Nahrung mehr haben und verlöschen. Immer drängender fluten die Massen heran, Welle auf Welle gegen den Toten. Von ihrem Ansturm schwankt der Sarg und will hinstürzen: mit den Händen müssen ihn die Witwe, die erschreckten Kinder aufrecht halten. Der Polizeipräsident will das öffentliche Leichenbegängnis verbieten, bei dem die Studenten die Ketten des Sträflings hinter seinem Sarge zu tragen planen, aber er wagt es schließlich nicht gegen eine Begeisterung, die sonst mit Waffen sich die Teilnahme erzwungen hätte. Und bei dem Leichenzuge wird plötzlich Dostojewskis heiliger Traum für eine Stunde zum Geschehnis: das einige Rußland. Wie in seinem Werk durch das bruderselige Gefühl alle Klassen und Stände Rußlands, so sind die Hunderttausende hinter dem Sarg durch ihren Schmerz eine einzige Masse; junge Prinzen, prunkvolle Popen, Arbeiter, die Studenten, Offiziere, Lakaien und Bettler, sie alle unter einem wehenden Wald von Fahnen und Bannern klagen mit einer Stimme um den teuren Toten. Die Kirche, in der man ihn eingesegnet, ist ein einziger Blumenhain, und vor seinem offenen Grabe vereinigen sich alle Parteien zu einem Schwur der Liebe und Bewunderung. So schenkt er seiner Nation mit seiner letzten Stunde einen Augenblick der Versöhnung und hält mit dämonischer Kraft noch einmal die zur Raserei gespannten Gegensätze seiner Zeit zusammen. Und wie ein grandioser Salut für den Toten springt hinter seinem letzten Weg die furchtbare Mine auf: die Revolution. Drei Wochen später wird der Zar ermordet, der Donner des Aufstandes rollt, Blitze der Züchtigung durchzucken das Land: Wie Beethoven stirbt Dostojewski im heiligen Aufruhr der Elemente, im Gewitter.

SINN SEINES SCHICKSALS

Ein Meister bin ich worden
Zu tragen Lust und Leid,
Und meine Lust zu leiden,
Ward mir zur Seligkeit.

— GOTTFRIED KELLER

Ein unaufhörlicher Kampf ist zwischen Dostojewski und seinem Schicksal, eine Art liebevoller Feindschaft. Alle Konflikte spitzt es ihm schmerzhaft zu, alle Kontraste dehnt es ihm zum Zerreißen schmerzhaft auseinander; es tut ihm weh, das Leben, weil es ihn liebt, und er liebt es, weil es ihn so stark faßt, denn im Leiden erkennt dieser Wissendste die stärkste Möglichkeit des Gefühls. Nie gibt das Schicksal ihn frei, immer knechtet es ihn aufs neue, um diesen einen gläubigen Menschen sich zum ewigen Blutzeugen seiner Macht und Herrlichkeit zu erschaffen. Wie Jakob ringt es mit ihm, die unendliche Nacht seines Lebens bis zum Morgenrot des Todes und läßt ihn nicht aus der Umkrampfung, ehe er es nicht gesegnet hat. Und Dostojewski, der „Gottesknecht", begreift die Größe dieser Botschaft und findet höchstes Glück darin, der ewig Bezwungene unendlicher Mächte zu sein. Mit fiebernden Lippen küßt er sein Kreuz: „Es gibt für den Menschen kein notwendigeres Gefühl, als sich vor dem Unendlichen beugen zu können." In die Knie gebrochen unter der Last seines Schicksals, hebt er fromm die Hände und bezeugt die heilige Größe des Lebens.

In dieser Leibeigenschaft des Schicksals ist Dostojewski durch Demut und Erkenntnis der große Überwinder alles Leidens geworden, der mächtigste Meister und Umwerter seit den Tagen des Testaments. Nur durch die Gewalttätigkeiten seines Schicksals ward er selbst gewaltig, und die Hammerschläge, die auf den Amboß seiner Existenz fallen, schmieden erst seine innere Kraft. Je tiefer sein Körper stürzt, desto höher schwingt sich sein Glaube, je mehr er als Mensch erleidet, um so seliger erkennt er den Sinn und die Notwendigkeit des Weltleidens. Amor fati, die hingegebene Liebe zum Schicksal, die Nietzsche als das fruchtbarste Gesetz des Lebens preist, läßt ihn in jeder Feindlichkeit nur die Fülle fühlen, jede Heimsuchung als Heil. Wie Bileam verwandelt jeder Fluch sich dem Auserwählten zum Segen, jede Erniedrigung in Erhöhung. In Sibirien, Ketten an den Füßen, verfaßt er einen Hymnus an den Zaren, der ihn unschuldig zum Tode verurteilt, in uns unverständlicher Demut küßt er immer wieder die Hand, die ihn züchtigt; wie Lazarus noch fahl vom Sarge erstehend, ist er immer bereit, Zeugnis für die Schönheit des Lebens abzulegen, und aus seinem täglichen Sterben, aus seinen Krämpfen und epileptischen Zuckungen, noch Schaum vor dem Munde, rafft er sich auf, den Gott zu lobpreisen, der ihm diese Prüfung gesandt. Alles Leiden zeugt in seiner aufgetanen Seele neue Liebe zum Leiden, unersättlichen, lechzenden flagellantischen Durst nach neuen Märtyrerkronen. Schlägt ihn das Schicksal hart, so stöhnt er, blutend zusammenstürzend, schon nach neuen Schlägen. Jeden Blitz, der ihn trifft, fängt er auf und verwandelt, was ihn verbrennen sollte, in seelisches Feuer und schöpferische Ekstase.

Gegen eine solche dämonische Verwandlungskraft des Erlebnisses verliert das äußere Schicksal gänzlich seine Herrschaft. Was Strafe und Prüfung scheint, wird dem Wissenden Hilfe, was den Menschen in die Knie stürzen soll, richtet den Dichter erst eigentlich auf. Was einen Schwächeren zermalmt hätte, stählt diesem Ekstatiker nur die Kraft. Das Jahrhundert, das gern mit Sinnbildern spielt, gibt eine Probe solcher Doppelwirkung gleichen Erlebnisses. Einen anderen Dichter unserer Welt, Oscar Wilde, streift ähnlicher Blitz. Beide stürzen sie, Schriftsteller von Namen, Adelige von Rang, eines Tages aus der bürgerlichen Sphäre ihrer Existenz ins Zuchthaus hinab. Aber der Dichter Wilde wird in dieser Prüfung zermalmt wie in einem Mörser, der Dichter Dostojewski aus ihr erst geformt wie Erz in feurigem Tiegel. Denn Wilde, der noch sozial empfindet, mit dem äußeren Instinkt des Gesellschaftsmenschen, fühlt sich geschändet durch das bürgerliche Brandmal, und das Furchtbarste an Erniedrigung wird ihm jenes Bad in Reading Gaol, wo sein gepflegter Edelmannsleib in das von zehn anderen Sträflingen schon beschmutzte Wasser hinab muß. Eine ganz privilegierte Klasse, die Kultur der Gentlemen, schauert in seinem Grauen vor der physischen Vermengung mit dem Gemeinen. Dostojewski, der neue Mensch über allen Ständen, brennt dieser Gemeinsamkeit entgegen mit schicksalstrunkener Seele, zum Purgatorium seines Stolzes wird ihm das gleiche schmutzige Bad. Und in der demütigen Hilfeleistung eines schmierigen Tartaren erlebt er ekstatisch das christliche Mysterium der Fußwaschung. Wilde, in dem der Lord den Menschen überlebt, leidet bei den Sträflingen unter der Furcht, sie möchten ihn für ihresgleichen nehmen, Dostojewski leidet nur so lange, als Diebe und Mörder ihm noch die Bruderschaft verweigern, denn er fühlt jeden Abstand, jede Nicht-Bruderschaft als Makel, als Unzulänglichkeit seiner Menschlichkeit. Wie Kohle und Diamant gleiches Element, so ist dies Doppelschicksal eines und doch ein anderes für diese beiden Dichter. Wilde ist fertig, wie er aus dem Zuchthaus kommt, Dostojewski beginnt erst, Wilde verbrennt zur wertlosen Schlacke in gleicher Glut, die Dostojewski zu funkelnder Härte formt. Wilde wird gezüchtigt wie ein Knecht, weil er sich wehrt, Dostojewski triumphiert über sein Schicksal durch Liebe zu seinem Schicksal.

Solch ein Umwandler seiner Heimsuchungen ist Dostojewski, solch ein Umwerter aller Erniedrigungen, daß nur ein härtestes Schicksal ihm gemäß war. Denn gerade aus den äußeren Gefahren seiner Existenz hat er die höchsten inneren Sicherheiten gewonnen, seine Qualen werden ihm Gewinn, seine Laster Steigerungen, seine Hemmungen Auftriebe. Sibirien, die Katorga, die Epilepsie, die Armut, die Spielwut, die Wollüstigkeit, all diese Krisen seiner Existenz werden durch eine dämonische Umwertungskraft fruchtbar in seiner Kunst, denn wie die Menschen ihre kostbarsten Metalle aus den schwärzesten Tiefen der Bergwerke, zwischen den Gefahren schlagender Wetter, tief unter der spaziergängerischen Fläche des gesicherten Lebens, so gewinnt der Künstler seine flammendsten Wahrheiten, seine letzten Erkenntnisse immer nur aus den gefährlichsten Abgründen seiner Natur. Künstlerisch gesehen eine Tragödie, ist das Leben Dostojewskis moralisch eine Errungenschaft ohnegleichen, weil Triumph des Menschen über sein Schicksal, eine Umwertung der äußeren Existenz durch die innere Magie.

Ohne Beispiel vor allem der Triumph geistiger Lebenskraft über einen siechen, gebrestigen Körper. Vergessen wir nicht, daß Dostojewski ein Kranker war, daß dieses eherne unvergängliche Werk aus geborstenen hinfälligen Gliedern, aus zuckenden und glühend flackernden Nerven gewonnen ist. Mitten durch seinen Körper war gefährlichstes Leiden gepfählt, ewig gegenwärtiges grauenhaftes Sinnbild des Todes: die Fallsucht. Dostojewski war Epileptiker die ganzen dreißig Jahre seiner Künstlerschaft. Mitten im Werk, auf der Straße, im Gespräch, selbst im Schlaf krallt sich plötzlich die Hand des „würgenden Dämons" um seine Kehle und schmettert ihn so jäh, Schaum vor dem Munde, zu Boden, daß der überraschte Körper sich im Falle blutig schlägt. Das nervöse Kind spürt schon in seltsamen Halluzinationen, in grauenhaften psychischen Anspannungen das Wetterleuchten der Gefahr, zum Blitz wird aber „die heilige Krankheit" erst im Zuchthaus geschmiedet. Dort preßt sie die ungeheuere Überspannung der Nerven urmächtig heraus, und wie jedes Unglück, wie Armut und Entbehrung, bleibt die Körpernot Dostojewski treu bis in die letzte Stunde. Seltsam aber: niemals lehnt sich der Gemarterte mit einem Wort gegen die Prüfung auf. Nie klagt er über sein Gebrechen wie Beethoven über seine Taubheit, Byron über seinen verkürzten Fuß, Rousseau über sein Blasenleiden, ja nirgends ist bezeugt, daß er jemals ernstlich dagegen Heilung gesucht habe. Getrost darf man das Unwahrscheinliche als gewiß nehmen, daß er mit jener unendlichen Amor fati diese seine Krankheit liebte, als Schicksal liebte wie jedes seiner Laster und Gefahren. Die Spürsucht des Dichters bändigt das Leiden des Menschen: Dostojewski wird Herr seines Leidens, indem er es belauscht. Die äußerste Gefahr seines Lebens, die Epilepsie, er verwandelt sie in ein höchstes Geheimnis seiner Kunst: eine nie gekannte geheimnisvolle Schönheit saugt er aus diesen Zuständen, die wundervoll in den Augenblicken taumelnden Vorgefühls gesammelte Ichekstase. In ungeheuerlichster Abbreviatur ist hier der Tod mitten im Leben erlebt und in dieser einen Sekunde vor dem jedesmaligen Sterben, die stärkste, berauschendste Essenz des Seins, die pathologisch gesteigerte Anspannung des „Sichselbstempfindens". Wie ein magisches Symbol bringt ihm das Schicksal immer wieder seinen intensivsten Lebensaugenblick, die Minute am Semenowski-Platz ins Blut zurück, als sollte er niemals den grausigen Kontrast zwischen dem All und dem Nichts in seinem Gefühl verlernen. Auch hier schnürt immer Dunkel den Blick, auch hier stürzt wie Wasser aus übervoller, gebeugter Schale die Seele dem Körper aus, schon zittert sie mit gespannten Flügeln zu Gott empor, schon spürt sie überirdisches Licht auf den entkörperten Schwingen, Strahl und Gnade einer anderen Welt, schon sinkt die Erde, schon tönen die Sphären – da stürzt ihn der Donner des Erwachens wieder zerbrochen ins gemeine Leben hinab. Immer wenn Dostojewski diese eine Minute beschreibt, das traumhafte Glücksgefühl, das seine unerhörte Scharfsichtigkeit beobachtend beseelt, wird seine Stimme leidenschaftlich in Rückerinnerung und der Augenblick des Grauens zum Hymnus: „Ihr gesunden Menschen, ihr ahnt nicht," predigt er begeistert, „welches Wonnegefühl den Epileptiker eine Sekunde vor dem Anfall durchdringt. Mohammed erzählt im Koran, er sei im Paradies gewesen in der kurzen Frist, da sein Krug umstürzte und das Wasser ausrann, und alle klugen Narrenköpfe behaupten, er sei ein Lügner und Betrüger. Das ist aber nicht wahr, er lügt nicht. Sicher war er im Paradies während eines epileptischen Anfalls, einer Krankheit, an der er wie ich selber litt. Ich weiß nie, ob diese Wonnesekunde Stunden dauert, aber glaubt mir, alle Freude des Lebens möchte ich nicht dafür eintauschen."

In dieser glühenden Sekunde geht Dostojewskis Blick über das Einzelne der Welt hinaus und umfaßt in loderndem Allgefühl die Unendlichkeit. Aber was er verschweigt, ist die bittere Züchtigung, mit der er jede dieser krampfhaften Annäherungen an Gott bezahlt. Ein grauenhafter Zusammenbruch klirrt die kristallenen Sekunden in reißende Scherben, mit zerbrochenen Gliedern und stumpfen Sinnen stürzt er, ein anderer Ikarus, in die irdische Nacht zurück. Das Gefühl, noch geblendet vom unendlichen Licht, tastet sich mühsam im Gefängnis des Körpers zurecht, wie Würmer kriechen die Sinne blind am Boden des Seins, die eben mit seligen Schwingen Gottes Antlitz umfingen. Dostojewskis Zustand nach jedem Anfall ist ein fast idiotisches Dämmern, dessen ganzes Grauen er sich selbst im Fürsten Myschkin mit flagellantischer Deutlichkeit ausgemalt hat. Er liegt im Bett mit zerschlagenen, oft zerstoßenen Gliedern, die Zunge gehorcht nicht dem Laut, die Hand nicht der Feder, mürrisch und niedergeschlagen wehrt er sich gegen alle Gemeinschaft. Die Helligkeit des Gehirns, das tausend Einzelheiten eben in harmonischer Verkürzung umfaßte, ist zerschellt, er weiß sich der nächsten Dinge nicht mehr zu erinnern, der Lebensfaden, der ihn der Umwelt, der ihn seinem Werk verbindet, ist zerrissen. Einmal, nach einem Anfall während der Niederschrift der „Dämonen", fühlt er mit Grauen, daß ihm nichts mehr bewußt ist von all den Geschehnissen der eigenen Erfindung, selbst den Namen des Helden hat er vergessen. Erst mühsam lebt er sich wieder in die Gestaltung hinein, treibt die erschlaffenden Visionen mit drängendem Willen wieder zu voller Glut auf, bis – bis ihn eben ein neuer Anfall hinschmettert. So, das Grauen der Fallsucht im Rücken, den bitteren Nachgeschmack des Todes auf den Lippen, gehetzt von Not und Entbehrung, sind seine letzten, die gewaltigsten Romane entstanden. Auf der Kippe zwischen Tod und Wahnsinn, nachtwandlerisch sicher, steigt sein Schaffen noch gewaltig empor, und aus diesem ständigen Sterben erwächst dem ewig Auferstandenen jene dämonische Kraft, das Leben gierig zu umklammern, um ihm sein Höchstes an Gewalt und Leidenschaft zu entpressen.

Dieser Krankheit, diesem dämonischen Verhängnis dankt Dostojewskis Genie so viel (Mereschkowski hat die Antithese blendend durchgeführt) als Tolstoi seiner Gesundheit. Sie hat ihn emporgeschwungen zu konzentrierten Gefühlszuständen, wie sie dem normalen Empfinden nicht gegeben sind, hat ihm geheimnisvollen Blick verliehen in die Unterwelt des Gefühles und die Zwischenreiche der Seele. Das grandios Doppelgängerische seines Wesens, dies Wachsein im hitzigsten Traum, das Nachschleichen des Intellekts in die letzten Labyrinthe des Gefühls, hat ihn befähigt, zum ersten Male den pathologischen Geschehnissen ihre Metaphysik zu geben, und voll zu schildern, was sonst das analytische Skalpell der Wissenschaft nur unvollkommen am abgestorbenen klinischen Fall ertastet. Wie Odysseus, der Vielgewanderte, Botschaft vom Hades, so bringt er, der einzig wach Wiederkehrende, peinlichste Beschreibung aus dem Land der Schatten und Flammen und bezeugt mit seinem Blut und dem kalten Schauer seiner Lippen die Existenz ungeahnter Zustände zwischen Leben und Tod. Dank seiner Krankheit gelingt ihm das Höchste der Kunst, das Stendhal einmal formulierte, „d'inventer des sensations inédites", Gefühle, die bei uns alle im Keim vorhanden sind und nur infolge der kühlen Klimatik unseres Blutes nicht zu voller Reife kommen, in voller tropischer Entfaltung darzustellen. Die Feinhörigkeit des Kranken läßt ihn die letzten Worte der Seele erlauschen, ehe sie ins Delirium sinkt, die gesteigerte Feinfühligkeit mißt mit stärkstem Ausschlag die zartesten Vibrationen der Sinne, und eine mystische Scharfsichtigkeit in den Sekunden des Vorgefühls zeugt bei ihm seherische Gabe des zweiten Gesichts, die Magie des Zusammenhangs. O wunderbare Verwandlung, fruchtbar in allen Krisen des Herzens! Der Künstler Dostojewski zwingt sich alle Gefahr in Besitz um, und auch der Mensch gewinnt nur neue Größe aus neuem Maß. Denn für ihn bedeuten Glück und Leid, die Endpunkte des Gefühls, eine ungleich gesteigerte Intensität, er mißt nicht mit den gemeinen Werten des durchschnittlichen Lebens, sondern mit den siedenden Graden seiner eigenen Phrenesie. Das Maximum an Glück, einem andern ist es Genuß einer Landschaft, Besitz einer Frau, Gefühl der Harmonie, immer aber durch irdische Zustände verstatteter Besitz. Bei Dostojewski sind die Siedepunkte des Empfindens schon im Unerträglichen, im Tödlichen. Sein Glück ist Spasma, der schäumende Krampf, seine Qual die Zerschmetterung, der Kollaps, der Zusammenbruch: immer aber blitzartig komprimierte essentielle Zustände, die im Irdischen keine Dauer haben können, die solche Hitzegrade erreichen, daß kaum eine Sekunde sie in ihren Händen halten kann und schmerzhaft sinken lassen muß. Wer im Leben ständig den Tod erlebt, kennt ein urmächtigeres Grauen als der Normale, wer die körperlose Schwebe gefühlt, eine höhere Lust als ein Körper, der nie die harte Erde ließ. Sein Begriff von Glück meint die Verzückung, sein Begriff von Qual die Vernichtung. Darum hat auch das Glück seiner Menschen nichts von einer gesteigerten Heiterkeit, sondern es flimmert und brennt wie Feuer, es zittert von verhaltenen Tränen und schwült von Gefahr, es ist ein unerträglicher, undauerhafter Zustand, ein Leiden mehr als ein Genießen. Seine Qual wiederum hat etwas, das den gemeinen Zustand von dumpfer würgender Angst, von Last und Grauen schon überbrückt hat, eine eiskalte, beinahe lächelnde Klarheit, eine teuflische Gier der Bitterkeit, die keine Träne kennt, ein trockenes kollerndes Lachen und ein dämonisches Grinsen, in dem wiederum beinahe schon Lust ist. Nie war vor ihm die Gegensätzlichkeit des Gefühles ähnlich weit aufgerissen, nie die Welt so schmerzhaft weit gespannt als zwischen diesem neuen Pol der Ekstase und Zernichtung, die er jenseits aller gewohnten Maße von Glück und Leiden gestellt hat.

In dieser Polarität, die ihm das Schicksal aufgeprägt hat, und nur aus ihr ist Dostojewski zu verstehen. Er ist das Opfer eines zwiespältigen Lebens und – als leidenschaftlicher Bejaher seines Schicksals – darum Fanatiker seines Kontrastes. Die Heißglut seines künstlerischen Temperaments entsteht einzig aus der fortwährenden Reibung dieser Gegensätze und, statt sie zu vereinen, reißt der Maßlose in ihm den eingeborenen Zwiespalt immer weiter auseinander zu Himmel und Hölle: nie verheilt die klaffende Wunde im brennenden geistigen Fieber des Schaffens. Dostojewski, der Künstler, ist das vollkommenste Gegensatzprodukt, der größte Dualist der Kunst und vielleicht der Menschheit. Symbolisch bringt eins seiner Laster diesen Urwillen seiner Existenz in sichtbare Form: seine krankhafte Liebe zum Glücksspiel. Der Knabe schon ist leidenschaftlicher Kartenspieler, aber erst in Europa lernt er den Teufelsspiegel seiner Nerven kennen: das Rouge et Noir, das Roulett, dieses in seinem primitiven Dualismus so grausam gefährliche Spiel. Der grüne Tisch in Baden-Baden, die Spielbank in Monte Carlo sind seine stärksten Ekstasen in Europa: mehr als die Sixtinische Madonna, die Plastiken Michelangelos, die Landschaften des Südens, Kunst und Kultur aller Welt hypnotisieren sie seinen Nerv. Denn hier ist Spannung, Entscheidung – Schwarz oder Rot, gerad oder ungerad, Glück oder Vernichtung, Gewinn oder Verlust – in eine einzige Sekunde des rollenden Rades gepreßt, Spannung konzentriert zu jener schmerzhaft-lustvollen Blitzform des springenden Gegensatzes, die einzig seinem Charakter entspricht. Die sanften Übergänge, die Ausgleiche, die matten Steigerungen sind seiner fiebrischen Ungeduld unerträglich, er mag nicht Geld verdienen auf deutsche, auf „Wurstmacherart", durch Umsicht, Sparsamkeit und Berechnung, ihn reizt der Zufall, die Hingabe an das Ganze. Die Form seines äußern Schicksals ahmt vor dem grünen Tische der Wille in steter Herausforderung bewußt-unbewußt nach: die Abbreviatur der Entscheidungen in eine einzige Sekunde, die zur Spitze geschärfte Sensation, die ihre glühende Nadel tief in den Nerv bohrt, geheimnisvoll ähnlich der Sekunde im Vorgefühl und Niederbruch des epileptischen Blitzes, und jener unvergeßlichen Sekunde vom Semenowski-Platz. Wie das Schicksal mit ihm spielte, so spielt er nun mit dem Schicksal: er reizt den Zufall zu künstlichen Spannungen, und gerade wenn er gesichert ist, wirft er immer mit zitternder Hand seine ganze Existenz auf den grünen Tisch. Dostojewski ist nicht Spieler aus Geldhunger, sondern aus unerhörtem „unanständigem", aus Karamasoffschem Lebensdurst, der alles in den stärksten

Essenzen will, aus krankhafter Sehnsucht nach Schwindligkeit, aus jenem „Turmgefühl", der Lust, sich über den Abgrund zu beugen. Denn er liebt den Abgrund, die Tiefe des Lebens, das Dämonische des Zufalls, er liebt in fanatischer Demut die Mächte, die stärker sind als seine Eigenmacht, und lockt mit ewiger Reizung immer wieder ihren mörderischen Blitz auf sein Haupt. Dostojewski provoziert im Glücksspiel das Schicksal: was er einsetzt, ist nicht Geld und immer sein letztes Geld, sondern damit seine ganze Existenz; was er ihm abgewinnt, ist äußerster Nervenrausch, tödliche Schauer, Urangst, das dämonische Weltgefühl. Selbst im goldenen Gift hat Dostojewski nur neuen Durst nach dem Göttlichen getrunken.

Selbstverständlich, daß er diese Leidenschaft wie jede andere über alles Maß hinaus bis zum Äußersten, bis hinein in das Laster trieb. Haltzumachen, Vorsicht, Bedenklichkeit waren diesem Titanentemperament fremd: „Überall und in allem mein ganzes Leben lang habe ich die Grenze überschritten." Und dies, Grenzen zu überschreiten, ist künstlerisch seine Größe wie menschlich seine Gefahr: er macht nicht halt vor den Zäunen der bürgerlichen Moral, und niemand weiß genau zu sagen, wie weit sein Leben die juridische Grenze überschritten hat, wieviel von den verbrecherischen Instinkten seiner Helden in ihm selbst Tat geworden ist. Einzelnes ist bezeugt, doch wohl das Geringere nur. Als Kind hat er betrogen im Kartenspiel, und wie sein tragischer Narr Marmeladow in „Schuld und Sühne" aus Gier nach Branntwein die Strümpfe seiner Frau, so stiehlt auch Dostojewski der seinen Geld und ein Kleid aus dem Schrank, um es im Roulett zu verspielen. Wie weit seine sinnlichen Ausschweifungen aus den „Kellerjahren" ins Perverse hinüberzittern, wieviel von den „Spinnen der Wollust" Swidrigailow, Stawrogin und Fedor Karamasow sich auch bei ihm in sexuellen Verstörungen auslebte, wagen die Biographen nicht zu erörtern. Seine Neigungen und Perversitäten, auch sie wurzeln jedenfalls in der geheimnisvollen Kontrastgier von Verderbtheit und Unschuld, aber es ist nicht wesenhaft, diese Legenden und Konjekturen (so deutsam sie sind) zu erörtern. Wichtig ist nur, nicht zu verkennen, daß dem Heiland, dem Heiligen, dem Aljoscha in Dostojewski-Karamasow der Gegenspieler des Wollüstlings, des überreizten Sexualmenschen, der schmutzige Fedor im Blute verschwistert war.

Nur dies ist gewiß: Dostojewski war auch in seiner Sinnlichkeit Überschreiter des bürgerlichen Maßes und dies nicht im linden Sinn Goethes, der einst in dem berühmten Worte sagte, daß er die Anlagen zu allen Schändlichkeiten und Verbrechen lebendig in sich empfände. Denn Goethes ganze gewaltige Entwicklung bedeutet nichts als eine einzige, ungeheuere Anstrengung, diese gefährlich wuchernden Keime in sich

auszuroden. Der Olympier will zur Harmonie, seine höchste Sehnsucht ist
Zerstörung alles Gegensatzes, Erkältung des Blutes, die ruhevolle Schwebe
der Kräfte. Er verschneidet die Sinnlichkeit in sich, er rottet unter
stärksten Blutverlusten für seine Kunst alle gefährlichen Keime allmählich
um der Sittlichkeit willen aus, allerdings mit dem Gemeinen auch viel von
seiner Kraft vernichtend. Dostojewski aber, leidenschaftlich in seinem
Dualismus wie in allem, was ihm vom Leben zugefallen, will nicht empor
zur Harmonie, die für ihn Starre ist, er bindet nicht seine Gegensätze ins
Göttlich-Harmonische, sondern spannt sie auseinander zu Gott und
Teufel und hat dazwischen die Welt. Er will unendliches Leben. Und
Leben ist ihm einzig elektrische Entladung zwischen den Polen des
Kontrastes. Was Keim in ihm war, das Gute und das Schlechte, das
Gefährliche und das Fördernde, muß empor, alles wird an seiner tropischen Leidenschaft Blüte und Frucht. Wild läßt er sein Laster aufwuchern,
ungehemmt seine Instinkte, selbst die verbrecherischen, hinein ins Leben
jagen. Er liebt seine Laster, seine Krankheit, das Spiel, seine Bosheit und
selbst die Wollust, weil sie eine Metaphysik des Fleisches ist, ein Wille des
Genusses ins Unendliche hinein. Goethe will zum Antikisch-Apollini-
schen, Dostojewski zum Bacchantischen. Er will nicht Olympier, nicht
gottähnlich, sondern nur starker Mensch sein. Seine Moral geht nicht auf
Klassizität, auf eine Norm, sondern einzig auf Intensität. Richtig leben
heißt für ihn: stark leben und alles leben, beides zugleich, das Gute und
das Schlechte, und beides in seinen stärksten, berauschendsten Formen.
Deshalb hat Dostojewski nie eine Norm gesucht, sondern immer nur die
Fülle. Neben ihm steht Tolstoi inmitten seines Werkes beunruhigt auf,
hält inne, läßt die Kunst und quält sich ein Leben lang, was gut sei, was
böse, ob er richtig lebe oder falsch. Tolstois Leben ist darum didaktisch,
ein Lehrbuch, ein Pamphlet, das Dostojewskis ein Kunstwerk, eine Tragödie, ein Schicksal. Er handelt nicht zweckmäßig, nicht bewußt, er prüft
sich nicht, er verstärkt sich nur. Tolstoi klagt sich aller Todsünden an, laut
und vor allem Volke. Dostojewski schweigt, aber sein Schweigen sagt mehr
von Sodom, als alle Anklagen Tolstois. Dostojewski will sich nicht beurtei-
len, nicht verändern, nicht verbessern, nur immer eines: sich verstärken.
Gegen das Böse, gegen das Gefährliche seiner Natur leistet er keinen
Widerstand, im Gegenteil, er liebt seine Gefahr als Antrieb, er vergöttert
seine Schuld um der Reue willen, seinen Stolz für die Demut. Kindlich
wäre es darum, das Dämonische seines Wesens zu verschweigen (das dem
Göttlichen so nahe verschwistert ist), ihn moralisch zu „entschuldigen"
und für die kleine Harmonie des bürgerlichen Maßes zu retten, was die
elementare Schönheit des Maßlosen hat.

Wer den Karamasoff schuf, die Gestalt des Studenten aus der „Jugend", den Stawrogin der „Dämonen", den Swidrigailow des „Raskolnikoff", diese Fanatiker des Fleisches, diese großen Besessenen der Wollust, diese wissenden Meister der Unzucht, dem waren im Leben auch die niedrigsten Formen der Sinnlichkeit persönlich bewußt, denn eine geistige Liebe zur Ausschweifung ist vonnöten, um diesen Gestalten ihre grausame Realität zu geben. Seine unvergleichliche Reizbarkeit kannte die Erotik in ihrem doppelten Sinn, kannte die der fleischlichen Trunkenheit, wo sie in den Schlamm taumelt und Unzucht wird, bis zu ihren feinsten geistigen Abstiegen, wo sie zur Bosheit, zum Verbrechen erstarrt, er kannte sie unter allen ihren Masken, und mit wissendstem Blick lächelt er in ihre Raserei. Und er kennt sie in ihren edelsten Formen, wo die Liebe fleischlos wird, Mitleid, seliges Erbarmen, Weltbruderschaft und stürzende Träne. All diese geheimnisvollen Essenzen waren in ihm und nicht nur in flüchtigen chemischen Spuren, wie bei jedem wahrhaften Dichter, sondern in den reinsten, kräftigsten Extrakten. Mit sexueller Erregung und einer fühlbaren Vibration der Sinne ist jede Ausschweifung bei ihm geschildert und vieles wohl mit Lust erlebt. Damit meine ich aber nicht (Blutfremde mögen es so verstehen), daß Dostojewski ein Wüstling war, einer, der sich freute am Fleischlichen, ein Lebemann. Er war nur lustsüchtig, wie er qualsüchtig war, ein Leibeigener des Triebes, Sklave einer herrischen geistigen und körperlichen Neugier, die ihn mit Ruten ins Gefährliche hineinpeitschte, ins Dornendickicht der abseitigen Wege. Seine Lust, auch sie ist nicht banales Genießen, sondern Spiel und Einsatz der ganzen sinnlichen Lebenskraft, das immer wieder und wieder Empfindenwollen der geheimnisvollen gewitterigen Schwüle der Epilepsie, Konzentration des Gefühles in ein paar gespannte Sekunden gefährlicher Vorlust und dann der dumpfe Niedersturz in die Reue. Er liebt in der Lust nur das Flimmern von Gefahr, das Spiel der Nerven, dies Naturhafte innerhalb des eigenen Körpers, er sucht in einer seltsamen Mischung von Bewußtheit und dumpfer Scham in jeder Lust das Gegenspiel, den Bodensatz der Reue, in der Schändung die Unschuld, im Verbrechen die Gefahr. Dostojewskis Sinnlichkeit ist ein Labyrinth, in dem sich alle Wege verschlingen, Gott und das Tier sind nachbarlich in einem Fleische, und man verstehe in diesem Sinn das Symbol der Karamasoff, daß Aljoscha, der Engel, der Heilige gerade der Sohn Fedors, der grausamen „Spinne der Wollust" ist. Wollust zeugt die Reinheit, das Verbrechen die Größe, Lust das Leiden und das Leiden wieder Lust. Ewig berühren sich die Gegensätze: zwischen Himmel und Hölle, Gott und Teufel spannt sich seine Welt.

Grenzenlose, restlose wissend-wehrlose Hingabe an sein zwiespältiges
Schicksal, amor fati ist darum Dostojewskis letztes und einziges Geheimnis, der schöpferische Feuerquell seiner Ekstase. Eben weil das Leben ihm
so gewaltig zugemessen war, weil es ihm Unermeßlichkeiten des Gefühles
im Leiden auftat, hat er das grausam-gütige, göttlich-unverständliche, ewig
unerlernbare, ewig mystische Leben geliebt. Denn sein Maß ist die Fülle,
die Unendlichkeit. Nie wollte er seinen Lebensgang milderen Wellen-
schlags, einzig sich selbst noch konzentrierter, intensiver, und darum biegt
er nie inneren und äußeren Gefahren aus, sind sie doch Möglichkeiten der
Sensation, Entzündungen des Nervs. Was Keim war in ihm, Keim des
Guten und des Bösen, jede Leidenschaft, jedes Laster hat er aufgesteigert
durch Begeisterung und Selbstekstase, nichts ausgerodet an Gefahr in
seinem wissenden Blut. Restlos gibt sich der Spieler in ihm als Einsatz an
das leidenschaftliche Spiel der Mächte, denn nur im Rollen von Schwarz
und Rot, Tod oder Leben, spürt er taumlig-süß die ganze Wollust seiner
Existenz. „Du hast mich hineingestellt, du wirst mich wieder hinausfüh-
ren", ist mit Goethe seine Antwort an die Natur. „Corriger la fortune", das
Schicksal zu verbessern, auszubiegen, abzuschwächen, fällt ihm nicht bei.
Nie sucht er Vollendung, Abschluß, Ende in einer Ruhe, nur Steigerung
des Lebens im Leiden, immer höher lizitiert er sein Gefühl zu neuen Spann-
nungen, denn nicht sich will er gewinnen, sondern die höchste Summe des
Gefühls. Er will nicht wie Goethe zum Kristall erstarren, kalt mit hundert
Flächen das bewegte Chaos spiegelnd, sondern Flamme bleiben, selbstzer-
störend, täglich sich vernichtend, um täglich sich neu aufzubauen, ewig
sich wiederholend, aber immer mit gesteigerter Kraft und aus gespannterem Gegensatz. Er will nicht das Leben meistern, sondern das Leben
fühlen. Nicht der Herr sein, sondern der fanatische Leibeigene seines
Schicksals. Und nur so, als der „Gottesknecht", der Hingebendste aller,
konnte er der Wissendste alles Menschlichen werden.

Dostojewski hat die Herrschaft über sein Schicksal an das Schicksal
zurückgegeben: dadurch wird sein Leben gewaltig über die zufällige Zeit.
Er ist der dämonische Mensch, untertan den ewigen Mächten, und in
seiner Gestalt ersteht mitten im klaren dokumentarischen Licht unserer
Epoche noch einmal der schon vergangen geglaubte Dichter mystischer
Zeiten, der Seher, der große Rasende, der Schicksalsmensch. Etwas
Urzeitliches und Heroisches liegt in dieser titanischen Gestalt. Steigen die
anderen literarischen Werke wie beblümte Berge aus den Niederungen der
Zeit, Zeugen einer gestaltenden Urkraft zwar noch, aber schon gesänftigt
in Dauer und zugänglich selbst in ihren Höhen, wo sie mit weißer Schnee-
krone ins Unendliche reichen, so scheint die Kuppe seiner Schöpfung,

phantastisch und grau, ein vulkanisches unfruchtbares Gestein. Aber aus dem Krater seiner zerrissenen Brust reicht Glut bis zum untersten feurig-flüssigen Kern unserer Welt: hier sind noch Zusammenhänge mit aller Anfänge Anfang, mit dem Elementaren der Urkraft, und schaudernd spüren wir in seinem Schicksal und Werk die geheimnisvolle Tiefe aller Menschlichkeit.

DIE MENSCHEN DOSTOJEWSKIS

„O glaubet nicht an die Einheit des Menschen."

— DOSTOJEWSKI

Vulkanisch er selbst, vulkanisch darum seine Helden, denn jeder Mensch bezeugt im letzten nur den Gott, der ihn erschuf. Sie sind nicht friedlich eingeordnet in unsere Welt, überall reichen sie mit ihrem Empfinden bis zu den Urproblemen hinab. Der moderne Nervenmensch in ihnen ist gepaart dem Wesen des Anfangs, das nichts vom Leben weiß als seine Leidenschaft, und mit den letzten Erkenntnissen stammeln sie gleichzeitig die ersten Fragen der Welt. Ihre Formen sind noch nicht ausgekühlt, ihr Gestein nicht geschichtet, ihre Physiognomien nicht geglättet. Ewig unvollendet sind sie und darum doppelt lebendig. Denn der vollendete Mensch ist ja gleichzeitig schon der abgeschlossene, und bei Dostojewski drängt alles ins Unendliche hinaus. Ihm erscheinen Menschen nur insolange als Helden und künstlerisch gestaltungswert, als sie mit sich entzweit sind, problematische Naturen: die Vollendeten, die Ausgereiften schüttelt er von sich ab wie der Baum seine Frucht. Dostojewski liebt seine Menschen nur, solange sie leiden, solange sie die gesteigerte, zwiespältige Form seines eigenen Lebens haben, solange sie Chaos sind, das sich in Schicksal verwandeln will.

Stellen wir seine Helden vor ein anderes Bild, um sie in ihrer wundervollen Sonderheit besser zu verstehen. Vergleichen wir. Rufen wir einen Helden Balzacs als den Typus französischen Romans in uns auf, so entsteht unbewußt eine Vorstellung von Geradlinigkeit, Umgrenztheit und innerer Geschlossenheit. Ein Begriff, deutlich wie eine geometrische Figur und gesetzvoll wie sie. Alle Menschen Balzacs sind aus einer einzigen, durch die seelische Chemie genau bestimmbaren Substanz gefertigt. Sie sind Elemente und haben alle wesenhaften Eigenschaften eines solchen, also auch typische Formen der Reaktion im Moralischen und Psychischen. Sie sind kaum Menschen mehr, sondern beinahe schon menschgewordene

Eigenschaft, Präzisionsmaschinen einer Leidenschaft. Für jeden Namen kann man bei Balzac als Korrelat eine Eigenschaft setzen: Rastignac ist gleich Ehrgeiz, Goriot ist gleich Aufopferung, Vautrin ist gleich Anarchie. In jedem dieser Menschen hat eine dominierende Triebkraft alle anderen inneren Kräfte an sich gerissen und in die Richtung des zentralen Lebenswillens gedrängt. Sie sind charakterologisch klassifizierbar, diese Helden, denn eine einzige Feder des Antriebs ist ihrer Seele eingebaut, die sie mit einem bestimmten Maß von Energie durch die menschliche Gesellschaft treibt: wie ein Geschoß schleudert sie jeden dieser Jünglinge mitten ins Leben hinein. Im höchsten Sinn wäre man versucht, sie Automaten zu nennen um der Präzision willen, mit der sie auf jeden einzelnen Lebensreiz reagieren, und wirklich wie eine Maschine sind sie in ihrer Kraftleistung und ihrem Widerstand für den technischen Kenner berechenbar. Ist man in Balzac einigermaßen eingelesen, so kann man die Antwort des Charakters auf die Tatsache so berechnen, wie die Parabel eines Steinwurfes aus der Stärke ihres Schwunges und der Schwere des Steins. Grandet, der Harpagon, wird in dem Maße geiziger werden, als seine Tochter opferwillig und heroisch. Und man weiß von Goriot schon zu den Zeiten, da er noch in leidlichem Wohlstand lebt und seine Perücke sorgfältig gepudert ist, daß er einmal seine Weste für die Töchter verkaufen wird und das Silbergeschirr zerbrechen, seinen letzten Besitz. Er muß notwendigerweise so handeln aus der Einheit seiner Charakteranlage, aus dem Trieb, den sein irdisches Fleisch nur unvollkommen mit einer menschlichen Form umkleidet. Die Charaktere Balzacs (und ebenso Victor Hugos, Scotts, Dickens') sind alle primitiv, einfarbig, zielstrebig. Sie sind Einheiten und darum meßbar auf der Wagschale der Moral. Vielfarbig und tausendgestaltig ist in jenem geistigen Kosmos nur der Zufall, dem sie begegnen. Bei jenen Epikern ist das Erlebnis vielfältig, der Mensch die Einheit, und der Roman selbst der Kampf um die Macht gegen die irdischen Mächte. Die Helden Balzacs und des ganzen französischen Romans sind entweder stärker oder schwächer als der Widerstand der Gesellschaft. Sie bezwingen das Leben, oder sie kommen unter das Rad.

Der Held des deutschen Romans, als dessen Typus Wilhelm Meister oder der Grüne Heinrich gedacht sei, ist nicht dermaßen seiner Grundrichtung gewiß. Er hat viele Stimmen in sich, er ist psychologisch differenziert, ist seelisch polyphon. Das Gute und das Böse, das Starke und das Schwache fließen wirr in seiner Seele durcheinander: sein Anbeginn ist Verwirrung, und die Nebel der Frühe umwölken ihm den reinen Blick. Er spürt Kräfte in sich, aber noch ungesammelt, noch in Widerstreit, er ist ohne Harmonie, aber doch beseelt vom Willen zur Einheit. Das deutsche

Genie zielt nun im letzten Sinne immer auf Ordnung. Und alle Entwicklungsromane entwickeln nichts anderes in diesen deutschen Helden als die Persönlichkeit. Die Kräfte werden gesammelt, der Mensch zum deutschen Ideal, zur Tüchtigkeit erhoben, „im Strom der Welt bildet sich" nach Goethes Wort „der Charakter". Die vom Leben durcheinandergeschüttelten Elemente klären sich in der errungenen Ruhe zum Kristall, aus den Lehrjahren tritt der Meister, und vom letzten Blatt all dieser Bücher, aus dem Grünen Heinrich, dem Hyperion, dem Wilhelm Meister, dem Ofterdingen blickt ein klares Auge tatkräftig in eine klare Welt. Das Leben versöhnt sich dem Ideal; nicht mehr verschwenderisch wirr, sondern zu höchstem Ziel gespart wirken die nun geordneten Kräfte. Die Helden Goethes und aller Deutschen verwirklichen sich zu ihrer höchsten Form, sie werden werktätig und tüchtig: sie erlernen an Erfahrungen das Leben.

Die Helden Dostojewskis suchen aber und finden überhaupt kein Verhältnis zum wirklichen Leben: das ist ihre Sonderheit. Sie wollen gar nicht in die Realität hinein, sondern von allem Anfang an über sie hinaus, ins Unendliche. Ihr Schicksal existiert für sie nicht in einem äußern, sondern nur in einem innern Sinn. Ihr Reich ist nicht von dieser Welt. All die Scheinformen von Werten, Titel, Macht und Geld, aller sichtbarer Besitz hat für sie Wert weder als Zweck, wie bei Balzac, noch als Mittel, wie bei den Deutschen. Sie wollen sich in dieser Welt gar nicht durchsetzen, nicht behaupten und nicht ordnen. Sie sparen nicht mit sich, sondern sie verschwenden sich, sie rechnen nicht und bleiben ewig unberechenbar. Das Untüchtige ihres Wesens läßt sie zuerst als müßige und phantastische Träumer erscheinen, aber ihr Blick scheint nur leer, weil er nicht nach außen starrt, er zielt mit Glut und Feuer immer nur zurück in sich selbst, in die eigene Existenz. Der russische Mensch geht auf das Ganze. Sich selbst wollen sie fühlen und das Leben, aber nicht dessen Schatten und Spiegelbild, die äußere Realität, sondern das große mystische Elementare, die kosmische Macht, das Existenzgefühl. Wo immer man tiefer sich eingräbt ins Werk Dostojewskis, überall rauscht als unterste Quelle dieser ganz primitive, fast vegetative fanatische Lebensdrang, das Existenzgefühl, dies ganz urhafte Gelüst, das nicht Glück will oder Leid, die schon Einzelformen des Lebens sind, Wertungen, Unterscheidungen, sondern die ganz einheitliche Lust, wie man sie beim Atmen fühlt. Vom Urquell wollen sie trinken, nicht aus den Brunnen der Städte und Straßen, die Ewigkeit, die Unendlichkeit in sich fühlen und die Zeitlichkeit abtun. Sie kennen nur eine ewige, keine soziale Welt. Sie wollen das Leben weder erlernen, noch bezwingen, gleichsam nackt wollen sie es bloß fühlen und fühlen als Ekstase der Existenz.

Weltfremd aus Weltliebe, unwirklich aus Leidenschaft zur Wirklichkeit, muten Dostojewskis Gestalten vorerst etwas einfältig an. Sie haben keine Richtung geradeaus, kein sichtbares Ziel: wie Blinde taumeln und tappen diese doch erwachsenen Menschen in der Welt herum oder wie Trunkene. Sie bleiben stehen, sehen sich um, fragen alle Fragen und rennen ohne Antwort weiter ins Unbekannte: ganz frisch scheinen sie in unsere Welt eingetreten und ihr noch nicht eingewöhnt. Und man versteht diese Menschen Dostojewskis kaum, bedenkt man nicht, daß sie Russen sind, Kinder eines Volkes, das aus einer jahrtausendalten barbarischen Unbewußtheit mitten in unsere europäische Kultur hineingestürzt ist. Von der alten Kultur, vom Patriarchalischen losgerissen, der neuen noch nicht vertraut, stehen sie in der Mitte, alle an einem Wegkreuz, und die Unsicherheit jedes einzelnen ist die eines ganzen Volkes. Wir Europäer wohnen in unserer alten Tradition wie in einem warmen Haus. Der Russe des neunzehnten Jahrhunderts, der Dostojewski-Zeit, hat hinter sich die Holzhütte der barbarischen Vorzeit verbrannt, aber sein neues Haus noch nicht gebaut. Entwurzelte, Richtungslose sind sie alle. Sie haben die Kraft ihrer Jugend, die Kraft der Barbaren noch in den Fäusten, aber der Instinkt ist verwirrt von der Tausendfalt der Probleme: die Hände voll Stärke, wissen sie nicht, was zuerst anfassen. Und so greifen sie nach allem und haben nie genug. Man fühle hier die Tragik jedes einzelnen Dostojewski-Menschen, jedes einzelnen Zwiespalt und Hemmung aus dem Schicksal des ganzen Volkes. Dieses Rußland um die Mitte des neunzehnten Jahrhunderts weiß nicht wohin: nach Westen oder nach Osten, nach Europa oder nach Asien, nach Petersburg, der „künstlichen Stadt", in die Kultur oder zurück auf das Bauerngut, in die Steppe. Turgenjew stößt sie nach vorne, Tolstoi stößt sie zurück. Alles ist Unruhe. Der Zarismus steht unvermittelt gegenüber einer kommunistischen Anarchie, die Rechtgläubigkeit, die altererbte, springt quer über in einen fanatischen und rasenden Atheismus. Nichts steht fest, nichts hat seinen Wert, sein Maß in dieser Zeit: die Sterne des Glaubens brennen nicht mehr über ihren Häuptern und das Gesetz längst nicht mehr in ihrer Brust. Entwurzelte einer großen Tradition, sind die Dostojewski-Menschen echte Russen, Übergangsmenschen, das Chaos des Anfangs im Herzen, beladen mit Hemmungen und Ungewißheiten. Immer sind sie verschreckt und verschüchtert, immer fühlen sie sich erniedrigt und beleidigt, und dies alles aus dem einzigen Urgefühl der Nation: daß sie nicht wissen, wer sie sind. Daß sie nicht wissen, ob sie viel sind oder wenig. Ewig stehen sie auf der Kippe von Stolz oder Zerknirschung, von Selbstüberschätzung und Selbstverachtung, ewig blicken sie sich um nach den anderen, und alle sind sie verzehrt von der rasenden Angst, lächerlich zu sein. Unablässig schämen sie sich, bald eines abgetragenen Pelzkragens, bald ihrer ganzen Nation, aber immer schämen, schämen sie sich, sind sie beunruhigt, verwirrt. Ihr Gefühl, ihr übermächtiges, hat keinen Halt, keinen Führer, kein einziger hat ein Maß, ein Gesetz, den Halt einer Tradition, die Krücke einer ererbten Weltanschauung. Alle sind sie Maßlose und Ratlose in einer unbekannten Welt. Keine Frage ist für sie beantwortet, kein Weg geebnet. Menschen des Übergangs, Menschen des Anfangs sind sie alle. Jeder ein Cortes: hinter sich verbrannte Brücken, vor sich das Unbekannte.

Aber dies ist das Wunderbare: daß, weil sie Menschen eines Anfangs sind, in jedem einzelnen noch einmal die Welt beginnt. Daß alle Fragen, die bei uns schon zu kalten Begriffen erstarrt sind, ihnen noch im Blute glühen. Daß unsere bequemen ausgetretenen Wege mit ihren moralischen Geländern und ethischen Wegweisern ihnen nicht bekannt sind: immer und überall gehen sie durchs Dickicht ins Grenzenlose, ins Unendliche hinein. Nirgends Kirchtürme der Gewißheit, Brücken der Zuversicht: alles heilige Urwelt. Jeder einzelne fühlt so wie das Rußland Lenins und Trotzkis, daß er die ganze Weltordnung neu aufbauen müsse, und das ist der unbeschreibliche Wert des russischen Menschen für Europa, das in seiner Kultur verkrustete, daß hier eine unverbrauchte Neugier noch einmal alle Fragen des Lebens an die Unendlichkeit stellt. Daß, wo wir träge wurden in unserer Bildung, andere noch glühend sind. Jeder einzelne revidiert bei Dostojewski noch einmal alle Probleme, rückt sich selbst mit blutenden Händen die Grenzsteine von Gut und Böse, jeder einzelne schafft sich sein Chaos wieder um zur Welt. Jeder einzelne ist bei ihm Diener, Verkünder des neuen Christus, Märtyrer und Verkünder eines dritten Reiches. Noch ist das Chaos des Anfangs in ihnen, aber auch Dämmern des ersten Tages, der das Licht auf Erden schuf, und schon Ahnung des sechsten, der den neuen Menschen schafft. Seine Helden sind Wegebauer einer neuen Welt: der Roman Dostojewskis ist der Mythos des neuen Menschen und seiner Geburt aus dem Schoße der russischen Seele.

Ein Mythos und besonders ein nationaler aber will Gläubigkeit. Man versuche darum nicht, diese Menschen durch das kristallene Medium der Vernunft zu erfassen. Nur Gefühl, das allein brüderliche, kann sie verstehen. Dem common sense, dem Engländer, dem Amerikaner, dem praktischen Menschen müssen die vier Karamasoffs als vier verschiedene Narren erscheinen, als Tollhaus die ganze tragische Welt Dostojewskis. Denn was sonst Alpha und Omega der gesunden simplen, irdischen Natur war und ewig sein wird, scheint ihnen das Gleichgültigste auf Erden, nämlich:

Glücklichsein. Schlagt sie auf, die fünfzigtausend Bücher, die Europa alljährlich produziert, wovon handeln sie? Vom Glücklichsein. Ein Weib will einen Mann, oder einer will reich werden, mächtig und geehrt. Bei Dickens steht am Ende aller Wünsche das liebliche Cottagehaus im Grünen mit der munteren Kinderschar, bei Balzac das Schloß mit dem Pairstitel und den Millionen. Und blicken wir um uns, auf die Straße, in die Butiken, in die niederen Stuben, in die hellen Säle, was wollen die Menschen dort? Glücklich sein, zufrieden sein, reich sein, mächtig sein. Wer will es von Dostojewskis Menschen? Keiner. Nicht ein einziger. Sie wollen nirgends haltmachen: nicht einmal beim Glück. Sie wollen alle weiter, sie haben alle jenes „höhere Herz", das sich quält. Glücklichsein ist ihnen gleichgültig, Zufriedensein ist ihnen gleichgültig, Reichsein eher verächtlich als erwünscht. Sie wollen nichts von all dem, diese Seltsamen, was unsere ganze Menschheit will. Sie haben den uncommon sense. Sie wollen nichts von dieser Welt.

Genügsame also, Phlegmatiker des Lebens, Indifferente oder Asketen? Im Gegenteil. Die Menschen Dostojewskis sind, ich sagte es ja, Menschen eines neuen Anfangs. Sie haben, bei all ihrer Genialität und ihrem diamantenen Verstand, Kinderherzen, Kindergelüste: sie wollen nicht dies oder jenes, sondern sie wollen alles. Und alles ganz stark. Das Gute und das Böse, das Heiße und das Kalte, das Nahe und das Ferne. Sie sind Übertreiber, sie sind Maßlose. Ich sagte früher: sie wollen nichts von dieser Welt. Schlecht gesagt. Sie wollen nichts einzelnes davon, sondern alles, ihr ganzes Gefühl, ihre ganze Tiefe: das Leben. Vergessen wir nicht, sie sind keine Schwächlinge, keine Lovelace, keine Hamlets, keine Werthers, keine Rénés – sie haben harte Muskeln und einen brutalen Lebenshunger, diese Menschen Dostojewskis, sie sind Karamasoffs, „Raubtiere des Gelüsts", begabt mit jener „unanständigen fanatischen" Lebensgier, die sich an den letzten Tropfen des Kelches ansaugt, ehe sie ihn zerklirrt. Von allen Dingen suchen sie den Superlativ, überall die Rotglut des Empfindens, wo die gemeinen Legierungen des Gelegentlichen zerschmelzen und nichts bleibt als das feuerflüssige brennende Weltgefühl; wie die Amokläufer rennen sie ins Leben hinein, von der Begierde in die Reue, von der Reue wieder in die Tat, vom Verbrechen ins Geständnis, vom Geständnis in die Ekstase, aber alle Gassen ihres Schicksals lang überallhin bis zum Letzten, bis sie niederstürzen, Schaum vor den Lippen, oder bis ein anderer sie niederschlägt. O dieser Lebensdurst jedes einzelnen – eine ganze junge Nation, eine neue Menschheit lechzt von ihren Lippen nach Welt, nach Wissen, nach Wahrheit! Sucht mir doch, zeigt mir einen Menschen im Werk Dostojewskis, der ruhig atmet, der rastet, der sein Ziel erreicht hat!

Keiner, kein einziger! Alle sind sie in diesem rasenden Wettlauf zur Höhe und zur Tiefe – denn nach Aljoschas Formel muß, wer die erste Stufe betreten hat, bis zur letzten hinstreben – nach allen Seiten, in Frost und Brand, greifen sie, gieren sie, diese Unersättlichen, diese Maßlosen, die ihr Maß nur suchen und finden in der Unendlichkeit. Wie Pfeile schnellen sie sich in ewiger Spannung von der Sehne ihrer Kraft in den Himmel hinein, immer in der Richtung des Unerreichbaren, immer zu Sternen zielend, jeder eine Flamme, ein Feuer der Unruhe. Und Unruhe ist Qual. Darum sind die Helden Dostojewskis alle die großen Leidenden. Alle haben sie verzerrte Gesichter, alle leben sie im Fieber, im Krampf, im Spasma. Ein Hospital von Nervenkranken, hat erschreckt ein großer Franzose Dostojewskis Welt genannt, und wirklich, für den ersten, den äußeren Anblick, welch eine trübe, welch eine phantastische Sphäre! Schankstuben voll Branntweindunst, Gefängniszellen, Winkel in Vorstadtwohnungen, Bordellgassen und Kneipen, und dort in Rembrandtschem Dunkel ein Gewühl von ekstatischen Gestalten, der Mörder, das Blut seines Opfers über den erhobenen Händen, der Trunkenbold im Gelächter der Zuhörer, das Mädchen mit dem gelben Schein im Zwielicht der Gasse, das epileptische Kind, bettelnd an den Straßenecken, der siebenfache Mörder in der Katorga Sibiriens, der Spieler zwischen den Fäusten der Spießgesellen, Rogoschin, wie ein Tier sich wälzend vor dem verschlossenen Gemach seiner Frau, der ehrliche Dieb, sterbend im schmutzigen Bette – welche Unterwelt des Gefühls, welcher Hades der Leidenschaften! O, welche tragische Menschheit, welch russischer, grauer, ewig dämmernder, niederer Himmel über diesen Gestalten, welche Dunkelheiten des Herzens und der Landschaft! Gelände des Unglücks, Wüsten der Verzweiflung, Fegefeuer ohne Gnade und Gerechtigkeit.

O wie dunkel, wie verworren, wie fremd, wie feindlich ist sie zuerst, diese Menschheit, diese russische Welt! Von Leiden scheint sie überflutet, und diese Erde, wie Iwan Karamasoff so grimmig sagt, „getränkt von Tränen bis zu ihrem innersten Kern". Aber so wie Dostojewskis Antlitz dem ersten Blicke düster, lehmig, gedrückt, bäurisch und gebeugt anmutet, dann aber der Glanz seiner Stirne, aufstrahlend über die Versunkenheit, das Irdische seiner Züge, seine Tiefe durch Glauben erleuchtet, so durchstrahlt auch im Werke das geistige Licht die dumpfe Materie. Aus Leiden scheint Dostojewskis Welt einzig gestaltet. Und doch ist nur scheinbar die Summe alles Leidens in seinen Menschen größer als in jedem anderen Werke. Denn, Kinder Dostojewskis, sind diese Menschen alle Verwandler ihres Gefühles, sie treiben es und übertreiben es von Kontrast zu Kontrast. Und das Leiden, ihr eigenes Leiden ist oft ihre tiefste Seligkeit. In ihnen wirkt etwas, das der Wollust, der Lust am Glück, tiefsinnig die Wehlust, die Lust an der Qual gegenüberstellt: ihr Leiden ist zugleich ihr Glücklichsein, sie halten es fest mit den Zähnen, wärmen es an ihrer Brust, sie schmeicheln es mit den Händen, sie lieben es mit ihrer ganzen Seele. Und sie wären nur dann die Unglücklichsten, liebten sie es nicht. Dieser Tausch, der rasende frenetische Tausch des Gefühls im Innern, diese ewige Umwertung des Dostojewskischen Menschen kann vielleicht nur ein Beispiel ganz klarmachen, und ich wähle eines, das in tausend Formen wiederkehrt: das Leid, das einem Menschen infolge einer Erniedrigung, einer tatsächlichen oder eingebildeten, widerfährt. Irgendeiner, ein schlichtes sensitives Geschöpf, gleichgültig ob ein kleiner Beamter oder eine Generalstochter, wird beleidigt. In seinem Stolz gekränkt durch ein Wort, eine Nichtigkeit vielleicht. Diese erste Kränkung ist der Primäraffekt, der den ganzen Organismus in Aufruhr bringt. Der Mensch leidet. Er ist gekränkt, liegt auf der Lauer, spannt sich an und wartet – auf eine neue Kränkung. Und die zweite Kränkung kommt: also eigentlich Häufung des Leidens. Aber seltsam, sie tut nicht mehr weh. Zwar der Gekränkte klagt, er schreit, aber seine Klage ist schon nicht mehr wahr: denn er liebt diese Kränkung. In diesem „fortwährend-sich-seiner-Schmach-bewußt-sein ist ein unnatürlicher heimlicher Genuß". Für den beleidigten Stolz hat er einen neuen: den des Märtyrers. Und jetzt entsteht in ihm der Durst nach neuer Kränkung, nach mehr und mehr. Er beginnt zu provozieren, er übertreibt, er fordert heraus: das Leiden ist jetzt seine Sehnsucht, seine Gier, seine Lust: man hat ihn erniedrigt, so will er (der Mensch ohne Maß) ganz niedrig sein. Und er gibt es nicht her mehr, sein Leiden, mit verbissenen Zähnen hält er es fest: jetzt wird der Hilfreiche sein Feind, der Liebende. So schlägt die kleine Nelly dem Arzt dreimal das Pulver ins Gesicht, so stößt Raskolnikoff Sonja zurück, so beißt Iljutschka den frommen Aljoscha in die Finger – aus Liebe, aus fanatischer Liebe zu ihrem Leiden. Und alle, alle lieben sie das Leiden, weil sie darin das Leben, das geliebte, so stark spüren, weil sie wissen, „man kann auf dieser Erde nur durch Leiden wahrhaft lieben", und das wollen sie, das vor allem! Es ist ihr stärkster Existenzbeweis: statt des cogito, ergo sum, „ich denke, also bin ich", setzen sie das: „ich leide, also bin ich". Und dieses „Ich bin" ist bei Dostojewski und allen seinen Menschen der höchste Triumph des Lebens. Der Superlativ des Weltgefühls. Im Kerker jauchzt Dimitry die große Hymne an dieses „Ich bin", an die Wollust des Seins, und eben um dieser Liebe zum Leben willen ist ihnen allen das Leiden notwendig. Nur scheinbar, sagte ich, ist darum die Summe des Leidens größer bei Dostojewski als bei allen anderen Dichtern. Denn wenn es eine Welt gibt, wo nichts unerbittlich ist, aus jedem Abgrund noch ein Weg führt, aus jedem Unglück noch Ekstase, aus jeder Verzweiflung noch Hoffnung, so ist es die seine. Was ist dies Werk anderes als eine Reihe von modernen Apostelgeschichten, Legenden der Erlösung vom Leiden durch den Geist? Der Bekehrungen zum Lebensglauben, der Kalvariengänge zur Erkenntnis? Der Wege nach Damaskus mitten durch unsere Welt?

In Dostojewskis Werk ringt der Mensch um seine letzte Wahrheit, um sein allmenschliches Ich. Ob ein Mord geschieht oder eine Frau in Liebe brennt, alles das ist Nebensache, Außensache, Kulisse. Sein Roman spielt im innersten Menschen, im Seelenraum, in der geistigen Welt: die Zufälle, die Ereignisse, die Schickungen des äußeren Lebens sind nur Stichworte, Maschinerie, der szenische Rahmen. Die Tragödie ist immer innen. Und sie heißt immer: die Überwindung der Hemmungen, der Kampf um die Wahrheit. Jeder seiner Helden fragt sich, wie Rußland selbst: Wer bin ich? Was bin ich wert? Er sucht sich oder vielmehr den Superlativ seines Wesens im Haltlosen, im Raumlosen, im Zeitlosen. Er will sich erkennen als der Mensch, der er vor Gott ist, und er will sich bekennen. Denn jedem Dostojewski-Menschen ist die Wahrheit mehr als Bedürfnis, sie ist ihm ein Exzeß, eine Wollust und das Geständnis seine heiligste Lust, sein Spasma. Im Geständnis bricht bei Dostojewski der innere Mensch, der Allmensch; der Gottesmensch durch den irdischen, die Wahrheit – und dies ist Gott – durch seine fleischliche Existenz. O die Wollust, mit der sie darum mit dem Geständnis spielen, wie sie es verbergen und – Raskolnikoff vor Porphyri Petrowitsch – immer heimlich zeigen und wieder verstecken, und dann wieder, wie sie sich überschreien, mehr Wahrheit bekennen als wahr ist, wie sie in rasendem Exhibitionismus ihre Blößen aufdecken, wie sie Laster und Tugend vermengen – hier, nur hier, im Ringen um das wahre Ich sind die eigentlichen Spannungen Dostojewskis. Hier, ganz innen ist der große Kampf seiner Menschen, die mächtigen Epopöen des Herzens: hier, wo das Russische, das Fremdartige in ihnen sich aufzehrt, hier wird auch ihre Tragödie erst ganz zur unseren, zur allmenschlichen. Da wird das typische Schicksal seiner Menschen deutsam und erschütternd, und restlos erleben wir im Mysterium der Selbstgeburt den Mythos Dostojewskis vom neuen Menschen, vom Allmenschen in jedem Irdischen.

Das Mysterium der Selbstgeburt: so nenne ich in der Kosmogonie, in der Weltschöpfung Dostojewskis die Erschaffung des neuen Menschen. Und ich möchte versuchen, die Geschichte aller Naturen Dostojewskis in einer zu erzählen, als seinen Mythos; denn alle diese verschiedenartigen, hundertfach variierten Menschen haben im letzten nur ein einheitliches Schicksal. Alle leben sie Varianten eines einzigen Erlebnisses: der Menschwerdung. Vergessen wir nicht: die Kunst Dostojewskis zielt immer auf den Mittelpunkt und in der Psychologie darum auf den Menschen im Menschen, den absoluten, den abstrakten Menschen, der weit hinter allen kulturellen Schichtungen liegt. Für die meisten Künstler sind die Schichtungen noch wesentlich, die Vorgänge der Durchschnittsromane spielen in sozialer, gesellschaftlicher, erotischer und konventioneller Sphäre und bleiben in diesen Schichten stecken. Dostojewski stößt, weil er zentral gerichtet ist, immer durch zum Allmenschen im Menschen, zu jenem Ich, das allgemeinsam ist. Immer bildet er diesen letzten Menschen und immer in verwandter Form seine Sendung. Gleich ist all seiner Helden Anbeginn. Als echte Russen beunruhigt sie ihre eigene Lebenskraft. In den Jahren der Pubertät, des sinnlichen und geistigen Erwachens, verdüstert sich ihnen der heitere und freie Sinn. Dumpf fühlen sie in sich eine Kraft gären, ein geheimnisvolles Drängen; irgend etwas Eingesperrtes, Wachsendes und Quellendes will aus ihrem noch unmündigen Kleid. Eine geheimnisvolle Schwangerschaft (es ist der neue Mensch, der in ihnen keimt, aber sie wissen es nicht) macht sie träumerisch. Sie sitzen „einsam bis zur Verwilderung" in dumpfen Stuben, in einsamen Winkeln und denken, denken Tag und Nacht über sich nach. Jahrelang brüten sie oft dahin in dieser seltsamen Ataraxie, sie verharren in einem fast buddhistischen Zustand der Seelenstarre, sie beugen sich tief über den eigenen Leib, um wie die Frauen in den frühen Monaten das Klopfen dieses zweiten Herzens in sich zu erlauschen. Alle geheimnisvollen Zustände der Befruchteten überkommen sie: die hysterische Angst vor dem Tode, das Grauen vor dem Leben, krankhafte, grausame Begierden, sinnliche perverse Gelüste.

Endlich wissen sie, daß sie befruchtet sind von irgendeiner neuen Idee: und nun suchen sie das Geheimnis zu entdecken. Sie schärfen ihre Gedanken, bis sie spitz und schneidend werden wie chirurgische Instrumente, sie sezieren ihren Zustand, sie zerreden ihre Bedrückung in fanatischen Gesprächen, sie zerdenken ihr Gehirn, bis es sich in Wahnsinn zu entflammen droht, sie schmieden alle ihre Gedanken in eine einzige fixe Idee, die sie bis ans letzte Ende denken, in eine gefährliche Spitze, die sich in ihrer Hand gegen sie selbst wendet. Kirillow, Schatow, Raskolnikoff, Iwan Karamasoff, alle diese Einsamen haben „ihre" Idee, die des Nihilismus, die des Altruismus, die des napoleonischen Weltwahns, und alle haben sie ausgebrütet in dieser krankhaften Einsamkeit. Sie wollen eine Waffe gegen den neuen Menschen, der aus ihnen werden soll, denn ihr

Stolz will sich gegen ihn wehren, ihn unterdrücken. Andere wieder suchen dieses geheimnisvolle Keimen, diesen drängenden gärenden Lebensschmerz mit aufgepeitschten Sinnen zu überrasen. Um im Bilde zu bleiben: sie suchen die Frucht abzutreiben, wie Frauen von Treppen springen oder durch Tanz und Gifte sich vom Unerwünschten zu befreien trachten. Sie toben, um dies leise Quellen in sich zu übertönen, sie zerstören manchmal sich selbst, nur um diesen Keim zu zerstören. Sie verlieren sich mit Absicht in diesen Jahren. Sie trinken, sie spielen, sie werden ausschweifend und all dies (sie wären sonst nicht Menschen Dostojewskis) fanatisch bis zur letzten Raserei. Schmerz treibt sie in ihre Laster, nicht eine lässige Begierde. Es ist nicht ein Trinken um Zufriedenheit und Schlaf, nicht das deutsche Trinken um die Bettschwere, sondern um den Rausch, um das Vergessen ihres Wahnes, ein Spielen nicht um Geld, sondern um die Zeit zu ermorden, ein Ausschweifen nicht um der Lust willen, sondern um in der Übertreibung ihr wahres Maß zu verlieren. Sie wollen wissen, wer sie sind; darum suchen sie die Grenze. Den äußersten Rand ihres Ich wollen sie in Überhitzung und Abkaltung kennen und vor allem die eigene Tiefe. Sie glühen in diesen Lüsten bis zum Gott empor, sie sinken bis zum Tier hinab, aber immer, um den Menschen in sich zu fixieren. Oder sie versuchen, da sie sich nicht kennen, sich wenigstens zu beweisen. Kolja wirft sich unter einen Eisenbahnzug, um sich zu „beweisen", daß er mutig ist, Raskolnikoff ermordet die alte Frau, um seine Napoleonstheorie zu beweisen, sie tun alle mehr, als sie eigentlich wollen, nur um an die äußerste Grenze des Gefühls zu gelangen. Um ihre eigene Tiefe zu kennen, das Maß ihrer Menschheit, werfen sie sich in jeden Abgrund hinab: von der Sinnlichkeit stürzen sie in die Ausschweifung, von der Ausschweifung in die Grausamkeit und hinab bis zu ihrem untersten Ende, der kalten, der seelenlosen, der berechneten Bosheit, aber all dies aus einer verwandelten Liebe, einer Gier nach Erkenntnis des eigenen Wesens, einer verwandelten Art von religiösem Wahn. Aus weiser Wachheit stürzen sie sich in die Kreisel des Irrsinns, ihre geistige Neugier wird zur Perversion der Sinne, ihre Verbrechen glühen bis zur Kinderschändung und zum Mord, aber typisch ist für sie alle die gesteigerte Unlust in der gesteigerten Lust: bis in den untersten Abgrund ihrer Raserei zuckt die Flamme des Bewußtseins der fanatischen Reue nach.

Aber je weiter hinein sie in der Übertreibung der Sinnlichkeit und des Denkens rasen, um so näher sind sie schon sich selbst, und je mehr sie sich vernichten wollen, um so eher sind sie zurückgewonnen. Ihre traurigen Bacchanale sind nur Zuckungen, ihre Verbrechen die Krämpfe der Selbstgeburt. Ihre Selbstzerstörung zerstört nur die Schale um den innern

Menschen und ist Selbstrettung im höchsten Sinn. Je mehr sie sich anspannen, je mehr sie sich krümmen und winden, um so mehr befördern sie unbewußt die Geburt. Denn nur im brennendsten Schmerz kann das neue Wesen zur Welt kommen. Ein Ungeheures, ein Fremdes muß dazu treten, muß sie befreien, irgendeine Macht Wehmutter werden in ihrer schwersten Stunde, die Güte muß ihnen helfen, die allmenschliche Liebe. Eine äußerste Tat, ein Verbrechen, das all ihre Sinne zur Verzweiflung spannt, ist nötig, um die Reinheit zu gebären, und hier wie im Leben ist jede Geburt umschattet von tödlichster Gefahr. Die beiden äußersten Kräfte des menschlichen Vermögens, Tod und Leben, sind in dieser Sekunde innig verschränkt.

Dies also ist der menschliche Mythos Dostojewskis, daß das gemischte, dumpfe, vielfältige Ich jedes einzelnen befruchtet ist mit dem Keim des wahren Menschen (jenes Urmenschen der mittelalterlichen Weltanschauung, der frei ist von der Erbsünde), des elementaren, rein göttlichen Wesens. Diesen urewigen Menschen aus dem vergänglichen Leib des Kulturmenschen in uns zum Austrag zu bringen, ist höchste Aufgabe und die wahrste irdische Pflicht. Befruchtet ist jeder, denn keinen verstößt das Leben, jeden Irdischen hat es in einer seligen Sekunde mit Liebe empfangen, doch nicht jeder gebiert seine Frucht. Bei manchem verfault sie in einer seelischen Lässigkeit, sie stirbt ab und vergiftet ihn. Andere wieder sterben in den Wehen, und nur das Kind, die Idee, kommt zur Welt. Kirillow ist einer, der sich ermorden muß, um ganz wahr bleiben zu können, Schatow ist einer, der ermordet wird, um seine Wahrheit zu bezeugen.

Aber die anderen, die heroischen Helden Dostojewskis, der Staretz Sossima, Raskolnikoff, Stepanowitsch, Rogoschin, Dmitrij Karamasoff vernichten ihr soziales Ich, den dunklen Raupenstand ihres inneren Wesens, um wie Schmetterlinge sich der abgestorbenen Form zu entschwingen, das Beflügelte aus dem Kriechenden, das Erhobene aus dem Erdschweren. Die Umkrustung der seelischen Hemmung zerbricht, die Seele, die Allmenschenseele strömt aus, strömt ins Unendliche zurück. Alles Persönliche, alles Individuelle ist in ihnen abgetan, daher auch die absolute Ähnlichkeit all dieser Gestalten im Augenblick ihrer Vollendung. Aljoscha ist kaum von dem Staretz, Karamasoff kaum von Raskolnikoff zu unterscheiden, wie sie aus ihren Verbrechen mit tränengebadetem Gesicht in das Licht des neuen Lebens treten. Am Ende aller Romane Dostojewskis ist die Katharsis der griechischen Tragödie, die große Entsühnung: über den verdonnernden Gewittern und der gereinigten Atmosphäre flammt die erhabene Glorie des Regenbogens, das höchste russische Symbol der Versöhnung.

Erst wenn die Helden Dostojewskis den reinen Menschen aus sich geboren haben, treten sie in die wahre Gemeinschaft. Bei Balzac triumphiert der Held, wenn er die Gesellschaft bezwingt, bei Dickens, wenn er sich in die soziale Schicht, in das bürgerliche Leben, in die Familie, in den Beruf friedlich einordnet. Die Gemeinschaft, die der Held Dostojewskis anstrebt, ist keine soziale mehr, sondern schon eine religiöse, er sucht nicht Gesellschaft, sondern Weltbruderschaft. Und dies Hingelangen zur eigenen Innerlichkeit und damit zur mystischen Gemeinsamkeit ist die einzige Hierarchie in seinem Werk. Einzig von diesem letzten Menschen handeln alle seine Romane: das Soziale, die Zwischenstadien der Gesellschaft mit ihrem halben Stolz und schiefen Haß sind überwunden, der Ichmensch ist zum Allmenschen geworden, seine Einsamkeit, seine Absonderung, die nur Stolz war, hat jeder zerbrochen, und in unendlicher Demut und glühender Liebe grüßt sein Herz den Bruder, den reinen Menschen in jedem anderen. Dieser letzte, gereinigte Mensch kennt keine Unterschiede mehr, kein soziales Standesbewußtsein: nackt, wie im Paradies, hat seine Seele keine Scham, keinen Stolz, keinen Haß und keine Verachtung. Verbrecher und Dirne, Mörder und Heilige, Fürsten und Trunkenbolde, sie halten Zwiesprache in jenem untersten und eigentlichsten Ich ihres Lebens, alle Schichten fließen ineinander, Herz zu Herz, Seele in Seele. Nur das entscheidet bei Dostojewski: wie weit einer wahr wird und zum wirklichen Menschentum gelangt. Wie diese Entsühnung, diese Selbstgewinnung zustande kam, ist gleichgültig. Keine Ausschweifung beschmutzt, kein Verbrechen verdirbt, es gibt kein Tribunal vor Gott als das Gewissen. Recht und Unrecht, Gut und Böse, diese Worte zerfließen im Leidensfeuer. Wer wahr ist im Willen, der ist entsühnt: denn wer wahr ist, ist demütig. Wer erkannt hat, versteht alles und weiß, „daß die Gesetze des Menschengeistes noch so unerforscht und geheimnisvoll sind, daß es weder gründliche Ärzte noch endgültige Richter gibt“, weiß, es ist keiner schuldig oder alle, keiner darf keines Richter sein, jeder nur Bruder dem Bruder. Im Kosmos Dostojewskis gibt es darum keine endgültig Verworfenen, keine „Bösewichter“, keine Hölle und keinen untersten Kreis wie bei Dante, aus denen selbst Christus die Verurteilten nicht zu erheben vermag. Er kennt nur Purgatorien und weiß, daß der irrhandelnde Mensch noch immer mehr der seelisch Glühende ist und näher dem wahren Menschen als die Stolzen, die Kalten und Korrekten, in deren Brust er erfroren ist zu bürgerlicher Gesetzmäßigkeit. Seine wahren Menschen haben gelitten, haben darum

Ehrfurcht vor dem Leiden und damit das letzte Geheimnis der Erde. Wer leidet, ist durch Mitleid schon Bruder, und allen seinen Menschen ist, weil sie nur auf den innern Menschen, auf den Bruder blicken, das Grauen fremd. Sie besitzen die erhabene Fähigkeit, die er einmal die typisch russische nennt, nicht lange hassen zu können, und darum eine unbegrenzte Verstehensfähigkeit alles Irdischen. Noch hadern sie oft mitsammen, noch quälen sie sich, weil sie sich ihrer eigenen Liebe schämen, weil sie die eigene Demut für eine Schwäche halten und noch nicht ahnen, daß sie die furchtbarste Kraft der Menschheit ist. Aber ihre innere Stimme weiß immer schon um die Wahrheit. Während sie einander mit Worten schmähen und befeinden, blicken die inneren Augen sich längst selig verstehend an, Lippe küßt leidvoll den Brudermund. Der nackte, der ewige Mensch in ihnen hat sich erkannt, und dies Mysterium der Allversöhnung in der brüderlichen Erkennung, dieser orphische Gesang der Seelen, ist die lyrische Musik in Dostojewskis dunklem Werk.

REALISMUS UND PHANTASTIK

„Was kann für mich phantastischer sein als die Wirklichkeit?"

— DOSTOJEWSKI

Wahrheit, die unmittelbare Wirklichkeit seines begrenzten Seins sucht der Mensch bei Dostojewski: Wahrheit, die unmittelbare Wesenheit des Alls der Künstler Dostojewski selbst. Er ist Realist und ist es so konsequent – immer geht er ja an die äußerste Grenze, wo die Formen ihrem Widerspiel: dem Gegensatz so geheimnisvoll ähnlich werden –, daß diese Wirklichkeit jeden an das Mittelmaß gewöhnten täglichen Blick phantastisch anmutet. „Ich liebe den Realismus bis dorthin, wo er an das Phantastische reicht," sagt er selbst, „denn was kann für mich phantastischer und unerwarteter, ja unwahrscheinlicher sein als die Wirklichkeit?" Die Wahrheit – dies entdeckt man bei keinem Künstler zwingender als bei Dostojewski – steht nicht hinter, sondern gleichsam gegen die Wahrscheinlichkeit. Sie ist über die Sehschärfe des gemeinen, des psychologisch unbewehrten Blickes hinaus: wie im Wassertropfen das unbewaffnete Auge noch klare spiegelnde Einheit, das Mikroskop aber wimmelnde Vielfalt, myriadenhaftes Chaos von Infusorien schaut, eine Welt, wo jene nur eine Einzelform bemerkten, so erkennt der Künstler mit dem höheren Realismus Wahrheiten, die widersinnig scheinen gegen die offenbaren.

Diese höhere oder diese tiefere Wahrheit zu erkennen, die gleichsam tief unter der Haut der Dinge liegt und schon nah dem Herzpunkt aller Existenz, war Dostojewskis Leidenschaft. Er will gleichzeitig den Menschen als Einheit und Vielfalt, im Freiblick und im geschärften gleich wahr erkennen, und darum ist sein visionärer und wissender Realismus, der die Kraft eines Mikroskops und die Leuchtstärke des Hellsehers vereinigt, wie durch eine Mauer geschieden von dem, was die Franzosen als erste Wirklichkeitskunst und Naturalismus benannten. Denn obzwar Dostojewski in seinen Analysen exakter ist und weiter geht als irgendeiner von denen, die sich „konsequente Naturalisten" nannten (womit sie meinten, daß sie bis an das Ende gingen, während Dostojewski jedes Ende noch überschreitet), ist seine Psychologie gleichsam aus einer anderen Sphäre des schöpferischen Geistes. Der exakte Naturalismus von anno Zola kommt geradeswegs aus der Wissenschaft her. Umgestülpte Experimentalpsychologie, ist er irgendwie an Fleiß und Schweiß, an Studium und Erfahrung gebunden: Flaubert destilliert in der Retorte seines Gehirns 2000 Bücher aus der Pariser Nationalbibliothek, um das Naturkolorit der „Tentation" oder der „Salambo" zu finden, Zola läuft drei Monate, ehe er seine Romane schreibt, wie ein Reporter mit dem Notizbuch auf die Börse, in die Warenhäuser und Ateliers, um Modelle abzuzeichnen, Tatsachen einzufangen. Die Wirklichkeit ist diesen Weltabzeichnern eine kalte, berechenbare, offenliegende Substanz. Sie sehen alle Dinge mit dem wachen, wägenden, tarierenden Blick des Photographen. Sie sammeln, ordnen, mischen und destillieren, kühle Wissenschaftler der Kunst, die einzelnen Elemente des Lebens, und betreiben eine Art Chemie der Bindung und Lösung.

Dostojewskis künstlerischer Beobachtungsprozeß dagegen ist vom Dämonischen nicht abzulösen. Ist Wissenschaft jenen anderen Kunst, so ist die seine Schwarzkunst. Er treibt nicht experimentelle Chemie, sondern Alchimie der Wirklichkeit, nicht Astronomie, sondern Astrologie der Seele. Er ist kein kühler Forscher. Als heißer Halluzinant starrt er nieder in die Tiefe des Lebens wie in einen dämonischen Angsttraum. Aber doch, seine sprunghafte Vision ist vollkommener als jener geordnete Betrachtung. Er sammelt nicht, und hat doch alles. Er berechnet nicht, und doch ist sein Maß unfehlbar. Seine Diagnosen, die hellseherischen, fassen im Fieber der Erscheinung den geheimnisvollen Ursprung, ohne den Puls der Dinge nur anzutasten. Etwas von hellsichtiger Traumerkenntnis ist in seinem Wissen, etwas von Magie in seiner Kunst. Zauberisch durchdringt er die Rinde des Lebens und saugt von seinen süßen, quellenden Säften. Immer kommt sein Blick nur aus der eigenen Tiefe seines freilich allwissenden Seins, aus dem Mark und Nerv dämonischer

Natur und übertrifft doch an Wahrhaftigkeit, an Realität, alle Realisten. Mystisch erkennt er alles von innen. Ein Zeichen bloß, und schon faßt er faustisch die Welt. Ein Blick, und schon wird er zum Bild. Er braucht nicht viel zu zeichnen, nicht die Kärrnerarbeit des Details zu leisten. Er zeichnet mit Magie. Man besinne einmal die großen Gestalten dieses Realisten: Raskolnikoff, Aljoscha und Fedor Karamasoff, Myschkin, sie, die uns allen so ungeheuer gegenständlich sind im Gefühl. Wo schildert er sie? In drei Zeilen vielleicht umreißt er ihr Antlitz mit einer Art zeichnerischer Kurzschrift. Er sagt von ihnen gleichsam nur ein Merkwort, umschreibt ihr Gesicht mit vier oder fünf schlichten Sätzen, und das ist alles. Das Alter, der Beruf, der Stand, die Kleidung, die Haarfarbe, die Physiognomik, all das scheinbar so Wesentliche der Personenbeschreibung ist in bloß stenographischer Kürze festgehalten. Und doch, wie glüht jede dieser Figuren uns im Blut. Man vergleiche nun mit diesem magischen Realismus die exakte Schilderung eines konsequenten Naturalisten. Zola nimmt, ehe er zu arbeiten anfängt, ein ganzes Bordereau von seinen Figuren auf, er verfaßt (man kann sie heute noch nachsehen, diese merkwürdigen Dokumente) einen regelrechten Steckbrief, einen Passierschein für jeden Menschen, der die Schwelle des Romanes übertritt. Er mißt ihn ab, wieviel Zentimeter er hoch ist, notiert, wieviel Zähne ihm fehlen, er zählt die Warzen auf seinen Wangen, streicht den Bart nach, ob er rauh oder zart ist, greift jeden Pickel auf der Haut ab, tastet die Fingernägel nach, er weiß die Stimme, den Atem seiner Menschen, er verfolgt ihr Blut, Erbschaft und Belastung, schlägt sich ihr Konto auf in der Bank, um ihre Einnahmen zu wissen. Er mißt, was man von außen überhaupt nur messen kann. Und doch, kaum daß die Gestalten in Bewegung geraten, verflüchtigt sich die Einheit der Vision, das künstliche Mosaik zerbricht in seine tausend Scherben. Es bleibt ein seelisches Ungefähr, kein lebendiger Mensch.

Hier ist nun der Fehler jener Kunst: die französischen Naturalisten schildern exakt die Menschen zu Anfang des Romanes in ihrer Ruhe, gleichsam in ihrem seelischen Schlaf: ihre Bilder sind darum bloß von der nutzlosen Treue der Totenmasken. Man sieht den Toten, die Figur, nicht das Leben darin. Aber genau wo jener Naturalismus endet, beginnt erst der unheimlich große Naturalismus Dostojewskis. Seine Menschen werden plastisch erst in der Erregtheit, in der Leidenschaft, im gesteigerten Zustand. Während jene versuchen, die Seele durch den Körper darzustellen, bildet er den Körper durch die Seele: erst wenn die Leidenschaft seinen Menschen die Züge strafft und spannt, das Auge sich feuchtet im Gefühl, wenn die Maske der bürgerlichen Stille, die Seelenstarre, von ihnen abfällt, wird sein Bild erst bildhaft. Erst wenn seine Menschen glühen, tritt Dostojewski, der Visionär, an das Werk, sie zu formen.

Absichtlich sind also und nicht zufällig bei Dostojewski die anfänglich dunkeln und ein wenig schattenhaften Konturen der ersten Schilderung. In seine Romane tritt man ein wie in ein dunkles Zimmer. Man sieht nur Umrisse, hört undeutliche Stimmen, ohne recht zu fühlen, wem sie zugehören. Erst allmählich gewöhnt sich, schärft sich das Auge: wie auf den Rembrandtschen Gemälden beginnt aus einer tiefen Dämmerung das feine seelische Fluidum in den Menschen zu strahlen. Erst wenn sie in die Leidenschaft geraten, treten sie ins Licht. Bei Dostojewski muß der Mensch immer erst glühen, um sichtbar zu werden, seine Nerven müssen gespannt sein bis zum Zerreißen, um zu klingen: „Um eine Seele formt sich bei ihm nur der Körper, um eine Leidenschaft nur das Bild." Jetzt erst, da sie gleichsam angeheizt sind, da in ihnen der merkwürdige Fieberzustand beginnt – alle Menschen Dostojewskis sind ja wandelnde Fieberzustände –, setzt sein dämonischer Realismus ein, beginnt jene zauberische Jagd nach den Einzelheiten, jetzt erst schleicht er der kleinsten Bewegung nach, gräbt das Lächeln aus, kriecht in die krummen Fuchslöcher der verworrenen Gefühle, folgt jeder Fußspur ihrer Gedanken bis in das Schattenreich des Unbewußten. Jede Bewegung zeichnet sich plastisch ab, jeder Gedanke wird kristallen klar, und je mehr sich die gejagten Seelen ins Dramatische verstricken, um so mehr glühen sie von innen, um so durchsichtiger wird ihr Wesen. Gerade die unfaßbarsten, die jenseitigsten Zustände, die krankhaften, die hypnotischen, die ekstatischen, die epileptischen haben bei Dostojewski die Präzision einer klinischen Diagnose, den klaren Umriß einer geometrischen Figur. Nicht die feinste Nuance ist dann verschwommen, nicht die kleinste Schwingung entgleitet dann seinen geschärften Sinnen: gerade dort, wo die anderen Künstler versagen und, gleichsam geblendet vom übernatürlichen Licht, den Blick wegwenden, dort wird Dostojewskis Realismus am sichtbarsten. Und diese Augenblicke, wo der Mensch die äußersten Grenzen seiner Möglichkeiten erreicht, wo Wissen schon fast Wahnwitz wird und Leidenschaft zum Verbrechen, sie sind auch die unvergeßlichsten Visionen seines Werkes. Rufen wir uns das Bild Raskolnikoffs in die Seele, so sehen wir ihn nicht als schlendernde Gestalt auf der Straße oder im Zimmer, als einen jungen Mediziner von 25 Jahren, als Menschen von diesen und jenen äußeren Eigenheiten, sondern in uns ersteht die dramatische Vision seiner irren Leidenschaft, wie er mit zitternden Händen, kalten Schweiß auf der Stirn, gleichsam mit geschlossenen Augen die Treppe des Hauses hinauf-

schleicht, wo er gemordet hat, und in geheimnisvoller Trance, um seine
Qualen noch einmal sinnlich zu genießen, die blecherne Klingel an der
Türe der Ermordeten zieht. Wir sehen Dimitri Karamasoff in den Purga-
torien des Verhörs, schäumend vor Wut, schäumend vor Leidenschaft, den
Tisch zertrümmern mit seinen rasenden Fäusten. Immer sehen wir bei
Dostojewski den Menschen erst bildhaft im Zustande der höchsten
Erregtheit, am Endpunkte seines Gefühles. So wie Leonardo in seinen
grandiosen Karikaturen die Groteske des Körpers, die Abnormität des
Physischen zeichnet, dort, wo sie über die gemeine Form hervordrängt, so
faßt Dostojewski die Seele des Menschen im Augenblick des Überschwangs, gleichsam in den Sekunden, wo sich der Mensch über den
äußersten Rand seiner Möglichkeiten vorbeugt. Der mittlere Zustand ist
ihm wie jeder Ausgleich, wie jede Harmonie, verhaßt: nur das Außerordentliche, das Unsichtbare, das Dämonische reizt seine künstlerische
Leidenschaft zum äußersten Realismus. Er ist der unvergleichlichste Plas-
tiker des Ungewöhnlichen, der größte Anatom der reizbaren und kranken
Seele, den die Kunst je gekannt.

Das Instrument nun, das geheimnisvolle, mit dem Dostojewski in
diese Tiefe seiner Menschen dringt, ist das Wort. Goethe schildert alles
durch den Blick. Er ist – Wagner hat diese Unterscheidung am glücklichsten ausgesprochen – Augenmensch, Dostojewski Ohrenmensch. Er
muß seine Menschen erst sprechen hören, sprechen lassen, damit wir sie
als sichtbar empfinden, und ganz deutlich hat Mereschkowski in seiner
genialen Analyse der beiden russischen Epiker ausgedrückt: bei Tolstoi
hören wir, weil wir sehen, bei Dostojewski sehen wir, weil wir hören. Seine
Menschen sind Schatten und Lemuren, solange sie nicht sprechen. Erst
das Wort ist der feuchte Tau, der ihre Seele befruchtet: sie tun im
Gespräch, wie phantastische Blüten, ihr Inneres auf, zeigen ihre Farben,
die Pollen ihrer Fruchtbarkeit. In der Diskussion erhitzen sie sich, wachen
sie auf aus ihrem Seelenschlaf, und erst gegen den wachen, gegen den
leidenschaftlichen Menschen, ich sagte es ja schon, wendet sich Dostojewskis künstlerische Leidenschaft. Er lockt ihnen das Wort aus der Seele, um
dann die Seele selbst zu fassen. Jene dämonische psychologische Scharfsichtigkeit des Details bei Dostojewski ist im letzten nichts anderes als
eine unerhörte Feinhörigkeit. Die Weltliteratur kennt keine vollkomme-
neren plastischen Gebilde als die Aussprüche der Menschen Dostojewskis.
Die Wortstellung ist symbolisch, die Sprachbildung charakteristisch,
nichts zufällig, jede abgebrochene Silbe, jeder weggesprungene Ton die
Notwendigkeit selbst. Jede Pause, jede Wiederholung, jedes Atemholen,
jedes Stottern ist wesentlich, denn immer hört man unter dem ausgespro-

chenen Wort das unterdrückte Mitschwingen: mit dem Gespräch flutet die ganze heimliche Erregung der Seele auf. Man weiß aus der Rede bei Dostojewski nicht nur, was jeder einzelne Mensch sagt und sagen will, sondern auch, was er verschweigt. Und dieser geniale Realismus des seelischen Hörens geht restlos mit in die geheimnisvollsten Zustände des Wortes, in die sumpfige, stockende Fläche des trunkenen Irreredens, in die beflügelte, keuchende Ekstase des epileptischen Anfalles, in das Dickicht der lügnerischen Verworrenheit. Aus dem Dampf der erhitzten Rede ersteht die Seele, aus der Seele kristallisiert sich allmählich der Körper. Ohne daß man es selbst weiß, beginnt durch den Dunst des Wortes, durch den Haschischrauch der Rede bei Dostojewski die Vision des Sprechenden im körperlichen Bild aufzusteigen. Was die anderen durch fleißiges Mosaik erzielen, durch die Farbe, Zeichnung und Beschränkung, dieses Bild ballt sich bei ihm visionär aus dem Wort. Man träumt bei Dostojewski hellseherisch seine Menschen, sobald man sie sprechen hört. Dostojewski kann es sich ersparen, sie graphisch zu zeichnen, denn wir selber werden in der Hypnose ihrer Rede zum Visionär. Ich will ein Beispiel wählen. Im „Idioten" geht der alte General, der pathologische Lügner, neben dem Fürsten Myschkin her und erzählt ihm Erinnerungen. Er beginnt zu lügen, gleitet immer tiefer in seine Lügen hinein und verstrickt sich gänzlich darin. Er redet, redet, redet. Über Seiten flutet seine Lüge hin.

Mit keiner Zeile nun schildert Dostojewski seine Haltung, aber aus seinem Wort, aus seinem Stolpern, seinem Stocken, seiner nervösen Hast spüre ich, wie er neben Myschkin hergeht, wie er sich verstrickt hat, sehe, wie er aufschaut, von der Seite den Fürsten vorsichtig anblickt, ob er ihm nicht mißtraue, wie er stehen bleibt, hoffend, der Fürst würde ihn unterbrechen. Ich sehe, wie der Schweiß auf seiner Stirne perlt, sehe, wie sein Gesicht, das zuerst begeisterte, nun sich immer mehr verkrampft in Angst, sehe, wie er in sich zusammenkriecht, ein Hund, der fürchtet, Prügel zu bekommen, und ich sehe den Fürsten, der selbst alle Anstrengungen des Lügners in sich fühlt und niederhält. Wo ist dies beschrieben bei Dostojewski? Nirgends, nicht in einer einzelnen Zeile, und doch sehe ich jedes Fältchen in seinem Gesicht mit leidenschaftlicher Klarheit. Irgendwo ist da das Arkanum des Visionären in der Rede, im Tonfall, in der Stellung der Silben, und so magisch ist diese Kunst der Wiedergabe, daß selbst durch die unumgängliche Verdickung, die ja jede Übertragung in eine fremde Sprache darstellt, noch die ganze Seele seiner Menschen schwingt. Der ganze Charakter des Menschen ist bei Dostojewski im Rhythmus seiner Rede. Und diese Komprimierung gelingt seiner genialen

Intuition oft in einer winzigen Einzelheit, durch eine Silbe fast. Wenn Fedor Karamasoff auf das Briefkuvert der Gruschenka zu ihrem Namen schreibt: „Mein Küchelchen!“ so sieht man das Antlitz des senilen Wüstlings, sieht die schlechten Zähne, durch die ihm der Speichel über die schmunzelnden Lippen rinnt. Und wenn in den „Erinnerungen aus dem Totenhaus“ der sadistische Major beim Stockprügeln „Hie-be, Hie-be“ schreit, so ist in diesem winzigen Apostroph sein ganzer Charakter, ein brennendes Bild, ein Keuchen von Gier, flackernde Augen, das gerötete Gesicht, das Keuchen der bösen Lust. Diese kleinen realistischen Details bei Dostojewski, die sich wie spitze Angelhaken ins Gefühl einbohren und widerstandslos mit ins fremde Erleben reißen, sie sind sein erlesenstes Kunstmittel und gleichzeitig der höchste Triumph des intuitiven Realismus über den programmatischen Naturalismus. Dostojewski verschwendet durchaus nicht diese seine Details. Er setzt ein einziges ein, wo andere Hunderte applizieren, aber er spart sich diese kleinen grausamen Einzelheiten der letzten Wahrheit mit einem wollüstigen Raffinement auf, er überrascht mit ihnen gerade im Augenblick der höchsten Ekstase, wo man sie am wenigsten erwartet. Immer gießt er mit unerbittlicher Hand den Galletropfen Irdischkeit in den Kelch der Ekstase, denn für ihn heißt wirklich und wahrhaftig sein: antiromantisch und antisentimental wirken. Dostojewski ist, nie darf man es eine Sekunde vergessen, nicht nur der Gefangene seines Kontrastes, sondern auch sein Prediger. Es ist seine Leidenschaft, auch in der Kunst die beiden Enden des Lebens, die grausamste, nackteste, kälteste, schmutzigste Wirklichkeit mit den edelsten sublimsten Träumen zu gatten. Er will, daß wir in allem Irdischen das Göttliche fühlen, im Realistischen das Phantastische, im Erhabenen das Gemeine, im lautern Geist das bittere Salz der Erde und immer all dies gleichzeitig. Er will, daß wir zwiespältig genießen, wie er selber zwiespältig empfindet, er will auch hier keine Harmonie, keinen Ausgleich. Immer in allen seinen Werken sind diese schneidenden Zerrissenheiten, wo er mit satanischem Detail die sublimsten Sekunden aufsprengt und dem Heiligsten des Lebens seine Banalität entgegengrinst. Ich erinnere nur an die Tragödie des „Idioten“, um einen solchen Augenblick des Kontrastes sichtlich zu machen. Rogoschin hat Nastassja Philipowna ermordet, nun sucht er Myschkin, den Bruder. Er findet ihn auf der Straße, er rührt ihn an mit der Hand. Sie brauchen nicht miteinander zu sprechen, furchtbare Ahnung weiß alles voraus. Sie gehen über die Straße in das Haus, wo die Ermordete liegt: irgendein ungeheueres Vorempfinden von Größe und Feierlichkeit hebt sich in einem auf, alle Sphären erklingen. Die beiden Feinde eines Lebens, Brüder im Gefühl, schreiten in das

Zimmer zur Ermordeten. Nastassja Philipowna liegt tot. Man spürt, diese Menschen werden sich nun das Letzte sagen, wie sie einander gegenüberstehen an der Leiche der Frau, die sie entzweite. Und dann kommt das Gespräch – und alle Himmel sind zerschlagen von der nackten, brutalen, brennend irdischen, teuflisch geistigen Sachlichkeit. Sie sprechen davon als erstes, als einziges – ob die Leiche riechen wird. Und Rogoschin erzählt mit schneidender Sachlichkeit, er habe „gute amerikanische Wachsleinwand" gekauft und „vier Fläschchen einer desinfizierenden Flüssigkeit" darauf gegossen.

Solche Details sind es, die ich bei Dostojewski die sadistischen, die satanischen nenne, weil hier der Realismus mehr ist als ein bloßer Kunstgriff der Technik, weil er eine metaphysische Rache ist, Ausbruch geheimnisvoller Wollust, einer gewaltsamen ironischen Enttäuschung. „Vier Fläschchen!" das Mathematische der Zahl, „amerikanische Wachsleinwand!" die grauenhafte Präzision des Details – das sind absichtliche Zerstörungen der seelischen Harmonie, grausame Revolten gegen die Einheit des Gefühls. Hier wird Wahrheit über sich selbst hinaus schon Exzeß, Laster und Marter, und diese entsetzlichen Niederstürze aus den Himmeln des Gefühls in die schmutzigen Steinbrüche der Wirklichkeit würden Dostojewski unerträglich machen, wäre die gleiche Gewalt des Kontrastes nicht auch im Gegenspiel vorhanden, entstünde nicht immer wieder auch die ungeheuere seelische Ekstase bei ihm aus den schmutzigsten Winkeln der Wirklichkeit. Man erinnere sich nur an die Welt Dostojewskis. Sie ist, rein sozial genommen, ein Wurmloch, knapp an der Gosse des Lebens, immer in den dumpfesten Sphären der Armut und Kläglichkeit. Mit absichtlicher Bewußtheit (er ist der Antiromantiker, wie er der Antisentimentale ist) stellt er seine Szenerie mitten in die Banalität hinein. Schmutzige Kellerlokale, stinkend von Bier und Schnaps, dumpfe enge „Särge" von Zimmern, nur abgetrennt durch Holzwände, nie Salons, Hotels, Paläste, Kontore. Und mit Absicht sind seine Menschen äußerlich „uninteressant", schwindsüchtige Frauen, verlumpte Studenten, Nichtstuer, Verschwender, Tagediebe, niemals aber soziale Persönlichkeiten. Aber gerade in diese dumpfe Alltäglichkeit stellt er die größten Tragödien der Zeit. Aus dem Erbärmlichen steigt das Erhabene phantastisch auf. Nichts wirkt dämonischer bei ihm als dieser Kontrast äußerer Nüchternheit und seelischer Trunkenheit, räumlicher Armut und Verschwendung des Herzens. In Schnapszimmern verkünden trunkene Menschen die Wiederkehr des Dritten Reiches, sein Heiliger Aljoscha erzählt die tiefste Legende, während ihm eine Dirne auf dem Schoße sitzt, in Bordellen und Spielhäusern entfalten sich die Apostolate der Güte und Verkündung, und die erhabenste Szene Raskolnikoffs, wo der Mörder sich niederwirft und vor dem Leiden der ganzen Menschheit sich beugt, sie spielt im Zimmerwinkel einer Dirne bei dem stotternden Schneider Kapernaumow.

Ein ununterbrochener Wechselstrom, kalt oder warm, warm oder kalt, aber nie lau, ganz im Sinne der Apokalypse, durchblutet seine Leidenschaft das Leben. In einer Phrenesie von Kontrasten stellt der Dichter hier das Erhabene mit dem Banalen stetig Stirn an Stirn, von Unruhe zu Unruhe wirft er die aufgereizten Gefühle. Nie gerät man darum bei den Romanen Dostojewskis zur Rast, nie in die sanfte, musikalische Rhythmik des Lesens, nie läßt er einem ruhig den Atem rinnen, immer zuckt man wie unter elektrischen Schlägen beunruhigt auf, heißer, brennender, unruhiger, neugieriger von Seite zu Seite. Solange wir in seiner dichterischen Gewalt sind, werden wir ihm selber ähnlich. Wie in sich selbst, dem ewigen Dualisten, dem Menschen am Kreuzholz des Zwiespalts, wie in seinen Gestalten, zersprengt Dostojewski auch dem Leser die Einheit des Gefühls.

Das ist ewige Eigenart seiner Darstellung, und es wäre Herabwürdigung, sie mit dem Handwerkerwort „Technik" zu benennen, denn diese Kunst kommt mitten aus Dostojewskis Persönlichkeit, aus dem brennenden Urzwiespalt seines Gefühls. Seine Welt ist offenbare Wahrheit und Geheimnis, zugleich hellseherische Erkenntnis der Wirklichkeit, Wissen und Magie. Das Unfaßbarste scheint verständlich, das Verständlichste unfaßbar: beugen sich die Probleme schon über den äußersten Rand der Möglichkeiten hinaus, so stürzen sie doch nie ins Gestaltlose hinab. Mit unerhörtester Kraft klemmen die visionär-realen Einzelheiten seine Figuren im Irdischen fest, nie gleitet eine ins Schattenhafte hinüber. Wen Dostojewski schildert, dessen Wesen hat er visionär inne bis in die letzte Wirrnis seiner Nervenstränge, er tastet ihm nach bis in den Meeresgrund seiner Träume, durchfiebert seine Leidenschaft, durchsiebt seine Trunkenheit, nie geht ein Atemzug seelischer Substanz bei ihm verloren, wird ein Gedanke übersprungen. Glied um Glied hämmert er die psychologische Kette um die in der Kunst Gefangenen. Es gibt bei ihm keine psychologischen Irrtümer, keine Verknotung, die sein visionärer Intellekt, seine hellseherische Logik nicht durchleuchtete. Nie einen Fehler, einen Verstoß gegen die innere Wahrheit. Welche Kunstbauten des Geistes und der Vision sind da errichtet, unübersehbar und unzerstörbar! Der dialektische Zweikampf des Porphyri Petrowitsch mit Raskolnikoff, die Architektonik der Verbrechen, das logische Labyrinth der Karamasoff, das ist geistige Architektonik ohnegleichen, fehllos wie Mathematik und doch berauschend wie Musik. Sie vereinigen die höchsten Kräfte des Geistes mit den seherischen der Seele zu einer neuen, tieferen Wahrheit, als die Menschheit sie vordem gekannt.

Aber doch – die Frage muß beantwortet sein –, warum wirkt trotz solcher dämonischer Vollendung der Wahrheit Dostojewskis Werk, dieses irdischeste aller Werke, doch wiederum unirdisch auf uns, als Welt zwar, aber doch wie eine neben oder über unserer Welt, nur nicht sie selbst? Warum stehen wir innen mit unserem tiefsten Gefühl und sind doch irgendwie befremdet? Warum brennt in allen seinen Romanen etwas wie künstliches Licht und ist Raum darinnen wie aus Halluzinationen und Träumen? Warum empfinden wir ihn, diesen äußersten Realisten, immer mehr als Somnambulen denn als Darsteller der Wirklichkeit? Warum ist trotz aller Feurigkeit, ja Überhitztheit doch nicht fruchtbare Sonnenwärme darin, sondern irgendein schmerzhaftes Nordlicht, blutig und blendend, warum empfinden wir diese wahrste Darstellung des Lebens, die je gegeben wurde, doch irgendwie nicht als das Leben selbst? Als unser eigenes Leben?

Ich versuche zu antworten. Das höchste Maß der Vergleiche ist für Dostojewski nicht zu gering, und am Erhabensten, am Unvergänglichsten der Weltliteratur können sie gewertet werden. Für mich ist die Tragödie der Karamasoffs nicht geringer als die Verstrickungen der Orestie, die Epik Homers, der erhabene Umriß von Goethes Werk. Sie alle, diese Werke, sind sogar einfältiger, schlichter, weniger erkenntnisreich, weniger zukunftsträchtig als die Dostojewskis. Aber sie sind doch irgendwie weicher und freundsamer für die Seele, sie geben Erlösung des Gefühls, während Dostojewski nur Erkenntnis gibt. Ich glaube: diese ihre Entspannung danken sie, daß sie nicht so menschlich, nur menschlich sind. Sie haben um sich einen heiligen Rahmen von strahlendem Himmel, von Welt, einen Atem von Wiesen und Feldern, einen Sternblick von Himmel, wo sich das Gefühl, das verschreckte, entspannt hinflüchtet und befreit. Im Homer, mitten in den Schlachten, im blutigsten Gemetzel der Menschen stehen ein paar Zeilen der Schilderung, und man atmet salzigen Wind vom Meer, das silberne Licht Griechenlands glänzt über die Blutstatt, beseligt erkennt das Gefühl den schmetternden Kampf der Menschen als einen kleinen nichtigen Wahn gegen das Ewige der Dinge. Und man atmet auf, man ist erlöst von der menschlichen Trübe. Auch Faust hat seinen Ostersonntag, schwingt die eigene Qual in die zerklüftete Natur, wirft seinen Jubel in den Frühling der Welt. In allen diesen Werken erlöst die Natur von der Menschenwelt. Dostojewski aber fehlt die Landschaft, fehlt die Entspannung. Sein Kosmos ist nicht die Welt, sondern nur der Mensch. Er ist taub für Musik, blind für Bilder, stumpf für Landschaft: mit einer ungeheueren Gleichgültigkeit gegen die Natur, gegen die Kunst ist sein unergründliches, sein unvergleichliches Wissen um den Menschen bezahlt. Und alles Nur-Menschliche hat eine Trübe von Unzulänglichkeit. Sein Gott wohnt nur in der Seele, nicht auch in den Dingen, ihm fehlt jenes kostbare Korn Pantheismus, das die deutschen, das die hellenischen Werke so selig und so befreiend macht. Seine, Dostojewskis, Werke, sie spielen alle irgendwie in ungelüfteten Stuben, in rußigen Straßen, in dunstigen Kneipen, eine dumpfe menschliche, allzu menschliche Luft ist darinnen, die nicht klärend durchwühlt wird vom Wind aus den Himmeln und dem Sturz der Jahreszeiten. Man versuche doch einmal sich zu entsinnen bei seinen großen Werken, bei „Raskolnikoff", dem „Idioten", bei den „Karamasoffs", dem „Jüngling", in welcher Jahreszeit, in welcher Landschaft sie spielen. Ist es Sommer, Frühling oder Herbst? Vielleicht ist es irgendwo gesagt. Aber man fühlt es nicht. Man atmet es, man schmeckt es, man spürt, man erlebt es nicht. Sie spielen alle nur irgendwo im Dunkel des Herzens, das die Blitzschläge der Erkenntnis sprunghaft erhellen, im luftleeren Hohlraum des Hirnes, ohne Sterne und Blumen, ohne Stille und Schweigen. Großstadtrauch verdunkelt den Himmel ihrer Seele. Es fehlen ihnen die Ruhepunkte der Erlösung vom Menschlichen, jene seligsten Entspannungen, die besten des Menschen, wenn er den Blick von sich selbst und seinen Leiden gegen die fühllose, leidenschaftslose Welt kehrt. Das ist das Schattenhafte in seinen Büchern: wie von einer grauen Wand von Elend und Dunkelheit heben sich seine Gestalten ab, sie stehen nicht frei und klar in einer wirklichen Welt, sondern in einer Unendlichkeit bloß des Gefühls. Seine Sphäre ist Seelenwelt und nicht Natur, seine Welt nur die Menschheit.

Aber auch seine Menschheit selbst, so wunderbar wahrhaftig jeder einzelne ist, so fehllos ihr logischer Organismus, auch sie ist in ihrer Gesamtheit in einem gewissen Sinne unwirklich: etwas von Gestalten aus Träumen haftet ihnen an, und ihr Schritt geht im Raumlosen wie der von Schatten. Damit sei nicht gesagt, daß sie irgendwie unwahr wären. Im Gegenteil: sie sind überwahr. Denn Dostojewskis Psychologie ist eine fehllose, aber seine Menschen sind nicht plastisch, sondern sublim gesehen und durchfühlt, weil sie einzig aus Seele gestaltet sind und nicht aus Körperlichkeit. Dostojewskis Menschen kennen wir alle nur als wandelndes und gewandeltes Gefühl, Wesen aus Nerven und Seelen, bei denen man es fast vergißt, daß dieses Blut durch Fleisch rinnt. Nie rührt man sie gewissermaßen körperlich an. Auf den zwanzigtausend Seiten seines Werkes ist nie geschildert, daß einer seiner Menschen sitzt, daß er ißt, daß er trinkt, immer fühlen, sprechen oder kämpfen sie nur. Sie schlafen nicht (es sei denn, daß sie hellseherisch träumen), sie ruhen nicht, immer sind sie im Fieber, immer denken sie. Nie sind sie vegetativ, pflanzlich, tierisch, stumpf, immer nur bewegt, erregt, gespannt, und immer, immer wach. Wach und sogar überwach. Immer im Superlativ ihres Seins. Alle haben sie die seelische Übersichtigkeit Dostojewskis, alle sind sie Hellseher, Telepathen, Halluzinanten, alle pythische Menschen, und alle durchtränkt bis in die letzten Tiefen ihres Wesens von psychologischer Wissenschaft. Im gemeinen, im banalen Leben stehen – erinnern wir uns nur – die meisten Menschen im Konflikt miteinander und dem Schicksal einzig darum, weil sie sich nicht verstehen, weil sie einen bloß irdischen Verstand haben. Shakespeare, der andere große Psychologe der Menschheit, baut die Hälfte seiner Tragödien auf diese eingeborene Unwissenheit, auf dieses Fundament von Dunkel, das zwischen Mensch und Mensch als Verhängnis, als Stein des Anstoßes liegt. Lear mißtraut seiner Tochter, denn er ahnt ihren Edelmut nicht, die Größe der Liebe, die sich hier in Schamhaftigkeit verschanzt, Othello wiederum nimmt sich Jago als Einflüsterer, Cäsar liebt Brutus, seinen Mörder, alle sind sie dem wahren Wesen der irdischen Welt, der Täuschung verfallen. Bei Shakespeare wird wie im realen Leben das Mißverständnis, die irdische Unzulänglichkeit, zeugende tragische Kraft, die Quelle aller Konflikte. Die Menschen Dostojewskis aber, diese Überwissenden, sie kennen kein Mißverstehen. Jeder ahnt immer prophetisch den anderen, sie verstehen einander restlos bis in die letzten Tiefen, sie saugen sich das Wort aus dem Munde, noch ehe es gesagt ist, und den Gedanken noch aus dem Mutterleib der Empfindung. Sie wittern, sie ahnen einander alle im voraus, nie enttäuschen sie sich, nie staunen sie, jedes einzelnen Seele umfaßt in geheimnisvoller Witterung schon der anderen Sinn. Das Unbewußte, das Unterbewußte ist bei ihnen überentwickelt, alle sind sie Propheten, alle Ahnende und Visionäre, überladen von Dostojewski mit seiner eigenen mystischen Durchdringung des Seins und des Wissens. Ich will ein Beispiel wählen, um deutlicher zu sein. Nastassja Philipowna wird von Rogoschin ermordet. Sie weiß es vom ersten Tage, da sie ihn erblickt, weiß es in jeder Stunde, in der sie ihm angehört, daß er sie ermorden wird, sie flieht vor ihm, weil sie es weiß, und flüchtet zurück, weil sie ihr eigenes Schicksal begehrt. Sie kennt das Messer sogar Monate voraus, das ihr die Brust durchstößt. Und Rogoschin weiß es, auch er kennt das Messer und ebenso Myschkin. Seine Lippen zittern, wenn er einmal im Gespräch zufällig Rogoschin mit diesem Messer spielen sieht. Und gleicherweise beim Morde Fedor Karamasoffs ist das Wissensunmögliche allen bewußt. Der Staretz fällt in die Knie, weil er das Verbrechen wittert, selbst der

Spötter Rakitin weiß diese Zeichen zu deuten. Aljoscha küßt seines Vaters Schulter, wie er von ihm Abschied nimmt, auch sein Gefühl weiß es, daß er ihn nicht mehr sieht. Iwan fährt nach Tchermaschnjä, um nicht Zeuge des Verbrechens zu sein. Der Schmutzfink Smerdjakoff sagt es ihm lächelnd voraus. Alle, alle wissen sie es, und den Tag und die Stunde und den Ort aus einer Überladenheit mit prophetischer Erkenntnis, die unwahrscheinlich ist in ihrer Zuvielfältigkeit. Alle sind sie Propheten, Erkenner, alle Allesversteher.

Hier wieder in der Psychologie erkennt man jene zwiefache Form aller Wahrheit für den Künstler. Obwohl Dostojewski den Menschen tiefer kennt als irgendeiner vor ihm, so ist ihm doch Shakespeare überlegen als Kenner der Menschheit. Er hat das Gemischte des Daseins erkannt, das Gemeine und Gleichgültige neben das Grandiose gestellt, wo Dostojewski einen jeden ins Unendliche steigert. Shakespeare hat die Welt im Fleisch erkannt, Dostojewski im Geist. Seine Welt ist vielleicht die vollkommenste Halluzination der Welt, ein tiefer und prophetischer Traum von der Seele, ein Traum, der die Wirklichkeit noch überflügelt: aber Realismus, der über sich selbst hinaus ins Phantastische reicht. Der Überrealist Dostojewski, der Überschreiter aller Grenzen, er hat die Wirklichkeit nicht geschildert: er hat sie über sich selbst hinaus gesteigert.

Von innen also, von der Seele allein, ist hier die Welt in Kunst gestaltet, von innen gebunden, von innen erlöst. Diese Art von Kunst, die tiefste und menschlichste aller, hat keine Vorfahren in der Literatur, weder in Rußland noch irgendwo in der Welt. Dieses Werk hat nur Brüder in der Ferne. An die griechischen Tragiker gemahnt manchmal der Krampf und die Not, dieses Übermaß von Qual in den Menschen, die unter dem Griff des übermächtigen Schicksales sich krümmen, an Michelangelo manchmal durch die mystische, steinerne, unerlösbare Traurigkeit der Seele. Aber der wahre Bruder Dostojewskis durch die Zeiten ist Rembrandt. Beide stammen sie aus einem Leben von Mühsal, Entbehrung, Verachtung, Ausgestoßene der Irdischkeit, gepeitscht von den Bütteln des Geldes in die tiefste Tiefe des menschlichen Seins hinab. Beide wissen sie um den schöpferischen Sinn der Kontraste, den ewigen Streit von Dunkel und Licht, und wissen, daß keine Schönheit tiefer ist als die heilige der Seele, die aus der Nüchternheit des Seins gewonnen ist. Wie Dostojewski seine Heiligen aus russischen Bauern, Verbrechern und Spielern, gestaltet sich Rembrandt seine biblischen Figuren von den Modellen der Hafengassen; beiden ist in den niedersten Formen des Lebens irgendeine geheimnisvolle, neue Schönheit verborgen, beide finden sie ihren Christus im Abhub des Volks. Beide wissen sie von dem ständigen Spiel und Widerspiel der

Erdenkräfte, von Licht und Dunkel, das gleich mächtig im Lebendigen wie im Beseelten waltet, und hier wie dort ist alles Licht aus dem letzten Dunkel des Lebens genommen. Je mehr man in die Tiefe der Bilder Rembrandts, der Bücher Dostojewskis blickt, sieht man das letzte Geheimnis der weltlichen und geistigen Formen sich entringen: Allmenschlichkeit. Und wo die Seele zuerst nur schattenhafte Form, nur trübe Wirklichkeit zu schauen meint, erkennt sie, tiefer blickend, mit erkennender Lust entrungenes Licht: jenen heiligen Glanz, der als Märtyrerkrone über den letzten Dingen des Lebens liegt.

ARCHITEKTUR UND LEIDENSCHAFT

„Que celui aime peu, qui aime la mesure!"

— LA BOETIE

„Alles treibst du bis zur Leidenschaft." Das Wort Nastassja Philipownas trifft alle Menschen Dostojewskis und trifft vor allem ihn, Dostojewski selbst, mitten in die Seele. Nur leidenschaftlich kann dieser Gewaltige den Phänomenen des Lebens entgegentreten und darum am leidenschaftlichsten seiner leidenschaftlichsten Liebe: der Kunst. Selbstverständlich, daß der schöpferische Prozeß, die künstlerische Bemühung, bei ihm nicht eine geruhige, ordnend aufbauende, kühl berechnend architektonische ist. Dostojewski schreibt im Fieber, wie er im Fieber denkt, im Fieber lebt. Unter der Hand, die die Worte in fließenden kleinen Perlenketten (er hat die nervöse Eilschrift aller hitzigen Menschen) über das Papier rinnen läßt, hämmert der Puls in verdoppelten Schlägen, seine Nerven zucken im Krampf. Schöpfung ist ihm Ekstase, Qual, Entzückung und Zerschmetterung, eine zum Schmerz gesteigerte Wollust, ein zur Wollust gesteigerter Schmerz, das ewige Spasma, der immer wiederholte vulkanische Ausbruch seiner übermächtigen Natur. „Unter Tränen" schreibt der Zweiundzwanzigjährige sein erstes Werk „Arme Leute", und seitdem ist jede Arbeit eine Krise, eine Krankheit. „Ich arbeite nervös, unter Qual und Sorgen. Wenn ich angestrengt arbeite, bin ich auch physisch krank." Und tatsächlich, die Epilepsie, seine mystische Krankheit, dringt ein mit ihrem fiebrigen, entzündlichen Rhythmus, mit ihren dunklen, dumpfen Hemmungen, bis in die feinsten Vibrationen seines Werks. Immer aber schafft Dostojewski mit dem Ganzen seines Wesens, im hysterischen Furor. Selbst die kleinsten, scheinbar gleichgültigen Partien seines Werkes, wie die journalistischen Aufsätze, sind gegossen und geschmolzen in der feurigen Esse seiner Leidenschaft. Nie schafft er mit dem bloß abgelösten, frei wirkenden Teil seiner schaffenden Kraft, gleichsam aus dem Handgelenk, aus der spielhaften Leichtigkeit der Technik, immer ballt er seine ganze physische Erregbarkeit in das Geschehnis, bis an den letzten Nerv seines Lebens leidend und mitleidend in seinen Gestalten. Alle seine Werke sind gleichsam explosiv in rasenden Wetterschlägen durch einen ungeheuren atmosphärischen Druck herausgeschwemmt. Dostojewski kann nicht gestalten ohne inneren Anteil, und für ihn gilt das bekannte Wort über Stendhal: „Lorsqu'il n'avait pas d'émotion, il était sans esprit." Wenn Dostojewski nicht leidenschaftlich war, war er nicht Dichter.

Aber Leidenschaft in der Kunst wird ebenso zerstörendes Element, als sie bildnerisches war. Sie schafft nur das Chaos der Kräfte, dem der klare Geist erst die ewigen Formen erlöst. Alle Kunst braucht die Unruhe als Antrieb der Gestaltung, aber nicht minder eine überlegen-überlegte Ruhe der Auswägung zu einer Vollendung. Dostojewskis mächtiger, die Wirklichkeit diamanten durchdringender Geist weiß nun wohl um die marmorne, eherne Kühle, die das große Kunstwerk umwittert. Er liebt, er vergöttert die große Architektonik, er entwirft prachtvolle Maße, erhabene Ordnungen des Weltbildes. Aber immer wieder überflutet das leidenschaftliche Gefühl die Fundamente. Der Zwiespalt, der ewige zwischen Herz und Geist, wirkt auch im Werke und nennt sich hier Kontrast von Architektonik und Leidenschaft. Vergebens sucht Dostojewski als Künstler objektiv zu schaffen, außen zu bleiben, bloß zu erzählen und zu gestalten, Epiker zu sein, Referent von Geschehnissen, Analytiker der Gefühle. Unwiderstehlich reißt ihn seine Leidenschaft in Leiden und Mitleiden immer wieder in die eigene Welt. Immer ist etwas vom Chaos des Anfangs selbst in den vollendeten Werken Dostojewskis, nie die Harmonie erreicht („Ich hasse die Harmonie", so schreit Iwan Karamasoff, der Verräter seiner geheimsten Gedanken). Auch hier ist zwischen Form und Wille kein Friede, kein Ausgleich, sondern – o ewige Zweiheit seines Wesens, alle Formen durchdringend von der kalten Schale bis zum glühendsten Kerne! – ein unablässiger Kampf zwischen außen und innen. Der ewige Dualismus seines Wesens heißt im epischen Werke Kampf zwischen Architektur und Leidenschaft.

Nie erreicht Dostojewski in seinen Romanen, was man fachmännisch „den epischen Vortrag" nennt, jenes große Geheimnis, bewegtes Geschehen in ruhiger Darstellung zu bändigen, das von Homer bis Gottfried Keller und Tolstoi sich in unendlicher Ahnenreihe von Meister auf Meister vererbt. Leidenschaftlich formt er seine Welt, und nur leidenschaftlich, nur erregt, kann man sie genießen. Nie stellt sich in seinen Büchern jenes sanfte rhythmische, einwiegende Gefühl der Behaglichkeit ein, nie fühlt man sich sicher und außen gegenüber den Geschehnissen, gleichsam an dem sicheren Ufer, Brandung und Tumult eines erregten Meeres schauspielhaft betrachtend. Immer ist man innen bei ihm eingewühlt, verstrickt in die Tragödie. Wie eine Krankheit erlebt man die Krise seiner Menschen im Blute, wie eine Entzündung brennen die Probleme im aufgepeitschten Gefühl. Mit allen unseren Sinnen taucht er uns in seine brennende Atmosphäre, stößt er uns an den Abgrundrand der Seele, wo wir keuchend stehen, schwindeligen Gefühls, mit abgerissenem Atem. Und erst, wenn unsere Pulse jagen wie die seinen, wir selbst der dämonischen Leidenschaft verfallen sind, erst dann gehört sein Werk ganz uns, gehören wir ihm ganz. Dostojewski will eben nur angespannte, gesteigerte Menschen als Mitempfinder seiner Epik, so wie er sie als seine Helden wählt. Die Leihbibliothekskonsumenten, die behaglichen Flaneure des Lesens, die Spaziergänger auf den Bürgersteigen ausgetretener Probleme, müssen auf ihn und er auf sie verzichten. Nur der brennende Mensch, der leidenschaftlich entzündete, der glühende im Gefühl, findet hinab in seine wahre Sphäre.

Es läßt sich nicht verleugnen, nicht verbergen, nicht verschönern: das Verhältnis Dostojewskis zum Leser ist weder ein freundschaftliches noch ein behagliches, sondern eine Zwietracht voll gefährlicher, grausamer, wollüstiger Instinkte. Es ist eine leidenschaftliche Beziehung wie zwischen Mann und Weib, nicht wie bei den andern Dichtern ein Verhältnis der Freundschaft und des Vertrauens. Dickens oder Gottfried Keller, seine Zeitgenossen, führen mit sanfter Überredung, mit musikalischer Lockung den Leser in ihre Welt, sie plaudern ihn freundlich ins Geschehnis hinein, sie reizen nur die Neugier, die Phantasie, nicht aber wie Dostojewski das ganze aufschäumende Herz. Er, der Leidenschaftliche, will uns ganz haben, nicht bloß unsere Neugier, unser Interesse, er begehrt unsere ganze Seele, selbst unsere Körperlichkeit. Zuerst lädt er die innere Atmosphäre mit Elektrizität, raffiniert steigert er unsere Reizbarkeit. Eine Art Hypnose setzt ein, ein Willensverlust in seinen leidenschaftlichen Willen: wie das dumpfe Murmeln des Beschwörenden, endlos und sinnlos umtut er den Sinn mit breiten Gesprächen, reizt mit Geheimnis und Andeutungen die Anteilnahme bis tief nach innen. Er duldet nicht, daß wir zu früh uns hingeben, er dehnt in wollüstigem Wissen die Marter der Vorbereitung, Unruhe beginnt in einem leise zu kochen, aber immer wieder verzögert er, neue Figuren vorschiebend, neue Bilder entrollend, den Einblick in das Geschehnis. Ein wissender, ein wollüstiger Erotiker, hält er seine, hält er unsere Hingebung mit teuflischer Willenskraft zurück und steigert damit den innern Druck, die Gereiztheit der Atmosphäre ins Unendliche. Schicksalsträchtig fühlt man über sich ein Gewölk von Tragik (wie lange dauert es in Raskolnikoff, ehe man weiß, daß all diese sinnlosen seelischen Zustände Vorbereitungen zu seinem Morde sind, und doch spürt man längst in den Nerven Furchtbares voraus!), auf dem Himmel der Seele wetterleuchtet schaurige Ahnung. Aber Dostojewskis sinnliche Wollüstigkeit berauscht sich im Raffinement der Verzögerung, sie prickelt wie Nadelstiche kleine Andeutungen in die Haut des Empfindens. Mit satanischer Verlangsamung stellt Dostojewski vor seinen großen Szenen noch Seiten und Seiten mystischer und dämonischer Langweile, bis er in dem Reizmenschen (ein anderer fühlt ja nichts von diesen Dingen) ein geistiges Fieber, eine physische Qual erzeugt. Auch das Lustgefühl der Spannung treibt dieser Fanatiker des Kontrastes bis in den Schmerz hinein, und erst dann, wenn im überheizten Kessel der Brust das Gefühl schon brodelt und die Wände sprengen will, dann erst schlägt er einem mit dem Hammer auf das Herz, dann zuckt eine jener sublimen Sekunden nieder, wo wie ein Blitz die Erlösung aus dem Himmel seines Werkes in die Tiefe unserer Herzen fährt. Erst wenn die Spannung unerträglich geworden ist, zerreißt Dostojewski das epische Geheimnis und löst das zerspannte Gefühl in weiche, flutende, tränenfeuchte Empfindung.

So feindlich, so wollüstig, so raffiniert leidenschaftlich umstellt, umfaßt Dostojewski seine Leser. Nicht im Ringkampf zwingt er sie nieder, sondern wie ein Mörder, der stundenlang und stundenlang sein Opfer umkreist, durchstößt er einem dann plötzlich mit einer spitzen Sekunde das Herz. So leidenschaftlich ist er im eigenen Aufruhr, daß man zweifelt, ihn noch einen Epiker nennen zu dürfen. Seine Technik ist eine explosive: er höhlt nicht kärrnerhaft, Schaufel um Schaufel, die Straße in sein Werk hinein, sondern von innen herauf mit einer ins kleinste geballten Kraft sprengt er die Welt auf und die erlöste Brust. Ganz unterirdisch sind seine Vorbereitungen, gleichsam eine Verschwörung, eine blitzartige Überraschung für den Leser. Nie weiß man, obwohl man fühlt, daß man einer Katastrophe entgegengeht, in welchen Menschen er die Stollen seiner Minengänge eingräbt, von welcher Seite, in welcher Stunde die furchtbare Entladung erfolgt. Von jedem einzelnen führt ein Schacht in den Mittelpunkt des Geschehens, jeder einzelne ist geladen mit dem Zündstoff der Leidenschaft. Wer aber den Kontakt zündet (zum Beispiel, wer von den vielen, die alle innerlich von den Gedanken vergiftet sind, den Fedor Karamasoff tötet), das ist mit einer unerhörten Kunst verborgen bis zum letzten Augenblick, denn Dostojewski, der alles ahnen läßt, verrät nichts von seinem Geheimnis. Man fühlt nur immer das Schicksal wie einen Maulwurf unter der Fläche des Lebens wühlen, fühlt, wie sich bis hart unter unser Herz die Mine vorschiebt, und vergeht, verzehrt sich in unendlicher Spannung bis zu den kleinen Sekunden, die wie ein Blitz die Schwüle der Atmosphäre zerschneiden.

Und für diese kleinen Sekunden, für die unerhörte Konzentration des Zustandes benötigt der Epiker Dostojewski eine bisher ungekannte Wucht und Breite der Darstellung. Nur eine monumentale Kunst kann solch eine Intensität, eine solche Konzentration erzielen, nur eine Kunst urweltlicher Größe und mythischer Wucht. Hier ist Breite nicht Geschwätzigkeit, sondern Architektur: wie für die Spitzen der Pyramiden riesige Fundamente, sind für die spitzen Höhepunkte bei Dostojewski die gewaltigen Dimensionen seiner Romane notwendig. Und wirklich, wie die Wolga, der Dnjepr, die großen Ströme seiner Heimat, rollen diese Romane dahin. Etwas Stromhaftes ist ihnen allen zu eigen, langsam wogend rollen sie ungeheuere Mengen des Lebens heran. Auf ihren Tausenden und Tausenden Seiten schwemmen sie, gelegentlich die Ufer des künstlerischen Gestaltens übertretend, viel politisches Geröll und polemisches Gestein mit sich fort. Manchmal, wo die Inspiration nachläßt, haben sie auch breite, sandige Stellen. Schon scheinen sie zu versiegen. In stockendem Lauf winden sich mühsam durch Krümmungen und Wirrungen die Geschehnisse weiter, die Flut stagniert an den Sandbänken der Gespräche für Stunden, bis sie wieder dann die eigene Tiefe und den Schwung ihrer Leidenschaft findet.

Aber dann, in der Nähe des Meeres, der Unendlichkeit, kommen plötzlich jene unerhörten Stellen der Stromschnelle, wo sich die breite Erzählung zum Wirbel zusammenballt, die Seiten gleichsam fliegen, das Tempo beängstigend wird, die Seele mitgerissen in den Abgrund des Gefühls hinpfeilt. Schon fühlt man die nahe Tiefe, schon donnert der Wassersturz her, die ganze breite schwere Masse ist plötzlich in schäumende Geschwindigkeit verwandelt, und wie die Strömung der Erzählung, gleichsam magnetisch vom Katarakt angezogen, der Katharsis zuschäumt, so sausen wir selbst unwillkürlich rascher durch diese Seiten und stürzen dann plötzlich in den Abgrund des Geschehens, gleichsam mit zerschmetterten Gefühlen.

Und dieses Gefühl, wo gleichsam die ungeheuere Summe des Lebens in einer einzigen Ziffer gezogen ist, dieses Gefühl äußerster Konzentration, qualvoll und schwindlig zugleich, das er selbst einmal das „Turmgefühl“ nennt, – den göttlichen Wahnsinn, sich über die eigene Tiefe zu beugen und die Seligkeit des tödlichen Niedersturzes vorempfindend zu genießen

– dieses äußerste Gefühl, in dem man mit dem ganzen Leben auch noch den Tod empfindet, es ist immer auch die unsichtbare Spitze der großen epischen Pyramiden Dostojewskis. Alle Romane sind vielleicht nur geschrieben um dieser Augenblicke der weißglühenden Empfindung willen. Zwanzig oder dreißig solcher grandioser Stellen hat Dostojewski geschaffen, und alle sind sie von so unvergleichlicher Vehemenz der leidenschaftlichen Zusammenballung, daß sie einem nicht nur beim ersten Lesen, da sie einen gleichsam noch wehrlos überfallen, sondern noch beim vierten oder fünften Wiederholen wie eine Stichflamme durch das Herz fahren. Immer sind in diesem Augenblick plötzlich alle Menschen des ganzen Buches in einem Zimmer versammelt, immer alle in der äußersten Intensität ihres Eigenwillens. Alle Straßen, alle Ströme, alle Kräfte laufen magisch zusammen, lösen sich auf in einer einzigen Geste, einer einzigen Gebärde, einem einzigen Wort. Ich erinnere nur an die Szene in den „Dämonen", wo die Ohrfeige Schatows mit ihrem „trockenen Schlag" das Spinnweb des Geheimnisses zerreißt, wie im „Idioten" Nastassja Philipowna die 100 000 Rubel ins Feuer wirft, oder die Geständnisszene in „Raskolnikoff" und den „Karamasoff". In diesen höchsten, schon nicht mehr stofflichen, in diesen ganz elementaren Momenten seiner Kunst gattet sich restlos Architektur und Leidenschaft. Nur in der Ekstase ist Dostojewski der einheitliche Mensch, nur in diesen kurzen Augenblicken der vollendete Künstler. Aber diese Szenen sind rein künstlerisch ein Triumph der Kunst über den Menschen ohnegleichen, denn erst rücklesend wird man gewahr, mit einer wie genialen Berechnung alle Anstiege zu diesem Höhepunkt geführt sind, mit welch wissender Verteilung hier Menschen und Umstände sich magisch ergänzen, wie die ungeheure Gleichung, die tausendstellige und verschränkte, sich plötzlich auflöst in die kleinste Zahl, die letzte, restlose Einheit des Gefühls: die Ekstase. Das ist das größte künstlerische Geheimnis Dostojewskis, alle seine Romane zu solchen Spitzen hinaufzubauen, in denen sich die ganze elektrische Atmosphäre des Gefühls sammelt und die den Blitz des Schicksals mit unfehlbarer Sicherheit in sich auffangen.

Muß noch besonders auf den Ursprung dieser einzigartigen Kunstform hingewiesen sein, die vor Dostojewski keiner besessen und vielleicht nie ein Künstler in gleichem Maße besitzen wird? Muß es noch gesagt sein, daß dieses Aufzucken der gesamten Lebenskräfte zu einzigen Sekunden nichts anderes ist, als in Kunst verwandelte, sinnfällige Form seines eigenen Lebens, seiner dämonischen Krankheit? Nie ist das Leiden eines Künstlers fruchtbarer gewesen als diese künstlerische Verwandlung der Epilepsie, denn nie hat sich vor Dostojewski in der Kunst eine ähnliche

Konzentration von Lebensfülle in das engste Maß von Raum und Zeit gebannt. Er, der am Semenowskiplatz gestanden, die Augen verschnürt, und in zwei Minuten sein ganzes vergangenes Leben noch einmal durchlebte, der bei jedem epileptischen Anfall in der Sekunde zwischen dem wankenden Taumel und dem harten Niedersturz vom Sessel auf den Boden Welten visionär durchirrt, nur er konnte diese Kunst erreichen, in eine Nußschale von Zeit einen Kosmos von Geschehnissen einzubetten. Nur er das Unwahrscheinliche solcher explosiver Sekunden so dämonisch ins Wirkliche zwingen, daß wir dieser Fähigkeit der Überwindung von Raum und Zeit kaum gewahr werden. Wahre Wunder der Konzentration sind seine Werke. Ich erinnere nur an ein Beispiel: Man liest den ersten Band des „Idioten", der über 500 Seiten umfaßt. Ein Tumult von Schicksal hat sich erhoben, ein Chaos von Seelen ist durchflogen, eine Vielzahl von Menschen innerlich belebt. Man hat mit ihnen Straßen durchwandert, in Häusern gesessen, und plötzlich, bei zufälligem Besinnen, entdeckt man, daß diese ganze ungeheure Fülle von Geschehnissen in einem Ablauf von kaum zwölf Stunden vor sich ging, von Morgen bis Mitternacht. Ebenso ist die phantastische Welt der Karamasoff in bloß ein paar Tage, die Raskolnikoffs in eine Woche zusammengeballt, – Meisterstücke der Gedrängtheit, wie sie ein Epiker noch nie und selbst das Leben nur in den seltensten Augenblicken erreicht. Einzig die antike Tragödie des Ödipus etwa, der in der engen Spanne von Mittag bis Abend ein ganzes Leben und das vergangener Generationen zusammendrängt, kennt diesen rasenden Niedersturz von Höhe zu Tiefe, von Tiefe zu Höhe, diese erbarmungslosen Wetterstürze des Geschicks, aber auch diese reinigende Kraft der seelischen Gewitter. Mit keinem epischen Werk läßt sich diese Kunst vergleichen, und darum wirkt Dostojewski immer in seinen großen Augenblicken als Tragiker, seine Romane gleichsam wie umhüllte, verwandelte Dramen; im letzten sind die Karamasoff Geist vom Geiste der griechischen Tragödie, Fleisch vom Fleische Shakespeares. Nackt steht in ihnen, wehrlos und klein, der riesige Mensch unter dem tragischen Himmel des Schicksals.

Und seltsam, in diesen leidenschaftlichen Augenblicken der Niederstürze verliert plötzlich der Roman Dostojewskis auch seinen erzählerischen Charakter. Die dünne epische Umschalung schmilzt ab in der Hitze des Gefühls und verdunstet; nichts bleibt als der blasse weißglühende Dialog. Die großen Szenen in Dostojewskis Romanen sind nackte dramatische Dialoge. Man kann sie, ohne ein Wort beizufügen oder fortzulassen, auf die Bühne pflanzen, so festgezimmert ist jede einzelne Figur, so zur dramatischen Sekunde verdichtet sich in ihnen der breite strömende

Gehalt der großen Romane. Das tragische Gefühl in Dostojewski, das immer zu Endgültigem drängt, zur gewaltsamen Spannung, zur blitzartigen Entladung, schafft in diesen Höhepunkten sein episches Kunstwerk scheinbar restlos zum dramatischen um.

Was in diesen Szenen an dramatischer, ja theatralischer Schlagkraft enthalten ist, haben selbstverständlich die eilfertigen Theaterhandwerker und Boulevarddramatiker zuerst erkannt, lang vor den Philologen, und rasch einige robuste Theaterstücke aus dem „Raskolnikoff", dem „Idioten", den „Karamasoff" gezimmert. Aber hier hat sich erwiesen, wie kläglich solche Versuche scheitern, Figuren Dostojewskis von außen, von ihrer Körperlichkeit und ihrem Schicksal zu fassen, sie aus ihrer Sphäre, der Seelenwelt, zu heben und von der gewitternden Atmosphäre der rhythmischen Reizbarkeit abzulösen. Wie abgeschälte Baumstämme, nackt und leblos, wirken diese Figuren dramatisch im Vergleich zu ihrer lebendigen, raunenden, rauschenden Wipfelhaftigkeit, die an die Himmel rührt und jede doch mit tausend geheimen Nervenfäden im epischen Erdreich wurzelt. Ihr Aderwerk, breitfältig verästelt auf Hunderten von Seiten, zieht seine stärkste bildnerische Kraft aus dem Dunkel, aus Andeutung und Ahnung. Die Psychologie Dostojewskis ist keine für grelles Lampenlicht, sie spottet ihrer „Bearbeiter" und Vereinfacher. Denn in dieser epischen Unterwelt gibt es geheimnisvolle psychische Kontakte, Unterströmungen und Nuancierungen. Nicht aus sichtbaren Gesten, sondern aus tausend und tausend einzelnen Andeutungen bildet und formt sich bei ihm eine Gestalt, nichts Spinnwebzarteres kennt die Literatur, als dies seelische Netzwerk. Um einmal die Durchgängigkeit dieser subkutanen, gleichsam unter der Haut fließenden Unterströmungen der Erzählung zu empfinden, versuche man zur Probe einen Roman Dostojewskis in einer der gekürzten französischen Ausgaben zu lesen. Es fehlt anscheinend nichts darin: der Film der Geschehnisse rollt geschwinder ab, die Figuren erscheinen sogar agiler, geschlossener, leidenschaftlicher. Aber doch, sie sind irgendwo verarmt, ihrer Seele fehlt jener wunderbare irisierende Glanz, ihrer Atmosphäre die funkelnde Elektrizität, jene Schwüle der Spannung, die erst die Entladung so furchtbar und so wohltätig macht. Irgend etwas ist zerstört, das nicht wieder zu ersetzen ist, ein Zauberkreis gebrochen. Und gerade aus diesen Versuchen von Kürzungen und Dramatisierung erkennt man den Sinn der Breite bei Dostojewski, die Zweckhaftigkeit seiner scheinbaren Weitschweifigkeit. Denn die kleinen, flüchtigen, gelegentlichen Andeutungen, die ganz zufällig und überflüssig scheinen, sie haben Erwiderung hundert und hundert Seiten später. Unter der Oberfläche der Erzählung laufen solche Leitungen verborgener Kontakte, die

Meldungen weitertragen, geheimnisvolle Reflexe tauschen. Es gibt bei ihm seelische Chiffrierungen, ganz winzige physische und psychische Zeichen, deren Sinn erst beim zweiten, beim dritten Lesen offenbar wird. Kein Epiker hat ein gleichsam so durchnervtes System des Erzählens, ein so unterirdisches Gewirr der Begebenheit unter dem Knochenwerk des Geschehnisses, unter der Haut des Dialogs. Und doch, System kann man es kaum nennen: nur mit der scheinbaren Willkürlichkeit und doch geheimnisvollen Ordnung des Menschen selbst läßt sich dieser psychologische Prozeß vergleichen. Während die anderen epischen Künstler, insbesondere Goethe, mehr die Natur als den Menschen nachzuahmen scheinen und das Geschehnis organisch wie eine Pflanze, bildhaft wie eine Landschaft genießen lassen, erlebt man einen Roman Dostojewskis wie die Begegnung mit einem sonderbar tiefen und leidenschaftlichen Menschen. Dostojewskis Kunstwerk ist urirdisch bei aller Ewigkeit, ein zweispältiges, wissendes, erregt leidenschaftliches Nervenwesen, immer gegorenes Fleisch und Hirn, nie ehernes Metall, reines ausgeglühtes Element. Es ist unberechenbar und unergründbar, wie die Seele es in den Grenzen ihrer Körperlichkeit ist, und unvergleichbar innerhalb der Formen der Kunst.

Unvergleichbar: Bewunderung seiner Kunst, seiner seelischen Meisterschaft, sie ist jenseitig allen Maßes, und je tiefer man sich in sein Werk versenkt, desto unwahrscheinlicher und gewaltiger scheint ihre Größe. Damit soll keineswegs gesagt sein, daß diese Romane an sich alle vollendete Kunstwerke wären, ja sie sind es viel weniger als manche ärmere Werke, die engere Kreise ziehen und sich mit Schlichterem bescheiden. Der Maßlose kann das Ewige erreichen, aber nicht nachbilden. Viel ihrer unerhörten Architektonik ist von Leidenschaft verschwemmt, manche heroische Konzeption von Ungeduld zerstört. Aber diese Ungeduld Dostojewskis, sie führt von der Tragödie seiner Kunst in die seines Lebens zurück. Denn dies war äußeres Schicksal und nicht innere Leichtfertigkeit bei ihm ebenso wie bei Balzac, daß er getrieben war vom Leben zur Eiligkeit und zu sehr gehetzt, um die Werke vollendet zu gestalten. Man vergesse nicht, wie diese Werke entstanden sind. Immer war schon der ganze Roman verkauft, während Dostojewski noch das erste Kapitel schrieb, jede Arbeit eine Hetzjagd von Vorschuß zu neuem Vorschuß. „Wie ein alter Postgaul" arbeitend, auf der Flucht durch die Welt, fehlt es ihm manchmal an Zeit und Ruhe, die letzte Feile anzulegen, und er weiß es selbst, der Wissendste aller, und empfindet es wie Schuld! „Mögen sie doch sehen, in welchem Zustande ich arbeite. Sie verlangen von mir schlackenlose Meisterwerke, und aus bitterster, elendster Not bin ich zur Eile gezwungen", schreit er erbittert auf. Er flucht Tolstoi und Turgenjew, die, gemächlich auf ihren Gütern sitzend, die Zeilen runden und ordnen können, und denen er um nichts sonst neidisch ist. Keine Armut scheut er persönlich, aber der Künstler, erniedrigt zum Proletarier der Arbeit, schäumt gegen die „Gutsherrnliteratur" aus der unbändigen Sehnsucht des Artisten, einmal in Ruhe, einmal in Vollendung gestalten zu können. Jeden Fehler in seinen Werken kennt er, er weiß, daß nach seinen epileptischen Anfällen die Spannung nachläßt, die straffe Hülle des Kunstwerks gleichsam undicht wird und Gleichgültiges einströmen läßt. Oft müssen ihn Freunde oder seine Frau auf grobe Vergeßlichkeiten aufmerksam machen, die er in jener Verdunklung der Sinne nach dem Anfall begeht, wenn er die Manuskripte liest. Dieser Proletarier, dieser Taglöhner der Arbeit, dieser Sklave des Vorschusses, der in der Zeit seiner ärgsten Not drei gigantische Romane hintereinander schreibt, ist innerlich der bewuß-teste Artist. Er liebt fanatisch die Goldschmiedearbeit, den Filigran der Vollendung. Noch unter der Peitsche der Not feilt und bosselt er stunden-lang an einzelnen Seiten, zweimal vernichtet er den „Idioten", obzwar seine Frau hungert und die Hebamme noch nicht bezahlt ist. Unendlich ist sein Wille zur Vollendung, aber auch die Not ist unendlich. Wieder ringen die beiden gewaltigsten Mächte um seine Seele, der äußere Zwang und der innere. Auch als Künstler bleibt er der große Zerspaltene der Zweiheit. Wie der Mensch in ihm ewig nach Harmonie und Ruhe, so dürstet der Künstler in ihm ewig nach Vollendung. Hier wie dort hängt er mit zerrissenen Armen am Kreuze seines Schicksals.

Auch die Kunst also, auch sie, die Einzig-Eine, ist nicht Erlösung dem Gekreuzigten des Zwiespalts, auch sie Qual, Unruhe, Hast und Flucht, auch sie nicht Heimat dem Heimatlosen. Und die Leidenschaft, die ihn in die Gestaltung treibt, sie jagt ihn über die Vollendung hinaus. Auch hier wird er über die Vollendung gehetzt dem ewig Endlosen zu; mit ihren abgebrochenen Türmen, den nicht zu Ende gebauten (denn die Karama-soff ebenso wie der Raskolnikoff versprechen beide einen zweiten, nie geschriebenen Teil), ragen seine Romanbauten in den Himmel der Reli-gion, in das Gewölk der ewigen Fragen. Nennen wir sie nicht Roman mehr und werten wir sie nicht mit epischem Maß: sie sind längst nicht mehr Literatur, sondern irgendwie geheime Anfänge, prophetische Vorklänge, Präludien und Prophetien eines Mythus vom neuen Menschen. So sehr er die Kunst liebt, Dostojewski, sie ist ihm nicht das Letzte, und wie alle seine erlauchten russischen Ahnen empfindet er sie nur als Brücke des Bekenntnisses vom Menschen zu Gott. Erinnern wir uns nur: Gogol wirft nach den „Toten Seelen" die Literatur fort und wird Mystiker, geheimnisvoller Bote des neuen Rußlands, Tolstoi verflucht, ein Sechzigjähriger, die Kunst, die eigene und die fremde, und wird Evangelist der Güte und Gerechtigkeit, Gorki verzichtet auf den Ruhm und wird Verkünder der Revolution. Dostojewski hat bis zur letzten Stunde die Feder nicht gelassen, aber was er gestaltet, ist längst nicht mehr ein Kunstwerk im irdischen engen Sinne, sondern das Evangelium des Dritten Reiches, irgendein Mythus der neuen russischen Welt, eine apokalyptische Verkündung, dunkel und rätselhaft. Kunst war dem ewig Ungenügsamen nur ein Anfang, und sein Ende war im Endlosen. Sie war ihm nur eine Stufe und nicht der Tempel selbst. In der Vollkommenheit seiner Werke ist noch ein Größeres, das sich in Worte nicht mehr gestaltet, und eben weil dies Letzte in ihnen nur geahnt und nicht in vergängliche Form gegossen ist, sind sie Wege zur Vollendung des Menschen und der Menschheit.

DER ÜBERSCHREITER DER GRENZEN

„Daß du nicht enden kannst, das macht dich groß."

— GOETHE

Tradition ist steinerne Grenze von Vergangenheiten um die Gegenwart: wer ins Zukünftige will, muß sie überschreiten. Denn die Natur will kein Innehalten im Erkennen. Zwar scheint sie Ordnung zu fordern und liebt doch nur den, der sie zerstört um einer neuen Ordnung willen. Immer schafft sie sich in einzelnen Menschen durch Übermaß ihrer eigenen Kräfte jene Konquistadoren, die von den heimischen Ländern der Seele in die dunklen Ozeane des Unbekannten hinausfahren zu neuen Zonen des Herzens, neuen Sphären des Geistes. Ohne diese kühnen Überschreiter wäre die Menschheit in sich gefangen, ihre Entwicklung ein Kreisgang. Ohne diese großen Boten, in denen sie sich gleichsam selbst vorauseilt, wäre jede Generation unkund ihres Weges. Ohne diese großen Träumer wüßte die Menschheit nicht um ihren tiefsten Sinn. Nicht die ruhigen Erkenner, die Geographen der Heimat, haben die Welt weit gemacht, sondern die Desperados, die über unbekannte Ozeane zum neuen Indien fuhren: nicht die Psychologen, die Wissenschaftler, haben die moderne Seele in ihrer Tiefe erkannt, sondern die Maßlosen unter den Dichtern, die Überschreiter der Grenzen.

Von diesen großen Grenzüberschreitern der Literatur ist Dostojewski in unseren Tagen der größte gewesen, und keiner hat so viel Neuland der Seele entdeckt als dieser Ungestüme, dieser Maßlose, dem nach seinem eignen Wort „das Unermeßliche und Unendliche so notwendig war wie die Erde selbst". Nirgends hat er innegehalten, „überall habe ich die Grenze überschritten," schreibt er stolz und selbstanklagend in einem Briefe, „überall". Und unmöglich ist es fast, alle seine Taten aufzuzählen, die Wanderungen über die eisigen Grate des Gedankens, die Niederstiege zu den verborgensten Quellen des Unbewußten, die Aufstiege, die gleichsam traumwandlerischen Aufstiege zu den schwindelnden Gipfeln des Selbsterkennens. Wo kein gewöhnlicher Weg war, er hat ihn beschritten, wo Labyrinth und Wirrnis war, am liebsten gelebt. Nie hat die Menschheit zuvor so tief den Mechanismus und die Mystik ihres seelischen Wesens erkannt, sie ist wacher und bewußter geworden in seinem Blick und gleichzeitig geheimnisvoller und göttlicher in seinem Gefühl. Ohne ihn, den großen Überschreiter alles Maßes, wüßte die Menschheit weniger um ihr eingeborenes Geheimnis, weiter als je blicken wir von der Höhe seines Werkes in das Zukünftige hinein.

Die erste Grenze, die Dostojewski durchstieß, die erste Ferne, die er uns auftat, war Rußland. Er hat seine Nation für die Welt entdeckt, unser europäisches Bewußtsein erweitert, als erster die Seele des Russen uns als Fragment und als ein Kostbarstes der Weltseele erkennen lassen. Vor ihm bedeutete Rußland für Europa eine Grenze: den Übergang gegen Asien, einen Fleck Landkarte, ein Stück Vergangenheit unserer eigenen barbarischen, überwundenen Kulturkindheit. Er aber zeigte als erster uns die zukünftige Kraft in dieser Öde, seit ihm fühlen wir Rußland als eine Möglichkeit neuer Religiosität, als ein kommendes Wort im großen Gedichte der Menschheit. Er hat das Herz der Welt so reicher gemacht um eine Erkenntnis und um eine Erwartung. Puschkin (der uns ja schlecht zugänglich ist, weil sein poetisches Medium in jeder Übertragung die elektrische Kraft verliert) hat uns nur die russische Aristokratie gezeigt, Tolstoi wiederum den einfachen, patriarchalischen bäurischen Menschen, die Wesen der alten, abgeteilten, abgelebten Welt. Erst er entzündet uns die Seele mit der Verkündung neuer Möglichkeiten, erst er entflammt den Genius dieser neuen Nation und läßt uns fast sehnsüchtig werden, daß dieser glühende Tropfen Weltkindheit und Seelenanfang seines Russenvolkes in die müde, stagnierende Welt des alten Europa einglühe. Und gerade in diesem Kriege haben wir gefühlt, daß wir alles, was wir von Rußland wußten, nur durch ihn wußten und daß er es uns möglich gemacht, dieses Feindesland auch als Bruderland der Seele zu empfinden.

Aber tiefer noch und bedeutsamer als diese kulturelle Erweiterung des Weltwissens um die Idee Rußlands (denn diese hätte vielleicht schon Puschkin erreicht, wäre ihm nicht im 37. Jahre die Duellkugel durch die

Brust gefahren) ist jene ungeheure Erweiterung unseres seelischen Selbstwissens, die ohne Beispiel ist in der Literatur. Dostojewski ist der Psychologe der Psychologen. Die Tiefe des menschlichen Herzens zieht ihn
magisch an, das Unbewußte, das Unterbewußte, das Unergründliche ist
seine wahre Welt. Seit Shakespeare haben wir nicht soviel vom Geheimnis
des Gefühls und den magischen Gesetzen seiner Verschränkung gelernt,
und wie Odysseus, der einzige, der vom Hades wiederkehrte, von der
unterirdischen Welt, erzählt er von der Unterwelt der Seele. Denn auch er,
wie Odysseus, war begleitet von einem Gotte, von einem Dämon. Seine
Krankheit, ihn aufreißend zu Höhen des Gefühls, die der gemeine Sterbliche nicht erreicht, ihn niederschmetternd in Zustände der Angst und des
Grauens, die schon jenseits des Lebens liegen, ließen ihn erst atmen in
dieser bald frostigen, bald feurigen Atmosphäre des Unbelebten und Überlebendigen. Wie die Nachttiere in der Finsternis sehen, sieht er in den
Dämmerzuständen klarer wie andere am lichten Tag. In den feurigen
Elementen, wo andere verbrennen, wird ihm erst wahre, wohlige Wärme
des Gefühls; er ist weit über die gesunde Seele hinaus gewachsen und hat
in der kranken gehaust und damit im tiefsten Geheimnis des Lebens.
Atemnah hat er dem Wahnsinn ins Gesicht geleuchtet, wie ein Mondsüchtiger ist er sicher über die Spitzen des Gefühls geschritten, von denen die
Wachenden und Wissenden in Ohnmacht abstürzen. Dostojewski ist
tiefer in die Unterwelt des Unbewußten gedrungen als die Ärzte, die Juristen, die Kriminalisten und Psychopathen. Alles was die Wissenschaft erst
später entdeckte und benannte, was sie in Experimenten gleichsam wie
mit einem Skalpell von toter Erfahrung losschabte, alle die telepathischen,
hysterischen, halluzinativen, perversen Phänomene, hat er voraus geschildert aus jener mystischen Fähigkeit des hellseherischen Mitwissens und
Mitleidens. Bis an den Rand des Wahnsinns (den Exzeß des Geistes), bis
an die Klippe des Verbrechens (den Exzeß des Gefühls) hat er den Phänomenen der Seele nachgespürt und unendliche Strecken seelischen
Neulandes damit durchschritten. Eine alte Wissenschaft schlägt mit ihm
das letzte Blatt zu in ihrem Buch, Dostojewski beginnt in der Kunst eine
neue Psychologie.

Eine neue Psychologie: denn auch die Wissenschaft der Seele hat ihre
Methoden, auch die Kunst, die vorerst durch die Zeiten eine unendliche
Einheit scheint, ewig neue Gesetze. Auch hier gibt es Wandlungen des
Wissens, Fortschritte des Erkennens durch immer neue Auflösung und
Determinierung, und so wie etwa die Chemie durch Experimente die
Anzahl der Urelemente, der anscheinend unteilbaren, immer mehr verringert hat und im scheinbar Einfachen noch die Zusammensetzungen

erkennt, so löst die Psychologie durch immer weiter schreitende Differenzierung die Einheit des Gefühls in eine Unendlichkeit von Trieb und Widertrieb auf. Trotz aller vorausschauenden Genialität einiger einzelner Menschen ist eine Grenzlinie zwischen der alten Psychologie und der neuen nicht zu verkennen. Von Homer und weit bis nach Shakespeare gibt es eigentlich nur die Psychologie der Einlinigkeit. Der Mensch ist noch Formel, eine Eigenschaft in Fleisch und Knochen: Odysseus ist listig, Achilles mutig, Ajax zornvoll, Nestor weise ... jede Entschließung, jede Tat dieser Menschen liegt klar und offen in der Schußfläche ihres Willens. Und noch Shakespeare, der Dichter an der Wende der alten und der neuen Kunst, zeichnet seine Menschen so, daß immer eine Dominante die widerstreitende Melodik ihres Wesens auffängt. Aber gerade er ist es auch, der den ersten Menschen aus dem seelischen Mittelalter in unsere neuzeitliche Welt voraussendet. In seinem Hamlet erschafft er die erste problematische Natur, den Ahnherrn des modernen differenzierten Menschen. Hier ist zum ersten Male im Sinne der neuen Psychologie der Wille durch Hemmungen gebrochen, der Spiegel der Selbstbetrachtung in die Seele selbst gestellt, der um sich selbst wissende Mensch gestaltet, der zwiefach lebt, außen und innen zugleich, im Handeln denkend, im Denken sich verwirklichend. Hier lebt der Mensch zum erstenmal sein Leben, wie wir es fühlen, fühlt, wie wir Gegenwärtigen fühlen, freilich noch aus einer Dämmerung des Bewußtseins heraus: noch ist er, der Dänenprinz, umwoben vom Requisit einer abergläubischen Welt, noch wirken Zaubertränke und Geister auf seinen beunruhigten Sinn, statt bloß Wahn und Ahnung. Aber doch, hier ist er schon vollendet, das ungeheuere psychologische Geschehnis der Verzweifachung des Gefühls. Der neue Kontinent der Seele ist entdeckt, die zukünftigen Forscher haben freie Bahn. Der romantische Mensch Byrons, Goethes, Shelleys, Child Harold und Werther, den leidenschaftlichen Widerspruch seines Wesens zur nüchternen Welt im ewigen Gegensatz empfindend, fördert durch seine Unruhe die chemische Zersetzung der Gefühle. Die exakte Wissenschaft gibt inzwischen noch manche wertvolle Einzelerkenntnis. Dann kommt Stendhal. Er weiß schon mehr als alle früheren von der kristallinischen Bildung der Gefühle, der Vieldeutigkeit und Verwandlungsfähigkeit der Empfindungen. Er ahnt den geheimnisvollen Widerstreit der Brust um jeden einzelnen ihrer Entschlüsse. Aber die seelische Trägheit seines Genies, die spaziergängerische Lässigkeit seines Charakters vermögen noch nicht die ganze Dynamik des Unbewußten zu erhellen.

Erst Dostojewski, der große Zerstörer der Einheit, der ewige Dualist, dringt ein in das Geheimnis. Er oder keiner schafft die vollkommene

Analyse des Gefühls. Bei Dostojewski ist die Einheit des Gefühls in eine Masse zerrissen, als wäre seinen Menschen eine andere Seele eingebaut wie all den früheren. Die kühnsten Seelenanalysen aller Dichter vor ihm scheinen irgendwie oberflächenhaft neben seinen Differenzierungen, sie wirken, wie etwa ein Lehrbuch der Elektrotechnik wirken mag, das 30 Jahre alt ist, in dem eben nur die Anfangsgründe angedeutet und das Wesentliche noch nicht einmal geahnt ist. Nichts ist in seiner Seelensphäre einfaches Gefühl, unteilbares Element – alles Konglomerat, Zwischengangsform, Durchgangsform, Übergangsform. In unendlicher Verkehrung und Verwirrung taumelt und schwankt die Empfindung zur Tat, ein rasender Tausch von Wille und Wahrheit schüttelt die Gefühle durcheinander. Immer meint man, schon am letzten Grunde eines Entschlusses, eines Begehrens angelangt zu sein, und immer wieder deutet es wieder weiter zurück in ein anderes. Haß, Liebe, Wollust, Schwäche, Eitelkeit, Stolz, Herrschgier, Demut, Ehrfurcht, alle Triebe sind ineinander verschlungen in ewigen Verwandlungen. Die Seele ist eine Wirrnis, ein heiliges Chaos in Dostojewskis Werk. Es gibt bei ihm Trunkenbolde aus Sehnsucht nach Reinheit, Verbrecher aus Gier nach der Reue, Mädchenschänder aus Verehrung der Unschuld, Gotteslästerer aus religiösem Bedürfnis. Wenn seine Menschen begehren, tun sie es ebenso aus Hoffnung auf Zurückgestoßensein wie auf Erfüllung. Ihr Trotz, faltet man ihn ganz auf, ist nichts anderes als eine verborgene Scham, ihre Liebe ein verkümmerter Haß, ihr Haß eine verborgene Liebe. Gegensatz befruchtet den Gegensatz. Es gibt bei ihm Lüstlinge aus Gier nach dem Leiden und wieder Selbstquäler aus Gier nach der Lust, in rasendem Kreislauf dreht sich der Wirbel ihres Wollens. In der Begierde genießen sie schon den Genuß, im Genuß schon den Ekel, in der Tat genießen sie die Reue und in der Reue wieder, rückfühlend, die Tat. Es gibt gleichsam ein Oben und Unten, eine Vervielfachung der Empfindungen bei ihnen. Die Taten ihrer Hände sind nicht die ihrer Herzen, die Sprache ihrer Herzen wieder nicht die ihrer Lippen, jedes einzelne Gefühl ist so Zerspaltenheit, Vielfalt und Vieldeutigkeit. Nie wird es gelingen, bei Dostojewski eine Einheit des Gefühls zu fassen, nie einen Menschen im Netz eines Sprachbegriffes zu fangen. Man nenne Fedor Karamasoff einen Wüstling: der Begriff scheint ihn zu erschöpfen, aber doch, ist nicht Swidrigailoff auch einer und jener namenlose Student in den „Werdenden", und doch: welche Welt zwischen ihnen und ihren Gefühlen! Bei Swidrigailoff ist die Wollust eine kalte, seelenlose Ausschweifung, er ist der berechnende Taktiker seiner Unzucht. Karamasoffs Wollust wieder ist Lebenslust, Ausschweifung bis zur Selbstbeschmutzung betrieben, ein tiefer Trieb, sich in das Niederste des Lebens noch einzumengen, nur weil es Leben ist, sein Unterstes, seinen Absud noch zu genießen aus einer Ekstase der Vitalität. Jener ist Wollüstling aus Mangel, der andere aus Exzeß des Gefühls, was bei diesem kranke Erregung des Geistes, ist bei jenem eine chronische Entzündung. Swidrigailoff wieder ist der Mittelmensch der Wollust, der „Lasterchen“ hat statt der Laster, ein kleines schmutziges Tierchen, ein Insekt der Sinne, und jener, der namenlose Student der „Werdenden“, wiederum ist Perversion geistiger Bosheit ins Sexuelle. Man sieht, Welten des Gefühls stehen zwischen diesen Menschen, die sonst ein einziger Begriff zusammenfaßt, und so wie hier die Wollust differenziert ist und aufgelöst in ihre geheimnisvollen Verwurzlungen und Komponenten, so ist bei Dostojewski jedes Gefühl, jeder Trieb immer zurückgeführt in die letzte Tiefe, in den Ursprung aller Kraftströmung, in jenen letzten Gegensatz zwischen Ich und Welt, Behauptung und Hingabe, Stolz und Demut, Verschwendung und Sparsamkeit, Vereinzelung und Gemeinschaft, zentripetale und zentrifugale Kraft, Selbststeigerung oder Selbstvernichtung, Ich oder Gott. Man mag die Gegensatzpaare nennen, wie es der Augenblick fordert, immer sind es letzte, sind es Urgefühle jener Welt zwischen Geist und Fleisch. Nie haben wir vor ihm von dieser wimmelnden Vielfalt des Gefühls, von unserer seelischen Gemengtheit so viel gewußt.

Am überraschendsten aber wird diese Auflösung des Gefühls bei Dostojewski in der Liebe. Es ist die Tat seiner Taten, daß er den Roman, ja die ganze Literatur, die seit Hunderten von Jahren, seit der Antike, immer nur in diesem Zentralgefühl zwischen Mann und Weib, als in den Urquell alles Seins gemündet hatte, noch tiefer hinab, noch höher hinauf, in letzte Erkenntnisse geführt hat. Liebe, anderen Dichtern der Endzweck des Lebens, das Erzählungsziel des Kunstwerkes, ihm ist sie nicht Urelement, sondern nur Stufe des Lebens. Für die anderen dröhnt die glorreiche Sekunde der Versöhnung, der Ausgleich aller Widerstreite im Augenblicke, wo Seele und Sinne, Geschlecht und Geschlecht sich restlos in himmlische Gefühle lösen. Im letzten Grunde ist bei ihnen, den anderen Dichtern, der Lebenskonflikt lächerlich primitiv im Vergleich zu Dostojewski. Liebe rührt den Menschen an, ein Zauberstab aus göttlicher Wolke, Geheimnis, die große Magie, unerklärbar, unerläuterbar, letztes Mysterium des Lebens. Und der Liebende liebt: er ist glücklich, erlangt er die Begehrte, er ist unglücklich, erlangt er sie nicht. Wiedergeliebt sein ist der Himmel der Menschheit bei allen Dichtern. Aber Dostojewskis Himmel sind höher. Umarmung ist bei ihm noch nicht Vereinigung, Harmonie noch nicht die Einheit. Für ihn ist Liebe nicht ein Glückszustand, ein Ausgleich, sondern erhobener Streit, intensiveres Schmerzen der ewigen Wunde und darum ein Leidensmoment, ein stärkeres Am-Leben-leiden als in den gemeinen Augenblicken. Wenn Dostojewskis Menschen einander lieben, so ruhen sie nicht. Im Gegenteil, nie sind seine Menschen mehr durchschüttelt von allem Widerstreit ihres Wesens als im Augenblick, da Liebe sich von Liebe erwidert fühlt, denn sie lassen sich nicht versinken in ihrem Überschwang, sondern suchen ihn zu übersteigern. Sie machen, echte Kinder seiner Entzweiung, nicht halt in dieser letzten Sekunde. Sie verachten die sanfte Gleichung des Augenblicks (den alle anderen als den schönsten ersehnen), daß Geliebter und Geliebte sich gleich stark lieben und geliebt werden, weil dies Harmonie wäre, ein Ende, eine Grenze, und sie leben nur für das Grenzenlose. Dostojewskis Menschen wollen nicht ebenso lieben wie sie geliebt werden: sie wollen immer nur lieben und wollen das Opfer sein, derjenige, der mehr gibt, derjenige, der weniger empfängt, und sie steigern einander in wahnsinnigen Lizitationen des Gefühls, bis es gleichsam ein Keuchen, ein Stöhnen, ein Kampf, eine Qual wird, was als sanftes Spiel begann. In rasender Verwandlung sind sie dann glücklich, wenn sie zurück-gestoßen, wenn sie verhöhnt, wenn sie verachtet werden, denn dann sind sie es ja, die geben, unendlich geben und nichts dafür verlangen, und darum ist bei ihm, dem Meister der Gegensätze, der Haß immer so ähnlich der Liebe und die Liebe immer so ähnlich dem Haß. Aber auch in den kurzen Intervallen, da sie einander gleichsam konzentriert lieben, ist die Einheit des Gefühls noch einmal gesprengt, denn nie können Dostoje-wskis Menschen gleichzeitig mit den geschlossenen Kräften ihrer Sinne und Seele einander lieben. Sie lieben mit der einen oder mit der anderen, nie ist Fleisch und Geist bei ihnen in Harmonie. Man sehe nur auf seine Frauen: alle sind sie Kundrys, gleichzeitig in zwei Welten des Gefühles lebend, mit ihrer Seele dem heiligen Gral dienend und gleichzeitig wollüstig ihren Leib verbrennend in den Blumenhainen Titurels. Das Phänomen der Doppelliebe, eines der kompliziertesten bei anderen Dich-tern, ist ein alltägliches, ein selbstverständliches bei Dostojewski. Nastassja Philipowna liebt in ihrem spirituellen Wesen Myschkin, den sanften Engel, und liebt gleichzeitig mit geschlechtlicher Leidenschaft Rogoschin, seinen Feind. Vor der Kirchentür reißt sie sich von dem Fürsten los in das Bett des anderen, vom Gelage des Trunkenen stürzt sie zurück zu ihrem Heiland. Ihr Geist steht gleichsam oben und sieht erschreckt zu, was unten ihr Körper treibt, ihr Körper schläft gleichsam im hypnotischen Schlaf, während ihre Seele sich in Ekstase dem anderen zuwendet. Und ebenso Gruschenka, sie liebt gleichzeitig und haßt ihren ersten Verführer, liebt in Leidenschaft ihren Dimitri und mit ihrer Vereh-rung schon ganz unkörperlich Aljoscha. Die Mutter des „Jünglings" liebt aus Dankbarkeit ihren ersten Mann und gleichzeitig aus Sklaverei, aus übersteigerter Demut Wersiloff. Unendlich, unermeßlich sind die Verwandlungen des Begriffes, den die anderen Psychologen unter dem Namen „Liebe" leichtfertig zusammenfaßten, so wie Ärzte vergangener Zeiten ganze Gruppen von Krankheiten in einen Namen drängten, für die wir heute hundert Namen und hundert Methoden haben. Liebe kann bei Dostojewski verwandelter Haß sein (Alexandra), Mitleid (Dunia), Trotz (Rogoschin), Sinnlichkeit (Fedor Karamasoff), Selbstvergewaltigung, immer aber steht hinter der Liebe noch ein anderes Gefühl, ein Urgefühl. Nie ist Liebe bei ihm elementar, unteilbar, unerklärbar, Urphänomen, Wunder: immer erklärt, zerlegt er das leidenschaftlichste Gefühl. O, unendlich, unendlich diese Verwandlungen, und jede einzelne wieder in allen Farben schillernd, von Kälte zu Frost erstarrend und wieder erglühend, unendlich und undurchdringlich wie die Vielfalt des Lebens. Ich will nur erinnern an Katerina Iwanowna. Sie sieht Dimitri auf einem Ball, er läßt sich ihr vorstellen, er beleidigt sie, und sie haßt ihn. Er nimmt Rache, er erniedrigt sie, – und sie liebt ihn, oder eigentlich sie liebt nicht ihn, sondern die Erniedrigung, die er ihr zugefügt. Sie opfert sich ihm auf und meint ihn zu lieben, aber sie liebt nur ihre eigene Aufopferung, liebt ihre eigene Pose der Liebe, und je mehr sie ihn so zu lieben scheint, um so mehr haßt sie ihn wieder. Und dieser Haß fährt los auf sein Leben und zerstört es, und in dem Augenblick, wo sie es zerstört hat, wo gleichsam ihre Aufopferung sich als Lüge offenbart, ihre Erniedrigung gerächt ist, – liebt sie ihn wieder! So kompliziert ist bei Dostojewski ein Liebesverhältnis. Wie es vergleichen mit den Büchern, die schon bei der letzten Seite sind, wenn die beiden einander lieben und durch alle Fährnisse des Lebens sich gefunden haben? Wo die anderen enden, beginnen erst die Tragödien Dostojewskis, denn er will nicht Liebe, nicht laue Aussöhnung der Geschlechter als Sinn und Triumph der Welt. Er knüpft wieder an die große Tradition der Antike an, wo nicht ein Weib zu erringen, sondern die Welt und alle Götter zu bestehen, Sinn und Größe eines Schicksals war. Bei ihm hebt sich der Mensch wieder auf, nicht mit dem Blick zu den Frauen, sondern mit der offenen Stirne zu seinem Gott. Seine Tragödie ist größer als die von Geschlecht zu Geschlecht und vom Mann zum Weib.

Hat man nun Dostojewski in dieser Tiefe der Erkenntnis, in dieser restlosen Auflösung der Empfindung erkannt, so weiß man: es gibt von ihm keinen Weg wieder zurück ins Vergangene. Will eine Kunst wahrhaft sein, so darf sie von nun an nicht die kleinen Heiligenbilder des Gefühls aufstellen, die er zerschlagen, nie mehr den Roman in die kleinen Kreise der Gesellschaft und Gefühle sperren, nie mehr das geheimnisvolle

Zwischenreich der Seele verschatten wollen, das er durchleuchtet. Als erster hat er uns die Ahnung des Menschen gegeben, die Wir als erste selbst sind, im Gegensatz zu der Vergangenheit, differenzierter im Gefühl, weil beladener mit mehr Erkenntnis als alle früheren. Niemand kann ermessen, um wie viel wir in den fünfzig Jahren seit seinen Büchern den Dostojewskischen Menschen schon ähnlicher geworden sind, wie viele Prophezeiungen sich schon in unserem Blute, in unserem Geiste von seiner Ahnung erfüllen. Das Neuland, das er als erster beschritten, ist vielleicht schon unser Land, die Grenzen, die er überwunden, unsere sichere Heimat.

Unendliches aus unserer letzten Wahrheit, die wir jetzt erleben, hat er uns prophetisch aufgetan. Er hat der Tiefe des Menschen ein neues Maß gegeben: nie hat ein Sterblicher vor ihm so viel vom unsterblichen Geheimnis der Seele gewußt. Aber wunderbar: so sehr er unser Wissen um uns selbst erweitert, so viel wir an ihm gelernt, nie verlernen wir an seiner Erkenntnis das hohe Gefühl, demütig zu sein und das Leben als etwas Dämonisches zu empfinden. Daß wir bewußter wurden durch ihn, hat uns nicht freier gemacht, sondern nur gebundener. Denn so wenig die modernen Menschen den Blitz, seit sie ihn als elektrisches Phänomen, als Spannung und Entladung der Atmosphäre erkennen und benennen, als minder gewaltig empfinden wie die vorherigen Geschlechter, so wenig kann unsere erhöhte Erkenntnis des seelischen Mechanismus im Menschen die Ehrfurcht vor der Menschheit vermindern. Gerade Dostojewski, der alle Einzelheiten der Seele uns wissend zeigte, dieser große Zerleger, dieser Anatom des Gefühles, gibt gleichzeitig tieferes, universaleres Weltgefühl als alle Dichter unserer Zeit. Und der so tief den Menschen gekannt wie keiner vor ihm, hat wie keiner Ehrfürchtigkeit vor dem Unbegreiflichen, das ihn gestaltet: vor dem Göttlichen, vor Gott.

DIE GOTTESQUAL

„Gott hat mich mein ganzes Leben lang gequält.“

— DOSTOJEWSKI

„Gibt es einen Gott oder nicht?“ fährt Iwan Karamasoff in jenem furchtbaren Zwiegespräch seinen Doppelgänger, den Teufel, an. Der Versucher lächelt. Er hat keine Eile zu antworten, die schwerste Frage einem gemarterten Menschen abzunehmen. „Mit grimmiger Hartnäckigkeit“ dringt Iwan nun in seiner Gottesraserei auf den Satan ein: er soll, er muß ihm Antwort stehen in dieser wichtigsten Frage der Existenz. Aber der Teufel schürt nur den Rost der Ungeduld. „Ich weiß es nicht", antwortet er dem Verzweifelten. Nur um den Menschen zu quälen, läßt er ihm die Frage nach Gott unbeantwortet, läßt er ihm die Gottesqual.

Alle Menschen Dostojewskis und nicht als Letzter er selbst haben diesen Satan in sich, der die Gottesfrage stellt und nicht beantwortet. Allen ist jenes „höhere Herz" gegeben, das fähig ist, sich mit diesen qualvollen Fragen zu quälen. „Glauben Sie an Gott", herrscht Stawrogin, ein anderer, Mensch gewordener Teufel, plötzlich den demütigen Schatow an. Wie einen Brandstahl stößt er ihm die Frage mörderisch ins Herz. Schatow taumelt zurück. Er zittert, er wird bleich, denn gerade die Aufrichtigsten bei Dostojewski zittern vor diesem letzten Bekenntnis (und er, wie hat er selbst davor gebebt in heiligen Ängsten). Und erst wie ihn Stawrogin mehr und mehr bedrängt, stammelt er aus blassen Lippen die Ausflucht: „Ich glaube an Rußland." Und nur um Rußlands willen bekennt er sich zu Gott.

Dieser verborgene Gott ist das Problem aller Werke Dostojewskis, der Gott in uns, der Gott außer uns und seine Erweckung. Als echtem Russen, dem größten und wesenhaftesten, den dies Millionenvolk gebildet, ist ihm nach seiner eigenen Definition diese Frage um Gott und die Unsterblichkeit die „wichtigste des Lebens". Keiner seiner Menschen kann der Frage entweichen: sie ist ihm angewachsen als Schatten seiner Tat, bald ihnen vorauslaufend, bald ihnen als Reue im Rücken. Sie können ihr nicht entfliehen, und der einzige, der versucht, sie zu verneinen, dieser ungeheuere Märtyrer des Gedankens, Kirillow, in den „Dämonen", muß sich selbst töten, um Gott zu töten – und beweist damit, leidenschaftlicher als die anderen, seine Existenz und Unentrinnbarkeit. Man blicke doch auf seine Gespräche, wie die Menschen vermeiden wollen, von Ihm zu sprechen, wie sie Ihm ausweichen und ausbiegen: sie möchten immer gern unten bleiben im niedern Gespräch, im „small talk" des englischen Romans, sie reden von der Leibeigenschaft, von Frauen, von der Sixtinischen Madonna, von Europa, aber die unendliche Schwerkraft der Gottesfrage hängt sich an jedes Thema und zieht es schließlich magisch in seine Unergründlichkeit. Jede Diskussion bei Dostojewski endet beim russischen Gedanken oder beim Gottesgedanken – und wir sehen, daß diese beiden Ideen für ihn eine Identität sind. Russische Menschen, seine Menschen, können so wie in ihren Gefühlen auch in ihren Gedanken nicht haltmachen, sie müssen unvermeidlich vom Praktischen und Tatsächlichen in das Abstrakte, vom Endlichen ins Unendliche, immer ans Ende. Und aller Fragen Ende ist die Gottesfrage. Sie ist der innere Wirbel, der ihre Ideen rettungslos in sich reißt, der schwärende Splitter in ihrem Fleische, der ihre Seelen mit Fieber erfüllt.

Mit Fieber. Denn Gott – Dostojewskis Gott – ist das Prinzip aller Unruhe, weil er, Urvater der Kontraste, zugleich das Ja und das Nein ist. Nicht wie auf den Bildern der alten Meister, in den Schriften der Mystiker ist er die sanfte Schwebe über den Wolken, selig-beschauliches Erhobensein – Dostojewskis Gott ist der springende Funke zwischen den elektrischen Polen der Urkontraste, er ist kein Wesen, sondern ein Zustand, ein Spannungszustand, ein Verbrennungsprozeß des Gefühls, er ist Feuer, ist die Flamme, die alle Menschen erhitzt und überkochen macht in Ekstase. Er ist die Geißel, die sie aus sich, aus ihrem warmen ruhigen Leib, in die Unendlichkeit treibt, der sie verlockt in alle Exzesse des Wortes und der Tat, sie hinstürzt in den brennenden Dornbusch ihrer Laster. Er ist, wie seine Menschen, wie der Mensch, der ihn schuf, ein ungenügsamer Gott, den keine Anstrengung bewältigt, kein Gedanke erschöpft, keine Hingabe befriedigt. Er ist der ewig Unerreichbare, ist aller Qualen Qual, und mitten aus Dostojewskis Brust bricht darum Kirillows Schrei: „Gott hat mich mein ganzes Leben lang gequält."

Das ist Dostojewskis Geheimnis: er braucht Gott und findet ihn doch nicht. Manchmal meint er ihm schon zu gehören, und schon umfaßt ihn seine Ekstase, da klirrt sein Verneinungsbedürfnis ihn wieder zur Erde. Keiner hat das Gottesbedürfnis stärker erkannt. „Gott ist mir deshalb notwendig," sagt er einmal, „weil er das einzige Wesen ist, das man immer lieben kann", und ein anderes Mal: „Es gibt keine unaufhörlichere und quälendere Angst für den Menschen, als etwas zu finden, vor dem er sich beugen kann." Sechzig Jahre leidet er an dieser Gottesqual und liebt Gott wie jedes seiner Leiden, liebt ihn mehr als alles, weil er das ewigste aller Leiden ist und Leidensliebe den tiefsten Gedanken seines Sein bedeutet. Sechzig Jahre kämpft er sich zu ihm und lechzt „wie trockenes Gras" nach dem Glauben. Das ewig Zersprengte will eine Einheit, der ewig Gejagte eine Rast, der ewig Getriebene durch alle Stromschnellen der Leidenschaft, der sich Zerströmende den Ausgang, die Ruhe, das Meer. So träumt er ihn als Beruhigung und findet ihn doch nur als Feuer. Er möchte selbst ganz klein werden, ganz wie die Dumpfen im Geiste, um in ihn eingehen zu können, möchte glauben können im Köhlerglauben, wie die „zehn Pud dicke Kaufmannsfrau", möchte es aufgeben, der Wissendste, der Bewußte zu sein, um der Gläubige zu werden, wie Verlaine fleht er: „Donnez-moi de la simplicité." Das Gehirn verbrennen im Gefühl, hinströmen in die Gottesruhe, tierhaft dumpf, das ist sein Traum. O, wie streckt er sich ihm entgegen, er tobt brünstig, er schreit, er wirft die Harpunen der Logik aus, ihn zu fassen, legt ihm die verwegensten Fuchsfallen der Beweise; wie ein Pfeil schießt seine Leidenschaft auf, ihn zu treffen, ein Lechzen nach Gott ist seine Liebe, eine „fast unanständige Leidenschaft", ein Paroxysmus, ein Überschwang.

Ist er aber darum schon gläubig, weil er so fanatisch glauben will? War Dostojewski, der beredteste Anwalt der Rechtgläubigkeit, der Pravoslavie selbst ein Bekenner, ein poeta christianissimus? Sicherlich in Sekunden: da zuckt sein Spasma ins Unendliche hinein, da krampft er sich ein in Gott, da hält er die Harmonie, die irdisch versagte, in Händen, da ist er, der Gekreuzigte seines Zwiespaltes, auferstanden in den alleinigen Himmeln. Aber doch: irgend etwas bleibt auch dann noch wach in ihm und schmilzt nicht hin im Seelenbrand. Während er schon ganz aufgelöst scheint, ganz überirdische Trunkenheit, bleibt jener grausame Geist der Analyse mißtrauisch auf der Lauer und mißt das Meer aus, in das er versinken will. Der unerbittliche Doppelgänger wehrt sich gegen die Aufgabe der Persönlichkeit. Auch im Gottesproblem klafft der unheilbare Zwiespalt, der in jedem von uns eingeboren ist, aber den kein Irdischer bisher zu solcher Spannweite des Abgrunds aufgerissen wie Dostojewski. Er ist der Gläubigste aller und der äußerste Atheist in einer Seele, er hat in seinen Menschen die polarsten Möglichkeiten beider Formen gleich überzeugend dargestellt (ohne sich selbst zu überzeugen, ohne sich selbst zu entscheiden), die Demut, sich hinzugeben, sich, ein Staubkorn, aufzulösen in Gott, und andererseits das grandioseste Extrem, selber Gott zu werden: „Erkennen, daß ein Gott ist, und gleichzeitig erkennen, daß man nicht zum Gott geworden ist, wäre ein Unsinn, durch den man zum Selbstmord getrieben wird." Und sein Herz ist bei beiden, beim Gottesknecht und beim Gottesleugner, bei Aljoscha und bei Iwan Karamasoff. Er entscheidet sich nicht in dem unablässigen Konzil seiner Werke, bleibt bei den Bekennern und den Häretikern. Seine Gläubigkeit ist feuriger Wechselstrom zwischen dem Ja und Nein, den beiden Polen der Welt. Auch vor Gott bleibt Dostojewski der große Ausgestoßene der Einheit.

So bleibt er Sisyphus, der ewige Wälzer des Steins zur Höhe der Erkenntnis, der er immer wieder entrollt. Der ewig Bemühte zu Gott, den er nie erreicht. Aber irre ich denn nicht: ist Dostojewski nicht den Menschen der große Prediger des Glaubens? Geht nicht durch seine Werke der große orgelnde Hymnus an Gott? Bezeugen nicht alle seine politischen, seine literarischen Schriften einhellig diktatorisch, unzweifelhaft seine Notwendigkeit, seine Existenz, dekretieren sie denn nicht die Rechtgläubigkeit, verwerfen sie nicht den Atheismus als das äußerste Verbrechen? Aber man verwechsle hier nicht Wille mit Wahrheit, nicht den Glauben mit dem Postulat des Glaubens. Dostojewski, der Dichter der ewigen Umkehrung, dieser fleischgewordene Kontrast, predigt den Glauben als Notwendigkeit, predigt ihn um so inbrünstiger den anderen als − er selbst nicht glaubt (im Sinne eines ständigen, sicheren, ruhenden, vertrauenden Glaubens, der „geklärte Begeisterung" als höchste Pflicht formuliert). Von Sibirien schreibt er an eine Frau: „Ich will Ihnen von mir sagen, daß ich ein Kind dieser Zeit bin, ein Kind des Unglaubens und des Zweifels, und es ist wahrscheinlich, ja, ich weiß es bestimmt, daß ich es bis an mein Lebensende bleiben werde. Wie entsetzlich quälte mich und quält mich auch jetzt die Sehnsucht nach dem Glauben, die um so stärker ist, je mehr ich Gegenbeweise habe." Nie hat er es klarer gesagt: er hat Sehnsucht nach dem Glauben aus Glaubenslosigkeit. Und hier ist eine jener erhabenen Umwertungen Dostojewskis: eben weil er *nicht* glaubt und die Qual dieses Unglaubens kennt, weil, nach seinem eigenen Worte, er die Qual immer nur für sich liebt und Mitleid hat mit den andern − darum predigt er den andern den Glauben an einen Gott, den er selbst nicht glaubt. Der Gottgequälte will eine gottselige Menschheit, der schmerzlich Glaubenslose die glücklich Gläubigen. An das Kreuz seines Unglaubens genagelt, predigt er dem Volke die Orthodoxie, er vergewaltigt seine Erkenntnis, weil er weiß, daß sie zerreißt und verbrennt, und predigt die Lüge, die Glück gibt, den strikten, textlichen Bauernglauben. Er, der „kein Senfkorn Glauben hat", der gegen Gott revoltierte und, wie er selbst stolz sagte, „den Atheismus mit ähnlicher Kraft ausgedrückt hat, wie niemand in Europa", er verlangt die Unterwürfigkeit unter das Popentum. Um die Menschen vor der Gottesqual zu behüten, die er wie keiner im eigenen Fleische erlebt, verkündet er die Gottesliebe. Denn er weiß: „Das Schwanken, die Unruhe des Glaubens − das ist für einen gewissenhaften Menschen eine solche Qual, daß es besser ist, sich zu erhängen." Er selbst ist ihr nicht ausgewichen, als Märtyrer hat er den Zweifel auf sich genommen. Aber der Menschheit, der unendlich geliebten, will er ihn ersparen, wie sein Großinquisitor will er der Menschheit die Qual der Gewissensfreiheit sparen und sie einwiegen in den toten Rhythmus der Autorität. So schafft er, statt hochmütig die Wahrheit seines Wissens zu verkünden, die demütige Lüge eines Glaubens. Er verschiebt das religiöse Problem ins Nationale, dem er den Fanatismus des göttlichen gibt. Und wie sein getreuester Knecht antwortet er auf die Frage: „Glauben Sie an Gott?" in der aufrichtigsten Konfession seines Lebens: „Ich glaube an Rußland."

Denn das ist seine Flucht, seine Ausflucht, seine Rettung: Rußland. Hier ist sein Wort nicht mehr Zwiespalt, hier wird es Dogma. Gott hat ihm geschwiegen: so schafft er sich als Mittler zwischen sich und dem

Gewissen selbst einen Christus, den neuen Verkünder einer neuen Menschheit, den russischen Christus. Aus der Wirklichkeit, aus der Zeit stürzt er sein ungeheueres Glaubensbedürfnis einem Unbestimmten entgegen – denn nur einem Unbestimmten, einem Grenzenlosen kann dieser Maßlose sich ganz hingeben – in die ungeheuere Idee Rußland, in dieses Wort, das er anfüllt mit allem Unmaß seiner Gläubigkeit. Ein anderer Johannes, verkündigt er diesen neuen Christus, ohne ihn geschaut zu haben. Aber er spricht in seinem Namen, in Rußlands Namen für die Welt.

Diese seine messianischen Schriften – es sind die politischen Aufsätze und manche Ausbrüche der Karamasoff – sind dunkel. Verworren enttaucht ihnen dieses neue Christusantlitz, der neue Erlösungs- und Allversöhnungsgedanke, ein byzantinisches Antlitz mit harten Zügen, strengen Falten. Wie von den alten rauchgeschwärzten Ikonen starren fremde stechende Augen uns an, Inbrunst, unendliche Inbrunst in sich, aber auch Haß und Härte. Und furchtbar ist Dostojewski selbst, wenn er diese russische Erlösungsbotschaft uns Europäern wie verlorenen Heiden kündet. Ein böser, fanatischer, mittelalterlicher Mönch, das byzantinische Kreuz wie eine Geißel in der Hand, so steht der Politiker, der religiöse Fanatiker uns gegenüber. Wie ein Delirant, ein Heimgesuchter in mystischen Krämpfen, nicht in sanfter Predigt kündet er seine Lehre, in dämonischen Zornausbrüchen entlädt sich seine maßlose Leidenschaft. Mit Keulen schlägt er jeden Einwand nieder, ein Fiebernder, gegürtet mit Hochmut, funkelnd von Haß, stürmt er die Tribüne der Zeit. Schaum steht vor seinem Munde, und mit zitternden Händen schleudert er den Exorzismus über unsere Welt.

Ein Bilderstürmer, ein rasender Ikonoklast, fällt er her über die Heiligtümer der europäischen Kultur. Alles stampft er nieder, der große Tobsüchtige, von unseren Idealen, um seinem neuen, dem russischen Christus, den Weg zu bereiten. Bis zum Irrwitz schäumt seine moskowitische Unduldsamkeit. Europa, was ist es? Ein Kirchhof, mit teuern Gräbern vielleicht, aber jetzt stinkend von Fäulnis, nicht einmal Dünger mehr für die neue Saat. Die blüht einzig aus russischer Erde. Die Franzosen – eitle Laffen, die Deutschen – ein niedriges Wurstmachervolk, die Engländer – Krämer der Vernünftelei, die Juden – stinkender Hochmut. Der Katholizismus – eine Teufelslehre, eine Verhöhnung Christi, der Protestantismus – ein vernünftlerischer Staatsglaube, alles Hohnbilder des einzig wahren Gottesglaubens: der russischen Kirche. Der Papst – der Satan in der Tiara, unsere Städte – Babylon, die große Hure der Apokalypse, unsere Wissenschaft – ein eitles Blendwerk, Demokratie – die dünne Brühe weicher

Gehirne, Revolution – ein loses Bubenstück von Narren und Genarrten, Pazifismus – ein Altweibergeschwätz. Alle Ideen Europas ein verblühter, verwelkter Blumenstrauß, gut genug, in die Jauche geschmissen zu werden. Nur die russische Idee ist die einzig wahre, einzig große, einzig richtige. Im Amoklauf stürmt der rasende Übertreiber weiter, jeden Einwand mit dem Dolche niederstoßend: „Wir verstehen euch, aber ihr versteht nicht uns" – schon bricht jede Diskussion blutend zusammen. „Wir Russen sind die Allverstehenden, ihr seid die Begrenzten", dekretiert er. Rußland allein ist richtig und alles in Rußland, der Zar und die Knute, der Pope und der Bauer, die Troika und die Ikone, und um so richtiger, je mehr es antieuropäisch, asiatisch, mongolisch, tatarisch, um so richtiger, als es konservativ, rückständig, unfortschrittlich, ungeistig, byzantinisch ist. O, wie tobt er sich hier aus, der große Übertreiber! „Seien wir Asiaten, seien wir Sarmaten", jauchzt er auf. „Weg von Petersburg, dem europäischen, zurück zu Moskau, hinüber nach Sibirien, das neue Rußland ist das Dritte Reich." Diskussion darüber duldet dieser gotttrunkene mittelalterliche Mönch nicht. Nieder die Vernunft! Rußland ist das Dogma, das widerspruchslos zu bekennen ist. „Man versteht Rußland nicht mit der Vernunft, sondern mit dem Glauben." Wer ihm nicht in die Knie stürzt, ist der Feind, der Antichrist: Kreuzzug wider ihn! Hell schmettert er in die Fanfare des Krieges. Zerstampft muß Österreich werden, der Halbmond von der Hagia Sofia Konstantinopels gerissen, Deutschland gedemütigt, England besiegt – ein wahnwitziger Imperialismus hüllt seinen Hochmut in mönchische Kutte und ruft: ‚Dieu le veut.' Um des Gottesreiches willen die ganze Welt für Rußland.

Rußland also ist Christus, der neue Erlöser, und wir sind die Heiden. Nichts errettet uns Verworfene aus dem Fegefeuer unserer Schuld: wir haben die Erbsünde begangen, keine Russen zu sein. Unserer Welt ist kein Raum in diesem neuen Dritten Reich: erst muß unsere europäische Welt untergehen im russischen Weltreiche, im neuen Gottesreiche, dann erst kann sie erlöst werden. Wörtlich sagt er: „Jeder Mensch muß vorerst Russe werden." Dann erst beginnt die neue Welt. Rußland ist das Gottträgervolk: erst muß es noch mit dem Schwerte die Erde erobern, dann erst wird es sein „letztes Wort" der Menschheit sagen. Und dieses letzte Wort heißt für Dostojewski: Versöhnung. Für ihn besteht das russische Genie in der Fähigkeit, alles zu verstehen, alle Gegensätze zu lösen. Der Russe ist der Allversteher und darum der Nachgiebige im höchsten Sinn. Und sein Staat, der Zukunftsstaat, wird die Kirche sein, die Form der brüderlichen Gemeinschaft, der Durchdringung statt der Unterordnung. Und es klingt wie ein Prolog zu den Ereignissen dieses Krieges (der in seinem Anbeginn

so genährt war von seinen Ideen, wie in seinem Ende von jenen Tolstois),
wenn er sagt: „Wir werden die ersten sein, die der Welt verkünden, daß
wir nicht durch Unterdrückung der Persönlichkeit und fremder Nationali-
täten das eigene Gedeihen erreichen wollen, sondern im Gegenteil letz-
teres nur in der freiesten und selbständigsten Entwicklung aller Nationen
und in der brüderlichen Vereinigung suchen." Lenin und Trotzky sind in
dieser Verheißung, gleichzeitig aber auch der Krieg, den er, der ewige
Anwalt des Anspannens aller Gegensätze, so leidenschaftlich gepriesen.
Allversöhnung als Ziel, aber Rußland als der einzige Weg – „von Osten her
wird die Erde erschaffen". Über die Berge des Ural wird das ewige Licht
aufsteigen und das schlichte Volk, nicht der wissende Geist, nicht die
europäische Kultur, mit seinen dunklen Geheimnissen der Erde verbundenen Kräften unsere Welt erlösen. Statt der Macht wird die werktätige
Liebe sein, statt des Widerstreits der Persönlichkeiten das allmenschliche
Gefühl, der neue, der russische Christus wird die Allversöhnung bringen,
die Auflösung der Gegensätze. Und der Tiger wird neben dem Lamme
weiden und der Rehbock neben dem Löwen – wie zittert Dostojewskis
Stimme, wenn er vom Dritten Reich spricht, vom Allrußland der Erde,
wie bebt er selbst in der Ekstase der Gläubigkeit, wie wunderbar ist er, der
Wissendste aller Wirklichkeiten, in seinem messianischen Traum.

Denn in das Wort Rußland, in die Idee Rußland hinein träumt Dostojewski diesen Christustraum, die Idee der Versöhnung der Gegensätze, die
er in seinem Leben, in der Kunst und selbst in Gott durch sechzig Jahre
vergeblich gesucht. Aber dieses Rußland, welches ist es, das reale oder das
mystische, das politische oder das prophetische? Wie immer bei Dostojewski: beides zugleich. Vergeblich, von einem Leidenschaftlichen Logik zu
verlangen und von einem Dogma seine Begründung. In den messianischen
Schriften Dostojewskis, den politischen, den literarischen Werken,
taumeln die Begriffe wie rasend durcheinander. Bald ist Rußland Christus,
bald Gott, bald das Reich Peters des Großen, bald das neue Rom, die
Vereinigung des Geistes und der Macht, Tiara und Kaiserkrone, seine
Hauptstadt bald Moskau, bald Konstantinopel, bald das neue Jerusalem.
Die demütigsten allmenschlichsten Ideale wechseln brüsk mit machtgierigen slawophilen Eroberungsgelüsten, politische Horoskope von verblüf-
fender Treffsicherheit mit phantastischen apokalyptischen Verheißungen.
Bald jagt er den Begriff Rußland in die Enge der politischen Stunde, bald
schnellt er ihn in das Grenzenlose empor – auch hier wie im Kunstwerk
die gleiche zischende Mischung von Wasser und Feuer, von Realismus und
Phantastik offenbarend. Der Dämonische in ihm, der rasende Übertreiber,
in ein Maß gezwungen sonst in seinen Romanen, hier lebt er sich aus in

pythischen Krämpfen: mit der ganzen Inbrunst seiner glühenden Leidenschaft predigt er Rußland als das Heil der Welt, die alleinmachende Seligkeit. Nie ward eine Nationalidee hochmütiger, genialer, werbender, verführender, berauschender, ekstatischer Europa als Weltidee verkündet, wie die russische in den Büchern Dostojewskis.

Ein unorganischer Auswuchs der großen Gestalt scheint dieser Fanatiker seiner Rasse zuerst, dieser mitleidlose ekstatische russische Mönch, dieser hochmütige Pamphletist, dieser unwahrhaftige Bekenner. Aber gerade er ist notwendig für die Einheit von Dostojewskis Persönlichkeit. Wo immer wir bei Dostojewski ein Phänomen nicht verstehen, müssen wir seine Notwendigkeit im Kontrast suchen. Vergessen wir nicht: Dostojewski ist immer ein Ja und Nein, die Selbstvernichtung und Selbstüberhebung, der zur Spitze getriebene Kontrast. Und dieser übertriebene Hochmut ist nur das Widerspiel einer übertriebenen Demut, sein gesteigertes Volksbewußtsein nur das polare Empfinden seines überreizten persönlichen Nichtigkeitsempfindens. Er spaltet sich gleichsam selbst in zwei Hälften: in Stolz und in Demut. Seine Persönlichkeit erniedrigt er: man durchsuche die zwanzig Bände seines Werks nach einem einzigen Worte der Eitelkeit, des Stolzes, der Überhebung! Nur Selbstverkleinerung findet man darin, Ekel, Anklage, Erniedrigung. Und alles, was er an Stolz besitzt, gießt er aus in die Rasse, in die Idee seines Volkes. Alles was seiner isolierten Persönlichkeit gilt, vernichtet er, alles was dem Unpersönlichen in ihm, dem Russen, dem Allmenschen gilt, erhebt er zur Vergötterung. Aus dem Unglauben an Gott wird er Gottesprediger, aus dem Unglauben an sich der Verkünder seiner Nation und der Menschheit. Auch im Ideellen ist er der Märtyrer, der sich selbst an das Kreuz schlägt, um die Idee zu erlösen.

Das ist sein großes Geheimnis: durch Gegensatz fruchtbar zu werden. Ihn ausspannen ins Unendliche, damit er die ganze Welt umfasse, und dann die ihm entspringende Kraft zur Zukunft wenden. Die andern Dichter schaffen ihr Ideal gewöhnlich aus der Steigerung ihrer Persönlichkeit, indem sie sich selbst nachbilden, gereinigt, verklärt, verbessert, erhoben, indem sie den zukünftigen Menschen gewissermaßen als den geläuterten Typus ihrer selbst betrachten. Dostojewski, der Gegensatzmensch, der schöpferische Dualist, bildet sein Ideal, seinen Gott, durch die Antithese zu sich selbst: er erniedrigt sich, den Lebendigen, zum Negativ. Er will nur der Ton, der Lehm sein, aus dem die neue Form gegossen wird, seinem Links entspricht ein Rechts im zukünftigen Bilde, seiner Tiefe eine Erhebung, seinem Zweifel eine Gläubigkeit, seinem Zwiespalt eine Einheit. „Möge ich selbst untergehen, wenn nur die andern glücklich sind" – das Wort seines Staretz verwandelt er in Geist. Er vernichtet sich, um in dem zukünftigen Menschen aufzuerstehen.

Das Ideal Dostojewskis ist darum: Zu sein, wie er nicht ist. Zu fühlen, wie er nicht fühlt. Zu denken, wie er nicht denkt. Zu leben, wie er nicht lebt. Bis in das Kleinste, Zug um Zug, ist der neue Mensch seiner individuellen Form entgegengesetzt, aus jedem Schatten seines eigenen Wesens ein Licht gebildet, aus jedem Dunkel ein Glanz. Aus dem Nein zu sich selbst schafft er das Ja, das leidenschaftliche zur neuen Menschheit. Bis ins Körperliche hinein setzt sich diese beispiellose moralische Verurteilung seines Selbst zugunsten des zukünftigen Wesens fort, die Vernichtung des Ichmenschen um des Allmenschen willen. Man nehme sein Bild, seine Photographie, seine Totenmaske und lege sie neben die Bilder jener Menschen, in denen er sein Ideal geformt: neben Aljoscha Karamasoff, neben den Staretz Sossima, den Fürsten Myschkin, diese drei Skizzen zum russischen Christus, zum Heiland, die er entworfen. Und bis ins Kleinste wird hier jede Linie Gegensatz sagen und Kontrast zu ihm selbst. Dostojewskis Gesicht ist düster, erfüllt von Geheimnissen und Dunkelheit, jener Antlitz ist heiter und von friedlicher Offenheit, seine Stimme heiser und abrupt, die jener Menschen sanft und leise. Sein Haar ist wirr und dunkel, seine Augen tief und unruhig – jener Antlitz ist hell und umrahmt von sanften Strähnen, ihr Auge glänzt ohne Unruhe und Angst. Ausdrücklich sagt er von ihnen, daß sie geradeaus schauen und ihr Blick das süße Lächeln von Kindern hat. Seine Lippen sind schmal umkräuselt von den raschen Falten des Hohnes und der Leidenschaft, sie verstehen nicht zu lachen – Aljoscha, Sossima haben das freie Lächeln des selbstsichern Menschen über den weißen Zähnen blinken. Zug um Zug setzt er so sein eigenes Bild als Negativ gegen die neue Form. Sein Antlitz ist das eines gebundenen Menschen, des Knechtes aller Leidenschaften, bebürdet von Gedanken – das ihre drückt die innere Freiheit aus, die Hemmungslosigkeit, die Schwebe. Er ist Zerrissenheit, Dualismus, sie die Harmonie, die Einheit. Er der Ichmensch, der in sich Eingekerkerte, sie der Allmensch, der von allen Enden seines Wesens in Gott überströmt.

Diese Schaffung eines moralischen Ideals aus Selbstvernichtung – nie war sie vollkommener in allen Sphären des Geistigen und des Sittlichen. Aus Selbstverurteilung, gleichsam, indem er sich die Adern seines Wesens aufschneidet, mit dem eigenen Blute malt er das Bild des zukünftigen Menschen. Er war noch der Leidenschaftliche, der Krampfige, der Mensch der kurzen tigerhaften Ansprünge, seine Begeisterung eine aus der Explosion der Sinne oder der Nerven aufschießende Stichflamme – jene sind die sanft, aber stetig bewegte, keusche Glut. Sie haben die stille Beharrlichkeit, die weiter reicht als die wilden Sprünge der Ekstase, sie haben die echte Demut, die nicht die Lächerlichkeit fürchtet, sie sind nicht wie er die ewig Erniedrigten und Beleidigten, die Gehemmten und Verkrümmten. Mit jedem können sie sprechen, und jeder fühlt Beruhigung an ihrer Gegenwart – sie haben nicht die ewige Hysterie der Angst, zu kränken oder gekränkt zu werden, sie blicken nicht bei jedem Schritt fragend um sich. Gott quält sie nicht mehr, er befriedet sie. Sie wissen um alles, aber eben weil sie alles wissen, verstehen sie auch alles, sie richten nicht und sie verurteilen nicht, sie grübeln nicht nach den Dingen, sondern glauben sie dankbar. Seltsam: er, der ewig Beunruhigte, sieht in dem gelassenen, geklärten Menschen die höchste Form des Lebens, der Zwiespältige postuliert als letztes Ideal die Einheit, der Empörer die Unterwerfung. Seine Gottesqual ist in ihnen Gotteslust geworden, seine Zweifel Gewißheit, seine Hysterie Gesundung, sein Leid ein allumfassendes Glück. Das Letzte und Schönste der Existenz ist für ihn, was er selbst, der Bewußte und Überbewußte, nie gekannt und was er darum für den Menschen als das Erhabenste ersehnt: Naivität, Kindlichkeit des Herzens, die sanfte, die selbstverständliche Heiterkeit.

Sehet seine liebsten Menschen, wie sie schreiten: ein sanftes Lächeln ist auf ihren Lippen, um alles wissen sie und haben doch keinen Stolz, sie leben im Geheimnis des Lebens nicht wie in einer feurigen Schlucht, sondern schlagen es blau wie einen Himmel um sich. Sie haben die Urfeinde der Existenz, sie haben „Schmerz und Angst besiegt" und sind darum gottselig geworden in der unendlichen Brüderschaft der Dinge. Sie sind erlöst von ihrem Ich. Höchstes Glück der Erdenkinder ist die Unpersönlichkeit – so verwandelt der höchste Individualist die Weisheit Goethes in einen neuen Glauben.

Kein Beispiel kennt die Geschichte des Geistes einer ähnlichen moralischen Selbstvernichtung innerhalb eines Menschen, ähnlich fruchtbarer Erschaffung des Ideals aus dem Kontrast. Märtyrer seiner selbst, hat Dostojewski sich ans Kreuz geschlagen: sein Wissen, daß es den Glauben bezeuge, seinen Körper, daß er durch Kunst den neuen Menschen zeuge, seine Eigenheit um der Allheit willen. Er will seinen eigenen Untergang als Typus, damit eine glücklichere bessere Menschheit entstehe: alles Leiden nimmt er auf sich um das Glück der andern willen. Und der sich sechzig Jahre gespannt zur schmerzhaftesten Weite seines Gegensatzes, zerwühlt zu allen Tiefen seines Wesens, damit er Gott und damit den Sinn des Lebens finde – er wirft die gehäufte Erkenntnis weg für eine neue Menschheit, der er sein tiefstes Geheimnis sagt, die letzte Formel, seine unvergeßlichste: „Das Leben mehr lieben als den Sinn des Lebens."

VITA TRIUMPHATRIX

„Wie es auch war, das Leben, es ist schön.“

— GOETHE

Wie dunkel der Weg durch Dostojewskis Tiefe, wie düster seine Landschaft, wie drückend seine Unendlichkeit, geheimnisvoll ähnlich seinem tragischen Antlitz, das allen Schmerz des Lebens in sich gemeißelt! Abgründige Höllenkreise des Herzens, purpurne Fegefeuer der Seele, der tiefste Schacht, den irdische Hand jemals in die Unterwelt des Gefühles hinabstieß. Wieviel Dunkel in dieser Menschenwelt, wieviel Leiden in diesem Dunkel! O welche Trauer auf seiner Erde, dieser Erde, „die mit Tränen getränkt ist bis zu ihrer untersten Kruste“, welche Höllenkreise in ihrer Tiefe, finsterer als Dante, der Seher, sie vor einem Jahrtausend erschaut. Unerlöste Opfer ihrer Irdischkeit, Märtyrer eigenen Gefühles, umschlungen von den Schlangen ihrer Leidenschaft, gequält von allen Geißeln des Geistes, schäumend im Schwall ohnmächtiger Empörung, o welche Welt, diese Welt Dostojewskis! Vermauert alle Freude, verbannt alle Hoffnung, ohne Rettung vor dem Leiden, das, unendlich getürmte Mauer, um alle seine Opfer steht! – Kann kein Mitleid sie erlösen, seine Menschen, aus ihrer eigenen Tiefe, sprengt keine apokalyptische Stunde diese Hölle, die ein Gottesmensch schuf aus seiner Qual?

Tumult und Klage strömt aus dieser Tiefe, wie nie die Menschheit sie erhört. Nie war mehr Dunkelheit über einem Werk. Selbst Michelangelos Gestalten sind linder in ihrer Trauer, und über Dantes Tiefe glänzt der Paradiese seliger Schein. Ist wirklich das Leben nur ewige Nacht in Dostojewskis Werk und Leiden der Sinn alles Lebens? Zitternd beugt sich die Seele über den Abgrund und schauert, nur Qual und Klage zu hören von ihren Brüdern.

Aber da schwebt ein Wort aus der Tiefe, sanft im Getümmel und doch hoch sie überschwebend, wie eine Taube aufschwebt über stürmendem Meer. Sanft ist es gesprochen, und groß ist sein Sinn, selig das Wort: „Meine Freunde, fürchtet das Leben nicht.“ Und es ist ein Schweigen aus diesem Wort, schauernd lauscht die Tiefe, und sie schwebt, sie überschwebt alle Qualen, die Stimme, da sie spricht: „Nur durch Qual können wir das Leben lieben lernen.“

Wer spricht dies tröstendste Wort des Leidens? Der Leidendste aller, er selbst, Dostojewski. Noch sind die gespreiteten Hände geschlagen an das Kreuz seines Zwiespalts, noch stehen die Nägel der Qual in seinem brüchigen Leibe, aber demütig küßt er das Marterholz dieser Existenz, und die Lippen sind sanft, wie sie zu den Mitbrüdern das große Geheimnis sagen: „Ich glaube, wir alle müssen erst das Leben lieben lernen."

Und anbricht der Tag aus seinen Worten, apokalyptische Stunde. Aufspringen die Gräber und Kerker: aus der Tiefe stehen sie auf, die Toten und Verschlossenen, alle, alle treten sie heran, Apostel seines Wortes zu sein, aus ihrer Trauer erheben sie sich. Aus den Kerkern drängen sie her, aus der Katorga Sibiriens, klirrend in Ketten, aus Winkelstuben, Bordellen und Klosterzellen, sie alle, die großen Leidenden der Leidenschaft; noch klebt das Blut an ihren Händen, noch brennt ihr geknuteter Rücken, noch sind sie nieder in Zorn und Gebrest, aber schon ist die Klage zerbrochen in ihrem Munde, und ihre Tränen funkeln von Zuversicht. O ewiges Wunder Bileams, Fluch wird Segnung auf ihrer brennenden Lippe, da sie das Hosianna des Meisters hören, das Hosianna, das „durch alle Fegefeuer des Zweifels gegangen". Die Finstersten sind die ersten, die Traurigsten die Gläubigsten, alle drängen sie vor, dies Wort zu bezeugen. Und aus ihren Mündern, den rauhen und verlechzten, schäumt als großer Choral der Hymnus des Leidens, der Hymnus des Lebens mit der Urgewalt der Ekstase. Alle, alle sind sie zur Stelle, die Märtyrer, das Leben zu lobpreisen. Dimitri Karamasoff, der unschuldig Verdammte, Ketten an den Händen, jauchzt aus der Fülle seiner Kraft: „Alles Leid werde ich überwinden, um mir nur sagen zu können: ‚ich bin'. Wenn ich mich auch auf der Folterbank krümme, so weiß ich doch, ‚ich bin', angeschmiedet auf die Galeere, sehe ich noch die Sonne, und wenn ich sie auch nicht sehe, so lebe ich doch und weiß, daß sie ist." Und Iwan, der Bruder, tritt ihm zur Seite und kündet: „Es gibt kein unwiderrufliches Unglück als Totsein." Und wie ein Strahl dringt die Ekstase der Existenz in seine Brust, und er jubelt, der Gottesleugner: „Ich liebe dich, Gott, denn groß ist das Leben." Aus den Sterbekissen hebt sich, gefalteter Hand, der ewige Zweifler Stefan Trofimowitsch auf und stammelt: „O wie gerne würde ich wieder leben wollen. Jede Minute, jeder Augenblick muß eine Seligkeit des Menschen sein." Immer heller, immer reiner, immer erhobener werden die Stimmen. Fürst Myschkin, der Verwirrte, getragen von den schwankenden Flügeln seiner schweifenden Sinne, breitet die Arme und schwärmt: „Ich begreife nicht, wie man an einem Baum vorübergehen kann, ohne glücklich zu sein, daß er ist und daß man ihn liebt ... wieviel wundervolle Dinge gibt es doch auf jedem Schritt dieses Lebens, Dinge, die selbst der Verworfenste noch als wundervoll empfindet." Der Staretz Sossima predigt: „Die Gott und das Leben verfluchen, verfluchen sich selbst ... Wenn du jedes Ding lieben wirst, wird sich dir das Geheimnis Gottes in allen Dingen offenbaren, und schließlich wirst du die ganze Welt mit allumfassender Liebe umspannen." Und selbst der „Mensch aus der Winkelgasse", der kleine verschüchterte Namenlose in seinem verschabten Mäntelchen, drängt heran und entbreitet die Arme: „Das Leben ist Schönheit, nur im Leiden ist Sinn, o wie schön ist das Leben!" Der „lächerliche Mensch" bricht auf aus seinem Traum, „das Leben, das große, zu verkünden", alle, alle kriechen sie wie Gewürm aus den Winkeln ihres Wesens, um mitzusprechen im großen Choral. Keiner will sterben, keiner das Leben lassen, das heilig geliebte, keines Leiden ist so tief, daß er es mit dem Tode noch tauschte, dem ewigen Widerpart. Und diese Hölle, Dunkelheit der Verzweiflung, hallt plötzlich an ihren harten Wänden Lobgesang des Schicksals wider, aus Fegefeuern entbrennt fanatische Glut der Dankbarkeit. Licht, unendliches Licht strömt ein, der Himmel Dostojewskis bricht über die Erde, und rauschend über alle dröhnt das letzte Wort, das Dostojewski schrieb, das Wort der Kinder bei der Rede am großen Stein, der heilig barbarische Ruf: „Hurra das Leben!"

O Leben, wunderbares, das du dir mit wissendem Willen Märtyrer schaffst, auf daß sie dich lobsingen, o Leben, weise-grausames, das du die Größten dir hörig machst mit Leiden, damit sie deinen Triumph verkünden! Den ewigen Schrei Hiobs, der durch die Jahrtausende tönt, da er in der Plage Gott erkennt, immer willst du ihn wieder hören und der Männer Daniels Jubelgesang, indes ihr Leib im feurigen Ofen brennt. Ewig entzündest du ihn, klingende Kohle, auf der Zunge der Dichter, die du zu Leidenden machst, auf daß sie dir hörig werden und dich nennen in Liebe! Beethoven schlägst du im Sinne der Musik, daß der Ertaubte das Brausen Gottes höre und, vom Tode berührt, dir die Hymne der Freude dichte, Rembrandt jagst du ins Dunkel der Armut, daß er Licht, dein Urlicht, in Farben sich suche, Dante verjagst du vom Vaterland, daß er Hölle und Himmel im Traum erschaue, alle hast du mit deinen Geißeln gejagt in deine Unendlichkeit. Und diesen, den du wie keinen gegeißelt, auch ihn hast du dir gezwungen zum Knechte, und siehe, von schäumender Lippe, hinfallend in Krämpfen jauchzt er dir Hosianna zu, das heilige Hosianna, das „durch alle Fegefeuer der Zweifel gegangen". O wie siegst du in den Menschen, die du leiden läßt, aus Nacht machst du Tag, aus Leiden die Liebe, aus der Hölle holst du dir heiligen Lobgesang. Denn der Leidendste ist der Wissendste aller, und wer um dich weiß, muß dich segnen: und dieser, der dich zutiefst erkannte, siehe, er hat dich wie keiner bezeugt, er hat dich wie keiner geliebt!

BAND II : DER KAMPF MIT DEM DÄMON

HÖLDERLIN - KLEIST - NIETZSCHE

Professor Dr. Sigmund Freud
dem eindringenden Geiste, dem anregenden Gestalter
diesen Dreiklang bildnerischen Bemühens

VORWORT

Je schwerer sich ein Erdensohn befreit,
Je mächt'ger rührt er unsre Menschlichkeit.

— *CONRAD FERDINAND MEYER*

In dem vorliegenden Werke sind wie in der vorangegangenen Trilogie »
Drei Meister« abermals drei Dichterbildnisse im Sinn einer inneren
Gemeinschaft vereinigt; aber diese innere Einheit soll nicht mehr sein als
eine Begegnung im Gleichnis. Ich suche keine Formeln des Geistigen,
sondern ich gestalte Formen des Geistes. Und wenn ich in meinen
Büchern immer mehrere solcher Bilder bewußt zusammenrücke, so
geschieht dies einzig in der Art eines Malers, der seinen Werken gerne den
richtigen Raum sucht, wo Licht und Gegenlicht wirkend gegeneinander-
strömen und durch Pendants die erst verborgene, nun aber offenbare
Analogie des Typus in Erscheinung tritt. Vergleich scheint mir immer ein
förderndes, ja ein gestaltendes Element, und ich liebe ihn als Methode,
weil er ohne Gewaltsamkeit angewendet werden kann. Er bereichert in
gleichem Maße, als die Formel verarmt, er erhöht alle Werte, indem er
Erhellungen durch unerwartete Reflexe schafft und eine Tiefe des Raums
wie einen Rahmen um das abgelöste Bildnis stellt. Dieses plastische
Geheimnis kannte schon der früheste Porträtist des Wortes, Plutarch, und
in seinen »Vergleichenden Lebensdarstellungen« bildet er immer gleichzeitig einen griechischen und römischen Charakter in analoger Darstel-

lung, damit hinter der Persönlichkeit ihr geistiger Schlagschatten, der Typus, besser deutlich werde. Ein Ähnliches wie der erlauchte Ahnherr im Biographisch-Historischen versuche ich im geistig nachbarlichen Element, im Literarisch-Charakterologischen zu erreichen, und diese zwei Bände sollen nur die ersten einer werdenden Reihe sein, die ich » *Die Baumeister der Welt, eine Typologie des Geistes*« nennen will. Nichts liegt mir aber ferner, als damit ein starres System in die Welt des Genius einkonstruieren zu wollen. Psychologe aus Leidenschaft, Gestalter aus gestaltendem Willen, treibe ich meine Bildnerkunst nur, wohin sie mich treibt, nur den Gestalten entgegen, denen ich mich zutiefst verbunden fühle. So ist schon von innen her jeder Komplettierung eine Grenze gesetzt, und ich bedaure diese Einschränkung durchaus nicht, denn das notwendige Fragmentarische erschreckt nur den, der an Systeme im Schöpferischen glaubt und hochmütig vermeint, die Welt des Geistes, die unendliche, rund auszirkeln zu können: mich aber lockt an diesem weiten Plan gerade die Zwiefalt, daß er an Unendliches rührt und sich doch keine Grenzen stellt. Und so baue ich, langsam und leidenschaftlich zugleich, mit meinen selbst noch neugierigen Händen den durch Zufall begonnenen Bau weiter hinauf in das kleine Himmelstück Zeit, das unsicher über unserem Leben hängt.

Die drei heroischen Gestalten Hölderlins, Kleistens und Nietzsches haben eine sinnfällige Gemeinsamkeit schon im äußern Lebensschicksal: sie stehen gleichsam unter demselben horoskopischen Aspekt. Alle drei werden sie von einer übermächtigen, gewissermaßen überweltlichen Macht aus ihrem eigenen warmen Sein in einen vernichtenden Zyklon der Leidenschaft gejagt und enden vorzeitig in einer furchtbaren Verstörung des Geistes, einer tödlichen Trunkenheit der Sinne, in Wahnsinn oder Selbstmord. Unverbunden mit der Zeit, unverstanden von ihrer Generation, schießen sie meteorisch mit kurzem strahlenden Licht in die Nacht ihrer Sendung. Sie selbst wissen nicht um ihren Weg, um ihren Sinn, weil sie nur vom Unendlichen her in Unendliches fahren: kaum streifen sie in jähem Sturz und Aufstieg ihres Seins an die wirkliche Welt. Etwas Außermenschliches wirkt in ihnen, eine Gewalt über der eigenen Gewalt, der sie sich vollkommen verfallen fühlen: sie gehorchen nicht (schreckhaft erkennen sie es in den wenigen wachen Minuten ihres Ich) dem eigenen Willen, sondern sind Hörige, sind (im zwiefachen Sinne des Worts) Besessene einer höheren Macht, der dämonischen.

Dämonisch: das Wort ist durch so viele Sinne und Deutungen gewandert, seit es aus der mythisch-religiösen Uranschauung der Antike bis in unsere Tage kam, daß es not tut, ihm eine persönliche Deutung aufzuprä-

144

gen. Dämonisch nenne ich die ursprünglich und wesenhaft jedem Menschen eingeborene Unruhe, die ihn aus sich selbst heraus, über sich selbst hinaus ins Unendliche, ins Elementarische treibt, gleichsam als hätte die Natur von ihrem einstigen Chaos ein unveräußerliches unruhiges Teil in jeder einzelnen Seele zurückgelassen, das mit Spannung und Leidenschaft zurück will in das übermenschliche, übersinnliche Element. Der Dämon verkörpert in uns den Gärungsstoff, das aufquellende, quälende, spannende Ferment, das zu allem Gefährlichen, zu Übermaß, Ekstase, Selbstentäußerung, Selbstvernichtung das sonst ruhige Sein drängt; in den meisten, in den mittleren Menschen wird nun dieser kostbargefährliche Teil der Seele bald aufgesogen und aufgezehrt; nur in seltenen Sekunden, in den Krisen der Pubertät, in den Augenblicken, da aus Liebe oder Zeugungsdrang der innere Kosmos in Wallung gerät, durchwaltet dies Heraus-aus-dem-Leibe, dies Überschwengliche und Selbstentäußernde ahnungsvoll selbst die bürgerlich banale Existenz. Sonst aber ersticken die gemessenen Menschen in sich den faustischen Drang, sie chloroformieren ihn mit Moral, betäuben ihn mit Arbeit, dämmen ihn mit Ordnung: der Bürger ist immer Urfeind des Chaotischen, nicht nur in der Welt, sondern auch in sich selbst. Im höheren Menschen aber, besonders im produktiven, waltet die Unruhe schöpferisch fort als ein Ungenügen an den Werken des Tages, sie schafft ihm jenes »höhere Herz, das sich quält« (Dostojewski), jenen fragenden Geist, der über sich selbst hinaus eine Sehnsucht dem Kosmos entgegenstreckt. Alles, was uns über unser Eigenwesen, unsere persönlichen Interessen spürerisch, abenteuerlich ins Gefährliche der Frage hinaustreibt, danken wir dem dämonischen Teile unseres Selbst. Aber dieser Dämon ist nur insolange eine freundlich fördernde Macht, als wir ihn bewältigen, als er uns dient zur Spannung und Steigerung: seine Gefahr beginnt, wo diese heilsame Spannung zu Überspannung wird, wo die Seele dem aufrührerischen Trieb, dem Vulkanismus des Dämonischen, verfällt. Denn der Dämon kann seine Heimat, sein Element, die Unendlichkeit, nur dadurch erreichen, daß er mitleidslos das Endliche, das Irdische, also den Leib, in dem er wohnhaft weilt, zerstört: er hebt an mit Erweiterung, aber drängt zur Zersprengung. Darum füllt er Menschen, die ihn nicht rechtzeitig zu bändigen wissen, erfüllt er die dämonischen Naturen mit fürchterlicher Unruhe, reißt ihnen das Steuer ihres Willens übermächtig aus den Händen, daß sie, willenlos Getriebene, nun in dem Sturm und gegen die Klippen ihres Schicksals taumeln. Immer ist Lebensunruhe das erste Wetterzeichen des Dämonischen, Unruhe des Blutes, Unruhe der Nerven, Unruhe des Geistes (weshalb man auch jene Frauen die dämonischen nennt, die Unruhe, Schicksal,

Verstörung um sich verbreiten). Immer umschwebt das Dämonische ein Gewitterhimmel von Gefahr und Gefährdung des Lebens, tragische Atmosphäre, Atem von Schicksal.

So gerät jeder geistige, jeder schöpferische Mensch unverweigerlich in den Kampf mit seinem Dämon, und immer ist es ein Heldenkampf, immer ein Liebeskampf: der herrlichste der Menschheit. Manche erliegen seinem hitzigen Andrängen wie das Weib dem Manne, sie lassen sich vergewaltigen von seiner übermächtigen Kraft, sie fühlen sich selig durchdrungen und überströmt vom fruchtbaren Element. Manche bändigen ihn und zwingen seinem heißen zuckenden Wesen ihren kalten, entschlossenen, zielhaften Manneswillen auf: durch ein Leben hin währt oft eine solche feindlich-glühende, liebevoll-ringende Umschlingung. Im Künstler nun und in seinem Werke wird dieses großartige Ringen gleichsam bildhaft: bis in den letzten Nerv seines Schaffens zittert der heiße Atem, die sinnliche Vibration der Brautnacht des Geistes mit seinem ewigen Verführer. Nur im Schöpfer vermag sich das Dämonische aus dem Schatten des Gefühles in Sprache und Licht zu ringen, und am deutlichsten erkennen wir seine leidenschaftlichen Züge in jenen, die ihm erliegen, im Typus des vom Dämon hinabgerissenen Dichters, für den ich hier die Gestalten Hölderlins, Kleistens und Nietzsches als die sinnvollsten der deutschen Welt gewählt habe. Denn wenn der Dämon selbstherrlich in einem Dichter waltet, ersteht in flammenhaft aufschießender Steigerung auch ein besonderer Typus der Kunst: Rauschkunst, exaltiertes, fieberhaftes Schaffen, spasmische, überwallende Aufschwünge des Geistes, Krampf und Explosion, Orgiasmus und Trunkenheit, die $\mu\alpha\nu\iota\alpha$ der Griechen, die heilige Raserei, die sonst nur dem Prophetischen, dem Pythischen innewohnt. Das Maßlose, das Superlativistische ist immer das erste untrügbare Merkzeichen dieser Kunst, das ewige Sich-überbietenwollen in ein Letztes hinein, in jene Unendlichkeit, der das Dämonische als in seine urweltliche Natur heimatlich entgegendrängt. Hölderlin, Kleist und Nietzsche sind von diesem promethidischen Geschlecht, das feurig die Grenzen des Lebens durchstößt, rebellisch die Formen durchdringt und im Übermaß der Ekstase sich selbst vernichtet: aus ihrem Auge flackert sichtbar der fremde fiebrige Blick des Dämons, und er spricht von ihrer Lippe. Ja, er spricht sogar, da diese Lippe schon stumm und ihr Geist erloschen ist, noch aus ihrem zerstörten Leib: nirgends wird der furchtbare Gast ihres Wesens sinnlich wahrnehmbarer, als da ihre Seele, von übermächtiger Spannung auseinandergequält, zerreißt und man nun wie durch einen Spalt hinabsieht bis in das innerste Geklüft, wo der Dämon haust. Gerade im Untergang ihres Geistes wird die sonst bluthaft verborgene dämonische Macht in allen dreien plötzlich plastisch offenbar.

Um diese geheimnisvolle Wesenheit des vom Dämon übermannten Dichters, um das Dämonische selbst ganz deutlich zu machen, habe ich, getreu meiner Methode des Vergleichs, unsichtbar einen Gegenspieler den drei tragischen Helden entgegengestellt. Aber der wahre Widerpart des dämonisch beflügelten Dichters ist durchaus nicht etwa der undämonische: es gibt keine große Kunst ohne Dämonie, ohne das der Urmusik der Welt entflüsterte Wort. Niemand hat dies gültiger bezeugt als der Erzfeind alles Dämonischen, der auch im Leben Kleisten und Hölderlin hart abwehrend gegenüberstand, als Goethe, da er zu Eckermann über das Dämonische sagt: »Jede Produktivität höchster Art, jedes bedeutende Aperçu ... steht in niemandes Gewalt und ist über aller irdischen Macht erhaben.« Es gibt keine große Kunst ohne das Inspirative, und alles Inspirative strömt wieder aus einem unbewußten Jenseits, einem Wissen über der eigenen Wachheit. Als den wahren Widerpart des exaltativen, des von seinem Überschwang sich selbst entrissenen Dichters, des göttlich Maßlosen, sehe ich den Herrn seines Maßes, den Dichter, der die ihm verliehene dämonische Macht mit dem irdisch ihm verliehenen Willen bändigt und zielhaft macht. Denn das Dämonische, zwar die herrlichste Kraft und Urmutter aller Schöpfung, ist vollkommen richtungslos: es zielt einzig ins Unendliche, in das Chaos zurück, dem es entstammt. Und eine hohe, gewiß nicht geringere Kunst als die der Dämonischen entsteht, wenn ein Künstler diese Urmacht menschlich meistert, wenn er ihr Maß im Irdischen und Richtung nach seinem Willen gibt, wenn er die Poesie im Sinne Goethes »kommandiert« und das »Inkommensurable« in gestalteten Geist verwandelt. Wenn er Herr des Dämons wird und nicht sein Knecht.

Goethe: damit ist nun schon der Name für den polaren Typus ausgesprochen, dessen Gegenwart sinnbildlich dies Buch durchwaltet. Goethe war nicht nur als Naturforscher, als Geologe »Gegner aller Vulkanität« – auch in der Kunst hat er das Evolutive über das Eruptive gestellt und alles Gewaltsam-Krampfhafte, alles Vulkanische, kurz, alles Dämonische mit einer bei ihm seltenen und geradezu erbitterten Entschiedenheit bekämpft. Und durch nichts mehr als durch diese Erbitterung der Abwehr verrät er, daß auch ihm der Kampf mit dem Dämon das entscheidende Existenzproblem seiner Kunst gewesen ist. Denn nur wer dem Dämon inmitten seines Lebens begegnet, wer ihm schauernd ins medusische Auge gesehen, wer ihn erfahren in seiner ganzen Gefahr, nur der kann ihn dermaßen als fürchterlichen Feind empfinden. Irgendwo im Dickicht seiner Jugend muß Goethe dem Gefährlichen einmal Stirn an Stirn zu einer Entscheidung über Leben und Tod gegenübergestanden haben – Werther bezeugt es, in dem er Kleistens und Tassos, in dem er Hölderlins und Nietzsches Schicksal prophetisch von sich fortgestaltet hat! Und von dieser schreckhaften Begegnung her ist Goethe ein ganzes Leben lang eine erbitterte Ehrfurcht, eine unverhohlene Furcht vor der tödlichen Kraft seines großen Gegners geblieben. Mit magischem Blick erkennt er den Blutfeind in jeder Gestalt und Verwandlung: in Beethovens Musik, in Kleistens Penthesilea, in Shakespeares Tragödien (die er schließlich nicht mehr aufzuschlagen vermag: »es würde mich zerstören«), und je mehr sein Sinn auf Gestaltung und Selbsterhaltung gerichtet ist, um so sorglicher, um so ängstlicher weicht er ihm aus. Er weiß, wie es endet, wenn man sich dem Dämon hingibt, darum wehrt er sich, darum warnt er vergeblich die andern: Goethe verbraucht ebensoviel heroische Kraft, um sich zu erhalten, wie die Dämonischen, um sich zu verschwenden. Auch ihm geht es in diesem Ringen um eine höchste Freiheit: er kämpft um sein Maß wider das Maßlose, um seine Vollendung, indes jene einzig um die Unendlichkeit.

Nur in diesem Sinne habe ich, nicht in dem einer (im Leben zwar vorhandenen) Rivalität, Goethes Gestalt gegen die drei Dichter und Diener des Dämons gestellt: ich glaubte einer großen Gegenstimme zu bedürfen, damit nicht das Exaltative, das Hymnische, das Titanische, das ich in Kleist, Hölderlin und Nietzsche darstellend verehre, als die einzige oder als die sublimste Kunst im Sinne eines Werts erscheine. Gerade ihr Widerspiel will mir als geistiges Polaritätsproblem höchsten Ranges erscheinen: so mag es nicht überflüssig sein, wenn ich diese immanente Antithese in einigen ihrer Beziehungen übersichtlich abwandle. Denn beinahe mathematisch formelhaft setzt sich diese Kontrastierung aus der umfassenden Form bis in die kleinsten Episoden ihres sinnlichen Lebens fort: nur der Vergleich zwischen Goethe und den dämonischen Widerpartnern gibt, als ein Vergleich der höchsten Wertformen des Geistes, Licht bis in die Tiefe des Problems.

Was zunächst an Hölderlin, Kleist und Nietzsche sinnfällig wird, ist ihre Unverbundenheit mit der Welt. Wen der Dämon in der Faust hat, den reißt er vom Wirklichen los. Keiner der drei hat Weib und Kind (ebensowenig wie ihre Blutsbrüder Beethoven und Michelangelo), keiner Haus und Habe, keiner dauernden Beruf, gesichertes Amt. Sie sind nomadische Naturen, Vaganten in der Welt, Außenseiter, Sonderbare, Mißachtete, und leben eine vollkommen anonyme Existenz. Sie besitzen nichts im Irdischen: weder Kleist, noch Hölderlin, noch Nietzsche haben jemals ein eigenes Bett gehabt, nichts ist ihnen zu eigen, sie sitzen auf gemietetem

Sessel und schreiben an gemietetem Tisch und wandern von einem fremden Zimmer in ein anderes. Nirgends sind sie verwurzelt, selbst Eros vermag nicht dauernd zu binden, die sich dem eifersüchtigen Dämon vergattet haben. Ihre Freundschaften werden brüchig, ihre Stellungen zerstieben, ihr Werk bleibt ohne Ertrag: immer stehen sie im Leeren und schaffen ins Leere. So hat ihre Existenz etwas Meteorisches, etwas von unruhig kreisenden, stürzenden Sternen, indes jener Goethes eine klare, geschlossene Bahn zieht. Goethe wurzelt fest und immer tiefer, immer breiter greifen seine Wurzeln aus. Er hat Weib und Kind und Enkel, Frauen umblühen sein Leben, eine kleine, aber sichere Zahl von Freunden umsteht jede seiner Stunden. Er wohnt im weiten, wohlhabenden Haus, das sich mit Sammlungen und Seltenheiten füllt, er wohnt im warmen, schützenden Ruhm, der mehr als ein halbes Jahrhundert seinen Namen umfängt. Er hat Amt und Würde, ist Geheimrat und Exzellenz, alle Orden der Erde blitzen von seiner breiten Brust. Bei ihm wächst die irdische Schwerkraft im Maße wie bei jenen die geistige Flugkraft, und so wird sein Wesen immer seßhafter, sicherer mit den Jahren (indes jene immer flüchtiger, immer unsteter werden und wie gejagte Tiere über die Erde rennen). Wo er steht, ist das Zentrum seines Ich und zugleich der geistige Mittelpunkt der Nation: von festem Punkte, ruhend-tätig umfaßt er die Welt, und seine Verbundenheit reicht weit hinweg über die Menschen, sie greift hinab zu Pflanze, Tier und Stein und vermählt sich schöpferisch dem Element.

So steht der Herr des Dämons am Ende seines Lebens mächtig im Sein (indes jene zerrissen werden wie Dionysos von der eigenen Meute). Goethes Existenz ist eine einzige strategische Weltgewinnung, während jene in heldischen, aber niemals planhaften Kämpfen abgedrängt werden von der Erde und ins Unendliche flüchten. Sie müssen sich gewaltsam über das Irdische hinausreißen, um dem Überweltlichen vereint zu sein – Goethe braucht nicht mit einem Schritt die Erde zu verlassen, um die Unendlichkeit zu erreichen: langsam, geduldig zieht er sie an sich. Seine Methode ist derart eine durchaus kapitalistische: er legt jedes Jahr ein gemessenes Teil an Erfahrung als geistigen Gewinn sparend zurück, den er am Jahresende als sorgfältiger Kaufmann dann ordnend in seinen »Tagebüchern« und »Annalen« registriert, sein Leben trägt Zins wie der Acker die Frucht. Jene aber wirtschaften wie Spieler, immer werfen sie, in einer herrlichen Gleichgültigkeit gegen die Welt ihr ganzes Sein, ihre ganze Existenz auf eine Karte, Unendliches gewinnend, Unendliches verlierend – das Langsame, das Sparbüchsenhafte des Gewinns ist dem Dämon verhaßt. Erfahrungen, die einem Goethe das Wesenhafte des Daseins bedeuten, haben für sie keinen Wert: so lernen sie nichts an ihren Leiden als verstärktes Gefühl und gehen als Schwärmer, als heilig Fremde sich selber verloren. Goethe aber ist der ständig Lernende, das Buch des Lebens für ihn eine unablässig aufgeschlagene Aufgabe, die gewissenhaft, Zeile um Zeile, mit Fleiß und Ausdauer bewältigt werden will: ewig fühlt er sich schülerhaft, und spät erst wagt er das geheimnisvolle Wort:

Leben hab ich gelernt, fristet mir, Götter, die Zeit.

Sie aber finden das Leben weder erlernbar noch lernenswert: ihre Ahnung höheren Seins ist ihnen mehr als alle Apperzeption und sinnliche Erfahrung. Was ihnen der Genius nicht schenkt, ist ihnen nicht gegeben. Nur von seiner strahlenden Fülle nehmen sie ihr Teil, nur von innen, von dem auf gehitzten Gefühl lassen sie sich steigern und spannen. So wird Feuer ihr Element, Flamme ihr Tun, und dies Feurige, das sie erhebt, zehrt ihnen das ganze Leben weg. Kleist, Hölderlin, Nietzsche sind verlassener, erdfremder, einsamer am Ende ihres Daseins als am Anbeginn, indes bei Goethe zu jeder Stunde der letzte Augenblick der reichste ist. Nur der Dämon in ihnen wird stärker, nur das Unendliche durchwaltet sie mehr: Es ist Armut an Leben in ihrer Schönheit und Schönheit in ihrer Armut an Glück.

Aus dieser durchaus polaren Einstellung ins Leben ergibt sich bei innerster Verwandtschaft im Genius ihr verschiedenes Wertverhältnis zur Wirklichkeit. Jede dämonische Natur verachtet die Realität als eine Unzulänglichkeit, sie bleiben – Hölderlin, Kleist, Nietzsche, jeder in einer andern Weise – Rebellen, Aufrührer und Empörer gegen die bestehende Ordnung. Lieber zerbrechen sie, als daß sie nachgeben; bis ins Tödliche, bis in die Vernichtung treiben sie ihre unbeirrbare Intransigenz. Dadurch werden sie (prachtvolle) tragische Charaktere, ihr Leben eine Tragödie. Goethe dagegen – wie deutlich war er über sich selbst! – vertraut Zelter an, er fühle sich nicht zum Tragiker geboren, »weil seine Natur konziliant sei«. Er will nicht wie jene den ewigen Krieg, er will – als »erhaltende und verträgliche Kraft«, die er ist – Ausgleich und Harmonie. Er unterordnet sich mit einem Gefühl, das man nicht anders als Frommheit nennen kann, dem Leben als der höheren, der höchsten Macht, die er in allen Formen und Phasen verehrt (»wie es auch sei, das Leben, es ist gut«). Nichts nun ist diesen Gequälten, Gejagten, Getriebenen, den vom Dämon durch die Welt Gerissenen fremder, als der Wirklichkeit solch hohen Wert oder überhaupt irgendeinen zu geben: sie kennen nur die Unendlichkeit, und als einzigen Weg, sie zu erreichen, die Kunst. Darum stellen sie die Kunst über das Leben, die Dichtung über die Realität, sie hämmern sich wie Michelangelo durch die tausend Steinblöcke blindwütig, finsterglühend, in immer fanatischerer Leidenschaft durch den dunklen Stollen ihres Daseins dem funkelnden Gestein entgegen, das sie tief unten in ihren Träumen fühlen, indes Goethe (wie Leonardo) die Kunst nur als einen Teil, als eine der tausend schönen Formen des Lebens fühlt, die ihm teuer ist wie die Wissenschaft, wie die Philosophie, aber doch nur Teil, ein kleiner wirkender Teil seines Lebens. Darum werden die Formen der Dämonischen immer intensiver, jene Goethes immer extensiver. Sie verwandeln ihr Wesen immer mehr in eine großartige Einseitigkeit, eine radikale Unbedingtheit, Goethe das seine in eine immer umfassendere Universalität.

Durch diese Liebe zum Dasein zielt alles beim antidämonischen Goethe auf Sicherheit, auf weise Selbsterhaltung. Durch diese Verachtung des realen Daseins drängt alles bei den Dämonischen zu Spiel, zu Gefahr, zu gewaltsamer Selbsterweiterung und endet in Selbstvernichtung. Wie bei Goethe alle Kräfte zentripetal, also vom Äußern zum Mittelpunkt hin sich sammeln, so wirkt bei jenen der Machtdrang zentrifugal, aus dem innern Kreis des Lebens herausdrängend und ihn unvermeidlich zerreißend. Und dies Ausfließen – dies Überfließenwollen ins Gestaltlose, in den Weltraum, sublimiert sich am sichtlichsten in ihrer Neigung zur Musik. Dort vermögen sie ganz uferlos, ganz formlos sich auszuströmen in ihr Element: gerade im Untergang geraten Hölderlin und Nietzsche, ja sogar der harte Kleist in ihre Magie. Verstand löst sich vollkommen in Ekstase, die Sprache in den Rhythmus: immer (auch bei Lenau) umbrandet Musik den Einsturz des dämonischen Geistes. Goethe dagegen hat eine »vorsichtige Haltung« zur Musik: er fürchtet ihre verlockende Kraft, den Willen ins Wesenlose abzuziehen, und dämmt sie in seinen starken Stunden (selbst Beethoven) gewaltsam zurück: nur in der Stunde der Schwachheit, der Krankheit, der Liebe ist er ihr offen. Sein wahres Element aber ist Zeichnung, ist Plastik, alles was feste Formen bietet, was Schranken stellt gegen das Vage, das Gestaltlose, alles was das Zerfließen, Zergehen, Entströmen der Materie hemmt. Lieben jene das, was entbindet, in eine Freiheit führt, ins Chaos des Gefühls zurück, so greift sein wissender Selbstbewahrungstrieb nach allem, was die Stabilität des Individuums fördert, nach Ordnung, Norm, Form und Gesetz.

Mit hundert Gleichnissen könnte man diesen fruchtbaren Gegensatz zwischen dem Herrn und den Dienern des Dämons noch abwandeln: ich wähle nur noch das geometrische als das immer deutlichste. Goethes Lebensformel bildet den Kreis: geschlossene Linie, volle Rundung und

Umfassung des Daseins, ewige Rückkehr in sich selbst, gleiche Distanz zum Unendlichen vom unverrückbaren Zentrum, allseitiges Wachstum von innen her. Darum gibt es in seiner Existenz auch keinen eigentlichen Kulminationspunkt, keine Spitze der Produktion – zu allen Zeiten, nach allen Seiten wächst sein Wesen gleich rund und voll dem Unendlichen entgegen. Die Form der Dämonischen dagegen deutet die Parabel: rascher, schwunghafter Aufstieg in einer einzigen Richtung, in der Richtung gegen das Obere, Unendliche empor, steile Kurve und jäher Absturz. Ihr Höhepunkt ist (dichterisch und als Lebensmoment) knapp vor dem Niederbruch: ja, er fließt mit ihm geheimnisvoll zusammen. Darum ist auch der Dämonischen, ist Hölderlins, ist Kleistens, ist Nietzsches Untergang integrierender Bestandteil ihres Schicksals. Erst er vollendet ihr Seelenbildnis, so wie der Niederfall der Parabel die geometrische Figur. Goethes Tod dagegen ist nur ein unmerkbares Partikel im vollendeten Kreise, er gibt dem Lebensbild nichts Wesentliches dazu. Tatsächlich stirbt er auch nicht wie jene einen mystischen, einen heroisch-legendären Tod, sondern einen Bettod, einen Patriarchentod (dem vergebens die Volkslegende durch eine Erfindung: Mehr Licht! etwas Weissagendes, Symbolisches zulegen wollte). Ein solches Leben hat nur ein Ende, weil es in sich erfüllt war: jenes der Dämonischen einen Untergang, ein loderndes Schicksal. Der Tod entgilt ihnen für Armut des Daseins und gibt ihrem Sterben noch mystische Macht: wer das Leben als Tragödie lebt, hat das Sterben eines Helden.

Leidenschaftliche Hingabe bis zur Auflösung ins Elementare, leidenschaftliche Bewahrung im Sinne der Selbstgestaltung – beide Formen des Kampfes mit dem Dämon fordern aber höchsten Heroismus des Herzens, beide schenken sie herrliche Siege im Geist. Die Goethische Lebenserfüllung und der Dämonischen schöpferischer Untergang – beide bewältigen sie, aber jeder Typus in einem anders bildnerischen Sinn, die gleiche, die einzige Aufgabe des geistigen Individuums: an das Dasein unermeßliche Forderungen zu stellen. Wenn ich ihre Charaktere hier widereinander stellte, geschah es nur, um das Zwiefache ihrer Schönheit im Sinnbild zu verdeutlichen, nicht aber, um eine Entscheidung herauszufordern, und am wenigsten, um jene noch umgängliche und durchaus banale klinische Deutung zu fördern, als ob Goethe die Gesundheit darstelle, und jene die Krankheit, Goethe das Normale, und jene das Pathologische. Das Wort ›pathologisch‹ gilt nur im Unproduktiven, in der niedern Welt: denn Krankheit, die Unvergängliches schafft, ist keine Krankheit mehr, sondern eine Form der Übergesundheit, der höchsten Gesundheit. Und wenn das Dämonische auch am äußersten Rande des Lebens steht und sich schon darüber hinaus beugt ins Unbetretbare und Unbetretene, so ist es doch immanente Substanz des Menschlichen und durchaus innen im Kreise der Natur. Denn auch sie selbst, die Natur, sie, die seit Jahrtausenden dem Saatkorn seine Zeit des Wachstums unveränderlich zuzählt und dem Kind im Mutterleib seine Frist, auch sie, das Urbild aller Gesetze, kennt solche dämonische Augenblicke, auch sie hat Ausbrüche und Überschwänge, wo sie – im Gewitter, in den Zyklonen, in den Kataklysmen – ihre Kräfte gefährlich spannt und bis ins Äußerste der Selbstvernichtung treibt. Auch sie unterbricht manchmal – selten freilich, so selten, wie solche dämonische Menschen der Menschheit erscheinen! – ihren geruhigen Gang, aber nur dann, nur aus ihrem Übermaß werden wir erst ihres vollen Maßes gewahr. Nur das Seltene erweitert unsern Sinn, nur am Schauer vor neuer Gewalt wächst unser Gefühl. Immer ist darum das Außerordentliche das Maß aller Größe. Und immer – auch in den verwirrendsten und gefährlichsten Gestaltungen – bleibt das Schöpferische Wert über allen Werten, Sinn über unsern Sinnen.

Salzburg 1925

HÖLDERLIN

Denn schwer erkennt der
Sterbliche die Reinen

— DER TOD DES EMPEDOKLES

DIE HEILIGE SCHAR

> ... es würde Nacht und kalt
> Auf Erden und in Not verzehrte sich
> Die Seele, sendeten zuzeiten nicht
> Die guten Götter solche Jünglinge,
> Der Menschen welkend Leben zu erfrischen.

> — *DER TOD DES EMPEDOKLES*

Das neue, das neunzehnte Jahrhundert liebt seine Jugend nicht. Ein glühendes Geschlecht ist entstanden: feurig und kühn drängt es von allen Windrichtungen zugleich aus den aufgelockerten Schollen Europas der Morgenröte neuer Freiheit entgegen. Die Fanfare der Revolution hat diese Jünglinge erweckt, ein seliger Frühling des Geistes, eine neue Gläubigkeit entbrennt ihnen die Seele. Das Unmögliche scheint plötzlich nah geworden, die Macht und die Herrlichkeit der Erde jedem Verwegenen zur Beute, seit ein Dreiundzwanzigjähriger, seit Camille Desmoulins mit einer einzigen kühnen Geste die Bastille zerbrach, seit der knabenhaft schlanke Advokat aus Arras, Robespierre, Könige und Kaiser zittern läßt, seit der kleine Leutnant aus Korsika, Bonaparte, mit dem Degen die Grenzen Europas nach seinem Gutdünken zieht und die herrlichste Krone der Welt mit Abenteurerhänden faßt. Nun ist ihre Stunde, die Stunde der Jugend gekommen: wie das erste zarte

Grün nach dem Frühlingsregen schießt sie plötzlich auf, diese heroische Saat heller, begeisterter Jünglinge. In allen Ländern heben sie sich zugleich empor, den Blick zu den Sternen, und stürmen über die Schwelle des neuen Jahrhunderts, als in ihr eigenstes Reich. Das achtzehnte Jahrhundert, so fühlen sie, hat den Greisen und Weisen gehört, Voltaire und Rousseau, Leibniz und Kant, Haydn und Wieland, den Langsamen und Geduldigen, den Großen und Gelehrten: nun aber gilt Jugend und Kühnheit, Leidenschaft und Ungeduld. Mächtig schwillt sie empor, die aufstürmende Woge: nie sah Europa seit den Tagen der Renaissance einen reineren Aufschwall des Geistes, ein schöneres Geschlecht.

Aber das neue Jahrhundert liebt diese seine kühne Jugend nicht, es hat Furcht vor ihrer Fülle, einen argwöhnischen Schauer vor ihrem Überschwang. Und mit eiserner Sense mäht es unbarmherzig die eigene Frühlingssaat. Zu Hunderttausenden malmt die Mutigsten der Napoleonische Krieg, fünfzehn Jahre lang zerstampft seine mörderische Völkermühle die Edelsten, die Kühnsten, die Freudigsten aller Nationen, und die Erde Frankreichs, Deutschlands, Italiens bis hinüber zu den Schneefeldern Rußlands und den Wüsten Ägyptens ist gedüngt und getränkt von ihrem pochenden Blut. Aber als wollte sie nicht bloß die Jugend allein, die wehrhafte, sondern den Geist der Jugend selbst ertöten, so hält diese selbstmörderische Wut nicht inne bei den Kriegerischen, bei den Soldaten: auch gegen die Träumer und Sänger, die halbe Knaben noch, die Schwelle des Jahrhunderts überschritten haben, auch gegen die Epheben des Geistes, gegen die seligen Sänger, gegen die heiligsten Gestalten hebt die Vernichtung das Beil. Nie ward in ähnlich kurzer Zeit eine ähnlich herrliche Hekatombe von Dichtern, von Künstlern geopfert als um jene Zeitwende, die Schiller, ahnungslos des eigenen nahen Geschicks, noch mit rauschendem Hymnus gegrüßt. Nie hielt das Schicksal verhängnisvollere Lese reiner und früh verklärter Gestalten. Nie netzte den Altar der Götter so viel göttliches Blut.

Vielfältig ist ihr Tod, aber allen verfrüht, allen in der Stunde innerlichster Erhebung verhängt. Den ersten, André Chénier, diesen jungen Apoll, in dem Frankreich ein neues Griechentum wiedergeboren war, schleppt der letzte Karren des Terrors zur Guillotine: ein Tag noch, ein einziger Tag, die Nacht vom achten zum neunten Thermidor, und er wäre gerettet vom Blutblock und zurückgegeben seinem antikisch reinen Gesang. Aber das Schicksal will ihn nicht sparen, nicht ihn und nicht die anderen: mit zornigem Willen fällt es wie eine Hydra immer ein ganzes Geschlecht. England ist nach Jahrhunderten wieder ein lyrischer Genius geboren, ein elegischer schwärmerischer Jüngling, John Keats, dieser selige

Künder des Alls: mit siebenundzwanzig Jahren reißt ihm das Verhängnis den letzten Atem aus der klingenden Brust. Ein Bruder des Geistes beugt sich über sein Grab, Shelley, den sich die Natur zum Boten ihrer schönsten Geheimnisse erlesen: ergriffen stimmt er dem Bruder im Geiste das herrlichste Totenlied an, das je ein Dichter dem andern gedichtet, die Elegie »Adonais« –, aber ein paar Jahre nur, und ein sinnloser Sturm wirft seine eigene Leiche an den tyrrhenischen Strand. Lord Byron, sein Freund, Goethes geliebtester Erbe, eilt her und entzündet dem Toten, wie Achill seinem Patroklos, den Scheiterhaufen am südlichen Meer: in Flammen fährt Shelleys sterbliche Hülle in den Himmel Italiens empor –, aber er selbst, Lord Byron, verbrennt wenige Jahre später im Fieber zu Missolunghi. Ein Jahrzehnt nur, und die edelste lyrische Blüte, die Frankreich, die England gegeben war, ist vernichtet. Aber auch Deutschlands jungem Geschlecht wird diese harte Hand nicht gelinder: Novalis, der mystisch fromm bis ins letzte Geheimnis der Natur gedrungen, löscht allzufrüh aus, vertropfend wie ein Kerzenlicht in dunkler Zelle, Kleist zerschmettert sich den Schädel in jäher Verzweiflung, Raimund folgt ihm bald in gleich gewaltsamen Tod, Georg Büchner rafft als Vierundzwanzigjährigen ein Nervenfieber hinweg. Wilhelm Hauff, den phantasievollsten Erzähler, dies unaufgeblühte Genie, scharren sie als Fünfundzwanzigjährigen ein, und Schubert, die liedgewordene Seele aller dieser Sänger, strömt vorzeitig aus in letzter Melodie. Mit allen Keulen und Giften der Krankheit, mit Selbstmord und Fremdmord rotten sie es aus, das junge Geschlecht: Leopardi, der edel-traurige, welkt in düsterm Siechtum, Bellini, der Sänger der »Norma«, stirbt in magischem Beginn, Gribojedof, den hellsten Geist des erwachenden Rußlands, erdolcht in Tiflis ein Perser. Seinem Leichenwagen begegnet zufällig im Kaukasus Alexander Puschkin, dies neue Genie Rußlands, sein geistiges Morgenrot. Doch er hat nicht lange Zeit, den Frühgesunkenen zu beklagen, ein paar Jahre nur, und die Kugel trifft ihn tödlich im Duell. Keiner von allen erreicht das vierzigste Jahr, die wenigsten unter ihnen das dreißigste: so wird der rauschendste lyrische Frühling, den Europa jemals gekannt, über Nacht geknickt, zerschmettert und versprengt die heilige Schar der Jünglinge, die in allen Sprachen zugleich den Hymnus der Natur und der seligen Welt gesungen. Einsam wie Merlin im verzauberten Wald, unbewußt der Zeit, halb schon vergessen, halb schon Legende, sitzt Goethe, der weise und greise, in Weimar: nur von diesen uralten Lippen formt sich noch in seltener Stunde orphischer Gesang. Ahne und Erbe zugleich des neuen Geschlechts, das er staunend überlebt, wahrt er in eherner Urne das klingende Feuer.

Einer nur, ein einziger von der heiligen Schar, der reinste von allen, weilt noch lange auf der entgötterten Erde, Hölderlin, doch an ihm hat das Schicksal am seltsamsten getan. Noch blüht ihm die Lippe, noch tastet sein alternder Leib sich über die deutsche Erde, noch gehen seine Blicke blau vom Fenster hinüber in die geliebte Landschaft des Neckars, noch darf er die Lider frommen Blicks zum »Vater Äther«, zum ewigen Himmel hin aufschlagen: doch sein Sinn ist nicht mehr wach, sondern verwölkt in einen unendlichen Traum. Wie Tiresias, den Seher, haben die eifersüchtigen Götter den, der sie belauschte, nicht getötet, sondern ihm nur den Geist geblendet. Ein Schleier ist um seine Worte und seine Seele gedunkelt: verworrenen Sinns lebt der »in himmlische Gefangenschaft Verkaufte« noch dumpfe Jahrzehnte dahin, der Welt wie sich selbst verloren, und nur der Rhythmus, die dumpfe klingende Welle stürzt in zerstäubten, zerquellenden Lauten von seinem zuckenden Mund. Um ihn blühen und welken seine geliebten Frühlinge, er zählt sie nicht mehr. Um ihn sinken und sterben die Menschen, er weiß es nicht mehr. Schiller und Goethe und Kant und Napoleon, die Götter seiner Jugend, sind ihm längst vorausgegangen, brausende Bahnen durchqueren sein erträumtes Germanien, Städte ballen, Länder heben sich auf – nichts von alldem erreicht sein versonnenes Herz. Allmählich beginnt das Haar ihm zu grauen, ein scheuer, gespenstiger Schatten einstiger Lieblichkeit, tappt er hin durch die Straßen Tübingens, verspottet von den Kindern, verhöhnt von den Studenten, die hinter der tragischen Larve den abgestorbenen Geist nicht ahnen, und längst denkt kein Lebender seiner mehr. Einmal, in der Mitte des neuen Jahrhunderts, hört die Bettina, daß er (einst von ihr wie ein Gott gegrüßt) sein »Schlangenleben« noch führe in des braven Tischlers Haus und erschrickt wie vor einem Hadesentsandten – so fremd hängt er hinüber in die Zeit, so ausgeklungen tönt sein Name, so vergessen ist seine Herrlichkeit. Und wie er sich dann eines Tages leise hinlegt und stirbt, rührt dies stille Sinken nicht stärkeren Laut in der deutschen Welt als eines herbstlichen Blattes schwankes Zubodenschweben. Handwerker tragen ihn in verschabtem Gewand hin zu der Grube, die Tausende seiner geschriebenen Blätter werden vertan oder lässig bewahrt und stauben dann jahrzehntelang in Bibliotheken. Ungelesen, unempfangen bleibt für ein ganzes Geschlecht die heroische Botschaft dieses Letzten, dieses Reinsten der heiligen Schar.

Wie eine griechische Statue im Schoße der Erde, so verbirgt sich Hölderlins geistiges Bild im Schutt des Vergessens, jahre-, jahrzehntelang. Aber wie endlich liebevolle Mühe den Torso aus dem Dunkel gräbt, fühlt mit Erschauern ein neues Geschlecht die unzerstörbare Reinheit dieser marmornen Jünglingsgestalt. In herrlichen Maßen, der letzte Ephebe deutschen Griechentums, steht sein Bildnis wieder auf, Begeisterung blüht heute wie einst auf seiner singenden Lippe. Alle Frühlinge, die er verkündet, scheinen gleichsam verewigt in seiner einzigen Gestalt: und mit der strahlenden Stirne des Erleuchteten tritt er aus dem Dunkel wie aus einer geheimnisvollen Heimat zurück in unsere Zeit.

2

KINDHEIT

Aus stillem Hause senden die Götter oft
Auf kurze Zeit zu Fremden die Lieblinge,
Damit, erinnert, sich am edlen
Bilde der Sterblichen Herz erfreue.

Das Hölderlin-Haus steht in Lauffen, einem altertümlich-klösterlichen Dörfchen am Neckar, ein paar Wegstunden nur von Schillers Heimat. Diese ländlich-schwäbische Welt ist Deutschlands mildeste Landschaft, sein Italien: die Alpen drücken nicht mehr rauh heran und sind doch ahnend nah, silbernen Bogens strömen Flüsse durch Rebengelände, Heiterkeit des Volkes mindert die Herbe des alemannischen Stammes und löst sie gern in Gesang. Die Erde ist reich ohne Üppigkeit, die Natur lind, doch ohne Freigebigkeit: handwerkliches Geschäft gattet sich fast übergangslos der bäuerlichen Welt. Die Dichtung der Idylle hat dort ihre Heimat, wo die Natur den Menschen leicht befriedet, und selbst der in tiefste Düsternis getriebene Dichter denkt der verlorenen Landschaft mit gemildertem Sinne:

Engel des Vaterlands! O ihr, vor denen das Auge,
Sei's auch stark, und das Knie bricht dem vereinzelten
    Mann,
Daß er sich halten muß an die Freund' und bitten die
    Teuern,

> *Daß sie tragen mit ihm all die beglückende Last,*
> *Habt, o Gütige, Dank!*

Wie sanft, wie elegisch-zärtlich wird des Schwermütigen Überschwang, wenn er dies Schwaben singt, diesen seinen Himmel unter den ewigen Himmeln, wie beruhigt flutet der Aufschwall ekstatischen Gefühls zu ebenmäßigem Rhythmus zurück, wenn er an diese Erinnerungen rührt! Aus der Heimat geflüchtet, verraten von seinem Griechenland, zernichtet in seinen Hoffnungen, baut er aus zärtlichem Gedenken immer wieder dies eine Bild der kindlichen Welt:

> *Seliges Land! Kein Hügel in dir wächst ohne den Weinstock,*
> *Nieder ins schwellende Gras regnet im Herbst das Obst.*
> *Fröhlich baden im Strome den Fuß die glühenden Berge,*
> *Kränze von Zweigen und Moos kühlen ihr sonniges Haupt.*
> *Und, wie die Kinder hinauf zur Schulter des herrlichen*
> *Ahnherrn,*
> *Steigen am dunklen Gebirg Festen und Hütten hinauf.*

Ein Leben lang sehnt er sich in diese Heimat als in den Himmel seines Herzens zurück: die Kindheit ist Hölderlins wahrste, wachste und glücklichste Zeit.

Sanfte Natur hegt ihn ein, sanfte Frauen ziehen ihn auf: kein Vater ist (verhängnisvollerweise) da, ihn Zucht und Härte zu lehren, nicht wie bei Goethe zwingt früh pedantisch-zuchtvoller Sinn dem Werdenden das Gefühl der Verantwortung auf. Nur Frommheit lehrt ihn die Großmutter und die mildere Mutter, und früh schon flüchtet der träumerische Sinn in die erste Unendlichkeit jeder Jugend: in die Musik. Aber die Idylle hat vorzeitig ihr Ende. Mit vierzehn Jahren kommt der Empfindsame als Alumnus in die Klosterschule von Denkendorf, dann in das Kloster von Maulbronn, als Achtzehnjähriger in das Tübinger Stift, das er erst Ende 1792 verläßt – ein ganzes Jahrzehnt fast wird diese freiselige Natur hinter Mauern gesperrt, in klösterliches Gelaß, in drückende Menschengemeinsamkeit. Der Kontrast ist zu vehement, um nicht schmerzhaft, ja zerstörend zu wirken: aus der Ungezwungenheit freier sinnender Spiele an Ufer und Feld, aus der Weichlichkeit fraulich-mütterlicher Behütung preßt man ihn in das mönchisch schwarze Kleid, klösterliche Zucht schraubt ihn an einzelne Stunden mechanisch geordneter Tätigkeit. Für Hölderlin werden die Klosterschuljahre, was für Kleist die Kadettenjahre: Zurückdrängung des Gefühls ins Sensitive, Vorbereitung und Überreizung stärkster innerer

Spannung, Widerstand gegen die reale Welt. Etwas in seinem Innern wird damals für immer verwundet und geknickt: »Ich will Dir sagen«, schreibt er ein Jahrzehnt später, »ich habe einen Ansatz von meinen Knabenjahren, von meinem damaligen Herzen, der ist mir noch der liebste – das war eine wächserne Weichheit ... aber eben dieser Teil meines Herzens wurde am ärgsten mißhandelt, solange ich im Kloster war.« Wie er das schwere Tor des Stifts hinter sich schließt, ist der edelste, der geheimste Trieb seines Lebensglaubens schon vorzeitig angekränkelt und halb verwelkt, bevor er hinaustritt in die Sonne des freien Tages. Und schon schwebt um seine noch klare Jünglingsstirn – freilich ein dünner floriger Hauch nur – jene leise Melancholie des Verlorenseins in die Welt, die dann immer dunkler und dichter mit den Jahren die Seele umdämmert und schließlich den Blick für jede Freudigkeit verschattet.

Hier also, so früh schon, im Zwielicht der Kindheit, in den entscheidenden Formungsjahren beginnt jener unheilbare Riß in Hölderlins Innern, jene unbarmherzige Zäsur zwischen der Welt und seiner eigenen Welt. Und dieser Riß narbt niemals mehr zu: ewig bleibt ihm das Gefühl des in die Fremde verstoßenen Kindes, ewig diese Sehnsucht nach einer früh verlorenen seligen Heimat. Unablässig empfindet sich der ewig Unmündige aus den Himmeln – seiner Jugend, erster Ahnung, unbekannter Vorwelt – gewaltsam auf die harte Erde, in eine ihm widerstrebende Sphäre herabgeschleudert; und von jener ersten harten Begegnung mit der Realität an schwärt in seiner verwundeten Seele das Gefühl der Weltfeindschaft. Hölderlin bleibt ein vom Leben Unbelehrbarer, und alles, was er an Scheinfreude und Ernüchterung, an Glück und Enttäuschung gelegentlich gewinnt, vermag die unabänderlich festgelegte abwehrende Haltung gegen die Wirklichkeit nicht mehr zu beeinflussen. »Ach, die Welt hat meinen Geist von früher Jugend an in sich zurückgescheucht«, schreibt er einmal an Neuffer, und tatsächlich kommt er nie mehr mit ihr in eine Bindung und Beziehung, er wird paradigmatisch das, was die Psychologie einen »introverten Typus« nennt, einer jener Charaktere, die sich mißtrauisch gegen alle äußere Anregung abgesperrt halten und nur von innen heraus, aus den urtümlich eingepflanzten Keimen ihre geistige Gestaltung entwickeln. Die Hälfte seiner Gedichte variiert von nun an nur dasselbe Motiv, den unlösbaren Gegensatz von gläubiger, sorgloser Kindheit und dem feindseligen, illusionslosen, praktischen Leben, der »zeitlichen Existenz« im Gegensatz zum geistigen Sein. Ein Zwanzigjähriger, überschreibt er schon trauernd ein Gedicht »Einst und Jetzt«, und im Hymnus »An die Natur« rauscht dann strophisch gebunden diese, seine ewige Erlebnismelodie herrlich hervor:

Da ich noch um deinen Schleier spielte,
Noch an dir wie eine Blüte hing,
Noch dein Herz in jedem Laute fühlte,
Der mein zärtlichbebend Herz umfing.
Da ich noch mit Glauben und mit Sehnen
Reich, wie du, vor deinem Bilde stand,
Deine Stelle noch für meine Tränen,
Eine Welt für meine Liebe fand;

Da zur Sonne noch mein Herz sich wandte,
Als vernähme seine Töne sie,
Und die Sterne seine Brüder nannte
Und den Frühling Gottes Melodie,
Da im Hauche, der den Hain bewegte,
Noch dein Geist, dein Geist der Freude sich
In des Herzens stiller Welle regte,
Da umfingen goldne Tage mich.

Aber diesem Hymnus auf die Kindheit antwortet schon in düsterem
Moll die Lebensfeindschaft des früh Enttäuschten:

Tot ist nun, die mich erzog und stillte,
Tot ist nun die jugendliche Welt,
Diese Brust, die einst ein Himmel füllte,
Tot und dürftig wie ein Stoppelfeld;
Ach! es singt der Frühling meinen Sorgen
Noch, wie einst, ein freundlich tröstend Lied,
Aber hin ist meines Lebens Morgen,
Meines Herzens Frühling ist verblüht.

Ewig muß die liebste Liebe darben,
Was wir lieben, ist ein Schatten nur,
Da der Jugend goldne Träume starben,
Starb für mich die freundliche Natur;
Das erfuhrst du nicht in frohen Tagen,
Daß so ferne dir die Heimat liegt,
Armes Herz, du wirst sie nie erfragen,
Wenn dir nicht ein Traum von ihr genügt.

In diesen Strophen (die sich in unzählbaren Varianten durch sein ganzes Werk wiederholen) ist Hölderlins romantische Lebenseinstellung schon vollkommen fixiert: der ewig zurückgewandte Blick auf die »Zauberwolke, in die der gute Geist meiner Kindheit mich hüllte, daß ich nicht zu früh das Kleinliche und Barbarische der Welt sah, die mich umgab«. Schon der Unmündige sperrt sich gegen jeden Zustrom von Erlebnis feindlich ab: Zurück und Empor sind die einzigen Zielrichtungen seiner Seele, niemals zielt sein Wille ins Leben hinein, immer darüber hinaus. Wie Quecksilber gegen Feuer und Wasser, wehrt sich sein Eigenelement gegen alle Bindung und Verschmelzung. Darum umgürtet ihn schicksalhaft eine unbesiegliche Einsamkeit.

Hölderlins Entwicklung ist im eigentlichen abgeschlossen, als er die Schule verläßt. Er hat sich noch gesteigert im Sinne der Intensität, nicht aber entfaltet im Sinne der Aufnahme, der stofflich-sinnlichen Bereicherung. Er wollte nichts lernen, nichts annehmen von der ihm widersinnigen Sphäre des Alltags; sein unvergleichlicher Instinkt für Reinheit verbot ihm Vermengung mit dem gemischten Stoff des Lebens. Damit wird er aber zugleich – im höchsten Sinne – Frevler gegen das Weltgesetz und sein Schicksal im antiken Geist Entsühnung einer Hybris, einer heldisch heiligen Überhebung. Denn das Gesetz des Lebens heißt Vermengung, es duldet kein Außensein in seinem ewigen Kreislauf: wer sich weigert, in diese warme Flut einzutauchen, der verdurstet am Strande; wer nicht teilnimmt, dessen Leben ist bestimmt, ein ewiges Außen zu bleiben, tragische Einsamkeit. Hölderlins Anspruch, nur der Kunst und nicht dem Dasein, nur den Göttern und nicht den Menschen zu dienen, enthält – ich wiederhole, im höchsten, im transzendentalen Sinne – wie jener seines Empedokles eine irreale, eine überhebliche Forderung. Denn bloß den Göttern ist es gegönnt, ganz im Reinen, im Ungemengten zu walten, und so wird es nur notwendige Rache, wenn sich das Leben an seinem Verächter mit den niedersten Kräften, mit der gemeinen Notdurft des Brotes rächt, wenn es gerade den, der ihm in keiner Form dienen will, immer wieder in die kleinlichsten Formen der Knechtschaft zurückstößt. Eben darum, weil Hölderlin nicht teilen will, wird ihm alles genommen; weil sein Geist nicht sich fesseln lassen will, fällt sein Leben in Hörigkeit. Hölderlins Schönheit ist gleichzeitig Hölderlins tragische Schuld: aus Gläubigkeit an die obere, die höhere Welt wird er Empörer gegen die untere, die irdische, der er nicht anders zu entfliehen vermag als auf der Schwinge seines Gedichts. Und erst als der Unbelehrbare den Sinn seines Schicksals erkennt – den heldischen Untergang –, bemeistert er sein Schicksal; nur eine kurze Spanne zwischen Aufgang und Untergang der Sonne gehört ihm zu, aber diese Landschaft einer Jugend ist heroisch: Felsgebirg des trotzigen Geistes, von schäumender Woge der Unendlichkeit umrauscht, seliges Segel im Sturm verloren und feurige Wolkenfahrt.

3

BILDNIS IN TÜBINGEN

Der Menschen Worte verstand ich nie.
Im Arme der Götter wuchs ich groß.

Wie flüchtiger Sonnenblick zwischen lastendem Gewölk glänzt in dem einzig erhaltenen Frühbild Hölderlins Gestalt: ein schlanker Jüngling, das blonde Haar in weicher Welle zurückwogend von klarer, morgendlich strahlender Stirn. Klar auch die Lippe und frauenhaft weich die Wange (die man sich leicht errötend denken mag von rasch aufwogender Glut), hell das Auge unter den schön geschwungenen schwarzen Brauen, nirgends nistet in diesem zarten Antlitz ein heimlicher Zug, der auf Härte deutete oder auf Hochmut, eher eine mädchenhafte Schüchternheit, eine verborgen-zärtliche Woge des Gefühls. »Anstand und Artigkeit« rühmt ihm ja auch Schiller von der ersten Begegnung her nach, und wohl kann man sich den schmalhüftigen blonden Jüngling im ernsten Habit des protestantischen Magisters vorstellen, wie er im schwarzen ärmellosen Kleid mit der weißen Halskrause sinnend die Klostergänge durchschreitet. Wie ein Musiker sieht er aus, ein wenig einem Frühbild des jungen Mozart ähnlich, und so schildern ihn auch die Stubengenossen am liebsten. »Er spielte die Violine – seine regelmäßige Gesichtsbildung, der sanfte Ausdruck seines Gesichts, sein schöner Wuchs, sein sorgfältiger reinlicher Anzug und jener unverkennbare Ausdruck des Höheren in seinem ganzen Wesen sind mir immer gegenwärtig geblieben.« Man kann sich auf diese weiche Lippe kein derbes

Wort, in dies schwärmende Auge keine unreine Gier, in diese edelgeschwungene Stirn keinen niederen Gedanken denken, freilich auch keine rechte Heiterkeit in die aristokratisch zarte Verhaltenheit dieser Züge, und so, ganz in sich verborgen, scheu in sich zurückgedrängt, schildern ihn auch seine Gefährten: daß er niemals mindrer Geselligkeit sich mengte, nur im Refektorium mit Freunden schwärmerisch die Verse Ossians, Klopstocks und Schillers liest oder in Musik seinen sehnenden Überschwang entlastet. Ohne stolz zu sein, schafft er um sich eine unmerkbare Distanz: wenn er schlank, aufrecht, gleichsam einem Höheren, Unsichtbaren entgegen aus der Zelle unter die anderen tritt, ist ihnen, »als schritte Apoll durch den Saal«. Selbst den Amusischen, den kleinen Pfarrerssohn und späteren Pfarrer, der dies Wort verzeichnet, gemahnt Hölderlins Wesen unbewußt an Hellas, an die heimliche griechische Heimat.

Aber einen Augenblick nur tritt so hell, gleichsam umleuchtet von einem Sonnenstrahl des geistigen Morgens, sein Antlitz aus dem Gewölk seines Schicksals, göttlich aus Göttlichem hervor. Aus den Mannesjahren ist uns kein Bildnis mehr überliefert, gleichsam als wollte das Schicksal uns Hölderlin nur in seiner Blüte zeigen, einzig das strahlende Antlitz des ewigen Jünglings uns kennen lassen, niemals den Mann (der er niemals wahrhaftig geworden), und schließlich wieder – ein halbes Jahrhundert später – die ausgehöhlte, vertrocknete Larve des kindgewordenen Greises. Jene »Artigkeit«, die Schiller an ihm als auffällig rühmt, erstarrt bald zu krampfigem Zwang, die Schüchternheit zu misanthropischer Menschenängstlichkeit: im abgeschabten Hauslehrerrock, der letzte bei Tisch und nahe schon der bezahlten Livree der Diener, muß er die servile Geste des Niedergedrückten erlernen: scheu, verängstigt, gequält und der Macht seines Geistes nur ohnmächtig leidend bewußt, verliert er bald den freien klingenden Gang, in dem sein Rhythmus wie über Wolken hinschreitet, und auch innen bricht die Schwebe, das seelische Gleichgewicht. Hölderlin wird früh mißtrauisch und verwundbar, »ein Wort, ein flüchtiges, konnte ihn beleidigen«, das Mißliche seiner Stellung macht ihn unsicher und treibt seinen verwundeten, ohnmächtigen Ehrgeiz in die verschlossene Brust zurück. Immer mehr lernt er sein inneres Antlitz vor der Brutalität des geistigen Pöbels zu verbergen, dem er zu dienen genötigt ist, und allmählich wächst ihm diese dienernde Maske hinein in Fleisch und Blut. Erst der Wahnsinn, der wie jede Leidenschaft alles Verschwiegene heraustreibt, macht die innere Verzerrung gräßlich offenbar: jene Servilität, hinter der er als Hauslehrer seine eigene Welt verbarg, ist krankhafte Manie der Selbstentwürdigung geworden, jene grauenvolle Geste, die jeden Fremden mit knicksenden, übertreibenden Verbeugungen unzählige Male begrüßt und ihn (immer voll Angst eines Erkanntseins) mit Titeln »Eure Heiligkeit! Eure Exzellenz! Eure Gnaden!« sprudelnd überhäuft. Auch das Antlitz sinkt müde und ohne Spannung in sich selbst zurück, allmählich verdüstert sich das Auge, das einst so schwärmerisch nach oben gebückt: manchmal zuckt schon grell und gefährlich über den Lidern der Blitz des Dämons, dem seine Seele verfallen ist. Schließlich ermüdet auch in den Jahren der Vergessenheit die hohe Gestalt, sie beugt sich – furchtbares Symbol! – dem drückenden Haupte nachsinkend vornüber, und wie dann fünfzig Jahre später, ein halbes Jahrhundert nach dem Jünglingsbilde, eine Bleistiftzeichnung den »in himmlische Gefangenschaft Verkauften« zum erstenmal wieder sinnlich zeigt, sehen wir erschüttert jenen Hölderlin von einst als hageren zahnlosen Greis, der am Stocke vorwärts tappt und mit feierlich erhobener Hand Verse ins Leere, in eine fühllose Welt spricht. Nur das natürliche Ebenmaß der Züge spottet der inneren Zerstörung, und die Stirne bleibt noch im Sturze des Geistes gewölbt: wie eine Statue blank unter dem Dickicht des grauverwirrten Haares hält sie eine ewige Reinheit unverstellt dem erschütterten Blicke entgegen. Schaudernd schauen die seltenen Besucher auf die gespenstische Larve Scardanellis und suchen vergebens in ihr den Künder des Schicksals zu erkennen, der die Schönheit und gefährlichen Schauer der Mächte ehrfürchtig wie keiner verkündet. Aber der ist »ferne, nicht mehr dabei«. Nur der Schatten Hölderlins tappt noch im Dunkel vierzig Jahre über die Erde: der Dichter selbst ist weggetragen von den Göttern im Bildnis des ewigen Jünglings. Seine Schönheit strahlt rein bewahrt und alterslos in anderer Sphäre weiter: in dem unzerbrechlichen Spiegel seines Gesanges.

4

MISSION DES DICHTERS

An das Göttliche glauben
Die allein, die es selber sind.

Die Schule war für Hölderlin Kerker gewesen: voll Unruhe und doch voll leiser, ahnender Angst tritt er nun der Welt, der ihm ewig fremden, entgegen. Was an äußerer Wissenschaft zu lehren war, hat er im Tübinger Stift empfangen, er bemeistert vollkommen die alten Sprachen, Hebräisch, Griechisch, Latein; mit Hegel und Schelling, den Stubengenossen, hat er emsig Philosophie getrieben, und durch Siegel und Brief wird ihm außerdem bezeugt, daß er im Theologischen nicht müßig gewesen, daß er »studia theologica magno cum successu tractavit. Orationem sacram recte elaboratam decenter recitavit«. Er kann also schon gut protestantisch predigen, und ein Vikariat mit Beffchen und Barett wären dem Studiosus gewiß. Der Wunsch der Mutter ist erfüllt, die Bahn steht offen zu bürgerlichem oder geistlichem Beruf, zu Kanzel oder Katheder.

Aber Hölderlins Herz fragt von der ersten Stunde an niemals nach einem weltlichen oder geistlichen Berufe: er weiß nur von seiner Berufung, von seiner Mission höherer Verkündung. In der Schulstube schon hat er – »literarum elegantiarum assiduus cultor«, wie das Zeugnis barock floskelt – Gedichte geschrieben, elegisch-nachahmende zuerst, dann feurig dem Klopstockschen Schwunge nachtastende und schließlich jene »Hymnen an die Ideale der Menschheit« in Schillers rauschendem Rhythmus. Ein

171

Roman »Hyperion« ist begonnen: von der ersten Stunde wendet der Schwärmer entschlossen das Steuer seines Lebens dem Unendlichen zu, dem unerreichbaren Strande, an dem es zerschellen soll. Nichts kann ihn beirren, diesem unsichtbaren Ruf mit selbstzerstörender Treue zu folgen.

Von vornherein lehnt Hölderlin jedes Kompromiß des Berufes, jede Berührung mit der Vulgarität eines praktischen Erwerbs ab, er weigert sich, »in Unwürdigkeit zu vergehen«, zwischen die Prosaik einer bürgerlichen Stellung und die Erhobenheit des innern Berufes irgendeine noch so schmale Brücke zu bauen:

> *Beruf ist mirs,*
> *Zu rühmen Höhers, darum gab die*
> *Sprache der Gott und den Dank ins Herz mir*

verkündet er stolz. Er will rein bleiben im Willen und geschlossen in seiner Wesensform. Er will nicht die »zerstörende« Wirklichkeit, sondern sucht ewig die reine Welt, sucht mit Shelley

> *some world*
> *Where music and moonlight and feeling*
> *Are one*

wo nicht Kompromisse nötig sind und Vermengungen mit dem Niedrigen, wo der Geist rein im reinen, ungemischten Element sich behaupten darf. In dieser fanatischen Unerschütterlichkeit, in dieser großartigen Inkonzilianz gegenüber der realen Existenz offenbart sich, stärker als in jedem einzelnen Gedicht, Hölderlins herrlicher Heroismus: er weiß von allem Anbeginn, daß er mit solchem Anspruch auf jede Sicherung, auf Haus und Heim, auf alle Bürgerlichkeit verzichtet, er weiß, daß es leicht wäre, »glücklich zu sein mit seichtem Herzen«, er weiß, daß er ewig »ein Laie in der Freude bleiben muß«. Aber er will sein Leben nicht als ein braves Geborgensein, sondern als ein dichterisches Schicksal: starr den Blick nach oben gerichtet, unbeugsam die Seele im dürftigen Leibe, entbehrungsvoll den Leib im ärmlichen Gewand tritt er vor den unsichtbaren Altar, dem er Priester wird und Opfer zugleich.

Dieser Wille, nur an das Ganze des Lebens mit ganzer Seele sich hinzugeben, ist Hölderlins, ist dieses zarten, demütigen Jünglings wahrste und wirksamste Kraft. Er weiß, daß Dichtung nicht mit einem Teil, einem abgelösten und flüchtigen des Herzens und des Geistes, das Unendliche erreicht werden kann: wer das Göttliche verkünden will, muß sich ihm weihen, muß sich ihm opfern. Hölderlins Auffassung von der Poesie ist eine sakrale: der Wahre, der Berufene muß alles darbringen, was die Erde den andern zuteilt, für die Gnade, dem Göttlichen nahe sein zu dürfen, er muß, der Diener der Elemente, selbst unter ihnen wohnen in der heiligen Ungewißheit und der läuternden Gefahr. Von erster Stunde erfaßt Hölderlins Sinn die Notwendigkeit des Unbedingten: noch ehe er das Stift verläßt, ist er entschlossen, nicht Pfarrer zu werden, niemals dauernd an irdische Existenz sich zu binden, sondern einzig »Hüter der heiligen Flamme« zu sein. Er weiß nicht den Weg, aber er kennt sein Ziel. Und aller Fährlichkeiten seiner Lebensschwäche mit wunderbarer Stärke des Geistes bewußt, ruft er sich selbst seligsten Trost zu:

> *Sind denn dir nicht verwandt alle Lebendigen,*
> *Nährt die Parze denn nicht selber im Dienste dich?*
> *Drum, so wandle nur wehrlos*
> *Fort durchs Leben, und fürchte nichts!*
> *Was geschiehet, es sei alles gesegnet dir.*

Und so tritt er entschlossen unter den Himmel seines Schicksals.

Aus dieser Entschlossenheit zur reinen Selbstbewahrung wächst Hölderlins selbstgewolltes Schicksal und Verhängnis. Tragik und innere Lebensnot wird ihm aber dadurch frühzeitig zugeteilt, daß er diesen heroischen Kampf zunächst nicht gegen die Gegenwelt seines Hasses, gegen die brutale Welt also, durchkämpfen muß, sondern – dem Fühlenden furchtbarste Herzensnot – gerade gegen seine liebsten und die ihn am meisten liebenden Menschen. Die wahren Widerparte seines heroischen Willens im Kampf um das Leben als Dichtung sind die zärtlich ihn liebende, die zärtlich geliebte Familie, Mutter und Großmutter, seine nächsten Menschen, die er in ihren Gefühlen nicht verwunden mag und doch früher oder später schmerzhaft zu enttäuschen genötigt ist: wie immer hat das Heldenhafte eines Menschen keinen gefährlicheren Widersacher als gerade die zärtlich Wohlmeinenden, die innig Gutmütigen, die alle Spannung gütlich beschwichtigen wollen und das »heilige Feuer« mit sorglichem Atem niederdrücken zur häuslichen Herdflamme. Und dies ist nun herrlich rührend zu sehen, wie – fortiter in re, suaviter in modo – unerschütterlich im Tiefsten und doch sanft in den Formen, dieser Demütige seine geliebten Menschen ein ganzes Jahrzehnt lang mit Ausflüchten hinhält, sie tröstet und sich dankbar entschuldigt, daß er ihren liebsten Wunsch – Pfarrer zu werden – nicht erfüllt. Ein unbeschreibliches Heldentum des Schweigens und des Schonens ist in diesem unsichtbaren

Kampf, denn was ihn zutiefst beseelt und stählt, seine dichterische Berufung, hält Hölderlin keusch, ja schüchtern verborgen. Er spricht von seinen Versen immer nur als von »poetischen Versuchen«, und das Äußerste, was er der Mutter an Erfolg verheißt, klingt nicht stolzer, als »er hoffe, doch einmal sich ihrer Gesinnung würdig zu zeigen«. Niemals pocht er auf seine Versuche, seine Erfolge, im Gegenteil, immer deutet er an, daß er erst am Anbeginn sei. »Ich bin mir tief bewußt, daß die Sache, der ich lebe, edel, und daß sie heilsam für die Menschen ist, sobald sie zu einer rechten Äußerung und Ausbildung gebracht ist.« Aber die Mutter und Großmutter fühlen von ferne hinter den demütigen Worten immer nur die Tatsache, daß er ohne Haus und Stellung leer und fremd in der Welt sinnlosen Phantasmen nachtreibt. Die beiden Witwen, sie sitzen tagein und tagaus in ihrer kleinen Stube in Nürtingen, sie haben jahre- und jahrelang die kleinen Silberstücke an Speise und Kleidung und Kienspan gespart, um den geweckten Knaben studieren lassen zu können. Beglückt lesen sie seine ehrerbietigen Briefe von der Schule, freuen sich mit ihm an Fortschritt und Belobung, teilen seinen Stolz auf die ersten gedruckten Verse. Und sie hoffen, da er sein Studium beendigt, werde er bald Vikar sein, eine Frau nehmen, ein sanftes blondes Mädchen, und sie werden kommen und stolz zuhören dürfen, wie er in irgendeinem schwäbischen Städtchen sonntags das Wort Gottes von der Kanzel spricht. Aber Hölderlin weiß, daß er diesen Traum zerstören muß, nur schlägt er ihn nicht hart entzwei in den teuren Händen – sanft, doch eindringlich schiebt er alle Mahnung an diese Möglichkeit zurück. Er weiß, daß er vor ihnen trotz aller Liebe im Verdacht eines Müßiggängers steht, und versucht ihnen seinen Beruf zu erklären, schreibt ihnen, »daß er in einer solchen Muße nicht müßig gehe, auch nicht auf Kosten anderer nur einen gelegenen Zustand bereite«. Immer betont er in feierlichster Form gegen ihren Verdacht den Ernst und die Sittlichkeit seines Tuns: »Glauben Sie mir«, schreibt er der Mutter respektvoll, »daß ich mein Verhältnis zu Ihnen nicht leichtnehme und daß es mir oft Unruhe genug schafft, wenn ich meinen Lebensplan mit allen Ihren Wünschen zu vereinen suche.« Er trachtet sie zu überzeugen, daß er »den Menschen mit meinem jetzigen Geschäfte ebenso diene wie mit dem Predigeramte«, und weiß doch im Tiefsten, daß er sie niemals überzeugen kann. »Es ist kein Eigensinn«, stöhnt er aus tiefstem Herzen, »was mir meine Natur und meine jetzige Lage bestimmt. Es ist meine Natur und mein Schicksal, und dies sind die einzigen Mächte, denen man den Gehorsam niemals aufkündigen darf.« Doch auch die alten einsamen Frauen verlassen ihn nicht: seufzend senden sie dem Unbelehrbaren ihr Erspartes, waschen ihm Hemden und stricken ihm Socken: viele heimliche

Tränen und Sorgen sind eingewebt in jedes Gewand. Aber wie Jahr und Jahr vergeht, ihr Kind immer auf Wanderschaft und gelegentlichem Beruf umgetrieben, für ihre Augen sich ins Wesenlose verliert, pochen sie wieder leise – auch in ihnen ist die zarte nachdrängende Art des Kindes – bei ihm mit dem alten Wunsche nochmals an. Sie wollen ihn seiner poetischen Liebhaberei nicht entfremden, deuten sie ganz scheu an, aber er könnte sie doch mit einer Pfarre vereinen: vorahnend bieten sie ihm des tiefverwandten Mörike Resignation und Idyllik, Teilung des Lebens an die Welt und die Dichtung. Aber hier ist an Hölderlins Urmacht gerührt, an den Glauben an die Unteilbarkeit des priesterlichen Dienstes, und wie ein Banner entrollt er die geheimste Überzeugung: »Es hat mancher«, schreibt er der Mutter auf ihre Mahnung, »der wohl stärker war als ich, versucht, ein großer Geschäftsmann oder Gelehrter im Amt und dabei Dichter zu sein. Aber immer hat er am Ende eines dem andern aufgeopfert, und das war in keinem Falle gut ... denn wenn er sein Amt aufopferte, so handelte er unehrlich an andern, und wenn er seine Kunst aufopferte, so sündigte er gegen seine von Gott gegebene natürliche Aufgabe, und das ist so gut Sünde und noch mehr, als wenn man gegen seinen Körper sündigt.« Doch dieser geheimnisvoll-großartigen Sicherheit der Sendung antwortet niemals der bescheidenste Erfolg; Hölderlin wird fünfundzwanzig, wird dreißig Jahre, und noch immer muß er, kümmerlicher Magister und Freischlucker an fremden Tischen, wie ein Knabe ihnen danken für das gesendete »Wämmesle«, die Schnupftücher und die Socken, immer noch den leisen, von Jahr zu Jahr immer schmerzlicheren Vorwurf der Enttäuschten hören. Er hört ihn in Qual und stöhnt verzweifelt auf zur Mutter: »Ich wollte, Sie hätten einmal Ruhe von mir«, aber immer muß er wieder an die einzige Tür pochen, die ihm in der feindlichen Welt offensteht, und immer wieder sie beschwören: »Haben Sie doch Geduld mit mir.« Schließlich sinkt er nieder an der Schwelle als zertrümmertes Wrack. Sein Kampf um das Leben in Idealität hat ihm das Leben gekostet.

Dieses Heldentum Hölderlins ist darum so unsagbar herrlich, weil es ohne Stolz ist, ohne Siegesvertrauen: er fühlt nur die Sendung, den unsichtbaren Ruf, er glaubt an die Berufung, nicht an den Erfolg. Niemals fühlt er, der unendlich Verwundbare, sich als der hürnene Siegfried, an dem alle Speere des Schicksals zerschellen müssen, niemals sieht er sich als den Siegreichen, Erfolgreichen. Man verwechsle darum nicht Hölderlins namenlose Gläubigkeit an die Dichtung als den höchsten Sinn des Lebens mit einer eigenen, also persönlichen Gewißheit als Dichter: so fanatisch er der Mission vertraute, so demütig fromm war er im Hinblick auf die eigene Begabung. Nichts ist ihm fremder als das männliche, fast krankhafte Selbstvertrauen etwa Nietzsches, der sich als Lebensspruch das Wort gesetzt: Pauci mihi satis, unus mihi satis, nullus mihi satis – ein flüchtiges Wort kann ihn entmutigen, eine Ablehnung Schillers ihn Monate verstören. Wie ein Knabe, ein Schuljunge beugt er sich vor den ärmlichsten Versdichtern, vor einem Conz, einem Neuffer – aber unter dieser persönlichen Bescheidenheit, dieser äußersten Weichheit des Wesens, steht stahlhart der Wille zur Dichtung, die Dienstwilligkeit zum Opfergang. »O Lieber«, schreibt er an einen Freund, »wann wird man unter uns erkennen, daß die höchste Kraft in ihrer Äußerung zugleich die bescheidenste ist und daß das Göttliche, wenn es hervorgeht, nie ohne eine gewisse Demut und Trauer sein kann.« Sein Heldentum ist nicht das eines Kriegers, Heldentum der Gewalt, sondern ein Heldentum des Märtyrers, die freudige Bereitschaft, zu leiden für ein Unsichtbares und sich zerstören zu lassen für seinen Glauben, für seine Idee.

»Sei's, wie dir dünket, o Schicksal« – mit diesem Wort beugt sich der Unbeugsame fromm vor seinem selbstgeschaffenen Verhängnis. Und ich weiß keine höhere Form des Heroismus auf Erden als diese einzige, die nicht befleckt ist vom Blute und vom gemeinen Gieren nach Macht: der edelste Mut des Geistes ist immer ein Heldentum ohne Brutalität, nicht der sinnlose Widerstand, sondern die wehrlose Hingabe an die übermächtige und als heilig erkannte Notwendigkeit.

5

DER MYTHUS DER DICHTUNG

Menschen haben es nicht gelehrt,
Mich trieb, unendlich liebend, ein heilig Herz
Unendlichem entgegen.

Kein deutscher Dichter hat jemals so sehr an die Dichtung und ihren göttlichen Ursprung geglaubt wie Hölderlin. So sonderbar es klingt, dieser zarte protestantische Pfarreraspirant aus Schwaben hat eine absolute antikische Einstellung zum Unsichtbaren, zu den Mächten, er glaubt viel gläubiger an den »Vater Äther« und das waltende Schicksal als seine Altersbrüder, als Novalis und Brentano an ihren Christus: Poesie ist ihm, was jenen das Evangelium, Aufschließung der letzten Wahrheit, das trunkene Geheimnis, Hostie und Wein, das den Leib, den allzu irdischen, glühend dem Unendlichen weiht und verbindet. Selbst für Goethe ist Dichtung doch bloß ein Teil des Lebens, für Hölderlin unbedingt der Sinn des Lebens, jenem eine bloß persönliche Notwendigkeit, ihm aber überpersönliche, eine religiöse Notwendigkeit. In der Poesie erkennt er fürchtig den Atem des Göttlichen, die einzige Harmonie, in der sich der urewige Zwiespalt des Seins für selige Augenblicke löst und entspannt. Wie der Äther das Zwischenreich zwischen Himmel und Erde, so füllt die Dichtung die Kluft zwischen dem Oben und Unten des Geistes, zwischen den Göttern und den Menschen. Die Dichtung – ich wiederhole es – ist für Hölderlin nicht nur wie jenen eine musikalische Zutat des Lebens, bloß ein Schmuckhaftes am geistigen Leib der Menschheit, sondern das höchste Zweckhafte und Sinnvolle, das alles erhaltende und gestaltende Prinzip: ihr sein Leben zu weihen, darum die einzig wertvolle und würdige Opfertat. Aus dieser Größe der Anschauung allein erklärt sich die Größe von Hölderlins Heldentum.

Unablässig hat Hölderlin diesen Mythus des Dichters in seinem Gedicht gebildet: und er muß nachgebildet werden, um die Leidenschaft seiner Verantwortlichkeit zu verstehen. Für ihn, den Frommgläubigen der »Mächte«, ist die Welt ganz im griechischen, im platonischen Sinne zwiegeteilt. Oben »wandeln die Himmlischen selig im Licht«, unnahbar und doch anteilnehmend. Unten wieder ruht und werkt die dumpfe Masse der Sterblichen in der sinnlosen Tretmühle täglichen Tuns:

> *Es wandelt in Nacht, es wohnt, wie im Orkus,*
> *Ohne Göttliches unser Geschlecht. Ans eigene Treiben*
> *Sind sie geschmiedet allein, und sich in der tosenden*
> *   Werkstatt*
> *Höret jeglicher nur, und viel arbeiten die Wilden*
> *Mit gewaltigem Arm, rastlos, doch immer und immer*
> *Unfruchtbar, wie die Furien, bleibt die Mühe den Armen.*

Wie in dem Goetheschen Diwan-Gedicht zerfällt die Welt in Nacht und Licht, ehe die Morgenröte »sich der Qual erbarmt«, ehe ein Mittler beider Sphären erscheint. Denn dieser Kosmos bliebe zwiefache Einsamkeit, Einsamkeit der Götter und Einsamkeit der Menschen, erstünde nicht zwischen ihnen flüchtig-seliges Band, spiegelte nicht die höhere die niedere Welt und diese wieder die erhobene. Auch die Götter oben, die »selig wandernden im Licht«, sind nicht glücklich, sie fühlen sich nicht, solange sie nicht gefühlt werden:

> *Immer bedürfen ja, wie Heroen den Kranz, die geweihten*
> *Elemente zum Ruhme das Herz der fühlenden Menschen.*

So drängt das Unten zum Oben, das Obere zum Untern, Geist zum Leben und Leben empor in den Geist: alle Dinge der unsterblichen Natur sind ohne Sinn, solange sie nicht von Sterblichen erkannt, solange sie nicht irdisch geliebt werden. Die Rose wird erst wahrhaft zur Rose, wenn sie ein Blick schauend in sich trinkt, die Abendröte erst Herrlichkeit, wenn sie in der Retina eines Menschenauges widerleuchtet. Wie der Mensch das Göttliche, um nicht zu vergehen, ebenso braucht das Göttliche, um wahrhaft zu sein, den Menschen. So schafft er sich Zeugen seiner

Macht, den Mund, der ihm lobsinge, den Dichter, der ihn erst wahrhaft zum Gotte macht.

Diese Uridee der Hölderlinschen Anschauung mag – wie fast alle seine poetischen Ideen – Entlehnung sein, eine Anleihe bei dem »kolossalischen Geiste« Schillers. Aber wie geweitet ist die kalte Schillersche Erkenntnis:

> *Freundlos war der große Weltenmeister,*
> *Fühlte Mangel – darum schuf er Geister,*
> *Sel'ge Spiegel seiner Seligkeit*

zu Hölderlins orphischer Vision von des Dichters Erweckung:

> *Und unaussprechlich wär und einsam*
> *In seinem Dunkel umsonst, der doch*
> *Der Zeichen genug und Wetterflammen*
> *Und Fluten in seiner Macht,*
> *Wie Gedanken hat, der heilige Vater,*
> *Und nirgend fand er wahr sich unter den Lebenden wieder,*
> *Wenn zum Gesange ein Herz nicht hätt' die Gemeinde.*

Nicht also aus einer Trauer, einer müßigen Langeweile wie bei jenem erschafft sich das Göttliche den Dichter – immer waltet bei Schiller noch die Idee der Kunst als irgendeines erhabenen »Spiels« –, sondern aus einer Notwendigkeit: es *ist* nicht ohne den Dichter, das Göttliche, es *wird* erst durch ihn. Dichtung – hier tastet man an den Urkern des Hölderlinschen Ideenkreises – ist eine Weltnotwendigkeit, sie ist nicht bloß eine Kreation innerhalb des Kosmos, sondern die Erschaffung des Kosmos selbst. Die Götter senden nicht aus Spieltrieb den Dichter, sondern aus Notwendigkeit: sie brauchen ihn, den »Gesandten des strömenden Worts«:

> *Es haben aber an eigner*
> *Unsterblichkeit die Götter genug, und bedürfen*
> *Die Himmlischen eines Dings,*
> *So sind's Heroen und Menschen*
> *Und Sterbliche sonst. Denn weil*
> *Die Seligsten nichts fühlen von selbst,*
> *Muß wohl, wenn solches zu sagen*
> *Erlaubt ist, in der Götter Namen*
> *Teilnehmend fühlen ein andrer,*
> *Den brauchen sie.*

Sie brauchen ihn, die Götter, und ebenso brauchen die Menschen die Dichter, die

> *heiligen Gefäße,*
> *Worin der Wein des Lebens, der Geist*
> *Der Helden sich aufbewahrt.*

In ihnen fließt beides zusammen, das Obere und das Untere, sie lösen den Zwieklang in die notwendige Harmonie, ins Gemeinsame, denn

> *Des gemeinsamen Geistes Gedanken sind*
> *Still endend in der Seele des Dichters.*

So tritt, erlesen und verflucht, zwischen Einsamkeit und Einsamkeit diese irdisch gezeugte, göttlich durchdrungene Gestalt des Dichters, berufen, das Göttliche göttlich zu schauen und es den Irdischen im irdischen Bildnis fühlsam zu machen. Von den Menschen kommt er, von den Göttern ist er gefordert: sein Dasein ist eine Mission, er ist die klingende Stufe, auf der »treppenweise das Himmlische niedersteigt«. Im Dichter erlebt die dumpfe Menschheit symbolisch das Göttliche: wie im Mysterium des Kelches und der Hostie genießen sie in seinem Wort Leib und Blut der Unendlichkeit. Darum das unsichtbare Priesterband um seine Stirne und das unverbrüchliche Gelöbnis der Reinheit.

Dieser Mythus des Dichters ist der geistige Mittelpunkt von Hölderlins Welt: durch sein ganzes Werk hindurch hat er niemals diese Unerschütterlichkeit des Glaubens an die kultische Mission der Dichtung verloren, daher auch das absolut Sakrale, das Feierhafte seiner ethischen Haltung. Wer »Stimme der Götter« ist, »Verkünder des Helden« oder (wie er ein andermal sagt) »Zunge des Volkes« sein will, braucht die Erhobenheit der Rede, die Erhöhtheit der Haltung, die Reinheit des Gottverkünders, der spricht von unsichtbaren Tempelstufen zu einer unsichtbaren Vielzahl, zu einem Traumvolk, zu einer Traumnation, die erst aus der irdischen entstehen soll, denn »was bleibt, stiften die Dichter«. Seit die Götter schweigen, sprechen sie in ihrem Namen und Geist, Bildner des Ewigen im irdischen Tagwerk. – Darum rauschen auch seine Verse feierlich gehoben wie priesterliches Kleid und sind schmucklos weißgewandet. Darum spricht er selbst im Gedicht gleichsam höhere Sprache. Und diese hohe Bewußtheit der Sendung oder vielmehr des Gesendetseins hat Hölderlin an den Erfahrungen der Jahre nicht verlernt: nur eins ist in seinem Mythus ihm allmählich dunkler, verhängter und tragischer bewußt geworden, daß er die Sendung nicht wie im Frühglanz der Jugend mehr als ein bloß seliges Erwähltsein empfindet, sondern als heroisches Schicksal. Was dem Jüngling ursprünglich bloß als sanfte Begnadung erschien, erkennt der Gereifte als das schaurigschöne Hangen über dem Abgrund –

> *Denn sie, die uns das himmlische Feuer leihn,*
> *Die Götter, schenken heiliges Leid uns auch.*

Er erkennt: Berufensein zum Priesteramt heißt Verstoßensein vom Glück. Der Erwählte ist gezeichnet wie ein Baum im unendlichen Walde mit dem roten Zeichen für das Beil: echte Dichtung fordert ein Schicksal heraus. Nur wer das Tragisch-Heldische, das er verkündet, selbst zu erleben bereit ist, wer aus dem sichern bürgerlichen Haus hinaustritt unter das Gewitter, in dem die Götter sprechen, nur der wird zum Helden. Schon Hyperion sagt es: »Huldige dem Genius einmal, und er reißt dir alle Bande des Lebens entzwei« – aber Empedokles erst, erst der verdüsterte Hölderlin, wird des ungeheuren Fluches bewußt, den die Götter über jenen verhängen, der sie »göttlich im Göttlichen schaut«:

> *jedoch ihr Gericht*
> *Ist, daß sein eigenes Haus*
> *Zerbreche der und das Liebste*
> *Wie den Feind schellt' und sich Vater und Kind*
> *Begrabe unter den Trümmern,*
> *Wenn einer, wie sie, sein will und nicht*
> *Ungleiches dulden, der Schwärmer.*

Der Dichter gerät, weil er an die Urmächte, die übergewaltigen, greift, in ständige Gefahr: er ist gleichsam der Blitzableiter, wo eine einzelne aufstrebende dünne Spitze in sich den zuckenden Ausbruch der Unendlichkeit auffängt, denn er, der Mittler, muß ja »ins Lied gehüllt« den Irdischen »das himmlische Feuer reichen«. In herrlicher Herausforderung tritt er, der immer Einsame, den gefährlichen Mächten entgegen, und seine atmosphärische Überfülltheit mit ihrer gedrängten Feurigkeit ist fast eine tödlich gewaltsame. Denn weder darf er die geweckte Flamme, die brennende Weissagung, in sich schweigend verschließen,

> *Verzehren würd' er*
> *Und wäre gegen sich selbst,*
> *Denn nimmer duldet*

noch darf er ganz das Unsagbare sagen: Verschweigung des Göttlichen wäre Frevel des Dichters ebenso wie die vollkommene Aussage, der restlose Verrat im Wort. Er muß das Göttliche, das Heldische ewig unter den Menschen suchen und dabei ihre Niedrigkeit erleiden, ohne darum an der Menschheit zu verzweifeln, er muß die Götter rühmen und als Herrliche verkünden, die ihn, den Verkünder, einsam lassen in seinem Elend der Erde. Aber Rede und Schweigen, beides wird ihm zur heiligen Not: die Geweihten sind gezeichnet.

Hölderlin hat also volle Bewußtheit seines tragischen Geschicks: wie bei Kleist und Nietzsche überhöht das tragische Untergangsgefühl schon früh sein Leben und wirft den Schatten deutsam um ein Jahrzehnt voraus. Aber dieser zarte, schmächtige Pastorenenkel Hölderlin hat wie jener Pastorensohn, wie Nietzsche, den antiken Mut, ja die promethidenhafte Lust, sich mit dem Unendlichen zu messen. Niemals versuchte er das Dämonisch-Überflutende seines Wesens, wie Goethe, zu dämmen, zu exorzisieren oder zu zügeln: während Goethe ewig auf der Flucht vor seinem Schicksal ist, um den ungeheuren Schatz des Lebens zu retten, den er sich anvertraut fühlt, tritt eherner Seele und doch ungerüstet Hölderlin mit keiner anderen Waffe als seiner Reinheit dem Gewitter entgegen. Furchtlos und fromm zugleich (dieser herrliche Zwieklang seines Wesens durchklingt sein ganzes Schicksal wie jedes Gedicht) erhebt er die Stimme zum Hymnus, um all die Brüder und Märtyrer der Dichtungen an den heiligen Glauben zu mahnen, an das Heldentum der höchsten Verantwortung, an das Heldentum ihrer Mission:

> *Wir sollen unsern Adel nicht verleugnen,*
> *Den Trieb in uns, das Ungebildete*
> *Zu bilden nach dem Göttlichen in uns.*

Der Preis, der ungeheure, will nicht heimlich durch Kleinheit der Gesinnung, durch Sparsamkeit mit dem täglichen Glück hinterzogen sein. Dichtung ist Herausforderung an das Schicksal. Frommheit und Kühnheit zugleich: wer mit den Himmeln Zwiesprache hält, darf ihre Blitze nicht scheuen und das unausweichliche Fatum:

> *Doch uns gebührt es, unter Gottes Gewittern,*
> *Ihr Dichter! mit entblößtem Haupte zu stehen,*
> *Des Vaters Strahl, ihn selbst, mit eigner Hand*

Zu fassen und dem Volk, ins Lied
Gehüllt, die himmlische Gabe zu reichen.
Denn sind nur reinen Herzens,
Wie Kinder, wir, sind schuldlos unsere Hände,
Des Vaters Strahl, der reine, versenget es nicht.
Und tieferschüttert, eines Gottes Leiden
Mitleidend, bleibt das ewige Herz doch fest.

6

PHAETON ODER DIE BEGEISTERUNG

O Begeisterung, so finden
Wir in Dir ein selig Grab,
Tief in deine Wogen schwinden
Still frohlockend, wir hinab,
Bis der Höre Ruf wir hören
Und, mit neuem Stolz erwacht,
Wie die Sterne, wiederkehren
In des Lebens kurze Nacht.

Für eine so heroische Mission, wie sie dem Dichter im Hölderlinschen Mythos zugedacht ist, bringt der jugendliche Schwärmer eigentlich – warum es künstlich verleugnen? – nur geringe poetische Begabung mit. Nichts in der geistigen Haltung noch im dichterischen Duktus des Vierundzwanzigjährigen kündigt Eigenpersönlichkeit deutsam an: die Formen seiner ersten Gedichte, ja selbst einzelne Bilder, Symbole und selbst Worte sind in beinahe unerlaubter Ähnlichkeit den Meistern seiner Tübinger Schulzeit entlehnt, den Oden Klopstocks, den tönend hinrauschenden Hymnen Schillers, der deutschen Prosodik Ossians. Seine dichterischen Motive sind arm, nur die jugendliche Feurigkeit, mit der er sie in immer gesteigerten Variationen wiederholt, täuscht über die Enge seines geistigen Horizontes hinweg. Seine Phantasie wiederum schwelgt in einer vagen und doch gestaltlosen Welt: die Götter, der Parnaß, die Heimat bilden dort den ewigen Traumkreis, selbst die

Worte, die Epitheta »himmlisch, göttlich« kehren in bedenklicher Monotonie wieder. Noch unentwickelter ist seine Gedanklichkeit, durchaus von Schiller und den deutschen Philosophen dependierend: erst später dunkelt aus der Tiefe der Umnachtung geheimnisvolle Spruchrede, wie eines Sehers Aussage nicht eigenen Geistes, sondern gleichsam des Weltgeistes orphische Rede. Wichtigste Elemente der Gestaltung fehlen selbst in spurhafter Andeutung: sinnlicher Blick, Humor, Menschenkenntnis, kurz alles, was vom irdischen Bezirke stammt, und da Hölderlin aus beharrlichem Instinkt jede Vermengung mit dem Leben abweist, steigert sich diese eingeborene Lebensblindheit zu einem absoluten Traumzustand, zu einer idealen Ideologie der Welt. Salz und Brot, Vielfalt und Farbe fehlen vollkommen der Substanz seines Gedichtes, das unverweigerlich ätherisch, durchsichtig, gewichtlos bleibt und dem auch die dunkelsten Jahre nur das geheimnisvoll stofflose Wesen von Wolken, etwas Wehendes, Deutsames und Ahnungsvolles geben. Auch seine Produktivität ist durchaus gering, häufig gehemmt von einer Ermattung des Gefühls, einer dumpfen Melancholie, einer Verstörung der Nerven. Neben der ursprünglichen saftvollen Fülle Goethes, in dessen Verse alle Kräfte und Säfte des Lebens keimhaft trächtig eingemischt sind, neben diesem fruchtbaren Gefilde, das von starker Hand tätig durchackert, wie ein offenes Feld Sonne und Regen, alle Elemente des Himmels in sich einsaugt, erscheint Hölderlins dichterischer Besitz durchaus arm: vielleicht ist niemals in der deutschen Geistesgeschichte aus so wenigen dichterischen Urelementen ein so großer Dichter geworden. Sein »Material« – wie man vom Sänger sagt – war unzulänglich. Sein Vortrag alles. Er war schwächer als jeder andere: ihm aber wuchs in der Seele Gewalt in die obere Welt. Seine Begabung hatte geringes spezifisches Gewicht, aber einen unendlichen Auftrieb: Hölderlins Genie ist im letzten nicht so sehr Genie der Kunst als vielmehr ein Wunder der Reinheit. Sein Genius war die Begeisterung, die unsichtbare Schwinge.

Darum ist Hölderlins ursprüngliche Begabung nicht philologisch meßbar weder im Sinne der Breite, noch in jenem der Fülle: Hölderlin ist vor allem ein Intensitätsproblem. Seine dichterische Figur erscheint (im Vergleich zu den andern mächtig und muskulös gebauten) durchaus schmächtig, er steht neben Goethe, neben Schiller, den Wissenden und Vielfältigen, den Stromhaften und Starken, so einfältig schlicht und scheinbar schwach, wie Franciscus von Assisi, der sanfte, unwissende Heilige neben den riesigen Pfeilern der Kirche, neben Thomas von Aquino, Sankt Bernhard, Loyola, neben diesen großen Baumeistern des mittelalterlichen Doms. Wie jener hat er nichts als die engelhaft klare

Zärtlichkeit, als das ekstatische Brudergefühl zum Element, aber auch die eminent franciscanische, die kampflose Kraft der Begeisterung. Wie jener wird er Künstler ohne Kunst, nur durch den evangelischen Glauben an die höhere Welt, nur durch eine gleich heldenhafte Geste der Preisgabe wie jene des jungen Franciscus auf dem Marktplatz zu Assisi.

Nicht also eine partielle Kraft, eine einzelne poetische Begabung prädestiniert Hölderlin zum Dichter, sondern die Fähigkeit seiner Zusammenfassung der ganzen Seele in einen gesteigerten Zustand, jene einzige Gewalt der Erdflucht, des Sichverlierens ins Unendliche. Hölderlin dichtet nicht aus dem Blut, aus dem Samen, aus den Nerven, aus dem Sinnlichen, aus dem persönlichen, privaten Erlebnis, sondern aus einer eingeborenen spasmischen Begeisterung, einer urtümlichen Sehnsucht nach einem unerreichbaren Oben. Für ihn gibt es keinen einzelnen Anlaß des Poetischen, weil er das ganze Universum dichterisch sieht. Die ganze Welt erscheint ihm als ein ungeheures Heldengedicht, und was er von ihr schildernd ergreift, Landschaft, Strom, Mensch und Gefühl, wird sogleich unbewußt heroisiert. Der Äther ist ihm so sehr »Vater«, wie Franciscus die Sonne der »Bruder«; Quelle und Stein öffnen sich ihm wie den Griechen als atmende Lippe und gefangene Melodie. Auch das Nüchternste, das er klingenden Wortes berührt, nimmt geheimnisvoll jener platonischen Welt Wesenheit an, wird sofort transparent, zittert melodisch in einer Leuchtkraft der Sprache, die mit der sachlichen des Tages nur die Vokabeln gemein hat: ein neuer Glanz ist auf seinem Wort wie Morgentau auf einer Wiese, eine Unberührtheit von allem Menschenblick. Niemals in der deutschen Literatur war das Gedicht vor ihm oder nach ihm so durchaus flughaft, so aufgehoben über die Erde. Darum erscheinen alle Wesen darin so, wie man sie im Traume sieht, geheimnisvoll losgelöst von ihrer Schwerkraft, gleichsam als die Seelen ihres Seins: niemals hat Hölderlin (das ist seine Größe und seine Beschränkung) die Welt sehen gelernt. Er hat sie immer nur gedichtet.

Diese großartige Fähigkeit zum innern Aufschwung ist Hölderlins eigenste und einzige Kraft; er gerät niemals hinein in das Untere, Gemengte, ins taghaft Irdische des Lebens, sondern stößt sich flughaft in eine höhere Welt (die ihm Heimat ist) empor. Er hat nicht die Wirklichkeit, aber er hat eine eigene Sphäre, sein klingendes Jenseits. Immer zielt er nach oben:

> *O Melodien über mir, ihr unendlichen,*
> *Zu euch, zu euch,*

immer stößt er sich wie ein Pfeil vom gespannten Bogen in das Himmlische, ins Unsichtbare empor. Daß eine solche Natur nun ständig gespannt, ja in einem gefährlichen Zustand idealischer Überspanntheit sein mußte, bezeugen schon früheste Berichte. Schiller bemerkt sofort, mehr tadelnd als bewundernd, diese Heftigkeit der Ausbrüche und bedauert den Mangel an Stetigkeit, an Gründlichkeit. Aber für Hölderlin sind jene »namenlosen Begeisterungen, wo das irdische Leben tot und die Zeit nicht mehr ist und der entfesselte Geist zum Gotte wird«, diese spasmischen Zustände der Selbstentrückung, Urelement. »Ewig Ebb und Flut«, kann er nur mit der ganzen zusammengefaßten Seelenkraft Dichter sein. Ohne Inspiration, in den sachlichen Stunden seines Lebens ist Hölderlin der ärmste, der gebundenste, der düsterste, in der Begeisterung der seligste, der freieste aller Menschen.

Diese Begeisterung Hölderlins ist nun eigentlich substanzlos: ihr Inhalt ist gleichsam der Zustand selbst. Er gerät nur in Begeisterung, wenn er die Begeisterung singt. Sie ist für ihn Subjekt und Objekt zugleich, formlos, weil höchste Fülle, konturlos, weil aus dem Ewigen stammend und ins Ewige zurückfließend: selbst bei Shelley, dem ihm verwandtesten lyrischen Geist, erscheint die Begeisterung noch eher irdisch gebunden. Ihm identifiziert sie sich noch mit sozialen Idealen, mit dem Glauben an Menschenfreiheit, an eine Entwicklung der Welt. Hölderlins Begeisterung aber geht wie Rauch in den Himmel ganz ins Ephemere, sie schildert sich, indem sie sich genießt, und sie genießt sich durch Schilderung. Darum stellt Hölderlin unaufhörlich diesen einen eigenen Zustand dar, sein Gedicht ist ein unablässiger Hymnus auf die Produktivität, eine erschütternde Klage über die Sterilität, denn – »die Götter sterben, wenn die Begeisterung stirbt«. Dichtung bleibt für ihn unlösbar an Begeisterung gebunden, so wie sich Begeisterung nicht anders erlösen kann als im Gesang: darum ist sie die Erlösung des einzelnen wie der ganzen Menschheit. »O Regen vom Himmel, o Begeisterung! Du wirst den Frühling der Völker uns wiederbringen«, schwärmt schon sein Hyperion, und sein Empedokles enthüllt nichts anderes als den unerhörten Kontrast zwischen göttlichem (also produktivem) und irdischem (also wertlosem) Gefühl. Seine ganz eigene Art der Inspiration ist deutlich abzulesen aus jenem tragischen Gedicht. Der Urzustand aller Produktivität ist das dämmernde, glücklose, leidlose Gefühl der inneren Schau, des sinnenden Traumes:

> *Der Unbedürftge wandelt*
> *In seiner eignen Welt; in leiser Götterruhe geht*
> *Er unter seinen Blumen, und es scheun*

Die Lüfte sich, den Glücklichen zu stören.

Er fühlt nicht die Umwelt: nur aus ihm quillt die geheime Kraft des Auftriebs:

Ihm schweigt die Welt, und aus sich selber wächst
In steigendem Vergnügen die Begeistrung
Ihm auf, bis aus der Nacht des schöpferischen
Entzückens, wie ein Funke, der Gedanke springt.

Nicht also aus Erlebnis, aus einer Idee, aus einem Willen entzündet sich in Hölderlin der dichterische Trieb – »aus sich selber wächst« die Begeisterung. Sie entzündet sich nicht an der Reibfläche eines bestimmten Objektes: »unverhofft« »göttlich« flammt sie auf, die unbegreifliche Sekunde, da

unvergeßlich
Der unverhoffte Genius über uns,
Der schöpferische, göttlich kam, daß stumm
Der Sinn uns ward und wie vom
Strahl gerührt das Gebein erbebte.

Inspiration ist Zündung von oben, Entflammung durch den Blitz. Und nun schildert Hölderlin den eigenen herrlichen Zustand des Aufloderns, die Wegzehrung alles irdischen Erinnerns in den ekstatischen Flammen:

Hier fühlt er wie ein Gott
In seinen Elementen sich, und seine Lust
Ist himmlischer Gesang.

Die Zerstücktheit des Individuums ist aufgehoben, der »Himmel des Menschen« erreicht die Einheit des Gefühls (»Eines zu sein mit Allem, das ist das Leben der Gottheit, das ist der Himmel des Menschen«, sagt sein Hyperion). Phaethon, die symbolische Gestalt seines Lebens, hat mit dem feurigen Wagen die Sterne erreicht, schon umrauscht ihn die sphärische Musik: in diesen produktiv ekstatischen Sekunden erreicht Hölderlin den Höhepunkt seiner Existenz.

Aber in dieses Seligkeitsempfinden mengt sich vorbedeutend schon das Ahnen des Sturzes, das ewige Untergangsgefühl. Er weiß, daß solcher Aufenthalt im Feurigen, dieser Blick in Gottes Geheimnis, dies Tafeln an

der Unsterblichen Tisch, Sterblichen nur flüchtig gestattet ist. Schicksals-
wissend spricht er sein Schicksal aus:

Nur zu Zeiten erträgt göttliche Fülle der Mensch.
Traum von ihnen ist drauf das Leben.

Notwendigerweise muß – Phaethons Ende! – der rauschenden Fahrt
im Sonnenwagen der Sturz in die Tiefe folgen.

Denn es scheint,
Als liebten unser ungeduldiges
Gebet die Götter nicht.

Und nun zeigt der Genius, der helle und selige, Hölderlin sein anderes
Gesicht, die finstere Dunkelheit des Dämons. Hölderlin stürzt aus der
Dichtung in das Leben immer zerschmettert zurück, er stürzt wie Phaethon nicht auf die Erde, in seine Heimat bloß, sondern tiefer noch hinab
in ein unendliches Meer von Schwermut. Goethe, Schiller, sie alle
kommen aus der Dichtung wie von einer Reise, aus einem andern Lande,
ermüdet manchmal, aber doch gesammelten Sinns und heiler Seele:
Hölderlin schmettert aus dem dichterischen Zustand wie aus einem
Himmel hinab und bleibt verwundet, zerschlagen, ein geheimnisvoll
Ausgestoßener in der Sachwelt zurück. Sein Erwachen aus dem Enthusiasmus ist immer eine Art Seelentod, der Zurückgestürzte empfindet das
reale Leben sofort wieder als dumpf und gemein, »die Götter sterben,
wenn die Begeisterung stirbt. Pan ist tot, wenn Psyche stirbt«. Das wache
Leben ist nicht lebenswert, außerhalb der Ekstase alles schal und
seelenlos.

Hier also – kontrapunktisch der beispiellosen Exaltationskraft des
Hölderlinschen Organismus gegenübergestellt – wurzelt jene ganz eigentümliche Melancholie Hölderlins, die nicht eigentlich Schwermut war
oder eine pathologische Düsternis des Geistes. Auch sie strömt und nährt
sich wie die Ekstase einzig aus sich selbst; auch sie hat wenig Zustrom
vom Erlebnis (man überschätze die Diotima-Episode nicht!). Seine
Schwermut ist nichts anderes als sein Reaktionszustand auf die Ekstase
und notwendigerweise unproduktiv, fühlt er sich dort, aufschwingend,
Unendlichem verwandt, so wird ihm im unproduktiven Zustand seine
ungeheure Fremdheit zum Leben bewußt. Und so möchte ich seine
Schwermut nennen: ein namenloses Fremdheitsgefühl, die Trauer eines
verlorenen Engels um seine Himmel, ein kindlich klagendes Heimweh

nach der unsichtbaren Heimat. Niemals versucht Hölderlin diese Schwermütigkeit über sich hinaus wie Leopardi, wie Schopenhauer, wie Byron zu einem Weltpessimismus zu dehnen (»Der Menschenfeindschaft bin ich feind«), nie wagt seine Frommheit irgendeinen Teil des heiligen Alls als sinnlos zu verneinen: nur sich fühlt er fremd im realen, im praktischen Leben. Er hat keine andere wahre Sprache zu den Menschen als den Gesang: im einfachen Wort, in der Konversation kann er nichts von seinem Wesen verständlich machen; nur von oben herab wie Engelflug kann der Geist ihn überkommen. Ohne die Ekstase aber irrt er, ein »Blindgeschlagener«, durch die entgötterte Welt. »Pan ist für ihn tot, wenn Psyche stirbt«, das Leben ein grauer Haufen Schlacke ohne die Feuerflamme des »blühenden Geistes«. Seine Trauer aber ist machtlos wider die Welt, seine Schwermut ohne Musik: Dichter des Morgenrots, bleibt er stumm in der Dämmerung.

Der ihn am nächsten kannte und ihn oft in den Tagen des verdunkelten Geistes gesehen, Waiblinger, hat ihn Phaethon genannt in einem Roman. Phaethon – so bildeten die Griechen den schönen Jüngling, der auf dem feurigen Wagen des Gesangs zu den Göttern sich schwingt. Sie lassen ihn nah heran, ein Streif von Licht klingt sein tönender Flug durch die Himmel – dann stürzen sie ihn mitleidlos ins Dunkle hinab. Die Götter strafen, die sich erkühnen, ihnen zu sehr zu nahen: sie zerschmettern ihren Leib, blenden ihren Blick und werfen die Kühnen in den Abgrund des Schicksals. Aber sie lieben die Verwegenen zugleich, die ihnen entgegenbrennen, und setzen ihren Namen dann, heiliger Ehrfurcht zum Beispiel, als reine Bildgestalt unter ihre ewigen Sterne.

7

AUSFAHRT IN DIE WELT

> Oft schläft, wie edles Samenkorn
> Das Herz der Sterblichen in toter Schale,
> Bis ihre Zeit gekommen ist.

Wie in ein feindliches Land tritt Hölderlin aus der Schule in das Leben. Noch im rollenden Postwagen schreibt er – symbolisch genug! – jenen Hymnus »Das Schicksal«, an die »Mutter der Heroen, die eherne Notwendigkeit«. In der Stunde der Ausfahrt ist der magisch Ahnungsvolle schon gerüstet für den Untergang.

In Wahrheit ist alles für ihn auf das beste bereitet. Kein Geringerer als Schiller hat ihn, da der Vikariatskandidat den mütterlichen Wunsch, Pfarrer zu werden, unbedingt verweigert, als Hauslehrer bei Charlotte von Kalb vorgeschlagen; kaum irgendwo in den dreißig Provinzen des damaligen Deutschland kann der vierundzwanzigjährige Schwärmer ein Haus erhoffen, wo dichterischer Enthusiasmus so geehrt, nervöse Empfindlichkeit und Schüchternheit des Herzens so sehr verstanden werden könnte als bei Charlotte, die selbst eine »unverstandene Frau« war und als frühere Geliebte Jean Pauls für eine sentimentalische Natur volles Verständnis haben mußte. Der Major kommt ihm freundlich entgegen, der Knabe mit inniger Anhänglichkeit, die Morgenstunden werden ihm vollkommen für seine dichterische Produktion freigegeben, Spaziergänge und gemeinsame Ausritte lassen ihn die geliebte und lang entbehrte Natur wieder nahe empfinden, und bei Ausflügen nach Weimar und Jena führt ihn die vorsorgliche Frau in edelsten Kreis: er darf Schiller und Goethe kennenlernen. Ein vorurteilsloses Gefühl kann nicht zögern, einzugestehen, daß Hölderlin nicht besser geborgen sein konnte. Seine ersten Briefe schwellen auch über von Enthusiasmus, ja selbst von einer ungewohnten Heiterkeit: scherzend schreibt er der Mutter, »seit er keine Sorgen und Grillen mehr habe, beginne er dick zu werden«, rühmt die »zuvorkommende Gefälligkeit« seiner Freunde, die des kaum begonnenen Hyperion erste Bruchstücke in Schillers Hand und damit der Öffentlichkeit übergeben. Einen Augenblick lang hat es den Anschein, als sei Hölderlin beheimatet in der Welt.

Aber bald hebt sich die dämonische Unruhe in ihm empor, jener »furchtbare Geist der Unrast«, der ihn »wie Wasserflut auf Bergesgipfel« treibt. Aus den Briefen beginnt eine leichte Verdüsterung zu sprechen, Klagen über die »Abhängigkeit«, und plötzlich bricht die Ursache hervor: er will fort. Hölderlin kann nicht in einem Amt, in einem Beruf, in einem Kreise leben: jede andere als eine poetische Existenz ist ihm unmöglich. Noch mag es ihm in dieser ersten Krise nicht bewußt sein, daß nur eine innere Dämonie ihm eifersüchtig jede weltliche Beziehung unhaltbar macht, noch benennt er, was die immanente Entzündlichkeit seines Triebwillens ist, mit äußeren Ursachen: diesmal ist es die Verstocktheit des Knaben, sein heimliches Laster, das er nicht bändigen kann. Man fühle daran Hölderlins ganze Unfähigkeit zum Leben: ein neunjähriger Knabe ist stärker im Willen als er. So läßt er die Stellung. Charlotte von Kalb, die im vollsten Verstehen ihn scheiden sieht, schreibt der Mutter (um sie zu trösten) die tiefere Wahrheit. »Sein Geist kann sich zu dieser kleinlichen Mühe nicht herablassen ... oder vielmehr sein Gemüt wird zu sehr davon affiziert.«

Von innen heraus zerstört Hölderlin also alle ihm gebotenen Lebensformen: nichts ist darum psychologisch falscher als die umgängige sentimentale Auffassung der Biographen, Hölderlin sei überall erniedrigt und beleidigt worden. In Wahrheit versuchte man ihn immer und überall zu schonen. Aber seine Haut war zu dünn, seine Empfindsamkeit überreizt: »sein Gemüt wurde zu sehr affiziert«. Was Stendhal einmal von seinem Spiegelbild Henri Brulard sagt: »Ce qui ne fait qu'effleurer les autres me blesse jusqu'au sang«, gilt für ihn und alle Empfindsamen. Wirklichkeit empfand er schon an und für sich als Feindseligkeit, die Welt als Brutalität, Abhängigkeit als Knechtschaft. Nur dichterischer Zustand kann ihn glücklich machen, außerhalb dieser Sphäre vermag Hölderlins Atem nicht ruhig zu gehen, er schlägt um sich und würgt an der irdischen Luft wie ein Erstickender. »Warum bin ich denn friedlich und gut wie ein Kind, wenn

ich ungestört mit süßer Muße das unschuldigste aller Geschäfte treibe?«
staunt er selbst, von dem ewigen Konflikt erschreckt, mit dem ihn jede
Begegnung befällt. Noch weiß er es nicht, daß seine Lebensuntüchtigkeit
eine unheilbare ist, noch glaubt er, daß »Freiheit«, daß »Dichtung« ihn der
Welt verbinden könne. So wagt er sich in eine ungebundene Existenz:
hoffnungsvoll durch begonnenes Werk versucht es Hölderlin mit der Freiheit. Freudig bezahlt er mit bitterer Entbehrung das Leben im Geiste. Im
Winter verbringt er ganze Tage im Bett, um Holz zu sparen, nie gönnt er
sich mehr als eine Mahlzeit des Tags, verzichtet auf Wein und Bier, auf die
bescheidenste Vergnügung. Von Jena sieht er kaum mehr als Fichtes
Kolleg, manchmal gönnt ihm Schiller eine Stunde bei sich, sonst wohnt er
einsam in ärmlicher Bettstelle (kaum eine Kammer zu nennen). Seine
Seele aber wandert mit Hyperion nach Griechenland, und er könnte sich
selig nennen, wäre nicht von innen her ihm immer wieder Unrast und
ewiger Aufbruch bestimmt.

GEFÄHRLICHE BEGEGNUNG

Ach, wär ich nie in eure Schulen gegangen.

— *HYPERION*

Das erste in Hölderlins Entschluß zur Freiheit ist der Gedanke an das Heroische des Lebens, der Wille, das »Große« zu suchen. Doch ehe er sich vermißt, es in der eigenen Brust zu entdecken, will er »die Großen« sehen, die Dichter, die heilige Sphäre. Nicht Zufall treibt ihn gerade nach Weimar: dort sind Goethe und Schiller und Fichte und ihnen zur Seite wie die leuchtenden Trabanten um die Sonne Wieland, Herder, Jean Paul, die Schlegels, Deutschlands ganzer geistiger Sternenhimmel. Solche gesteigerte Atmosphäre zu atmen, sehnt sich sein allem Unpoetischen geradezu gehässiger Sinn: hier hofft er antikische Luft nektarisch einzusaugen und in dieser Agora des Geistes, in diesem Kolosseum dichterischen Ringens die eigene Kraft zu erproben.

Solchem Ringen aber will er sich erst bereiten, denn der junge Hölderlin fühlt sich geistig, fühlt sich gedanklich und im Sinne der Bildung nicht vollwertig neben Goethes umspannendem Weltblick, neben Schillers »kolossalischem«, in gewaltigen Abstraktionen wirkendem Geiste. So meint er – der ewig waltende deutsche Irrtum! – sich systematisch »bilden«, Philosophie in Kollegien »belegen« zu müssen. Genau wie Kleist vergewaltigt auch er seine durchaus spontane, exaltive Natur durch den zwanghaften Versuch, seine Himmel sich metaphysisch zu erläutern, seine dichterischen Pläne mit Doktrinen zu unterlegen. Ich fürchte, es ist noch niemals mit dem notwendigen Freimut ausgesprochen worden, wie verhängnisvoll damals nicht nur für Hölderlin, sondern für die ganze deutsche dichterische Produktivität die Begegnung mit Kant, die Beschäftigung mit der Metaphysik geworden ist.

Und mag auch die traditionelle Literaturlehre es auch ferner noch als herrlichen Höhepunkt feiern, daß die deutschen Dichter damals Kants Ideen eilig in ihre dichterischen Bezirke aufnahmen – ein freier Blick muß endlich wagen, die verhängnisvollen Schäden dieser dogmatisch-grüblerischen Invasion festzustellen. Kant hat – ich spreche hier eine streng persönliche Überzeugung aus – die reine Produktivität der klassischen Epoche, die er mit der konstruktiven Meisterschaft seiner Gedanken überwältigte, unendlich gehemmt, der Sinnlichkeit, der Weltfreudigkeit, dem Freilauf der Phantasie bei allen Künstlern durch die Ablenkung auf einen ästhetischen Kritizismus unendlichen Abbruch getan. Er hat jeden Dichter, der sich ihm hingab, im rein Dichterischen dauerhaft gehemmt und wie könnte auch ein Nur-Gehirn, ein Nur-Geist, ein solcher gigantischer Eisblock jemals wirkliche Fauna und Flora der Phantasie befruchten, wie könnte dieser steife, lebenslosete Mensch, der sich zum Automaten des Denkens entpersönlicht hatte, von diesem Manne, der nie eine Frau berührte, nie den Umkreis seiner Provinzstadt überschritt, der jedes Zähnchen seines Tageräderwerkes um die gleiche Stunde durch fünfzig, nein durch siebzig Jahre automatisch kreisen ließ – wie könnte, so frage ich, eine solche Nichtnatur, ein dermaßen unspontaner, selbst zu einem starren System gewordener Geist (dessen Genialität eben in dieser fanatischen Konstruktivität beruht) jemals den Dichter fördern, den sinnlichen, vom heiligen Zufall des Einfalls beschwingten, von der Leidenschaft ständig ins Unbewußte getriebenen Menschen? Kants Einfluß zieht die Klassiker von ihrer ursprünglichsten Leidenschaft ab und unmerklich in einen neuen Humanismus hinein, in eine Gelehrtenpoesie. Oder ist es im letzten nicht unendlichster Blutverlust für die deutsche Dichtung gewesen, wenn Schiller, der Former der bildhaftesten deutschen Gestalten, sich ernst im Gedankenspiel abmüht, die Dichtung in Kategorien zu spalten, in naive und sentimentalische, und wenn Goethe mit den Schlegels über klassisch und romantisch dissertiert? Ohne es zu wissen, ernüchtern sich die Dichter an der Überhelle des Philosophen, an dem kalten rationalistischen Licht, das von diesem systematischen, kristallinisch gesetzhaften Geiste ausgeht, gerade wie Hölderlin nach Weimar kommt, hat Schiller schon die Rauschkraft seiner frühen, seiner dämonischen Inspiration verloren und Goethe (dessen gesunde Natur mit einem urtümlichen Feindschaftsinstinkt gegen alles systematisch Metaphysische tätig reagierte) sich mit seinem Hauptinteresse der Wissenschaft zugewandt. In welchen rationalistischen Sphären ihre Gedanken kreisten, zeugt heute noch ihr Briefwechsel, dieses herrliche Dokument vollendeten Welterfassens, aber doch unendlich eher der Briefwechsel zweier Philosophen oder Ästhetiker als dichterische Konfession: das Poetische ist in jenem Augenblick, da Hölderlin zu den Dioskuren tritt, unter der magnetischen Konstellation Kants vom Mittelpunkte abgerückt und an die Außenperipherie ihrer Persönlichkeit geschoben. Eine Epoche des klassischen Humanismus hat begonnen, nur daß, im verhängnisvollen Gegensatz zu Italien, die gewaltigsten Geister der Epoche nicht wie Dante und Petrarca und Boccaccio aus der kühlen Welt der Gelehrsamkeit in die dichterische Sphäre flüchten, sondern daß Goethe und Schiller aus ihrer göttlichen Gestaltungswelt in die kältere der Ästhetik und Wissenschaft für (unwiederbringliche) Jahre zurücktreten.

So wächst auch in allen Jüngeren, die zu jenen als den Meistern aufgesehen haben, der verhängnisvolle Wahn, sie müßten »gebildet«, müßten »philosophisch geschult« sein. Novalis, dieser engelhaft abstrakte Geist, Kleist, dieser schwelgerische Triebmensch, beides Naturen, denen die konkrete Geisteskälte Kants und all der Spekulativen nach ihm absolut kontrapunktisch entgegengesetzt war, werfen sich aus einem Unsicherheitsgefühl – nicht aus einem Instinkt – in das ihnen feindliche Element. Und auch Hölderlin meint, sich verpflichtet zu sein, den ästhetisch-philosophischen Jargon der Zeit zu reden, und alle Briefe aus der Jenenser Epoche sind voll von schalen Begriffsdeuteleien, von jenen rührend kindlichen Anstrengungen des Philosophierenwollens, das so sehr wider sein tieferes Wissen, sein unendliches Ahnen war. Denn Hölderlin ist geradezu der Typus eines illogischen, ja unintellektuellen Geistes, seine Gedanken, oft großartig wie Blitze aus irgendeinem Himmel der Genialität niederzuckend, bleiben absolut paarungsunfähig, ihr magisches Chaos widerstrebt jeder Bindung und Verflechtung. Was er vom »bildenden Geiste« sagt:

> *Nur was blühet, erkenn ich,*
> *Was er sinnet, erkenn ich nicht,*

das deutet ahnungsvoll seine Grenze: nur die Ahnung des Werdens vermag er auszudrücken, nicht die Schemata, die Begriffe des Seins zu gestalten. Hölderlins Ideen sind Meteore – Himmelssteine und nicht Blöcke aus einem irdischen Steinbruch, mit geschliffenen Kanten zu einer starren Mauer (jedes System ist eine Mauer) zu schichten. Sie liegen frei in ihm, wie sie niederstürzen, er braucht sie nicht zu formen, nicht zu schleifen; und was Goethe einmal von Byron sagt, trifft tausendmal besser auf Hölderlin zu: »Er ist nur groß, wenn er dichtet. Wenn er reflektiert, ist er ein Kind.« Dieses Kind aber setzt sich in Weimar auf Fichtens, auf Kantens Schulbank und würgt so verzweifelt mit Doktrinen, daß Schiller selbst ihn mahnen muß: »Fliehen Sie womöglich die philosophischen Stoffe, sie sind die undankbarsten ..., bleiben Sie der Sinnenwelt näher, so werden Sie weniger in Gefahr sein, die Nüchternheit in der Begeisterung zu verlieren.« Und es dauert lange, bis Hölderlin die Gefahr der Nüchternheit gerade im Irrgarten der Logik erkennt, das feinste Barometer seines Wesens, die sinkende Produktion erst zeigt ihm an, daß er, der Flugmensch, in eine Atmosphäre geraten ist, die auf seine Sinne drückt. Dann erst stößt er gewaltsam die systematische Philosophie von sich: »Ich wußte lange nicht, warum das Studium der Philosophie, das sonst den hartnäckigen Fleiß, den es erfordert, mit Ruhe belohnt, warum es mich, je uneingeschränkter ich mich ihm hingab, nur um so friedloser und selbst leidenschaftlich machte. Und ich erkläre es mir jetzt daraus, daß ich in höherem Grade, als es nötig war, mich von meiner eigentümlichen Neigung entfernte.«

Aber die zweite, die gefährlichere Enttäuschung kommt von den Dichtern. Boten des Überschwangs waren sie ihm von ferne erschienen, Priester, die das Herz aufhoben zum Gotte: er hoffte erhöhte Begeisterung von ihnen, von Goethe und insbesondere von Schiller, den er nächtelang im Tübinger Stift gelesen und dessen »Carlos« die »Zauberwolke seiner Jugend« gewesen. Sie sollen ihm, dem Unsicheren, geben, was einzig das Leben verklärt, Aufschwung ins Unendliche, erhöhte Feurigkeit. Aber hier beginnt der ewige Irrtum des zweiten und dritten Geschlechts zu den Meistern: sie vergessen, daß die Werke ewig jung bleiben, daß am Vollendeten die Zeit vorbeirinnt wie Wasser am Marmor, ohne sich zu trüben, daß aber die Dichtermenschen selbst inzwischen altern. Schiller ist Hofrat geworden, Goethe Geheimrat, Herder Konsistorialrat, Fichte Professor: sie sind alle schon in ihr Werk gebannt, im Leben verankert, und nichts ist dem vergeßlichen Wesen, dem Menschen, vielleicht so fremd wie die eigene Jugend. So wird das Mißverstehen schon durch die Jahre prädestiniert: Hölderlin will von ihnen Begeisterung, und sie lehren ihn Bedächtigkeit, er begehrt an ihrer Nähe stärker zu flammen, und sie dämpfen ihn zu milderem Licht. Er will Freiheit von ihnen gewinnen, die geistige Existenz, und sie mühen sich, ihm eine bürgerliche Stelle zu besorgen. Er will sich ermutigen zu dem ungeheuren Schicksalskampf, und sie bereden ihn (gutmeinendst) zu einem billigen Frieden. Er will sich heiß, und sie wollen ihn kühl: so verkennt sich bei aller geistigen Neigung und privater Sympathie das erhitzte und das erkaltete Blut in ihren Adern.

Schon die erste Begegnung mit Goethe ist symbolisch. Hölderlin besucht Schiller, trifft dort einen älteren Herrn, der kühl eine Frage an ihn richtet, die er gleichgültig beantwortet – am Abend erst erschreckend erfahrend, daß er zum erstenmal Goethe gesehen. Er hat Goethe nicht erkannt – damals nicht und im geistigen Sinn niemals – und Goethe niemals ihn: außer im Briefwechsel mit Schiller erwähnt ihn in fast vierzig Jahren Goethe nie mit einer Zeile. Und Hölderlin wiederum war so einseitig zu Schiller hingezogen, wie Kleist zu Goethe: beide zielen sie nur auf den einen der Dioskuren mit ihrer Liebe und mißachten mit der eingeborenen Ungerechtigkeit der Jugend den andern. Nicht minder verkennt Goethe wiederum Hölderlin, wenn er schreibt, es drücke sich in seinen Gedichten »ein sanftes, in Genügsamkeit sich auflösendes Streben aus«, und er mißversteht Hölderlins, des Ungenügsamsten, tiefste Leidenschaft, wenn er an ihm »eine gewisse Lieblichkeit, Innigkeit, Mäßigkeit« rühmt und ihm, dem Schöpfer der deutschen Hymne, nahelegt, »besonders kleine Gedichte zu machen«. Die ungeheure Witterung für das Dämonische versagt hier bei Goethe vollkommen, deshalb entbehrt seine Beziehung zu Hölderlin auch der üblichen Heftigkeit der Abwehr: es bleibt bei einer milden gleichgültigen Bonhomie, ein kühles Vorbeistreifen ohne tieferen Blick, das Hölderlin so tief verletzte, daß noch der längst in Dunkelheit Verfallene (der im Wahnsinn noch dumpf vergangene Neigung und Antipathie unterschied) sich zornig abwandte, wenn ein Besucher Goethes Namen aussprach. Er hatte die gleiche Enttäuschung erlebt wie alle deutschen Dichter der Zeit, jene Enttäuschung, die Grillparzer, gekühlter im Empfinden und gewohnter, sich zu verbergen, endlich klar formulierte: »Goethe hat sich der Wissenschaft zugewandt und forderte in einem großartigen Quietismus nur das Gemäßigte und Wirkungslose, indes in mir alle Brandfackeln der Phantasie sprühten.« Selbst der Weiseste war nicht so weise, um alternd zu verstehen, daß Jugend nur ein anderes Wort ist für Überschwang.

Hölderlins Verhältnis zu Goethe ist also ein durchaus organisch unverbundenes: es hätte nur gefährlich werden können, wenn Hölderlin Goethes Ratschläge befolgt und sich zum Idyllischen, zum Bukolischen folgsam temperiert hätte: sein Widerstand gegen Goethe ist darum Selbstrettung im höchsten Sinn. Tragisch dagegen und Sturm bis hinab in die Wurzeln seines Wesens wird die Beziehung zu Schiller, denn hier muß sich der Liebende gegen den geliebtesten Menschen, das Gebilde gegen seinen Bildner, der Schüler wider den Lehrer behaupten. Die Verehrung für Schiller ist das Fundament seiner Weltbeziehung, darum droht auch seine ganze Welt mit der tiefen Erschütterung zu stürzen, die Schillers zweifelnde, laue und ängstliche Haltung in seiner empfindlichen Psyche hervorruft; aber dieses Mißverstehen Schillers und Hölderlins ist eines höchster ethischer Ordnung, an liebender Abwehr, an schmerzlichem Losreißen einzig jenem Nietzsches von Wagner gleich. Auch hier überwindet der Schüler den Meister zugunsten der Idee und wahrt lieber die höchste Treue, die zum Ideal, als jene der bloßen Gefolgschaft. In Wahrheit bleibt Hölderlin Schiller treuer als Schiller sich selbst.

Denn wohl ist Schiller in jenen Jahren noch Herr seines bildenden Sinns, noch geht rauschend jenes unvergleichliche Pathos der Rede bis in das Herz der deutschen Nation: aber dennoch hat sich die sinnliche Abkältung ins Geistige, das Entjugendlichen bei dem bresthaften, an Krankenstuhl und Stube gebundenen Dichter früher vollzogen als bei dem älteren Goethe. Nicht daß sich Schillers Enthusiasmus verflüchtigt hätte oder verkleinert – er hat sich nur theoretisiert, die aufschäumende rebellische Träumerkraft des In-Tyrannos-Schillers sich gestaltend kristallisiert in eine »Methodik des Idealismus«; aus einer Feuerseele ward eine Feuersprache, aus Gläubigkeit ein bewußter Optimismus, der dann nur einen Handgriff braucht, um als der deutsche Liberalismus bürgerlich handlich zu sein. Schiller erlebt nur noch mit dem Geiste, nicht mehr mit der »Unteilbarkeit« (die Hölderlin fordert) des ganzen Seins, der aufgebotenen Existenz. Und es muß eine seltsame Stunde für den ehrlichen klaren Mann gewesen sein, als Hölderlin zum erstenmal vor ihn tritt. Denn dieser Hölderlin ist ja sein ureigenstes Geschöpf: nicht daß er ihm bloß die Form des Verses und die geistige Orientierung dankt, sondern sein ganzes Denken ist seit Jahren ausschließlich nur von den Ideen Schillers, von seinem Glauben an die Erhöhung der Menschheit genährt. Er ist vollkommen von ihm dichterisch gezeugt und gestaltet, so sehr sein ideelles Produkt wie die andern Schwärmerjünglinge, wie der Marquis Posa und Max Piccolomini: so erkennt er in Hölderlin seine eigene Übersteigerung, sein menschgewordenes Wort. Alles, was Schiller von dem Jüngling gefordert, Begeisterung, Reinheit, Überschwang, das ist bei Hölderlin Leben geworden, dieser junge Schwärmer *lebt das Schillersche Postulat der idealischen Forderung als Existenz*. Hölderlin lebt den Idealismus, den Schiller nur noch rhetorisch-dogmatisch fordert, er glaubt an die Götter und das Griechenland, die für Schiller längst bloß großartige dekorative Allegorien wurden, er *erfüllt* die Mission des Dichters, die jener nur schwärmend postuliert. In Hölderlin werden seine eigenen Theorien, seine Ahnungen plötzlich leibhaft sichtbar: darum dies geheime Erschrecken Schillers, als er den Jüngling, *seinen* Dichterjüngling, zum erstenmal leibhaft sieht, *sein postuliertes Ideal als lebendigen Menschen*. Er erkennt ihn sofort: »Ich fand in diesen Gedichten viel von meiner eigenen Gestalt, und es ist nicht das erste Mal, daß mich der Verfasser an mich mahnte«, schreibt er an Goethe, und mit einer gewissen Rührung beugt er sich zu dem äußerlich so demütigen, innerlich aber lodernden Menschen wie in den Rückschein eigenen erloschenen Jugendfeuers. Aber gerade diese vulkanische Feurigkeit, dieser Enthusiasmus (den er dichterisch unablässig propagiert) erscheint dem gereiften Manne als gefährlich für den normalen Lebenszustand: Schiller kann an Hölderlin menschlich nicht gutheißen, was er dichterisch gefordert, den schäumenden Überschwang, das Auf-eine-Karte-Setzen der ganzen Existenz, und so muß er – tragischer Zwiespalt – seine eigene Gestalt, den idealischen Schwärmer, als lebensunfähig ablehnen. Sein profunder Blick wird sofort gewahr, daß jener Idealismus, den er von den deutschen Jünglingen gefordert, nur in einer idealischen Welt, im Drama, am Orte sei, daß aber hier, in Weimar und Jena, diese poetische Unbedingtheit, diese dämonische Nicht-Konzilianz des inneren Willens einen jungen Menschen zerstören müsse. »Er hat eine heftige Subjektivität – sein Zustand ist gefährlich, da solchen Naturen schwer beizukommen ist«: wie von einer abstrusen Erscheinung spricht er von dem »Schwärmer« Hölderlin, fast genau also wie Goethe vom »pathologischen« Kleist; beide erkennen sie bei beiden sofort intuitiv den vorbrechenden Dämon, die explosive Gefahr der überhitzten und gestauten Innerlichkeit. Während Schiller aber in der Dichtung solche Heldenjünglinge lyrisch emportreibt und in ihr Übermaß selig hineinstürzen läßt, hinab in den Abgrund ihres Gefühls, sucht im realen Leben der gutmütige, freundliche Mann Hölderlin zu mäßigen. Er bemüht sich für seine private, seine bürgerliche Existenz, verschafft ihm Stellung und seinem Werke einen Verlag – mit innerster Herzensneigung fördert ihn Schiller in geradezu väterlicher Weise. Und, um die gefährliche Spannung des Überschwangs in ihm zu lockern und zu lindern, um ihn »vernünftig zu machen«, drückt er (bei aller Neigung) sanft und planmäßig auf sein Emporstreben, ohne zu ahnen, wie schon leisester Druck diesen Empfindsamen zerbrechen kann. So verwirrt sich allmählich die beiderseitige Stellung: Schiller spürt über Hölderlins Haupt mit dem tiefen Blick des Schicksalbildners das Beil der Selbstvernichtung drohen – Hölderlin fühlt sich wieder von dem »einzigen Manne, an den er seine Freiheit verloren«, von Schiller, »von dem er unabwendig dependiert«, wohl im äußeren Sinne gefördert, doch im tiefsten Wesen nicht verstanden. Er hatte Aufschwung erhofft, Bestärkung – »ein freundlich Wort aus eines tapferen Mannes Herzen ist wie ein geistig Wasser, das aus der Tiefe der Berge quillt und die geheime Kraft der Erde uns mitteilt in seinem kristallenen Tropfen«, sagt Hyperion –; aber sie geben beide nur, Schiller und Goethe, tropfenweise und lau ihre Zustimmung. Niemals teilen sie verschwenderisch Begeisterung aus und entflammen ihm das Herz. So wird Schillers Nähe bei aller Beglückung allmählich zur Qual für Hölderlin: »Ich war immer in Versuchung, Sie zu sehen, und sah Sie immer nur, um zu fühlen, daß ich Ihnen nichts sein konnte«, schreibt er ihm aus einem innern, schmerzvollen Abschied. Und endlich spricht er die Dissonanz seines Gefühls offen aus: »deswegen darf ich Ihnen wohl gestehen, daß ich zuweilen in geheimem Kampfe mit Ihrem Genius bin, um meine Freiheit gegen ihn zu retten«. – Sein Tiefstes, so erkennt er, darf er ihm nicht mehr anvertrauen, der seine Gedichte bekrittelt, seine Überschwänge dämpft, der ihn klein, lau haben will, nicht »subjektivistisch und überspannt«. Aus Stolz inmitten seiner Demut verbirgt er vor Schiller seine wesenhafteren Gedichte, zeigt nur das Spielhafte, das Epigrammatische seiner Produktion, denn ein Hölderlin kann sich nicht wehren, nur beugen und verbergen, das ist seine ewige Haltung. Er bleibt vor den Göttern seiner Jugend ewig auf den Knien: nie schwindet die Verehrung, die Dankbarkeit für jenen, der die »Zauberwolke seiner Jugend« gewesen und seiner Stimme den Gesang geliehen. Und Schiller beugt sich ab und zu mit gefällig förderndem Wort, und Goethe geht freundlich-gleichgültig vorbei. Aber sie lassen ihn liegen auf seinen Knien, bis ihm der Rücken bricht.

So wird die ersehnte Begegnung mit den Großen zu Verhängnis und Gefahr, das freie Jahr in Weimar, von dem er Vollendung der Werke geträumt, fast vergebens vertan. Die Philosophie – dieses »Hospital für verunglückte Poeten« – hat ihn nicht gefördert, die Dichter ihn nicht erhoben: ein Torso ist Hyperion geblieben, das Drama nicht geendet und trotz äußerster Sparsamkeit seine Mittel erschöpft. Die erste Schlacht um sein Schicksal als dichterische Existenz scheint verloren, denn Hölderlin muß wieder der Mutter zur Last fallen und mit jedem Bissen Brot heimlichen Vorwurf mitwürgen. Aber in Wahrheit hat er gerade in Weimar seine größte Gefahr sieghaft bestanden: er hat sich nicht abbringen lassen von der »Unteilbarkeit der Begeisterung«, nicht mäßigen und temperieren, wie jene Wohlmeinenden es wollten. Sein Genius hat sich in seinem tiefsten Element behauptet und gegen alle Klugheit der Dämon ihm eine Unbelehrbarkeit des Instinkts gegeben. So erwidert er Schillers und Goethes Bemühungen, ihn zum Idyllischen, zum Bukolischen, zum Maßvollen dauernd niederzukämpfen, nur mit wilderem Ausbruch. Der Goetheschen Mahnung an die Poesie im Euphorion:

Nur mäßig! mäßig!
Nicht ins Verwegne,
Daß Sturz und Unfall
Dir nicht begegne ...
Bändige! bändige,
Eltern zuliebe,
Überlebendige,
Heftige Triebe!
Ländlich im stillen
Ziere den Plan,

diesem Ratschlag zum poetischen Quietismus, zur Idyllik, antwortet er leidenschaftlich:

Was sänftiget ihr dann, wenn in den Ketten
Der ehrnen Zeit die Seele mir entbrennt,
Was nehmt ihr mir, den nur die Kämpfe retten,
Ihr Weichlinge, mein glühend Element?

Dies »glühend Element«, die Begeisterung, in der Hölderlins Seele lebt wie der Salamander im Feuer, ist rein zurückgebracht aus der Versuchung der Klassikerkühle – schicksalstrunken wirft er, »den nur Kämpfe retten«, sich ein zweites Mal ins Leben hinaus, und

in solcher Esse wird dann
Auch alles Lautre geschmiedet.

Was ihn zerbrechen soll, härtet ihn zuvor, und was ihn härtet, zerbricht ihn.

9

DIOTIMA

Die Schwächsten reißt das Schicksal
doch hinaus.

Frau von Staël schreibt in ihr Tagebuch: »Francfort est une très jolie ville; on y dîne parfaitement bien, tout le monde parle le Français et s'appelle Gontard.« Bei einer dieser Familien Gontard ist der gescheiterte Dichter als Magister, als Hauslehrer zum achtjährigen Knaben engagiert: hier wie in Waltershausen erscheinen seinem schwärmerischen, leicht entzündbaren Geist vorerst alle als »sehr gute und nach Verhältnis seltene Menschen«, er fühlt sich wohl, soviel auch von der ursprünglichen Triebkraft schon in ihm zerstört ist. »Ich bin ohnedies wie ein alter Blumenstock«, schreibt er elegisch an Neuffer, »der schon einmal mit Grund und Scherben auf die Straße gestürzt ist und seine Sprößlinge verloren und seine Wurzeln verletzt hat und nur mit Mühe in frischen Boden gesetzt und kaum durch ausgesuchte Pflege vom Verdorren gerettet.« Und er weiß selbst genau um diese »Zerstörbarkeit« – sein tiefstes Wesen kann nur in idealischer, in poetischer Luft atmen, in einem imaginären Griechenland. Nicht die eine oder die andere Wirklichkeit, nicht das eine oder das andere Haus, weder Waltershausen noch Frankfurt noch Hauptwyl waren sonderlich hart gegen ihn: es genügt, daß sie Wirklichkeitssphäre waren, um für ihn zur tragischen zu werden. »The world is too brutal for me«, sagt einmal sein Bruder Keats. Diese zarten Seelen vertrugen eben keine andere als eine dichterische Existenz.

So drängt sich das poetische Gefühl unweigerlich gegen die einzige Gestalt in diesem Kreis, die er bei aller Nähe doch idealisch traumhaft als Botin jener »andern Welt« zu empfinden vermag, die Mutter jenes Knaben, Susanne Gontard, seine Diotima. Wirklich glänzt vom marmornen Bilde, wie eine Büste es uns überliefert, griechische Linienreinheit in diesem deutschen Antlitz, und so sieht sie Hölderlin von der ersten Stunde. »Eine Griechin, nicht wahr«, flüstert er Hegel begeistert zu, als jener sie in ihrem Hause erblickt: sie stammt für ihn aus seiner eigenen, unirdischen Welt und ist, wie er, fremd und in schmerzlicher Heimsehnsucht unter die harten Menschen geraten,

> *Du schweigst und duldest, denn sie verstehn Dich nicht,*
> *Du edles Leben! siehest zur Erd und schweigst*
> *Am schönen Tag, denn ach! umsonst nur*
> *Suchst Du die Deinen im Sonnlichte ...*
> *Die zärtlichgroßen Seelen, die nimmer sind.*

Eine Botin, eine Schwester, eine aus seiner Welt Verirrte, so sieht Hölderlin, der heilige Schwärmer, seines Brotherrn Frau: kein sinnlicher Gedanke des Besitzes mengt sich diesem Verwandtschaftsgefühl. In seltsamem Parallelismus zu Goethes Versen an Charlotte von Stein:

> *Ach, Du warst in abgelebten Zeiten*
> *Meine Schwester oder meine Frau,*

grüßt er Diotima als Langgeahnte, als Schwester einer magischen Präexistenz:

> *Diotima! Edles Leben,*
> *Schwester, heilig mir verwandt!*
> *Eh ich Dir die Hand gegeben,*
> *Hab ich ferne Dich gekannt.*

Hier sieht sein trunkener Überschwang zum erstenmal in der zerstückten, verdorbenen Welt den gebundenen Menschen, das »Eins und alles« – »Lieblichkeit und Hoheit und Ruh und Leben und Geist und Gemüt und Gestalt ist Ein seliges Eins in diesem Wesen«, und zum erstenmal orgelt aus einem Briefe Hölderlins das Wort Glück mit unendlicher Seelengewalt empor. »Noch bin ich immer glücklich wie im ersten Moment. Es ist eine ewige fröhliche heilige Freundschaft mit einem Wesen, das sich recht in dies arme, geist- und ordnungslose Jahrhundert verirrt hat. Mein Schönheitssinn ist nun vor Störung sicher. Er orientiert sich ewig an diesem Madonnenkopfe. Mein Verstand geht in die Schule bei ihr, und mein uneinig Gemüt besänftigt, erheitert sich täglich in ihrem genügsamen Frieden.«

Das nun ist die ungeheure Gewalt, die Hölderlin an dieser Frau erfährt: Beruhigung. Ein Hölderlin, der Urekstatiker, braucht nicht Glut an einer Frau zu lernen – Glück für diesen ewig Feurigen ist Entspannung, die unendliche Wohltat des Ruhendürfens. Und das ist Diotimas Gnade an ihn: Mäßigung. Sie vermag, was Schiller, was der Mutter, was niemandem gelang, den »geheimnisvollen Geist der Unrast« durch Melodie zu zähmen. Man ahnt ihre sorglich gebreitete Hand, ihre mütterlich sorgende Zärtlichkeit aus den Zeiten des Hyperion, »wenn sie immer mit Rat und freundlichen Ermahnungen versucht, ein ordentlich und fröhlich Wesen aus mir zu machen, wenn sie die düsteren Locken und das alternde Gewand und die zernagten Nägel mir verwies«. Wie ein ungeduldiges Kind behütet sie ihn zärtlich, der ihre Kinder behüten soll, und diese Ruhe um ihn, diese Ruhe in ihm ist Hölderlins Seligkeit. »Du weißt ja, wie ich war«, schreibt er dem vertrauten Freunde, »weißt ja, wie ich ohne Glauben lebte, wie ich so karg geworden war mit meinem Herzen, und darum so elend; könnt ich werden, wie ich jetzt bin, froh wie ein Adler, wenn mir nicht dies, dies Eine erschienen wäre?« Reiner, geweihter erscheint ihm die Welt, seit sich seine ungeheure Einsamkeit in eine Harmonie gelöst hat.

> *Ist nicht heilig mein Herz, schöneren Lebens voll,*
> *Seit ich liebe?*

Für einen Lebensaugenblick weicht die Wolke der Schwermut von Hölderlins Stirn:

> *Und ausgeglichen*
> *Ist eine Weile das Schicksal.*

Ein einziges Mal, dieses einzige Mal erreicht sein Leben für eine flüchtige Spanne die Form seines Gedichtes: die selige Schwebe.

Aber der Dämon in ihm bleibt wach, die »fürchterliche Unrast«.

Hölderlin ist aus dem Geschlecht derer, denen es nicht gestattet ist, an einer Stätte zu ruhn. Auch die Liebe »sänftigt ihn nur, um ihn wieder wilder zu machen«, wie Diotima von seinem Spiegelbruder Hyperion sagt, und er selbst, der Ahnendste aller, unwissend, aber vom Geist des Vorwissens magisch berührt, weiß wohl um das Unheil, das ihm von innen entwächst. Er weiß, sie dürfen nicht weilen, »zufriedengestellt wie die liebenden Schwäne« – und seines schwarz aufwölkenden, heimlichen Unmuts Geständnis ist offenkundig in seiner »Abbitte«:

Heilig Wesen! gestört hab ich die goldene
Götterruhe Dir oft, und der geheimeren,
Tiefern Schmerzen des Lebens
Hast Du manche gelernt von mir.

Das »wunderbare Sehnen dem Abgrund zu«, jenes geheimnisvolle Ziehen, das die eigene Tiefe sucht, hebt unmerklich an, und allmählich gerät er in ein leises Fieber noch unbewußter Unzufriedenheit. Immer rascher verdüstert sich die tägliche Umwelt vor seinem beleidigten Blick, und wie ein Blitz aus dem gestauten Gewölk fährt aus einem Brief das Wort auf: »Ich bin zerrissen von Liebe und Haß«. Seine Empfindlichkeit spürt aufgereizt den banalen Reichtum des Hauses, der auf die Menschen seiner Umgebung wirkt »wie bei den Bauern neuer Wein«, sein feindseliges Gefühl imaginiert sich Beleidigungen, bis es endlich (wie immer nachher) zu einem gefährlichen Ausbruch kommt. Was geschehen ist an jenem Tage: ob der Gatte, der ungern den schöngeistigen Umgang seiner Gattin geduldet, bloß eifersüchtig oder auch brutal geworden, bleibt Geheimnis. Offenbar ist nur, daß Hölderlins Seele gewaltsam verletzt, ja zerfetzt blieb von jener Stunde: wie vorbrechendes Blut stürzen die Strophen ihm zwischen verbissenen Zähnen heraus:

Wenn ich sterbe mit Schmach, wenn an dem Frechen nicht
Meine Seele sich rächt, wenn ich hinunter bin,
Von des Genius Feinden
Überwunden, ins feige Grab,
Dann vergiß mich, o dann rette vom Untergang
Meinen Namen auch Du, gütiges Herz! nicht mehr.

Aber er wehrt sich nicht, er rafft sich nicht mannhaft auf: wie ein ertappter Dieb läßt er sich aus dem Hause jagen, um dann nur noch an heimlich vereinbarten Tagen von Homburg aus wieder der treugebliebenen Geliebten zu nahen. Knabenhaft schwach, weibisch fast ist Hölderlins Haltung in dieser Entscheidungsstunde − er schreibt der Entrissenen schwärmerische Briefe, er dichtet sie zu Hyperions herrlicher Braut empor und schmückt sie auf beschriebenen Blättern mit allen Hyperbeln der Leidenschaft, aber er unterläßt jeden Versuch, die Lebendige, die Nahe, die Geliebte gewaltsam zu gewinnen. Nicht wie Schelling, wie Schlegel reißt er, gleichgültig gegen Geschwätz und Gefahr, die geliebte Frau aus verhaßtem Ehebund feurig hinüber in sein Leben: nie trotzt der ewig Unwehrhafte dem Schicksal, immer beugt, immer neigt er sich demütig der Übermacht, immer erklärt er sich von vornherein vom stärkeren Leben besiegt − »the world is too brutal for me«. Und man müßte diese Wehrlosigkeit feige nennen und schwächlich, wäre hinter dieser Demut nicht großer Stolz und eine stille Gewalt. Denn dieser Zerstörbarste aller fühlt tief in sich ein Unzerstörbares, eine Sphäre, die unberührbar, unbeschmutzbar bleibt von allem brutalen Zugriff der Welt. »Freiheit, wer das Wort versteht − es ist ein tiefes Wort. Ich bin so innig angefochten, bin so unerhört gekränkt, bin ohne Hoffnung, ohne Ziel, bin gänzlich ehrlos, und doch ist eine Macht in mir, ein Unbezwingliches, das mein Gebein mit süßen Schauern durchdringt, sooft es rege wird in mir.« Nur in diesem Wort, in diesem Wert ist Hölderlins Geheimnis: hinter der schwächlichen, zerbrechlichen, neurasthenischen Unkraft seines Leibes waltet eine höchste Sicherheit der Seele, die Unverletzlichkeit eines Gottes. Darum hat alles Irdische im letzten Sinne keine Macht über den Machtlosen, darum gehen alle Erlebnisse nur wie Wolken in Frühlicht oder Dämmerung über den untrübbaren Spiegel seiner Seele hin. Was immer Hölderlin begegnet, vermag ihn nicht ganz zu durchdringen, auch Susanne Gontard kommt nur traumhaft als griechische Madonna an seine Sinne und schwindet wieder hin wie ein Traum, dem er wehmütig nachsinnt. Besitz und Verlust rührt nicht an sein innerstes Leben, daher die Unverwundbarkeit des Genius bei äußerster Empfindlichkeit des Menschen. Dem, der alles zu verlieren vermag, wird alles Gewinn, und das Leiden läutert sich seiner Seele zu schöpferischer Macht, »je unergründlicher ein Mensch leidet, um so unergründlicher mächtig ist er«. Gerade da ihm »die ganze Seele beleidigt worden«, entfaltet der Gedemütigte seine höchste Kraft, den »Dichtermut«:

Sind denn Dir nicht verwandt alle Lebendigen,

Nährt die Parze denn nicht selber im Dienste Dich?
Drum, so wandle nur wehrlos
Fort durchs Leben, und fürchte nichts!
Was geschiehet, es sei alles gesegnet Dir.

Was von den Menschen kommt an Not und Unbill, vermag nichts wider den Menschen in Hölderlin. Was aber von den Göttern ihm an Schicksal gesendet wird, nimmt sein Genius groß in sein klingendes Herz.

NACHTIGALLENGESANG IM DUNKELN

Des Herzens Woge schäumte nicht so schön
empor und würde Geist, wenn nicht der alte
stumme Fels, das Schicksal, ihr entgegenstände.

Wohl in solcher tragisch verdüsterten Stunde, selbst selig im einsamen Gesang, mag Hölderlin jene von tiefster Urmacht emporgetragenen Zeilen geschrieben haben: »Ich hatte es nie so ganz erfahren, jenes alte feste Schicksalswort, daß eine neue Seligkeit dem Herzen aufgeht, wenn es aushält und die Mitternacht des Grams durchduldet und daß wie Nachtigallengesang im Dunkeln göttlich erst im tiefen Leid das Lebenslied der Welt uns tönt.« Nun erst härtet sich die knabenhaft-ahnende Melancholie zur tragischen Trauer, und die elegische Düsternis schwillt über in hymnische Gewalt. Die Sterne seines Lebens sind niedergesunken, Schiller und Diotima – urallein im Dunkel hebt jetzt der »Nachtigallengesang« an, der nicht mehr vergehen wird, solange ein deutsches Wort lebt, nun erst ist Hölderlin »durch und durch gehärtet und geweiht«. Was der Einsame in jenen wenigen Jahren auf der steilen Klippe zwischen Ekstase und Absturz schafft, ist, vom Genius gesegnet, vollendetes Werk: alle Rinden und Schalen, die seines Wesens glühenden Kern verhüllten, sind gesprengt, frei strömt die Urmelodie seines Seins in den unvergleichlichen Rhythmus des Schicksalsliedes. Nun entsteht jener herrliche Dreiklang seines Lebens: das Hölderlinsche Gedicht, der Hyperionroman, die Empedoklestragödie, diese drei heroischen Varianten seines Aufstiegs und Untergangs. Erst im tragischen Einsturz seines irdischen Geschicks findet Hölderlin die höchste geistige Harmonie.

»Wer auf sein Leid tritt, tritt höher«, sagt sein Hyperion. Hölderlin hat den entscheidenden Schritt getan, er steht fortan über seinem eigenen Leben, über seinem persönlichen Leiden, er erlebt nicht mehr sentimentalisch-suchend, sondern tragisch-wissend sein Schicksal. Wie sein Empedokles am Ätna: unten die Stimmen der Menschen, über sich die ewigen Melodien, vor sich den feurigen Abgrund, so steht er herrlich allein. Die Ideale sind wie Wolken entschwebt, selbst Diotimas Bildnis dunkelt nur leicht wie aus Träumen her: nun heben mächtige Visionen an, prophetische Schau, rollender Hymnus und klingende Verkündigung. Nur eine Sorge rührt ihn noch leise an: zu früh zu sinken, ehe er den großen Päan, das Siegeslied seiner Seele gesungen. So wirft er sich noch einmal hin vor den unsichtbaren Altar mit der Bitte um heldischen Untergang, um den Tod im Gesang:

> *Nur einen Sommer gönnt, ihr Gewaltigen!*
> *Und einen Herbst zu reifem Gesange mir,*
> *Daß williger mein Herz, vom süßen*
> *Spiele gesättigt dann mir sterbe!*
>
> *Die Seele, der im Leben ihr göttlich Recht*
> *Nicht ward, sie ruht auch drunten im Orkus nicht;*
> *Doch ist mir einst das Heilige, das am*
> *Herzen mir liegt, das Gedicht, gelungen.*
>
> *Willkommen dann, o Stille der Schattenwelt!*
> *Zufrieden bin ich, wenn auch mein Saitenspiel*
> *Mich nicht hinabgeleitet; einmal*
> *Lebt ich, wie Götter, und mehr bedarfs nicht.*

Die Parzen aber, die Schweigenden, halten nur kurz den Faden inne, der zu eng ihm gesponnen; schon blinkt die Schere in der Ältesten Hand. Aber diese kurze Spanne ist erfüllt mit Unendlichkeit: Hyperion und Empedokles, die Gedichte sind gerettet und uns damit höchster Dreiklang des Genius. Dann stürzt er nieder ins Dunkel. Nichts lassen ihn die Götter ganz vollenden. Aber ihn selbst lassen sie vollendet sein.

11

HYPERION

> Weißt Du, um was Du trauerst? Es ist nicht erst
> seit Jahren hingeschieden, man kann so genau
> nicht sagen, wann es da war, wann es wegging,
> aber es war, es ist, in Dir ist's. Es ist eine bessere
> Zeit, die suchst Du, eine schönere Welt.

— DIOTIMA AN HYPERION

Hyperion ist Hölderlins Knabentraum von der jenseitigen Welt: »Noch ahn ich, ohne zu finden«, heißt es im ersten Fragment – ohne alle Erfahrung, ohne jede Weltkenntnis, ja selbst ohne Wissen um die Kunstformen beginnt der Ahnende sich das Leben zu erdichten, ehe er es erlebt: wie alle die Romane der anderen Romantischen, wie Heinses Ardinghello, Tiecks Sternbald, Novalis' Ofterdingen ist sein Hyperion durchaus apriorisch, vor aller Erfahrung, nur Flucht-Welt statt der wahrhaftigen Lebenswelt, denn in schwärmend beschriebene Blätter flüchten die deutschen jungen Idealisten um die Jahrhundertwende vor der feindlichen Wirklichkeit, indes drüben jenseits des Rheins die französischen Idealisten den gleichen Meister Jean-Jacques Rousseau besser deuten. Die sind müde, ewig von der bessern Welt nur zu träumen: Robespierre zerreißt seine Gedichte, Marat seine sentimentalen Romane, Desmoulins seine Poetastereien, Napoleon seine Werther nachahmende Novelle, und nun gehen sie daran, die Welt nach ihrem Ideal umzuschaffen, indes die Deutschen sich verschwelgen in Ahnung und Musik. Sie nennen Romane, was halb Traumbuch, halb Tagebuch ihrer Empfindsamkeit ist. Sie träumen sich aus bis zur sinnlichen Erschöpfung, sie schwelgen sich empor in die edelsten Verzückungen geistiger Wollust: der Triumph Jean Pauls bedeutet den Höhepunkt und das Ende dieses bis zur Unerträglichkeit sentimentalen Romans, der vielleicht nicht so sehr Dichtung war als Musik, ein Phantasieren auf allen Saiten des hochgespannten Gefühls, ein leidenschaftliches Emporahnen der Seele in die Weltmelodie.

Von allen diesen rührenden, reinen, göttlich-knabenhaften Unromanen – man verzeihe das widersinnige Wort – ist Hölderlins Hyperion der reinste, der rührendste und auch der knabenhafteste. Er hat die Hilflosigkeit des kindlichen Schwärmers und die rauschende Schwinge des Genius, er ist unwirklich bis zur Parodie und doch feierlich durch den Rhythmus dieses kühnen Schreitens ins Uferlose; man muß lange Atem holen, um aufzählen zu können, was an diesem ergreifenden Buche im Sinne der Reife mißlungen und oft gar nicht geahnt ist. Aber man habe nur den Mut (gegenüber einer einsetzenden Idolatrie Hölderlins, die ähnlich wie bei Goethe auch das Mißlungenste als grandios zu entdecken sucht), die absolute Notwendigkeit des Mißlingens aus der innersten Anlage des Hölderlinschen Genius schonungslos auszusprechen. Es ist vor allem kein Lebensbuch. Menschenfreund war Hölderlin damals und immer, unbefähigt für jede gestaltende Psychologie.

»Freund, ich kenne mich nicht,
ich kenne nimmer die Menschen«,

hatte er hellsichtig selbst gedichtet: nun versucht sich im »Hyperion« einer, der nie Menschen nahe gewesen, bildnerisch an Gestalten, schildert eine Sphäre (den Krieg), die er nicht kennt, eine Landschaft (Griechenland), in der er nie gewesen ist, eine Zeit (die Gegenwart), um die er sich nie bekümmert hat. So ist er, der Reinste, der Reichste in seiner Ahnungswelt, genötigt, für die Darstellung der Welt von fremden Büchern unziemlich viel zu borgen. Die Namen sind glatt aus anderen Romanen übernommen, die griechischen Landschaften aus Chandlers Reisebeschreibung einfach transponiert, Situationen und Gestalten zeitgenössischen Werken schülerhaft nachgebildet, die Fabel ist voller Anklänge, die Briefform imitiert, das Philosophische kaum mehr als poetische Wiedergabe aus Schriften und Gesprächen. Nichts am Hyperion ist – warum nicht klar sprechen! – Hölderlins Eigentum als eben das Urtümlichste daran, der ungeheure Schwung der Empfindung, jener aufspringende

Rhythmus der Rede, die schön dem Unendlichen entgegenbrandet. Im höheren Sinn gilt dieser Roman nur als Musik.

In eine Nußschale also kann man den eigenpersönlichen Ideengehalt des »Hyperion« eindrängen: aus der lyrischen Erhobenheit des rauschenden Worts löst sich eigentlich nur ein einziger Gedanke, und dieser Gedanke ist – wie immer bei Hölderlin – im wesentlichen ein Gefühl, sein einziges Erlebensgefühl von der Unvereinbarkeit der äußern mit der innern Welt, die dualistische Disharmonie des Lebens. Das Innen und Außen nun zusammenzuschließen in eine höchste Form der Einheit und Reinheit, die »Theokratie des Schönen« auf Erden zu begründen – das wird nun die idealische Aufgabe des einzelnen und der Welt. »Heilige Natur, du bist dieselbe in uns und außer uns. Es muß nicht so schwer sein, was außer mir ist zu vereinen mit dem Göttlichen in uns« – so betet sich der Jüngling, der Schwärmer Hyperion in die erhabene Religion der Vereinung empor. In ihm atmet nicht Schellings kalter Wortwille, sondern – man verzeihe das zufällige Wortspiel – Shelleys brünstiger Wille nach elementarischer Vermischung mit der Natur, oder die Sehnsucht des Novalis, die dünne Membran zwischen Welt und Ich zu sprengen, um wollüstig überzufließen in den warmen Leib der Natur. Neu nun und eigenartig in diesem Urwillen des Dichters nach Alleinheit des Lebens und Allreinheit der Seele erscheint bei Hölderlin einzig der Mythos von einem seligen Lebensalter der Menschheit, da dieser Zustand arkadisch unbewußt war und der religiöse Glaube an ein »zweites Lebensalter der Menschheit«. Was einst die Götter schenkten und die Unwissenden sinnlos verspielten, diesen heiligen Zustand erschafft sich wieder im Fron von Jahrhunderten der ringende Geist. »Von Kinderharmonie sind die Völker ausgegangen, die Harmonie der Geister wird der Anfang einer neuen Weltgeschichte sein. Es wird nur Schönheit sein und Mensch und Natur sich vereinigen in eine allumfassende Gottheit.« Denn – so folgert Hölderlin mit einer überraschenden Eingebung – kein Traum kann dem Menschen zufallen, dem nicht irgendeine Wirklichkeit entspräche. »Ideal ist, was einmal Natur war.« So muß die halkynische Welt einmal gewesen sein, da wir sie ersehnen. Und da wir sie ersehnen, so erschafft sie noch einmal unser Wille. Dem Griechenland der Geschichte müssen wir ein neues zur Seite zeugen, ein Griechenland des Geistes: selbst sein edelster deutscher Ahnherr, bildet Hölderlin diese neue Allheimat im Gedicht.

In allen Sphären sucht nun Hölderlins jugendlicher Bote diese »schönere Welt«. Hyperions erstes Ideal (er ist ja Hölderlins leuchtender Schatten) wird die Natur, die allvereinende; aber auch sie vermag die eingeborne Schwermut des ewig Suchenden nicht zu lösen. So sucht er weiter die

Verschmelzung in der Freundschaft: auch sie füllt nicht das Unmaß seines Herzens. Dann scheint die Liebe ihm die selige Bindung zu gewähren: doch Diotima schwindet, und so sinkt dieser kaum begonnene Traum. Nun soll es das Heldentum, der Kampf um die Freiheit sein: aber auch dies Ideal zerschellt an der Wirklichkeit, die Krieg zur Plünderung, Roheit und Mord erniedrigt. Bis in die Urheimat folgt der sehnsüchtige Pilgrim seinen Göttern: aber Griechenland ist nicht Hellas mehr, ein ungläubiges Geschlecht entheiligt die mystische Stätte. Nirgends findet Hyperion, der Schwärmer, mehr Ganzheit, nirgends Einklang, ahnend erkennt er das furchtbare Los, zu früh oder zu spät in diese Welt gekommen zu sein, er ahnt die »Unheilbarkeit des Jahrhunderts«. Die Welt ist ernüchtert und zerstückt.

Aber die Sonne des Geists, die schönere Welt, ist hinunter,
Und in frostiger Nacht zanken Orkane sich nur.

Und wie ihn nun, einem urmächtigen Zorne nachgebend, Hölderlin noch nach Deutschland jagt, wo er selbst im einzelnen Menschen noch den Fluch des Zerteiltseins, der Spezialisierung, der Loslösung vom heilig Ganzen des Lebens erfährt, da erhebt Hyperions Stimme sich zu furchtbarster Warnung. Es ist, als sähe der Seher die ganze Gefahr des Abendlandes aufsteigen, den Amerikanismus, die Mechanisierung, die Entseelung des aufsteigenden Jahrhunderts, von dem er so glühend die »Theokratie des Schönen« erhofft.

Ans eigene Treiben
Sind sie geschmiedet allein, und sich in der tosenden Werkstatt
Höret jeglicher nur ... doch immer und immer
Unfruchtbar wie die Furien bleibt die Mühe der Armen.

Hölderlins Unverbundenheit mit der Gegenwart wird zur Kriegserklärung an die Zeit, an die Heimat, als er sieht, daß in Deutschland noch nicht sein Neugriechenland, sein »Germanien« erscheint, und so erhebt er, der Gläubigste seines Volkes, die Stimme zu fürchterlicher Verfluchung, die härter ist als alle Worte, die je ein Deutscher in verstümmelter, zerstückelter Liebe über sein Volk gesagt. Der als Suchender in die Welt ausgezogen, flüchtet als Enttäuschter in sein Jenseits, in die Ideologie zurück. »Ich habe ihn ausgeträumt, von Menschendingen den Traum.« Aber wohin flüchtet Hyperion? Der Roman hat keine Antwort. Goethe im Wilhelm

Meister, im Faust hatte geantwortet: in die Tätigkeit; Novalis: ins Märchen, in den Traum, in die gläubige Magie. Hyperion, der bloß Fragende, nie Schaffende, bleibt ohne Antwort: er »ahnt nur, ohne zu finden«.

Musik einer Ahnung – das ist Hyperion, nicht mehr, kein wahres Gesicht, kein vollkommenes Werk. Auch ohne philologische Perkussion fühlt man deutlich, daß hier verschiedene Schichtungen der Jahre und des Empfindens chaotisch durcheinandergehen, daß die Schwermut eines Enttäuschten im Zustand tiefster Depression mißmutig vollendet, was der Jüngling im Rausch begeisterten Planens freudig begonnen. Herbstmüdigkeit liegt über dem zweiten Teil des Romanes: das klingende Licht der Hölderlinschen Ekstase dämmert nur dunkel hin, und mühsam erkennt man »die Trümmer einst gedachter Gedanken« in der vorbrechenden Düsternis. Ein Torso seiner Jugend ist Hyperion, ein nicht zu Ende geträumter Traum – aber alles Ungetane und Vertane schwindet unmerklich hin in dem herrlichen Rhythmus der Sprache, die in Düsternis wie in Begeisterung gleich rein und selig die Sinne bemeistert. Nichts Reineres hat die deutsche Prosa, nichts Beschwingteres als diese tönende Welle, die nicht einen einzigen Atemzug lang aussetzt: kein deutsches dichterisches Werk hat eine solche Durchgängigkeit des Rhythmus, eine solche Statik der aufgeschwungenen Melodie. Alles erfüllt, durchdringt und hebt diese aufrauschende, auftragende Prosa, sie bauscht die Gewänder der unwahrhaftigen Gestalten, daß sie zu schweben und wahrhaft zu leben scheinen, sie füllt die armen Ideen mit so starkem sprachlichem Schwung, daß sie wie Erkenntnis des Himmels dröhnen, die Landschaften, die ungesehenen, blühen, umschwungen von dieser Musik, wie farbiger Traum. Hölderlins Genius kommt immer vom Unfaßbaren, vom Inkommensurablen: immer hat er eine Schwinge, immer stürzt er von einer obern Welt in das staunend bewältigte Herz. Immer siegt er, der Schwächste der Kunst und des Lebens, durch Reinheit und Musik.

12

DER TOD DES EMPEDOKLES

und
Klar wie die ruhigen Sterne gehen
Aus langem Zweifel reine Gestalten auf

Empedokles ist die heroische Steigerung des Hyperiongefühls, nicht mehr Elegie der Ahnung, sondern Tragik des Schicksaler kennens: was dort lyrisch ausklingt im Schicksalsliede, rauscht hier empor zu dramatischer Rhapsodie. Aus dem Träumer, dem ratlosen Sucher ist der Held, der wissende und furchtlose, geworden: eine Stufe, eine gewaltige, ist Hölderlin, seit ihm »die ganze Seele beleidigt war«, emporgeschritten zur freiwilligen, antikisch frommen Hingabe an das Geschick. Darum ist die geheimnisvolle Trauer, die beide Werke musikalisch überschwebt, eine so durchaus andersfarbene, im Hyperion nur morgendliche Trübe, im Empedokles aber schon finstere, schicksalsträchtige Gewitterwolke. Schicksalsgefühl ist jetzt heroisch gesteigert zum Untergangsgefühl: ging es Hyperion dem Träumer noch um das edle Leben, um Reinheit und Einheit der Existenz, so fordert Empedokles, in dem alle Träume ausgelöscht sind in ein erhabenes Wissen, nicht mehr ein großes Leben, sondern nur großen Tod.

Darum überragt die Gestalt des Empedokles um ein so Sichtliches den schmächtigen, wirren Schwärmer Hyperion: höherer Rhythmus wird hier im Gedichte angeschlagen, denn nicht das zufällige Leiden des Menschen wird hier enthüllt, sondern die heilige Not des Genius. Das Leiden des

Knaben gehört ihm selbst und der Erde zu, gemeiner Teil, jeder Jugend verhaftet – der Schmerz des Genius aber ist hoher Besitz, ihm selbst schon verwandt, solches Leiden ist »heilig« – »ihr Schmerz gehört den Göttern«.

Ein Sterben in Schönheit, den freien Tod mit ungebrochenem Gefühl aus der Ganzheit der Seele, ihn wollte Hölderlin sich selbst vorbilden (denn wie nahe war er wohl solchem Entschluß in jenen Tagen der Selbstzerstörung!): unter seinen Papieren deutet ein erster Plan auf ein Drama »Der Tod des Sokrates«. Eines Weisen, eines Freien Heldenuntergang sollte also vorerst gebildet sein: bald aber drängt den klugen Skeptiker Sokrates das verschattet überkommene Bild des Empedokles zur Seite, von dessen Schicksal nur das deutsame Wort überliefert ist, »er rühmte sich, mehr zu sein als die sterblichen, vielfachem Verderben geweihten Menschen«. Dieses Sich-anders-, Sich-höher-, Sich-reiner-Fühlen macht ihn zu Hölderlins geistigem Ahnherrn, und seine ganze Enttäuschtheit an der zerstückten, ewig fragmentarischen Welt, wirft er ihm durch die Jahrtausende zu. Dem Knaben Hyperion, ihm konnte er bloß seine musische Ahnung, seine wirre Sehnsucht, seine suchende Ungeduld mitgeben – ihm aber, Empedokles, dem »immer fremden Manne«, gibt er seine mystische Verbundenheit mit dem All, Ekstase und tiefste Ahnung des Untergangs. Im Hyperion vermochte er sich nur zu poetisieren, zu symbolisieren – im Empedokles steigert der Geprüfte sich ins Heldische empor, hier ist ihm sein Ideal erfüllt, ganz mit der Ganzheit des Empfindens aufzuschweben in beflügelte Gestalt.

Empedokles von Agrigent ist, wie Hölderlins erste Hinschrift klar deutend ausspricht, »ein Todfeind aller einseitigen Existenz« und am Leben, an den Menschen leidend, weil er nicht »mit allgegenwärtigem Herzen innig wie ein Gott und frei und ausgebreitet wie ein Gott mit ihnen lieben und leben kann«. Darum gibt Hölderlin ihm sein Geheimstes mit, die Unteilbarkeit des Gefühls; Empedokles hat als der Dichter, als der wahre Genius die Gnade der Allverbundenheit, die »himmlische Verwandtschaft« mit der ewigen Natur. Aber noch höher hebt ihn bald Hölderlins Rauschkraft empor, er macht ihn zum Magier des Geistes:

> *vor dem*
> *In todesfroher Stund am heilgen Tage*
> *Das Göttliche den Schleier abgeworfen –*
> *Den Licht und Erde liebten, dem der Geist,*
> *Der Geist der Welt, den eignen Geist erweckte.*

Aber eben um dieser Allumfassung willen leidet der Meister an der zerstückten Form des Lebens, »daß alles Vorhandene an das Gesetz der Sukzession geknüpft ist«, daß Stufen und Schwellen und Türen und Schranken das Lebendige ewig abteilen und auch der höchste Enthusiasmus nicht imstande ist, die Zerteiltheit der Menschen in eine feurige Einheit umzuschmelzen. So reißt Hölderlin das Eigenerlebnis, den Zwiespalt zwischen eigener Gläubigkeit und Nüchternheit der Welt ins Kosmische empor: Empedokles überhäuft er mit den höchsten Entzückungen seines Daseins, der Ekstase der Inspiration, aber auch mit den tiefsten Depressionen seiner Ernüchterung. Denn Empedokles ist im Augenblicke, da Hölderlin ihn erscheinen läßt, nicht der Gewaltige mehr – die Götter (in Hölderlins Sinn: die Inspiration) haben ihn verlassen, haben »seine Kraft von ihm genommen«, weil er in Hybris, in trunkenem Überschwang sich zu sehr seiner Seligkeit gerühmt:

> *Denn es hasset*
> *Der sinnende Gott*
> *Unzeitiges Wachstum.*

Jenem aber war das Alleinsgefühl zur seligen Verzückung geworden, der Phaetonsflug hatte ihn so hoch in die Himmel gerückt, daß er vermeinte, selbst Gott zu sein, und sich rühmte:

> *Zur Magd ist mir*
> *Die herrnbedürftige Natur geworden.*
> *Und hat sie Ehre noch, so ists von mir.*
> *Was wäre denn der Himmel und das Meer*
> *Und Inseln und Gestirn und was vor Augen*
> *Den Menschen alles liegt, was war es auch,*
> *Dies tote Saitenspiel, gab ich ihm Ton*
> *Und Sprach und Seele nicht? Was sind*
> *Die Götter und ihr Geist, wenn ich sie nicht*
> *Verkündige.*

Nun ist von ihm die Gnade gesunken, aus ungeheuerster Machtfülle ist er zurückgestürzt in die ungeheuerste Ohnmacht: die »weite lebensreiche Welt« erscheint dem mit Schweigen Geschlagenen »als ein verlorenes Eigentum«. Die Stimme der Natur geht leer über ihn hin und weckt in seiner Brust nicht mehr Melodie, er ist zurückgesunken ins Irdische. Hier ist Hölderlins Urerlebnis sublimiert, der Niedersturz aus den Himmeln der Begeisterung in die reale Welt, und dramatisch bildet sich alle

Schmach, die er in jenen Tagen erduldet, zu gewaltiger Szene um. Denn die Menschen erkennen sogleich den Genius in seiner Ohnmacht, hämisch boshaft, undankbar dringen sie auf den Wehrlosen ein, sie treiben Empedokles von Stadt und Herd, wie sie Hölderlin von Haus und Liebe drängten, sie jagen ihn hinaus in die tiefste Einsamkeit.

Hier aber, in der Höhe des Ätna, in der heiligen Einsamkeit, wo die Natur wieder spricht, erhebt sich herrlich die gesunkene Gestalt, erhebt sich herrlich das heldische Gedicht. Sobald Empedokles – wunderbar ist das Symbol – von der Reinheit des kristallenen Bergwassers getrunken, dringt die Reinheit der Natur wieder magisch in sein Blut,

> *es dämmert zwischen dir*
> *Und mir die alte Liebe wieder auf,*

aus Trauer wird Erkenntnis, aus Notwendigkeit ein freudiges Bejahen. Empedokles erkennt den Weg zur Heimkehr, zur letzten Verbindung: er geht über die Menschen hinaus in die Einsamkeit, über das Leben in den Tod. Die letzte Freiheit, Heimkehr ins All, das ist Empedokles' seligste Sehnsucht nun, und freudig tritt der Weltgläubige an, sie zu erfüllen:

> *es scheun*
> *Die Erdenkinder meist das Neu und Fremde ...*
> *Beschränkt im Eigentume sorgen sie,*
> *Wie sie bestehn, und weiter reicht ihr Sinn*
> *Im Leben nicht. Doch müssen sie zuletzt,*
> *Die Ängstigen, hinaus, und sterbend kehrt*
> *Im Element ein jedes, daß es da*
> *Zu neuer Jugend wie im Bade sich*
> *Erfrische. Menschen ist die große Lust*
> *Gegeben, daß sie selber sich verjüngen.*
> *Und aus dem reinigenden Tode, den*
> *Sie selber sich zu rechter Zeit gewählt,*
> *Erstehn, wie aus dem Styx Achill,*
> *Unüberwindlich die Völker.*

»O gebt euch der Natur, eh sie euch nimmt« – herrlich rauscht der Gedanke des Freitodes in ihm auf, und schon versteht der Weise den hohen Sinn rechtzeitigen Untergangs, das innere Muß seines Todes: das Leben zerstört durch Zerstückung, der Tod erhält rein durch Auflösung ins All. Und Reinheit ist des Künstlers höchstes Gesetz; nicht das Gefäß, sondern den Geist hat er unversehrt zu bewahren:

> *Es muß*
> *Beizeiten weg, durch wen der Geist geredet.*
> *Es offenbart die göttliche Natur*
> *Sich göttlich oft durch Menschen; so erkennt*
> *Das viel versuchende Geschlecht sie wieder.*
> *Doch hat der Sterbliche, dem sie das Herz*
> *Mit ihrer Wonne füllte, sie verkündet,*
> *O laßt sie dann zerbrechen das Gefäß,*
> *Damit es nicht zu anderm Brauche dien'*
> *Und Göttliches zum Menschenwerke werde.*
> *Laßt diese Glücklichen doch sterben, laßt,*
> *Eh sie in Eigenmacht und Tand und Schmach*
> *Vergehn, die Freien sich bei guter Zeit*
> *Den Göttern liebend opfern.*

Nur der Tod kann das Heilige des Dichters retten, den ungebrochenen, vom Leben nicht besudelten Enthusiasmus, nur der Tod kann seine Existenz zum Mythos verewigen.

> *Denn anders ziemt es nicht für ihn, vor dem*
> *In todesfroher Stund, am heiligen Tage*
> *Das Göttliche den Schleier abgeworfen,*
> *Den Licht und Erde liebten, dem der Geist,*
> *Der Geist der Welt, den eignen Geist erweckte.*

Aus dem Vorgefühl des Todes trinkt er die letzte, die höchste der Begeisterungen: wie dem Schwan in der Sterbestunde bricht dem Verschlossenen noch einmal die Seele auf in Musik ... in Musik, die herrlich anhebt und nicht endet. Denn hier setzt die Tragödie ab, oder vielmehr sie verschwebt. Über diese Seligkeit der Selbstauflösung war Hölderlin Steigerung nicht mehr möglich – nur von unten antwortet noch erzener Chor der entschwindenden, gleichsam in den Äther sich lösenden Stimme des Erlösten, die Ananke lobpreisend, die ewige Notwendigkeit:

> *So mußt es geschehen,*
> *So will es der Geist*
> *Und die reifende Zeit,*

Denn einmal bedurften
Wir Blinden des Wunders.

Und erhaben abschließend, preist der Gegengesang das Unbegreifliche:

Groß ist seine Gottheit
Und der Geopferte ist groß.

Mit seinem letzten Wort, mit seinem letzten Atem ist Hölderlin noch Lobkünder des Schicksals, unerschütterlich frommer Diener der heiligen Notwendigkeit.

Niemals war der Dichter bei Hölderlin, der hohe Gestalter so nahe der griechischen Welt wie in dieser Tragödie, die mit ihrem Zwiesinn von Opferhandlung und festlicher Erhebung stärker und reiner als irgendeine andere deutsche die heroische Höhe der Antike erreicht. Was Goethe im Tasso mißlungen, weil er des Dichters Qual nur in bürgerlichen Nöten faßte, im Ressentiment der Eitelkeit, des Klassendünkels und überheblichen Liebeswahns, das wird hier durch Reinheit des tragischen Elements mythisch wahr: Empedokles ist als Genius vollkommen entpersönlicht und seine Tragödie die Tragödie der Dichtung, des Schaffens schlechthin. Nicht ein Staubkorn eitler Episode, nicht ein Fleckchen theatralischen Füllsels beschmutzen den rauschenden Faltenwurf dieses dramatischen Schreitens, keine Frauen hemmen mit erotischer Verstrickung den Aufstieg, nicht Diener und Knechte mengen sich ein in den furchtbaren Konflikt des Einsamen mit den geliebten Göttern: wie bei der Frommheit Dantes, Calderons und der Antike ist ungeheurer Raum gläubig aufgeschlagen über dem einzelnen Geschick, und so steht es zwischen dem offenen Himmel der Zeiten. Keine Tragödie der Deutschen hat so viel Himmel über sich wie diese, keine wächst so naturhaft aus bretternem Hause der Agora, dem offenen Markte, dem Fest, der Opferhandlung entgegen: in diesem Fragment (und jenem andern noch, dem Guiskard) ist die antike Welt noch einmal wahr geworden durch leidenschaftlichen Willen der Seele.

13

DAS HÖLDERLINSCHE GEDICHT

Ein Rätsel ist Reinentsprungenes. Auch
Der Gesang kaum darf es enthüllen. Denn
Wie du anfingst, wirst du bleiben.

Von der griechischen Vierzahl der Elemente – Feuer, Wasser, Luft und Erde – hat das Hölderlinsche Gedicht nur drei: die Erde fehlt darin, die trübe und haftende, die bindende und bildende, Sinnbild der Plastik und Härte. Sein Gedicht ist aus dem Feuer gestaltet, das flackernd nach oben fährt, Sinnbild des Aufschwungs, der ewigen Himmelfahrt, es ist leicht wie die Luft, ewige Schwebe, Wolkenwanderung und tönender Wind, und es ist rein wie das Wasser, diaphan. Alle Farben glüht es durch, immer ist es bewegt, ein unablässiges Hinauf und Hinab, ewiges Atmen des schöpferischen Geistes. Sie haben keine Wurzeln nach unten, seine Verse, keine Haft im Erlebnis, sie heben sich immer feindlich ab von der schweren fruchthaften Erde: etwas Heimatloses, Ruheloses ist ihnen allen zuteil, etwas von himmelhin wandernden Wolken, die bald das Frührot der Begeisterung anglüht, bald der Schatten er Schwermut dunkel macht, und oft fährt aus ihrer düster geballten Dichte der zündende Blitz und der Donner der Wahrsagung. Aber immer wandern sie oben, in der höheren, der ätherischen Sphäre, immer abgelöst von der Erde, unerreichbar der sinnlichen Belastung, fühlbar nur dem Gefühl. »Im Liede wehet ihr Geist«, sagt Hölderlin einmal von den Dichtern, und in diesem Wehen und Schweben löst sich Erlebnis in Musik so vollkommen auf wie

Feuer im Rauch. Alles ist aufwärts gerichtet: »Durch Wärme treibt sich der Geist empor« – durch Verbrennung, Verdunstung, Verklärung des Stofflichen sublimiert sich das Gefühl. Dichtung ist im Hölderlinschen Sinn immer also Auflösung der festen, der erdhaften Materie in Geist, Sublimierung der Welt in den Weltgeist, niemals aber Verdichtung, Ballung und Verirdischung. Goethes Gedicht, selbst das geistigste, hat immer noch Substanz, es fühlt sich fruchthaft an, man kann es rund mit allen Sinnen umfassen (indes jenes Hölderlins entschwebt). Mag es noch so sublimiert sein, so fehlt ihm nie jener Rest warmer Körperlichkeit, ein Aroma von Zeit, von Lebensalter, ein salziger Schmack von Erde und Schicksal: immer ist ein Teil des Individuums Johann Wolfgang Goethes darin, und ein Stück seiner Welt. Hölderlins Gedicht entindividualisiert bewußt – »das Individuelle widerstreitet dem Reinen, welcher es begreift«, sagt er dunkel und doch offenbar. Durch diesen Mangel an Materie hat nun sein Gedicht eine besondere Statik, es ruht nicht kreishaft in sich selbst, sondern hält sich wie ein Flugzeug nur durch den Schwung: immer überkommt einen die Empfindung des Engelhaften – dies Reine, Weiße, Geschlechtlose, Schwebende, dies nur wie Traum Über-die-Welt-Hinfahren, dies selig Gewichtlose und Erlöste in seiner eigenen Melodie. Goethe dichtet von der Erde aus, Hölderlin über die Erde hinweg: Poesie ist ihm (wie Novalis, wie Keats, wie all den Genien, den frühgestorbenen) Überwindung der Schwerkraft, Zergehen des Ausdrucks in Klang, Heimkehr ins flutende Element.

Die Erde aber, die schwere, harte, dies vierte Element des Alls, sie hat – ich sagte es schon – nicht teil an dem beflügelten Gebilde des Hölderlinschen Gedichtes: sie ist für ihn immer nur das Untere, das Gemeine, das Feindselige, dem er sich entringt, die Schwerkraft, die ihn ewig an seine Irdischkeit gemahnt. Aber auch die Erde enthält heilige Kunstkraft für den Bildner, sie bringt Festigkeit, Umriß, Wärme und Wucht, göttlichen Überfluß für den, der ihn zu nützen weiß. Baudelaire, der ganz aus der Gegenständlichkeit irdischen Materials mit gleicher geistiger Leidenschaft bildet, ist vielleicht da der vollkommene lyrische Gegenpol Hölderlins. Seine Gedichte, die ganz aus Komprimierung geschaffen sind (indes jene aus Auflösung), sind als Plastiken des Geistes ebenso standhaft vor dem Unendlichen wie Hölderlins Musik, ihre Kristallhaftigkeit von Wucht nicht minder rein als Hölderlins weiße Durchsichtigkeit und Schwebe – sie stehen einander Stirn an Stirn gegenüber wie Erde und Himmel, Marmor und Wolke. In beiden aber ist die Steigerung und Verwandlung des Lebens in Form, in plastische oder musikalische, eine vollkommene: was zwischen ihnen in unendlichen Varianten der Gebundenheit und

Lösung flutet, ist herrlicher Übergang. Sie aber sind die Grenzen, das Äußerste der Ballung, das Äußerste der Auflösung. In Hölderlins Gedicht ist dies Zergangensein des Konkreten – oder wie er schillerisch sagt: »die Verleugnung des Akzidentiellen« – so vollkommen, das Gegenständliche so restlos vernichtet, daß die Titel oft gänzlich leer und zufällig über den Versen haften; man lese einmal zur Probe die drei Oden an den Rhein, an den Main und an den Neckar, um zu fühlen, wie sehr die Entpersönlichung auch der Landschaft in ihm fortschreitet: der Neckar rollt ins attische Meer seines Traums, und Griechentempel blinken an den Ufern des Mains. Sein eigenes Leben löst sich auf zum Symbol, Susanne Gontard entsinnlicht sich zu Diotimas ungewissem Bildnis, die deutsche Heimat zu einem mystischen Germanien: keine Spur Irdischkeit, keine Schlacke eigenen Schicksals bleibt zurück von dem lyrischen Verbrennungsprozeß. Bei Hölderlin verwandelt sich nicht (wie bei Goethe) Erlebnis ins Gedicht, sondern es entschwindet, es verdunstet im Gedicht, es löst sich vollkommen, ja spurlos auf in Wolke und Melodie. Hölderlin verwandelt nicht Leben zur Poesie, sondern er *entflieht* dem Leben ins Gedicht, als in die höhere, die wahrere Wirklichkeit seiner Existenz.

Dieser Mangel an Erdkraft, an sinnlicher Bestimmtheit, an plastischen Formen entkörpert aber nicht nur das Objektive, das Gegenständliche des Hölderlinschen Gedichts: auch das Medium, auch die Sprache selbst ist nicht mehr erdhafte, fruchthafte, schmackhafte, mit Farbe und Gewicht durchsättigte Substanz, sondern eine bloß durchscheinende wolkige weiche Materie. »Die Sprache ist ein großer Überfluß«, läßt er einmal seinen Hyperion sagen, aber sehnsüchtigen Erkennens nur; denn Hölderlins Vokabular ist durchaus nicht reich, weil er sich weigert, aus dem vollen Strom zu schöpfen: nur aus den reinen Quellen, sparsam und nüchtern hebt er die erlesenen Worte. Sein lyrisches Sprachgut stellt vielleicht kaum ein Zehntel von Schillers, kaum ein Hundertstel von Goethes etymologischem Wortschatz dar, der mit fester und niemals prüder Hand in den Mund des Volkes und des Marktes griff, ihm seine Formung wegzufassen und bildnerisch sich zu erneuern. Hölderlins Wortquell, so unsagbar rein und gesiebt er ist, hat durchaus nichts Strömendes und vor allem keine Vielfalt, keine Nuancen.

Er selbst ist sich dieser eigenwilligen Einschränkung und der Gefahr dieses Verzichts auf das Sinnliche vollkommen klar bewußt. »Es fehlt mir weniger an Kraft wie an der Leichtigkeit, weniger an Ideen wie an Nuancen, weniger an einem Hauptton als an mannigfach geordneten Tönen, weniger an Licht wie an Schatten, und das alles aus einem Grunde: ich scheue das Gemeine und Gewöhnliche im wirklichen Leben zu sehr.« Eher bleibt er arm, eher läßt er die Sprache in gebanntem Kreise, als von der Fülle der gemengten Welt ein Quentchen in seine heilige Sphäre hinüberzunehmen. Ihm ist es wesentlicher, »ohne irgendeinen Schmuck fast in lauter großen Tönen, wo jeder ein eigenes Ganzes ist, harmonisch wechselnd fortzuschreiten«, als die lyrische Sprache zu verweltlichen: man soll ja in seinem Sinne Dichtung nicht wie ein Irdisches schauen, sondern als ein Göttliches ahnen. Lieber nimmt er die Gefahr der Monotonie auf sich als jene der nicht ganz reinen Poesie; Reinheit der Rede ist ihm höher als Reichtum. Unablässig wiederholen sich darum (in meisterlichen Varianten) die Attribute »göttlich«, »himmlisch«, »heilig«, »ewig«, »selig«; gleichsam nur die von der Antike geheiligten, die geistgeadelten Worte nimmt er in seine Dichtung auf und stößt die andern zurück, denen der Atem der Zeit am Kleide anhaftet, die warm sind von der angedrängten Körperwärme des Volkes und dünn von vieler Abnützung und Gebrauch. Er wählt absichtlich die wolkigen Worte, die deutsamen, die wie Weihrauch irgendeinen geistlichen, einen festlichen Duft, etwas Weihehaftes um sich verbreiten. Alles Körnige, Faßliche, Formende, Plastische, Sinnliche fehlt diesen wehenden Wortgebilden vollkommen: Hölderlin wählt eben die Worte nie nach ihrer *Schwerkraft*, ihrer *Farbkraft*, also als Medien der Versinnlichung, sondern immer nach ihrer *Flugkraft*, ihrer *Schwungkraft*, als Träger der Entsinnlichung, die aus der untern Welt in die obere, in die »göttliche« der Ekstase hineingetragen. Alle diese ephemeren Attribute »selig«, »himmlisch«, »heilig«, die engelhaften, die geschlechtslosen Worte, wie ich sie nennen möchte, sind farblos wie eine leere Leinwand, wie ein Segel: aber eben wie ein Segel, erfüllt vom Sturm des Rhythmus, vom Atem der Begeisterung, bauschen sie sich wunderbar rund auf und *tragen empor*. Sein Gedicht will niemals *bildhaft* sein, sondern durchaus *lichthaft* werden (darum wirft es auch keinen plastischen Schatten), es will nicht schildernd etwas Reales der Erde schauen lassen, sondern etwas Unsinnliches, etwas vom geistigen Gefühle ahnend in die Himmel tragen. Darum ist das Entscheidende aller Hölderlinschen Gedichte der Aufsturm nach oben; sie fangen alle, wie er einmal von der tragischen Ode sagt, »im höchsten Feuer an, der reine Geist, die reine Innigkeit hat ihre Grenze überschritten«: die ersten Zeilen seiner Hymnen haben immer etwas vom Kurzen, Abrupten, Losschnellenden eines Abstoßes, das Verswort muß immer erst fort von der Prosa des Daseins, um sich einzuschwingen in sein Element. Bei Goethe fühlt man von der dichterischen Prosa (besonders der Jugendbriefe) gar keinen scharfen Übergang, keine Zäsur zum Vers, zum Gedicht: gleichsam amphibisch lebt er in beiden Welten, in Prosa und Poesie, in Fleisch und Geist. Hölderlin dagegen hat im Sprechen eine schwere

Lippe, seine Prosa in Brief und Aufsatz stolpert über philosophische Formeln stockig hin, sie ist ungelenk im Vergleich zur göttlichen Leichtigkeit der ihm natürlichen gebundenen Rede: wie jener »Albatros« im Gedicht Baudelaires kann der auf der Erde nur ungeschickt sich hinschleppen, der in Wolken selig schwebt und ruht. Hat sich Hölderlin aber einmal in die Begeisterung abgestoßen, so flutet ihm der Rhythmus gleichsam wie feuriger Atem von der Lippe, wunderbar bindet sich in kunstvollen Verschränkungen die schwere Syntax, die blendendsten Inversionen kontrapunktieren sich mit einer strahlenden, einer zauberhaften Leichtigkeit: durchsichtig wie feinster Stoff, wie die gläserne Schwinge eines Insektes läßt das »wehende Lied« durch seine klingenden, leuchtenden Flügel den Äther und sein unendliches Blau fühlen. Gerade was bei den anderen Dichtern das Seltenste ist, die Durchgängigkeit des erhobenen Zustandes, das Nicht-Aussetzen im tönenden Gesang, gerade dies ist für Hölderlin das Allernatürlichste: im »Empedokles«, im »Hyperion« stockt der Rhythmus niemals, sinkt nicht eine Zeile für einen Augenblick zur Erde zurück. Es gibt keinen Prosaismus mehr für den Enthusiasmierten: er spricht Dichtung wie eine fremde Sprache, im Vergleich zur Prosa des Lebens.

Diese Herrlichkeit, diese absolute Losgelöstheit von allem Prosaismus, dieser Freischwung im ätherischen Element ist Hölderlin nicht von Anfang gegeben; die Gewalt und Schönheit seines Gedichts wächst in dem Maße, als der Dämon, die Urgewalt seines Innern, die Bewußtheit in ihm verdrängt. Hölderlins poetische Anfänge sind wenig bemerkenswert und vor allem vollkommen unpersönlich: die Kruste über der innern Lava ist noch nicht gesprengt. Der Beginner zeigt sich durchaus als Nachahmer, Anempfinder, ja in einem kaum mehr erlaubten Maß, denn nicht nur die strophische Form und den geistigen Habitus borgt der Schüler von Klopstock, sondern schiebt ganze Zeilen und Strophen unbedenklich in seine Vershefte aus den Oden hinüber. Bald aber kommt Schillers Einfluß in das Tübinger Stift; er, von dem er »unverständlich dependiert«, reißt ihn mit sich in seine Gedankenwelt, in seine klassische Atmosphäre, in seine gebundene Reimform, in seinen strophischen Schwung. Aus der bardischen Ode wird rasch die wohllautende, geschliffene, mythologisch durchdeutete Schillersche Hymne, die breitrollende und tönende: hier erreicht Nachbildung nicht mehr das Original, sondern übertrifft des Meisters ureigenste Formen (mir zumindest will immer Hölderlins »An die Natur« schöner als das schönste Schillersche Gedicht erscheinen). Aber schon verrät ein ganz leise angeschlagener elegischer Ton selbst in diesen schematischen Gebilden die urpersönlichste Hölderlinsche Melodik: er braucht diesen Tonfall nur zu verstärken, sich ganz jenem Schwung ins Höhere, ins Idealische hinzugeben, die antikische Form abzutun und dafür die wahrhaft antike zu wählen, die freie und nackte, die sich nicht mehr in Reime einengen läßt und das Hölderlinsche Gedicht ist geboren, das »wehende Lied«, der reine Rhythmus.

Aber auch den letzten Rest vom Systematischen, vom Schillerisch-Konstruktiven, den er übernommen, stößt er endlich von sich. Er erkennt das großartig Gesetzlose, das herrisch am Rhythmus Aufströmende der wahren Lyrik, und wenn Bettinens Berichte sonst immer unzuverlässig sind, in jener Erzählung von Sinclair läßt sie ihn doch seine wahrsten Worte sagen. »Geist gehe nur durch Begeisterung hervor, nur allein dem füge sich der Rhythmus, in dem der Geist lebendig werde. Wer erzogen werde zur Poesie in göttlichem Sinn, der müsse den Geist des Höchsten für gesetzlos anerkennen über sich und müsse das Gesetz ihm preisgeben: nicht wie ich will, sondern wie du willst.« Zum erstenmal ringt sich Hölderlin von der Vernunft, von dem Rationalismus in der Dichtung frei und läßt sich überraschen von der Urgewalt. Das Dämonisch-Über-schwengliche bricht rauschend, bricht rhythmisch durch, seit es sich vom Gesetz losgesagt und dem Rhythmus hingegeben hat. Und nun erst quillt aus der Tiefe seines Seins, seiner Sprache die ihm urtümliche Musik, der Rhythmus, diese chaotisch wilde und doch eigenpersönliche Gewalt, von der er sagt, »alles sei Rhythmus, das ganze Schicksal des Menschen sei ein himmlischer Rhythmus, wie auch jedes Kunstwerk ein einziger Rhythmus sei«. Jede Regelmäßigkeit der lyrischen Architektonik verschwindet, nur seiner eigenen Melodie spricht das Hölderlinsche Gedicht orphisch nach: in der ganzen deutschen Lyrik gibt es kaum Gedichte, die so ganz auf dem Rhythmus ruhen wie jene Hölderlins. Indes Schillers Gedichte, Zeile für Zeile, und die meisten Goethes im Wesenhaftesten in fremde Sprachen übertragbar sind, verweigert sich das Hölderlinsche Gedicht vollkommen jeder Verpflanzung, weil es selbst innerhalb der deutschen Sprache in einem Jenseits des sinnlichen Ausdrucks sich entäußert. Sein letztes Geheimnis bleibt Magie, unnachbildbar und heilig einmaliges Geschehen in der Sprache.

Dieser Hölderlinsche Rhythmus nun ist durchaus kein stabiler wie etwa jener Walt Whitmans (dem er im Verlangen breithin rollenden flut-haften Wortes oftmals ähnlich ist). Walt Whitman hatte gleich im Anbe-ginn seinen Wesenstakt, seine dichterische Sprachform gefunden: nun spricht er in dieser einen rhythmischen Atemstärke sein ganzes Werk hindurch, zehn, zwanzig, dreißig, vierzig Jahre. Bei Hölderlin dagegen verwandelt, verstärkt, verbreitert sich der Rhythmus der Rede unablässig, er wird immer rollender, rauschender, ungefüger, stoßhafter, verworrener, elementarer und gewitterhafter. Er beginnt wie eine Quelle, zart, tönend, als wandernde Melodie, und endet tosend und herrlich aufschäumend wie ein Sturzbach. Und dieses Freiwerden, dies Herrisch- und Selbstherrlichwerden des Rhythmus, sein Überschwang und Ausbruch geht geheimnisvoll (wie bei Nietzsche) Hand in Hand mit der inneren Selbstzerstörung, mit der Verwirrung der Vernunft. Der Rhythmus wird genau in dem Maße freier, als die logische Bindung im Geistigen sich lockert: schließlich kann der Dichter den mächtig aus sich aufschwellenden Schwall nicht mehr dämmen und wird von ihm überflutet, als seine eigene Leiche schwimmt er hin auf den rasenden Wassern des Gesangs. Diese Entwicklung zur Freiheit, dieses Sich-Losreißen, Sich-Selbstherrlichmachen des Rhythmus (auf Kosten der Bindung und geistigen Ordnung) geht im Hölderlinschen Gedichte ganz allmählich vor sich: zuerst hat er den Reim, die klirrende Fußkette von sich gestoßen, dann das über die breitatmende Brust zu enge Kleid der Strophe gesprengt; antikisch nackt lebt nun das Gedicht seine körperhafte Schönheit aus und eilt wie ein griechischer Läufer dem Unendlichen entgegen. Alle gebundenen Formen werden dem Inspirierten allmählich zu enge, alle Tiefen zu seicht, alle Worte zu dumpf, alle Rhythmen zu schwertönig – die ursprünglichste klassische Regelmäßigkeit des lyrischen Baues überwölbt sich und bricht, der Gedanke schwillt immer dunkler, mächtiger, gewitterhafter aus Bildern empor, immer tiefer und voller wird gleichzeitig das rhythmische Atemholen, großartig kühne Inversionen binden oft ganze Strophenreihen in einen Satz zusammen – aus den *Gedichten werden Gesänge*, hymnischer Anruf, prophetische Schau, heroisches Manifest. Die Mythisierung der Welt hat für Hölderlin begonnen, das Alldichtungwerden des ganzen Seins. Europa, Asien, Germanien, traumhafte Landschaften des Geistes dämmern wie Wolken heran aus einer ganz unwahrhaftigen Ferne, magische Zusammenhänge verschwistern in erschütternden Improvisationen Fern und Nah, Traum und Erlebnis. »Die Welt wird Traum, der Traum wird Welt« – Novalis' Wort von der letzten Auflösung des Dichters erfüllt sich nun für Hölderlin. Überwunden ist die persönliche Sphäre. »Liebeslieder sind müder Flug«, schreibt er in jenen Tagen, »ein anderes ist das hohe und reine Frohlocken vaterländischer Gesänge«: so bricht ein neues Pathos sich aus der überfließenden Empfindung vulkanisch Bahn. Der Überlauf ins Mystische beginnt: Zeit und Raum sind versunken in purpurner Finsternis, Vernunft ist vollkommen der Inspiration geopfert, es sind keine Gedichte mehr, sondern »dichtendes Gebet«, durchflackert von Blitzen und umhüllt von pythischen Dämpfen: aus der jünglinghaften Begeisterung des beginnenden Hölderlin ist dämonische Trunkenheit geworden, heiliges Rasen. Etwas merkwürdig Wegloses geht durch diese großen Gedichte: sie fahren steuerlos in ein unendliches Meer, niemandem gehorchend als dem Gebot des Elements, dem Tönen von jenseits her, jedes einzelne ein »bateau ivre«, das mit zerbrochenem Ruder den Katarakt singend hinabschießt. Am Ende ist schließlich Hölderlins Rhythmus so weit auseinandergespannt, daß er zerreißt, die Sprache so verdichtet und gesättigt, daß sie sinnlos wird, nur noch »Tönen aus dem prophetischen Haine Dodonas« – der Rhythmus vergewaltigt die Idee, er wird »wie der Weingott törig göttlich und gesetzlos«. Der Dichter und das Gedicht, beide vergehen im höchsten Übermaß, in der äußersten Ergießung der Kräfte ins Unendliche. Hölderlins Geist vergeht, verweht spurlos im Gedicht, und der Geist des Gedichtes wiederum verlischt in chaotischer Dämmerung. Alles Irdische, alles Persönliche, alles Formhafte wird aufgezehrt in dieser vollkommensten Selbstvernichtung: ganz wesenlos, ganz nur orphische Musik wehen seine letzten Worte in den heimatlichen Äther zurück.

14

STURZ INS UNENDLICHE

> Was Eines ist, zerbricht, Empedokles,
> So gehet festlich hinab
> Das Gestirn. Und trunken
> Von seinem Lichte glänzen die Täler.

Als Dreißigjähriger tritt Hölderlin über die Schwelle des Jahrhunderts; gewaltigstes Werk haben die letzten leidvollen Jahre in ihm vollendet. Die lyrische Form ist gefunden, der heroische Rhythmus des großen Gesanges geschaffen, die eigene Jugend in Hyperions Träumergestalt, die Tragödie des Geistes im »Tod des Empedokles« verewigt. Nie war er höher angestiegen und nie näher dem Untergang. Denn die Welle, die ihn mächtigen Schwunges hochauf über das Maß des Lebens getragen, schon bäumt sie sich zu zerschmetterndem Sturz. Und er selbst fühlt mit prophetischer Ahnung die nahe Neige, er weiß:

> *Es ziehet wider Willen ihn von*
> *Klippe zu Klippe, den Steuerlosen,*
> *Das wunderbare Sehnen dem Abgrund zu.*

Denn es hilft nichts, so hohes Werk geschaffen zu haben: nur Unverständnis erntet er, wo er Liebe ersehnt, denn

Noch immer, mit dreißig Jahren, ist er Freischlucker an fremdem Tisch, der Lektionsgeber im verschabten schwarzen Kandidatenrock, noch immer hängt er der alternden Mutter, der uralten Großmutter in der Tasche, noch immer wie in Knabenzeit stricken sie ihm Strümpfe und versorgen den Hilflosen mit Wäsche und Kleidung. Mit »täglichem Fleiße« hat er nun in Homburg wie einst in Jena nochmals versucht, von den ersparten Groschen eine dichterische Existenz (die einzig ihm gemäße!) sich zu erhungern und die »Aufmerksamkeit meines deutschen Vaterlandes so weit zu verdienen, daß die Menschen nach meinem Geburtsort und meiner Mutter fragen«. Aber nichts vollendet sich, nichts fördert ihn: noch immer nimmt Schiller mit herablassender Protektion ein Gedicht in den Almanach und sperrt sich den andern. Und dieses Schweigen der Welt bricht allmählich seinen Mut. Zwar weiß er in tiefster Seele, »das Heilige bleibt immer heilig, wenn es die Menschen auch nicht achten«, aber es wird immer schwerer, die Weltgläubigkeit zu bewahren, wenn sie keine Mitteilsamkeit findet. »Unser Herz hält die Liebe zur Menschheit nicht aus, wenn es nicht Menschen hat, die es liebt.« Seine Einsamkeit, lange seine sonnige Burg, verwintert und wird starr wie Eis. »Ich schweige und schweige, und so häuft sich eine Last auf mir ... die den Sinn wenigstens unwiderstehlich mir verfinstern muß«, stöhnt er auf, und ein andermal in einem Briefe an Schiller: »Ich friere und starre in den Winter, der mich umgibt. So eisern mein Himmel, so steinern bin ich.« Aber niemand bringt ihm Wärme in seine Einsamkeit, »es sind so wenige, die noch Glauben an mich haben«, klagt er resigniert, und allmählich verliert sogar er selbst den Glauben an sich. Sinnlos erscheint ihm, was ihm das Heiligste, die Urmission seines Lebens seit Kindertagen gewesen, er beginnt an der Dichtung zu zweifeln. Die Freunde sind fern, die Stimme, die ersehnte, des Ruhmes schweigt.

Noch einmal hat er die Unmacht des Geistes gegen die stählerne Wirklichkeit erfahren, noch einmal beugt er die müdgedrückte Schulter ins Joch und verkauft sich noch einmal »ins abseitige Leben« hinein, da es unmöglich für ihn ist, »bloß von der Schriftstellerei zu leben, wenn man nicht gar zu dienstbar hierin sein will«. Eine selige Herbststunde bloß darf er die geliebte Heimat wiedersehen, mit Freunden in Stuttgart die »Herbstfeier« begehen. Dann aber nimmt er wieder den abgeschabten Magisterfrack und wandert als Hauslehrer hinaus in die Schweiz nach Hauptwyl, in die Knechtschaft des Tages.

Hölderlins prophetisches Herz weiß genau um das Sinken der Sonne, um die eigene Dämmerung und den nahenden Untergang. Wehmütig hat er von der Jugend Abschied genommen. – »Endlich, Jugend, verglühst du ja« – und die Abendkühle weht schaurig durch sein Gedicht.

> *Wenig lebt ich. Doch atmet kalt*
> *Mein Abend schon. Und stille, den Schatten gleich*
> *Bin ich schon hier; und schon gesanglos,*
> *Schlummert das schaudernde Herz im Busen.*

Die Schwinge ist gebrochen, und er, der nur im Fluge, im dichterischen Aufschwung wahrhaft lebt, findet sein Gleichgewicht nicht mehr. Nun muß er es bezahlen, »nicht bloß mit der Oberfläche des Wesens beschäftigt« gewesen zu sein, sondern »die ganze Seele, sei es in Liebe, sei es in Arbeit, der zerstörenden Wirklichkeit ausgesetzt zu haben«. Das Strahlende, die Aureole des Genius ist von seiner Stirn gewichen, er drückt sich ängstlich in sich selber hinein, um sich vor den Menschen zu verbergen, deren Umgang ihm fast physisch peinlich ist. Je schwächer die Kraft in ihm wird, sich zusammenzuhalten, um so stärker springt aus den Nerven der zuckende Dämon. Allmählich wird Hölderlins Sensibilität krankhaft, seine seelischen Aufschwünge zu körperlichem Ausbruch. Jede Kleinigkeit kann ihn reizbar machen und die geflissentliche Demut, die er wie einen Panzer schützend um sich getan, zerbrechen, überall meint der Überempfindsame und Zurückgestoßene »Beleidigungen, Druck der Verachtung« zu erfahren. Auch der Körper reagiert mit Abspannungen und Ausbrüchen schärfer auf jede atmosphärische Veränderung: was ursprünglich nur ein »heiliges Ungenügen« des Geistes war, wird neurasthenische Unlust des ganzen Wesens, Krise und Katastrophe der Nerven. Immer fahriger werden seine Gebärden, immer sprunghafter seine Stimmungen, und schon beginnt das einst so klare Auge unruhig über den eingefallenen Wangen zu flackern. Unaufhaltsam breitet sich der Brand über sein ganzes

Wesen hin aus, der Dämon gewinnt immer mehr Macht über sein Opfer, er wird zu »einer betäubenden Unruhe«, die sich »um sein Inneres häuft« – nun jagt er ihn von einem Extrem ins andere, von Heiß zu Kalt, von Ekstase zu Verzweiflung, von silbernem Gottgefühl zur schwärzesten Schwermut, von Land zu Land, von Stadt zu Stadt. Die fiebrige Irritation zuckt von den Nerven hinüber in die Gedanken: schließlich greift die Entzündung bis ins Dichterische über, das Unstete des Menschen wird in der Inkohärenz des Dichters immer erkenntlicher, in der Unfähigkeit, bei einem einzelnen Gedanken zu verweilen und ihn logisch zu entwickeln. Auch hier jagt er wie dort von Haus zu Haus, fiebrig weiter von Bild zu Bild, von Idee zu Idee. Und dieser dämonische Brand beruhigt sich nicht eher, bis das ganze Innere Hölderlins ausgebrannt und nichts mehr bleibt als das geschwärzte Gerüst seines Körpers.

So gibt es in der Pathologie Hölderlins keinen deutlich markierten Zusammenbruch, keine scharfe Grenzlinie von geistig gesund und geistig erkrankt. Hölderlin brennt ganz allmählich innen aus, die dämonische Macht verzehrt seine wache Vernunft nicht plötzlich wie ein Waldbrand, sondern wie ersticktes kohlendes Feuer. Nur ein Teil, eben der göttliche seines Wesens und der dem Dichterischen am meisten verbundene, widersteht wie Asbest: sein dichterischer Tiefsinn überlebt den Wahnsinn, die Melodie die Logik, der Rhythmus das Wort: so ist Hölderlin vielleicht der einzige klinische Fall, wo die Dichtung die Vernunft überdauert und absolut Vollendetes im Zustand der Zerstörung entsteht – wie manchmal (ganz selten) auch in der Natur ein vom Blitz getroffener und bis in die Wurzeln verkohlter Baum von dem höchsten unberührten Aste aus noch lange weiterblüht. Hölderlins Übergang ins Pathologische ist vollkommen stufenhaft, nicht wie bei Nietzsche der plötzliche Einsturz eines ungeheuren, bis in die Himmel des Geistes erhobenen Baues, sondern gleichsam ein Abbröckeln, Stein um Stein, ein Lösen des Fundaments, ein allmähliches Ins-Bodenlose-, Ins-Unbewußte-Sinken. Es akzentuieren sich nur in seinem äußeren Gehaben gewisse Erscheinungen der Unruhe, und diese Krisen werden immer vehementer und folgen einander in immer kürzeren Ausbrüchen: während er in seinen früheren Stellungen Monate, selbst Jahre verweilen konnte, werden die Entladungen jetzt rascher. Indes in Waltershausen und Frankfurt noch Jahre, vermag sich Hölderlin in Hauptwyl und Bordeaux nur wenige Wochen zu halten, seine Lebensuntüchtigkeit wird immer hemmungsloser und aggressiver: wieder wirft das Leben ihn wie ein Wrack in das Haus der Mutter, seinen ewigen Strand nach allen Fahrten. Da reckt in letzter Verzweiflung der Schiffbrüchige die Hand nach dem Schicksalsformer seiner Jugend, noch einmal schreibt er an Schiller. Aber Schiller antwortet nicht mehr, er läßt ihn fallen, und wie ein Stein stürzt der Verlassene in die Tiefe seines Geschicks. Noch einmal wandert er, der Unerziehbare, in die Ferne hinaus, Kinder zu erziehen, aber freudlos, ein Todgeweihter, nimmt er den letzten Abschied voraus.

Und nun sinkt ein Schleier über sein Leben: Geschichte wird hier zur Mythe und sein Schicksal Legende. Noch weiß man, daß er durch Frankreich »in schönem Frühling gewandert«, und »auf den gefürchteten überschneiten Höhen der Auvergne, in Sturm und Wildnis, in eiskalter Nacht und die geladene Pistole neben mir im rauhen Bette« (wie er schreibt) genächtigt, man weiß, daß er nach Bordeaux zu jener Familie des deutschen Konsuls gelangt und plötzlich jenes Haus verlassen hat. Aber dann sinkt die Wolke nieder und verschattet seinen Untergang. Ist er jener Fremdling gewesen, von dem Jahrzehnte später eine Frau in Paris erzählte, daß sie ihn eintreten sah in ihren Park und in freudigster Begeisterung mit den marmorkalten Göttergestalten Zwiesprache halten? Ist es wahr, daß bei der Rückwanderung ein Sonnenstich ihm die Sinne geraubt und »das Feuer, das gewaltige Element ihn ergriffen«, daß also, wie er von sich in wissendstem Symbole sagte, »Apoll ihn geschlagen«? Haben wirklich Räuber am Wege ihm Kleider und das letzte Geld genommen? Auf alle diese Fragen wird niemals Antwort sein, eine Wolke hängt über seiner Heimfahrt, seinem Untergang. Nur dies weiß man, daß eines Tages bei Matthisson in Stuttgart einer eintritt, »leichenblaß, abgemagert, mit hohlem, wildem Blick, langem Haar und Bart und gekleidet wie ein Bettler«, und, wie Matthisson scheu vor dem Gespenstischen zurückweicht, mit dumpfer Stimme seinen Namen murmelt: »Hölderlin«. Nun ist das Wrack zerschellt. Noch einmal treiben die Trümmer seines Lebens zurück bis ins mütterliche Haus, aber die Masten der Zuversicht, das Steuer der Vernunft sind für immer zerbrochen, und von nun an lebt Hölderlins Geist in einer nie mehr geklärten und nur manchmal vom geheimnisvollen orphischen Blitzen erhellten Nacht. Im Gespräch kann er den offenen Sinn nicht immer erfassen, im Brief verschränkt sich einfachste Absicht zu barockem Geknäul, immer mehr verschließt sich sein Wesen der Welt. Schicht um Schicht zerbröckelt sein waches Wesen, die Entpersönlichung vollendet sich, der großartig Unbewußte wird nun ganz Sprachrohr pythischen Worts, »Mundstück jenseitiger Imperative« im Sinne Nietzsches, Deuter und Sager erhabener Dinge, die der Dämon ihm zuflüstert und die sein eigener Sinn wach nicht mehr weiß. Die Menschen weichen ihm vorsichtig aus (denn oft bricht aus ihm wie ein gefesseltes Tier die Überreiztheit der Nerven), oder sie spotten seiner: nur die Bettina, die wie bei Beethoven und Goethe die Gegenwart des Genius atmosphärisch ahnend fühlte, und Sinclair, der sagenhaft herrliche Freund, erkennen eines Gottes Gegenwart in der fast tierischen Dumpfheit des »in himmlische Gefangenschaft Verkauften«. »Gewiß ist mir doch bei diesem Hölderlin«, schreibt die herrliche Ahnerin, »als müsse eine göttliche Gewalt wie mit Fluten ihn überströmt haben, und zwar die Sprache, in übergewaltigem raschem Sturz seine Sinne überflutend und diese darin ertränkend; und als die Strömungen sich verlaufen hatten, da waren die Sinne geschwächt und ertötet.« Edler, wissender hat keiner sein Geschick ausgesagt und keiner den Widerhall jener dämonischen Gespräche (uns verloren wie die Improvisationen Beethovens) großartiger der Seele bewußt gemacht, als wenn sie der Günderode berichtet: »ihm zuhören sei gerade, als wenn man es dem Tosen des Windes vergleiche, denn er brause immer in Hymnen dahin, die abbrechen, wie wenn der Wind sich dreht – dann ergreife es ihn wie ein tieferes Wissen, wobei einem die Idee, daß er wahnsinnig sei, ganz verschwinde; und daß sich anhöre, was er über die Verse und über die Sprache sage, wie wenn er nah dran sei, das göttliche Geheimnis der Sprache zu erleuchten. Und dann verschwinde ihm wieder alles im Dunkel, und dann ermatte er in der Verwirrung und meine, es werde ihm nicht gelingen«. Sein ganzes Wesen verliert sich in Musik: stundenlang sitzt er (wie Nietzsche in jenen letzten Turiner Tagen) am Klavier und greift mit klappernden Fingernägeln Akkorde in unaufhörlicher Bemühung, als wollte er die Melodien über ihm, die unendlichen, fassen, die seinen schmerzenden Kopf durchbrausen, oder er rezitiert, immer im Rhythmus, Worte und Gesänge monologisch vor sich hin. Der erst Hingerissene des Gedichts, der selige Enthusiast wird nun allmählich der Hinabgerissene, der Hinweggerissene von der klingenden Flut: singend wie jene Indianer im Hiawathagedicht seines Schicksalsbruders Lenau stürzt er den brausenden Katarakt hinab.

Im Tiefsten erschreckt und doch »vom unverstandenen Wunder ehrfürchtig berührt«, läßt ihn die Mutter, lassen ihn die Freunde vorerst im elterlichen, im bürgerlichen Haus. Aber immer wütiger bricht der Dämon aus dem Kranken: das Absterben der Vernunft ist mit tobsüchtigen Ausbrüchen begleitet, die Flamme, ehe sie ganz erlischt, schlägt noch gefährlich auf. So müssen sie ihn in die Klinik bringen, dann zu Freunden und schließlich in eines braven Tischlermeisters Haus. Mit den Jahren brennt das wilde Feuer in ihm aus, der Krampf lockert sich, Hölderlin wird wieder kindlich-kindisch und sanft, die Gewitter seiner Nerven verrauschen in eine schwere Dämmerung. Noch weiß er sich mancher Einzelheit zu entsinnen, aber sich selbst hat er vergessen. Wie durch einen traumhaften Schleier fühlt sein entgeisterter Leib die sanfte

Wohltat der Natur im Frühling und atmet süß die durchwürzte Luft der Felder; noch schlägt vierzig Jahre lang im ausgebrannten Gehäuse das vereinsamte Herz, aber nur ein Schatten seines Wesens geistert hin durch die Zeit. Hölderlin, der heilige Jüngling, ist längst entrückt von den Göttern in die Wolken, wie Iphigenia auf Aulis. Er lebt in anderen Gefilden mit seinem gesteigerten Leben.

Was aber auf den trüben Wassern der Zeit noch vierzig Jahre lang unbewußt hinschwimmt, ist seine geistige Leiche nur, jenes entstaltete gespenstige Schattenbild, das sich, unkund seiner selbst, manchmal »der Herr Bibliothekarius« nennt und manchmal »Scardanelli«.

15

PURPURNE FINSTERNIS

Zwar
Es leuchten auch im Dunkel blühende Bilder.

Die großen orphischen Gedichte, die der geistig Geblendete in jenen Jahren der Dämmerung und der Dunkelheit schafft, seine »Nachtgesänge«, gehören zu den unerhörtesten Gebilden der Weltliteratur, vergleichbar in ihrer und aller Zeit vielleicht nur jenen prophetischen Büchern William Blakes, jenes anderen Himmelskindes und Gottvertrauten, den seine Zeitgenossen gleichfalls einen »unfortunate lunatic« nannten, »whose personal inoffensiveness secures him from confinement«. Hier wie dort ist Schaffen ein magisches Bilden nach dämonischem Diktat, hier wie dort horcht ein kindlich unklarer Sinn über die offenbare Bedeutung des Wortes nach dem orphischen Urlaut. Dichtung (und bei Blake auch Zeichnung) wird im Dämmerzustand des Herzens zur Pythik: wie die Priesterin, trunken von unerhörten Gesichten über den gestaltenden Dämpfen der delphischen Schlucht, Worte jener Tiefe in zuckenden Krämpfen stammelt, so wirft hier der gestaltende Dämon aus einem erloschenen Krater des Geistes feurige Lava und funkelndes Gestein. In diesen dämonischen Gedichten Hölderlins redet nicht die irdische Verständigung, die Nutzsprache, die Menschenrede mehr. In eine apokalyptische Sphäre ist der Seher gestellt:

Tal und Ströme sind

Aus Traumrede ist melodisches Verkünden geworden, »Tönen vom innersten Haine«, Stimme vom Jenseits, Wille über dem eigenen Willen: nicht mehr Sprecher und Täter ist hier der Dichter, sondern nur unbewußter Bote der Urworte. Der Dämon, der Urwille hat übergewaltig dem müd gewordenen Geist das Wort und den Willen entrissen. Der wache Mensch, der einstige Friedrich Hölderlin, ist fort, »nicht mehr dabei«: gleich einer leeren Larve bedient sich der Dämon seiner unwissenden Gestalt.

Denn diese Nachtgesänge, diese abgerissenen seherisch-improvisatorischen Fragmente des Halbwahnsinnigen, sie stammen nicht mehr aus der irdisch umleuchteten Sphäre der Kunst, aus dem Kommensurablen: sie sind meteorisches Metall und voll der magischen Mächte ihres außerirdischen Ursprungs. Jedes wahre Gedicht stellt sonst gleichsam ein Gewebe aus unbewußtem und bewußtem Kunstverstande dar, bald ist der eine Einschlag, bald der andere stärker durchwoben: durchaus typisch ergibt sich im normalen Wesensgang (etwa bei Goethe) die Erscheinung, daß im Alter der Reife der technische Einschuß, der irdische also, den inspirativen überwiegt, daß sich Kunst, ursprünglich ein wissendes Ahnen, in eine weise Meisterschaft verwandelt. Bei dem Hölderlinschen Gedicht dagegen verstärkt sich im Gegenteil immer der inspirative, der dämonische, der genial improvisierende Einschlag, indes die intellektuelle, die kunstfertige, die planende Webkette vollkommen abreißt. Die Zeilen fluten quer übereinander, einzig dem Klange nachrauschend; jeder Damm, jede Zäsur, jede Form wird überströmt von dem Schwall der Musik. Denn der Rhythmus ist schon selbstherrlich geworden, die Urmacht strömt ins Unendliche zurück. Manchmal spürt man noch bei Hölderlin, dem von sich selbst Hinweggezogenen, eine Art Gegenwehr gegen diese Übermacht, man merkt, wie er sich müht, einen einzelnen dichterischen Einfall festzuhalten, ihn gesteigert fortzubilden. Aber immer reißt ihm die bildernde Woge das Halbgestaltete fort, und er stöhnt:

*   Ach, wir kennen uns wenig,*

Immer mehr verliert der Unmächtige das Steuer seiner Dichtung. »Wie Bäche reißt das Ende von Etwas mich hinweg, das sich wie Asien ausdehnt«, sagt er von der Übermacht, die ihn von sich selbst wegzieht – es ist, als sei alle Griffkraft seines Gehirns erlahmt, und lose fallen die Gedanken ins Leere: immer endet als tragisches Stammeln, was als herrliches, kühn aufgeschwungenes Pathos sich erhoben. Der Faden der Rede verknäult sich, ohne daß Anfang und Ende zusammenzufinden sind: oft entfällt dem leicht Ermüdbaren in plötzlicher Gedankenohnmacht der begonnene Gedanke. Mit gleichsam zitternder, offenbar ungeschickter Hand kleistert er dann die hilflosen Übergänge mit einem flachen »nämlich« oder »es ist aber« zusammen oder macht ermattet vorzeitigen Schluß seiner Rede mit einem resignierten »Vieles wäre zu sagen davon«.

Aber diese scheinbar stammelnden Laute, denen oft die äußerliche Kohärenz des Gedankens fehlt, sind magisch gebunden durch einen höheren Sinn. Einzelheiten vermag der von dem Gerank des zufälligen Einfalls »wie mit üppigem Kraut überwucherte« Geist nicht mehr zu vernieten, aber Hölderlin erreicht in seinem rhythmischen Taumel oft einen Tiefsinn der Rede, wie sie ihm das Wachsein niemals gegeben – »Göttersprüche regnen nieder, und es tönt im innersten Haine«. Was sein neues Gedicht, sein Hymnus an morgendlicher Klarheit, an Reinheit des Umrisses in der erhabenen Verwirrung verliert, ersetzt ihm dämonische Inspiration durch jähe Blitze des Geistes. Denn durchaus gewitterhaft, durchaus blitzhaft sind von nun ab Hölderlins dichterische Erleuchtungen: sie dauern nur kurz und brechen unvermutet aus dem finster rauschenden Gewölk seiner breithinrollenden Oden hervor, aber sie erhellen unendlichen Horizont. Und in diesem wunderbaren Wandeln ins Weglose hinein begibt sich da knapp vor dem Ende, knapp vor dem Absturz in den Abgrund noch das einzige Wunder: im tiefsten Labyrinth des Weges ertastet Hölderlin, was er einst bewußt mit wachen Sinnen vergeblich gesucht: *das griechische Geheimnis*. Auf allen Straßen der Kindheit hatte der Jüngling sein Hellas gesucht, vergebens Hyperion ausgesandt, es an allen Gestaden der Zeit und der Vergangenheit zu finden. Er hatte Empedokles beschworen von den Schatten und die Bücher der Weisen durchforscht, das »Studium der Griechen« hatte ihm »statt Freundesumgang gedient«; nur darum war er so fremd geworden seinem Vaterland, seiner Zeit, weil er ewig auf dem Wege nach diesem Traumgriechenland unterwegs gewesen war: und selbst erstaunend über diese Verzauberung seiner Sinne hatte er sich oft gefragt:

Und da, mitten im Chaos der Sinne, in der tiefsten Verklüftung des Geistes glänzt es ihm plötzlich glühend entgegen, das griechische Geheimnis. Wie Virgil den Dante, so führt Pindar den großen Verirrten der letzten Trunkenheit der hymnischen Rede entgegen. In den dröhnenden Gesängen, in den blockhaft chaotischen, felsig getürmten Übertragungen Pindars und Sophokles', erhebt sich Hölderlins Sprache über das bloß Hellenistische, bloß apollonisch Klare seines Anfangs: ungeheure Blöcke mykenischen Gesteins, eines mythischen Urgriechentums, ragen diese Transpositionen des tragischen Rhythmus in unsere laue, künstlich durchwärmte Sprachwelt. Nicht das Wort eines Dichters, nicht der nüchterne Sinn eines Verses ist da hinübergerettet von einem Ufer der Sprache zum anderen, sondern der feurige Kern der bildenden Leidenschaft noch einmal urmächtig entzündet. So wie im Organischen Geblendete deutlicher, gleichsam wacher hören, und wie ein abgestorbener Sinn die anderen sinnlicher, empfänglicher macht, so ist der Geist des Künstlers Hölderlin, seit sich ihm das klare Licht des nüchternen Verstandes verschlossen hat, unendlich offener für die rhythmischen Gewalten der Tiefe: in unbändiger Kühnheit preßt er die Sprache zusammen, bis ihr das melodische Blut aus allen Poren quillt, er bricht die Knochen des Satzbaus, daß sie geschmeidiger werden, und härtet wieder mit klirrendem Rhythmenschlag ihre tönende Spannung. Wie Michelangelo in seinen halbgestalteten Blöcken, so ist Hölderlin in seinen chaotischen Fragmenten vollendeter als die Vollendung selbst, die immer ein Ende ist: das Chaos, die Urmacht und nicht mehr eine einzelne dichterische Stimme wird in ihnen tönend und großer Gesang.

So herrlich, in purpurner Finsternis sinkt Hölderlins Geist in die Nacht. Wie sein Genius, der schwärmerische, so ist auch sein Dämon, der schwermütig-wilde, von göttlicher Gestalt. Wenn sonst bei dichterischen Gestalten das Dämonische durchbricht, ist die Flamme meist dunkel getrübt vom Fusel des Alkohols (Grabbe, Günther, Verlaine, Marlowe) oder vermengt mit dem schwelenden Weihrauch der Selbstbetäubung (Byron, Lenau): Hölderlins Trunkenheit aber ist rein und sein Hingang darum nicht Untergang, sondern heroische Rückflut in Unendlichkeit. Hölderlins Sprache vergeht im Rhythmus, sein Geist in großer Vision: er löst sich auf in sein eigenstes urtümliches Element. Noch sein Sinken ist Musik, sein Vergehen Gesang: gleich dem Euphorion, dem Symbol der Dichtung im »Faust«, dem tragischen Sohn deutschen und griechischen Geistes, stürzt nur das Zerstörbare, das Körperliche seines Wesens hinab ins Dunkel der Vernichtung. Die Leier aber schwebt silbern empor und steigt zu den Sternen.

16

SCARDANELLI

Der aber ist ferne, nicht mehr dabei,
Irr ging er nun, denn allzugut sind
Genien: himmlisch Gespräch ist sein nun.

Vierzig Jahre lang ist der irdische Hölderlin fortgetragen von der Wolke des Wahnsinns; was unterdessen auf Erden von ihm weilt, ist sein armes alterndes Schattenbild Scardanelli: denn so und nur so schreibt seine unbeholfene Hand unter die wirren Blätter mit Versen. Er hat sich selber vergessen und die Welt ihn.

In fremdem Haus bei dem braven Tischlermeister wohnt dieser Scardanelli bis tief ins neue Jahrhundert hinein. Ungerührt streicht die Zeit um das dämmernde Haupt, und endlich bleicht von ihrer blassen Berührung das einstens blondwallende Haar. Außen formt sich die Welt in Sturz und Wandel: Napoleon bricht ein in Deutschland und wird wieder vertrieben, von Rußland jagen sie ihn bis Elba und Sankt Helena, dort lebt er wie ein gefangener Prometheus noch zehn Jahre, stirbt und wird Legende – der Einsame in Tübingen weiß es nicht, der doch einst den »Helden von Arcole« besungen. Schiller, der Herr seiner Jugend, wird nachts von Handwerkern zur Grube gesenkt, sein Gebein modert Jahre und Jahre, dann sprengt sich die Gruft, Goethe hält den Totenschädel des geliebten Freundes sinnend in Händen, aber der »himmlische Gefangene« versteht nicht mehr das Wort Tod. Dann geht jener selber hinweg, der dreiundachtzigjährige Weise von Weimar geht in den Tod nach Beethoven und

Kleist und Novalis und Schubert; ja Waiblinger selbst, der als Student Scardanelli oft in seiner Zelle besuchte, wird eingesargt, indes jener noch »sein Schlangenleben« führt. Ein neues Geschlecht ersteht, Hölderlins verschollene Söhne, Hyperion und Empedokles, wandeln endlich geliebt und erkannt durch deutsches Land – aber kein Laut, keine Ahnung davon dringt in des Tübingers geistige Gruft. Er ist ganz jenseits aller Zeit, ganz im Ewigen, in Rhythmus und Melodie ertrunken.

Manchmal kommt ein Fremder, ein Neugieriger, den sagenhaft Verschollenen zu sehen. Am alten Stadtturm von Tübingen klebt ein kleines Häuschen, und oben im Erker, der vergittertes Fenster, aber freien Blick hat in die Landschaft, ist Scardanellis schmales Gelaß. Die braven Tischlersleute geleiten den Besucher hinauf zu einer kleinen Tür: hinter ihr hört man sprechen, aber niemand ist innen als der Kranke, der unaufhörlich in gehobener Sprache vor sich hin summt. Wie Psalmodieren läuft dieser wirre Sprudel von Worten ohne Form und Sinn ihm lose vom Munde. Manchmal setzt sich auch der Verworrene ans Klavier und spielt stundenlang; aber er findet keine Folge mehr, es wird keine Fülle von Tönen, sondern ein totes Harmonisieren, eine beharrliche fanatische Wiederholung derselben armen kurzen Melodie (und gespenstisch klappern die wildgewachsenen Fingernägel über die verstimmten Tasten). Immer aber ist es ein Tönen, ein Rhythmus, in dem der Verstoßene des Geistes weilt: wie bei der Äolsharfe der klingende Wind durch abgeschnittenes gehöhltes Rohr, zieht hier durch das ausgekohlte Gehirn noch der ewige Klang des Elements.

Endlich, von leisem Grauen bewegt, klopft der Horchende an die Tür: ein dumpfes, aufgescheuchtes und wahrhaft erschrockenes »Herein« antwortet. Eine hagere Gestalt, ein E.T.A. Hoffmannscher Kanzlist steht inmitten im kleinen Gemach, die zarte Figur nur wenig vom Alter gebeugt, obwohl das Haar schon weiß und dünn über die schön geschwungene Stirn fällt. Fünfzig Jahre Leiden und Einsamkeit haben den Adel des einstigen Jünglings nicht ganz zu zerstören vermocht; noch schneidet, nur geschärft an der Schneide der Zeit, die Linie rein die Silhouette von den zart gewölbten Schläfen zum herben Mund und geballten Kinn. Manchmal reißen die Nerven mit jähem Ruck quer durch das gequälte Gesicht: durch den ganzen Körper bis in die knöchernen Fingerspitzen zuckt dann der elektrische Schlag. Aber entsetzlich unbewegt bleibt dabei das einst so schwärmerische Auge: grauenhaft stumm und blicklos wie eines Blinden ruht seine Pupille stumpf unter den Lidern. Doch irgendwo glüht und flackert noch Wissen und Leben in diesem geisternden Schatten: schon bückt sich dienerisch und übertrieben mit unzähligen Verbeugungen und

Reverenzen wie vor unermeßlich hohem Besuch der arme Scardanelli. Ein Strom devoter Ansprachen »Eure Hoheit! Eure Heiligkeit! Eure Eminenz! Eure Majestät!« gurgelt erregt aus den beflissenen Lippen, und mit erdrückender Höflichkeit geleitet er den Gast zum ehrfürchtig hingeschobenen Stuhl. Ein wirkliches Gespräch kommt kaum in Gang, denn der Fahrige und Verwirrte vermag nicht einen Gedanken festzuhalten und logisch zu entwickeln; je krampfiger er sich bemüht, die Ideen zu ordnen, um so mehr verknäulen sich ihm die Worte zu einem dumpfen Sprudeln stammeriger Laute, die nicht mehr der deutschen Sprache angehören, sondern barocke, phantastische Lautgebilde sind. Einzelne Fragen versteht er noch mühsam, noch dämmert im verdunkelten Gehirn ein Schatten von Helligkeit, wenn man Schiller nennt oder sonst eine vergangene Gestalt anruft. Spricht aber ein Unvorsichtiger den Namen Hölderlins aus, so wird Scardanelli zornig und losfahrend. Allmählich wird der Kranke im verlängerten Gespräch unruhig und nervös, weil die Anstrengung des Denkens und die Qual der Zusammenfassung zu groß ist für sein ermüdetes Gehirn: so läßt ihn der Besucher, von Bücklingen und Reverenzen erschüttert, zur Türe begleitet.

Aber seltsam: in dem vollkommen Umnachteten, den man nicht mehr ins Freie lassen darf (weil die geistige Elite Deutschlands, die Herren Studenten, den Unglücklichen verhöhnen und durch Bierulk zu rabiatem Ausbruch treiben), in dieser ausgebrannten Asche eines eingestürzten Geistes bleibt ein Funke noch glühend bis zum letzten Tag: die Dichtung. Nur sie allein überlebt, symbolisch genug, den geistigen Untergang. Scardanelli dichtet, wie das Kind Hölderlin gedichtet haben mag. Stundenlang schreibt er ganze Bogen mit Versen und einer phantastischen Prosa voll – Mörike, der sie achtlos vertan, erzählt, man habe ihm diese Manuskripte »in Waschkörben zugetragen« –; und wenn ein Besucher ihn um ein Gedenkblatt bittet, so setzt er sich ohne Zögern hin und schreibt mit sicherer Hand (auch die Schrift ist unberührt von der Zerstörung) ganz nach Wunsch Verse über die Jahreszeiten oder Griechenland oder ein »Geistiges« hin, wie etwa dies:

Als wie der Tag die Menschen hell umscheinet
Und mit dem Lichte, das den Höhn entspringet,
Die dämmernden Erscheinungen vereinet,
Ist Wissen, welches tief der Geistigkeit gelinget.

Darunter schreibt er dann ein abstruses Datum (im Realen verläßt ihn sofort die Vernunft) und »mit Untertänigkeit Scardanelli«.

Diese Gedichte des erloschenen Wachsinns, diese Verse Scardanellis sind nun vollkommen von jenen der geistigen Dämmerung, der purpurnen Finsternis, von den schwellenden Oden der »Nachtgesänge« verschieden: in ihnen vollzieht sich eine geheimnisvolle Rückbildung zu den Anfängen. Keines von ihnen ist frei rhythmisch wie jene Hymnen an der Schwelle der Dunkelheit, alle kurzen Atems im Gegensatz zu jenen breiten rauschenden Strömen. Es ist, als ob der Ermüdbare und geistig Schwankende sich fürchtete, in freier Ode hinab in den reißenden Katarakt des Rhythmus zu stürzen; so hält er sich am Reim wie an einer Krücke. Keines von diesen Gedichten ist vernünftig im Sinne der Klarheit und keines gänzlich sinnlos; sie sind nicht mehr Form, sondern nur Klangform, irgendeinem Vagen der Bedeutung, das er nicht logisch mehr festzuhalten vermag, lyrisch nachgesprochen. Aber immerhin, diese Wahnsinnsgedichte Scardanellis sind doch noch Gedichte, indes jene der anderen Geisteskranken, etwa jene Lenaus aus der Winnenthaler Anstalt, ganz leer dem bloßen Klangreim nachtorkeln (»Die Schwaben, sie traben, traben, traben«). Noch wölben sich wolkig und undurchsichtig Vergleiche, noch wird erschütternd oft der Seelenzustand in einem Aufschrei wahr wie in jenem unvergleichlichen Vierzeiler:

> *Das Angenehme dieser Welt hab ich genossen.*
> *Der Jugend Freuden sind wie lang! wie lang! verflossen.*
> *April und Mai und Junius sind ferne,*
> *Ich bin nichts mehr, ich lebe nicht mehr gerne.*

Das sind Verse nicht so sehr eines Irren, als eines Kinddichters, eines geistig ganz zum Kinde gewordenen großen Dichters; sie haben das Naive und Zwanglose infantiler Anschauung, niemals aber etwas Abruptes und Monströses, eine närrische Überstiegenheit. Wie in der Fibel reiht sich Bild an Bild, und mit der Naivität des Klapphornverses reimt sich die erhoben gesprochene Zeile. Kann ein Kind, ein siebenjähriges, eine Landschaft reiner und einfältiger sehen als Scardanelli, wenn er dichtet:

> *Oh, vor diesem sanften Bilde,*
> *Wo die grünen Bäume stehn,*
> *Wie vor einer Schenke Schilde,*
> *Kann ich kaum vorübergehn.*
> *Denn die Ruh an stillen Tagen*
> *Dünkt entschieden trefflich mir.*
> *Dieses mußt du gar nicht fragen,*

Ohne Nachdenklichkeit, ganz nur vom zufälligen Wind des Gefühls getrieben, absolut improvisatorisch also, schweben Bilder musikalisch auf und vorbei, Spiel eines seligen Kindes, das nichts vom Wirklichen weiß als die Farben und die Klänge, das lose Verbundene der Formen. Wie eine Uhr, deren Zeiger zerbrochen sind und in der innen noch das Werk sinnlos weitertickt, so dichtet Scardanelli-Hölderlin ins Leere einer erloschenen Welt hinein: Atmen ist für ihn Dichten. Der Rhythmus überlebt in ihm den Verstand, die Poesie das Leben: so erfüllt sich in furchtbar tragischer Verzerrung doch noch der tiefste Wunsch seines Lebens, ganz Dichtung zu werden, mit der ganzen Existenz restlos im Poetischen aufzugehen. Der Mensch in ihm stirbt vor dem Dichter, die Vernunft vor der Melodie; und Tod und Leben zusammen gestalten ihm bildnerisch als Schicksal, was einstens sein seherischer Wunsch als das wahre Ende der wahren Dichter gekündet: »In Flammen verzehrt die Flamme zu büßen, die wir nicht zu bändigen vermocht.«

HEINRICH VON KLEIST

Die abgestorbne Eiche steht im Sturm,
Doch die gesunde stürzt er schmetternd nieder,
Weil er in ihre Krone greifen kann.

— *PENTHESILEA*

17

DER GEJAGTE

Ich bin dir wohl ein Rätsel.
Nun tröste dich; Gott ist es mir.

— *DIE FAMILIE SCHROFFENSTEIN*

Es gibt keine Windrichtung Deutschlands, in die er, der Ruhelose, nicht gefahren ist, es gibt keine Stadt, in der er, der ewig Heimatlose, nicht gehaust hat. Fast immer ist er unterwegs. Von Berlin saust er mit der rollenden Postkutsche nach Dresden, ins Erzgebirge, nach Bayreuth, nach Chemnitz, plötzlich jagt es ihn nach Würzburg, dann fährt er quer durch den napoleonischen Krieg nach Paris. Ein Jahr will er dort bleiben, aber schon nach wenigen Wochen flüchtet er in die Schweiz, wechselt Bern mit Thun, und Basel wieder mit Bern, fällt jählings wie ein geschleuderter Stein in Wielands stilles Haus zu Oßmannstedt. Und über Nacht treibt es ihn wieder fort, nochmals rennt er auf heißen Speichen über Mailand und die italienischen Seen nach Paris, stürzt sich sinnlos nach Boulogne mitten in eine fremde Armee und wacht dann plötzlich todkrank in Mainz auf. Und wieder wirft es ihn hinüber nach Berlin, nach Potsdam: ein Jahr lang nagelt ihn, den Unbeständigen, ersehntes Amt in Königsberg an, dann bricht er wieder los, will quer durch die marschierenden Franzosen nach Dresden, wird aber als vermeintlicher Spion nach Châlons geschleppt. Kaum befreit, flirrt er im Zickzack durch die Städte, stürmt von Dresden, mitten im österreichischen Krieg, nach Wien, wird bei Aspern während der Schlacht verhaftet und rettet sich nach Prag. Manchmal verschwindet er monatelang wie ein unterirdischer Fluß, taucht tausend Meilen weiter wieder auf: schließlich schleudert die Schwerkraft den Gejagten zurück nach Berlin. Ein paarmal zuckt er mit zerbrochenem Flügel noch hin und her, ein letztes Mal tastet er hinüber nach Frankfurt, bei der Schwester, bei den Verwandten ein Dickicht zu finden vor dem furchtbaren Jäger, der hinter ihm hetzt. Aber er findet keine Rast. So steigt er zum letztenmal in den Reisewagen (sein wahres, sein einziges Haus in all den vierunddreißig Jahren) und fährt hinaus an den Wannsee, wo er sich die Kugel in den Kopf schmettert. An einer Landstraße ist sein Grab.

Was treibt Kleist auf diesen Reisen? Oder vielmehr: was treibt ihn? Hier hilft keine Philologie: seine Reisen sind fast alle im letzten ganz sinnlos, sie haben keine Zwecke und kaum auch nur bestimmte Ziele. Sachlich sind sie nicht zu erklären. Was biedere Forschung da Gründe nennt, sind meist nur Vorwände, künstliche Masken vor dem Antlitz des Dämons. Nüchternen bleibt dieser ahasverische Trieb ewig rätselhaft: es ist darum auch kein Zufall, daß er dreimal als Spion verhaftet wird. In Boulogne rüstet Napoleon zur Landung in England – plötzlich torkelt wie ein Traumwandler der kaum entlassene preußische Offizier zwischen den Truppen herum. Ein Wunder rettet ihn vor dem Erschießen. Die Franzosen marschieren nach Berlin – gemächlich spaziert er durch die Kompanien, bis man ihn festnimmt und interniert. Bei Aspern kämpfen die Österreicher die entscheidende Schlacht: quer über die Walstatt wandert der Somnambule des Geistes, nichts anderes zur Legitimation in der Tasche als ein paar patriotische Gedichte. Ein solches sorgloses Verhalten ist logisch unerklärbar: hier waltet übermächtiger Zwang, waltet entsetzliche Ruhelosigkeit in einer selbstgequälten Seele. Man hat von geheimen Missionen gesprochen, die ihm anvertraut waren, um seine Fahrten zu erklären: das mag für die eine oder die andere gelten, nicht aber für die ewige Flucht seiner Existenz. In Wahrheit hat Kleist bei allen seinen Reisen kein Ziel.

Er hat kein Ziel, er pfeilt nicht einer Stadt, einem Land, einer Absicht zu – er schnellt sich nur ab von dem überspannten Bogen, fort von sich selbst. Er will sich entlaufen, etwas in sich gewaltsam überrennen, er wechselt (wie Lenau – ihm innig verwandt – einmal ähnlich in seinem Gedichte vom »Seelenkranken« sagt) die Städte wie ein Fiebernder die Kissen. Überall hofft er Kühlung, hofft er Genesung: aber wen der Dämon treibt, dem brennt kein Herd und wächst kein Dach. So stürzt Rimbaud die Länder entlang, so tauscht Nietzsche Ort und Ort und Beethoven Wohnung und Wohnung, so schleudert es Lenau von Kontinent zu Kontinent: sie alle haben die Peitsche, die furchtbare, der Lebensunruhe in sich, den tragischen Unbestand des Seins. Alle sind sie Getriebene einer unbekannten Macht, verurteilt, ihr niemals zu entrinnen: denn der sie treibt, kreist fiebrig in ihrem Blut, haust herrisch in der eigenen Stirn. Sie müssen sich vernichten, um den Feind in sich, ihren Herrn und Dämon, zu vernichten.

Kleist weiß, wohin es ihn treibt. Er weiß es von Anfang an – in den Abgrund. Nur weiß er nicht immer, ob er vor dem Abgrund flieht oder ihm entgegenrennt. Manchmal scheinen (Homburg verrät's vor dem offenen Grab) seine Hände ganz verkrampft an das Leben, ganz eingewühlt in die letzte Krume Erde, die ihn, den Stürzenden, halten soll. Dann sucht er Halt gegen das ungeheure Ziehen zur Tiefe, er sucht sich anzuketten an die Schwester, an Frauen, an Freunde, daß sie ihn halten. Und manchmal wieder strömt er beinahe über von lechzender Sehnsucht nach dem Ende, nach jenem letzten Hinab in die letzte Tiefe. Immer weiß er um den Abgrund, aber er weiß nicht, ob er vor ihm liegt oder hinter ihm, ob er das Leben ist oder der Tod. Kleistens Abgrund ist innen, darum kann er ihm nicht entlaufen. Er trägt ihn mit sich wie seinen Schatten.

So rennt er die Länder entlang wie eine jener lebenden Fackeln, wie die Märtyrerchristen, die Nero in Werg kleiden und dann anzünden ließ und die dann, ganz in Flammen gehüllt, liefen und liefen, ohne zu wissen wohin. Auch Kleist hat nie die Meilenzeiger an den Straßen gesehen: kaum daß er recht die Augen aufschlug in all den Städten, durch die er gefahren ist. Sein ganzes Leben ist ein einziges Flüchten vor dem Abgrund, ein einziges Zurennen gegen die Tiefe, eine entsetzlich qualvolle Jagd mit keuchenden Lungen und gepreßtem Herzen. Darum jener herrlich-entsetzliche Jubelschrei, als er endlich, der Qual müde, sich freiwillig in die Tiefe wirft.

Kleistens Leben ist nicht Leben, sondern einzig ein Zujagen auf das Ende, eine ungeheure Jagd mit ihrem tierhaften Rausch von Blut und Sinnlichkeit, von Grausamkeit und Grauen, umrauscht von allen Fanfaren der Erregung und dem Halali der spürenden Lust. Eine ganze Meute von Unglück hetzt hinter ihm her: wie ein gejagter Hirsch wirft er sich in das Dickicht, faßt manchmal mit jäher Wende des Willens einen der Hetzhunde des Schicksals, fällt sich sein Opfer – drei, vier, fünf blutheiße Werke, vom Stoß der Leidenschaft gefaßt – und jagt blutend weiter ins

Gestrüpp. Und wie sie schon meinen, ihn zu packen, die heißen Rüden des Schicksals, hebt er sich mit letzter Kraft herrlich auf und stürzt sich – ehe er Gemeinem zur Beute wird – mit einem erhabenen Sprung in den Abgrund.

18

BILDNIS DES BILDNISLOSEN

Ich weiß nicht, was ich Dir über mich
unaussprechlichen *Menschen* sagen soll.

— AUS EINEM BRIEF

Wir haben soviel wie kein Bildnis von ihm. Die höchst ungelenke Miniatur und das zweite, gleichfalls sehr minderwertige Porträt zeigen ein alltägliches, rundes Knabengesicht für den schon erwachsenen Mann, irgendeinen jungen deutschen Menschen mit schwarzem, fragendem Blick. Nichts deutet den Dichter darin oder bloß einen geistigen Menschen, kein Zug lockt die Neugier, die Frage auf nach der Seele unter diesem kalten Antlitz: man geht vorbei, ahnungslos, fremd, unbefriedigt, ohne Neugier. Kleistens Innen saß zu tief unter der Haut. Sein Geheimnis war nicht zu zeichnen und nicht zu malen aus seinem Gesicht.

Es ist auch nicht erzählt. Alle Wesensberichte seiner Zeitgenossen, selbst der Freunde, sind dürftig und sämtlich wenig sinnlich. Man spürt nur eines übereinstimmend aus allen: daß er unscheinbar, verborgen, von einer ganz seltsamen Unauffälligkeit in seinem Wesen wie in seinem Gesicht war. Er hatte nichts, was die Menschen um ihn zur Aufmerksamkeit zwang, er reizte den Maler nicht zur Zeichnung, er verlockte nicht die Dichter zum Bericht. Etwas Lautloses, Unbemerkbares, merkwürdig Unbetontes, etwas nicht nach außen Dringendes muß in ihm gewesen sein, eine Undurchdringlichkeit ohnegleichen. Hunderte sprachen mit ihm, ohne zu ahnen, daß er ein Dichter war; Freunde und Gefährten begegneten ihm Jahr und Jahr, ohne ein einziges Mal der Begegnung schriftlich, brieflich Erwähnung zu tun: kein Dutzend anekdotischer Schilderungen sind aus den vierunddreißig Jahren seines Lebens beisammen. Man erinnere sich, um besser das Schattenhafte von Kleistens Vorübergehen an seiner Generation zu fühlen, an Wielands Bericht, wie er Goethes Ankunft in Weimar schildert, den Feuerstreifen seiner Existenz, der jedem, dem er nur von ferne zuleuchtet, die Augen blendet; man gedenke der Bezauberung, die Byron und Shelley, die Jean Paul und Victor Hugo über die Zeit hinstrahlen und die sich tausendfach in Wort, Brief und Gedicht verrät. Niemand setzt auch nur die Feder an, eine Begegnung mit Kleist aufzuzeichnen; die drei Zeilen Clemens Brentanos sind noch das deutlichste, sinnlichste Porträt, das wir schriftlich besitzen: »ein untersetzter Zweiunddreißiger mit einem erlebten runden stumpfen Kopf, gemischtlaunig, kindergut, arm und fest«. Selbst sie, diese nüchternste Beschreibung, zeichnet noch mehr den Charakter als das Bild. Alle haben an seinem Wesen vorbeigesehen, kein einziger ihm in die Augen geschaut. Wem er erscheint, erscheint er immer nur von innen.

Das kam, weil seine Schale zu hart war (und dies ist ja in nuce die Tragödie seiner Existenz). Er hielt alles verschlossen in sich selbst. Seine Leidenschaften zuckten nicht hinauf bis in die Augen. Seine Ausbrüche zerbrachen unter der Lippe vor dem ersten Wort. Er sprach wenig, vielleicht aus Scham, weil seine Zunge schwer und stammerig ging, wahrscheinlich auch aus einer Unfreiheit des Gefühls, einer gewaltsamen Zugesperrtheit.

Erschütternd hat er selbst diese Unfähigkeit zur Rede, dieses heiße Siegel auf seiner Lippe, in einem Briefe bekannt. »Es fehlt«, schreibt er, »an einem Mittel zur Mitteilung. Selbst das einzige, das wir besitzen, die Sprache, taugt nicht dazu, sie kann die Seele nicht malen, und was sie uns gibt, sind nur zerrissene Bruchstücke. Deshalb habe ich jedesmal eine Empfindung wie ein Grauen, wenn ich jemandem mein Innerstes aufdecken soll.« So blieb er stumm, nicht aus Tumbheit oder Trägheit, sondern aus einer übermächtigen Keuschheit des Gefühls, und dies Schweigen, dies dumpfe, brütende, lastende Schweigen, mit dem er stundenlang zwischen den andern saß, war das einzige, was den Menschen an ihm auffiel, und dann noch eine gewisse Abwesenheit des Geistes, ein Verwölktsein mitten am klaren Tag. Er brach oft plötzlich ab in der Rede und starrte vor sich hin (immer hinein in den unsichtbaren Abgrund tief innen), und Wieland erzählt, daß er »bei Tische sehr häufig zwischen den Zähnen mit sich murmelte und dabei das Air eines Menschen hatte, der sich allein glaubt oder mit seinen Gedanken an einem anderen Ort oder mit ganz anderem Gegenstand beschäftigt ist«. Er konnte nicht plaudern und unbefangen sein, alles Konventionelle und Verbindliche fehlte ihm dermaßen, daß die einen »etwas Finsteres und Sonderbares« in dem steinernen Gaste unbehaglich ahnten, indes die andern seine Schärfe, sein Zynismus, seine gewaltsame Überwahrheit verdroß (wenn er einmal, durch sein eigenes Schweigen gereizt, aus sich gewaltsam vorbrach). Es wehte keine weiche Luft des Gespräches um sein Wesen, keine anschmiegende Sympathie strahlte von Antlitz und Wort. Die ihn noch am besten verstand, Rahel, hat es am besten gesagt, »es ging streng um ihn her«. Auch sie, die sonst so Schildernde und Erzählende, zeigt ihn nur von innen, nur die Atmosphäre seines Wesens, nicht seines Wesens plastisches Bild. So bleibt er uns der unsichtbare, der »unaussprechliche« Mensch.

Die meisten, die ihm begegneten, bemerkten ihn nicht, oder sie bogen an ihm vorbei mit einem Gefühl von Grauen und Peinlichkeit. Die ihn kannten, liebten ihn, und die ihn liebten, liebten ihn mit Leidenschaft: doch auch ihnen streifte in seiner Gegenwart noch kalt eine geheime Angst über die Seele und hinderte ihnen Herz und Hand. Wem der Verschlossene sich auftat, dem zeigte er seine ganze Tiefe. Aber jeder fühlte sogleich, daß diese Tiefe ein Abgrund war. Keinem wird wohl in seiner Nähe, und doch zieht er die Nächsten magisch an. Keiner verläßt ihn ganz, der ihn kannte, und doch hält keiner bei ihm durch: der Druck seiner Atmosphäre, die Überhitzung seiner Leidenschaft, die Übertreibung seiner Forderungen (von jedem fast fordert er gemeinsamen Tod!) sind zu übermächtig, daß ein zweiter sie ertrüge. Jeder will zu ihm, jeder scheut vor seinem Dämon zurück; jeder fühlt, daß er nur durch eine Spanne von Tod und Untergang getrennt ist. Wie ihn Pfuel in Paris abends nicht zu Hause findet, stürzt er in die Morgue, ihn unter den Selbstmördern zu suchen. Wie Marie von Kleist eine Woche lang nichts von ihm hört, jagt sie ihren Sohn: er soll ihn aufsuchen und Entsetzliches verhindern. Die ihn nicht kannten, halten ihn für gleichgültig und kalt. Die ihn kennen, schauern und erschrecken vor dem finsteren Feuer, das ihn verzehrt. So kann ihn keiner anfassen und stützen: den einen ist er zu kalt, den andern zu heiß. Nur der Dämon bleibt ihm getreu.

Er weiß es selbst, daß es »gefährlich ist, sich mit mir einzulassen«, wie er einmal sagt. Deshalb klagt er auch keinen an, der sich von ihm zurückgezogen; wer ihm nahe war, hat sich versengt an seinem Feuer. Wilhelmine von Zenge, seiner Braut, hat er durch Intransigenz seiner moralischen Forderungen die Jugend verstört, Ulrike, der Lieblingsschwester, das

Vermögen weggelebt, Marie von Kleist, die Herzensfreundin, läßt er leer und vereinsamt zurück, Henriette Vogel reißt er mit sich in den Tod. Er kennt die Gefährlichkeit seines Dämons, die furchtbare Fernwirkung seines Innern: so zieht er sich immer mehr, immer krampfhafter in sich selbst zurück, macht sich noch einsamer, als die Natur ihn schuf. Ganze Tage verbringt er in den letzten Jahren mit der Pfeife im Bett, schreibend und dichtend; selten nur geht er aus, und dann meist »in Tabagien und Kaffeehäuser«. Seine Unmitteilsamkeit wird immer vehementer, immer mehr geht er den Menschen verloren; als er im Jahre 1809 auf ein paar Monate verschwindet, notieren seine Freunde gleichgültig seinen Tod. Er fehlt niemandem, und endete er sein Leben nicht dann derart melodramatisch, so hätte keiner sein Fortsein bemerkt, so stumm, so fremd, so undurchdringlich war er der Welt geworden.

Wir haben kein Bild von ihm, kein Bild seines äußern Wesens und kaum eines seines Innern als die Spiegelschrift seines Werkes, seiner expansiven Briefe. Ein einziges Bild freilich gab es des Bildnislosen, ein wundervolles, das die wenigen erschütterte, die es gelesen, ein Bekenntnis im Geiste Rousseaus, eine »Geschichte meiner Seele«, die er kurz vor seinem Tode verfaßt hat. Aber wir kennen sie nicht, er hat das Manuskript verbrannt, oder die gleichgültigen Hüter seines Nachlasses haben es sorglos vertan so wie seinen Roman und manches andere Werk. So stürzt sein Antlitz ins Dunkel zurück, in dem es vierunddreißig Jahre geschattet. Wir haben kein Bild von ihm; wir kennen nur seinen finsteren Begleiter: den Dämon.

19

PATHOLOGIE DES GEFÜHLS

Verflucht das Herz, das sich nicht
mäßigen kann.

— PENTHESILEA

Die Ärzte, die, von Berlin herbeigeeilt, den noch warmen
Leichnam des Selbstmörders untersuchen, finden den Körper
gesund und lebenskräftig. In keinem Organ ist ein Gebrest
sichtbar und nirgends andere Todesurteile erkennbar als die gewaltsame,
als die Kugel, die sich der Verzweifelte mit zielsicherer Hand in den
Schädel gejagt. Um aber den Befund mit irgendeinem gelehrten Wort zu
verbrämen, schreiben sie in das Protokoll, der »p.p. Kleist« sei ein »san-
guino-cholericus in summo gradu« gewesen und daß man »auf einen krankhaften Gemütszustand« schließen könnte. Man sieht: verlegene Worte, ein
Befund a posteriori ohne Zeugnis und Beweis. Nur die Vorbedingungen
ihres Protokolls bleiben uns psychologisch wesenhaft, nämlich, daß Kleist
körperlich gesund und lebensfähig, daß seine Organe durchaus intakt
waren. Dem widersprechen auch die andern Zeugnisse seiner Biographie
nicht, die von geheimnisvollen Nervenzusammenbrüchen, von der
Stockigkeit seiner Verdauung, von mancherlei Leiden häufig berichten.
Kleistens Krankheiten waren (um einen Terminus der Psychoanalyse zu
gebrauchen) wahrscheinlich mehr Flucht in die Krankheit als eigentliches
Gebrest, vehemente Ruhebedürfnisse des Leibes nach den ekstatischen

Überspannungen der Seele. Seine preußischen Ahnen hatten ihm eine solide, fast allzu harte Physis vererbt: sein Verhängnis stak nicht im Fleisch, zuckte nicht im Blut, sondern schwärmte und gärte unsichtbar in seiner Seele.

Aber er war auch eigentlich nicht ein Seelenkranker, eine hypochondrische, misanthropisch-verdüsterte Natur (obwohl Goethe einmal absprechend sagt, »sein Hypochonder sei doch schon gar zu arg«). Kleist war nicht belastet, war nicht wahnsinnig, höchstens überspannt, wenn wir das Wort im sinnlichsten, wörtlichsten Sinn seines Ursprungs richtig aussprechen wollen (und nicht im verächtlichen, wie es der aufgeplusterte Primanerdichter Theodor Körner bei der Nachricht seines Freitodes vom »überspannten Wesen des Preußen« handhabt). Kleist war überspannt im Sinne von: zu viel gespannt, er war von seinen Gegensätzen ständig auseinandergerissen und beständig bebend in dieser Spannung, die, wenn der Genius sie berührte, gleich einer Saite schwang und klang. Er hatte zu viel Leidenschaft, eine maßlose, zügellose, ausschweifende, übertreiberische Leidenschaft des Gefühls, die beständig zum Exzeß drängte und doch nie in Wort oder Tat durchbrechen konnte, weil eine ebenso stark aufgetriebene und übertriebene Sittlichkeit, ein kantisches, überkantisches Pflichtmenschentum mit gewaltsamen Imperativen die Leidenschaft zurückstieß und versperrte. Er war leidenschaftlich bis zur Lasterhaftigkeit bei einem fast krankhaften Sauberkeitsempfinden, er wollte immer wahr sein und mußte sich immer verschweigen. Daher dieser Zustand ständiger Spannung und Stauung, diese unerträgliche Qual seelischen Auftriebs bei verpreßten Lippen. Er hatte zuviel Blut bei zuviel Hirn, zuviel Temperament bei zuviel Zucht, zuviel Gier bei zuviel Ethos und war ebenso übertreiberisch im Gefühl wie überwahrhaftig im Geist. So spannte sich der Konflikt immer gewaltsamer durch sein ganzes Leben; allmählich mußte der Druck zur Explosion führen, wenn sich kein Ventil auftat. Und Kleist (das war sein Verhängnis im letzten) hatte kein Ventil, keinen Ausstrom: im Wort gab er sich nicht her, nichts von seinen Spannungen floß ab in Gesprächen, in Spielen, in kleinen erotischen Abenteuern oder verschwemmte sich in Alkohol und Opium. Nur in den Träumen (in seinen Werken) tobten sich schwelgerisch seine wüsten Phantasien, seine überhitzten (und oft dunklen) Triebe aus; wenn er wach war, duckte er sie mit eherner Hand, ohne sie aber ganz töten zu können. Ein Schuß Laxheit, Indifferenz, Knabenhaftigkeit, Sorglosigkeit: und seine Leidenschaften hätten das böse Gehaben eingesperrter Raubtiere verloren; aber er, der Ausschweifendste, Schwelgerischeste im Gefühl, war ein Fanatiker der Zucht, er übte preußischen Drill gegen sich selbst und stand mit sich ständig im Widerstreit. Sein Inneres war wie ein unterirdischer Käfig niedergeduckter, aber nicht gezähmter Gelüste, die er mit dem rotglühenden Eisen gehärteten Willens immer zurückstieß. Aber immer sprangen die hungrigen Bestien wieder in ihm auf. Und schließlich haben sie ihn zerrissen.

Dieses Mißverständnis zwischen wahrem und selbstgewolltem Wesen, diese ständige Überspannung von Trieb und Widertrieb schuf seine Qual in Schicksal um. Seine Hälften paßten nicht zusammen und rieben sich ständig blutig: er war ein russischer Mensch, ein Maßloser, lechzend nach Überschwang und dabei eingeschnürt in den Waffenrock eines märkischen Adeligen; er hatte große Begierden und dabei das strikte imperativische Bewußtsein, er dürfe ihnen nicht nachgeben. Sein Intellekt verlangte nach Idealität, aber er forderte sie nicht wie Hölderlin (ein anderer Tragiker des Geistes) von der Welt: Kleist postulierte das Ethos nicht für die andern, sondern einzig für sich. Und wie alles, so übertrieb er – der furchtbarste Übertreiber jedes Gefühls, jedes Gedankens – auch diese Forderungen der Sittlichkeit: selbst die starre Norm hitzte er sich rotglühend bis zur Leidenschaft. Daß ihm keiner unter den Freunden, den Frauen, den Menschen genügte, hätte ihn nicht zerstört. Daß er sich selbst aber nicht gewachsen war, daß er sich, so heiß er war, nicht formen konnte, das vernichtete immer wieder seinen Stolz. Ständig hält er über sich Gericht, ein harter Richter – »es ging streng um ihn her«, wie Rahel sagte, und am strengsten in ihm selbst. Wenn er in sich hineinsah – und Kleist hatte den Mut, wahr zu sehn und bis in die letzte Tiefe zu sehn –, dann graute ihm wie einem, der Medusa erblickt. Er war ganz anders, als er sich wollte: und niemand wollte mehr von sich; kaum hat je ein Mensch höhere moralische Prätensionen an sich gestellt (bei so geringer Fähigkeit, ein kategorisches Ideal zu erfüllen) als Heinrich von Kleist.

Denn wirklich: ein ganzes Schlangennest von Dämonien brütete unter dem kühlen, verdeckten, undurchdringlichen Felsen seiner äußern Starre, und eine hitzte sich an der andern. Die Fremden haben niemals diesen höllischen Knäuel geahnt unter Kleistens kühler beherrschter Verschlossenheit, aber er selbst kannte es furchtbar gut, dies verknäuelte züngelnde Gezücht von Leidenschaft im untersten Schatten seiner Seele. Der Knabe schon hatte es entdeckt und blieb ein ganzes Leben davon verstört: die sinnliche Tragödie Kleistens beginnt früh, Überreiztheit war ihr Anfang, Überreiztheit ihr Ende. Es besteht kein Anlaß, prüde dieser intimsten Krise seiner Jugend auszubiegen, nachdem er sie selbst seiner Braut und seinem Freunde vertraut; und dann: sie ist der dichterische Einstieg hinab ins Labyrinth seiner Leidenschaft. Als junger Kadett hatte er, vor der

Kenntnis der Frau, das getan, was so ziemlich alle leidenschaftlichen Knaben seines Alters im Frühlingserwachen der Sexualität tun. Da er ein Kleist war, frönte er maßlos diesem Knabenlaster; da er ein Kleist war, litt er moralisch maßlos an dieser Schwäche seines Willens. Er fühlt sich von solcher Wollüstigkeit seelisch befleckt, körperlich schon zerrüttet, und seine gräßlich übertreibende Phantasie, die immer in furchtbaren Bildern schwelgt, täuscht ihm entsetzliche Folgen seines Knabenlasters vor. Was andere leicht überwachsen wie eine nichtige Schramme der Jugend, das frißt sich bei ihm wie ein Krebsgeschwür bis tief hinein in die Seele: schon verzerrt der Einundzwanzigjährige den (wohl bloß imaginären) Defekt seines Sexus zu Gigantenmaßen. Er schildert in einem Brief jenen (gewiß erfundenen) Jüngling im Spital, der an den »Verirrungen seiner Jugend« zugrunde geht, »mit nackten blassen ausgedörrten Gliedern, mit eingesenkter Brust, kraftlos niederhängendem Haupt« einzig sich selbst zu Warnung und Schrecknis; und man fühlt, wie dieser preußische Junker zerfressen sein muß von Selbstekel und Scham über die Erniedrigung, daß er sich nicht selbst gegen die eigene Lust zu verteidigen wußte. Und dazu kommt noch die wahrhaft tragische Steigerung, daß er, der sich sexuell unfähig fühlt, verlobt war mit einem keuschen, unwissenden Mädchen, dem er Sittlichkeit in spaltenlangen Exerzitien dozierte (indessen er sich selbst unsauber und beschmutzt empfand bis in den letzten Winkel seiner Seele), daß er ihr die ehelichen Pflichten erklärt und jene der künftigen Mutterschaft (indes er bezweifelt, je die eheliche Mannespflicht noch erfüllen zu können). Schon damals beginnt jene entsetzliche Überfülltheit in Kleist, die er scheu und schamhaft niederwürgt, bis ihm doch einmal die Lippe aufspringt und er einem Freund den Wahngedanken, die vermeintliche Schmach anvertraut, die ihn entnervt. Der Freund – Brockes hieß er – war kein Kleist, kein Übertreiber. Er übersah die Situation sofort in ihren klaren natürlichen Maßen, wies Kleist an einen Arzt in Würzburg, und in wenigen Wochen befreite ihn der Chirurg – scheinbar durch Operation, wahrscheinlich aber durch Suggestion – von der vermeintlichen Minderwertigkeit des Geschlechts.

Sein Sexus war nun organisch geheilt. Aber Kleistens Erotik ist niemals ganz normal, ganz begrenzt geworden. Es tut sonst in einer menschlichen Biographie nicht not, an das »Geheimnis des Gürtels« zu rühren; aber gerade dieser Gürtel verschließt Kleistens geheimste Kräfte, und trotz seiner eminenten Geistigkeit ist sein Wesen urtümlich von seinem merkwürdig oszillierenden und doch durchaus typischen erotischen Habitus bestimmt. Seine ganze schwelgerische, übertreiberische, zügellos ausschweifende Orgiastik, die gerne in Bildern wühlt und in Überschwängen sich ergießt, hat unzweifelhaft ihre Wesensart von jenen verborgenen Exzessen; und vielleicht hat niemals in der ganzen Literatur eine dichterische Phantasie so klinisch deutlich die Form einer vorlusthaften, sich schon an Träumen erhitzenden und an Träumen sich aufreibenden und erschöpfenden Knaben-Männlichkeit gehabt. Dichterisch sonst der sachlichste, taghellste Schilderer, wird Kleist in erotischen Episoden sofort schwelgerisch exzessiv, orientalisch-üppig, seine Visionen zu erregten Lustträumen, die sich in traumhaften Übersteigerungen überbieten (die Schilderungen der Penthesilea, das ewig wiederholte Bild der Perserbraut, die nackt von Sandel triefend aus dem Bade steigt) – an diesem Nerv ist sein ganzer so furchtbar verborgener Organismus gleichsam offen und zuckt bei der leisesten Berührung. Hier spürt man, daß der erotische Überreizungszustand seiner Jugend ein unausrottbarer war, daß diese chronische Entzündlichkeit seines Eros fortbestand, sosehr er sie niederzwang und in späteren Jahren auch verschwieg. Aber etwas kam da niemals mehr ins Gleichgewicht, nie hatte sich Kleistens Liebesleben jemals in irgendeiner Beziehung ganz einlinig, geradlinig auf der normalspurigen Bahn gesunder Männlichkeit bewegt; alle Beziehungen Kleistens behalten dieses Zuwenig und Zuviel in den wandelndsten Formen, sie schillern durcheinander in den seltsamsten und gefährlichsten Betonungen und Nuancierungen. Eben weil ihm die gerade Stoßkraft des Begehrens (vielleicht auch des Könnens) im Sexuellen fehlte, war er aller Vielfältigkeiten und Zwischengefühle fähig: darum auch seine magische Kenntnis aller Kreuzwege und Seitenschliche des Eros, all der Vermengungen und Verkleidungen des Gelüsts, dies merkwürdige Wissen um das Transvestitentum des Triebs. Selbst die ursprüngliche Zielrichtung gegen die Frau ist nicht ganz umwandelbar; während bei Goethe und den meisten Dichtern der Pol ganz rein der Frau zugewandt ist, sosehr er auch in vielfacher Schwingung pendelt, tastet Kleistens unbeherrschter Trieb allen Zielrichtungen zu. Man lese die Briefe an Rühle, Lohse und Pfuel: »Ich habe Deinen schönen Leib oft, wenn Du in Thun ... in den See stiegest, mit wahrhaft mädchenhaften Gefühlen betrachtet«, oder noch deutlicher, »Du stelltest das Zeitalter der Griechen in meinem Herzen wieder her, ich hätte bei Dir schlafen können« – und würde einen Homosexuellen in ihm vermuten. Aber Kleist ist nicht invertiert, seine Liebesempfindung hat nur exaltierte Gefühlsformen. Nicht minder glühend und voll jener erotischen Überhitzung der seelischen Empfindung schreibt er an die »Einzige«, an Ulrike, die aber seine Stiefschwester war (und seltsam das Weibische seines Empfindens parodierend, in Manneskleidern mit ihm reiste). Immer mengt er jeder Gefühlsregung das brennende Salz seiner übertriebenen Sinnlichkeit bei, immer verwirrt er so die Empfindungen. Bei Luise Wieland, der Dreizehnjährigen, kostet er den Reiz der geistigen Verführung ohne tätliche Beziehung, an Marie von Kleist drängt ihn mütterliches Gefühl, an die letzte Frau, an Henriette Vogel, bindet ihn gleichfalls kein Verhältnis (wie gräßlich doch diese Worte sind), sondern nur die wütige Todeswollüstigkeit. Nie ist eine Beziehung Kleistens zu einer Frau, zu einem Manne klar und einfach, nie eine Liebe, sondern immer ein Vermengtes, Übertriebenes, immer jenes Zuviel und Zuwenig, das seines Eros eigentliches Stigma bildet, immer geht er — wie Goethe mit magisch durchleuchtendem Worte von ihm sagte — »auf eine Verwirrung des Gefühls« aus. Nie schöpft, nie erschöpft er, so tief er sich auch aufwühlt, in einem Erlebnis seine Liebesgewalt, nie wird er (wie Goethe) frei durch Tat oder Flucht, immer bleibt er verhakt, ohne ganz zu erfassen, der »sinnlich übersinnliche Freier«, gehitzt von den feinen Giften seines Blutes. Auch in der Erotik ist Kleist niemals der Jäger, sondern der Gejagte, untertan dem Dämon der Leidenschaft.

Aber eben, weil Kleist sexuell so vieldeutig, so problemhaft, und gerade darum vielleicht, weil er da physisch nicht ganz vollwertig und einlinig war, übertrifft er alle andern Dichter um ihn an erotischem Wissen. Die überhitzte Atmosphäre seines Blutes, die ständig bis zum Zerreißen vehemente Straffung seiner Nerven treibt aus den Untergründen die geheimsten Rückstände des Gefühls heraus: die seltsamen Gelüste, die bei andern im Unterbewußten verdämmern und versickern, brechen bei ihm fieberfarben vor und durchschweben feurig den Eros seiner Gestalten. Durch die Übertreibung des Urelements — und Kleist ist Künstler einerseits durch Präzision der Beobachtung wie andererseits durch Übersteigerung des Maßes — reißt er jedes Gefühl bis ins Pathologische hinaus. All das, was man grobschlächtig die Pathologia sexualis nennt, wird in seinem Werke bildhaft in fast klinischen Bildern: Männlichkeit übertreibt er zur Männischkeit, zu Sadismus beinahe (Achill und Wetter vom Strahl), Leidenschaft zur Nymphomanie, Blutschwelgerei und Lustmord (Penthesilea), weibliche Hingabe zu Masochismus und Hörigkeit (Käthchen von Heilbronn); dazu mengt er noch all die dunklen Mächte der Seele, wie Hypnotik, Somnambulismus, Wahrsagerei. Alles, was in der Naturgeschichte des Herzens auf dem äußersten Blatte verzeichnet ist, das Exzentrische des Gefühls, das Herausgebogensein des Menschen über seinen letzten Rand, dies und gerade dies lockt ihn zu dichterischem Gebilde. Immer waltet dieser Charakter wüster, sinnlich überhitzter Träume in seinem Werke vor: er wußte die Kakodämonen, die glühenden Mächte seines Blutes, nicht anders zu beschwören, als daß er sie mit der

Peitsche der Leidenschaft hineintrieb in seine Gestalten. Kunst ist für ihn Exorzismus, Austreibung der bösen Geister aus dem gefolterten Leib ins Imaginäre. Sein Eros lebt sich nicht aus, sondern träumt sich bloß aus: daher diese Verzerrungen ins Gigantische und Gefährliche, die Goethe erschreckt und manchen Unbelehrten abgestoßen haben.

Aber nichts Fehlerhafteres, als darum in Kleist einen Erotiker zu sehen (der Eros deutet bloß immer sinnlicher als die nur geistigen Leidenschaften den Habitus jeder Natur). Zum Erotiker – im Sinne des Genießers, des Wollüstigen – fehlt ihm vollkommen das Moment der Lustbetonung. Kleist ist das Gegenteil eines Genießers, er ist der Erleider, der Gequälte seiner Leidenschaft, der Nichtverwirklicher, der Nichterfüller seiner heißen Träume: daher das Gestaute, Gepreßte, ewig Rückfließende und Aufkochende seiner Gelüste. Auch hier erscheint er wie überall als der Getriebene, als der Gejagte eines Dämons, ewig im Kampf mit seinen Zwängen und Drängen, entsetzlich leidend unter dieser Zwanghaftigkeit seiner Natur. Aber der Eros ist nur einer in der schäumenden Koppel, die ihn quer durch das Leben hetzt: seine andern Leidenschaftlichkeiten sind nicht minder gefährlich und blutgierig, denn jede treibt er ja – als der furchtbarste Übertreiber, den die neue Literatur kennt – bis in den Exzeß, jede Not der Seele, jedes Gefühl fiebert er ins Manische, ins Klinische, ins Selbstmörderische hinein. Ein Pandämonium der Leidenschaft tut sich auf, wo immer der Blick an ein Werk, an eine Wesensäußerung Kleistens tastet. Er war voll Haß, voll Ressentiment, ja voll gepreßter aggressiver Gereiztheit; und wie furchtbar diese enttäuschte Machtgier in ihm wühlte, spürt man, wo das Raubtier sich von der niederdrückenden Faust befreit und die Gewaltigsten, einen Goethe oder Napoleon, anspringt: »Ich will ihm den Kranz von der Stirne reißen«, das ist noch das mildeste Wort seines Hasses gegen den, zu dem er vordem »auf den Knien seines Herzens« gesprochen. Eine andere Bestie aus der fürchterlichen Meute der exzedierenden Gefühle: der Ehrgeiz, verschwistert einem tollen, halsbrecherischen Stolz, der jeden Einwand mit der Fußsohle zertritt. Dann ein dunkler saugender Vampir in Blut und Hirn: eine finstere Schwermut, aber nicht wie jene Leopardis und Lenaus ein passiver Seelenzustand, eine musikalische Dämmerung des Herzens, sondern »ein Gram, über den ich nicht Meister zu werden vermag«, wie er schreibt, eine aggressive glühende Todesfiebrigkeit, eine brennende Qual, die ihn wie Philoktet mit vergifteter Wunde in die Einsamkeit zurückjagt. Und daraus wieder eine neue Not: die Qual der Ungeliebtheit, die er im »Amphitryon« dem Gott der Schöpfung der Natur anvertrauen läßt, auch sie gesteigert zu einer Raserei der Einsamkeit. Was immer ihn bewegt, wird zu Krankheit und Exzeß: selbst die geistigen, die intellektuellen Neigungen zu Sittlichkeit, Wahrheit und Rechtlichkeit verzerrt sein Übermaß zu Leidenschaften, aus Rechtliebe wird Rechthaberei (Kohlhaas), aus Wahrheitsdrang ein wühlerischer Fanatismus, aus Sittlichkeitsbedürfnis eine eiskalte überspitzte Dogmatik. Immer schießt er über sich hinaus, immer bleibt der Widerhaken des rückstürzenden Pfeils im Fleische, das allmählich durchätzt wird von allen Laugen und Bitternissen der Enttäuschung. Denn all diese passionierten Triebe, diese aufreizenden virulenten Gifte können nicht aus ihm ganz heraus und geraten in gefährliche Gärung: es fehlt (wie in seinem Eros) die Entladung in die Tat. Sein Haß gegen Napoleon schwelgt im Gedanken, ihn zu ermorden, die Franzosen niederzuknüppeln – aber er faßt nicht den Dolch und nicht einmal in Reih und Glied das Gewehr. Sein Ehrgeiz will im »Guiskard« Sophokles und Shakespeare in einem überbieten – aber das Stück bleibt Ohnmacht und Fragment. Seine Schwermut drängt sich an die andern und sucht durch zehn Jahre vergebens Begleiter in den Tod – aber er wartet zehn Jahre, bis er endlich in einer krebskranken enttäuschten Frau die Gefährtin findet. Sein Tatdrang, seine Kraft füttern nur seine Träume und machen sie wild und blutrünstig. So wächst alle Leidenschaft in ihm, von der Phantasie unablässig gehitzt, tropisch auf zu einer Überreiztheit und Spannung, die ihm manchmal die Nerven durchriß, aber doch, nach Hamlets Wort, »dies allzu harte Fleisch« nicht zu schmelzen vermag. Vergebens stöhnt er »Ruhe, Ruhe vor den Leidenschaften«, aber sie lassen ihn nicht, und bis in das letzte Rinnsal seiner Werke zischt der heiße Dampf, die Hypertrophie des Gefühls. Sein Dämon läßt nicht die Peitsche von ihm: er muß weiter durch das Gestrüpp seines Schicksals in ewiger Jagd bis zum Abgrund.

Ein von allen Leidenschaften Gejagter – das ist Kleist wie keiner. Aber nichts wäre irrtümlicher, als in ihm darum einen zügellosen Menschen zu sehn, denn das ist ja seine äußerste Qual, seine ureigene Tragik, daß er sich, mit allen Geißeln und Nattern seiner Leidenschaften fortgepeitscht, ständig zügelt, daß dieser starre Zaum seines Willens ihn zurückreißt, während er vorwärts will. Sonst steht bei jener ihm so tief verwandten Art der sich selbst zerstörende Dichter, bei Günther, bei Verlaine, Marlowe, einer überschwingenden Leidenschaft ein ganz schwacher weibischer Wille entgegen, und sie werden überflutet und zermalmt von ihren Trieben. Sie vertrinken, verspielen, vergeuden, verlieren sich, sie werden zerrieben von dem innern Wirbel ihres Wesens: sie stürzen nicht jählings ab, sondern rutschen allmählich hinunter, sie fallen von Stufe zu Stufe mit immer schwächerem Widerstand des Willens. Bei Kleist aber steht – und hier, nur hier ist die Wurzel der Kleistischen Tragödie – einer dämonisch starken Leidenschaftlichkeit der Natur ein gleich dämonischer Wille des Geistes entgegen (so wie im Werk ein wilder, berauschter Visionär sich einem kalten, nüchternen, unerhört klarsichtigen Könner und Errechner paart). Auch sein Gegenwille gegen das Triebhafte ist überstark wie der Trieb selbst, und diese widersätzliche Doppelstärke steigert seinen innern Kampf ins Heroische. Manchmal erscheint er selbst wie sein Guiskard, der in seinem innersten Zelte (in seiner Seele) durchschwärt von Beulen, durchfiebert von allen bösen Säften, leidet, aber durch die Kraft seines Willens sich aufrafft und, mit ungeheurer Geste seinem Geheimnis die Kehle verschließend, vor die Menschen tritt. Kleist gibt sich nicht einen Fußbreit nach, er läßt sich nicht willenlos in den eigenen Abgrund hinabziehen: ehern stemmt sich der Wille gegen dies ungeheure Ziehen seiner Leidenschaft:

> *Steh, stehe fest wie das Gewölbe steht*
> *Weil seiner Blöcke jeder stürzen will.*
> *Beut deine Scheitel, einem Schlußstein gleich,*
> *Der Götter Blitzen dar und rufe: trefft!*
> *Und laß dich bis zum Fuß herab zerspalten,*
> *Solang ein Atem Mörtel und Gestein*
> *In dieser jungen Brust zusammenhält.*

– diese heilige Hybris setzt er dem Schicksal entgegen, und gegen die Selbstvernichtung dämmt er herrisch und stark den leidenschaftlichen Trieb zur Selbsterhaltung, zur Selbsterhöhung. So wird Kleistens Leben zu einer Gigantomachie, zum Riesenkampf einer übersteigerten Natur: seine Tragik ist nicht, daß er wie die meisten Menschen von dem einen zuviel und von dem andern zuwenig hatte, sondern er hatte von beidem zuviel; zuviel Geist bei zuviel Blut, zuviel Sittlichkeit bei zuviel Leidenschaft, zuviel Zucht bei zuviel Zügellosigkeit. Er war einer der überfülltesten Menschen, und die »unheilbare Krankheit«, von der dieser »schön intentionierte Körper« ergriffen war (wie Goethe sagt), eigentlich Überkraft. Darum mußte er sich selbst zersprengen wie ein überhitzter Kessel: sein Dämon war nicht das Urmaß, sondern sein Übermaß.

2 0

LEBENSPLAN

Alles liegt in mir verworren wie die
Wergfasern im Spinnrocken.

— AUS EINEM JUGENDBRIEF

Kleist hat dieses Chaos seines Gefühls früh in sich gefühlt. Der Knabe schon und viel stärker dann der zwanzigjährige Gardeoffizier spürt schon halb unbewußt den innern übermächtigen Schwall des Gefühls gegen die enge Welt. Aber er meint, diese Verwirrung und Befremdung sei nur Gärung der Jugend, unglückliche Einstellung ins Leben und vor allem Mangel an Vorbereitung, an System, an Erziehung. Und wahrhaft fürs Leben erzogen war Kleist ja niemals worden: aus dem verwaisten Elternhaus kommt er in eines emigrierten Predigers Zucht, dann in die Kadettenschule, wo er Kriegskunst lernen soll, indes seine heimlichste Neigung Musik ist, dieser erste Ausbruch seines Gefühls ins Unendliche. Aber nur heimlich ist es ihm gestattet, die Flöte zu spielen (meisterlich soll er sie gehandhabt haben), tagsüber hat er Kommißdienst in dem harten preußischen Heere, Exerzierfron auf den öden Sandkarrees seiner Heimat. Und der Feldzug von 1793, der ihn schließlich in einen wirklichen Krieg wirft, ist der jämmerlichste, kläglichste, langweiligste, unheroischeste der deutschen Geschichte. Nie hat er seiner wie einer Kriegstat Erwähnung getan: einzig in einem Gedicht an den Frieden atmet er seine Sehnsucht aus, dieser Sinnlosigkeit zu entrinnen.

Der Waffenrock drückt ihm zu eng die aufgeweitete Brust. Er fühlt in sich Kräfte gären und fühlt auch, daß sie aus ihm nicht wirksam in die Welt treten könnten, solange er sie nicht zu disziplinieren weiß. Niemand hat ihn erzogen, niemand ihn belehrt: so will er sein eigener Pädagog sein, sich »einen Lebensplan zimmern« oder, wie er sagt, »richtig leben«; und da er ein Preuße ist, so muß sein erster Gedanke der einer Ordnung sein. Er will Ordnung in sich schaffen, »richtig leben«, nach Prinzipien, nach Ideen, nach Maximen, und er glaubt, er könne dies Chaos in sich durch eine geregelte, eine schematische, eine gemäße Existenz zähmen, um »in ein konventionelles Verhältnis zur Welt zu kommen«. Sein Grundgedanke ist: jeder Mensch müsse einen Lebensplan haben, und dieser Wahn läßt ihn fast bis an sein Lebensende nicht mehr los. »Ein freier denkender Mensch bleibt da nicht stehen, wo der Zufall ihn hinstößt ... er fühlt, daß man sich über sein Schicksal erheben könne, ja, daß es im richtigen Sinn selbst möglich sei, das Schicksal zu leiten. Er bestimmt nach seiner Vernunft, welches Glück für ihn das höchste sei, er entwirft sich seinen Lebensplan ... Solange ein Mensch noch nicht imstande ist, sich selbst einen Lebensplan zu bilden, solange ist und bleibt er unmündig, er stehe nun als Kind unter der Vormundschaft seiner Eltern oder als Mann unter Vormundschaft des Schicksals« – so philosophiert der Einundzwanzigjährige und meint des Fatums zu spotten. Noch weiß er nicht, daß sein Schicksal innen ist und zugleich jenseits seiner Macht.

Aber gewaltsam stößt er sich in das Leben ab. Er zieht den Soldatenrock aus – »Der Soldatenstand«, schreibt er, »wurde mir so verhaßt, daß es mir nach und nach lästig wurde, zu seinem Zwecke mitwirken zu müssen.« Aber wie nun, einer Zucht entronnen, sich selbst eine andere finden? Ich sagte schon, Kleist müßte kein Preuße sein, wenn sein erster Gedanke nicht Ordnung gewesen wäre. Nun: und er müßte kein Deutscher sein, wenn er für diese innere Ordnung nicht alles von der Bildung erhoffte. Bildung, das ist das Arkanum des Lebens für ihn wie für jeden Deutschen; lernen, viel aus Büchern lernen, in Vorlesungen sitzen, Kollegbücher schreiben, den Professoren lauschen – so malt sich dem Jugendlichen der Weg in die Welt. Mit Maximen und Theorien, mit Philosophie und Naturkunde und Mathematik und Literaturgeschichte hofft Kleist den Weltgeist zu fassen, den Dämon in sich zu bannen. Und so wirft sich der ewige Übertreiber wie ein Rasender in das Studium hinein. Alles, was er tut, was er anfaßt, durchglüht er mit seinem dämonischen Willen: er berauscht sich geradezu an der Nüchternheit und macht aus dem Pedantismus eine Orgie. Wie seinem deutschen geistigen Ahn, wie dem Doktor Faust, ist ihm die weitausholende, schritthafte Linie zu den Wissenschaften zu langsam: mit einem Sprung will er alles erraffen und aus dem Wissen endlich das Leben selbst, die »wahre« Form des Lebens erkennen. Denn er glaubt ja, verführt von den Schriften der Aufklärungszeit, mit der ganzen Fanatik seines Triebwillens an die Erlernbarkeit der »Tugend« im Sinne der Griechen, an eine Lebensformel, durch die man sich Wissen und Bildung errechnen könne, um sie dann wie ein Schema, wie eine Logarithmentafel von Fall zu Fall zu exemplifizieren. Darum lernt er wie ein Verzweifelter, bald Logik, bald reine Mathematik, bald Experimentalphysik, dann wieder Lateinisch und Griechisch, und all das »mit einem mühsamsten Fleiße«. Man spürt deutlich, daß er die Zähne zusammenpressen muß, um durchzuhalten: »Ich habe mir ein Ziel gesetzt, das die ununterbrochene Anstrengung aller meiner Kräfte und die Anwendung jeder Minute Zeit erfordert, wenn es erreicht werden soll«, aber dies »Ziel« will sich immer und immer noch nicht zeigen. Er lernt ins Leere, und je mehr er an einzelnen Kenntnissen hastig zusammenballt, um so weniger erkennt er das innere Ziel. – »Mir ist keine Wissenschaft lieber als die andere – soll ich immer von einer Wissenschaft zur anderen gehen, und immer nur auf ihrer Oberfläche schwimmen und bei keiner in die Tiefe gehen?« Vergebens predigt er, nur um sich selber von der Nützlichkeit seines Tuns zu überzeugen, seiner Braut in pedantischer Weise eine pedantische Mechanik des sittlichen Verhaltens, monatelang quält er das arme Mädchen wie der versessenste Schulmeister mit läppischen vernünftlerischen Fragen und Antworten, die er ihr säuberlich, um sie »auszubilden«, aufschreibt: nie war Kleist antipathischer, unmenschlicher, schulfuchshafter, verpreußter als in jener unglückseligen Epoche, wo er den Menschen in sich mit Büchern und Kollegien und Präzepten sucht, nie sich selber, seinem glühenden Wesenskern fremder, als da er sich zum Bürger, zum nützlichen Menschen zu ertüchtigen strebt.

Aber er soll dem Dämon nicht entrinnen, indem er Bücher und Pandekten über ihn stülpt: aus den Büchern schlägt die furchtbare Flamme ihm eines Tages schreckhaft entgegen. Plötzlich, in einer Stunde, in einer Nacht ist Kleistens erster Lebensplan vernichtet. Er hat Kant gelesen, den Urfeind aller deutschen Dichter, ihren Verführer und Zerstörer, und dies kalte überklare Licht blendet ihm den Blick. Entsetzt muß er seine höchste Überzeugung, den Glauben an die Heilkraft der Bildung, an die Erkennbarkeit der Wahrheit bankerott erklären: »Wir können nicht entscheiden, ob das, was wir Wahrheit nennen, wahrhaft Wahrheit ist oder ob es uns nur so scheint.« Die »Spitze dieses Gedankens« durchbohrt ihn »im heiligsten Innern« seines Herzens, und erschüttert ruft er in einem Briefe aus: »Mein einziges, mein höchstes Ziel ist gesunken, und ich habe nun keines mehr.« Der Lebensplan ist vernichtet, Kleist wieder allein mit sich selbst, mit diesem furchtbaren lastenden geheimnisvollen Ich, das er nicht zu bändigen weiß. Gerade, daß er – wie immer – als der maßlos Leidenschaftliche sein ganzes Sein, seine unumschränkte geistige Existenz auf eine Karte setzt, macht diese seine seelischen Niederbrüche so furchtbar und gefährlich. Wenn Kleist seinen Glauben verliert oder seine Leidenschaft, verliert er immer alles: denn dies ist seine Tragik und seine Größe, sich immer ganz und restlos in ein Gefühl hineinzutreiben und niemals den Weg zurückzufinden, sich nie anders also befreien zu können als durch Explosion und Zerstörung.

So wird er auch diesmal durch Zernichtung frei. Er zerschellt den Becher, aus dem er sich durch Jahre selig berauscht, klirrend und mit einem Fluch an der Wand des Schicksals. Die »traurige« Vernunft, so nennt er die fortab, die bisher sein Idol gewesen, er flieht die Bücher, die Philosophie, die Theoreme – und flieht, als der ewige Übertreiber, wieder zu weit hinüber bis an das andere Ende. »Mir ekelt vor allem, was Wissen heißt«: mit einem Ruck wirft er sich herum in das Gegenteil, reißt seinen Glauben aus sich wie einen weggelebten Tag aus dem Kalender, und der gestern noch in Bildung die Rettung, im Wissen die Magie, in der Kultur das Heil, im Studium die Wehrkraft gesehen, schwärmt nun für Dumpfheit, die Unbewußtheit, für das Primitive, für das Tierhaft-Vegetative. Sofort – Kleistens Leidenschaft kennt nicht das Wort Geduld – ist ein neuer Lebensplan gezimmert, gleich schwach in der Konstruktion, gleichfalls ohne jedes Fundament der Erfahrung: nun will der preußische Junker plötzlich »ein dunkles, stilles, unscheinbares Leben«, will Bauer werden, in jener Einsamkeit wohnen, die Jean-Jacques Rousseau seiner Zeit so verführerisch erfunden; nichts verlangt er mehr, als das, was die persischen Magier als das Gott Wohlgefälligste bezeichnen: »ein Feld zu bebauen, einen Baum zu pflanzen und ein Kind zu zeugen«. Kaum daß der Plan ihn faßt, reißt er ihn schon mit: in der gleichen Geschwindigkeit, mit der Kleist weise werden wollte, begehrt er nun dumpf zu werden. Über Nacht verläßt er Paris, wohin er »vom Studium einer traurigen Philosophie verwirrt« geflüchtet war, über Nacht schleudert er seine Braut von sich, nur weil sie nicht sofort sich auf den neuen Lebensplan umstellen kann und Bedenken äußert, ob sie, die Tochter eines hohen Generals, sich als Magd in Feld und Stall zu betätigen vermöchte. Aber Kleist kann nicht warten: ist er von einer Idee besessen, so brennt er im Fieber. Er studiert landwirtschaftliche Bücher, arbeitet mit den Schweizer Bauern, fährt kreuz und quer durch die Kantone, um für sein letztes Geld sich ein Gut (mitten im kriegsdurchwühlten Land) zu kaufen; selbst wenn er das Nüchternste will, Gelehrsamkeit oder Agrikultur, so kann er es nicht anders als dämonisch tun.

Seine Lebenspläne sind wie Zunder: sie flammen auf bei der ersten Berührung mit der Wirklichkeit. Je mehr er sich müht, desto mehr muß ihm mißlingen, denn sein Wesen ist Zerstörung durch Übertreibung. Was Kleisten gelingt, geschieht wider seinen Willen: immer vollbringt die dunkle Macht in ihm, was sein Wille nie geahnt. Und während er in Bildung und dann wieder in Unbildung, in diesen überhitzten Pedanterien seiner Vernunft den Ausweg sucht, hat der Trieb, die dunkle Willensgewalt seines Wesens, sich schon frei gemacht: wie ein Geschwür ist, während er mit Salben und Verbänden vernünftlerisch sein inneres Fieber heilen will, die geheime Gärung aufgebrochen, der gefesselte Dämon hat sich losgerissen ins Gedicht. Ein Traumwandler des Gefühls, ganz absichtslos hatte Kleist in Paris »Die Familie Schroffenstein« begonnen, zaghaft seinen Freunden diese ersten Versuche gezeigt: aber kaum, daß er die Möglichkeit erkennt, endlich, endlich einmal durch ein aufgerissenes Ventil das Übermaß seines Gefühls zu erleichtern, kaum daß er spürt, wie hier allein in dieser Welt der Grenzen, Umschnürungen und Maße seiner Phantasie Freiheit gegeben ist, so rast schon sein Wille in diese Unendlichkeit hinein (auch hier gleich gierig, in erster Stunde an ihr letztes Ende zu gelangen). Die Dichtung ist Kleistens erste Befreiung: jauchzend gibt er (der ihm zu entkommen wähnte) sich an den Dämon zurück und wirft sich in seine eigene Tiefe wie in einen Abgrund.

Ach, es ist unverantwortlich, den Ehrgeiz in uns zu erwecken – einer Furie
zum Raube sind wir hingegeben.

— AUS EINEM BRIEF

Wie aus einem Gefängnis stürmt Kleist in das gefährlich Grenzenlose der Dichtung hinein. Endlich eröffnet sich seinem gärenden Drang Möglichkeit der Entladung; die eingeengte Phantasie kann sich zerteilen in Gestalten, verströmen im schwelgenden Wort. Aber einem Kleist wird nichts zur Lust, weil er kein Maß kennt. Kaum daß er das erste Werk beginnt, kaum daß er wagt, sich als Gestalter, als Dichter zu fühlen, will er schon sofort der größte, herrlichste, der gewaltigste Dichter aller Zeiten sein und stellt bereits an sein Erstlingswerk den frevlerischen Anspruch, die großartigsten Werke der Griechen und der Klassik zu übertreffen. Mit dem ersten Ansprang alles erreichen; damit ist jene Kleistische Übertreibung nun ins Literarische pervertiert. Andere Dichter beginnen zaghaft mit Hoffnungen und Träumen, mit Versuchen und Bescheidungen; Kleist aber, ständig in Superlativen lebend, verlangt vom ersten Versuch gleich das Unerreichbare. Sein »Guiskard«, den er (nach seinem fast traumwandlerischen Frühwerk, den Schroffensteinern) beginnt, soll, ja muß die mächtige Tragödie aller Zeitalter sein. Mit einem Ruck will er in die Ewigkeit hinein; nie hat die Literatur eine titanischere Vermessenheit gekannt als Kleistens Forderung nach Unsterblichkeit gleich mit dem ersten Ausbruch seiner Kraft. Jetzt erst sieht man, wieviel Hochmut in dem überheizten Kessel seiner Brust heimlich verschlossen war: in dampfenden Worten zuckt und zischt er heraus. Wenn ein Platen von Odysseen und Iliaden faselt, die er schaffen will, so ist das ungläubige Selbstbeschwätzung einer schwachen Natur. Aber Kleisten ist es ehern ernst mit seinem Wettstreit wider die Götter des Geistes; wenn ihn eine Leidenschaft packt, so treibt er sie (und sie wiederum ihn) ins Maßlose, und von dieser Stunde der Klarheit über seine Mission wird der Ehrgeiz zur fast tödlichen Aufbietung seines ganzen Seins. Seine Hybris ist lebenswahr, todeswahr, als er sich nun, ein Desperado des Lebens, in trotziger Herausforderung der Götter an ein Werk wirft, das (wie er Wieland suggeriert) »die Geister des Äschylos, Sophokles und Shakespeare« in sich vereinigen soll. Immer setzt Kleist sein Ganzes auf eine Karte. Und von nun ab heißt sein Lebensplan nicht mehr leben und richtig leben, sondern Unsterblichkeit.

Kleist beginnt sein Werk im Spasma, in der letzten Entzückung und Trunkenheit. Alles, auch das Schaffen, verwandelt sich ihm zur Orgie; Lust- und Qualschreie brechen aus seinen Briefen stöhnend oder schwelgend hervor. Was andere Dichter ermutigt und bekräftigt, die Ermunterung durch Freundeswort, läßt ihn taumeln in Angst und Lust, so furchtbar ist sein ganzes Sein erregt von der Alternative des Gelingens oder Versagens. Was andern Glück ist, wird ihm (hier wie immer) Gefahr, denn bis an den letzten Lebensnerv drängt er die große Entscheidung. »Der Anfang meines Gedichtes, das der Welt Deine Liebe zu mir erklären soll«, schreibt er seiner Schwester, »erregt die Bewunderung aller Menschen, denen ich es mitteile. O Jesus! Wenn ich es doch vollenden könnte! Diesen einzigen Wunsch soll mir der Himmel erfüllen, und dann, mag er tun, was er will.« Auf diese einzige Karte Guiskard setzt er sein ganzes Leben. Eingegraben auf seiner Insel im Thuner See in die Arbeit, ganz hinabgetaucht in den eigenen Abgrund, kämpft er den Jakobskampf mit dem Engel, mit dem Dämon, daß er ihn freilasse. Manchmal jauchzt er auf in frenetischer Verzückung. »In kurzem werde ich Dir viel Frohes zu schreiben haben; denn ich nähere mich allem Erdenglück«; dann wieder erkennt er, was für finstere Mächte er aus sich beschworen hat: »Ach, der unselige Ehrgeiz, er ist ein Gift für alle Freuden.« In Sekunden der Zernichtung möchte er sterben — »Ich bitte Gott um den Tod«, dann wieder überfällt ihn die Angst, er »möchte sterben, ehe ich meine Arbeit vollendet habe«. Nie hat vielleicht ein Dichter erbitterter, mit einem rasenderen Einsatz seiner ganzen Existenz um sein Werk gerungen als Kleist in jenen Wochen der Ureinsamkeit auf der kleinen Insel im Thuner See. Denn dieser Guiskard ist mehr als bloß literarischer Spiegelschein inneren Wesens: hier in dieser titanischen Gestalt will er die ganze Tragödie seiner Existenz darstellen, das ungeheure Wollen des männlichen Geistes, indes der Körper geheim unterwühlt ist von Schwächen und Schwären. Vollenden bedeutet hier: genesen, Sieg eine Erlösung, der Ehrgeiz die Selbsterhaltung: darum dieser ungeheure Krampf, diese gleichsam zu Muskeln straff gespannten Nerven. Es ist Ringen um eine Lebensentscheidung, das spürt er und die Freunde mit ihm, die ihm raten: »Sie müssen den Guiskard vollenden und wenn der ganze Kaukasus und Atlas auf Sie drückte.« Nie wieder hat sich Kleist so tief in ein Werk hineingeworfen, einmal, zweimal, dreimal schreibt er die Tragödie hintereinander, um sie wieder zu zerstören, er weiß jedes Wort darin so auswendig, daß er bei Wieland sie frei aus dem Gedächtnis rezitieren kann. Monatelang wälzt er den überwuchtigen Stein zur Höhe, immer rollt er wieder die Tiefe hinab: ihm ist es nicht gegeben wie Goethe im Werther, im Clavigo, mit einem Ruck sich von seinem Seelengespenst zu entlasten, zu fest ist der Dämon in seine Seele verklammt. Endlich sinkt ihm zerbrochen die Hand: »Der Himmel weiß, meine teuerste Ulrike (und ich will umkommen, wenn es nicht wörtlich wahr ist)«, stöhnt der Ermattete auf, »wie gern ich einen Blutstropfen aus meinem Herzen für jeden Buchstaben eines Briefes gäbe, der so anfangen könnte: mein Gedicht ist fertig. Aber, Du weißt, wer, nach dem Sprüchwort, mehr tut, als er kann. Ich habe nun ein Halbtausend hintereinander folgender Tage, die Nächte der meisten mit eingerechnet, an den Versuch gesetzt, zu so vielen Kränzen noch einen auf unsere Familie herabzuringen: jetzt ruft mir unsere heilige Schutzgöttin zu, daß es genug sei ... Töricht wäre es wenigstens, wenn ich meine Kräfte länger an ein Werk setzen wollte, das, wie ich mich endlich überzeugen muß, für mich zu schwer ist. Ich trete vor einem zurück, der noch nicht da ist, und beuge mich, ein Jahrtausend im voraus, vor seinem Geiste.«

Eine Sekunde scheint es, als wollte Kleist sich beugen vor dem Geschick, als hätte sein leuchtender Geist Macht über sein rasendes Gefühl. Aber in ihm waltet noch finster der Dämon des Unmaßes: er kann die heldenhafte Haltung des großen Verzichtes nicht durchhalten, sein Ehrgeiz, einmal aufgepeitscht, läßt sich nicht wieder zurückzäumen. Vergebens suchen die Freunde seine dumpfe Verzweiflung aufzurütteln, vergebens raten sie ihm zu einer Reise in hellere Landschaft: was als erheiternder Ausflug gedacht war, wird zu sinnloser Flucht von Ort zu Ort, von Land zu Land. Flucht vor den fürchterlichsten Gedanken. Das Mißlingen des Guiskard ist der Dolchstoß für Kleistens rasenden Stolz, und in jäher Umschaltung ersetzt jetzt den herrischen, himmelstürmenden Hochmut das alte nagende Minderwertigkeitsgefühl. Noch einmal wiederholt sich der entsetzliche Angstgedanke seiner Jugend, die Angst vor der Impotenz, vor dem Nicht-Können, nun aber gegen die Kunst gewandt. Wie damals als Mann, fürchtet er jetzt, sich als Dichter nie mehr ganz bewähren zu können, und (wie damals) die Schwäche gewaltsam übertreibend, stöhnt er schäumend auf: »Die Hölle gab mir meine halben Talente, der Himmel schenkt dem Menschen ein ganzes oder gar keins.« Kleist, der Maßlose, aber kennt nur das Alles oder das Nichts, Unsterblichkeit oder Untergang.

So wirft er sich ins Nichts, so geschieht die wahnsinnige Tat, eine Art ersten Selbstmordes (schwerer vollbracht als später sein Freitod): in Paris, fiebernd angelangt von sinnloser Fahrt, verbrennt er den »Guiskard« und seine andern Entwürfe, um sich vor ihrem herrischen Begehren nach Unsterblichkeit zu retten. Nun ist der Lebensplan zerstört: immer in solchen Augenblicken taucht, magisch aufgerufen, sein Gegenspieler auf: der Todesplan. Und befreit von dem Dämon des Ehrgeizes, schreibt er jenen unsterblichen Brief, den schönsten vielleicht, den ein Künstler im Augenblick des Mißlingens gestaltet: »Meine teure Ulrike! Was ich Dir schreiben werde, kann Dir vielleicht das Leben kosten; aber ich muß, ich muß, ich muß es vollbringen. Ich habe in Paris mein Werk, soweit es fertig war, durchgelesen, verworfen und verbrannt: und nun ist es aus. Der Himmel versagt mir den Ruhm, das größte der Güter der Erde; ich werfe ihm, wie ein eigensinniges Kind, alle übrigen hin. Ich kann mich Deiner Freundschaft nicht würdig zeigen, ich kann ohne diese Freundschaft doch nicht *leben*: ich stürze mich in den Tod. Sei ruhig, Du Erhabene, ich werde den schönen Tod der Schlachten sterben ... ich werde französische Kriegs- dienste nehmen, das Heer wird bald nach England hinüberrudern, unser aller Verderben lauert über den Meeren, ich frohlocke bei der Aussicht auf das unendlich-prächtige Grab.« Und tatsächlich stürzt er sich mit schon verdunkelten Sinnen, wahnsinnig über die vollbrachte Tat, quer durch Frankreich, nach Boulogne, wird mühsam von dem erschreckten Freunde zurückgebracht und liegt dann monatelang geblendeten Geistes bei einem Arzte in Mainz.

So endet Kleistens erster ungeheurer Ansprung. Mit einem Riß wollte er sein ganzes Inneres, den Dämon, nach außen reißen; aber er zerreißt sich bloß die Brust, und in seinen blutenden Händen bleibt ein Torso, frei- lich einer der herrlichsten, die je ein Dichter geschaffen. Nichts vollendet er als – symbolisch genug – jene Szene des Willenstrotzes Guiskards, wie er sein Leiden, seine Schwächen ehern überwindet, aber Byzanz ist nicht erreicht, das Werk nicht vollendet. Doch schon dieser Kampf um die Tragödie ist eine heroische Tragödie. Nur wer die ganze Hölle in sich trug, konnte so um Gott ringen, wie es Kleist mit diesem Werke wider sich selber getan hat.

DER ZWANG ZUM DRAMA

Ich dichte bloß, weil ich es nicht lassen kann.

— *AUS EINEM BRIEF*

Mit der Vernichtung des »Guiskard« meint der Gequälte den unbarmherzigen Gläubiger, den furchtbaren Verfolger in sich erdrosselt zu haben. Aber der Ehrgeiz, der grauenhaft aus den heißesten Adern emporgestiegene Dämon seines Lebens, ist nicht tot: die unselige Tat war so sinnlos, wie wenn einer sein Spiegelbild im Spiegel erschießt; nur das drohende Bild zerklirrt, nicht der Doppelgänger, der in ihm weiterlauert. Kleist kann sowenig mehr von der Kunst zurück wie der Morphinist vom Morphium; endlich hat er ein Ventil gefunden, auf kurze Spanne das entsetzliche Übermaß seines Gefühls, den Aufschwall der Phantasien aus sich zu entladen, sich auszuschwelgen in dichterischen Träumen. Vergebens wehrt er sich, aber er kann, der Kongestionierte seiner Gefühle, jenen heißen Aderlaß nicht mehr entbehren, der ihn befreit. Und dann: das Vermögen ist aufgezehrt, die militärische Karriere verdorben, nüchterner Beamtenfron widert seiner gewaltsamen Natur, so hilft nichts, obwohl er gemartert aufschreit: »Bücherschreiben für Geld — oh, nichts davon.« Die Kunst, die Gestaltung wird zwanghaft Form seiner Existenz, der dunkle Dämon hat Gestalt angenommen und wandert mit ihm in die Werke. Alle Lebenspläne, die er methodisch entworfen, sind zerfetzt vom Sturm des Schicksals: nun lebt er den Willen, den dumpfen und weisen seiner Natur, die aus unendlicher Qual des Menschen Unendliches zu formen liebt.

Wie ein Zwang, wie ein Laster liegt von nun ab die Kunst auf ihm. Daher auch das merkwürdige Zwanghafte, das explosiv Losgerissene seiner Dramen. Sie sind alle – mit Ausnahme des »Zerbrochenen Krugs«, der spielhaft, einer Wette zuliebe, aus freilich nervigstem Handgelenk produziert war – Ausbrüche seines innersten Gefühls, Flucht aus der Hölle seines Herzens; sie haben alle einen überreizten Schreiton, gleichsam den gellen Ton eines Erstickenden, der plötzlich Luft findet, sie sind knallhaft weggeschnellt von überstraff gespannten Nerven, sie sind – man verzeihe das Bild, ich weiß kein wahreres – herausgespritzt aus innerster Erhitzung und Bedrängnis, wie der Same des Mannes heiß vom Blute aus dem Geschlecht fährt. Sie haben wenig Befruchtung vom Geiste, sind kaum überschattet von der Vernunft – nackt, oft schamlos nackt, stoßen sie ins Unendliche hinein aus einer unendlichen Leidenschaft heraus. Jedes einzelne treibt ein Gefühl, ein Übergefühl in seinen Superlativ, in jedem einzelnen explodiert eine andere Glutzelle seiner gestauten, aller Instinkte trächtigen Seele. Im »Guiskard« speit er wie einen Blutsturz seinen ganzen promethidischen Ehrgeiz aus sich heraus, in der »Penthesilea« überschwelgt sich seine sexuelle Hitze, in der »Hermannsschlacht« tobt sich sein bis zur Bestialität hochgetriebener Haß aus – alle drei haben sie mehr das Fieber seines Bluts in den Adern als die Außentemperatur des realen Lebens, und selbst in den linderen, vom eigenen Ich mehr weggebogenen Werken, wie im »Käthchen von Heilbronn« und den Novellen, vibriert noch die elektrische Spannung seiner Nerven. Allerorts ist, wo man Kleisten folgt, magische und dämonische Sphäre, Dämmerung und Verschattung des Gefühls, und dann dies grelle Aufblitzen von großen Gewittern, jene dumpfe, gepreßte Luft, die auf seinem eigenen Herzen ein ganzes Leben lang lastend lag. Dieses Zwanghafte, diese schwefelig-feurige Atmosphäre von Entladung macht die Dramen Kleistens so großartig, sonderbar; auch jene Goethes sind ja Lebensverwandlungen, aber doch nur episodische, sie sind nur Entladungen, Entlastungen einer bedrückten Seele, Selbstrechtfertigungen, Flucht und Ausflucht.

Nie aber haben sie jenes Gefährlich-Explosive, jenes Vulkanische wie die Kleistens, wo Lavatrümmer aus der untersten, unzugänglichsten, aus der tödlichsten Tiefe des Herzens mit solchem plötzlichen Druck herausgeschleudert werden. Diese Gewaltsamkeit des Ausbruches, dies Schaffen auf der Klippe zwischen Tod und Leben ist es ja auch, was Kleist etwa von Hebbels kostümierten Gedankenspielen unterscheidet, wo die Problematik aus dem Hirn kommt, nicht aus der untersten vulkanischen Tiefe der Existenz, oder von jenen Schillers, die nur großartige Konzeptionen und Konstruktionen sind, aber doch irgendwie außerhalb und unbedrohlich hinter der eigenen Not und Urgefahr der Existenz stehen. Nie ist ein deutscher Dichter so tief mit seiner ganzen Seele ins Drama hineingefahren, nie hat sich einer so sehr die Brust mörderisch mit seiner Dichtung aufgesprengt: nur Musik ist sonst so vulkanisch, so zwanghaft, so selbstschwelgerisch entstanden, und gerade dieser gefährliche Charakter hat den gefährdetsten unter den Musikern, Hugo Wolf, magisch angezogen, noch einmal in der »Penthesilea« diesen innersten Ausbruch der vorgepeitschten Leidenschaft auftönen zu lassen.

Diese Nötigung, dies Zwanghafte bei Kleist, drückt es aber nicht sublim die Forderung aus, die zweitausend Jahre früher Aristoteles an die Tragödie stellt, daß sie »von einem gefährlichen Affekt durch dessen vehemente Entladung sich reinige?« In den Attributen »gefährlich« und »vehement« liegt die eigentliche Betonung, und wie für Kleist scheint darum die Vorschrift geschrieben, denn wessen Affekte waren gefährlicher als die seinen, wessen Entladungen vehementer? Er war nicht (wie Schiller) Bewältiger seiner Probleme, sondern ein Besessener: gerade aber diese Unfreiheit macht seinen Ausdruck so gewaltsam, so konvulsivisch. Sein Schaffen kennt nicht ein betrachtsames, planhaftes Nach-außen-Stellen, sondern nur Wegschleudern, ein tollwütiges Losringen aus äußerster, fast tödlich geengter innerer Not. Jeder Mensch in seinem Werke empfindet (wie er selbst) das ihm auferlegte Problem als einzig weltwesentlich, jeder ist bis zur Narrheit erfüllt von seinem Gefühl: jedem geht es in jedem Falle um das Ganze, um das Ja und Nein der ganzen Existenz. Alles wird Kleist in sich (und darum in seinen Menschen) zur Schneide, zur Krise: die Not des Vaterlandes, die andere nur zu einer wortreichen Pathetik aufschwellte, die Philosophie (die Goethe nur kontemplativ-skeptisch verfolgte, gerade so viel aufnehmend, als seinem geistigen Wachstum förderlich war), der Eros und das Leiden Psyches, alles das wird Fieber und Manie, ein Urleiden, das den ganzen Menschen zu zerstören droht. Das nun macht Kleistens Leben so dramatisch, seine Probleme so tragisch, daß sie nicht wie jene Schillers poetische Fiktionen bleiben, sondern grausame Realitäten seines Gefühles werden: darum die wahrhaft tragische Atmosphäre in seinem Werk, die kein anderer deutscher Dichter ähnlich dargestellt hat. Die Welt, das ganze Leben ist bei Kleist in einen Spannungszustand verwandelt: die Unfähigkeit, irgend etwas leichtzunehmen, die Strenge der Auffassung muß jeden seiner Menschen, Kohlhaas wie Homburg und Achill, notwendig in einen Konflikt mit seinen Gegenspielern führen, und da diese Widerstände (wie seine eigenen) gleichfalls ins Gewaltige gesteigert und übersteigert sind, entsteht mit Urnotwendigkeit, nicht zufällig, sondern schicksalhaft, dramatisches Dasein, tragische Sphäre.

Naturhaft, zwanghaft kommt Kleist also zur Tragödie: nur sie konnte die schmerzhafte Gegensätzlichkeit seiner Natur verwirklichen (indes die Epik konziliantere, lässigere Formen frei läßt, fordert das Drama äußerste Zuspitzung und war darum seinem übertreiberischen, extravaganten Charakter einzig willkommen). Goethe hat ein wenig ironisch von dem »unsichtbaren Theater« gesprochen, für das jene Stücke bestimmt seien: dies unsichtbare Theater war für Kleist die dämonische Natur der Welt, die aus gewaltsamer Entzweiung, aus dem Diametralen des Gegensatzes solche Spannung und Bewegung schafft, daß sie freilich ein Schaugerüst zersprengen und überströmen mußte. Keiner war und wollte weniger Praktiker sein als Kleist: er wollte sich entladen und entlasten, alles Spielhafte und Zweckhafte widerspricht der leidenschaftlichen Unruhe seines Charakters. Seine Konzeptionen haben etwas durchaus Zufallhaftes und Lässiges, seine Bindungen sind locker, alles Technische al fresco hingezeichnet (von eiliger und ungeduldiger Hand): wo sein Griff nicht genial ist, tappt er daneben ins Theatralische, selbst ins Melodramatische, er verfällt stellenweise ins Niederste der Vorstadtkomödie, des Ritterschauspiels, des Zaubertheaters, um mit einem Sprung, mit einem Riß wieder (ähnlich wie Shakespeare) in der erhabensten Sphäre des Geistes zu sein. Stoff ist ihm nur Vorwand und Materie, das Durchgluten mit Leidenschaften dagegen die wahre Leidenschaft. So schafft er die Spannung oft mit den niedersten, unbeholfensten, weggeborgtesten Mitteln (Käthchen von Heilbronn, Schroffensteiner); aber ist er dann gehitzt zur Leidenschaft, ist er in sein Urelement des Gegensätzlichen einmal mit der treibenden Dampfkraft seiner Seele eingetreten, so schafft er Intensitäten ohnegleichen. Immer muß er deshalb ganz tief hinab, darum bedarf er, wie Dostojewski, der langwierigen Vorbereitungen, der raffiniertesten Verwirrungen, der labyrinthischen Unterstiege. Im Anfang seiner Dramen sind die Tatsachen, die Situation (Zerbrochener Krug, Guiskard, Penthesilea) auf das dichteste verknäult, gleichsam erst das Gewölk geschaffen, aus dem das dramatische Gewitter dann erst losfahren kann, und er liebt diese gestaute, unübersichtliche, überfüllte Atmosphäre, weil sie in Verwirrung, Verstrickung und Weglosigkeit so recht die seiner Seele ist – Verwirrung der Situation entspricht da jener »Verwirrung des Gefühls«, die Goethe, den Klardämonischen, so sehr bei ihm beängstigte. Und gewiß steckt am Grunde dieses gewaltsamen Verbergens, dieses Rätselratens und Versteckens ein Schuß perverser Qualfreude, ein Vorlustgenießen im Spannen und Retardieren, ein Lüsteln und Zündeln mit der eigenen, der fremden Ungeduld. So rühren, ehe sie das Gefühl auflodern lassen, Kleistens Dramen schon aufreizend an die Nerven: wie Tristanmusik schaffen sie gern mit einer schwelgerischen Monotonie, mit spannenden Andeutungen und aufregenden Undeutlichkeiten eine Vibration des Gefühls. Einzig im »Guiskard« reißt er mit einem Ruck gleich einem Vorhang die ganze Situation tagklar auf – sonst beginnt bei ihm jedes Drama (Homburg, Penthesilea, Hermannsschlacht) mit einer Verwirrtheit der Situation und der Charaktere, aus der dann lawinenhaft anschwellend die Urleidenschaft der Gestalten losbricht und schmetternd gegeneinanderstößt. Manchmal überrennen und zerbrechen sie dann in ihrem Überschwang die vorgezeichnete fragile Konzeption: außer im »Homburg« hat man fast immer das Gefühl bei Kleist, als hätten seine Gestalten sich seiner Hand im Fieber entrissen und wären weiter hinausgestürmt ins Überdimensionale, hinaus in Stärken des Gefühls, wie sie der wache Traum weder gewagt noch gewollt. Nicht wie Shakespeare bewältigt er seine Gestalten und Probleme: sie reißen ihn über sich selbst hinaus. Sie folgen dem dämonischen Anruf, jede ein Zauberlehrling, und nicht dem klaren planenden Willen: im höheren Sinn ist Kleist unverantwortlich für sie wie für Worte, die man aus Träumen spricht und die ungehemmt die wahrsten Wünsche verraten.

Dieses Zwanghafte, Unfreie, dies Müssen über dem eigenen Willen waltet auch in seiner dramatischen Sprache: sie ist wie der Atem eines Aufgeregten, manchmal sich schäumend überstrudelnd und übersprudelnd, manchmal knapp aussetzend, ein Keuchen nur oder ein Schrei oder ein Schweigen. Unablässig fährt sie ins Gegenteilige: manchmal herrlich bildhaft in ihrem Lakonismus, erzgeprägt in ihrer starren Verhaltenheit, schmilzt sie in der Überhitze des Gefühls hemmungslos hyperbolisch über. Oft gelingen ihm einzige Ballungen, bluthaft strotzend wie kraftgeschwellte Adern, dann platzt wieder die aufgebrochene Empfindung bombastisch entzwei. Solange er sie zäumt, die Sprache, ist sie männisch und stark: aber wenn die Empfindung leidenschaftlich wird, entreißt sich ihm das Wort und schwelgt alle seine Träume bildend aus. Nie hat Kleist seine Rede ganz in der Macht: er krümmt, er verbiegt, er dehnt und windet gewaltsam die Sätze, um sie hart zu machen, er spannt (der ewige Übertreiber) sie oft so auseinander, daß man die Enden kaum wieder zusammenfindet; aber immer nur über das einzelne hat er Gewalt und Geduld: nie strömen die ganzen Verse ineinander zu melodischem Fluß, es spritzt, es schäumt, es gischtet und zischt von Leidenschaften. So wie seine Menschen, wenn er sie in sein Fieber gejagt, ihre Überschwänge, so kann er schließlich die Worte nicht mehr im Zügel halten: wenn Kleist sich frei gibt (und in der Produktion entkettet er sein tiefstes Selbst), so wird er überrast und überrannt von seinem Übermaß. Darum gelingt ihm auch kein einziges Gedicht (außer jener magischen Todeslitanei), weil Stauung und Niedersturz nie ein reines ebenmäßiges Strombild schaffen, sondern quirlend gegeneinanderwühlen: sein Vers geht ebensowenig ruhig und melodiös wie sein Atem. Erst der Tod erlöst ihn zu Musik, zum letzten Entströmen.

Treiber und Getriebener, Anpeitschender und selbst Gejagter, so steht Kleist mitten zwischen seinen Gestalten, und was diese seine Dramen so eminent tragisch macht, ist weniger ihr episodischer Einzelfall, sondern der ungeheuer verwölkte Horizont, der sie großartig ins Heroische aufweitet und erhöht. Der Riß, der jedem seiner Helden durch die Brust geht, ist für ihn Teil des ungeheuren Sprunges, der das ganze Weltall unheilbar spaltet und es zu einer einzigen Wunde, zu einem ewigen Leiden verwandelt. Wieder hat Nietzsche die Wahrheit seherisch gefühlt, wenn er von Kleist sagte, daß Kleist sich »mit der unheilbaren Seite« der Natur befasse, denn oftmals sprach er von der »Gebrechlichkeit der Welt«, ihm war sie unheilbar, nie ganz zu vereinen, schmerzliche Ungelöstheit und Unlösbarkeit. Damit gewinnt er aber die wahrhafte Einstellung des Tragikers: nur wer die Welt unablässig als Vorwurf empfindet, im doppelten Sinne des Worts, als Stoff und als Anklage zugleich, der kann als Kläger und Richter Mund um Mund, Rede um Rede dramatisch auftun und jeden sein Recht haben lassen wider das ungeheure Unrecht der Natur, die den Menschen so fragmentarisch, so zerteilt, so ewig unbefriedigt gemacht. Freilich ist solche Vision der Welt nicht hellen Auges zu sehen. Goethe hatte ironisch einem andern Verdunkelten, Arthur Schopenhauer, in sein Stammbuch geschrieben:

Willst du dich deines Wertes freuen,
So mußt der Welt du Wert verleihen.

Nun, niemals konnte Kleistens tragische Anschauung sich entschließen, wie Goethe der Welt »Wert zu verleihen«, und wahrhaft hat es sich darum auch ihm erfüllt, daß er sich nie »seines Wertes freuen« durfte. An seiner eigenen Unzufriedenheit mit dem Kosmos gehen alle seine Geschöpfe zugrunde: tragische Kinder eines echten Tragikers wollen sie ewig über sich hinaus und mit dem Kopf durch die starre Wand des Schicksals. Goethes Konzilianz, die sich weise resignierend mit dem Leben abfand, mußte sich unwillkürlich seinen Figuren, seinen Problemen mitteilen, die darum niemals antike Größe erreichten, selbst wenn sie sich Gewand und Kothurn borgten. Auch die tragisch konzipierten, wie Faust und Tasso, beschwichten und beruhigen sich und werden »gerettet« vor ihrem letzten Selbst, vor ihrem heiligen Untergang. Er wußte, der Urweise, um das Zerstörerische der wahren Tragik (»es würde mich zerstören«, bekennt er, wenn er eine wirkliche Tragödie schriebe); er sah mit seinem Adlerblick die ganze Tiefe der eigenen Gefahr, aber er war zu vorsichtig-weise, sich niederzustürzen. Kleist dagegen war heldenhaft unweise, er hatte den Mut und die Besessenheit zur letzten Tiefe: wollüstig jagte er seine Träume und seine Gestalten in die äußersten Möglichkeiten hinab, wohl wissend, daß sie ihn mitreißen würden in das heilige Verhängnis. Er sah die Welt als Tragödie, so schuf er Tragödien aus seiner Welt und formte als ihre letzte und höchste sein eigenes Leben.

23
WELT UND WESEN

Froh kann ich nur in meiner eigenen Gesellschaft sein, weil ich da ganz
wahr sein darf.

— AUS EINEM BRIEF

Kleist hat wenig von der Wirklichkeit gewußt, aber unendlich
viel von der Wesenheit: er lebte fremd, ja feindlich inmitten
seiner Zeit und Sphäre, verstand der anderen Menschen
Lauheit und Verbindlichkeit kaum mehr, als sie seine eigenbrötlerische
Stockigkeit, seine fanatische Übertreiblichkeit. Seine Psychologie war
wehrlos, vielleicht sogar augenlos gegenüber dem allgemeinen Typus,
gegen alle Erscheinungen mittleren Maßes: erst wo er Gefühle gewaltsam
vergrößert, Menschen in höhere Dimensionen steigert, beginnt sein seherischer Sinn. Nur in den Leidenschaften, im Übermaß der innern ist er der
äußern Welt verbunden, nur dort, wo die Natur der Menschen dämonisch,
wo sie abgründig und unvermutet wird, hört seine Isolierung auf: wie
manche Tiere sieht er nicht klar im Licht, sondern erst im Zwitterschein
des Gefühls, in Nacht und der Dämmerung des Herzens. Das Unterste,
das Vulkanisch-Feuerflüssige der Menschennatur scheint seiner wahren
Sphäre einzig glühend verwandt. Er war zu ungeduldig, um kühl zu beobachten, um auf die Dauer realistisch zu experimentieren – so beschleunigt
er durch Erhitzung das Wachstum der Geschehnisse zu einer wilden
Tropik: nur das Glühende, der leidenschaftliche Mensch wird ihm zum

Problem. Im letzten hat er keine Menschen geschildert, sondern sein Dämon hat den Bruder in ihnen hinter aller Irdischkeit erkannt, die Dämonie der Gestalten, die Dämonie der Natur.

Darum sind alle seine Helden so gleichgewichtslos: sie sind alle mit einem Teil ihres Wesens schon über die Sphäre des täglichen Lebens hinaus, jeder einzelne ein Übertreiber seiner Leidenschaft. Alle diese unbändigen Kinder seiner exzessiven Phantasie sind, wie Goethe von der Penthesilea sagte, »aus einem sonderbaren Geschlecht«, und jeder trägt seines Wesens Zug, das Nicht-Konziliante, das Herbe, Eigenwillige und Unbeeinflußbare: auf den ersten Blick erkennt man ihr Kainszeichen, daß sie zerstören müssen oder selbst zerstört werden. Alle haben sie diese sonderliche Mischung von Heiß und Kalt, von Zuwenig und Zuviel, von Brunst und Scham, von Überfließen und Verhalten, dies Wetterwendische und Wetterleuchtende, die bis zum Blitz elektrisch geladenen Nerven. Alle beunruhigen sie selbst den, der sie lieben will (wie Kleist selbst seine Freunde): deshalb ist ihr Heldentum nie populär, nie verständlich für das deutsche Volk geworden, niemals ein Schullesebuch-Heldentum. Selbst das Käthchen, das nur einen Schritt noch ins Banale, ins Butzenscheibenhafte zurücktreten müßte, um ins Volkhafte zu Gretchen und Luise hinüberzugehen, hat einen kranken Zug in der Seele, ein Übermaß der Hingabe, das der gemeine Sinn nicht versteht, so wie Hermann wieder, der Nationalheld, einen Schuß zuviel Politik und heuchlerische Geschicklichkeit, zuviel Talleyrand hat, um vaterländische Paradefigur zu werden. Immer ist jedem Banal-Idealischen schon vorweg im Blute ein gefährlicher Tropfen beigemischt, der sie volksfremd macht: dem preußischen Offizier Homburg die (herrlich wahre, aber dem Nimbus unerträgliche) Furcht vor dem Tode, der griechischen Penthesilea die bacchische Gier, dem Wetter vom Strahl ein männisches Reitpeitschentum, Thusnelda ein Gran Dummheit und putzweiberischer Eitelkeit. Alle rettet sie Kleist vor dem Tenorhaften, vor dem Schillerischen, vor dem Farbdruckklischee durch irgendein Urmenschliches in ihrem Wesen, das im Affekt nackt, schamlos nackt unter dem dramatischen Faltenwurf herauskommt. Jeder hat irgendwelches Sonderliches, Unerwartetes, etwas Unharmonisches, etwas Untypisches im seelischen Gesicht, jeder (außer dem nur theatralisch hingestellten Theaterbuffon, der Kunigunde und den Soldaten) wie bei Shakespeare einen scharfen Zug in der Physiognomie: so wie Kleist als Dramatiker antitheatralisch ist, so ist er als Menschenbildner unbewußt antiidealisch. Denn alle Idealisierung geschieht immer entweder durch bewußte Retusche oder durch ein zu oberflächliches, ein kurzsichtiges Sehen. Kleist aber sieht immer klar und haßt nichts so sehr als das kleine

Gefühl. Er ist eher geschmacklos als banal, eher stockig und übertreiberisch als süßlich. Rührung ist ihm, dem Herben und Geprüften, dem Wissenden um wirkliches Leiden, ein widerwärtiges Element, also wird er bewußt antisentimentalisch und verschließt gerade in jenem Augenblicke, wo die banale Romantik beginnt, vor allem in den Liebesszenen, seinen Menschen keusch den Mund, einzig ihnen Erröten gewährend, ergriffenes Stammeln, den Seufzer oder das letzte Schweigen. Er verbietet seinen Helden, sich gemein zu machen: darum sind sie – seien wir offen – dem deutschen Volk und jedem andern nur literarisch vertraut und nicht längst von der Bühne herab ins Wesen spruchhaft, bildhaft eingegangen. Sie können als national nur im Sinne einer erträumten deutschen Nation gelten, ebenso wie theatralisch nur als Figuren jenes »Imaginären Theaters«, von dem Kleist zu Goethe sprach. Sie passen sich nicht an, sie haben alle Eigenwilligkeit und Inkonzilianz ihres Schöpfers und jeder darum um sich eine Handbreit Einsamkeit. Seine Dramen bleiben von vorne und rückwärts mit der Literatur von Ahnen und Enkeln unverbunden, sie erbten keinen Stil und haben keinen gezeugt. Kleist war ein Einzelfall, und ein Einzelfall ist seine Welt geblieben.

Ein Einzelfall: denn sie ist weder die Epoche von 1790 bis 1807, noch begrenzt durch Gemarkung Brandenburgs oder Deutschlands; sie ist geistig nicht durchflogen von dem Atem der Klassik, noch durchdunkelt von der katholischen Dämmerung der Romantik. Kleistens Welt ist so sonderbar und zeitlos wie er selbst, eine saturnische Sphäre, weggewendet vom Tageslicht und der klaren Erscheinung. So wie der Mensch interessiert Kleisten die Natur, die Welt erst dort an ihrer äußersten Grenze, wo sie über sich selbst hinaustritt ins Unerhörte und Unwahrscheinliche, ja, ich möchte fast sagen, wo sie übermäßig, wo sie lasterhaft wird und die Norm verläßt. Genau wie in der Menschheit beschäftigt ihn bei den Geschehnissen nur das Anormale, die Abweichung von der Regel (die Marquise von O.; das Bettelweib von Locarno; das Erdbeben in Chili), immer also der Augenblick, wo sie den vorgezogenen Kreisen Gottes auszubrechen scheint. Nicht umsonst hat er Schubarts »Nachtseite der Natur« so leidenschaftlich gelesen: alle die Zwielichtsphänomene des Somnambulismus, der Nachtwandlerei, der Suggestion, des tierischen Magnetismus sind willkommener Stoff für seine übertreiberische Phantasie, die – nicht genug an den Menschenleidenschaften – nun die geheimen Kräfte des Kosmos herantreibt, daß sie seine Geschöpfe noch mehr verstricken: Verwirrung der Tatsachen zur Verwirrung des Gefühls! Im Sonderbaren ist immer Kleistens liebste Hausung: dort spürt er irgendwo nah in Schatten und Geklüft den Dämon, dem er überall magisch angelockt entgegenstrebt; auch im Weltwesen sucht er, wie sonst im Gefühl, den Superlativ.

Durch dieses Abbiegen vom Offenbaren scheint Kleist für den ersten Blick seinen Zeitgenossen, den Romantikern, verwandt, aber zwischen jenen Dichtern teils gewollter, teils naiver Abergläubigkeit und Märchenseligkeit und seiner zwanghaften Liebe zum Phantastischen und Abstrusen klafft ein ganzer Abgrund des Gefühls: die Romantiker suchen das »Wunderbare« als eine Frommheit, Kleist das »Sonderbare« als eine Krankheit der Natur. Ein Novalis will glauben und schwelgen in dieser Gläubigkeit, ein Eichendorff und Tieck die Härte und Widersinnigkeit des Lebens auflösen in Spiel und Musik – Kleist aber, der Gierige, will das Geheimnis hinter den Dingen fassen, er bringt bis in das letzte Dunkel des Wunderbaren seinen forschenden, kalt-leidenschaftlichen, unerbittlich sondierenden Blick. Je sonderbarer das Geschehnis, um so sachlicher reizt es ihn, davon zu berichten, ja er setzt geradezu eine Bravour darein, das Unfaßliche in nüchterner Relation zu verdeutlichen, und so gräbt sich sein leidenschaftlicher Intellekt zäh wie eine Schraube Windung um Windung bis hinab in die unterste Sphäre, wo das Magische der Natur und das Dämonische des Menschen geheimnisvolle Brautschaft feiern. Hier kommt er Dostojewski näher als jemals ein Deutscher: auch Kleistens Gestalten sind geladen von allen kranken und übersteigerten Kräften der Nerven, und diese Nerven wiederum irgendwo schmerzhaft verhakt in das Dämonische der Weltnatur. Wie jener ist er nicht nur wahr, sondern durch Exaltation überwahr, und darum hängt jene gleichzeitig gläserne und drückende Atmosphäre wie ein Föhnhimmel über der Landschaft seiner Seelenwelt, ein Frost von Verstand jäh wechselnd mit einer Schwüle von Phantasie und plötzlich aufgerissen von zornigen Windstößen der Leidenschaft. Gewiß: sie ist großartig und voll Tiefblick ins Wesenhafte, die Kleistsche Seelenlandschaft, sie ist so intensiv wie kaum die eines anderen deutschen Dichters, aber doch schwer erträglich; kein Mensch kann lang in ihr verweilen (und er selber vermochte es nicht länger als ein Jahrzehnt). Sie ist zu stark für die Dauer eines ganzen Lebens, zu sehr atmosphärisch geladen mit gedrückter und geschwängerter Luft, ihr Himmel lastet zu schwer auf der Seele, sie hat viel Hitze und zu wenig Sonne, zu viel schneidende Klarheit des Lichts in zu engem Raum. Auch als Künstler hat der ewig Entzweite keine Heimat, keine harte Erde unter dem rollenden Rad seiner Gejagtheit. Er ist hüben und drüben und nirgends zu Hause: er lebt im Wunderbaren, ohne daran zu glauben, und gestaltet das Wirkliche, ohne es zu lieben.

DER ERZÄHLER

Denn das ist die Eigenschaft aller echten Form, daß der Geist augenblicklich und unmittelbar daraus hervortritt, während die mangelhafte ihn wie ein schlechter Spiegel gebunden hält und uns an nichts erinnert als an sich selbst.

— BRIEF EINES DICHTERS AN EINEN ANDEREN

In zwei Welten wohnt seine Seele, in der heißesten tropischesten Überhitzung der Phantasie und in der nüchternsten, kältesten Sachwelt der Analyse – zweigeteilt ist darum auch seine Kunst, jede einem andern Extrem fanatisch zugewandt. Man hat oft den Dramatiker Kleist mit dem Novellisten zusammengetan, indem man ihn nur einen verschränkten Dramatiker nannte. In Wahrheit drücken aber diese beiden Kunstformen sichtlich ein Gegenteil aus, die zu ihren äußersten Enden getriebene Zwiefalt seines innern Ich – der Dramatiker wirft sich in seinen Stoff zügellos hinein, der Erzähler Kleist vergewaltigt seine Anteilnahme, preßt sich gewaltsam zurück, bleibt ganz außen, daß kein Atem seines Mundes in die Erzählung hineinfließt. In den Dramen spannt und erhitzt er sich selbst, in den Novellen will er die andern, den Leser, spannen und erhitzen, im Drama treibt er sich vor, in der Novelle zurück. Beides, Entströmen und Verhalten, stößt er bis in die äußerste Möglichkeit der Kunst: so sind seine Dramen die subjektivsten, ausströmendsten, die eruptivsten des deutschen Theaters, seine Novellen die knappsten, gefrorensten, komprimiertesten der deutschen Epik. Immer lebt Kleistens Kunst im Superlativ.

In den Novellen schaltet Kleist sein Ich aus, er unterdrückt seine Leidenschaftlichkeit, oder vielmehr: er schiebt sie auf ein anderes Geleise. Denn schon hat der fanatische Übertreiber wieder ein Übermaß: er treibt diese (sehr künstlerische) Selbstausschaltung in einen Exzeß, in ein Extrem der Objektivität, also wieder in eine Gefahr der Kunst (das Gefährliche ist sein Element). Niemals hat es die deutsche Literatur wieder zu einer so objektiven, scheinbar ruhigen Relation, zu einer solchen meisterlichen Sachlichkeit des Berichtes gebracht wie in diesen sieben Novellen und kleinen Anekdoten: vielleicht fehlt nur ein letztes lösendes Element ihrer scheinbar fehllosen Vollendung: die Natürlichkeit. Man spürt, daß hier einer die Lippen gewaltsam verpreßt, um nicht mit einem Zittern des Atems die Quallust zu verraten, mit der er hier Spannungen häuft; man spürt, wie die Hand fiebert in dem krankhaften Zwang, sich zu verhalten, wie der ganze Mensch sich gewaltsam zurückdrückt, um außen zu bleiben. Man vergleiche, dies zu fühlen, nur sein Vorbild, die »Novelas ejemplares« des Cervantes, ihr selig leichtes Verraten, ihr spitzbübisches Schalten mit Versteck und Geheimnis, und Kleistens gespannte, pralle, mit Aufregung geladene Technik, die aus Nüchternheit einen Exzeß macht und gleichsam mit verbissenen Zähnen zum Leser redet. Er will kühl sein und wird eisig, er will mit leiser Stimme reden und redet gepreßt, er will streng erzählen, lateinisch, taciteisch, und krampft die Sprache. Immer, zur Rechten und zur Linken fährt Kleist titanisch in die Übertreibung hinein. Nie ist die deutsche Sprache mehr gehärtet worden, nie aber war sie auch mehr metallen kalt, mehr eisern glanzlos als in der Kleistschen Prosa: er handhabt sie nicht (wie Hölderlin, Novalis und Goethe) gleich einer Harfe, sondern gleich einer Waffe, gleich einem Pflug mit unerbittlicher Gewaltsamkeit. Und in dieser unbiegsamen, harten, bronzen gequollenen Sprache erzählt er dann – ewiger Fanatiker des Gegensatzes – die heißesten, die packendsten, die jagendsten Stoffe, seine kalte, protestantisch strenge Nüchternheit und Klarheit ringt mit den phantastischsten, unwahrscheinlichsten Problemen. Er verrätselt künstlich den Gegenstand, verknäult listig das Gespann der Erzählung nur um der harten und bösen Freude willen, den Zuschauer zu ängstigen, zu ergreifen, zu erschrecken, um dann mit einem Riß knapp vor dem Niedersturz die straffen Zügel zurückzureißen: wer hinter dieser scheinbaren Kälte Kleistens als Erzähler nicht seine dämonische Lust fühlt, den andern dorthin zu jagen, wo seine eigene Hausung ist, in die gewaltsame Empfindung, tief hinein in Grauen und ins Gefährliche, dem mag diese Technik scheinen, was in Wahrheit Umwendung tiefster Leidenschaftlichkeit ist, Fanatiker der Selbstvergewaltigung. Alles Nicht-Gute, alles Versteckte und Verschlagene Kleistens verrät sich in seiner Zurückstauung, weil Ruhe, Herrschaft und Meisterschaft wider sein innerstes Wesen war: Ungezwungenheit, die höchste Magie des Künstlers, mußte ihm gerade dort sich versagen, wo er die Widernatur seines Wesens, gebändigte Ruhe, sich zum Gesetze erzwingen wollte.

Aber doch: wie vieles erzwingt sein Wille, sein dämonisch starker Wille von der Prosa, wie stahlhart preßt er in diesen Novellen das Blut in die Adern der Sprache! Am stärksten empfindet man diese Meisterschaft bei den zufallslosen, bei den absichtslosen Stücken, bei jenen kleinen Anekdoten und Berichten, die er ohne jeden angespannten Kunstwillen für seine Zeitung schrieb, bloß um eine freigebliebene Spalte zu füllen. Zwanzig Zeilen Polizeibericht, eine Reiterepisode aus dem Siebenjährigen Krieg ballt sein plastischer Wille zu unvergänglicher Form: kein Luftbläschen Psychologie dringt da in den durchsichtigen Glasguß der Erzählung, in dem das Sachliche geradezu magisch transparent wird. In den größeren Novellen ist die Anstrengung zur Objektivität schon sichtbar. Jene echt Kleistische Leidenschaft am Verwirren und Verschrauben, das Gewaltsame der Verdichtung, seine Spiellust mit dem Geheimnis macht sie mehr aufregend als plastisch, durch nichts hitzen sie so sehr als durch ihre Scheinkühle, so daß »Die Marquise von O.« (eine achtzeilige Anekdote Montaignes) als spannende Scharade, das »Bettelweib von Locarno« wie ein schauriger Alp wirken. Gleichsam der Revers seines Wesens wird sichtbar, eine Exaltation des Nichtexaltiertseins, ein Übermaß des Maßhaltens. Auch Stendhal hatte ja zur kalten, nichtbildernden, antisentimentalischen Prosa tendiert und täglich das Bürgerliche Gesetzbuch gelesen, so wie Kleist den Ton der Chroniken sich zum Vorbild nimmt: während er aber bloß zu einer Technik kommt, gerät Kleist, der Triebhafte, in eine Passion des Nichtpassioniertseins, das Übermaß der Spannung ist nun aus ihm selbst in den Leser übergeschaltet. Aber immer spürt man das Zuviel, das unweigerlich von seinem Wesen ausgeht: darum ist von seinen Novellen die stärkste diejenige, die das Motiv seines Wesens in Gestaltung verwandelt, »Michael Kohlhaas«, der herrlichste, sinnvollste Typus des Übertreibers, den Kleist geschaffen, der Mann, der seine stärksten Kräfte durch Übersteigerung zur Zerstörung treibt, Gradsinn zu Starrsinn, Rechtlichkeit zu Rechthaberei; unbewußt ist er Sinnbild seines Gestalters, der aus seinem Besten das Gefährlichste schuf und aus dem Fanatismus des Willens über Weg und Ziel hinausdrängt. Auch in der

Zucht, in der Verhaltung ist Kleist ebenso dämonisch übermäßig wie in der Schwelgerei, wie im Entströmen.

Am vollendetsten erscheint diese Mischung, ich sagte es schon, im Absichtslosen, in jenen kleinen Anekdoten, die er gleichsam jenseits der Kunstabsicht schrieb, und dann in jener großartigsten Darstellung eines sonderbaren Menschen: in seinen Briefen. Nie hat sich ein deutscher Dichter ähnlich aufgetan der Welt gestellt, als Kleist in der Handvoll Briefe, die von ihm erhalten sind. Sie scheinen mir unvergleichbar mit den psychologischen Dokumenten Goethes und Schillers, weil Kleistens Wahrhaftigkeit unendlich kühner, hemmungsloser, abgründiger und unbedingter ist als die unbewußten Stilisierungen, die immer ästhetisch gebundenen Bekenntnisse der Klassiker. Kleist exzediert seiner ganzen Natur gemäß auch im Bekenntnis, er gibt der grausamsten Selbstzerfleischung noch einen geheimnisvollen Lustton, er hat nicht nur Liebe, sondern eine Art Brünstigkeit zur Wahrheit und eine herrliche Ekstatik immer im allertiefsten Schmerz. Nichts Schneidenderes als die Schreie dieses Herzens, und doch scheinen sie aus einer unendlichen Höhe zu kommen wie der zuckende Ton eines getroffenen Raubvogels, nichts Großartigeres als das heroische Pathos seiner klagenden Einsamkeit. Man meint die Qual des vergifteten Philoktet zu hören, der abseits von den Brüdern, einsam auf der Insel seines Geistes mit den Göttern hadert; und wie er sich in der Qual der Selbsterkenntnis die Kleider vom Leibe reißt, steht er nackt vor uns da, aber nackt nicht wie ein Schamloser, sondern nackt wie ein Blutender, wie ein Brennender, der sich eben dem letzten Kampf entwunden. Es sind Schreie darin aus der letzten Tiefe der Irdischkeit, Schreie des zerrissenen Gottes oder eines gequälten Tieres, und dann wieder Worte einer furchtbaren Wachheit, eines überstarken Innenlichts, das die Augen blendet. In kein Werk vermochte er sich so ganz hineinzuwerfen wie in seine Briefe, keines hat so urtümlich seine Zweiheit von Knappheit und Überschwang, von Ekstase und Analyse, von Zucht und Leidenschaft, von Preußischheit und Urwelt. Vielleicht waren in jenem verschollenen Manuskript, in der »Geschichte meines Innern«, all diese Flammen und Blitze noch gebunden in ein einziges Licht; aber dies Werk, das gewißlich kein Kompromiß von »Dichtung und Wahrheit« war, sondern der Fanatismus der Wahrheit selbst, ist uns verloren. Hier wie immer hat das Schicksal ihm die Rede gehemmt und dem »unaussprechlichen Menschen« in ihm verboten, sein eigenes Geheimnis zu verraten.

25

DIE LETZTE BINDUNG

Denn über alles siegt das Rechtsgefühl.

— *DIE FAMILIE SCHROFFENSTEIN*

In allen seinen Dramen war Kleist Selbstverräter seines Wesens: in jedem hat er einen feurigen Teil seiner Seele aus sich in die Welt geschnellt, eine Leidenschaft in Gestalt verwandelt. So kennt man ihn teilhaft ganz und seinen Widerstreit: doch aber wäre seine Erscheinung nicht ins Zeitlose getreten, hätte er in seinem letzten Werk nicht das Höchste zu geben vermocht: sich ganz in seiner höchsten Gebundenheit. Hier, im »Prinzen von Homburg«, hat er mit jener letzten Genialität, die das Schicksal einem Künstler selten mehr als einmal verleiht, sich selbst, seines Wesens Urmacht, seinen Lebenskonflikt zur Tragödie erhoben: die Antinomie von Leidenschaft und Zucht. In der »Penthesilea«, im »Guiskard«, in der »Hermannsschlacht« war übersteigernd groß immer nur ein Trieb – leidenschaftlich und voll Stoßkraft zum Unendlichen hin – in das Werk gefahren, hier aber ist nicht Einzeltrieb, sondern die ganze verwirrte Triebwelt zur Welt verwirklicht. Druck und Gegendruck statt gegeneinander ruckweise ziehend, zu Widerwirkung und Schwebe gebracht. Und was ist Schwebe der Kräfte anders als die höchste Harmonie?

Die Kunst kennt keinen schöneren Augenblick, als wenn sie das Übermäßige in seinem Ebenmaß zeigen darf, in jener sphärisch tönenden Sekunde, da einen Wimperschlag lang die Dissonanz sich löst in eine urselige Harmonie: je furchtbarer die Entzweiung, um so machtvoller dieser Ineinandersturz, um so brausender der Einklang der stürzenden Ströme. Kleistens »Homburg« hat wie kein zweites deutsches Drama diese Herrlichkeit äußerster Entspannung: der zerstörteste Dichter gibt (eine Spanne kaum vor seiner Selbstvernichtung) der Nation die vollendetste Tragödie, so wie Hölderlin eine Stunde vor der letzten Dunkelheit seine welthaft tönende orphische Hymnik, wie Nietzsche vor dem Zerschellen des Geistes noch die höchste geistige Trunkenheit, das tanzende, diamantensprühende Wort. Diese Magie des Untergangsgefühls ist jenseits allen Erläuterns, unerklärbar herrlich schön wie das letzte Hochaufspringen der schon blau geduckten Flamme vor dem Erlöschen.

Im »Homburg« hat Kleist den Dämon für einen Augenblick gebändigt, indem er ihn ganz von sich in sein Werk stieß. Diesmal hat er nicht wie sonst – in der »Penthesilea«, im »Guiskard«, in der »Hermannsschlacht« – nur einen Kopf der Hydra abgeschlagen, die ihn erdrückend umschlingt, hier faßt er sie an der Kehle und reißt sie ganz hinüber in Gestaltung. Und hier erst spürt man seine Kraft, weil sie nicht ins Leere strömt, sondern weil hier Kraft gegen Gegenkraft ringend steht. In diesem Drama verdunstet kein Atom des inneren Aufschwalls, hier ist Flut und Damm, Strömung und Wehr gleich mächtig. Kleist hat sich erlöst, indem er nicht aus sich ausfährt, sondern indem er sich verdoppelt: das Gegensätzliche hat die zerstörende Kraft verloren, weil er nicht mehr (wie früher) dem einen oder andern Trieb Freilauf und Übermacht läßt. Das Antinomische seiner Natur ist ihm im Werke klargeworden. Alle Klarheit aber schafft Erkennen, und Erkenntnis wieder Versöhnung. Der Leidenschaftliche und der Zuchtvolle in seiner Seele halten inne in ihrem Kampf und sehen sich in die Augen: die Zucht (der Kurfürst, der Homburg als Sieger in der Kirche ausrufen läßt) ehrt den Leidenschaftlichen, der Leidenschaftliche (Homburg, der sein eigenes Todesurteil fordert) ehrt die Norm. Beide erkennen sich als Teil urewiger Macht, die Unruhe fordert um der Bewegung, Zucht um der heiligen Ordnung willen, und indem Kleist seinen irdischen Gegensatz aus der verdunkelten Brust reißt und unter die Sterne stellt, löst er zum erstenmal seine Einsamkeit und wird Mitschöpfer der Welt.

Und magisch flutet alles, was er je versucht und gewollt hat, in gereinigteren, erhobeneren Formen heran, alles beschwichtigt von diesem Gefühl letzter Verbundenheit und Versöhnung. Alle Leidenschaften seiner dreißig Jahre sind plötzlich gestaltet da, aber nicht mehr herrscherisch und übertreibend, sondern gesänftigt und geklärt. Guiskards toll aufgereckter Ehrgeiz hat eines Jünglings reine tatselige Feurigkeit in dem jungen

Helden Homburg gewonnen, der mordgierige, keulenschwingende, barbarische Patriotismus der »Hermannsschlacht« ist gemildert und vermännlicht zu einem wortlos-ernsten Vaterlandsgefühl, Kohlhaasens Rechthaberei und juridischer Starrsinn vermenschlicht zu klarer Wahrung des Gesetzes in der Gestalt des Kurfürsten, der Zauberapparat des Käthchens blaut nur wie ein süßer Mondschein über der sommerlichen Gartenszene, wo der Tod wie ein Duft vom Jenseits herweht, und Penthesileas Brünstigkeit, die aufgeraste Lebensgier verebbt zu still sehnsüchtigem Gefühl. Zum erstenmal schwellt durch ein Werk Kleistens ein ganz verborgener Ton von Güte, ein Hauch von milder Menschlichkeit und von Verstehen: auch diese letzte Saite, die silberne, an die er nie gerührt, nun klagt sie die düstere Melodie harfend hinein. Alles ist plötzlich versammelt, was einen Menschen bewegt, und wie man von Sterbenden erzählt, daß in ihren letzten Minuten ihr ganzes Leben gedrängt wiederkehre, so rauscht die ganze Vergangenheit, das scheinbar falsch gelebte Leben an dieses letzte Werk heran: alle Fehler, alle Irrtümer, alle Versäumnisse, alles was sinnlos und vergeblich schien, bekommt in dieser Gestaltung mit einmal einen Sinn. Die Kantische Philosophie, mit der sich der Zwanzigjährige das Herz zerquält, die ihn als »Lebensplan« fast erstickte – jetzt formuliert sie dem Kurfürsten die Worte und steigert die bloß monarchische Gestalt ins Geistige. Die Kadettenjahre, die militärische Erziehung, tausendmal verflucht – nun ersteht sie in dem prachtvollen Fresko der Armee, diesem Hymnus auf die Solidarität der Gemeinschaft. All dem er sich entrungen, die Tradition, die Zucht, die Zeit, nun steht es wie ein Himmel über seinem Werk, zum erstenmal schafft er aus einer innern Heimat, aus der Blutbestimmtheit seines Wesens. Zum erstenmal ist die Luft entschwült, die Spannungen nicht mehr quälend und nervenvibrierend, zum erstenmal rollen die Verse klar, zwängen und drängen sich nicht, zum erstenmal ertönt Musik. Die Geisterwelt, sonst dämonischer Aufschwall der Tiefe, schwebt nur wie eine Dämmerung über dem irdischen Spiel, ein Klang von der Süße der letzten Shakespeareschen Dramen, jenes heiteren Erkennens und Erlösens, senkt den Vorhang über eine harmonische Welt.

Der »Prinz von Homburg« ist Kleistens wahrstes Drama, weil es sein ganzes Leben enthält. Alle Überkreuzungen und Überschneidungen seines Wesens sind darin, die Lebensliebe und die Todesnot, die Zucht und der Überschwang, das Ererbte und das Erlernte: nur hier, wo er sich ganz erschöpft, wird er ganz wahr über sein eigenes Wissen hinaus. Darum auch dieser geheimnisvoll prophetische Klang in der Sterbeszene, der Rausch des Freitodes, die Angst vor dem Schicksal – vorausgedichtete

Stunden seines Todes und gleichzeitig Zurückleben des ganzen früheren Lebens. Nur Todgeweihte haben dieses höchste Wissen, diesen Doppelblick ins Vergangene und Zukünftige, nur der »Homburg« und der »Empedokles« von allen deutschen Dramen schenken uns diese geisterhafte Musik, die schon selbst wie ein Überklang ins Unendliche ist. Denn nur letzte Not vermag die Seele ganz aufzuschmelzen, nur die reinste Resignation die Sphäre zu erreichen, wo die Leidenschaft sich längst ermüdet; was es dem Gierigen und seinem zornigen Ansprang beharrlich versagte, schenkt Kleisten das Schicksal gerade in jener Stunde, da er nichts mehr erhofft: die Vollendung.

26

TODESLEIDENSCHAFT

Das Äußerste, das Menschenkräfte leisten,
Hab ich getan – Unmöglichstes versucht.
Mein alles hab ich an den Wurf gesetzt. Der Würfel,
der entscheidet, liegt, er liegt. Begreifen muß
ichs – und, daß ich verlor.

— *PENTHESILEA*

Auf der höchsten Höhe seiner Kunst, im Jahr des »Homburg«, erreicht Kleist verhängnisvollerweise auch die höchste Stufe seiner Einsamkeit. Nie war er weltvergessener, zielverlorener in seiner Zeit, in seiner Heimat: das Amt hat er weggeworfen, seine Zeitschrift ist ihm verboten worden, seine innere Mission, Preußen an die Seite Österreichs in den Krieg zu reißen, bleibt vergeblich. Sein Urfeind Napoleon hält Europa als gedemütigte Beute in Händen, der König von Preußen wird sein Verbündeter, nachdem er sein Vasall geworden ist, Kleistens Stücke wandern unerledigt von Bühne zu Bühne, werden verhöhnt vom Publikum oder vom Direktor lässig abgetan, seine Bücher finden keinen Verleger, er selbst nicht das niederste Amt; Goethe hat sich von ihm abgewandt, die andern kennen ihn kaum und achten ihn nicht, die Protektoren haben ihn fallenlassen, die Freunde ihn vergessen: als letzte verläßt ihn noch die Treueste, die einst so »pyladisch gesinnte Schwester« Ulrike. Jede Karte, auf die er gesetzt, ist verloren, und die letzte, die höchste, die er noch in Händen hat, das Manuskript seines Meisterwerkes »Prinz Friedrich von Homburg«, kann er nicht mehr ausspielen: er sitzt an niemandes Tisch mehr, und keiner traut seinem Einsatz. Da versucht er es noch einmal, aus monatelanger Verschollenheit auftauchend, mit der Familie: noch einmal fährt er hinüber nach Frankfurt an der Oder zu den Seinen, sich die Seele zu letzen an einer Handvoll Liebe, aber sie streuen ihm Salz in die Wunden und Galle auf die Lippen. Jene Mittagsstunde im Kreise der Kleiste, die auf den entlassenen Beamten, den verkrachten Zeitungsherausgeber, den mißglückten Dramatiker wie auf einen ihrer Familie Unwürdigen hochmütig herabblicken, bricht ihm das Rückgrat: »Wollte ich doch lieber zehnmal den Tod erleiden, als noch einmal wieder erleben«, schreibt er verzweifelt, »was ich das letztemal in Frankfurt an der Mittagstafel empfunden habe.« Er ist ausgestoßen von den Seinen, zurückgestoßen in sich selbst, in die Hölle seiner eigenen Brust: mit verdüsterter Seele, beschämt und erniedrigt bis unter die Haut, taumelt er nach Berlin zurück. Ein paar Monate schleicht er in abgetragenen Schuhen und defekten Kleidern dort herum, petitioniert in den Ämtern um ein Amt, bietet (vergeblich) seinen Roman, seinen »Homburg«, seine »Hermannsschlacht« den Buchhändlern an, verdüstert seine Freunde mit seinem Anblick: schließlich wird alles seiner müde, so wie er alles Suchens müde ist. »Meine Seele ist so wund«, klagt er erschütternd in jenen Tagen, »daß mir, ich möchte fast sagen, wenn ich die Nase aus dem Fenster stecke, das Tageslicht wehe tut, das mir daraufschimmert.« Alle seine Leidenschaften sind zu Ende, alle Kraft vertan, alle Hoffnung verbraucht, denn:

> *Machtlos schlägt sein Ruf an jedes Ohr,*
> *Und wie er flatternd das Panier der Zeiten*
> *Sich weiterpflanzen sieht von Tor zu Tor,*
> *Schließt er sein Lied; er wünscht mit ihm zu enden*
> *Und legt die Leier tränend aus den Händen.*

Da in diesem ungeheuersten Schweigen, das jemals (vielleicht nur bei Nietzsche) um einen Genius stand – rührt eine dunkle Stimme an sein Herz, ein Ruf, der ihn immer sein ganzes Leben lang in den Augenblicken der Entmutigung, der Verzweiflung angeklungen: der Todesgedanke. Von frühester Jugend begleitet ihn diese Idee des Freitodes, und so wie er, ein halber Knabe noch, sich einen Lebensplan gefertigt, so war auch der Todesplan längst vorgedacht: immer wird der Gedanke mächtig in den Stunden der Unmacht, dann taucht er wie ein dunkler Fels, wenn die Flut der Leidenschaft, der aufgischtende Schwall der Hoffnung zurückebbt, in seiner Seele auf. Nicht zu zählen sind in Kleistens Briefen und Begegnungen diese fast brünstigen Schreie nach dem Ende, ja man könnte fast die Paradoxie wagen, zu sagen: er konnte das Leben überhaupt nur dadurch so lange ertragen, daß er stündlich bereit war, es wegzuwerfen. Immer will er sterben, und wenn er so lange zögert, ist es nicht aus Furcht, sondern aus dem Übertreiblichen, aus dem Exzessiven seiner Natur, denn auch den Tod will Kleist in Riesenmaßen, in einer Exaltation, einem Überschwang: er will nicht klein, nicht erbärmlich, nicht feige sich töten, er begehrt, wie er in jenem Briefe an Ulrike schreibt, »einen herrlichen Tod« – selbst dieser finsterste, abgründigste Gedanke hat bei Kleist noch eine Lustbetonung, eine rauschhafte Wollüstigkeit. Er will sich in den Tod stürzen wie in ein ungeheures Brautbett, und in merkwürdigster Verschränkung träumt er sich den Tod als zweiseligen Untergang. Irgendeine Urangst – er hat sie unsterblich gemacht in der Szene des Prinzen von Homburg – läßt ihn, den Einsamsten, fürchten, diese Einsamkeit des Lebens noch durch die ganze Ewigkeit des Todes weiterzutragen: so bietet er, von Kindheit an, jedem, den er liebt, mit höchster Ekstase an, mit ihm zu sterben. Der Liebesbedürfigste des Lebens sehnt sich nach einem Liebestod. In der irdischen Existenz konnte keine Frau seinem Übermaß genügen, keine Schritt halten mit seinem fanatischen Fortrasen in eine Ekstatik des Gefühls, keine, nicht die Braut, nicht Ulrike, nicht Marie von Kleist können mit in die Siedehitze seiner Forderungen; nur der Tod, der Superlativ, der nicht mehr zu Überbietende, vermag einem Kleistischen Liebesbedürfnis – Penthesilea hat seine Gluten verraten – genügen. So ist nur die Frau, die mit ihm sterben will, die dieses äußerste, nicht mehr zu übersteigernde Gefühl aufbringt, die einzige, die er ersehnt, und ihm »ihr Grab lieber ist als die Betten aller Kaiserinnen der Welt« (wie er in seinem Todesbrief aufjubelt). So bietet er, fast aufdringlich, allen, die ihm teuer sind, seine Gefolgschaft an für den Sturz ins Dunkel. Karoline von Schiller (die ihm fast fremd war) erklärt er sich bereit, »sie und mich zu erschießen«, und seinen Freund Rühle lockt er mit schmeichelnden leidenschaftlichen Worten: »Der Gedanke will mir nicht aus dem Kopf, daß wir noch einmal zusammen etwas tun müssen komm, laß uns etwas Gutes tun und dabei sterben! Einen der Millionen Tode, die wir schon gestorben sind und noch sterben werden. Es ist, als ob wir aus einem Zimmer in das andere gehen.« Wie immer bei Kleist, wird der Gedanke, der kalte, zur Leidenschaft, zur Glut, zur Ekstase. Immer mehr berauscht er sich an der Idee, das langsame stückweise Zerbröckeln von Kraft und Widerkraft durch eine einmalige Explosion, durch eine heroische Selbstzerstörung großartig zu enden, aus der Kläglichkeit, Gehemmtheit, Gebrochenheit des ewig ungenügsamen Lebensgefühls in einen phantastischen Tod sich hinabzustürzen: herrlich reckt sich der Dämon in ihm auf, denn er will endlich zurück in seine Unendlichkeit.

Diese Leidenschaft zur Todesgemeinschaft bleibt von seinen Freunden, von den Frauen unverstanden, wie alle seine Übersteigerungen des Gefühls: vergeblich drängt, ja bettelt er um einen Gefährten für den Abgrund – alle wehren sie erschreckt und entgeistert den phantastischen Vorschlag ab. Endlich – und gerade in der Stunde, da seine Seele schon überschwillt von Bitternis und Ekel – begegnet er einer, einer fast fremden, die ihm dankt für so sonderlichen Vorschlag. Es ist eine Kranke, eine Todgeweihte, im Innern ihres Leibes so vom Krebs zerfressen wie Kleist im Innern seiner Seele von Lebensüberdruß; unfähig selbst eines starken Entschlusses, aber exaltiert anempfinderisch an seine Ekstase, läßt sich die Verlorene gern mitreißen in den Abgrund. Nun hat er eine, die ihn erlöst von der Einsamkeit der letzten Sekunde des Sturzes, und so entsteht diese seltsame phantastische Brautnacht des Ungeliebten mit der Ungeliebten, so stürzt sich die alternde, todkranke, häßliche Frau (deren Antlitz er nur mit der Ekstase dieses Gedankens geschaut) mit ihm in die Unsterblichkeit hinein. Im Innersten war diese schöngeistige, sentimental-schwärmende Rendantenfrau ihm fremd, ja er hat es wahrscheinlich nie erfahren im geschlechtlichen Sinne, daß sie Frau war – aber er vermählt sich mit ihr unter anderm Stern und Zeichen, in der heiligen Priesterschaft des Todes. Die zu klein, zu weich, zu schwächlich gewesen wäre für sein Leben, wird ihm herrlich als Sterbegenossin. Er selbst hatte sich ihr angeboten: sie mußte ihn nur nehmen, und er war bereit.

Das Leben hatte ihn bereit gemacht, allzu bereit, es hatte ihn getreten, geknechtet, enttäuscht und erniedrigt – aber mit herrlicher Kraft hebt er sich noch einmal auf und formt aus seinem Tod seine letzte heroische Tragödie. Der Künstler in ihm, der ewige Übertreiber facht das lang schwelende Feuer des heimlich glimmenden Entschlusses mit mächtigem Atem an; und wie eine Lohe von Jubel und Seligkeit schlägt es aus Kleistens Brust, seit er seines Freitodes gewiß ist, seit er, wie er sagt, »zum Tod ganz reif geworden«, seit er weiß, daß ihn das Leben nicht bemeistern wird, sondern er es bemeistert. Und der nie ein reines Ja zum Leben fand (wie Goethe), nun sagt und jubelt er sein freies seliges Ja zum Tode: herrlich ist dieser Klang, zum erstenmal tönt wie eine Glocke sein ganzes Wesen klar und ohne Dissonanz. Alle Sprödigkeit ist gebrochen, alle Dumpfheit zerstoben, prachtvoll dröhnt jetzt jedes Wort, das er spricht, das er schreibt, unter dem Hammer des Schicksals. Schon tut ihm der Tag nicht mehr weh, schon atmet er auf, schon atmet die aufgespannte Seele Unendlichkeit, das schmerzhaft Gemeine wird fern, das innere Leuchten Welt, und selig erlebt er seines eigenen Ich, seines Homburgs Verse vor dem Untergang:

> *Nun, o Unsterblichkeit, bist du ganz mein!*
> *Du strahlst mir durch die Binde meiner Augen*
> *Mir Glanz der tausendfachen Sonne zu!*
> *Es wachsen Flügel mir an beiden Schultern,*
> *Durch stille Ätherräume schwingt mein Geist;*
> *Und wie ein Schiff, vom Hauch des Winds entführt,*
> *Die muntre Hafenstadt versinken sieht,*
> *So geht mir dämmernd alles Leben unter:*
> *jetzt unterscheid ich Farben noch und Formen,*
> *Und jetzt liegt Nebel alles unter mir.*

Die Ekstase, die ihn dreiunddreißig Jahre lang durch das Dickicht des Lebens trieb, nun hat sie ihn milde aufgehoben in eine Seligkeit des Abschieds. In der letzten Stunde faßt sich der Zerrissene zusammen, das Zerspaltene seines Wesens schmilzt im äußersten Gefühl. Im Augenblick, da er frei und kühl in das Dunkel tritt, verläßt ihn sein Schatten: der Dämon seines Lebens schwebt aus dem zerrütteten Leib wie Rauch über dem Feuer und löst sich auf in die Sphären. In der letzten Stunde schmilzt Kleistens Schwere und Schmerz, und sein Dämon wird Musik.

27

MUSIK DES UNTERGANGS

Nicht jeden Schlag ertragen soll der Mensch,
Und welchen Gott faßt, denk ich, der darf sinken.

— *DIE FAMILIE SCHROFFENSTEIN*

Andere Dichter haben großartiger gelebt, weiter ausholend im Werke, Weltschicksal aus ihrer eigenen Existenz fördernd und verwandelnd: herrlicher als Kleist ist keiner gestorben. Von allen Toden ist kein Tod so umrauscht von Musik, so ganz Trunkenheit und Aufschwung wie der seine; als dionysisches Opferfest endet dies »qualvollste Leben, das je ein Mensch geführt« (Todesbrief). Dem alles im Leben elend, ja jämmerlich mißlang, gelingt der dunkle Sinn seines Seins: der heroische Untergang. Manche (Sokrates, André Chénier) haben in jener letzten Sekunde es bis zu einem Moderato des Gefühls gebracht, zu einer stoischen, ja lächelnden Gleichgültigkeit, zu einem weisen, klaglos hingenommenen Sterben – Kleist, der ewige Übertreiber, steigert auch den Tod empor in eine Leidenschaft, einen Rausch, eine Orgie und Ekstase. Sein Untergang ist ein Seligsein, ein Hingegebensein, wie er es nie im Leben gekannt – entbreitete Arme, trunkene Lippen, Frohmut und Überschwang. Singend wirft er sich hinab in den Abgrund.

Nur einmal, nur dieses einzige Mal ist Kleisten die Lippe, die Seele gelöst, zum erstenmal hört man diese dumpfe gepreßte Stimme in Jubel und Gesang. Niemand hat ihn gesehen außer der Sterbensgefährtin in jenen Abschiedstagen, aber man fühlt es, sein Auge muß wie das eines Trunkenen, sein Antlitz erhellt gewesen sein vom Widerstrahl innerer Freude. Was er tut, was er schreibt in jenen Stunden, übertrifft sein höchstes Maß – die Todesbriefe sind für mein Empfinden das Vollendetste, das er geschaffen, letzter Aufschwung wie die Dionysos-Dithyramben Nietzsches, die Nachtgesänge Hölderlins: in ihnen weht Luft unbekannter Sphären, eine Freiheit über alle Irdischkeit. Musik, seine tiefste Neigung, die er in der Jugend heimlich im stillen Gelaß an der Flöte übte, die aber sich der gepreßten, verkrampften Lippe des Dichters eigenwillig verschloß – nun tut sie sich ihm auf, zum erstenmal strömt der Verschlossene über in Rhythmus und Melodie. In diesen Tagen schreibt er sein einziges wirkliches Gedicht, einen mystisch-trunkenen Liebesüberschwall, die »Todeslitanei« ein Gedicht, ganz voll Dunkelheit und Abendrot, halb Stammeln, halb Gebet und doch magisch schön jenseits allen wachen Sinns. Alle Stockigkeit, alle Härte, alle Schärfe und Geistigkeit, das kalte Licht von Geist, das sonst nüchternd über seiner heißesten Bemühung hinfällt, ist von der Musik erlöst, das Preußisch-Strenge, Krampfige seines Zugriffs schön gelockert in Melodie – zum erstenmal schwebt er im Wort, schwebt er im Gefühl: die Erde hat ihn nicht mehr.

Und so hochschwebend – »wie zwei fröhliche Luftschiffer«, sagt er in seinem Todesbriefe – sieht er noch einmal nieder auf die Welt, und sein Abschied ist ohne Groll. Die eigene Bitternis, er versteht sie nicht mehr, alles scheint so nieder, so fern und sinnlos, was ihn bedrängt, seit er es schon aus der Unendlichkeit sieht. Bereits der andern Frau in den Tod verschworen, denkt er noch jener, für die er gelebt, die ihn geliebt: Marie von Kleist; ihr schreibt er aus innerster Seele Abschied und Bekenntnis. Er umarmt sie noch einmal im Geiste, aber nun ohne Gier und Überschwang, wie einer, der ins Ewige geht. Dann schreibt er Ulrike, der Schwester: noch zuckt die Erbitterung über die erlittene Schmach in seiner Seele, und die Worte werden hart. Aber acht Stunden später, im Sterbezimmer, bei Stimmings, ganz aufgeschwungen schon im Vorgefühl, erscheint's ihm als Unrecht, aus seiner Seligkeit noch irgend jemanden zu kränken; er schreibt ein zweites Mal, liebevoll der einst Geliebten und voll Vergebung, und wünscht ihr das Beste. Und dies Beste, das Kleist vom Leben zu wünschen weiß, heißt: »Möge Dir der Himmel einen Tod schenken, nur halb an Freude und unaussprechlicher Heiterkeit, dem meinigen gleich: das ist der herzlichste und innigste Wunsch, den ich für Dich aufzubringen weiß.«

Nun ist Ordnung geschaffen, der Friedlose befriedet; unvergleichlichstes, unwahrscheinlichstes Geschehen, Kleist, der Zerrissene, fühlt sich in

Verbundenheit mit der Welt. Der Dämon hat keine Macht mehr, ihn zu treiben; was er von seinem Opfer wollte, ist erreicht. Noch einmal blättert der schon Ungeduldige in seinen Papieren: ein Roman liegt vollendet, zwei Dramen, die Geschichte seines Innern – niemand will sie, niemand kennt sie, niemand soll sie kennen. Auch der Stachel des Ehrgeizes dringt nicht mehr in die gepanzerte Brust, achtlos verbrennt er seine Manuskripte (darunter den »Homburg«, der nur durch eine zufällige Abschrift gerettet bleibt): zu klein scheint ihm der kärgliche Nachruhm, dies literarische Leben in Jahrhunderten, vor seinen Äonen. Nun ist nur Kleines mehr zu erledigen, aber auch dies tut er sachlich und sorglich, an jeder Verfügung erkennt man den klaren, durch keine Angst oder Leidenschaft verwirrten Geist. Ein paar Briefe soll Peguilhen besorgen, die Schulden bezahlen lassen, die er sorglich Pfennig für Pfennig registriert, denn das Pflichtgefühl begleitet Kleist bis in den »Triumphgesang seines Todes«. Es gibt vielleicht keinen zweiten Abschiedsbrief, der dermaßen durchwaltet ist von der Dämonie der Sachlichkeit, wie jener an den Kriegsrat: »Wir liegen erschossen auf dem Wege nach Potsdam«, beginnt er – mit der gleichen unerhörten Kühnheit wie in den Novellen das Geschehnis an den Anfang drängend, und wie in den Novellen ist die Erzählung eines unerhörten Schicksalfalles sachlich gehärtet in ehernster Plastik und Deutlichkeit. Und es gibt keinen zweiten Abschiedsbrief, der dermaßen durchwoben ist von der Dämonie des Überschwanges wie jener an die Geliebte, an Marie von Kleist in der letzten Stunde sieht man noch herrlich die Zweiheit seines Lebens, Zucht und Ekstase, aber beide hinausgetrieben ins Heldenhafte, ins herrlich Große.

Seine Unterschrift ist der letzte Strich unter der ungeheuren Schuld, die das Leben an ihn hat: stark setzt er sie hin, nun ist die komplizierte Rechnung endlich abgeschlossen, jetzt geht er daran, den Schuldbrief zu zerreißen. Heiter wie ein Brautpaar fahren die beiden zum Wannsee hinaus. Der Wirt hört sie lachen, über die Wiesen tollen, sie trinken heiter im Freien den Kaffee. Dann fällt – genau zur vereinbarten Stunde – der eine Schuß und sofort darauf der zweite, mitten in das Herz der Gefährtin, mitten in den eigenen Mund. Seine Hand hat nicht gezittert. In der Tat: er verstand es besser, zu sterben als zu leben.

Kleist ist der große tragische Dichter der Deutschen nicht aus einem Willen, sondern aus einem Gewolltwerden, einzig darum, weil er zwanghaft eine tragische Natur und seine Existenz eine Tragödie war: gerade dies Dunkle, Verschränkte, Versperrte und gleichzeitig Aufgetriebene, das Prometheische seines Wesens schafft das Unnachahmliche seiner Dramen, das die Nachfahren weder mit Hebbels kalter Geistigkeit noch mit

Grabbes fahriger Hitze jemals erreichen können. Sein Schicksal und seine Atmosphäre sind integrierender Bestandteil seines Werkes: deshalb scheint mir die oft gestellte Frage, wie weit er, gesundet und von seinem Fatum erlöst, die deutsche Tragödie noch erhoben hätte, töricht und fremd. Seines Wesens Wesen war Spannung und Gespanntheit, seines Schicksals unabweisbarer Sinn Selbstzerstörung durch Übermaß: darum ist sein freiwilliger früher Tod ebensosehr sein Meisterwerk wie der »Prinz Friedrich von Homburg«: denn immer muß neben den Gewaltigen, die Herren des Lebens sind wie Goethe, von Zeit zu Zeit einer erstehen, der das Sterben meistert und aus dem Tode ein Gedicht über die Zeiten schafft. »Oft ist ein guter Tod der beste Lebenslauf« – der unglückliche Günther, der diesen Vers sich schrieb, wußte ihn nicht zu formen, den guten Tod, er glitt nieder in sein Unglück und losch aus wie ein kleines Licht. Kleist, der wahrhafte Tragiker dagegen, erhöht plastisch sein Leiden in das unsterbliche Denkmal eines Untergangs; alles Leiden aber wird sinnvoll, wenn es die Gnade der Gestaltung erlebt. Dann wird es höchste Magie des Lebens. Denn nur der ganz Zerstückte kennt die Sehnsucht nach Vollendung. Nur der Getriebene erreicht die Unendlichkeit.

FRIEDRICH NIETZSCHE

Ich mache mir aus einem Philosophen gerade so viel, als er imstande ist, ein Beispiel zu geben.

— *UNZEITGEMÄSSE BETRACHTUNGEN*

TRAGÖDIE OHNE GESTALTEN

Den größten Genuß vom Dasein einzuernten heißt: gefährlich leben.

— UNZEITGEMÄSSE BETRACHTUNGEN

Die Tragödie Friedrich Nietzsches ist ein Monodram: sie stellt keine andere Gestalt auf die kurze Szene seines Lebens als ihn selbst. In allen den lawinenhaft abstürzenden Akten steht der einsam Ringende allein, niemand tritt ihm zur Seite, niemand ihm entgegen, keine Frau mildert mit weicher Gegenwart die gespannte Atmosphäre. Alle Bewegung geht einzig von ihm aus und stürzt einzig auf ihn zurück: die wenigen Figuren, die anfangs in seinem Schatten auftreten, begleiten nur mit stummen Gesten des Staunens und Erschreckens sein heroisches Unterfangen und weichen allmählich wie vor etwas Gefährlichem zurück. Kein einziger Mensch wagt sich nahe und voll in den innern Kreis dieses Geschickes, immer spricht, immer kämpft, immer leidet Nietzsche für sich allein. Er redet zu niemandem, und niemand antwortet ihm. Und was noch furchtbarer ist: niemand hört ihm zu.

Sie hat keine Menschen, keine Partner, keine Hörer, diese heroische Tragödie Friedrich Nietzsches: aber sie hat auch keinen eigentlichen Schauplatz, keine Landschaft, keine Szenerie, kein Kostüm, sie spielt gleichsam im luftleeren Raum der Idee. Basel, Naumburg, Nizza, Sorrent, Sils-Maria, Genua, diese Namen sind nicht seine wirklichen Hausungen, sondern nur leere Meilensteine längs eines mit brennenden Flügeln durchmessenen Weges, kalte Kulissen, sprachlose Farbe. In Wahrheit ist die Szenerie der Tragödie immer dieselbe: Alleinsein, Einsamkeit, jene entsetzliche wortlose, antwortlose Einsamkeit, die sein Denken wie eine undurchlässige Glasglocke um sich, über sich trägt, eine Einsamkeit ohne Blumen und Farben und Töne und Tiere und Menschen, eine Einsamkeit selbst ohne Gott, die steinern ausgestorbene Einsamkeit einer Urwelt vor oder nach aller Zeit. Aber was ihre Öde, ihre Trostlosigkeit so grauenhaft, so gräßlich und zugleich so grotesk macht, ist das Unfaßbare, daß dieser Gletscher, diese Wüste Einsamkeit geistig mitten in einem amerikanisierten Siebzig-Millionen-Lande steht, mitten in dem neuen Deutschland, das klirrt und schwirrt von Bahnen und Telegraphen, von Geschrei und Gedränge, mitten in einer sonst krankhaft neugierigen Kultur, die vierzigtausend Bücher jährlich in die Welt wirft, an hundert Universitäten täglich nach Problemen sucht, in hunderten Theatern täglich Tragödie spielt und doch nichts weiß und nichts ahnt und nichts fühlt von diesem mächtigsten Schauspiel des Geistes in ihrer eigenen Mitte, in ihrem innersten Kreis.

Denn gerade in ihren größten Augenblicken hat die Tragödie Friedrich Nietzsches in der deutschen Welt keinen Zuschauer, keinen Zuhörer, keinen Zeugen mehr. Anfangs, solange er noch als Professor vom Katheder spricht und Wagners Lichtkraft ihn sichtbar macht, bei seinen ersten Worten, weckt seine Rede noch eine kleine Aufmerksamkeit. Aber je tiefer er in sich selbst, je tiefer er in die Zeit hinabgreift, um so weniger findet er Resonanz. Einer nach dem andern von den Freunden, von den Fremden steht während seines heroischen Monologs verschüchtert auf, von den immer wilderen Verwandlungen, von den immer glühenderen Ekstasen des Einsamen erschreckt, und läßt ihn auf der Szene seines Schicksals entsetzlich allein. Allmählich wird der tragische Schauspieler unruhig, so ganz ins Leere zu sprechen, er redet immer lauter, immer schreihafter, immer gestikulativer, um sich Widerklang oder wenigstens Widerspruch zu entzünden. Er erfindet sich zu seinem Wort eine Musik, eine strömende, rauschende, dionysische Musik – aber niemand hört ihm mehr zu. Er zwingt sich zu Harlekinaden, zu einer spitzen, schrillen, gewaltsamen Heiterkeit, er läßt seine Sätze Kapriolen springen und sich in Lazzi überschlagen, nur um mit künstlichem Spaß für seinen furchtbaren Ernst Hörer heranzuködern – aber niemand rührt zum Beifall die Hand. Er erfindet sich schließlich einen Tanz, einen Tanz zwischen Schwertern, und übt verwundet, zerfetzt, blutend seine neue tödliche Kunst vor den Menschen, aber niemand ahnt den Sinn dieser schreienden Scherze und die todwunde Leidenschaft in dieser aufgespielten Leichtigkeit. Ohne Hörer und Widerhall endet vor leeren Bänken das unerhörteste Schauspiel des Geistes, das unserem stürzenden Jahrhundert geschenkt war. Niemand wendet nur lässig den Blick, wie der auf stählerner Spitze hinschwirrende Kreisel seiner Gedanken zum letztenmal herrlich aufspringt und endlich taumelnd zu Boden fällt: »tot vor Unsterblichkeit«.

Dieses Mit-sich-allein-Sein, dieses Gegen-sich-selbst-allein-Sein ist der tiefste Sinn, die einzig heilige Not der Lebenstragödie Friedrich Nietzsches: nie war so ungeheure Fülle des Geistes gegen ein so metallen undurchdringliches Schweigen gestellt. Nicht einmal die Gnade bedeutender Gegner ist ihm gegeben – so muß der stärkste Denkwille »in sich selber eingehöhlt, sich selber angrabend«, aus der eigenen tragischen Seele sich Antwort und Widerstand holen. Nicht aus der Welt, sondern in blutenden Fetzen von der eigenen Haut reißt sich der Schicksalsrasende wie Herakles sein Nessushemd, die brennende Glut, um nackt gegen die letzte Wahrheit, gegen sich selbst zu stehen. Aber welcher Frost um diese Nacktheit, welches Schweigen um diesen ungeheuersten Schrei des Geistes, welch entsetzlicher Himmel voll Wolken und Blitze über dem »Mörder Gottes«, der nun, da keine Gegner ihn finden und er keinen mehr findet, sich selber anfällt, »Selbstkenner, Selbsthenker ohne Mitleid«! Von seinem Dämon hinausgetrieben über Zeit und Welt, hinaus selbst über den äußersten Rand seines Wesens,

> *Geschüttelt ach von unbekannten Fiebern,*
> *Zitternd vor spitzen eisigen Frostpfeilen,*
> *Von dir gejagt, Gedanke!*
> *Unnennbarer! Verhüllter! Entsetzlicher!*

schaudert er manchmal mit einem ungeheuren Schreckblick zurück, da er erkennt, wie weit ihn sein Leben über alles Lebendige und alles Gewesene hinausgeschleudert hat. Aber ein so übergewaltiger Anlauf kann nicht mehr zurück: mit voller Bewußtheit erfüllt er das Schicksal, das sein geliebter Hölderlin ihm vorausgedacht, sein Empedokles-Schicksal.

Heroische Landschaft ohne Himmel, gigantisches Spiel ohne Zuschauer, Schweigen und immer gewaltsameres Schweigen um den fürchterlichsten Schrei geistiger Einsamkeit – das ist die Tragödie Friedrich Nietzsches: man müßte sie als eine der vielen sinnlosen Grausamkeiten der Natur verabscheuen, hätte er ihr nicht selbst ein ekstatisches Ja gesagt und die einzige Härte um ihrer Einzigkeit willen gewählt und geliebt. Denn freiwillig, aus gesicherter Existenz und mit klarem Sinn hat er sich dies »besondere Leben« aus dem tiefsten tragischen Instinkt gebaut und mit einer einzigen Kraft die Götter herausgefordert, in ihm »den höchsten

Grad der Gefährlichkeit zu erproben, mit der ein Mensch sich lebt«. »Χαίρετε δαίμονς« »Seid gegrüßt, Dämonen!« Mit diesem heitern Ruf der Hybris beschwören einmal in studentisch froher Nacht Nietzsche und seine philologischen Freunde die Mächte: zur Geisterstunde schwenken sie vom Fenster aus den gefüllten Gläsern roten Wein in die schlafende Straße der Baseler Stadt hinab als Opfergabe an die Unsichtbaren. Es ist nur ein phantastischer Scherz, der mit tieferer Ahnung sein Spiel treibt: aber die Dämonen hören den Ruf und folgen dem, der sie gefordert, bis aus dem Spiel einer Nacht grandios die Tragödie eines Schicksals wird. Nie aber verwehrt sich Nietzsche dem ungeheuren Verlangen, von dem er sich übermächtig erfaßt und fortgeschleudert fühlt: je härter ihn der Hammer trifft, um so heller klingt der eherne Block seines Willens. Und auf diesem rotglühenden Amboß des Leidens wird härter und härter mit jedem verdoppelten Schlag die Formel geschmiedet, die seinen Geist dann ehern umpanzert, die »Formel für die Größe am Menschen, amor fati: daß man nichts anders haben will, vorwärts nicht, rückwärts nicht, in alle Ewigkeit nicht. Das Notwendige nicht bloß ertragen, noch weniger verhehlen, sondern es lieben«. Dieser sein inbrünstiger Liebesgesang an die Mächte überklingt dithyrambisch den eigenen Schmerzensschrei: zu Boden geknickt, zerdrückt vom Schweigen der Welt, zerfressen von sich selber, geätzt mit allen Bitterkeiten des Leidens, hebt er niemals die Hände, das Schicksal möchte endlich von ihm lassen. Nur um mehr noch bittet er, um stärkere Not, um tiefere Einsamkeit, um volleres Leiden, um die äußerste Fülle seiner Fähigkeit; nicht in der Abwehr, einzig im Gebet hebt er die Hände, im herrlichsten Gebet des Helden: »Du Schickung meiner Seele, die ich Schicksal nenne, Du In-mir! Über-mir! Bewahre mich und spare mich einem großen Schicksal.«

Wer aber so groß zu beten weiß, der wird erhört.

29

DOPPELBILDNIS

Das Pathos der Attitüde gehört nicht zur Größe; wer Attitüden überhaupt
nötig hat, ist falsch ... Vorsicht vor allen pittoresken Menschen!

Pathetisches Heroenbild. So bildet ihn die marmorne Lüge, die
pittoreske Legende: ein trotzig gerecktes Heldenhaupt, hohe
wölbige Stirn, zerklüftet von düstern Gedanken, niederwuchtende
Welle des Haares über gespanntem, auftrotzendem Nacken. Unter den
buschigen Augenbrauen blitzt Falkenblick, jeder Muskel des gewaltigen
Gesichts steht straff von Willen, Gesundheit und Kraft. Der Vercingeto-
rix-Schnurrbart männisch über herben Mund und das vorstoßende Kinn
stürzend, zeigt den barbarischen Krieger, und unwillkürlich denkt man
sich zu diesem muskelkräftigen Löwenhaupt eine germanische Wikinger-
gestalt mit Siegschwert, Hifthorn und Speer. So, zum deutschen Über-
menschen, zum antiken Promethiden der gefesselten Kraft gewaltsam
übersteigert, lieben es unsere Bildhauer und Maler, den Einsamen im
Geiste darzustellen, um ihn einer kurzgläubigen Menschheit anschaulicher
zu machen, die von Schulbuch und Bühne her unfähig ist, das Tragische
anders als in theatralischer Drapierung zu verstehen. Das wahrhaft Tragische aber ist niemals theatralisch und Nietzsches wahres Bildnis darum
unendlich weniger pittoresk als seine Büsten und Bilder.

Bildnis des Menschen. Der dürftige Speiseraum einer Sechs-Franken-
Pension in einem Alpenhotel oder am ligurischen Strand. Gleichgültige
Gäste, zumeist ältere Damen im »small talk«, im kleinen Gespräch. Die

311

Glocke hat dreimal zu Tisch gerufen. Über die Schwelle tritt mit gedrückter Schulter eine leicht gebückte unsichere Gestalt: wie aus einer Höhle heraus tappt immer der »Sechs-Siebentel-Blinde« in fremdes Gelaß. Dunkles, sauber gebürstetes Kleid, dunkel auch das Antlitz mit dem buschigen, braunen, gewellten Haar. Dunkel auch die Augen hinter der fast rundgeschliffenen dicken Krankenbrille. Leise, ja sogar schüchtern tritt er heran, eine ungemeine Lautlosigkeit um sein Wesen. Man fühlt einen Menschen, der im Schatten lebt, jenseits jeder gesprächigen Geselligkeit, der alles Laute, allen Lärm mit fast neurasthenischer Ängstlichkeit fürchtet: höflich, mit ausgesucht vornehmer Artigkeit grüßt er die Gäste, höflich, mit liebenswürdiger Gleichgültigkeit grüßen die andern den deutschen Professor zurück. Vorsichtig rückt sich der Kurzsichtige an den Tisch, vorsichtig prüft der Magenempfindliche jedes Gericht: ob der Tee nicht zu stark sei, die Speisen nicht übermäßig gewürzt, denn jeder Irrtum in der Kost reizt seine empfindlichen Gedärme, jeder Verstoß in der Nahrung wühlt die zitternden Nerven für Tage gewaltsam um. Kein Glas Wein, kein Glas Bier, kein Alkohol, kein Kaffee vor seinem Platz, keine Zigarre, keine Zigarette nach der Mahlzeit, nichts, was aufmuntert, erfrischt oder ausruhen macht: nur die kurze magere Mahlzeit und ein kleines, urbanes, untiefes Gespräch mit leiser Stimme zum gelegentlichen Nachbar (wie einer spricht, der des Redens seit Jahren entwöhnt ist und sich fürchtet, zuviel gefragt zu werden).

Und wieder hinauf in das schmale, enge, dürftige, kalt möblierte Chambre garnie, der Tisch vollgehäuft mit unzähligen Blättern, Notizen, Schriften und Korrekturen, aber keine Blume, kein Schmuck, kaum ein Buch und selten ein Brief. Rückwärts in der Ecke ein schwerer klotziger Holzkoffer, seine einzige Habe, mit den zwei Hemden und dem zweiten vertragenen Anzug. Sonst nur Bücher und Manuskripte, auf einem Tablett unzählige Flaschen und Fläschchen und Tinkturen: gegen die Kopfschmerzen, die ihn oft für Stunden sinnlos machen, gegen die Magenkrämpfe, gegen das spasmische Erbrechen, gegen die Trägheit der Eingeweide und vor allem die fürchterlichen Mittel gegen die Schlaflosigkeit, Chloral und Veronal. Ein entsetzliches Arsenal von Giften und Drogen, und doch die einzigen Helfer in dieser leeren Stille des fremden Raums, in dem er niemals anders ruht als in kurzem, künstlich erzwungenem Schlaf. In den Mantel verpackt, mit einem Wollschal umhüllt (denn der elende Ofen raucht bloß und wärmt nicht), mit frierenden Fingern, die doppelte Brille hart ans Papier gedrückt, schreibt die hastende Hand stundenlang Worte, die das trübe Auge dann kaum selbst entziffern kann. Stundenlang sitzt er so und schreibt, bis die Augen brennen und tränen: es sind die seltenen Glücksfälle seines Lebens, wenn sich irgendein Helfer seiner erbarmt und ihm seine Schreibhand borgt für eine Stunde oder zwei. Bei schönem Wetter geht der Einsame aus, immer allein, immer mit seinen Gedanken: nie ein Gruß unterwegs, nie ein Gefährte, nie eine Begegnung. Dunkles Wetter, das er haßt, Regen und Schnee, der seinen Augen weh tut, halten ihn unbarmherzig im Gefängnis seines Zimmers: nie geht er zu den andern, zu den Menschen hinab. Nur abends noch ein paar Kekse, eine Tasse dünnen Tee, und sofort wieder die lange, die unendliche Einsamkeit mit den Gedanken. Stunden und Stunden wacht er noch bei der zuckenden, qualmenden Lampe, ohne daß die Nerven, die heißgestrafften, sich lockerten zu einer sanften Müdigkeit. Dann ein Griff nach dem Chloral, nach irgendeinem Schlafmittel, und dann endlich, mit Gewalt erzwungen, der Schlaf der andern, der gedankenfreien, nicht vom Dämon gejagten Menschen.

Manchmal bleibt er tagelang im Bett. Erbrechen und Krämpfe bis zur Bewußtlosigkeit, sägende Schmerzen in den Schläfen, fast vollkommene Blindheit. Aber niemand kommt zu ihm, niemand für eine kleine Handreichung, für einen Umschlag auf die brennende Stirn, niemand, der ihm vorliest, mit ihm plaudert, mit ihm lacht.

Und dieses Chambre garnie ist überall dasselbe. Die Städte wechseln oft die Namen, sie heißen bald Sorrent, bald Turin, bald Venedig, bald Nizza, bald Marienbad, aber das Chambre garnie bleibt immer dasselbe, immer das fremde, gemietete Zimmer mit kalten, alten, abgenutzten Möbeln, dem Arbeitstisch, dem Schmerzensbett und der unendlichen Einsamkeit. Niemals in all den langen Nomadenjahren heiteres Ruhn in freundschaftlich-munterm Kreise, nie nachts der warme nackte Leib einer Frau an dem seinen, nie ein Morgenrot von Ruhm nach den tausend durchschwiegenen schwarzen Nächten der Arbeit! Oh, wieviel weiter, wie unendlich viel weiter ist Nietzsches Einsamkeit als das pittoreske Höhenplateau von Sils-Maria, wo jetzt die Touristen zwischen Lunch und Dinner seine Sphäre aufzusuchen pflegen: seine Einsamkeit reicht über die ganze Welt, über sein ganzes Leben von einem bis zum andern Ende.

Hin und wieder ein Gast, ein fremder Mensch, ein Besucher. Aber die Kruste ist schon zu hart, zu stark um den sehnsüchtigen, den menschenwilligen Kern: der Einsame atmet erleichtert auf, wenn der Fremde ihn wieder seiner Einsamkeit läßt. Die »Vielsamkeit« ist in fünfzehn Jahren endgültig verloren, Gespräch ermüdet, erschöpft, erbittert den an sich selbst Zehrenden und doch nur auf sich selbst Hungernden. Manchmal glänzt ganz kurz ein kleiner Strahl von Glück: er heißt Musik. Eine Aufführung von »Carmen« in einem schlechten Theater in Nizza, ein paar

Arien in einem Konzert, eine Stunde am Klavier. Aber auch dieses Glück wird gewaltsam, es »rührt ihn zu Tränen«. Das Entbehrte ist schon dermaßen verloren, daß es sich als Schmerz anfühlt und weh tut.

Fünfzehn Jahre weit reicht dieser Höhlenweg von Chambre garnie zu Chambre garnie, unbekannt, unerkannt, nur ihm selbst bekannt, dieser grausige Gang im Schatten der Großstädte, durch schlecht möblierte Zimmer, arm gedeckte Pensionen, schmierige Eisenbahnwagen und viele Krankenstuben, indes draußen an der Oberfläche der Zeit das bunte Jahrmarkttreiben der Künste und Wissenschaften sich heiser schreit: nur Dostojewskis Flucht in den fast gleichen Jahren durch gleiche Armut, gleiche Vergessenheit hat dieses graue kalte Gespensterlicht. Hier wie dort verbirgt das Werk des Titanen die hagere Gestalt des armen Lazarus, der täglich hinstirbt an seiner Not und seinem Gebrest und den nur wieder täglich das Erlöserwunder des gestaltenden Willens aus seiner Tiefe weckt. Fünfzehn Jahre lang steigt Nietzsche so aus dem Sarg seines Zimmers empor und wieder hinab, von Leiden zu Leiden, von Tod zu Tod, von Auferstehung zu Auferstehung, bis dann endlich das mit allen Energien überhitzte Gehirn zerklirrt. Auf der Straße hingestürzt, finden fremde Menschen den fremdesten Menschen der Zeit. Fremde bringen ihn hinauf in das fremde Zimmer der Via Carlo Alberto in Turin. Niemand ist Zeuge seines geistigen Todes, so wenig einer Zeuge seines geistigen Lebens war. Um seinen Untergang ist Dunkel und heilige Einsamkeit. Unbegleitet und unerkannt stürzt der hellste Genius des Geistes in seine eigene Nacht.

30

APOLOGIE DER KRANKHEIT

Was mich nicht umbringt,
macht mich stärker.

Unzählbar die Schreie des gemarterten Körpers. Eine hundertstellige Tabelle aller körperlichen Notstände, und darunter der fürchterliche Schlußstrich: »In allen Lebensaltern war der Überschuß des Leidens ungeheuer bei mir.« Und tatsächlich, keine teuflische Marter fehlt in diesem schauerlichen Pandämonium der Krankheit: Kopfschmerzen, betäubende, hämmernde Kopfschmerzen, die für Tage den Taumelnden sinnlos hinschlagen auf Sofa und Bett, Magenkrämpfe mit blutigem Erbrechen, Migränen, Fieber, Appetitlosigkeiten, Müdigkeiten, Hämorrhoiden, Darmstockungen, Schüttelfröste, Nachtschweiß – ein grausiger Kreislauf. Dazu die »dreiviertelblinden Augen«, die bei der geringsten Anstrengung sofort anschwellen und zu tränen beginnen und dem geistigen Arbeiter nur »anderthalb Stunden Augenlicht täglich erlauben«. Aber Nietzsche verachtet diese Hygiene des Leibes und arbeitet zehn Stunden am Schreibtisch, und für dieses Übermaß rächt sich das überhitzte Gehirn mit rasenden Kopfschmerzen und einem nervösen Überlauf, denn es läßt sich, wenn abends der Leib längst müde geworden ist, nicht plötzlich abkurbeln, sondern wühlt weiter in Visionen und Gedanken, bis es mit Schlafmitteln gewaltsam betäubt wird. Aber immer größere Mengen sind notwendig (in zwei Monaten verbraucht Nietzsche fünfzig Gramm Chloral-Hydrat, um diese Handvoll Schlummer zu erkaufen) – dann weigert sich der Magen, seinerseits so hohen Preis zu zahlen, und revoltiert. Und nun – Circulus vitiosus – spasmisches Erbrechen, neue Kopfschmerzen, die neue Mittel erfordern, ein unerbittliches unersättliches leidenschaftliches Gegeneinander der aufgereizten Organe, die sich wechselseitig im tollen Spiel den Stachelball des Leidens zuschleudern. Nie ein Ruhepunkt in diesem Auf und Ab, nie eine flache Spanne Zufriedenheit, ein knapper Monat voll Behagen und Selbstvergessen; in zwanzig Jahren kann man sich kein Dutzend Briefe herauszählen, wo nicht aus irgendeiner Zeile ein Stöhnen bricht. Und immer rasender, immer wütiger werden die Schreie des von seinen überwachen, überzarten und schon entzündeten Nerven Gestachelten. »Mach es dir doch leichter; stirb!« ruft er sich zu, oder er schreibt: »Eine Pistole ist mir jetzt eine Quelle relativ angenehmer Gedanken« oder »die furchtbare und fast unablässige Marter läßt mich nach dem Ende dürsten, und nach einigen Anzeichen ist der erlösende Hirnschlag nahe«. Längst findet er für seine Leiden keine Superlative des Ausdrucks mehr, fast wirken sie schon monoton in ihrer Schrille und raschen Wiederholtheit, diese gräßlichen Schreie, die fast nichts Menschliches mehr haben und wirklich aus der »Hundestallexistenz« seines Lebens hin zu den Menschen gellen. Da plötzlich flammt – und man schrickt auf vor so ungeheurem Widerspruch – in Ecce homo das starke, stolze, steinerne Bekenntnis auf, das scheinbar alle diese Schreie Lügen straft: »Als summa summarum war ich (in den letzten fünfzehn Jahren) gesund.«

Was soll nun gelten? Die tausend Schreie oder das monumentale Wort? Beides! Nietzsches Körper war organisch stark und widerstandsfähig, der innere Stamm breit gewölbt und fähig, auch getürmteste Last zu tragen; seine Wurzeln greifen tief hinab in das Erdreich deutscher, gesunder Pastorengeschlechter. Im Ganzen »summa summarum«, als Anlage, als Organismus, im fleischgeistigen Fundament war Nietzsche wirklich gesund. Nur die Nerven sind zu zart für das Ungestüm seiner Empfindung und darum in ständiger unruhiger Revolte (einer Revolte, die aber niemals die eherne Herrschkraft seines Geistes zu erschüttern vermag): Nietzsche selbst hat einmal sinnlich glücklichsten Ausdruck für diesen halb gefährlichen, halb gesicherten Zustand gefunden, wenn er von einem »Kleingewehrfeuer« seiner Leiden spricht. Denn niemals kommt es bei diesem Krieg zu einem wirklichen Einbruch in den innern Wall seiner Kraft: er lebt wie Gulliver in Brobdignac, nur ständig umlagert von einem kribbelnden Pygmäengezücht von Schmerzen. Ewiger Alarm der Nerven ist um ihn, der unablässig auf Ausguck und Wachtturm steht, ständig in einer aufreibenden, quälenden Selbstverteidigung der Aufmerksamkeit.

Nirgends aber gelingt einer wirklichen Krankheit (außer vielleicht jener einzigen, die einen Minengang zwanzig Jahre lang bis unter die Zitadelle seines Geistes vorgräbt und sie dann plötzlich in die Luft sprengt) ein Einbruch, eine Eroberung: ein monumentaler Geist wie Nietzsche erliegt keinem Kleingewehrfeuer, nur eine Explosion kann den Granit solchen Gehirns zerschmettern. So steht einer ungeheuren Leidensfähigkeit eine ungeheure Leidenskraft entgegen, eine zu starke Vehemenz des Gefühls einer zu feinen Durchnervtheit des motorischen Systems. Denn jeder Nerv des Magens wie des Herzens und der Sinne stellt bei Nietzsche ein überexaktes, filigranzartes Manometer dar, das die kleinsten Veränderungen und Spannungen mit ungeheurem Ausschlag an schmerzhafter Erregung erwidert. Nichts bleibt dem Körper (wie dem Geiste) unbewußt. Die kleinste Fiber, die bei andern stumme, signalisiert ihm sofort mit zuckendem Riß ihre Botschaft, und diese »rasende Reizbarkeit« zersplittert seine naturhafte, starke Vitalität in tausend stechende, schneidende, gefährliche Splitter. Darum dann jene entsetzlichen Schreie, wenn er bei der geringsten Bewegung, bei jedem plötzlichen Schritt seines Lebens an einen dieser offenen zuckenden Nerven rührt.

Diese unheimliche, geradezu dämonische Überempfindlichkeit von Nietzsches Nerven, die schon die flüchtigst verzitternden, für andere tief unter der Schwelle des Bewußtseins dämmernden Nuancen deutlich als Schmerz auswägen, ist seiner Leiden einzige Wurzel und ebenso Urzelle seiner genialen Wertungsfähigkeit. Bei ihm muß es gar nichts Substantielles sein, kein wirklicher Affekt, der das Blut schon zu physiologischer Reaktion aufzucken läßt – die bloße Luft mit ihren stündlichen Veränderungen meteorologischer Natur wird schon Ursache unendlicher Peinigungen. Vielleicht war überhaupt noch niemals ein geistiger Mensch so sehr atmosphärisch empfindlich, so ganz Manometer, Quecksilber und Reizbarkeit: zwischen seinem Puls und dem Luftdruck, zwischen seinen Nerven und dem Feuchtigkeitsgehalt der Sphäre scheinen geheime elektrische Kontakte zu bestehen. Seine Nerven melden jeden Meter Höhe, jeden Druck des Wetters sofort als Schmerz in den Organen und reagieren mit rebellischem Takt auf jede Revolte in der Natur. Regen, verdüsterter Himmel deprimieren seine Vitalität (»bedeckter Himmel setzt mich tief herab«), Belastung mit tiefen Wolken spürt er bis hinab in die Gedärme, Regen »depotenziert«, Feuchtigkeit ermattet, Trockenheit belebt, Sonne erlöst. Winter ist eine Art Starrkrampf und Tod. Nie steht die zitternde Barometernadel seiner aprilhaft wetterschwankenden Nerven jemals still: am ehesten noch in wolkenloser Landschaft, auf den windstillen Hochplateaus des Engadin. Und so wie vom äußeren Himmel jede Belastung und jeden Druck, spüren die entzündlichen Organe auch jede Belastung, Trübung und gewitterliche Befreiung auf dem innern Himmel des Geistes. Denn immer, wenn ein Gedanke aufzuckt, so schmettert er wie ein Blitz durch die straff gespannten Stränge seiner Nerven: der Denkakt vollzieht sich bei Nietzsche dermaßen ekstatisch rauschhaft, dermaßen elektrisch niederzuckend, daß er immer gewitterhaft auf den Körper wirkt und bei jeder »Explosion des Gefühls ein Augenblick im strengsten Sinne hinreicht, um die Blutzirkulation zu verändern«. Körper und Geist sind bei diesem vitalsten aller Denker so spannungshaft mit dem Atmosphärischen verbunden, daß er die Reaktionen von innen und außen als eines empfindet: »Ich bin nun einmal nicht Geist und Körper, sondern etwas Drittes. Ich leide ganz und am Ganzen.«

Gewaltsam herausgezüchtet wird nun diese eingeborene Veranlagung zur Differenzierung aller Reize durch die unbewegte brütende Luft seines Lebens, durch Nietzsches jahrzehntelanges Einsiedlertum. Da in den dreihundertfünfundsechzig Tagen des Jahres nichts Körperliches ihm nahe kommt als sein eigener Körper, weder Frau noch Freund, da kaum jemand anderer mit ihm in den vierundzwanzig Stunden des Tages spricht als das eigene Blut, so führt er gleichsam einen ununterbrochenen Dialog mit seinen Nerven. Ständig hält er in dieser ungeheuren Stille die Bussole seines Empfindens in seinen Händen und beobachtet wie alle Einsiedler, Arbeitsmenschen, Hagestolze und Sonderlinge hypochondrisch auch die kleinsten funktionellen Veränderungen seines Leibes. Andere vergessen sich selbst, weil ihre Aufmerksamkeit durch Gespräch und Geschäft, durch Spiel und Lässigkeit abgelenkt wird, weil sie sich durch Wein und Gleichgültigkeit abdumpfen. Ein Nietzsche aber, ein so genialer Diagnostiker, unterliegt ständig der Versuchung, als Psychologe an seinem eignen Leiden noch eine neugierige Lust zu haben, sich zu seinem »eigenen Experiment und Versuchstier« zu machen. Unablässig legt er mit der spitzen Pinzette – Arzt und Kranker in einer Person – das Schmerzhafte seiner Nerven bloß und reizt damit wie alle nervösen und phantasievollen Naturen die schon überstarken Empfindlichkeiten noch gesteigert empor. Mißtrauisch gegen die Ärzte, wird er sein eigener Arzt und »beärztelt« sich unablässig sein ganzes Leben lang. Er versucht alle erdenklichen Mittel und Kuren, elektrische Massagen, diätetische Vorschriften, Trinkkuren, Bäderkuren, er stumpft bald die Erregungen mit Brom herab, bald stachelt er sie mit andern Mixturen wieder hinauf. Seine meteorologische Empfindlichkeit jagt ihn ununterbrochen auf die Suche nach einer besonderen Atmosphäre, nach einem nur ihm gemäßen Ort, nach einem »Klima seiner Seele«. Bald ist er in Lugano, um der Seeluft und Windstille willen, dann in Pfäfers und Sorrent; dann meint er wieder, die Bäder von Ragaz könnten ihm von seinem schmerzhaften Selbst helfen, die heilkräftige Zone von St. Moritz, die Quellen von Baden-Baden oder Marienbad ihn begnaden. Einen Frühling lang ist es das Engadin, das er als sich wesensverwandt entdeckt mit seiner »stark ozonhaltigen Luft«, dann muß es wieder eine Südstadt sein, Nizza mit seiner »trockenen« Luft, dann wieder Venedig oder Genua. Bald strebt er den Wäldern zu, bald den Meeren, bald den Seen, bald den kleinen heiteren Städten »mit guter leichter Kost«. Weiß Gott, wie viele Tausende Kilometer Eisenbahn der fugitivus errans durchfahren hat, nur um diesen märchenhaften Ort zu finden, wo das Brennen und Ziehen seiner Nerven, dieses ewige Wachsein der Organe aufhörte. Allmählich destilliert er sich aus seinen Leidenserfahrungen eine eigne Art Gesundheitsgeographie, er durchforscht dickleibige geologische Werke um dieses Ortes willen, den er wie Aladins Ring sucht, um endlich die Herrschaft über seinen Leib und Frieden seiner Seele zu gewinnen. Keine Reise wäre ihm zu weit: Barcelona ist in seinen Plänen und das Hochgebirge von Mexico. Argentinien und sogar Japan wird erwogen. Die geographische Lage, die Diätetik des Klimas und der Kost werden allmählich seine private zweite Wissenschaft. Bei jedem Ort notiert er sich die Temperatur, den Luftdruck, mißt mit Hydroskop und Hydrostat die Niederschlagsmenge auf den Millimeter und den Feuchtigkeitsgehalt. Die gleiche Übertreiblichkeit in der Diät. Auch da ein ganzes Register, eine medizinische Tabulatur von Vorsichtigkeiten: der Tee muß eine bestimmte Marke haben und in bestimmter Stärke dosiert, um ihm bekömmlich zu sein; Fleischkost ist gefährlich; Gemüse müssen auf bestimmte Art zubereitet sein; allmählich kommt in dieses Medizinieren und Diagnostizieren ein kranker solipsistischer Zug, ein gespanntes, überspanntes Auf-sich-selber-Starren. Nichts hat Nietzsches Schmerz so schmerzhaft gemacht als diese ewige Vivisektion; wie immer leidet der Psychologe zwiefach stark als jeder andere, weil er sein Leiden verdoppelt erlebt, einmal in der Realität und noch einmal in der Selbstbetrachtung.

Aber Nietzsche ist ein Genie der gewaltsamen Umwendungen; im Gegensatz zu Goethe, der Gefahren genial auszuweichen verstand, hat er eine ungeheuer verwegene Art, ihnen geradewegs auf den Leib zu gehen und den Stier bei den Hörnern zu fassen. Die Psychologie, das Geistige – ich versuchte es eben zu schildern – treibt den bloß Empfindlichen tief ins Leiden; aber gerade die Psychologie, gerade der Geist reißt ihn wieder in die Gesundheit zurück. Schon ist er nach zehn Jahren unaufhörlichen Gequältseins auf einem »Tiefpunkt der Vitalität«, schon meint man ihn zerrissen, zermürbt von seinen Nerven, einer verzweifelten Depression, einer pessimistischen Selbstaufgabe zur Beute. Da plötzlich gibt es in Nietzsches geistiger Haltung eine jener blitzartigen, wahrhaft inspirativen »Überwindungen«, eine jener Selbsterkennungen und Selbstrettungen, die seine geistige Geschichte so großartig dramatisch und aufregend machen. Mit einem Ruck reißt er die Krankheit, die ihm den Boden unterwühlt, plötzlich zu sich hinauf und drückt sie ans Herz: es ist das ein ganz geheimnisvoller (nicht auf den Tag bestimmbarer) Augenblick, eine jener blitzartigen Inspirationen inmitten seines Werkes, wo Nietzsche seine Krankheit für sich » *entdeckt*«, wo er im Staunen darüber, daß er noch immer, noch immer am Leben ist, im Staunen, daß in den tiefsten Depressionen ihm die Produktivität, statt zu erlahmen, nur gewachsen ist, proklamiert, daß diese Leiden, diese Entbehrung für ihn »zur Sache«, zur heiligen, ihm einzig heiligen Sache seines Lebens gehören. Und von diesem Augenblick an, wo sein Geist kein Mitleid mehr mit dem Körper hat, kein Mit-Leiden mit seinem Leiden, sieht er zum erstenmal sein Leben in einer neuen Perspektive, seine Krankheit in tieferem Sinn. Mit ausgebreiteten Armen nimmt er sie in sein Schicksal wissend hinein als ein Notwendiges, und da er als der fanatische »Fürsprecher des Lebens« alles an seiner Existenz liebt, so sagt er auch zu seinem Leiden jenes hymnische Ja Zarathustras, jenes jubelnde »Noch einmal! noch einmal in alle Ewigkeit!« Aus dem bloßen Anerkennen wird ein Erkennen, aus dem Erkennen eine Dankbarkeit. Denn aus dieser höheren Schau, die den Blick weghebt vom eigenen Leiden, entdeckt er (mit jener übertreiblichen Freude an der Magie des Extrems), daß er keiner Macht der Erde so sehr verbunden und verschuldet ist wie seiner Krankheit, daß er gerade dem grimmigsten Folterknecht sein Höchstes dankt: die Freiheit. Die Freiheit der äußeren Existenz, die Freiheit des Geistes. Denn überall, wo er ruhen, träg werden, verdicken, verflachen, wo er vorzeitig sich in Amt, Beruf und Geistesform versteinern wollte, hat sie ihn mit ihrem Stachel gewaltsam herausgetrieben. Der Krankheit dankt er, daß er vom Militärdienst errettet und der Wissenschaft zurückgegeben war, der Krankheit dankt er, daß er in dieser Wissenschaft und Philologie nicht stocken blieb; sie hat ihn aus dem Baseler Universitätskreis hinaus in die »Pension« und damit in die Welt, zurück in sich selbst gejagt. Den kranken Augen ist er verpflichtet für die »Erlösung vom Buche«, »der größten Wohltat, die ich mir selbst erwiesen habe«. Aus allen Rinden, die ihn umwachsen wollten, aus allen Bindungen, die ihn zu umschließen begannen, hat sein Leiden ihn (schmerzhaft, aber hilfreich) herausgeschält. »Die Krankheit löst mich gleichsam aus sich selbst heraus«, bekennt er selbst – sie war ihm Geburtshelfer des innern Menschen, Wehemutter und Wehetäter zugleich. Ihr dankt er, daß das

Leben für ihn statt einer Gewohnheit eine Erneuerung wurde, eine Entdeckung: »Ich entdeckte das Leben gleichsam neu, mich selber eingerechnet.«

Denn – so überjauchzt der Gequälte nun dankbar seine Qualen in seiner großen Hymne an den heiligen Schmerz – nur das Leiden allein macht wissend. Die bloß angeerbte und nie erschütterte Bärengesundheit ist dumpf und ahnungslos zufrieden. Sie will nichts, sie fragt nichts, und darum gibt es keine Psychologie bei den Gesunden. Alles Wissen kommt aus dem Leiden, »der Schmerz fragt immer nach den Ursachen, während die Lust geneigt ist, stehenzubleiben und nicht nach rückwärts zu schauen«. Man wird »immer feiner im Schmerz«, das Leiden, das stete wühlende, schabende Leiden gräbt das Erdreich der Seele um, und gerade das Pflughafte, das Schmerzhafte dieses innern Umwühlens schafft erst Auflockerung für die neue geistige Frucht. »Erst der große Schmerz ist der letzte Befreier des Geistes, er allein zwingt uns, in unsere letzte Tiefe zu steigen«, und gerade wem er beinahe tödlich war, darf dann das stolze Wort von sich sagen: »Ich weiß mehr vom Leben, weil ich so oft nahe daran war, es zu verlieren.«

Nicht durch einen Kunstgriff also, durch ein Verneinen seines körperlichen Notstandes überwindet Nietzsche alles Leiden, sondern durch Erkennen: der souveräne Wertfinder entdeckt sich den Wert seiner Krankheit. Ein umgekehrter Märtyrer, hat er nicht zuerst den Glauben, für den er sich quälen läßt; sondern erst aus der Qual, aus der Folter formt er sich den Glauben. Aber seine wissende Chemie entdeckt nicht nur den Wert seines Krankseins, sondern auch seinen Gegenpol: den Wert der Gesundheit; sie beide erst schenken das Vollgefühl des Lebens, den ewigen Spannungszustand von Qual und Ekstase, mit dem der Mensch sich ins Unendliche schnellt. Beide sind notwendig, Krankheit als Mittel, Gesundheit als Zweck, Krankheit als Weg, Gesundheit als Ziel. Denn Leiden im Sinne Nietzsches ist ja nur das eine dunkle Ufer der Krankheit, das andere erglänzt in einem unsäglichen Licht, es heißt Genesen, und nur vom Ufer des Leidens wird es erreicht. Genesen, Gesundwerden bedeutet aber mehr als Erreichung des normalen Lebenszustandes, nicht nur Verwandlung, sondern unendlich mehr, es ist auch Steigerung, Erhöhung und Verfeinerung: man geht aus der Krankheit »gehäuteter, kitzliger, mit einem feineren Geschmack für die Freude, mit einer zarteren Zunge für alle guten Dinge, mit lustigeren Sinnen und einer zweiten gefährlicheren Unschuld in der Freude« hervor, kindlich zugleich und hundertmal raffinierter, als man je gewesen ist. Und diese zweite Gesundheit hinter der Krankheit, diese nicht blind hingenommene, sondern sehnsüchtig ersehnte, gewaltsam erzwungene, mit hundert Seufzern, Schreien und Notständen erkaufte, diese »eroberte, erlittene« Gesundheit ist tausendmal lebendiger als das stumpfe Wohlbehagen der immer Gesunden. Und wer von der zitternden Süße, dem prickelnden Rausch solchen Genesens einmal gekostet, der verbrennt vor Gelüst, ihn immer wieder zu erleben: er wirft sich gern immer und immer wieder in die schweflige Feuerflut der brennenden Qualen, nur um immer wieder zu diesem »bezaubernden Gefühl des Gesundens« zu gelangen, zu dieser goldenen Trunkenheit, die Nietzschen all die gemeinen Stimulantia des Alkohols und Nikotins tausendfach ersetzt und sie übertrifft. Aber kaum daß Nietzsche den Sinn seines Leidens sich entdeckt und die große Wollust des Gesundens, so will er sie in ein Apostolat verwandeln, in den Sinn der Welt. Wie alle Dämonischen, erliegt er der eigenen Ekstase und kann nun nicht mehr satt werden an dem funkelnden Wechselspiel von Lust und Leiden; er will noch tiefer hinabgemartert sein in die Qual, um sich höher hinaufzuschwingen in das allerletzte, allerseligste, allerklarste, allerkraftvollste Genesen. Und in diesem funkelnden, lechzenden Rausch verwechselt er allmählich seinen rasenden Willen zur Gesundheit mit der Gesundheit selbst, sein Fieber mit Vitalität, seinen Untergangstaumel mit errungener Kraft. Gesundheit! Gesundheit! – wie ein Panier schwenkt der von sich selber Trunkene das Wort über sich her: sie soll der Sinn der Welt sein, das Ziel des Lebens, das Maß aller Dinge, sie allein der Pegel aller Werte; und der selbst von Qual zu Qual im Dunkel jahrzehntelang getappt, überschreit sich nun in einem Hymnus der Vitalität, der brutalen, machttrunkenen Kraft. Ungeheuer, mit brennenden Farben, entrollt er die Fahne des Willens zur Macht, des Willens zum Leben, zur Härte, zur Grausamkeit, und trägt sie ekstatisch einer kommenden Menschheit voran – ahnungslos, daß die Kraft, die ihn beseelt, das Panier so hoch zu halten, dieselbe ist, die gleichzeitig den Bogen spannt mit dem für ihn tödlichen Pfeil.

Denn diese letzte Gesundheit Nietzsches, die sich selbst im Überschwang zum Dithyrambus hinaufstimuliert, ist eine Autosuggestion, eine »erfundene« Gesundheit. Gerade wie er die Hände jubilierend zum Himmel hebt im Rausche seiner Kraft, wie er im Ecce homo die Worte hinschreibt von seiner großen Gesundheit und beeidet, nie krank, nie dekadent gewesen zu sein, zuckt schon der Blitz in seinem Blut. Was in ihm lobsingt, was in ihm triumphiert, ist nicht das Leben, sondern schon sein Tod. Was er für Licht hält, für die Hochglut seiner Kraft, birgt gerade den tödlichen Ansprung seiner Krankheit, und jenes wunderbare Wohlgefühl, das ihn in den letzten Stunden überströmt, diagnostiziert der klinische Blick jedes Arztes heute klar für die Euphorie, das typische Wohlbefinden vor dem Zusammenbruch. Schon von anderer, von dämonischer, von jenseits-weltlicher Sphäre zittert ihm die silberne Helligkeit entgegen, die seine letzten Stunden überflutet: er aber, der Trunkene, er weiß es nicht mehr. Er fühlt sich nur überschüttet von allem Glanz, aller Gnade der Erde: die Gedanken glühen ihm feurig zu, die Sprache quillt mit Urgewalt aus allen Poren seiner Rede, Musik überflutet ihm die Seele. Wohin er blickt, strahlt ihn Friede an – die Menschen auf der Straße lächeln ihm zu, jeder Brief ist eine Botschaft mit göttlichem Inhalt, und taumelnd vor Glück ruft er dem Freunde Peter Gast in seinem letzten Schreiben zu: »Singe mir ein neues Lied: die Welt ist verklärt und alle Himmel freuen sich.« Eben aus diesem verklärten Himmel trifft ihn der feurige Strahl, Leiden und Seligkeit in eine einzige unlösbare Sekunde verschmelzend. Beide Enden des Gefühls bohren sich ihm gleichzeitig in die aufgebäumte Brust, und in seinen zerspringenden Schläfen rauscht das Blut Tod und Leben zusammen in eine einzige apokalyptische Musik.

DER DON JUAN DER ERKENNTNIS

> Auf die ewige Lebendigkeit kommt es an, nicht
> auf das ewige Leben.

Immanuel Kant lebt mit der Erkenntnis wie mit einem ehelich angetrauten Weibe, beschläft sie vierzig Jahre lang im gleichen geistigen Bette und zeugt mit ihr ein ganzes deutsches Geschlecht philosophischer Systeme, von denen Nachkommen noch heute in unserer bürgerlichen Welt wohnen. Seine Beziehung zur Wahrheit ist absolut monogam und ebenso jene all seiner intellektuellen Söhne: Schelling, Fichte, Hegel und Schopenhauer. Was sie zur Philosophie treibt, ist ein durchaus undämonischer höherer Ordnungswille, ein guter deutscher, fachlicher und sachlicher Wille zur Disziplinierung des Geistes, zu einer ordnungshaften Architektonik des Daseins. Sie haben Liebe zur Wahrheit, eine ehrliche, dauerhafte, durchaus beständige Liebe: aber in dieser Liebe fehlt vollkommen die Erotik, die flackernde Gier des Zehrens und Sich-selber-Verzehrens; sie fühlen die Wahrheit, ihre Wahrheit als Gattin und gesicherten Besitz, von der sie sich bis zur Stunde des Absterbens nie loslösen und gegen die sie niemals untreu sind. Darum bleibt ewig etwas Hausbackenes, etwas Haushälterisches in ihrer Beziehung zur Wahrheit, und tatsächlich hat jeder von ihnen über Braut und Bett sich ein eigenes Haus erbaut: sein gesichertes System. Und diesen ihren eigenen Bezirk, ihren eroberten Acker des Geistes, den sie aus dem urweltlichen Dickicht des Chaos für die Menschheit ausgerodet haben, bestellen sie meisterlich mit Egge und Pflug. Vorsichtig schieben sie die Gemarken ihrer Erkenntnis weiter hinaus in die Kultur der Zeit und mehren mit Fleiß und Schweiß die geistige Frucht.

Nietzsches Leidenschaft zur Erkenntnis dagegen kommt aus ganz anderem Temperament, aus einer geradezu antipodischen Welt des Gefühls. Seine Einstellung zur Wahrheit ist eine durchaus dämonische, eine zitternde atemheiße, nervengejagte, neugierige Lust, die sich nie befriedigt und nie erschöpft, die nirgends stehenbleibt bei einem Resultat und über alle Antworten hin sich immer wieder ungeduldig und unbändig weiterfragt. Niemals zieht er eine Erkenntnis dauernd an sich und macht sie mit Eid und Treuschwur zu seinem Weibe, zu seinem »System«, zu seiner »Lehre«. Alle reizen ihn an, und keine kann ihn halten. Sobald ein Problem die Jungfräulichkeit, den Reiz und das Geheimnis der erbrochenen Scham verloren hat, läßt er es mitleidslos, eifersuchtslos den andern nach ihm, so wie Don Juan, sein Bruder im Triebe, seine mille e tre, ohne sich weiter um sie zu bekümmern. Denn wie jeder große Verführer durch alle Frauen hindurch die Frau, so sucht Nietzsche durch alle Erkenntnis hindurch die Erkenntnis, die ewig irreale und nie ganz erreichbare; ihn reizt bis zum Schmerz, bis zur Verzweiflung nicht das Erobern, nicht das Halten und Haben, sondern immer nur das Fragen, das Suchen und Jagen. Unsicherheit, nicht Gewißheit ist seine Liebe – Erkenntnis im Sinne der Bibel, wo der Mann das Weib »erkennt« und damit gleichsam geheimnislos macht. Er weiß, der ewige Relativist der Werte, daß keiner dieser Erkenntnisakte, dieser Besitzergreifungen mit heißem Geist schon ein wirkliches »Zu-Ende-Kennen« ist, daß sich Wahrheit im letzten Sinn nicht besitzen läßt: denn »wer da empfindet, ich bin im Besitz der Wahrheit, wie vieles läßt der nicht fahren«. Darum richtet sich Nietzsche niemals haushälterisch ein im Sinne des Sparens und Bewahrens und baut kein geistiges Haus: er will – oder er muß vielmehr aus dem nomadischen Zwang seiner Natur – der ewig Besitzlose bleiben, der nicht Dach hat und Weib und Kind und Gesind, aber dafür die Lust und die Freude der Jagd: er liebt gleich Don Juan nicht die Dauer des Gefühls, sondern die »großen und verzückten Augenblicke«, ihn locken einzig die Abenteuer des Geistes, jene »gefährlichen Vielleichts«, die heiß machen und anspornen, solange man sie jagt, und nicht satt machen, sobald man sie greift – er will keine Beute, sondern (wie er sich selbst im Don Juan der Erkenntnis schildert) nur den »Geist, Kitzel und Genuß an Jagd und Intriguen der Erkenntnis – bis an die höchsten und fernsten Sterne der Erkenntnis hinauf –, bis ihm zuletzt nichts mehr zu erjagen übrigbleibt als das absolut Wehetuende der Erkenntnis, gleich dem Trinker, der am Ende Absinth und – Scheidewasser trinkt«.

Denn der Don Juan im Geiste Nietzsches ist kein Epikureer, kein üppiger Genießer: dazu fehlt diesem Aristokraten, diesem feinnervigen Edelmann das dumpfe Behagen des Verdauens, das träge Ausruhen in der Sattheit, das Prahlen mit seinen Triumphen, das jemals Zufriedensein. Der Jäger der Frauen ist – wie der Nimrod des Geistes – selbst der ewig Gejagte eines unstillbaren Triebes, der rücksichtslose Verführer selbst ein Verführter seiner brennenden Neugier, ein Versucher, der versucht ist, alle Frauen in ihrer unerkannten Unschuld immer wieder zu versuchen, so wie Nietzsche fragt um der Frage willen, um der unstillbaren psychologischen Lust. Für Don Juan ist das Geheimnis in allen und in keiner, in jeder für eine Nacht und in keiner für immer: genauso für den Psychologen die Wahrheit in allen Problemen für einen Augenblick und in keinem für immer.

Darum ist Nietzsches geistiges Leben so ganz ohne Ruhepunkte, ohne stille spiegelnde Flächen: es ist durchaus stromhaft, wanderhaft, voll plötzlicher Umwendungen, Kehren und Stromschnellen. Bei den andern deutschen Philosophen geht ihr Dasein episch-gemächlich dahin, ihre Philosophie stellt das behaglich-handwerkliche Fortspinnen eines einmal entwirrten Fadens dar, sie philosophieren gleichsam seßhaft, mit entspannten Gliedern, und kaum spürt man während ihres Denkaktes einen gesteigerten Blutdruck im Körper, ein Fieber in ihrem Schicksal. Niemals hat man bei Kant jene erschütternde Empfindung eines von seinen Gedanken vampirisch gefaßten, eines an der Schöpfung und Gestaltung als einem entsetzlichen Muß *leidenden* Geistes: und Schopenhauers Leben vom dreißigsten Jahr an, sobald er »Die Welt als Wille und Vorstellung« einmal vollendet hat, trägt einen pensionistisch-behaglichen Zug mit allen kleinen Verbitterungen des Stehengebliebenen. Sie alle gehen mit gutem, festem, klarem Schritt vorwärts einen selbstgewählten Weg, indes Nietzsche immer gejagt erscheint und immer in ein ihm selbst Unbekanntes hinein. Darum gestaltet sich Nietzsches Erkenntnisgeschichte (wie die Abenteuer Don Juans) durchaus dramatisch, eine Kette gefährlicher, überraschender Episoden, eine Tragödie, die vollkommen pausenlos in unablässiger zuckender Erregung von einer Peripetie zur nächsten höheren überspringt, um dann schließlich bei dem unvermeidlichen Absturz ins Bodenlose zu zerschmettern. Und gerade dies Ruhelose im Suchen, dies unablässig *Denken-Müssen*, der dämonische Zwang zum Vorwärts gibt dieser einzigen Existenz eine unerhörte Tragik und macht sie (durch die totale Abwesenheit jedes handwerklichen, jedes bürgerlich gelassenen Zuges) uns so verlockend als Kunstwerk. Nietzsche ist *verflucht*, ist verurteilt zum unablässigen Denken, wie der Wilde Jäger im Märchen zur ewigen Jagd: was seine Lust war, ist seine Qual, seine Not geworden, und sein Atem, sein Stil hat das Springende, Heiße, Pochende eines Gehetzten, seine Seele das Lechzende, Verschmachtende eines nie ausruhenden, eines nie befriedeten Menschen: »Man gewinnt etwas lieb, und kaum ist es einem vom Grunde lieb geworden, so sagt der Tyrann in uns (den wir sogar unser höheres Selbst nennen möchten): Gerade das gib mir zum Opfer. Und wir geben es auch, aber es ist Tierquälerei dabei und Verbranntsein mit langsamem Feuer.« Und wie Aufschrei flüchtenden, vom Pfeil getroffenen Wildes klingt es gell, wenn Nietzsche, der zum Erkennen Getriebene, der Ruhelose, aufschreit: »Es gibt überall Gärten Armidens für mich und daher immer neues Losreißen und neue Bitterkeiten des Herzens. Ich muß den Fuß heben, den müden, verwundeten Fuß, und weil ich muß, so habe ich oft für das Schönste, das mich nicht halten konnte, einen grimmigen Rückblick – weil es mich nicht halten konnte!«

Solche Schreie von innen, solch urmächtiges Aufstöhnen aus der letzten Tiefe des Leidens vermißt man vollkommen in alldem, was sich vor Nietzsche in Deutschland Philosophie genannt hat: bei den mittelalterlichen Mystikern vielleicht, bei den Häretikern und Heiligen der Gotik bricht manchmal ähnliche Schmerzensinbrunst durch dunkelgewandetes Wort. Pascal, auch einer, der mit der ganzen Seele im Fegefeuer des Zweifels steht, kennt diese Aufgewühltheit, diese Zernichtung der suchenden Seele, niemals aber, weder bei Leibniz, noch bei Kant, Hegel und Schopenhauer, erschüttert uns dieser elementare Ton. Denn so rechtlich diese wissenschaftlichen Naturen auch sind, so tapfer, so entschlossen ihre Anspannung auf das Ganze wirkt – sie werfen sich doch nicht dermaßen mit ihrem ganzen ungeteilten Wesen, mit Herz und Eingeweiden und Nerven und Fleisch, mit ihrem ganzen Schicksal in das heroische Spiel um die Erkenntnis. Sie brennen immer nur so, wie Kerzen brennen, nur oben, nur zu Häupten, nur mit dem Geist. Ein Teil, der weltliche, der private und damit auch das Persönlichste ihrer Existenz, bleibt immer schicksalsgesichert, indes Nietzsche sich voll und ganz riskiert, er, der sich unaufhörlich nicht »bloß mit den Fühlhörnern des kalten neugierigen Gedankens«, sondern mit der ganzen Wucht seines Schicksals in die Gefahr wirft. Seine Gedanken kommen nicht bloß von oben, aus dem Gehirn, sondern sind herausgefiebert aus einem gehetzten, aufgestachelten Blute, aus zitternd gereizten Nerven, aus unersättlichen Sinnen, aus dem ganzen Zusammenfassen des Lebensgefühls: darum ballen seine Erkenntnisse wie jene Pascals sich »zu einer leidenschaftlichen Seelengeschichte« tragisch auf, sie werden eine gesteigerte Folge gefährlicher und fast tödlicher Abenteuer, ein Lebensdrama, das wir erschüttert miterleben (indes jene andern Philosophen-Biographien nicht um einen Zoll das geistige Bild erweitern). Und doch, selbst in bitterster Not möchte er sein Leben, sein »gefährliches Leben« nicht mit ihrem geordneten vertauschen, denn gerade, was die andern in ihrer Erkenntnis suchen, eine Aequitas animae, eine gesicherte Seelenrast, einen Schutzwall gegen das überströmende Gefühl, das haßt Nietzsche als Minderung der Vitalität. Ihm, dem Tragiker, dem heldischen Menschen, geht es nicht um das »elende Ringen um das Dasein«, um erhöhte Sicherheit, um eine Brustwehr gegen das Erleben. Nur keine Sicherheit, nur nie ein Befriedigtsein, ein Sich-Genügen! »Wie kann man in der ganzen wundervollen Ungewißheit und Vieldeutigkeit des Daseins stehen und nicht fragen, nicht zittern vor Begierde und Lust des Fragens«, so höhnt er den Häuslichen, den rasch Zufriedenen hochmütig entgegen. Mögen sie erfrosten in ihren Gewißheiten, ruhig sich einkapseln in die Muschelschalen ihrer Systeme: ihn lockt nur die gefährliche Flut, das Abenteuer, das ewige Entzücken und die ewige Enttäuschung. Mögen sie weiter ihre Philosophie treiben im gewärmten Haus ihres Systems wie ein Geschäft, ehrlich und sparsam ihren Besitz zum Reichtum mehrend: ihn lockt nur das Spiel, der Einsatz des Letzten, der eigenen Existenz. Denn nicht einmal sein eigenes Leben lüstet es ihn, den Abenteurer, zu besitzen: auch hier will er noch ein heroisches Mehr: »Auf die ewige Lebendigkeit kommt es an, nicht auf das ewige Leben.«

Mit Nietzsche erscheint die schwarze Freibeuterflagge des Piraten zum erstenmal auf den Meeren der deutschen Erkenntnis: ein Mensch anderer Art, anderen Stammes, Philosophie nicht mehr im wissenschaftlichen Kathedertalar, sondern kriegerisch gepanzert und bewehrt. Die andern vor ihm, gleichfalls kühne und heldenhafte Seefahrer des Geistes, hatten Kontinente und Reiche entdeckt, aber gewissermaßen in einer zivilisatorischen, einer nutzhaften Absicht, um sie der Menschheit zu erobern, die Landkarte weiter in die Terra incognita des Denkens zu ergänzen. Sie pflanzen die Fahnen in ihrem eroberten Neuland auf, bauen Städte, Tempel und neue Straßen in das neue Unbekannte, und hinter ihnen kommen die Gouverneure und Verwalter, das Gewonnene zu pflügen und zu ernten, die Kommentatoren und Professoren, die Menschen der Bildung. Aber ihrer Mühe letzter Sinn war immer Ruhe, Frieden und Sicherung: sie wollen Normen und Gesetze, also eine höhere Ordnung verbreiten. Nietzsche dagegen bricht in die deutsche Philosophie wie die Flibustier am Ende des 16. Jahrhunderts in die spanische Welt, ein Schwarm wilder, verwegener, zuchtloser Desperados ohne

Nation, ohne Herrscher, ohne König, ohne Flagge, ohne Heim und Aufenthalt. Wie jene erobert er nichts für sich und für keinen andern nach ihm, weder für einen Gott, noch einen König, noch einen Glauben, sondern einzig um der Freude der Eroberung willen, denn er will nichts besitzen, erwerben, erringen. Ihn, den leidenschaftlichen Störenfried aller »braunen Ruhe«, aller Behaglichkeit lüstet es einzig, die gesicherte, genießerische Ruhe der Menschen zu zerstören, mit Feuer und Schreck Wachheit zu verbreiten, die ihm so kostbar ist wie den Friedensmenschen der dumpfe, braune Schlaf. Hinter ihm sind, wie nach jener Flibustierfahrt, erbrochene Kirchen, entweihte jahrtausendalte Heiligtümer, gestürzte Altäre, geschändete Sentiments, gemordete Überzeugungen, erbrochene Moralhürden, ein brennender Horizont, ein ungeheures Fanal der Kühnheit und der Kraft. Aber er wendet sich nie zurück, weder um sich des Gewonnenen zu freuen, noch um es zu besitzen: das Unbekannte, nie Eroberte, nie Erkannte ist seine unendliche Zone, das Entladen seiner Kraft, das »Aufstören der Schläfrigkeit« seine einzige Lust. Keinem Glauben gehörig, keinem Lande verschworen, die schwarze Flagge des Immoralisten auf dem umgestürzten Mast, vor sich das heilige Unbekannte, ewig Ungewisse, dem er sich dämonisch verschwistert fühlt, rüstet er unablässig zu neuen gefährlichen Fahrten. Und einsam in allen Gefahren singt er sich selber zum Ruhme seinen herrlichen Piratengesang, sein Flammenlied, sein Schicksalslied:

> *Ja, ich weiß, woher ich stamme,*
> *Ungesättigt gleich der Flamme*
> *Glühe und verzehr ich mich,*
> *Licht wird alles, was ich fasse,*
> *Kohle alles, was ich lasse,*
> *Flamme bin ich sicherlich –*

3 2

LEIDENSCHAFT DER
REDLICHKEIT

Nur ein Gebot gilt dir: Sei rein.

»Passio nuova oder Leidenschaft der Rechtlichkeit«, so sollte der Titel eines von Nietzsche früh geplanten Buches lauten. Er hat es nie geschrieben, aber – was mehr ist – er hat es gelebt. Denn leidenschaftliche Redlichkeit, eine fanatisch, eine passionierte, bis zur Qual emporgespannte Wahrhaftigkeit ist die schöpferische Urzelle von Nietzsches Wachstum und Verwandlung.

Redlichkeit, Rechtlichkeit, Reinlichkeit – man ist ein wenig überrascht, gerade bei dem »Amoralisten« Nietzsche keinen absonderlicheren Urtrieb zu entdecken als gerade, was auch Bürger stolz ihre Tugend nennen – Ehrlichkeit, Redlichkeit bis ans kühle Grab, eine rechte und echte Armeleute-Tugend des Geistes also, ein durchaus mittleres und konventionelles Gefühl. Aber bei Gefühlen ist die Intensität alles, der Inhalt nichts; und dämonischen Naturen ist es gegeben, auch den längst eingefriedeten und temperierten Begriff noch einmal empor in eine unendliche Anspannung zurückzureißen. Sie geben selbst den unbetontesten, den abgenutztesten Elementen das Feuerfarbene und Ekstatische des Überschwangs: was ein Dämonischer ergreift, wird immer wieder neu chaotisch und voll unbändiger Gewalt. Darum hat die Redlichkeit eines Nietzsche nicht das mindeste zu tun mit der ins Korrekte abgeflauten Rechtlichkeit der Ordnungsmenschen – seine Wahrheitsliebe ist ein Wahrheitsdämon, ein Klarheitsdämon, ein wildes, jagdhaftes, beutegie-

riges Raubtier mit den feinsten Instinkten der Witterung und den gewalt-
tätigsten der Raublust. Eine Nietzsche-Rechtlichkeit hat nicht ein
Zollbreit mehr gemein mit dem haustierhaften, gezähmten, durchaus
temperierten Vorsichtsinstinkt der Händler und ebensowenig mit der vier-
schrötigen bullenhaften Michael-Kohlhaas-Redlichkeit mancher Denker,
die, mit Scheuklappen, nur auf eine, nur auf ihre Wahrheit tollwütig loss-
türzen. So gewalttätig, so brutal oft Nietzsches Wahrheitsleidenschaft
ausbrechen mag, so ist sie doch immer zu nervenhaft, zu kultiviert, um je
borniert zu werden: niemals rennt sie sich fest, niemals hakt sie sich ein,
sondern durchaus flammenhaft zuckt sie weiter von Problem zu Problem,
jedes aufzehrend und durchleuchtend und doch von keinem gesättigt.
Herrlich ist diese Zweiheit: nie setzt bei Nietzsche die Leidenschaft aus,
niemals die Redlichkeit. Vielleicht hat noch nie ein so großes psychologisches Genie gleichzeitig so viel ethische Stetigkeit, so viel Charakter
gehabt.

Darum ist Nietzsche zum Klardenker ohnegleichen prädestiniert: wer
selber Psychologie als eine Leidenschaft versteht und betreibt, empfindet
sein ganzes Wesen mit jener Wollust, die man einzig Vollendetem entge-
genbringt. Redlichkeit, Wahrhaftigkeit, diese – ich sagte es ja schon –
bürgerliche Tugend, die man sonst als notwendiges Ferment des geistigen
Lebens sachlich empfindet, genießt man bei ihm wie Musik. Klarheit wird
hier zu Magie. Dieser halbblinde, mühsam vor sich hin tappende, dieser
eulenhaft im Dunkel lebende Mensch hatte in psychologicis einen Falkenblick, jenen Blick, der in einer Sekunde raubvogelhaft aus dem unendlichen Himmel seines Denkens auf das feinste Merkmal, auf die
verzitterndsten, verschwindendsten Nuancen mit unfehlbarer Sicherheit
niederstößt. Vor diesem unerhörten Erkenner, vor diesem einzigen
Psychologen hilft kein Verbergen und Verstecken: sein Röntgenblick
dringt durch Kleider und Haut und Fleisch und Haar bis ins Innerste jedes
Problems hinab. Und genauso, wie seine Nerven auf jeden Druck der
Atmosphäre wie ein präziser Apparat reagieren, so zeichnet sein gleich
durchnervter Intellekt mit gleich fehllosem Rückschlag jede Nuance im
Moralischen auf. Nietzsches Psychologie kommt gar nicht aus seinem
diamantharten und klaren Verstand, sie ist immanenter Teil jener übersen-
siblen Wertempfindlichkeit seines ganzen Körpers, er schmeckt, er wittert
– »mein Genie ist in meinen Nüstern« – alles nicht ganz Reine, nicht ganz
Frische in menschlichen und geistigen Angelegenheiten absolut funktio-
nell: »Mir eignet eine vollkommen unheimliche Reizbarkeit des Reinlich-
keitsinstinktes, so daß ich die Nähe oder das Innerlichste, die Eingeweide
jeder Seele physiologisch wahrnehme – rieche.« Mit unfehlbarer Sicherheit

wittert er heraus, wo etwas mit Moralin, Kirchenweihrauch, Kunstlüge, Vaterlandsphrase, mit irgendeinem Narkotikum des Gewissens durchsetzt ist; er hat einen überscharfen Geruchssinn für alles Faulige, Brackige und Ungesunde, für den Armeleutegeruch im Geistigen; Klarheit, Reinheit, Sauberkeit bedeuten darum für seinen Intellekt so sehr notwendige Existenzbedingung, wie für seinen Körper – ich schilderte es früher – reine Luft mit klaren Konturen: hier ist wirklich Psychologie, wie er es selber fordert, »Auslegung des Leibes«, Verlängerung einer Nervendisposition ins Zerebrale. Alle andern Psychologen scheinen neben dieser seiner divinatorischen Sensibilität irgendwie dumpf und plump. Selbst Stendhal, der mit ähnlich zarten Nerven instrumentiert war, kann sich ihm nicht vergleichen, weil ihm die leidenschaftliche Betonung, der vehemente Ausschlag fehlt: er notiert nur lässig Beobachtungen, indes Nietzsche mit der ganzen Wucht seines Wesens sich auf jede einzelne Erkenntnis stürzt, so wie der Raubvogel aus seiner unendlichen Höhe auf ein winziges Getier. Einzig Dostojewski hat noch ähnlich hellsichtige Nerven (gleichfalls aus einer Überspannung, aus einer krankhaften, schmerzhaften Sensibilität); aber Dostojewski steht wieder hinter Nietzsche an Wahrhaftigkeit zurück. Er kann ungerecht sein und übertreiberisch mitten in seinem Erkennen, indes Nietzsche auch in der Ekstase nicht einen Zoll seiner Rechtlichkeit preisgibt. Nie war darum ein Mensch vielleicht so sehr naturbestimmter, geborener Psychologe, nie ein Geist so sehr zum feinempfindlichen Druckmesser für die Meteorologie der Seele zugeschliffen; nie hatte die Erforschung der Werte ein so präzises, ein so sublimes Instrument.

Aber für vollendete Psychologie genügt es nicht, das feinste, schneidendste Skalpell, das erlesenste Instrument des Geistes zu besitzen – auch die Hand des Psychologen muß stählern sein, geschmeidiges und hartes Metall, sie darf nicht zittern und zurückzucken bei ihren Operationen. Denn Psychologie ist mit Begabung noch nicht erschöpft, sie ist vor allem auch Sache des Charakters, jenes Mutes, »alles zu denken, was man weiß«, sie ist im idealen Fall wie bei Nietzsche Erkenntnis *fähigkeit*, gepaart mit einer ganz urhaften männlichen Kraft des Erkenntnis *willens*. Der wirkliche Psychologe muß dort, wo er sehen *kann*, auch sehen *wollen*, er darf nicht aus einer sentimentalen Nachsicht, einer privaten Ängstlichkeit und Scheu vorbeisehen und vorbeidenken oder sich von Rücksichten und Sentimenten einschläfern lassen. Bei ihnen, den gerechten Wägern und Wächtern, »deren Aufgabe das Wachsein ist«, darf es keine Konzilianz geben, keine Gutmütigkeit, keine Ängstlichkeit, kein Mitleid, keine der Schwächen (oder Tugenden) des bürgerlichen, des mittleren Menschen. Ihnen, den Kriegern, den Eroberern des Geistes, ist es nicht erlaubt, auf ihren verwegenen Patrouillengängen irgendeine Wahrheit, die sie ertappen, gutmütig entwischen zu lassen. In Dingen der Erkenntnis ist »Blindheit nicht Irrtum, sondern Feigheit«, Gutmütigkeit ein Verbrechen, denn wer Rücksicht hat auf Scham und Wehetun, Furcht vor dem Geschrei der Entblößten, vor der Häßlichkeit der Nacktheit, der entdeckt niemals letztes Geheimnis. Jede Wahrheit, die nicht bis zum Äußeren geht, jede Wahrhaftigkeit ohne Radikalismus hat keinen ethischen Wert. Deshalb auch Nietzsches Härte gegen alle, die aus Trägheit oder Denkfeigheit die heilige Pflicht zur Entschlossenheit versäumen, deshalb sein Zorn gegen Kant, daß er den Gottbegriff durch eine heimliche Tür in sein System wieder einschleichen ließ, darum sein Haß gegen alles Blinzeln und Augenzudrücken in der Philosophie, gegen den »Teufel oder Dämon der Unklarheit«, der die letzte Erkenntnis feige verschleiert oder verwischt. Es gibt keine abgeschmeichelten Wahrheiten großen Stils, keine zutraulich und lockend herausgeplauderten Geheimnisse: nur mit Gewalt, Kraft und Unerbittlichkeit läßt sich die Natur ihr Kostbarstes abringen, nur mit Brutalität werden in der Moral des »großen Stils« die »Furchtbarkeit und Majestät unendlicher Forderungen« gestellt. Alles Verborgene fordert harte Hände, unerbittliche Intransigenz: ohne Redlichkeit gibt es kein Erkennen, ohne Entschlossenheit keine Redlichkeit, keine »Gewissenhaftigkeit des Geistes.« »Wo meine Redlichkeit aufhört, bin ich blind; wo ich wissen will, will ich auch redlich sein, nämlich hart, strenge, enge, grausam und unerbittlich.«

Diesen Radikalismus, diese Härte und Unerbittlichkeit hat der Psychologe in Nietzsche nicht geschenkt bekommen vom Schicksal wie seinen falkenhaften Blick: ihn hat er erkauft um den Preis seines ganzen Lebens, seiner Ruhe, seines Schlafes, seiner Bequemlichkeit. Von Anfang an eine weiche, gütige, umgängliche, eher heitere und durchaus wohlgesinnte Natur, muß sich Nietzsche erst durch eine spartanische Gewaltsamkeit des Willens unzugänglich und unerbittlich gegen das eigene Gefühl machen: sein halbes Leben hat er gleichsam im Feuer verbracht. Man muß tief in ihn hineinsehen, um die ganze Schmerzhaftigkeit dieses sittlichen Prozesses nachfühlend zu erleben. Denn mit dieser »Schwäche«, mit seiner Milde und Güte brennt Nietzsche auch alles Menschliche aus, das ihn mit den Menschen verbindet; er verdirbt sich seine Freundschaften, seine Beziehungen, seine Bindungen, und sein letztes Stück Leben wird allmählich so heiß, so weißglühend in der eigenen Flamme, daß jeder sich die Hand verbrennt, der an ihn rühren will. So wie man mit Höllenstein eine Wunde ätzt, um sie rein zu erhalten, so beizt Nietzsche sein Gefühl gewaltsam aus, um es rein, um es redlich zu bewahren; er behandelt sich selbst schonungslos mit dem rotglühenden Eisen seines Willens zur äußersten Wahrhaftigkeit: auch seine Einsamkeit ist darum eine erzwungene. Aber als echter Fanatiker gibt er alles preis, was er liebt, selbst Richard Wagner, dessen Freundschaft ihm heiligste Begegnung gewesen; er macht sich arm, er macht sich menscheneinsam und verhaßt, einsiedlerisch und unglücklich, nur um wahr zu bleiben, nur um das Apostolat der Redlichkeit vollkommen zu erfüllen. Wie bei allen Dämonischen wird die Leidenschaft – bei ihm jene der Redlichkeit – allmählich monomanisch und zehrt in ihrer Flamme den ganzen Besitz seines Lebens auf; wie alle Dämonischen kennt er schließlich nichts mehr als diese eine Leidenschaft. Man lasse darum doch endlich die schullehrerhafte Frage: Was wollte Nietzsche, was meinte Nietzsche, welchem System, welcher Weltanschauung strebt er zu? Nietzsche wollte nichts: in ihm genießt eine übermächtige Leidenschaft zur Wahrheit sich selbst. Sie weiß von keinem »Um zu« – Nietzsche denkt nicht, um die Welt zu verbessern oder zu belehren, noch um sie oder sich zu beruhigen: sein ekstatischer Denkrausch ist Selbstzweck, Selbstgenuß, eine ganz private, eine vollkommen selbstsüchtige und elementare Wollust wie jede dämonische Leidenschaft. Niemals geht es bei diesem ungeheuren Kraftaufwand um eine »Lehre« – er ist längst hinaus über »die edle Kinderei und Anfängerei des Dogmatisierens« – und noch weniger um eine Religion. (»In mir ist nichts von einem Religionsstifter. Religionen sind Pöbelaffären.«) Nietzsche treibt Philosophie wie eine Kunst, und als echter Künstler sucht er darum nicht Resultate, kalte Endgültigkeiten, sondern nur einen Stil, den »großen Stil in der Moral«, und ganz als Künstler erlebt und genießt er alle Schauer der plötzlichen Inspirationen. Vielleicht, ja, wahrscheinlich bleibt es darum ein Wortirrtum, Nietzsche einen Philosophen, also einen Freund der Sophia, der Weisheit, zu nennen. Denn der Leidenschaftliche ist immer unweise, und nichts war Nietzsche fremder, als zum gewohnten Philosophenziel zu kommen, zu einer Schwebe des Gefühls, zu einer Rast und Entspannung, zu einer Tranquillitas, einer gesättigten »braunen« Weisheit – zu dem starren Standpunkt einer einmaligen Überzeugung. Er »braucht und verbraucht« Überzeugungen, wirft wieder weg, was er gewinnt, und wäre darum besser ein Philaleth genannt, ein leidenschaftlich Passionierter der Aletheia, der Wahrheit, jener jungfräulichen grausamen Versuchergöttin, die immer wie Artemis ihre Liebhaber in ewige Jagd treibt, um ihnen doch hinter allen ihren zerrissenen Schleiern immer unerreichbar zu bleiben. Wahrheit, wie Nietzsche sie versteht, ist eben keine starre, keine kristallene Form der Wahrheit, sondern der feurig glühende Wille zum *Wahrsein* und *Wahrbleiben*, eine Lebenserfüllung im Sinne der höchsten Fülle: Nietzsche will nie und niemals glücklich, immer aber wahrhaftig sein. Er sucht nicht (wie neun Zehntel aller Philosophen) die Rast, sondern als Knecht und Höriger des Dämons den Superlativ aller Erregung und Bewegung. Jeder Kampf aber um das Unerreichbare steigert sich zum Heldischen und alles Heroische wiederum notwendig empor in seine heiligste Konsequenz, in den Untergang.

Denn ganz unausweichlich muß eine solche fanatische Überspannung des Redlichkeitsverlangens, eine so unerbittliche und gefährliche Forderung wie jene Nietzsches, mit der Welt in einen mörderischen, selbstmörderischen Konflikt geraten. Alles Leben ist im letzten auf Konzilianz, auf Nachgiebigkeit angelegt (was Goethe, der in seinem Wesen das Wesen der Natur so weise wiederholte, frühzeitig erkannte und nachbildete). Es bedarf, um sich im Gleichgewicht zu erhalten, ebenso wie die Menschen der Mittelzustände, der Nachgiebigkeiten, der Kompromisse und Paktierungen. Und wer die durchaus unnaturhafte, die absolut anthropomorphe Forderung stellt, in dieser Welt nicht mitoberflächlich, nicht mitkonziliant, nicht mitnachgiebig zu sein, wer sich gewaltsam loslösen will aus dem durch Jahrtausende gewobenen Netz von Bindungen und konventionellen Vereinbarungen, tritt ungewollt in tödliche Gegnerschaft zur Gesellschaft und zur Natur. Je unerbittlicher ein einzelner die Forderung stellt, es »ganz rein haben zu wollen«, um so feindseliger stellt sich die Zeit gegen ihn ein. Ob er nun wie Hölderlin darauf besteht, das vorwiegend prosaische Leben einzig dichterisch zu führen, oder wie Nietzsche, die unendliche Verwirrung der irdischen Zusammenhänge »klar zu denken« – in jedem Fall bedeutet solches unweise, aber heroische Verlangen eine Empörung gegen Sitte und Regel und treibt den Verwegenen in unüberbrückbare Isoliertheit, in einen herrlichen, aber aussichtslosen Krieg. Was Nietzsche die »tragische Gesinnung« nennt, die Entschlossenheit zum Äußersten in irgendeinem Gefühl, greift über vom Geist in das Schicksal und *erzeugt* die Tragödie. Jeder, der vom Leben ein einzelnes Gesetz erzwingen will, der in diesem Chaos der Leidenschaften eine einzige, *seine* Leidenschaft durchsetzen will, wird einsam und als Einsamer vernichtet – ein törichter Schwärmer, wenn er unbewußt handelt, ein Held, wenn er die Gefahr kennt und sie dennoch herausfordert. Nietzsche, so leidenschaftlich er in seiner Redlichkeit ist, gehört zu den Wissenden. Er kennt die Gefahr, in die er sich begibt, er weiß vom ersten Augenblick, von der ersten geschriebenen Schrift an, daß sein Denken um ein gefährliches, ein tragisches Zentrum kreist, daß er ein *gefährliches* Leben lebt, aber – als der wahrhaft tragische Held des Geistes – liebt er das Leben nur um dieser Gefahr willen, die ihm das seine vernichtet. »Baut eure Häuser an den Vesuv«, ruft er den Philosophen zu, um sie zu höherer Schicksalsbewußtheit zu spornen, denn »der Grad der Gefährlichkeit, mit der ein Mensch mit sich selber lebt«, ist für ihn das einzige gültige Maß aller Größe. Nur wer das Ganze im erhabenen Spiel um das Ganze einsetzt, kann die Unendlichkeit gewinnen, nur wer sein eigenes Leben riskiert, seiner engen Erdenform den Wert einer Unendlichkeit geben. »Fiat veritas, pereat vita«, möge es uns das Leben kosten, wenn nur die Wahrhaftigkeit verwirklicht wird: die Leidenschaft ist mehr als das Dasein, der Sinn des Lebens mehr als das Leben selbst. Mit ungeheurer Macht reißt der Ekstatiker allmählich diesen Gedanken ins Große und weit über sein eigenes Schicksal hinaus: »Wir alle wollen lieber den Untergang der Menschheit als den Untergang der Erkenntnis.« Je gefahrvoller sein Schicksal wird, je näher schon in dem immer höheren Himmel des Geistes er den Blitz über sich hängen fühlt, um so herausfordernder, um so schicksalslustiger wird sein Verlangen nach diesem letzten Konflikt. »Ich kenne mein Los«, sagt er knapp vor dem Untergang, »es wird sich einmal an meinen Namen die Erinnerung an etwas Ungeheures anknüpfen, an eine Krisis, wie es keine auf Erden gab, an die tiefste Gewissenskollision, an eine Entscheidung, heraufbeschworen gegen alles, was bis dahin geglaubt, und geheiligt war« – aber Nietzsche liebt diesen letzten Abgrund alles Wissens, und sein ganzes Wesen drängt dieser tödlichen Entscheidung entgegen. »Wieviel Wahrheit kann der Mensch ertragen?« das war die Frage des tapferen Denkers ein ganzes Leben hindurch – aber um dieses Maß der Erkenntnisfähigkeit ganz zu ergründen, muß er die Zone der Sicherheit überschreiten und die Stufe erreichen, wo der Mensch sie *nicht* mehr erträgt, wo die letzte Erkenntnis tödlich wird, wo das Licht zu nahe kommt und das Schauen blendet. Und gerade diese letzten Schritte empor sind die unvergeßlichsten und mächtigsten in der Tragödie seines Schicksals: nie war sein Geist heller, seine Seele leidenschaftlicher, sein Wort mehr Jubel und Musik, als da er sich wissend und wollend von der Höhe seines Lebens in die Tiefe der Vernichtung stürzt.

33

WANDLUNGEN ZU SICH SELBST

> Die Schlange, welche sich nicht häuten kann,
> geht zugrunde. Ebenso die Geister, welche man
> verhindert, ihre Meinungen zu wechseln: sie
> hören auf, Geist zu sein.

Die Menschen der Ordnung, so farbblind sie sonst dem Einzigartigen gegenüberstehen mögen, haben doch einen untrüglichen Instinkt für das ihnen Feindselige; lange bevor Nietzsche sich als der Amoralist, der Brandstifter ihrer umfriedeten Moralhürden enthüllte, haben sie ihn befeindet: ihre Witterung wußte mehr von ihm als er selbst. Er war ihnen unbequem als ewiger Außenseiter aller Kategorien, als Mischling von Philosoph, Philolog, Revolutionär, Künstler, Literat und Musikant – von der ersten Stunde ist er den Fachmenschen als Überschreiter der Grenzen verhaßt. Kaum veröffentlicht der Philologe sein Frühwerk, so prangert der Philologe Wilamowitz (er ist es geblieben ein halbes Jahrhundert, indes sein Gegner hinauswuchs in Unsterblichkeit) den Grenzüberschreiter bei den Kollegen an. Ebenso mißtrauen – und wie mit Recht! – die Wagnerianer dem leidenschaftlichen Panegyriker, die Philosophen dem Erkenner: noch im Puppenzustand des Philologen, noch als Unbeflügelter hat Nietzsche bereits die Fachlichen gegen sich. Nur das Genie, der Wissende um den Wandel, nur Richard Wagner liebt im Werdenden den zukünftigen Feind. Die andern aber, sie spüren und wittern an seinem weit ausholenden kühnen Gang sofort sein

Unverläßlichsein, das Nicht-treu-Bleiben an der Überzeugung, jene maßlose Freiheit, die der Freieste gegen alles, also auch gegen sich selber fühlt. Und selbst heute, da seine Autorität sie duckt und einschüchtert, möchten die Fachmenschen gerne den »Prinzen Vogelfrei« wieder in ein System eingittern, in eine Lehre, eine Religion, in eine Botschaft. Sie möchten ihn starr haben wie sich selbst, an Überzeugungen gebunden, in eine Weltanschauung vermauert – gerade das, was er am meisten fürchtete. Ein Definitives, ein Unwidersprochenes möchten sie dem Wehrlosen aufzwingen und den Nomadischen (nun, da er die Welt des Geistes, die unendliche, erobert) festbannen in ein Haus, das er niemals hatte und niemals ersehnte.

Aber Nietzsche ist nicht zu bannen in eine Lehre, nicht festzunageln an eine Überzeugung – nie ist auch auf diesen Blättern das Schulmeisterkunststück versucht, aus einer erschütternden Tragödie des Geistes eine kalte »Erkenntnistheorie« zu exzerpieren – denn nie hat sich der leidenschaftliche Relativist aller Werte an irgendein Wort seiner Lippe, an eine Überzeugung seines Gewissens, an eine Leidenschaft seiner Seele dauernd gebunden oder gar verpflichtet erachtet. »Ein Philosoph braucht und verbraucht Überzeugungen«, antwortet er überlegen den Seßhaften, die stolz sich ihres Charakters und ihrer Überzeugungen rühmen. Jede seiner Meinungen hat er nur als Durchgang, ja sogar sein eigenes Ich, seine Haut, seinen Leib, sein geistiges Gebilde hat er immer nur als Vielzahl, als »Gesellschaftsbau vieler Seelen« empfunden: wörtlich sagt er einmal das allerkühnste Wort: »Es ist nachteilig für den Denker, an eine einzige Person gebunden zu sein. Wenn man sich selbst gefunden hat, muß man versuchen, sich von Zeit zu Zeit zu verlieren – und dann wieder zu finden.« Sein Wesen ist fortwährende Verwandlung, Selbsterkennen durch Selbstverlust, also ewiges Werden, und niemals ein starres, ruhendes Sein: »Werde, der du bist« darum der einzige Lebensimperativ, der sich in seinen ganzen Schriften findet. Nun hat ja auch Goethe ähnlich gespottet, er sei immer schon in Jena, wenn man ihn in Weimar suche, und Nietzsches Lieblingsbild von der abgestreiften Schlangenhaut steht hundert Jahre früher in einem Goethe-Brief, aber doch, wie kontradiktorisch sind Goethes besonnene Entwicklung und Nietzsches eruptive Verwandlung! Denn Goethe verbreitert sein Leben um ein fixes Zentrum, so wie ein Baum um einen verborgenen inneren Schaft jährlich Ring an Ring setzt und, während er die äußere Rinde sprengt, immer fester, wuchtender, höher und weit ausschauender wird. Seine Entwicklung geschieht durch Geduld, durch eine stetige zähe, aufzunehmende Kraft, und bei allem Fortwachsen gleichzeitig durch Resistenz der Selbstverteidigung – die

Nietzsches aber immer durch Gewalt, durch stoßhafte Vehemenz des Willens. Goethe erweitert sich, ohne je einen Teil seines Selbst preiszugeben, er braucht sich nie zu verleugnen, um sich zu steigern; Nietzsche dagegen, der Wandelhafte, muß immer sich ganz zerstören, um sich ganz wieder aufzubauen. Alle seine Selbstgewinnungen und Neuentdeckungen resultieren aus mörderischen Selbstzerätzungen und Glaubensverlusten, aus Dekomposition – um höher zu kommen, muß er immer einen Teil seines Ichs wegwerfen (indes Goethe nichts preisgibt und nur chemisch verwandelt und destilliert). Nichts bleibt in seinem wandelhaften Weltbild vom Früheren, vom Vergangenen gültig und unwidersprochen: darum sind auch seine einzelnen Phasen gar nicht brüderhaft, sondern feindselig gegeneinandergestellt. Immer ist er auf dem Weg nach Damaskus; nicht bloß eine einmalige Umwendung seines Glaubens, seines Gefühls wird ihm zuteil, sondern unzählige, denn jedes neue geistige Element dringt bei ihm nicht bloß ins Geistige ein, sondern bis ins Eingeweide: moralische und intellektuelle Erkenntnisse formen sich bei ihm chemisch in andern Blutlauf, anderes Gefühl, anderes Denken um. Als verwegener Spieler setzt Nietzsche (wie Hölderlin einmal von sich fordert) »die *ganze Seele* der zerstörenden Macht der Wirklichkeit aus«, und von allem Anfang an haben Erfahrung und Eindrücke auf ihn diese Form vehementer und völlig vulkanischer Einbrüche. Wie er als junger Student in Leipzig Schopenhauers »Die Welt als Wille und Vorstellung« liest, kann er zehn Tage nicht schlafen, sein ganzes Wesen wird von einem Zyklon umgewühlt, der Glaube, auf den er sich stützt, stürzt schmetternd ein; und als sich der geblendete Geist allmählich aus dem Taumel ernüchtert, findet er eine vollkommen veränderte Weltanschauung, eine neue Lebensauffassung. Ebenso wird die Begegnung mit Richard Wagner zum leidenschaftlichen Liebeserlebnis, das die Spannkraft seines Gefühls ins Unendliche erweitert. Von Triebschen nach Basel zurückgekehrt, hat sein Leben einen neuen Sinn: der Philologe in ihm ist über Nacht abgestorben, die Perspektive von der Vergangenheit, die Historie, hat sich in die Zukunft verschoben. Und eben weil von dieser geistigen Liebesglut die ganze Seele durchdrungen war, reißt dann die Loslösung von Wagner eine klaffende, beinahe tödliche Wunde, die sich nie mehr schließt und die völlig vernarbt. Immer stürzt wie bei einem Erdbeben bei jeder dieser geistigen Erschütterungen der ganze Bau seiner Überzeugungen in Trümmer zusammen, immer wieder muß Nietzsche sich von Grund aus neu gestalten. Nichts wächst sanft, still und unhörbar, naturhaft organisch in ihm empor, nie dehnt und spannt sich in heimlicher Arbeit das innere Wesen zu breiterem Stand: alles, selbst die eigenen Ideen, schlagen in ihn hinein »wie

Blitzschläge«, immer muß eine Welt in ihm vernichtet sein, damit sein Kosmos neu entstehe. Diese Schlagwetterkraft der Idee bei Nietzsche ist ohne Beispiel: »Ich will«, so schreibt er einmal, »von der Expansion des Gefühls erlöst sein, die solche Produktionen mit sich führen; es ist mir öfter der Gedanke gekommen, daß ich an so etwas plötzlich sterben werde.« Und tatsächlich stirbt immer etwas bei seiner geistigen Erneuerung ab, immer wird etwas im innern Gewebe zerrissen, gleichsam als ob ein stählernes Messer hineingefahren wäre, das alle früheren Verbindungen zertrennte. Nie vielleicht hat sich ein Mensch so entsetzlich qualvoll entwickelt, so aus sich selber blutig herausgeschunden. Alle seine Bücher sind darum eigentlich nichts anderes als die klinischen Berichte dieser Operationen, die Methoden seiner Vivisektionen, eine Art Geburtshelferlehre des freien Geistes. »Meine Bücher reden nur von meinen Überwindungen« – sie sind die Geschichte seiner Verwandlungen, seiner Kindbetten und Schwangerschaften, seiner Tode und Neuauferstehungen, die Geschichte der gegen das eigene Ich rücksichtslos geführten und gerichteten Kriege, Exekutionen und Züchtigungen, und in summa eine Biographie all der Menschen, die Nietzsche die zwanzig Jahre seines geistigen Lebens gewesen und geworden ist.

Das unvergleichbar Eigentümliche dieser fortwährenden Verwandlungen Nietzsches ist nun, daß seine Lebenslinie im gewissen Sinne eine *rückläufige* Bewegung darstellt. Nehmen wir Goethe – immer wieder ihn, die sinnfälligste aller Erscheinungen – als den Prototyp einer organischen Natur, die geheimnisvoll mit dem Weltlauf im Einklange steht, so sehen wir, daß die Formen seiner Entwicklung symbolisch die Lebensalter spiegeln. Goethe ist überschwenglich-feurig als Jüngling, besonnen-tätig als Mann, begrifflich-klar als Greis: der Rhythmus seines Denkens entspringt organisch der Lebenstemperatur seines Blutes. Sein Chaos ist im Anfang (wie immer beim Jüngling), seine Ordnung am Ende (wie immer beim Greis), er wird konservativ, nachdem er Revolutionär gewesen, wissenschaftlich aus anfänglichem Lyrismus, selbstbewahrend nach anfänglicher Selbstverschwendung. Nietzsche geht nun den umgekehrten Weg wie Goethe; strebt jener zu immer fülligerer Bindung seines Wesens, so drängt er zu immer leidenschaftlicherer Auflösung: wie alle dämonischen Charaktere wird er immer hitziger, unduldsamer, ungestümer, revolutionärer, chaotischer mit den fortschreitenden Jahren. Schon die äußere Lebenshaltung deutet den vollkommenen Rücklauf gegen gewohnte Entwicklung. Nietzsche beginnt damit, alt zu sein. Mit vierundzwanzig Jahren, während seine Kommilitonen noch Studentenulk treiben, mit den breiten Biergläsern Zerevis reiben und im Gänsemarsch auf den Straßen herummarschieren, ist Nietzsche schon wohlbestallter Professor, wirklicher Ordinarius der Philologie an der berühmten Universität Basel. Seine wahren Freunde sind damals die fünfzig- und sechzigjährigen Menschen, die großen und greisen Gelehrten, wie Jakob Burckhardt und Ritschl, sein Intimus, der ernste und erste Künstler der Zeit: Richard Wagner. Mit Gewalt unterdrückt er seine dichterischen Kräfte, den Aufstrom der Musik: wie nur irgendein verknöcherter Hofrat sitzt er gebückt über griechischen Handschriften, verfaßt Indices, begnügt sich an der Revidierung verstaubter Pandekten. Der Blick des beginnenden Nietzsche ist vollkommen nach rückwärts gewandt in die »Historie«, in Totes und Gewesenes, seine Lebensfreude vermauert in eine Alte-Männer-Manie, seine Heiterkeit, sein Übermut in eine professorale Würde, sein Blick in Bücher und gelehrte Probleme. Mit siebenundzwanzig Jahren bricht die »Geburt der Tragödie« einen ersten geheimen Stollen in die Gegenwart: noch trägt aber der Verfasser die ernste Maske der Philologie auf seinem geistigen Gesicht, und nur unterirdisch ist ein erstes Flackern darin von zukünftigen Dingen, ein erstes Entbrennen der Liebe zur Gegenwart, der Leidenschaft zur Kunst. Mit etwa dreißig Jahren, zu der Zeit, wo der normale Mensch seine bürgerliche Karriere erst inauguriert, in dem Alter, wo Goethe Staatsrat, Kant und Schiller Professoren wurden, hat Nietzsche seine Karriere bereits hinter sich geworfen und das Katheder der Philologie aufatmend verlassen. Es ist sein erster Abschluß gegen sich selbst, sein Abstoß in die eigene Welt, seine erste innere Umschaltung, und in diesem Aufhören ist des Künstlers eigentlicher Anfang. Der wahre Nietzsche beginnt mit seinem Einbruch in die Gegenwart, der tragische Nietzsche, der unzeitgemäße, mit seinem Blick in die Zukunft, mit seiner Sehnsucht nach dem neuen, dem kommenden Menschen. Dazwischen liegen ununterbrochene Schlagwetter von Verwandlungen, vollkommene Umstülpungen des innersten Wesens, der brüske Windwechsel von Philologie zur Musik, vom Ernst zur Ekstase, von sachlicher Geduld zum Tanz. Mit sechsunddreißig Jahren ist Nietzsche Prinz Vogelfrei, Immoralist, Skeptiker, Dichter und Musikant, »besser jung« als je in seiner Jugend, frei von aller Vergangenheit und eigenen Wissenschaft, frei schon von der Gegenwart und ganz Geselle des jenseitigen, des zukünftigen Menschen. Statt daß also die Jahre der Entwicklung wie bei dem normalen Künstler sein Leben stabilisieren, verwurzelter, ernster, zielhafter machen, lösen sie es nur leidenschaftlich von allen Bindungen und Beziehungen los. Ungeheuer, unvergleichbar ist das Tempo dieser Verjugendlichung. Mit vierzig Jahren hat Nietzsches Sprache, seine Gedanken, sein Wesen mehr rote Blutkörperchen, mehr frische Farbe, Verwegenheit, Leidenschaft und

Musik als mit siebzehn, und der Einsame von Sils-Maria geht leichteren, beschwingteren, tanzhafteren Schrittes durch sein Werk als der frühere vierundzwanzigjährige, frühalte Professor. Bei Nietzsche *intensifiziert* sich also das Lebensgefühl, statt sich zu beruhigen: immer geschwinder, freier, flughafter, vielfältiger, spannkräftiger, boshafter, zynischer werden seine Verwandlungen; nirgends findet er mehr einen »Standpunkt« für seinen eilenden Geist. Kaum hat er sich wo eingewachsen, so »krümmt und bricht sich die Haut«: schließlich kommt er seinem eigenen Leben gar nicht mehr nach mit seinem Sich-selbst-Erleben, und die Veränderungen geraten allmählich in ein kinematographisches Tempo, wo das Bild ständig zittert und verflirrt. Gerade die ihn am nächsten zu kennen meinen, die Freunde seiner früheren Lebensalter, von denen fast alle festgenagelt sitzen in ihrer Wissenschaft, ihrer Meinung, ihrem System, staunen ihn immer fremder von Begegnung zu Begegnung an. Erschreckt sehen sie in seinem immer mehr verjugendlichten geistigen Gesicht neue Züge, die auf nichts Früheres zurückdeuten; und ihm selbst, dem immerzu Verwandelten, kommt es geradezu gespenstig vor, wenn er seinen eigenen Titel hört, wenn er mit jenem »Professor Friedrich Nietzsche in Basel«, dem Philologen, »verwechselt« wird, mit diesem greisen und weisen Mann, der er selbst einmal vor zwanzig Jahren gewesen zu sein sich nur mühsam erinnert! Vielleicht hat noch nie jemand mit solchem Radikalismus alles von sich weggelebt wie Nietzsche, alles aus sich herausgestoßen, was von früheren Rudimenten und Sentiments noch zurückgeblieben ist: darum auch sein furchtbares Alleinsein in den letzten Jahren. Denn alle Verbindungen mit dem Einst hat er abgerissen; und um sich Neuem zu verbinden, dazu ist das Tempo seiner letzten Jahre, seiner letzten Verwandlungen doch ein zu hitziges. Er saust an allen Menschen, an allen Erscheinungen gleichsam nur vorüber; und je näherer sich selber kommt oder zu kommen scheint, desto hitziger wird seine Gier, sich wieder zu entweichen. Immer radikaler werden die Verfremdungen seines Wesens, immer brüsker seine Sprünge vom Nein zum Ja, seine elektrischen Umschaltungen der inneren Kontakte: er verbrennt sich in unablässigen Selbstaufzehrungen, und sein Weg ist eine einzige Flamme.

Aber in dem gleichen Maße, als die Verwandlungen sich beschleunigen, werden sie auch gewaltsamer und schmerzhafter. Nietzsches erste »Überwindungen« bedeuten bloß Abschälung knabenhafter, jünglingshafter Gläubigkeiten, mitgelernter, aus der Schule übernommener Autoritätsmeinungen: sie waren leicht hinter sich geworfen wie eine abgesprungene trockene Schlangenhaut. In je tieferem Sinne er aber Psychologe wird, in um so tiefere Schicht seiner innern Substanz muß er mit dem Messer hinein: je subkutaner, durchnervter, blutdurchdrungener, je mehr vom eigenen Plasma geformter die Überzeugungen werden, um so mehr ist brutale Gewaltsamkeit, Blutverlust und Entschlossenheit vonnöten: es wird »Selbsthenkerdienst«, Shylockarbeit, Schnitt ins offene Fleisch. Schließlich kommen die Selbstbloßlegungen bis in das innerste Erdreich des Gefühls heran, sie werden gefährliche Operationen; die Amputation des Wagner-Komplexes vor allem ist ein solcher schneidendster, fast tödlicher Eingriff in das Innerste seines Leibes, hart an der Herznaht, ein Selbstmord fast, und in dem Grausam-Gewaltsamen seiner Plötzlichkeit eine Art Lustmord auch, denn in liebender Umschlingung, in der Sekunde intimster Annäherung vergewaltigt und erdrosselt sein wilder Wahrheitstrieb die ihm nächste und geliebteste Gestalt. Aber je gewaltsamer, desto lieber: je mehr Blut, je mehr Schmerz, je mehr Grausamkeit Nietzsche eine seiner »Überwindungen« kostet, um so lustvoller genießt sein Ehrgeiz die Probe auf die eigene Willenskraft. Allmählich wird der Selbstzerstörungstrieb Nietzsches geistige Passion: »Ich kenne die Lust am Vernichten in einem Grade, die meiner Kraft zum Vernichten gemäß ist.« Aus dem bloßen Sichverwandeln wächst Lust, sich zu widersprechen, sein eigener Widerpart zu sein: einzelne Aussprüche seiner Bücher schlagen einander brüsk ins Gesicht, jedem Nein setzt der leidenschaftliche Proselyt seiner Überzeugungen herrisch ein Ja, jedem Ja ein Nein entgegen – unendlich reckt er sich aus, um die Pole seines Wesens bis ins Unendliche zu spannen und die elektrische Spannung zwischen diesen beiden äußersten Enden als das wahre Leben des Geistes zu spüren. Immer sich entfliehen, immer sich erreichen – »die sich selbst entfliehende Seele, die sich im weitesten Kreise einholt« –, das treibt am Ende in eine rasende Hitzigkeit hinein, und diese Übertreibung wird sein Verhängnis. Denn gerade, wie er die Form seines Wesens bis ins Äußerste dehnt, birst die Spannung des Geistes: der feurige Kern, die dämonische Urgewalt bricht durch, und das urmächtige Element vernichtet mit einem einzigen vulkanischen Stoß die großartige Folge der Gestalten, die der bildnerische Geist sich aus seinem eigenen Blut und Leben bis hinein in die Unendlichkeit gejagt.

34

ENTDECKUNG DES SÜDENS

> Wir haben Süden um jeden Preis,
> helle, harmlose, muntere, glückliche
> und zärtliche Töne nötig.

»Wir Luftschiffer des Geistes«, sagt Nietzsche einmal stolz, um diese einzige Freiheit des Denkens zu rühmen, das im unbegrenzten, unbetretbaren Element sich seine neuen Wege findet. Und wirklich, die Geschichte seiner geistigen Fahrten, Umwendungen und Erhebungen, diese Jagd ins Unendliche, spielt durchaus im oberen, im geistig unbegrenzten Raum: wie ein Fesselballon, der ständig Last und Ballast abwirft, wird Nietzsche durch seine Entschwerungen, seine Loslösungen immer freier. Mit jedem abgekappten Tau, mit jeder abgeworfenen Abhängigkeit hebt er sich immer herrlicher auf zu weiterem Umblick, zu umfassender Schau, zu zeitloser, persönlicher Perspektive. Es gibt da unzählige Veränderungen der Richtung, ehe das Lebensschiff in den großen Sturm gerät, der es zerschellt: kaum kann man sie aufzählen und unterscheiden. Nur ein besonders schicksalswendender Augenblick der Entscheidungen hebt sich haarscharf und sinnlich im Leben Nietzsches ab: es ist gleichsam die dramatische Minute, da das letzte Tau abgelöst wird und das Luftschiff vom Festen ins Freie, vom Schweren ins unbegrenzte Element sich erhebt. Diese Sekunde in Nietzsches Leben bedeutet der Tag, da auch er den Standort verläßt, die Heimat, die Professur, die Profession, um nie mehr anders als im vorüberstreifenden, verächtlichen Fluge – ewig nun in anderem freieren Element – nach Deutschland zurückzukehren. Denn alles, was bis zu jener Stunde geschieht, ist für den wesentlichen, den welthistorischen Nietzsche nicht sonderlich belangvoll: die ersten Wandlungen bedeuten nichts als Vorbereitungen zu sich selbst. Und ohne jenen entscheidenden Abstoß in die Freiheit hinein wäre er bei aller Geistigkeit doch ein Gebundener geblieben, eine professorale fachmännische Natur, ein Erwin Rhode, ein Dilthey, einer jener Männer, die wir in ihrem Kreise ehren, ohne sie doch für unsere eigene geistige Welt als eine Entscheidung zu fühlen. Erst der Durchbruch der dämonischen Natur, die Entbindung der Denkleidenschaft, das Urfreiheitsgefühl macht Nietzsche zur prophetischen Erscheinung und verwandelt sein Schicksal in einen Mythus. Und da ich hier sein Leben nicht als eine Historie, sondern als ein Schauspiel, durchaus als Kunstwerk und Tragödie des Geistes zu bilden versuche, beginnt für mich seine Lebenstat erst in dem Augenblick, da der Künstler in ihm beginnt und sich seiner Freiheit besinnt. Nietzsche im philologischen Puppenstand ist ein Philologenproblem: erst der Beflügelte, der »Luftschiffer des Geistes« gehört der Gestaltung.

Diese erste Entscheidung Nietzsches auf der Argonautenfahrt zu sich selbst ist der Süden: und sie bleibt die Verwandlung seiner Verwandlungen. Auch in Goethes Leben bedeutet die italienische Reise ähnlich scharfe Zäsur; auch er flüchtet nach Italien zu seinem wahren Selbst, aus Gebundenheiten in eine Freiheit, aus bloßem Weiterleben ins Erlebnis. Auch über ihn bricht beim Überschreiten der Alpen aus dem ersten Glanz der italienischen Sonne eine Verwandlung mit eruptiver Gewalt herein: »Mir ist«, schreibt er noch im Trento, »als ob ich von einer Grönlandfahrt zurückkehrte.« Auch er ein »Winterkranker«, der in Deutschland unter dem »bösen Himmel leidet«, auch er, eine durchaus auf Licht und höhere Helligkeit angelegte Natur, fühlt sofort ein elementares Aufschießen innersten Gefühls, ein Aufgelockert-, ein Losgelöstsein, einen Drang neuer, persönlichster Freiheit beim Betreten italienischen Bodens. Aber Goethe erlebt das Wunder des Südens zu spät, erst in seinem vierzigsten Jahr; die Kruste ist schon hart um seine, im letzten planhafte und besonnene Natur: ein Teil seines Wesens, seines Denkens ist zurückgeblieben in Weimar bei Hof und Haus und Würde und Amt. Er ist bereits zu stark in sich selbst kristallisiert, um noch jemals von irgendeinem Element vollkommen aufgelöst oder verwandelt zu werden. Sich überwältigen zu lassen, wäre gegen seine organische Lebensform: Goethe will immer Herr seines Schicksals bleiben, von den Dingen nur genau so viel nehmen, als er ihnen erlaubt (indes Nietzsche, Hölderlin, Kleist, die Verschwender, sich immer ungeteilt mit ganzer Seele jedem Eindruck hingeben, beglückt, von ihm ganz wieder ins Strömende, ins Feuerflüssige aufgelöst zu werden). Goethe findet in Italien, was er sucht, und nicht viel mehr: er sucht tiefere Zusammenhänge (Nietzsche höhere Freiheiten), die großen Vergangenheiten (Nietzsche die große Zukunft und die Loslösung von aller Historie); er forscht eigentlich nach den Dingen *unter* der Erde: der antiken Kunst, dem römischen Geist, den Mysterien von Pflanze und Gestein (indes Nietzsche sich trunken und gesund blickt an den Dingen über sich: dem saphirnen Himmel, dem bis ins Unendliche klaren Horizont, der Magie des hingeworfenen Lichts, das ihm in alle Poren dringt). Das Erlebnis Goethes ist darum vor allem *zerebral* und *ästhetisch*, jenes Nietzsches *vital*: bringt jener aus Italien vor allem einen Kunststil zurück, so entdeckt sich Nietzsche dort einen Lebensstil. Goethe wird bloß befruchtet, Nietzsche umgepflanzt und erneuert. Auch der Weimarer fühlt zwar das Bedürfnis nach Erneuerung (»Gewiß, es wäre besser, ich käme gar nicht wieder, wenn ich nicht wiedergeboren zurückkommen kann«), aber er hat nur wie jede schon halberstarrte Form die Fähigkeit für »Eindrücke«. Für eine so vollkommene Verwandlung bis ins letzte aber wie jene Nietzsches ist der Vierzigjährige eben schon zu durchgestaltet, zu eigenmächtig, und vor allem unwillig: sein starker namhafter Selbstbehauptungstrieb (der ja in späteren Jahren ganz zu Starre und Panzer erfrostet) gibt der Wandlung neben der Beharrung nur gemessenen Raum, er nimmt, der Weise und Diätetische, nur genau so viel an, als er meint, daß es seiner Natur förderlich sein könne (indes ein dionysischer Charakter von allem nimmt bis zum Exzeß und zur Gefahr). Goethe will sich nur bereichern an den Dingen, niemals sich aber an sie bis zur Neige, zum Umgewandeltwerden verlieren. Darum ist auch sein letztes Wort an den Süden bedächtig messender, sorgsam abwägender Dank und im Letzten doch Abwehr: »Unter den löblichen Dingen, die ich auf dieser Reise gelernt habe«, lautet sein Endwort über die italienische Reise, »ist auch dies, daß ich auf keine Weise mehr allein sein und nicht außerhalb des Vaterlandes leben kann.«

Diese wie eine Münze hartgeprägte Formel, man braucht sie nur umzuwenden und hat in nuce Nietzsches Erlebnis des Südens. Sein Fazit ist der glatte Gegensatz zu Goethes Resultat, nämlich, daß er von nun ab *nur* mehr allein und *nur* mehr außerhalb des Vaterlandes zu leben vermag: während Goethe aus Italien genau an den Punkt seines Ausganges zurückkehrt wie von einer belehrenden und anregenden Reise, und in Koffer und Kisten, in Herz und Hirn Wertvolles in ein Heim, in sein Heim, wiederbringt, ist Nietzsche endgültig expatriiert und bei sich selber angelangt,

»Prinz Vogelfrei«, selig heimatlos, ohne Heim und Habe, für alle Zeit losgelöst von jeder »Vaterländerei«, von jeder »patriotischen Einklemmung«. Von nun an gibt es für ihn keine andere Perspektive mehr als die Vogelschau des »guten Europäers«, jener »wesentlich übernationalen und nomadischen Art Mensch«, deren unausbleibliches Kommen er atmosphärisch fühlt und in der er sich einzig wohnhaft macht – in einem jenseitigen, einem zukünftigen Reich. Nicht, wo er geboren war – Geburt ist Vergangenheit, »Historie« –, sondern wo er zeugt, wo er selbst gebiert, ist für Nietzsche der geistige Mensch zu Hause: »Ubi pater sum, ibi patria« – »Wo ich Vater bin, wo ich zeuge, ist meine Heimat«, nicht wo er gezeugt wurde. Das wird die unschätzbare, unverlierbare Gabe der Südenfahrt an Nietzsche, daß für ihn nun die ganze Welt gleichzeitig Ausland und Heimat wird, daß er jenen Vogelschaublick, jenen hellen, niederstoßenden Raubvogelblick von einem Darüber behält, einen Blick nach allen Seiten, nach überall offenen Horizonten (indes Goethe sich nach seinen Worten durch das »Umstellen mit geschlossenen Horizonten« gefährdete, freilich aber auch bewahrte). Mit seiner Übersiedlung ist Nietzsche für immer jenseits von allen seinen Vergangenheiten, er hat sich endgültig entdeutscht, so wie er sich endgültig entphilologisiert, entchristlicht, entmoralisiert; und nichts charakterisiert seine unbändig fortschreitende exzessive Natur so sehr, als daß er niemals mehr einen Schritt oder auch nur einen sehnsüchtig-wehmütigen Blick ins Überwundene zurückgetan hat. Der Seefahrer ins Zukunftsland ist viel zu beglückt, »mit dem schnellsten Schiff nach Kosmopolis« gefahren zu sein, als daß es ihn jemals noch nach seiner einsprachigen, einseitigen, einförmigen Heimat gelüstet: darum verurteilt sich jeder Versuch, ihn zurückzudeutschen, als eine (jetzt sehr übliche) Gewaltsamkeit. Aus der Freiheit gibt es für den Erzfreien kein Zurück mehr; seit er die Klarheit des italienischen Himmels über sich erlebt, erschauert ihm die Seele vor jeder Art »Verdüsterung«, mag sie nun von Wolkentrübe, Hörsaal, Kirche oder Kaserne kommen; seine Lungen, seine atmosphärischen Nerven vertragen keinerlei Art Norden, keine Deutschheit, keine Dumpfheit mehr: er kann nicht mehr leben bei geschlossenen Fenstern, bei zugemachten Türen, im Halbdunkel, in einer geistigen Dämmerung und Vernebelung. Wahr sein ist für ihn von nun ab klar sein – weit sehen, scharfe Konturen ziehen bis in die Unendlichkeit; und seit er dies Licht, dieses elementare, scheidende, schneidende Licht des Südens mit allem Rausch seines Blutes vergöttert, hat er dem »eigentlichen deutschen Teufel, dem Genius oder Dämon der Unklarheit«, für immer entsagt. Seine fast gastronomische Reizbarkeit empfindet, seit er im Süden, seit er im »Ausland« lebt, alles Deutsche als zu schwere, zu drückende Kost für sein aufgeheitertes Gefühl, als eine »Indigestion«, ein Nie-fertig-Werden mit den Problemen, ein Nachschleppen und Wälzen der Seele durch das ganze Leben hin: das Deutsche ist ihm nicht mehr und niemals mehr frei und leicht genug. Selbst seine einst geliebtesten Werke verursachen ihm jetzt eine Art geistigen Magendrucks: in den »Meistersingern« spürt er das Schwere, Verschnörkelte, Barocke, die gewaltsame Anstrengung zur Heiterkeit, bei Schopenhauer die verdüsterten Eingeweide, bei Kant den hypokritischen Beigeschmack von Staatsmoralin, bei Goethe die Beschwertheit mit Amt und Würde, die gewaltsam abgesperrten Horizonte. Aber es ist nicht nur Unbehagen des Geistigen an der damaligen (wirklich am tiefsten Punkte angelangten) geistigen Verfassung des neuen, allzu neuen Deutschland, nicht nur politische Erbitterung über das »Reich« und alle jene, die dem Kanonenideal die deutsche Idee geopfert haben, nicht bloß ästhetischer Abscheu vor dem Plüschmöbel-Deutschland und Siegessäulen-Berlin. Seine neue Südlehre verlangt nun von allen Problemen, und nicht bloß den nationalen, von der ganzen Lebenshaltung klare, freiströmende, sonnenhafte Helligkeit, »Licht, nur Licht auch über schlimme Dinge«, höchste Lust durch höchste Deutlichkeit − eine »gaya scienza«, eine heitere Wissenschaft, nicht die mürrisch-tragische des »Lernvolkes«, die deutsche geduldige, sachliche, professoral-ernste Bildungsgelehrsamkeit, die nach Stube und Hörsaal muffelt. Nicht aus dem Geist, nicht aus der Intellektualität, sondern aus Nerv, Herz, Gefühl und Eingeweide kommt seine endgültige Absage an den Norden, an Deutschland, an die Heimat; sie ist Aufschrei von Lungen, die endlich ihre freie Luft spüren, Jubel eines Entlasteten, der endlich das »Klima seiner Seele« gefunden hat: die Freiheit. Darum dies sein Jauchzen aus dem Innersten, der boshafte Jubelschrei: »Ich entsprang!«

Gleichzeitig mit dieser definitiven Entdeutschung verhilft ihm der Süden zu seiner vollkommenen Entchristlichung. Nun, da er, wie eine Lazerte sich der Sonne freuend und die Seele durchleuchtet bis in ihr letztes Nervengefäß hinab, sich zurückfragt, was ihn so lange Jahre verdüsterte, was seit zweitausend Jahren die ganze Welt so zag, ängstlich, gedrückt, so feige schuldbewußt gemacht, die heitersten, natürlichsten, kraftvollsten Dinge und ihr Kostbarstes, das Leben selbst, so entwertet habe, erkennt er im Christentum, im Jenseitsglauben das Verdüsterungsprinzip der modernen Welt. Dieses »übelriechende Judain von Rabinismus und Aberglauben« hat die Sinnlichkeit, die Heiterkeit der Welt durchsetzt und betäubt, es ist für fünfzig Generationen das gefährlichste Narkotikum geworden, in dem alles, was früher wahrhaft Kraft gewesen, in moralische Lähmung verfiel. Nun aber − und hier empfindet er sein Leben mit einem

Mal als Mission –, nun muß endlich der Kreuzzug der Zukunft gegen das Kreuz beginnen, die Wiedereroberung des heiligsten Menschenlandes: unseres Diesseits. Das »Übergefühl des Daseins« hat ihn den leidenschaftlichen Blick für alles Diesseitige, Animalisch-Wahre und Unmittelbare gelehrt; seit dieser Entdeckung weiß er erst, wie lange das »gesunde, rote Leben« ihm von Weihrauch und Moral verschleiert gewesen war. Im Süden, in jener »großen Schule der Genesung im Geistigen und Sinnlichen«, hat er die Fähigkeit des Naturhaften, des schuldlos sich *freuenden*, des spielhaft heiteren Lebens ohne Winterfurcht und Gottesfurcht erlernt, den Glauben, der zu sich selbst ein herzhaftes, schuldloses Ja sagt. Aber auch dieser Optimismus kommt von oben, freilich nicht von einem verborgenen Gott, sondern vom offensten, vom seligsten Geheimnis, von Sonne und Licht. »In Petersburg wäre ich Nihilist. Hier glaube ich, wie die Pflanze glaubt, an die Sonne.« Alle seine Philosophie ist unmittelbar aus erlöstem Blut aufgegoren: »Bleiben Sie südlich, sei es nur dem Glauben nach«, ruft er einem Freunde zu. Wem aber Helligkeit so sehr Heilung geworden, dem wird sie auch heilig: in ihrem Namen beginnt er den Krieg, jenen furchtbarsten seiner Feldzüge gegen alles auf Erden, was die Helligkeit, die Heiterkeit, die Klarheit, die nackte Ungebundenheit und sonnige Rauschkraft des Lebens verstören will. »... mein Verhältnis zur Gegenwart ist nunmehr Krieg bis aufs Messer.«

Mit diesem Mut kommt aber auch Übermut in dies krankhaft unbewegt hingelebte, hinter verhangenen Fenstern verbrachte Philologenleben, eine Aufstörung, Aufjagung des erstarrten Blutkreislaufes: bis in unterste Nervenenden, durchfiltert von Licht, taut die kristallhafte, klare Form der Gedanken beweglich auf, und im Stil, in der plötzlich aufschießenden und beweglichen Sprache, glitzert Sonne mit diamantenen Funken. In der »Sprache des Tauwinds«, wie er selbst vom ersten seiner Südbücher sagte, ist alles geschrieben: ein aufbrechender, gewaltsam sich befreiender Ton ist darin, wie wenn eine Kruste Eis zerbricht und schon weich, mit einer schmeichlerischen, spielerischen Wollust, der Frühling über die Landschaft rinnt. Licht bis hinab in die letzte Tiefe, Klarheit bis in das kleinste, sprühende Wort, Musik in jeder Pause – und über dem Ganzen jener halkyonische Ton, jener Himmel voller Helligkeit. Welche Verwandlung des Rhythmus von der früheren, der zwar schön geschwungenen, kraftvoll gewölbten, aber doch steinernen, und dieser neuen, klingend aufgesprungenen Sprache, dieser biegsam übermütigen, ganz freudigen Sprache, die gern alle Glieder nützt und reckt, die – wie die Italiener – gestikuliert mit tausend mimischen Zeichen, nicht bloß wie der Deutsche mit unbewegtem, unbeteiligtem Leib spricht. Es ist nicht das würdige, sonore, schwarzbefrackte Humanistendeutsch mehr, dem der neue Nietzsche seine frei geborenen, auf Spaziergängen wie Schmetterlinge zugeflogenen Gedanken anvertraut – seine Freiluftgedanken wollen eine Freiluftsprache, eine sprungleichte, geschmeidige Sprache mit einem turnerisch nackten, gewandten Leib und lockeren Gelenken, eine Sprache, die laufen, springen, sich hochheben, sich ducken, sich spannen und alle Tänze tanzen kann vom Reigen der Schwermut bis zur Tarantella der Tollheit – die alles tragen und alles sagen kann, ohne Lastträgerschultern zu haben und einen Schwermännerschritt. Alles Haustierhaft-Geduldige, alles Gemächlich-Würdige ist vom Stil gleichsam weggeschmolzen, er wirbelt sich von Spaßen zu höchsten Heiterkeiten sprunghaft empor und hat doch wieder in anderen Augenblicken ein Pathos wie der dröhnende Ton einer uralten Glocke. Er schwillt von Gärung und Kraft, er ist champagnisiert mit vielen kleinen, blinkenden aphoristischen Perlen und kann doch überschäumen mit plötzlichem rhythmischem Schwall. Er hat ein goldenes Licht von Feierlichkeit wie alter Falerner und eine magische Durchsichtigkeit bis zum untersten Grund, eine Durchsonntheit ohnegleichen im heiteren, blitzblanken Fluß. Vielleicht hat sich niemals die Sprache eines deutschen Dichters so rasch, so plötzlich, so vollkommen verjüngt, und gewiß ist keine andere dermaßen von Sonne durchglüht, so weinhaft, so südhaftig, so göttlich tanzleicht, so heidnisch frei geworden. Nur im Bruderelement van Goghs erleben wir noch einmal dies Wunder eines solchen plötzlichen Sonneneinbruchs in einen Nordmenschen: nur der Übergang von dem braunen, schwermassigen, trüben Kolorit seiner holländischen Jahre zu den brennweißen, schrillen, grellen, klirrenden Farben in der Provence, nur dieser Einbruch äußerster Lichtbesessenheit in einen halb schon geblendeten Sinn ist mit der Durchleuchtung zu vergleichen, die Nietzsche in seinem Wesen vom Süden geschieht. Nur bei diesen beiden Fanatikern der Verwandlung ist dieses Sich-Berauschen, dies Einsaugen des Lichts mit vampirischen Kräften der Inbrunst so rasch und unerhört. Nur die Dämonischen erleben das Wunder des glühenden Aufgeschlossenseins bis in die letzte Ader ihrer Farbe, ihres Klanges, ihrer Worte hinab.

Aber Nietzsche wäre nicht aus dem Geblüt der Dämonischen, könnte er an irgendeinem Rausche sich schon satt trinken: so sucht er zum Süden, zu Italien, noch immer einen Komparativ, ein »Überlicht« für das Licht, eine »Überklarheit« für die Klarheit. Wie Hölderlin sein Hellas nach »Asia«, also ins Orientalische, ins Barbarische allmählich hinüberdrängt, so funkelt am Ende Nietzsches Leidenschaft einer neuen Ekstase des Tropischen, des »Afrikanischen« entgegen. Er will Sonnenbrand statt Sonnenlicht, Klarheit, die grausam schneidet, statt bloß deutlich zu umrunden, ein Spasma der Lust statt der Heiterkeit: unendlich bricht aus ihm die Gier, diese feinen Aufstachelungen seiner Sinne ganz in Rausch zu verwandeln, den Tanz in Flug, sein heißes Daseinsgefühl bis zum Zustand des Weißglühens zu steigern. Und wie dies erhöhte Begehren in seinen Adern aufschwillt, genügt seinem unbändigen Geist nicht mehr die Sprache. Auch sie wird ihm zu eng, zu stoffhaft, zu schwer. Er braucht neues Element für den Dionysos-Tanz, der trunken in ihm begonnen, eine höhere Ungebundenheit als das gebundene Wort – so greift er zurück in sein urtümliches Element, in die Musik. Musik des Südens, das ist seine letzte Sehnsucht, eine Musik, wo die Klarheit melodisch wird und der Geist ganz flügelhaft. Und er sucht sie und sucht sie, diese diaphane südliche Musik, in allen Zeiten und Zonen, ohne sie zu finden – bis er sie sich selber erfindet.

3 5

FLUCHT ZUR MUSIK

Heiterkeit, güldene, komm!

Die Musik war von Anfang an in Nietzsche gewesen, nur immer latent, immer von dem stärkeren Willen nach geistiger Rechtfertigung bewußt beiseite geschoben. Der Knabe schon begeistert durch kühnes Improvisieren seine Freunde, und in den Jugendtagebüchern finden sich zahlreiche Hinweise auf eigene Komposition. Aber je entschlossener sich der Student zur Philologie und dann zur Philosophie bekennt, um so mehr dämmt er die unterirdisch nach elementarem Ausbruch drängende Macht seiner Natur ab. Musik, das bleibt für den jungen Philologen ein willkommenes Otium, ein Ausruhen von dem Ernst, eine Liebhaberei, wie Theater, Lektüre, Reiten oder Fechten, eine geistig gymnastische Müßigkeit. Durch diese sorgfältige Abkanalisierung, durch diese bewußte Absperrung sickert in den ersten Jahren auch kein Tropfen befruchtend in sein Werk ein: wie er die »Geburt der Tragödie aus dem Geiste der Musik« schreibt, bleibt die Musik nur Gegenstand, Objekt, ein geistiges Thema – aber keine Schwingung musikalischen Gefühls flutet in die Sprache, in die Dichtung, in die Denkart modulierend ein. Selbst Nietzsches Jugendlyrik entbehrt aller Musikalität, und sogar – was noch erstaunlicher anmutet – seine kompositorischen Versuche scheinen nach Bülows doch kompetentem Urteil amorpher Geist, typische Antimusik gewesen zu sein. Musik ist und bleibt ihm lange bloß eine Privatneigung, die der junge Gelehrte mit der ganzen Lust der

Unverantwortlichkeit, mit der reinen Freude des Dilettierens betreibt, aber immer jenseits und abseits der »Aufgabe«.

Der Einbruch der Musik in Nietzsches innere Welt erfolgt erst, wie die philologische Kruste, die gelehrte Sachlichkeit um sein Leben gelockert, wie der ganze Kosmos von vulkanischen Stößen erschüttert und aufgerissen ist. Da bersten die Kanäle und strömen urplötzlich über. Immer bricht ja die Musik am stärksten in den aufgewühlten, geschwächten, in den gewaltsam angespannten, von irgendeiner Passion bis ins Unterste aufgerissenen Menschen herein – das hat Tolstoi richtig erkannt und Goethe tragisch gefühlt. Denn selbst er, der gegen die Musik eine vorsichtige, eine abwehrend ängstliche Haltung einnahm (wie gegen alles Dämonische: in jeder Verwandlung erkannte er den Versucher), auch er erliegt der Musik immer nur in aufgelockerten (oder wie er sagt: »in den auseinandergefalteten«) Augenblicken, da sein ganzes Wesen aufgewühlt ist, in den Stunden seiner Schwäche, seines Aufgetanseins. Immer wenn er (zum letztenmal bei Ulrike) einem Gefühl zur Beute ist und nicht Herr seiner selbst, dann überflutet sie auch den starrsten Damm, zwingt ihm die Träne ab als Tribut und Musik, gedichtete, herrlichste Musik als ungewollten Dank. Musik – wer hat es nicht erlebt? – braucht immer ein Aufgetansein, ein Offensein, ein Weibwerden in einem selig lechzenden Sinne, um fruchtend in ein Gefühl einzugehen: so trifft sie auch Nietzsche im Augenblick, da der Süden ihn weich aufgetan, in dem Zustand gierigsten, lechzendsten Lebensverlangens. Mit einer merkwürdigen Symbolik setzt sie gerade in der Sekunde ein, da sein Leben sich vom Gelassenen, vom Episch-Fortgebildeten durch eine plötzliche Katharsis zum Tragischen wendet; die »Geburt der Tragödie aus dem Geist der Musik« vermeinte er darzustellen und erlebt die Umkehr: die Geburt der Musik aus dem Geist der Tragödie. Die Übermächtigkeit der neuen Gefühle findet ihren Ausdruck nicht mehr in der gemessenen Rede, sie drängt nach stärkerem Element, nach höherer Magie: »Du wirst singen müssen, o du meine Seele.«

Gerade weil diese unterste, die dämonische Quelle seines Wesens so lange verschüttet war mit Philologie, Gelehrsamkeit und Gleichgültigkeit, schießt sie so gewaltsam auf und preßt ihren flüssigen Strahl mit solcher Druckkraft bis in die letzten Nervenfasern, in die letzte Intonation seines Stils. Wie nach einer Infiltration neuer Vitalität beginnt die Sprache, die bis dahin nur darstellen wollte, mit einemmal musikalisch zu atmen: das vortragshafte Andante maestoso, der schwere Sprechstil seiner früheren Schriften, hat jetzt das »Undulatorische«, die vielfache Bewegung der Musik. Alle kleinen Raffinements eines Virtuosen funkeln darin auf, die kleinen spitzen Staccati der Aphorismen, das lyrische Sordino in den Gesängen, die Pizzicati des Spottes, die kühnen Verschleifungen und Harmonisationen von Prosa, Spruch und Gedicht. Selbst die Interpunktionen, das Ungesprochene der Sprache, die Gedankenstriche, die Unterstreichungen haben absolut die Wirkung von musikalischen Vortragszeichen: nie hat man so sehr in der deutschen Sprache das Gefühl einer instrumentierten Prosa gehabt. Ihre nie vordem erreichte Polyphonie bis ins einzelne durchzufühlen, bedeutet für einen Sprachartisten gleiche Wollust wie für einen Musiker das Studium einer Meisterpartitur: wieviel versteckte und verkapselte Harmonie hinter den überspitzten Dissonanzen, wieviel klarer Formgeist in der erst rauschhaften Fülle! Denn nicht nur die Nervenenden der Sprache vibrieren von Musikalität: auch die Werke selbst sind symphonisch empfunden, sie entstammen nicht mehr geistig planender, kalt gedanklicher Architektur, sondern unmittelbar musikalischer Inspiration. Vom »Zarathustra« hat er selbst gesagt, daß er »im Geiste des ersten Satzes der neunten Symphonie« geschrieben sei; und das sprachlich einzige, wahrhaft göttliche Vorspiel zum »Ecce homo« – sind diese monumentalen Sätze nicht ein Orgelpräludium, für einen ungeheuren zukünftigen Dom gedacht? Gedichte wie das »Nachtlied«, das »Gondellied«, sind sie nicht Urgesang der Menschenstimme aus einer unendlichen Einsamkeit? Und wann war der Rausch so tanzhaft, so sehr heroische, so sehr griechische Musik geworden, als im Päan seines letzten Jubels, in dem Dithyrambus des Dionysos? Von oben durchstrahlt von aller Klarheit des Südens, von unten durchwühlt von strömender Musik, wird hier Sprache wahrhaft zur niemals ruhenden Welle, und in diesem meerhaft großartigen Element kreist nun Nietzsches Geist bis zum Wirbel des Untergangs.

Wie nun die Musik so stürmisch und gewaltsam in ihn einbricht, erkennt Nietzsche, der dämonisch Wissende, sofort ihre Gefahr: er fühlt, daß dieser Strom ihn über sich selbst hinausreißen könnte. Aber indes Goethe seinen Gefahren ausweicht – »Goethes vorsichtige Haltung zur Musik«, notiert Nietzsche einmal –, faßt sie Nietzsche immer an den Hörnern; Umwertungen, Umwendungen sind seine Art der Verteidigung. Und so macht er (wie bei seiner Krankheit) aus dem Gift eine Arznei. Musik muß ihm jetzt ein anderes sein als in seinen philologischen Jahren: damals verlangte er erhöhte Spannungen der Nerven, Aufschwülung des Gefühls (Wagner!), ein Gegengewicht gegen seine gelassene, gelehrte Existenz. Jetzt aber, da sein Denken selbst schon Exzeß ist und ekstatische Gefühlsverschwendung, bedarf er der Musik als einer Art seelischen Broms, einer innern Zurückberuhigung. Nicht mehr Trunkenheit soll sie

ihm geben (alles Geistige wird ihm ja jetzt klingender Rausch), sondern
nach Hölderlins herrlichem Wort die »heilige Nüchternheit«: »Musik als
Erholung, nicht als Aufregungsmittel.« Er will eine Musik, in die er *flüchten*
kann, wenn er todwund und müde vom Weidwerk seiner Gedanken
taumelt, ein Refugium, ein Bad, kristallene Flut, die kühlt und läutert –
Musica divina, eine Musik von oben her, Musik aus klaren Himmeln und
nicht aus gepreßter, schwüler, brünstiger Seele. Eine Musik, die ihn sich
vergessen läßt, nicht eine, die ihn wieder in sich zurücktreibt, eine »jasa-
gende, jatuende« Musik, eine Südmusik, wasserklar in ihren Harmonien,
ureinfach und rein, eine Musik, »die sich pfeifen läßt«. Eine Musik nicht
des Chaos (das glüht in ihm selbst), sondern des siebenten Schöpfungsta-
ges, da alles ruht und nur die Sphären ihren Gott heiter preisen, Musik als
Rast: »Nun, da ich im Hafen bin: Musik, Musik!«

Leichtigkeit, das ist Nietzsches letzte Liebe, sein höchstes Maß an
allen Dingen. Was leicht macht, was gesundet, ist gut: in Kost, in Geist, in
Luft, in Sonne, in Landschaft, in Musik. Was schweben macht, was die
Dumpfheit und Dunkelheit des Lebens, die Häßlichkeit der Wahrheit
vergessen hilft, das allein schenkt Gnade. Darum diese letzte, diese späte
Liebe zur Kunst, als der »Ermöglicherin des Lebens«, als »großer Stimulans
zum Leben«. Musik, helle, erlösende, leichte Musik, wird von nun ab das
geliebteste Labsal des tödlich Aufgeregten. »Das Leben ohne Musik ist
einfach eine Strapaze, ein Irrtum.« Ein Fieberkranker kann nicht wilder
mit zersprungenen, brennheißen Lippen nach Wasser verlangen, als er in
seinen letzten Krisen nach ihrem silbernen Trank: »Ob schon je ein
Mensch solchen Durst nach Musik gehabt hat?« Sie ist seine letzte
Rettung, seine Rettung vor sich selbst: darum auch dieser apokalyptische
Haß gegen Wagner, der durch Narkotika und Stimulantia ihre kristallene
Reinheit getrübt, darum dies Leiden »am Schicksal der Musik wie an einer
offenen Wunde«. Alle Götter hat der Einsame verstoßen, nur dies will er
sich nicht rauben lassen, sein Nektar und Ambrosia, das die Seele erfrischt
und ewig verjüngt. »Die Kunst und nichts mehr als die Kunst – wir haben
die Kunst, daß wir nicht an der Wahrheit zugrunde gehen.« Mit dem
klammernden Griff des Ertrinkenden heftet er sich an sie, an die einzige
Macht des Lebens, die nicht der Schwere unterliegt, daß sie ihn fasse und
auftrüge in ihr seliges Element.

Und Musik, sie beugt sich, die erschütternd Beschworene, gütig herab
und umfängt seinen stürzenden Leib. Alle haben den Fiebernden verlassen; die Freunde sind längst gegangen, die Gedanken immer fernab am
Wege, immer auf waghalsiger Wanderschaft: nur sie begleitet ihn bis in
seine letzte, seine siebente Einsamkeit. Was er berührt, berührt sie mit

ihm; wo er spricht, tönt ihre klare Stimme mit: gewaltsam reißt sie den gewaltsam Hinabgezogenen immer wieder empor. Und wie er endlich stürzt, wacht sie noch über seiner erloschenen Seele; Overbeck, der zu dem geistig Geblendeten ins Zimmer tritt, findet ihn am Klavier, mit zuckenden Händen noch hohe Harmonien suchend, und wie sie den Verstörten heimbringen, singt er in erschütternden Melodien auf der ganzen Fahrt sein Gondellied. Bis hinab ins Dunkel des Geistes begleitet ihn die Musik, Tod und Leben ihm durchwaltend mit ihrer dämonischen Gegenwart.

DIE SIEBENTE EINSAMKEIT

Ein großer Mensch wird gestoßen,
gedrückt, hinaufgemartert zu seiner
Einsamkeit.

»Einsamkeit, du meine Heimat Einsamkeit« – aus der
Gletscherwelt der Stille tönt dieser schwermütige Gesang.
Zarathustra dichtet sich sein Abendlied, sein Lied vor der
letzten Nacht, sein Lied von der ewigen Heimkehr. Denn Einsamkeit, war
sie nicht immer des Wanderers einzige Heimstatt, sein kalter Herd, sein
steinernes Dach? In unzähligen Städten ist er gewesen, auf unendlichen
Fahrten des Geistes; oft hat er versucht, ihr zu entweichen in der anderen
Land – aber immer kehrt er zu ihr zurück, verwundet, ermattet,
enttäuscht, zu seiner »Heimat Einsamkeit«.

Aber da sie immer mit ihm gewandert, dem Wandelbaren, hat sie sich
selber gewandelt, und er erschrickt nun, wie er ihr ins Antlitz blickt. Denn
sie ist ihm allzu ähnlich geworden im langen Beieinandersein, härter, grausamer, gewalttätiger gleich ihm selbst, sie hat das Wehetun gelernt und das
Wachstum ins Gefährliche. Und wenn er sie zärtlich noch Einsamkeit
nennt, seine alte, geliebte, gewohnte Einsamkeit, so ist es längst ihr Name
nicht mehr: sie heißt Vereinsamung, diese letzte, diese siebente Einsamkeit, und ist kein Alleinsein mehr, sondern ein Alleingelassensein. Denn es
ist furchtbar leer geworden um den letzten Nietzsche, grauenhaft still:
kein Eremit, kein Wüstenanachoret, kein Säulenheiliger war so verlassen;

denn sie, die Fanatiker ihres Glaubens, haben noch ihren Gott, dessen Schatten in ihrer Hütte wohnt und von ihrer Säule fällt. Er aber, »der Mörder Gottes«, hat nicht Gott und nicht Menschen mehr: je mehr er sich selbst gewinnt, um so mehr hat er die Welt verloren; je weiter er wandert, desto weiter wächst »die Wüste« um ihn. Sonst verstärken die einsamsten Bücher langsam und still ihre menschenmagnetische Macht: mit dunkel wirkender Kraft ziehen sie einen wachsenden Kreis um ihre noch unsichtbare Gegenwart; Nietzsches Werk aber übt eine repulsive Wirkung, es drängt in gesteigertem Maße alles Befreundete von ihm ab und schält ihn immer gewaltsamer aus der Gegenwart heraus. Jedes neue Buch kostet ihn einen Freund, jedes Werk eine Beziehung. Allmählich ist auch die letzte dünne Vegetation von Interesse an seinem Tun abgefroren: erst hat er die Philologen verloren, dann Wagner und seinen geistigen Kreis, zuletzt noch die Jugendgefährten. Kein Verleger findet sich mehr in Deutschland für seine Bücher, vierundsechzig Zentner schwer lastet in ungebundenen Stapeln die Produktion seiner zwanzig Jahre im Keller; er muß sein eigenes, kümmerlich gespartes und geschenktes Geld angreifen, um die Bücher überhaupt noch erscheinen zu lassen. Aber nicht nur, daß niemand sie kauft – selbst wenn er sie verschenkt, findet Nietzsche, der letzte Nietzsche, keine Leser mehr. Vom vierten Zarathustrateil läßt er auf eigene Kosten bloß vierzig Exemplare mehr drucken – und findet dann nur sieben Menschen im deutschen Siebzigmillionenreich, denen er ein Exemplar zuschicken kann, so fremd, so unfaßbar fremd ist Nietzsche auf der Höhe seines Schaffens der Zeit geworden. Niemand gibt ihm einen Brocken Zutrauen, ein Senfkorn Dank: im Gegenteil, um den allerletzten der Jugendfreunde, um Overbeck nicht zu verlieren, muß er sich entschuldigen, daß er Bücher schreibt, sie sich verzeihen lassen. »Alter Freund«, – man hört den ängstlichen Ton, man sieht das verstörte Gesicht, die aufgehobenen Hände, die Geste eines Zurückgestoßenen, der noch einen neuen Schlag fürchtet – »lies es von vorn und von hinten, laß Dich nicht verwirren und entfremden. Nimm alle Kraft Deines Wohlwollens für mich zusammen. Ist Dir das Buch unerträglich, so vielleicht hundert Einzelheiten nicht.« So reicht 1887 der größte Geist des Jahrhunderts seinen Zeitgenossen die größten Bücher der Zeit, und an einer Freundschaft weiß er nichts Heroischeres zu rühmen, als daß sie nichts hätte zerstören können – »auch der Zarathustra nicht«. Auch der Zarathustra nicht! – eine solche Belastungsprobe, eine solche Peinlichkeit ist Nietzsches Schaffen für seine nächsten Menschen geworden, so unüberbrückbar die Distanz seines Genies zur Inferiorität der Zeit. Immer dünner wird die Luft um seinen Atem, immer stiller, immer leerer.

Diese Stille macht die letzte, die siebente Einsamkeit Nietzsches zur Hölle: an ihrer metallenen Wand zerstößt er sich das Gehirn. »Nach einem solchen Anrufe, wie mein Zarathustra es war, aus der innersten Seele heraus, nicht einen Laut von Antwort zu hören, nichts, nichts, immer nur die lautlose, nunmehr vertausendfachte Einsamkeit – das hat etwas über alle Begriffe Furchtbares, daran kann der Stärkste zugrunde gehen«, stöhnt er einmal auf und fügt bei: »Und ich bin nicht der Stärkste. Mir ist seitdem zumute, als sei ich tödlich verwundet.« Aber es ist nicht Beifall, Zustimmung, Ruhm, den er verlangt – im Gegenteil, nichts wäre seinem kriegerischen Temperament willkommener als Zorn, Entrüstung, Verachtung, ja selbst Hohn – »in dem Zustand eines bis zum Zerspringen gespannten Bogens tut einem jeder Affekt wohl, vorausgesetzt, daß er gewaltsam ist« –, aber nur irgendeine Antwort, kalt oder heiß, oder sogar lau, nur etwas, irgend etwas, das ihm seine Existenz, sein geistiges Dasein bezeugt. Aber selbst seine Freunde weichen ängstlich aus, biegen in ihren Briefen an jedem Urteil wie an etwas Peinlichem vorbei. Und das ist die Wunde, die sich immer tiefer nach innen frißt, seinen Stolz vereitert, sein Selbstbewußtsein entzündet, seine Seele brandig macht, »die Wunde, keine Antwort zu haben«. Sie allein hat seine Einsamkeit vergiftet und fiebrig gemacht.

Und dieses Fieber schwillt plötzlich kochend aus dem Verwundeten heraus. Legt man das Ohr näher an die Schriften und Briefe seiner letzten Jahre, so hört man, wie unter dem ungeheuren Druck dieser zu dünnen Luft ein gereiztes, krankes Pochen im Blute beginnt: das Herz von Bergsteigern, von Luftschiffern hat diesen heftigen hämmernden Ton aufgepumpter Lungen, die letzten Briefe Kleistens dieses heftige hämmernde Gespanntsein, dies gefährliche Dröhnen und Knistern einer Maschine knapp vor dem Zerspringen. Ein ungeduldiger nervöser Zug kommt in Nietzsches geduldiges, vornehmes Gehaben: »das lange Schweigen hat meinen Stolz exasperiert« – er will, er fordert jetzt Antwort um jeden Preis. Er hetzt den Druck mit Briefen und Telegrammen, nur rasch, nur rasch muß gedruckt werden, als gelte es etwas zu versäumen. Er wartet nicht mehr, seinem Plan gemäß, bis der »Wille zur Macht«, sein Hauptwerk, vollendet ist, sondern reißt ungeduldig Teile davon los und schleudert sie wie Brandfackeln in die Zeit hinein. Der »halkyonische Ton« ist verloschen, ein Stöhnen ist in diesen letzten Werken von verpreßtem Leiden, von maßlosem höhnischem Zorn: sie sind mit der Peitsche der Ungeduld aus ihm herausgehetzt. Der Gleichgültige beginnt, in seinem Stolz »exasperiert«, die Zeit zu provozieren, damit sie endlich mit einem Wutschrei gegen ihn reagiere. Und um sie noch mehr herauszufordern, erzählt er im »Ecce homo« sein Leben, »mit einem Zynismus, der welthistorisch werden wird«. Nie sind Bücher aus einer solchen Gier, aus einem so kranken zuckenden Fieber der Ungeduld nach Antwort geschrieben worden wie die letzten monumentalen Pamphlete Nietzsches. Eine entsetzliche Angst, nicht mehr den Erfolg zu überleben, eine dämonische Ungeduld ist in diesem Lechzen nach Antwort. Und man spürt, wie er nach jedem Geißelschlag eine Sekunde innehält, wie er sich aus sich selber in entsetzlicher Spannung herausbeugt, um den Schrei der Getroffenen zu hören. Aber nichts rührt sich. Keine Antwort kommt mehr herauf in die »azurne« Einsamkeit. Wie ein eiserner Ring liegt das Schweigen um seine Kehle, von keinem Schrei, nicht von dem furchtbarsten, den die Menschheit gekannt, mehr zu zerbrechen. Und er fühlt: kein Gott erlöst ihn mehr aus dem Kerker der letzten Einsamkeit.

Da packt den Verschmachtenden in seinen letzten Stunden apokalyptischer Zorn. Wie der geblendete Polyphem schleudert er brüllend mit Felsblöcken um sich, ohne zu sehen, ob sie treffen; und weil er niemanden hat, mit ihm zu leiden, mit ihm zu fühlen, so faßt er sich selbst an sein eigenes zuckendes Herz. Alle Götter hat er ermordet, so macht er sich selber zum Gott – »müssen wir nicht selber zu Göttern werden, um solcher Tat würdig zu erscheinen?« – Alle Altäre hat er zerschlagen, so baut er sich selber seinen Altar, den »Ecce homo«, um sich zu feiern, den niemand feiert; sich zu rühmen, den niemand rühmt. Die wuchtigsten Steine der Sprache türmt er auf, es hallen Hammerschläge, wie sie nie in diesem Jahrhundert mit gleicher Wucht gedröhnt; begeistert beginnt er sein Sterbelied der Trunkenheit und des Überschwangs, den Päan seiner Taten und Siege. Dunkel hebt er an, und großes Brausen wie von kommendem Gewitter ist darin, dann zuckt Gelächter nieder, ein grelles, böses, irres Gelächter, eine Desperado-Heiterkeit, die einem die Seele zersägt: Ecce-homo-Gesang. Aber immer sprunghafter wird das Lied, immer schneidender schrillt das Gelächter in die schweigenden Gletscher hinein, in Selbstverzückung hebt er die Hände, dithyrambisch zuckt ihm der Fuß: und plötzlich beginnt der Tanz, jener Tanz über dem Abgrund, dem Abgrund seines eigenen Unterganges.

37

DER TANZ ÜBER DEM ABGRUND

Wenn du lange in einen Abgrund
blickst, blickt auch der Abgrund in
dich hinein.

Die fünf Monate des Herbstes 1888, Nietzsches letzte
bildnerische Zeit, stehen einzig da in den Annalen schöpferischer Produktivität. Vielleicht ist nie in einem so engen Zeitraum von einem einzigen Genius so viel, so intensiv, so ununterbrochen, so
hyperbolisch und radikal gedacht worden; nie war ein irdisches Gehirn so
überströmt von Ideen, so durchschossen von Bildern, so umwogt von
Musik als dies schon vom Schicksal gezeichnete. Für diese Fülle, für diese
rauschhaft niederstürzende Ekstase, für diesen fanatischen Furor des
Schaffens hat die Geistesgeschichte aller Zeiten kein Gegenspiel in ihrer
unendlichen Weise – nur im Nächsten vielleicht noch, im gleichen Jahr,
unter gleichem Himmelsstrich erlebt ein Maler gleich aufgepeitschte,
schon in den Wahnsinn hineingejagte Produktivität: im Garten von Arles
und in der Irrenanstalt malt van Gogh mit gleicher Geschwindigkeit, mit
der gleichen ekstatischen Lichtbesessenheit, mit der gleichen manischen
Schaffensüberfülltheit. Kaum hat er eines seiner weißglühenden Bilder
vollendet, so fährt sein fehlerloser Strich schon über neue Leinwand, es
gibt da kein Zögern, kein Planen mehr, kein Überlegen. Schöpfung ist
Diktat geworden, dämonische Hellsichtigkeit und Schnellsichtigkeit, eine
ununterbrochene Kontinuität der Visionen. Freunde, die van Gogh vor

einer Stunde verlassen haben, staunen bei ihrer Rückkehr, von ihm schon
ein neues Bild vollendet zu sehen, und schon beginnt er mit nassem Pinsel,
mit erhitzten Augen, ohne abzusetzen, das dritte: der Dämon, der ihn an
der Kehle hat, duldet kein Atemholen, keine Intervalle, gleichgültig, ob er,
der rasende Reiter, den keuchenden und glühenden Leib unter sich
zuschanden hetzt. Genauso schafft Nietzsche Werk auf Werk, pausenlos,
atemlos, in der gleichen, nicht mehr wieder dagewesenen Helligkeit und
Schnelligkeit. Zehn Tage, vierzehn Tage, drei Wochen: das sind die Dauer
seiner letzten Werke – Zeugung, Austragung, Gebärung, Entwurf und
endgültige Gestaltung, das zuckt schußartig ineinander. Es gibt da keine
Inkubationsfrist, keine Ruhepausen, kein Suchen, kein Tasten, kein Verändern und Korrigieren, alles ist gleich makellos, definitiv, unveränderlich,
heiß und ausgekühlt zugleich. Nie hat ein Gehirn so dauernde Hochspannung so elektrisch weitergetragen bis ins letzte zuckende, Wort, nie haben
mit so magischen Geschwindigkeiten Assoziationen sich gegliedert;
Vision ist zugleich schon Wort, Idee vollendete Klarheit, und trotz dieser
gigantischen Fülle spürt man nichts von Mühe, von Anstrengung –
Schaffen hat längst aufgehört, ein Tun, eine Arbeit zu sein, es ist bloß ein
laisser faire, ein Geschehenlassen höherer Gewalten. Der vom Geist
Durchschütterte braucht nur den Blick zu heben, jenen weitsichtigen,
»weitdenkenden« Blick, und er übersieht (wie Hölderlin im letzten
Aufschwung zur mythischen Schau) ungeheure Zeiträume im Vergangenen
und Zukünftigen: er aber, der Klardämonische, sieht sie dämonisch klar
zum Greifen. Er muß nur die Hand ausstrecken, die heiße rasche Hand,
um sie zu fassen; und kaum hat er sie ergriffen, sind sie schon durchblutet
von Bildern, zuckend von Musik, lebend und beseelt. Und dieser Zustrom
der Ideen, der Bilder setzt nicht eine Sekunde dieser wahrhaft napoleonischen Tage aus. Der Geist wird hier überflutet, es wird ihm Gewalt,
Elementargewalt angetan. »Der Zarathustra überfiel mich« – immer ist es
ein Überfallenwerden, ein Wehrloswerden vor einem Übermächtigen, das
er berichtet – als sei irgendwo in seinen Sinnen ein geheimer Staudamm
der Vernünftigkeit, der organischen Abwehr vor einer Flut eingestürzt, die
nun sturzbachhaft über den ohnmächtig, den herrlich Willenlosen herein-
stürzt. »Es ist vielleicht überhaupt niemals etwas aus einem gleichen Überfluß von Kraft heraus getan worden«, sagt Nietzsche ekstatisch von jenen
letzten Werken; aber mit keinem Worte wagt er zu sagen, daß es seine
eigene Kraft war, die ihn beschenkt und zersprengt. Im Gegenteil, er fühlt
sich trunken – fromm nur als »Mundstück jenseitiger Imperative«, als
heilig Besessenen höheren dämonischen Elements.

Aber dies Wunder der Inspiration, den Schrecken und Schauer dieses fünf Monate lang ohne Pause niederbrechenden Gewitters von Produktion, wer darf es schildern, da er selbst in der Verzückung des Dankes, in der Leuchtkraft unmittelbarster, erlebtester Durchführung sein Erleben geschildert hat? Man darf nur diese mit Blitzen gehämmerte Prosaseite abschreiben, wie er sie schrieb: »– Hat jemand, Ende des neunzehnten Jahrhunderts, einen deutlichen Begriff davon, was Dichter starker Zeitalter *Inspiration* nannten? Im anderen Falle will ich's beschreiben. – Mit dem geringsten Rest von Aberglauben in sich würde man in der Tat die Vorstellung, bloß Inkarnation, bloß Mundstück, bloß Medium übermächtiger Gewalten zu sein, kaum abzuweisen wissen. Der Begriff Offenbarung, in dem Sinn, daß plötzlich, mit unsäglicher Sicherheit und Feinheit, Etwas *sichtbar*, hörbar wird, Etwas, das Einen im Tiefsten erschüttert und umwirft, beschreibt einfach den Tatbestand. Man hört, man sucht nicht; man nimmt, man fragt nicht, wer da gibt; wie ein Blitz leuchtet ein Gedanke auf, mit Notwendigkeit, in der Form ohne Zögern ich habe nie eine Wahl gehabt. Eine Entzückung, deren ungeheure Spannung sich mitunter in einen Tränenstrom auslöst, bei der der Schritt unwillkürlich bald stürmt, bald langsam wird; ein vollkommnes Außer-sich-Sein mit dem distinktesten Bewußtsein einer Unzahl feiner Schauder und Überrieselungen bis in die Fußzehen; eine Glückstiefe, in der das Schmerzlichste und Düsterste nicht als Gegensatz wirkt, sondern als bedingt, als herausgefordert, als eine *notwendige* Farbe innerhalb eines solchen Lichtüberflusses; ein Instinkt rhythmischer Verhältnisse, der weite Räume von Formen überspannt – die Länge, das Bedürfnis nach einem *weitgespannten* Rhythmus ist beinahe das Maß für die Gewalt der Inspiration, eine Art Ausgleich gegen deren Druck und Spannung ... Alles geschieht im höchsten Grade unfreiwillig, aber wie in einem Sturme von Freiheitsgefühl, von Unbedingtsein, von Macht, von Göttlichkeit ... Die Unfreiwilligkeit des Bildes, des Gleichnisses ist das Merkwürdigste; man hat keinen Begriff mehr, was Bild, was Gleichnis ist, alles bietet sich als der nächste, der richtigste, der einfachste Ausdruck. Es scheint wirklich, um an ein Wort Zarathustras zu erinnern, als ob die Dinge selber herankämen und sich zum Gleichnis anböten (»– hier kommen alle Dinge liebkosend zu deiner Rede und schmeicheln dir; denn sie wollen auf deinem Rücken reiten. Auf jedem Gleichnis reitest du hier zu jeder Wahrheit. Hier springen dir alles Seins Worte und Wort-Schreine auf; alles Sein will hier Wort werden, alles Werden will von dir reden lernen –«). Dies ist meine Erfahrung von Inspiration; ich zweifle nicht, daß man Jahrtausende zurückgehen muß, um jemanden zu finden, der mir sagen darf: es ist auch die meine.«

Dieser taumelnde, dieser selbst-hymnische Glückston, ich weiß es, die Ärzte sehen heute darin die Euphorie, das Endlustgefühl des Untergehenden und das Stigma der Megalomanie, jener bei Geisteskranken typischen Selbstüberhebung. Aber doch, ich frage, wann ist mit einer so diamantenen Klarheit je der Zustand des schöpferischen Rausches so ins Ewige gegraben worden? Denn dies ist ja das eigenste, das unerhörte Wunder der letzten Werke Nietzsches, daß ein höchster Grad der Klarheit den höchsten Grad des Rausches traumwandlerisch mitbegleitet, daß sie klug sind wie Schlangen inmitten ihrer bacchantischen, fast bestialischen Kraft. Sonst haben die Überschwenglichen, haben alle jene, denen Dionysos die Seele trunken gemacht hat, eine schwere Lippe, ein von Dunkel durchklungenes Wort. Wie aus Träumen reden sie deutsam und verwirrt; sie haben alle, die in den Abgrund hinabgesehen, den orphischen, den pythischen, den urgeheimnisvollen Ton einer Sprache von drüben her, den nur unsere Sinne fürchtig erahnen und unser Geist nicht mehr ganz versteht – Nietzsche aber ist diamantenklar inmitten des Rausches, unaufzehrbar hart und schneidend bleibt sein Wort in allen Feuern der Trunkenheit. Vielleicht hat sich noch nie ein lebendiger Mensch so weit und so wach, so vollkommen schwindelfrei und klar über den Rand des Irrsinns hinabgebeugt: Nietzsches Ausdruck ist nicht (wie Hölderlin, wie die Mystiker und Pythischen) angefärbt, angedunkelt vom Geheimnis; im Gegenteil, nie war er klarer und wahrer als in seinen letzten Sekunden, ja man könnte sagen: *überlichtet* von Geheimnis. Freilich, es ist ein gefährliches Licht, das hier auffunkelt, es hat die phantastische kranke Helligkeit einer Mitternachtssonne, die rotglühend über Eisbergen aufsteigt, es ist ein Nordlicht der Seele, das in seiner einmaligen Grandiosität erschauern macht. Es wärmt nicht und erschreckt; es blendet nicht, aber es tötet. Nicht vom dunkel wogenden Rhythmus des Gefühls wie Hölderlin, nicht von flutender Schwermut wird er hinabgerissen: er verbrennt an seiner eigenen Helligkeit, in einer Art Sonnenstich allerhöchster Glut, allerhöchster Leuchtkraft, einer weißglühenden und nicht mehr zu ertragenden Heiterkeit. Nietzsches Zusammenbruch ist eine Art Lichttod, ein Verkohltwerden des Geistes von der eigenen Stichflamme.

Schon lange flammt und zuckt ihm die Seele von diesen zu starken Helligkeiten; er selbst erschrickt oft, der magisch Wissende, über diese Lichtfülle von oben und die wilden Heiterkeiten seiner Seele. »Die Intensitäten meines Gefühls machen mich schauern und lachen.« Aber nichts vermag diesen ekstatischen Strom mehr zu dämmen, dieses aus dem Himmel gleich Falken Herabstürzen von Gedanken, die ihn klirrend und klingend umschwirren Tag und Nacht, Nacht und Tag, Stunde um Stunde, bis ihm das Blut in den Schläfen dröhnt. In der Nacht hilft Chloral, baut ein schwaches Schutzdach Schlaf gegen den prasselnden Wolkenbruch der Visionen. Aber die Nerven glühen wie brennende Drähte: sein ganzes Wesen wird Elektrizität, zuckendes, zündendes, blitzartig flirrendes Licht.

Ist es ein Wunder, wenn in diesem Wirbel inspirativer Geschwindigkeiten, in diesem unaufhörlichen Sturzbach von rauschenden Gedanken er den harten ebenen Boden unter den Füßen verliert, wenn Nietzsche, der von allen Dämonen des Geistes Zerrissene, nicht mehr weiß, wer er ist, wenn er, der Grenzenlose, seine Grenzen nicht mehr erkennt? Schon lange scheut sich seine Hand (seit sie sich dem Diktat höherer Mächte und nicht mehr dem Ich gehorsam fühlt), unter Briefe seinen eigenen Namen Friedrich Nietzsche zu setzen. Denn der protestantische kleine Pfarrerssohn aus Naumburg, so mag er dunkel fühlen, er ist es längst nicht mehr, der so Ungeheures erlebt, sondern irgendein Wesen, das noch keinen Namen hat, etwas Übergewaltiges, ein neuer Märtyrer der Menschheit. So unterschreibt er immer nur mit symbolischen Zeichen: »Das Untier«, »Der Gekreuzigte«, »Der Antichrist«, »Dionysos«, seine letzten Botschaften, seit er sich mit den Mächten, den übergewaltigen, als eins fühlt, selbst nicht mehr als Mensch, sondern als Macht und Sendung. »Ich bin kein Mensch, ich bin Dynamit.« »Ich bin ein welthistorisches Ereignis, das die Geschichte der Menschheit in zwei Teile spaltet« – so schreit er in gewaltigster Hybris ins schauerliche Schweigen. Wie Napoleon im brennenden Moskau, vor sich den unendlichen russischen Winter, rings um sich nur jämmerliche Trümmer der gewaltigen Armee, noch immer die monumentalsten, drohendsten Proklamationen erläßt (großartig bis an den Rand der Lächerlichkeit), so verfaßt Nietzsche mitten im brennenden Kreml seines Gehirns die furchtbarsten Pamphlete: er befiehlt, daß der deutsche Kaiser nach Rom komme, damit er ihn füsilieren lasse; er fordert die europäischen Mächte zu einer militärischen Aktion gegen Deutschland auf, das er in eine eiserne Zwangsjacke schließen will. Nie hat apokalyptischere Wut wilder ins Leere gewütet, nie so herrliche Hybris einen Geist über alles Irdische hinausgetrieben. Wie Hammerschläge fallen seine Worte gegen das ganze Weltgebäude: er verlangt, daß der Kalender umgestellt werde von der Geburt Christi auf das Erscheinen seines Antichrists, er stellt sein Bildnis über alle Gestalten der Zeiten – selbst der kranke Wahn Nietzsches ist noch größer als jener aller andern im Geist Geblendeten; auch hier wie in allem durchwaltet ihn das herrlichste, das tödlichste Zuviel.

Nie ist auf einen schaffenden Menschen ein solcher Strom von Inspiration gefallen wie auf Nietzsche in diesem einzigen Herbst. »So ist nie gedichtet, nie gefühlt, nie gelitten worden: so leidet ein Gott, ein Dionysos« – diese Worte mitten im beginnenden Wahn, sie sind furchtbar wahr. Denn dies kleine Zimmer des vierten Stockes und die Höhle von Sils-Maria, sie beherbergen zugleich mit dem kranken, nervenzuckenden Menschen Friedrich Nietzsche die kühnsten Gedanken, die herrlichsten Worte, die das Jahrhundert an seinem Ende empfunden: der schöpferische Geist hat sich geflüchtet unter das niedere sonnenverbrannte Dach und wirft über einen armen, einen einzigen, namenlosen, scheuen, verlorenen Menschen seine ganz Fülle – unendlich mehr als ein einzelner Mensch ertragen kann. Und in diesem engen Raume, erstickt von Unendlichkeit, taumelt und tappt der erschreckte, der arme irdische Sinn unter der Wucht der Blitzschläge, peitschenden Erleuchtungen und Verkündungen. Ein Gott, so fühlt er ganz wie der geistgeblendete Hölderlin, ein Gott ist über ihm, ein feuriger Gott, dessen Blick die Augen nicht ertragen und dessen Anhauch verbrennt ... immer hebt sich der Zitternde auf, sein Antlitz zu erkennen, und lose stürzen ihm die Gedanken auseinander ... Denn er, der dies Unsagbare fühlt und dichtet und leidet ... ist er – ist er nicht selber Gott ... ist wieder ein Gott der Welt, nachdem er den andern getötet ... Wer, wer ist er? ... Ist er der Gekreuzigte, der tote Gott oder der lebendige ... Der Gott seiner Jugend, Dionysos ... oder ist er beides zugleich, der gekreuzigte Dionysos ... Immer mehr verwirren sich die Gedanken, der Strom braust zu laut von zu viel Licht ... Ist es noch Licht? Ist es nicht Musik? Das kleine Zimmer im vierten Stock der Via Alberto beginnt zu tönen, alle Sphären leuchten und schwingen, alle Himmel sind verklärt ... Oh, welche Musik: die Tränen fluten ihm in den Bart, warm, heiß ... oh, welche göttliche Zärtlichkeit, welches smaragdene Glück ... Und jetzt ... wieviel Helligkeit ... Und unten auf der Straße, alle Menschen lächeln ihm zu ... wie sie aufsehen und ihn grüßen, und die Hökerin dort, sie sucht die schönsten Äpfel aus dem Korbe ... alles beugt sich und neigt sich vor ihm, dem Mörder Gottes, alles jubelt, jubelt ... warum? ... Ja, er weiß, er weiß es, der Antichrist ist erschienen, und sie singen »Hosianna, Hosianna« ... alles dröhnt, die Welt dröhnt von Jubel, vor Musik ... Und dann plötzlich alles stumm ... Irgend etwas ist gefallen ... Er selbst ist es ja ... hingefallen vor dem Haus ... Irgend jemand trägt ihn hinauf ... jetzt ist er wieder in dem Zimmer ... hat er lange geschlafen, es ist so dunkel ... dort das Klavier, Musik! Musik! ... Und dann plötzlich Menschen im Zimmer ... ist es nicht Overbeck ... aber der ist doch in Basel, und er, er ist ... wo? ... Er weiß es nicht mehr ... Warum sehen sie ihn so fremd, so besorgt an ... und dann ein Wagen, ein Wagen ... wie die Schienen rattern, so seltsam rattern, als wollten sie singen ... ja ... sein Gondellied singen sie, und er singt es mit ihnen ... singt es im unendlichen Dunkel ...

Und dann lange in einem Zimmer ganz anderswo, immer dunkel, immer dunkel. Nie mehr die Sonne, nie mehr das Licht, nicht innen, noch außen. Irgendwo unter ihm reden noch Menschen. Eine Frau – ist es nicht die Schwester? Die ist doch fort, ganz fort im Lamaland? – liest ihm vor aus Büchern … Bücher? Hat er nicht auch Bücher geschrieben? Irgend jemand antwortet mild. Aber er versteht es nicht mehr. Wem solcher Orkan durch die Seele gebraust, ist taub für alles Menschenwort. Wem der Dämon so tief ins Auge gesehen, der bleibt geblendet.

38

DER ERZIEHER ZUR FREIHEIT

Größe heißt: Richtung geben.

»Nach dem nächsten europäischen Kriege wird man mich verstehen« – mitten aus den letzten Schriften springt dieses prophetische Wort. Denn wirklich, den wahren Sinn, die historische Notwendigkeit des großen Mahners versteht man erst aus dem gespannten, unsicheren und gefährlichen Zustand unserer Welt um die Jahrhundertwende: in diesem atmosphärischen Genie hat sich der ganze Druck der moralischen Dumpfheit Europas gewaltsam entladen – das herrlichste Gewitter des Geistes vor dem furchtbarsten Gewitter der Geschichte. Nietzsches »weitdenkender« Blick sah die Krise, indes die andern sich an allen gefälligen Feuern der Phrase häuslich wärmten, und sah ihre Ursache: die »nationale Herzenskrätze und Blutvergiftung, um derentwillen sich jetzt in Europa Volk gegen Volk wie mit Quarantänen absperrt«, den »Hornviehnationalismus« ohne höheren Gedanken als den selbstischen der Historie, indes ungestüm alle Kräfte schon zu höherer, zu zukünftiger Verbindung drängten. Und zornig bricht die Verkündigung einer Katastrophe aus seinem Mund, wie er die krampfigen Versuche sieht, »die Kleinstaaterei Europas zu verewigen«, eine Moral zu verteidigen, die nur auf Interessen und Geschäft beruht. »Dieser absurde Zustand soll nicht mehr lange dauern«, schreibt sein Finger feurig an die Wand, »das Eis, das uns trägt, ist so dünn geworden: wir fühlen alle den warmen gefährlichen Atem des Tauwinds«. Niemand hat so wie Nietzsche das

Knistern im europäischen Gesellschaftsbau gefühlt, niemand so verzweifelt in einer Zeit optimistischer Selbstgefälligkeit den Schrei zur Flucht, zur Flucht in die Redlichkeit, in die Klarheit, zur Flucht in die höchste intellektuelle Freiheit über Europa hingeschrien. Keiner so stark gefühlt, daß eine Zeit abgelebt und abgestorben war und in tödlicher Krise ein Neues und Gewaltsames beginnt: nun erst wissen wir es mit ihm.

Diese tödliche Krise, er hat sie tödlich vorgedacht, tödlich vorgelebt: das ist seine Größe, sein Heldentum. Und die ungeheure Spannung, die seinen Geist ins Äußerste quälte und schließlich auseinanderriß, band ihn mit höherem Element: sie war nichts anderes als das Fieber unserer Welt, ehe die Blutbeule aufbrach. Immer fliegen ja Sturmvögel des Geistes den großen Revolutionen und Katastrophen voraus, und der dumpfe Glaube des Volkes, der vor Kriegen und Krisen im höheren Element Kometen erscheinen und ihre blutige Bahn ziehen läßt, dieser abergläubische Glaube hat eine Wahrheit im Geist. Nietzsche war ein solches Fanal im höheren Element, das Wetterleuchten vor dem Gewitter, das große Brausen oben in den Bergen, ehe der Sturm in die Täler fällt – keiner hat so meteorologisch sicher wie alles einzelne auch die Gewalt des kommenden Kataklysmas unserer Kultur vorausgefühlt. Aber das ist die ewige Tragik des Geistes, daß seine höhere klare Sphäre der Schau sich nicht mitteilt der dumpfen stockenden Luft ihrer Zeit, daß die Gegenwart niemals fühlt und faßt, wenn über ihr ein Zeichen am Himmel des Geistes steht und die Flügel der Weissagung rauschen. Selbst der klarste Genius des Jahrhunderts war nicht deutlich genug, als daß die Zeit ihn verstanden hätte: wie jener Marathonläufer, der den Untergang des Perserreiches gesehen und, mit pochenden Lungen die vielen Meilen nach Athen rennend, die Botschaft nur in einem einzigen ekstatischen Schrei künden konnte (dann brach ihm das Blut tödlich aus der überhitzten Brust), so konnte Nietzsche die entsetzliche Katastrophe unserer Kultur nur verkünden und nicht verhindern. Nur einen ungeheuren, einen unvergeßlichen ekstatischen Schrei warf er in die Zeit: dann brach ihm der Geist.

Seine wahre Tat aber für uns und alle hat sein bester Leser, Jakob Burckhardt, nach meinem Gefühl am besten ausgesagt, als er ihm schrieb, seine Bücher »vermehrten die Unabhängigkeit in der Welt«. Ausdrücklich sagte der kluge, weitwissende Mann: die Unabhängigkeit in der Welt; nicht die Unabhängigkeit der Welt. Denn die Unabhängigkeit existiert immer nur im Individuum, in der Einzahl, sie läßt sich nicht multiplizieren mit den Massen, sie wächst nicht aus Büchern und Bildung: »es gibt keine heroischen Zeitalter, es gibt nur heroische Menschen«. Immer ist es der einzelne, der sie mitten in die Welt und immer nur für sich allein errichtet.

Denn jeder freie Geist ist ein Alexander, er erobert im Sturm alle Provinzen und Reiche, aber er hat keine Erben: immer verfällt ein Reich der Freiheit an Diadochen und Verwalter, an Kommentatoren und Erklärer, die Sklaven werden am Wort. Nietzsches großartige Unabhängigkeit schenkt darum keine *Lehre* (wie die Schulhaften meinen), sondern eine *Atmosphäre*, die unendlich klare, überhelle, von Leidenschaft durchstürmte Atmosphäre einer dämonischen Natur, die sich in Gewitter und Zerstörung erlöst. Tritt man in seine Bücher, so fühlt man Ozon, elementarische von aller Dumpfheit, Vernebelung und Schwüle entschwängerte Luft: man sieht *frei* in dieser heroischen Landschaft bis in alle Himmel hinauf und atmet eine einzig durchsichtige, messerscharfe Luft, eine Luft für starke Herzen und freie Geister. Immer ist Freiheit Nietzsches letzter Sinn – Sinn seines Lebens und Sinn seines Untergangs: wie die Natur Wirbelstürme und Zyklone, um ihre Überkraft in einer Revolte gegen ihren eigenen Bestand gewaltsam auszulassen, so braucht der Geist von Zeit zu Zeit einen dämonischen Menschen, dessen Übergewalt sich auflehnt gegen die Gemeinschaft des Denkens und die Monotonie der Moral. Einen Menschen, der zerstört und der sich selber zerstört; aber diese heroischen Empörer sind nicht minder Bildner und Bilder des Weltalls als die stillen Gestalter. Zeigen jene die Fülle des Lebens, so deuten diese seine unausdenkbare Weite. Denn immer nur an tragischen Naturen werden wir der Tiefe des Gefühls gewahr. Und nur an den Maßlosen erkennt die Menschheit ihr äußerstes Maß.

BAND III : DREI DICHTER
IHRES LEBENS

CASANOVA – STENDHAL – TOLSTOI

CASANOVA

CASANOVA

Il me dit qu'il est un homme libre, citoyen du monde.

— *MURALT ÜBER CASANOVA IN EINEM BRIEF AN
ALBRECHT VON HALLER, 21. JUNI 1760*

Casanova figuriert als Sonderfall, als einmaliger Glücksfall innerhalb der
Weltliteratur, vor allem deshalb, weil dieser famose Scharlatan eigentlich
genauso unberechtigt in das Pantheon des schöpferischen Geistes geraten
ist wie Pontius ins Credo. Denn mit seinem dichterischen Adel steht's
nicht minder windig als mit jenem frech aus dem Alphabet zusammenge-
klitterten Chevalierstitel de Seingalt: seine paar Verse, hastig zwischen
Bett und Spieltisch zu Ehren eines Dämchens hinimprovisiert, muffeln
nach Moschus und akademischem Leim, und wenn unser guter Giacomo
gar zu philosophieren anfängt, tut man gut, sich die Kinnbacken gegen
Gähnkrampf zu sperren. Nein, er gehört sowenig zum dichterischen Adel,
Casanova, wie in den Gotha, auch hier Parasit, Eindringling ohne Rechte
und Rang. Aber ebenso verwegen, wie er's zeitlebens zuwege bringt, als
schäbiger Schauspielersohn, fortgejagter Priester, abgetakelter Soldat,
anrüchiger Kartendreher, bei Kaisern und Königen zu verkehren und
schließlich in den Armen des letzten Edelmannes, des Prinzen de Ligne,
zu sterben, hat sein nachschweifender Schatten sich unter die Unsterblichen eingedrängt, obzwar kleiner Schöngeist scheinbar nur, unus ex

multis, Asche im Streuwind der Zeit. Aber – kurioses Faktum! – nicht er, sondern alle seine berühmten Landsleute und sublimen Poeten Arkadiens, der »göttliche« Metastasio, der edle Parini e tutti quanti sind Bibliotheksschutt und Philologenfutter geworden, indes sein Name, in ein respektvolles Lächeln gerundet, noch heute von allen Lippen schwebt. Und aller irdischen Wahrscheinlichkeit nach wird seine erotische Ilias noch Dauer und entzündete Leser finden, wenn längst »La Gerusalemme liberata« und der »Pastor fido« als würdige historische Antiquitäten ungelesen in den Bücherschränken stauben. Mit einem Coup hat der gerissene Glücksspieler alle Dichter Italiens seit Dante und Boccaccio überspielt.

Und noch toller: für so unendlichen Gewinst wagt Casanova gar keinen Einsatz, er hat schlankweg die Unsterblichkeit um ihren Preis geprellt. Nie erahnt dieser Spielmensch die unsagbare Verantwortung des wirklichen Künstlers. Er weiß nichts von Nächten, die durchwacht, von Tagen, die hingebracht werden müssen im dumpfen, sklavischen Feilwerk der Worte, bis endlich der Sinn rein und regenbogenhaft die Linse der Sprache durchstrahlt, nichts von der vielfältigen und doch unsichtbaren, von der unbelohnten, oft erst nach Menschenaltern erkenntlichen Werkarbeit des Dichters, nichts auch von seinem heroischen Verzicht auf Wärme und Weite des Daseins. Er, Casanova, hat, weiß Gott, das Leben sich immer nur leicht gemacht, kein Gran seiner Freude, kein Quentchen seiner Genießerei, keine Stunde seines Schlafes, keine Minute seiner Lust der strengen Göttin Unsterblichkeit geopfert: er rührt sein Lebtag keinen Finger arbeitend um den Ruhm, und doch fällt er ihm, dem Glücklichen, strömend in die Hände. Solange er noch einen Goldfuchs in der Tasche, einen Tropfen Öl in seiner Liebeslampe spürt, denkt er nicht daran, sich die Finger ernstlich mit Tinte zu beschmutzen. Erst hinausgeworfen aus allen Türen, ausgelacht von den Frauen, einsam, bettelhaft, impotent, erst dann flüchtet er, ein verschabter mürrischer Greis, in die Arbeit als Surrogat des Erlebens; und nur aus Nichtlust, aus Langeweile, aufgekratzt von Ärger wie ein zahnloser Köter von der Räude, macht er sich knurrend und murrend daran, dem abgestorbenen siebzigjährigen Casaneus-Casanova sein eigenes Leben zu erzählen.

Er erzählt sich sein Leben – dies seine ganze literarische Leistung –, aber freilich, welch ein Leben! Fünf Romane, zwanzig Komödien, ein Schock Novellen und Episoden, eine traubige, überreife Fülle scharmantester Situationen und Anekdoten, eingekeltert in eine einzige strömende und überströmende Existenz: hier erscheint eben ein Leben, selbst schon füllig und rund als vollendetes Kunstwerk ohne ordnende Beihilfe des Künstlers und Erfinders. Und so löst sich auf überzeugendste Weise jenes erst verwirrende Geheimnis seines Ruhmes – denn nicht, wie er sein Leben beschreibt und berichtet, zeigt Casanova als Genie, sondern wie er es gelebt. Was ein anderer erfinden muß, hat er atmend erfahren, was ein anderer mit dem Geist, hat er mit seinem warmen wollüstigen Leib gestaltet, darum brauchen hier Feder und Phantasie die Wirklichkeit nachträglich nicht zeichnerisch auszuschmücken: genug daß sie Pausblatt sind einer schon dramatisch durchgeformten Existenz. Kein Dichter seiner Zeit hat dermaßen viel erfunden an Variationen und Situationen, wie Casanova erlebte, und schon gar kein wirklicher Lebenslauf schwingt in so kühnen Kurven durch ein ganzes Jahrhundert hin. Versucht man, an reinem Geschehnisgehalt (nicht an geistiger Substanz und Erkenntnistiefe) etwa die Biographien Goethes, Jean-Jacques Rousseaus und anderer Zeitgenossen mit der seinen zu vergleichen, wie arm an Abwechslung, wie eng im Raum, wie provinziell in der geselligen Sphäre erscheinen jene zielhaften und von schöpferischem Willen beherrschten Lebensläufe gegen diesen einen stromhaften und elementaren des Abenteurers, der Länder, Städte und Stände, Berufe, Welten und Weiber wechselt wie Wäsche an immer gleichem Leib – Dilettanten sie alle im Genießen wie jener Dilettant in der Gestaltung. Denn dies ist ja die ewige Tragik des Geistmenschen, daß gerade er, berufen und sehnsüchtig, alle Weite und Wollust des Daseins zu kennen, doch gebunden bleibt an seine Aufgabe, Sklave seiner Werkstatt, unfrei durch selbst auferlegte Pflichten, gefesselt an Ordnung und Erde. Jeder wahrhafte Künstler lebt die größere Hälfte seines Daseins in Einsamkeit und Zwiekampf mit seiner Schöpfung – voll hingegeben an die unmittelbare Wirklichkeit, frei und verschwenderisch vermag nur der Unschöpferische, der reine Genießer zu sein, der das Leben lebt um des Lebens willen. Wer sich Ziele setzt, geht am Zufall vorbei: jeder Künstler gestaltet zumeist immer nur, was er versäumte zu erleben.

Den lockern Genießern aber, ihren Gegenspielern, ihnen mangelt fast immer die Macht, das vielfältig Erlebte auszuformen. Sie verlieren sich an den Augenblick, und damit geht dieser Augenblick allen andern verloren, indes der Künstler auch das geringste Erleben zu verewigen weiß. So klaffen die Enden auseinander, statt sich fruchtbar zu ergänzen: dem einen fehlt der Wein, dem andern der Becher. Unlösbare Paradoxie: die Tatmenschen und Genießer hätten mehr Erlebnis zu melden als alle Dichter, aber sie vermögen es nicht – die Schöpferischen wiederum müssen dichten, weil sie selten genug Geschehnis erlebten, um es zu berichten. Nur selten haben Dichter eine Biographie und selten wiederum die Menschen der wahrhaften Biographien die Fähigkeit, sie zu schreiben.

Da ereignet sich nun jener herrliche und beinahe einzige Glücksfall

Casanova: endlich erzählt einmal ein passionierter Genußmensch, der typische Augenblicksvielfraß, sein ungeheures Leben, erzählt es ohne moralische Beschönigung, ohne poetisierende Versüßlichung, ohne philosophische Verbrämung, sondern ganz sachlich, ganz wie es war, leidenschaftlich, gefährlich, verlumpt, rücksichtslos, amüsant, gemein, unanständig, frech, ludrig, immer aber spannungsvoll und unvermutet – und erzählt überdies nicht aus literarischem Ehrgeiz oder dogmatischer Prahlerei oder bußfertiger Reue oder exhibitionistisch gereizter Bekenntniswut, sondern ganz unbelastet und unbekümmert, wie ein Veteran am Wirtshaustisch mit der Pfeife im Mund ein paar knusperige und vielleicht brenzlige Abenteuer vorurteilslosen Zuhörern zum besten gibt. Hier dichtet nicht ein mühseliger Phantast und Erfinder, sondern aller Dichter Meister, das Leben selbst, er aber, Casanova, hat nur der bescheidensten Anforderung des Künstlers zu genügen: das kaum Glaubwürdige glaubhaft zu machen. Dazu langt vollkommen trotz einem barocken Französisch seine Kunst und seine Kraft. Aber nicht im Traum hat dieser zittrige, von der Gicht verwackelte Murrgreis in seiner Sinekure zu Dux daran gedacht, daß über diese Erinnerungen einstmals graubärtige Philologen und Historiker forschend sich beugen würden als den kostbarsten Palimpsest des achtzehnten Jahrhunderts, und so selbstgefällig er sich zu spiegeln liebte, der gute Giacomo, dies hätte er doch als groben Spaß seines verruchten Widersachers, des Herrn Haushofmeisters Feltkirchner, vermerkt, daß sich eine eigene Société Casanovienne hundertzwanzig Jahre nach seinem Tod etablieren werde, nur um jedes Zettelchen seiner Hand, jedes Datum zu überprüfen und den sorgfältig ausradierten Namen der so angenehm kompromittierten Damen auf die Spur zu kommen. Nehmen wir's als Glück, daß dieser Eitle seinen Ruhm nicht ahnte und darum mit Ethos, Pathos und Psychologie haushälterisch blieb, denn nur das Absichtslose erreicht jene unbesorgte und darum elementare Aufrichtigkeit. Ganz lässig wie immer ist der alte Glücksspieler in Dux an seinen Schreibtisch als den letzten Hasardtisch seines Lebens getreten und hat als letzten Coup seine Memoiren dem Schicksal hingeschmissen: dann stand er auf, vorzeitig weggeholt, ehe er die Wirkung sah. Und wunderbar, gerade dieser letzte Wurf ging bis in die Unsterblichkeit. Ja, er hat sein Spiel vortrefflich gewonnen, der alte »commediante in fortuna«, dieser unübertreffliche Schauspieler seines Glücks, und dagegen nützt nun kein Pathos mehr und kein Protest. Man kann ihn verachten, unsern verehrten Freund, wegen mangelnder Moral und geringen sittlichen Ernstes, man kann ihn widerlegen als Historiker und desavouieren als Künstler. Nur eines kann man nicht mehr: ihn wieder totmachen, denn trotz allen Dichtern und

Denkern hat die Welt seitdem keinen romantischeren Roman als sein Leben erfunden und keine phantastischere Gestaltung als seine Gestalt.

1

BILDNIS DES JUNGEN CASANOVA

Wissen Sie, Sie sind ein sehr schöner Mann.

— FRIEDRICH DER GROSSE, 1764 IM PARK VON
SANSSOUCI, PLÖTZLICH INNEHALTEND UND IHN
BETRACHTEND, ZU CASANOVA

Theater in einer kleinen Residenzstadt: die Sängerin hat eben mit kühner Koloratur ihre Arie geendet, wie knatternder Hagel ist Beifall niedergeprasselt, jetzt aber, während der mählich einsetzenden Rezitative lockert sich allgemein die Aufmerksamkeit. Die Stutzer machen Besuche in den Logen, die Damen lorgnettieren, essen mit silbernen Löffeln die sublimen Gelati und den orangefarbenen Sorbett: beinahe unnötig, daß auf der Bühne indes Harlekin seine Lazzi mit einer pirouettierenden Kolumbine wirbelt. Da, mit einemmal wenden sich alle Blicke neugierig einem Fremden zu, der kühn und lässig zugleich mit der rechten Desinvoltura eines vornehmen Mannes verspätet das Parkett betritt, jedem unbekannt. Reichtum umrauscht die herkulische Gestalt, ein aschfarben geschorenes Samtkleid schlägt sich faltig auf über zierlich durchstickter Brokatweste, und kostbare Spitzen, goldene Litzen zeichnen von den Halsspangen des Brüsseler Jabots hinab bis zu den seidenen Strümpfen die dunkleren Linien des Prunkgewandes mit. Die Hand trägt wie achtlos einen weißfedrigen Paradehut, ein dünner, süßer Duft von Rosenöl oder neumodischer Pomade weht dem vornehmen Fremden nach,

der jetzt an die Brüstung der ersten Reihe sich nachlässig hinrekelt, die
ringgespickte Hand hochmütig auf den juwelenbeschlagenen Degen aus
englischem Stahl gestützt. Als spüre er nicht das allgemeine Bemerktwer-
den, hebt er sein goldenes Lorgnon, um mit gespielter Gleichgültigkeit die
Logen zu mustern. Von allen Sitzen und Bänken zischelt's schon: ein
Fürst, ein reicher Ausländer? Köpfe drängen zusammen, ehrfurchtsvolles
Flüstern deutet auf den diamantumringten Orden, der quer über die Brust
an karmoisinrotem Bande schwingt (und den er derart mit glitzernden
Steinen überwuchert hat, daß niemand mehr das erbärmliche päpstliche
Sporenkreuz erkennt, billiger als Brombeeren). Die Sänger auf der Bühne
spüren sofort das Nachlassen der Aufmerksamkeit, lockerer fließen die
Rezitative, denn über Violine und Gamba hinweg spähen die vorge-
huschten Tänzerinnen aus der Kulisse, ob da nicht ein Dukatenherzog
herwehe für ergiebige Nacht.

Aber ehe Hunderte im Saale die Scharade dieses Fremden, das Rätsel
seiner Herkunft, zu lösen vermögen, haben die Frauen in den Logen schon
ein anderes bemerkt, mit Bestürzung fast: wie schön dieser fremde Mann
ist, wie schön und wie sehr Mann. Mächtig von Wuchs, breit gequadert
die Schultern, griffig die durchmuskelten fleischigen Hände, keine weich-
liche Linie in dem angespannten, stählern-männischen Leib, steht er da,
den Nacken ein wenig gesenkt, wie ein Stier vor dem Ansturm. Von der
Seite gesehen, dünkt dies Antlitz eine römische Münze, so messerscharf
und metallen ist jede einzelne Linie von dem Kupfer dieses dunklen
Hauptes abgeschrägt. Mit schönem Schwung wirft eine Stirne, um die
jeder Dichter diesen Fremden beneiden dürfte, sich aus kastanienfarbe-
nem, zärtlich gelocktem Haar – ein frecher, kühner Haken springt die
Nase vor, starkknochig das Kinn und unter dem Kinn wieder ein doppel-
nußgroßer wölbiger Adamsapfel (nach dem Weiberglauben die sicherste
Bürgschaft tatkräftiger Männlichkeit): unverkennbar, jeder Zug in diesem
Gesicht meint Vorstoß, Eroberung, Entschlossenheit. Einzig die Lippe,
sehr rot und sinnlich, wölbt sich weich und feucht und zeigt wie Granat-
apfelfleisch die weißen Kerne der Zähne. Langsam wendet der schöne
Mann jetzt das Profil den dunklen Schaukasten des Theaters entlang:
unter den ebenmäßigen, sehr rund geschwungenen, buschigen Brauen
flackert aus schwarzen Pupillen ein ungeduldiger Unruheblick, recht ein
Jäger- und Beuteblick, bereit, mit einem Ruck adlerhaft auf ein Opfer zu
stürzen. Aber noch flackert er nur, noch brennt er nicht ganz, bloß als
tastendes Blinkfeuer streift er die Logen entlang und mustert an den
Männern vorbei, wie etwas Käufliches das Warme, Nackte, Weiße in den
schattigen Nestern: die Frauen. Er betrachtet sie eine nach der andern,

wählerisch, kennerisch, und fühlt sich betrachtet; dabei lockert sich ein wenig die sinnliche Lippe auf, ein beginnender Hauch von Lächeln um den satten, südländischen Mund läßt zum erstenmal das breite, schneeweiße Tiergebiß blank vorleuchten. Noch gilt dies Lächeln keiner einzigen Frau, noch gilt es ihnen allen, dem Wesen Weib, das da nackt und heiß unter den Kleidern sich birgt. Aber jetzt hat er in der Loge eine Bekannte erspäht: sofort sammelt sich der Blick, sofort überfließt ein samtiger und gleichzeitig glitzernder Glanz das eben noch frech fragende Auge, die linke Hand läßt den Degen, die rechte faßt nach dem schweren Federhut, und so tritt er heran, ein angedeutetes Wort des Erkennens auf den Lippen. Graziös beugt er den Muskelnacken zum Kuß über die dargebotene Hand und spricht sie höflichst an; aber man merkt am Zurückweichen und Verwirrtsein der Umschmeichelten, wie zärtlich schmelzend das Arioso der Stimme in sie eindringt, denn sie biegt sich verlegen zurück und stellt den Fremden ihren Begleitern vor: »Le chevalier de Seingalt.« – Verbeugungen, Zeremonien, Höflichkeiten, man bietet dem Gast einen Platz in der Loge, den er bescheiden zurückweist, und aus dem courtoisen Hin und Her faltet sich endlich Gespräch. Allmählich erhebt Casanova die Stimme, über die andern hinweg. Nach Schauspielerart läßt er die Vokale weich sich aussingen, die Konsonanten rhythmisch rollen, und immer sichtlicher spricht er über die Loge hinweg, laut und ostentativ; denn er will, daß die herangebeugten Nachbarn hören, wie geistvoll und gewandt er französisch, italienisch konversiert, wie geschickt er seinen Horaz zitiert. Scheinbar zufälligerweise hat er die Ringhand solcherart auf die Logenbrüstung gelegt, daß man von weit her die kostbaren Spitzenmanschetten und vor allem den riesigen Solitär an seinem Finger funkeln sehen kann – jetzt bietet er aus diamantenbesetzter Dose den Kavalieren mexikanischen Schnupftabak an. »Mein Freund, der spanische Gesandte, hat ihn mir gestern durch den Kurier geschickt« (– man hört es bis in die Nachbarloge –); und da einer der Herren höflich das Miniaturbild auf der Dose bewundert, äußert er nachlässig, aber doch laut genug, damit sich's im Saal verbreite: »Ein Präsent von meinem Freund und gnädigen Herrn, dem Kurfürsten von Köln.« Ganz absichtslos scheint er so zu plaudern, aber inmitten dieses Paradierens wirft der Bramarbas immer wieder einen raschen Raubvogelblick nach rechts und links, um die eigene Wirkung zu erspähen. Ja, alles beschäftigt sich mit ihm, er fühlt die Frauenneugier an sich hängen, spürt, daß er bemerkt ist, bewundert, geehrt, und das macht ihn noch kühner. Mit einer geschickten Wendung dreht er das Gespräch bis hinüber in die Nachbarloge, wo die Favoritin des Fürsten sitzt und – er fühlt es – wohlgefällig seinem echt Pariser Französisch lauscht; und mit devoter Geste streut er, von einer schönen Frau erzählend, eine galante Artigkeit vor sie hin, die sie lächelnd quittiert. Und nun bleibt seinen Freunden nichts übrig, als den Chevalier der hohen Dame vorzustellen. Schon ist das Spiel gewonnen. Morgen mittag wird er mit den Vornehmsten der Stadt speisen, morgen abend wird er in irgendeinem der Paläste den Vorschlag zu einem kleinen Pharaospiel machen und seine Gastgeber plündern, morgen nachts wird er mit einer dieser funkelnden, unter ihren Kleidern nackten Frauen schlafen – und alles dies kraft seines kühnen, sicheren und energischen Auftretens, seines Siegerwillens und der männlich freien Schönheit seines braunen Gesichts, dem er alles dankt: das Lächeln der Frauen und den Solitär am Finger, die diamantene Uhrkette und die goldenen Litzen, den Kredit bei den Bankherren und die Freundschaft des Adels und herrlicher als dies: Freiheit in der unendlichen Vielfalt des Lebens.

Unterdessen hat sich die Primadonna bereit gemacht, die neue Arie zu beginnen. Nach einer tiefen Verbeugung, schon dringlich eingeladen von den durch seine weltmännische Konversation bezauberten Kavalieren, bereits zum Lever der Favoritin gnädigst bestellt, tritt Casanova wieder an seinen Platz zurück und läßt sich nieder, die Linke auf den Degen gestützt, das schöne braune Haupt vorgeneigt, um kennerisch dem Gesang zu lauschen. Hinter ihm zischelt von Loge zu Loge die gleiche indiskrete Frage und als Antwort zurück von Mund zu Mund: »Der Chevalier von Seingalt.« Mehr weiß niemand von ihm, nicht, woher er gekommen, nicht, was er treibt, nicht, wohin er geht, nur der Name summt und surrt den ganzen dunklen und neugierigen Saal und tanzt – unsichtbar, flirrende Lippenflamme – bis hinauf zur Bühne, zu den gleichfalls neugierigen Sängerinnen. Aber plötzlich lacht eine kleine venezianische Tänzerin auf. »Chevalier de Seingalt? Oh, dieser Schwindler! Das ist ja Casanova, der Sohn der Buranella, der kleine Abbate, der meiner Schwester vor fünf Jahren die Jungfernschaft abgeschwatzt hat, der Hofnarr des alten Braga-din, Aufschneider, Lump und Abenteurer.« Jedoch das muntere Mädchen scheint ihm seine Untaten nicht sonderlich übelzunehmen, denn aus den Kulissen zwinkert sie ihm erkennerisch zu und führt die Fingerspitzen kokett an die Lippe. Er merkt's und entsinnt sich: nur unbesorgt, sie wird ihm sein Spielchen mit den vornehmen Narren nicht stören und lieber heute nachts mit ihm schlafen.

2

DIE ABENTEURER

Weiß sie, daß dein einziges Vermögen die Dummheit der Menschen ist?

— CASANOVA ZUM FALSCHSPIELER CROCE

Vom Siebenjährigen Krieg bis zur Französischen Revolution, ein knappes Vierteljahrhundert dunstet Windstille über Europa, die großen Dynastien Habsburg, Bourbon und Hohenzollern haben sich müde gekriegt. Die Bürger blasen Tabak behaglich in stillen Kringeln vor sich hin, die Soldaten pudern ihre Zöpfe und putzen die nutzlos gewordenen Gewehre, die geplagten Länder können endlich ein wenig verschnaufen. Aber die Fürsten langweilen sich ohne Krieg. Sie langweilen sich mörderisch, alle die deutschen und italienischen und sonstigen Duodezfürsten in ihren liliputanischen Residenzen, und möchten gern amüsiert sein. Gräßlich ennuyant haben es diese Armen, diese kleingroßen, scheingroßen Kurfürsten und Herzöge auf ihren noch kaltnassen, frischaufgebauten Rokokoschlössern trotz allen Lustgärten, Fontänen und Orangerien, trotz Zwingern, Galerien, Wildparks und Schatzkammern. Aus Langeweile werden sie sogar Kunstgönner und Schöngeister, korrespondieren mit Voltaire und Diderot, sammeln chinesisches Porzellan, mittelalterliche Münzen, barocke Bilder, bestellen sich französische Komödien, italienische Sänger und Tänzer, und nur der Herr in Weimar hat mit gutem Griff sich ein paar Deutsche, namens Schiller, Goethe und Herder, an seinen Hof geladen. Sonst aber wechseln nur Sauhatzen und

Wasserpantomimen mit theatralischem Divertissement, denn immer, wenn die Welt müde wird, erzwingt sich die Spielwelt, das Theater, Mode und Tanz besondere Wichtigkeit, und so überbieten sich damals die Fürsten mit Geld und diplomatischen Aktionen, um einer dem andern die interessantesten Amüseure, die besten Tänzer, Musiker, Kastraten, Philosophen, Goldsucher, Kapaunenmäster und Orgelspieler abzujagen. Gluck und Händel, Metastasio und Hasse, das wird sich ebenso wechselseitig abgeluchst wie Kabbalisten und Kokotten, Feuerwerker und Sauhetzer, Textschreiber und Ballettmeister. Und nun haben sie glücklich Zeremonienmeister und Zeremonien, Steintheater und Opernsäle, Bühnen und Ballette, nun fehlt nur noch eines, um der Langeweile der Kleinstadt Schach zu bieten und der rettungslosen Monotonie der ewig gleichen sechzig Adelsgesichter den Anschein von wirklicher Gesellschaft zu geben: vornehme Visiten, interessante Gäste, ein paar Rosinen für den Sauerteig der kleinstädtischen Langeweile, ein wenig Wind von großer Welt in die Stickluft der Dreißigstraßenresidenz.

Dies hören von einem Hof, und, rutsch! schon sausen sie her, die Abenteurer in Hunderten von Masken und Verkleidungen, niemand weiß, aus welchem Windwinkel und Versteck. Aber über Nacht sind sie da, mit einem Reisewagen und englischen Kutschen kommen sie vorgefahren und mieten mit lockerer Hand gleich die nobelste Zimmerfront der vornehmsten Herberge. Sie tragen phantastische Uniformen irgendeiner hindostanischen oder mongolischen Armee und führen pompöse Namen, die in Wirklichkeit pierre de strass sind, falsche Edelsteine wie ihre Schuhschnallen. Sie sprechen alle Sprachen, behaupten, alle Fürsten und großen Leute zu kennen, sie haben angeblich in allen Armeen gedient und an allen Universitäten studiert. Ihre Taschen stecken voller Projekte, ihr Mundwerk klappert von kühnen Versprechen, sie planen Lotterien und Extrasteuern, Staatsbündnisse und Fabriken, sie offerieren Weiber und Orden und Kastraten; und obwohl sie selbst keine zehn Goldstücke in der Tasche haben, flüstern sie jedem zu, sie wüßten das Geheimnis der Tinctura auri. Die Abergläubischen fangen sie mit Horoskopen, die Leichtgläubigen mit Projekten, die Spieler mit falschen Karten und die Ahnungslosen mit mondäner Vornehmheit –, all dies aber in den faltenrauschenden, undurchsichtigen Nimbus von Fremdartigkeit und Geheimnis gehüllt, unerkennbar und dadurch doppelt interessant. Wie Irrlichter plötzlich aufglänzend und ins Gefährliche führend, flackern und zucken sie in der trägen, brackigen Sumpfluft der Höfe hin und her, kommend und verschwindend im gespenstigen Lügentanz.

Man empfängt sie bei den Höfen, amüsiert sich über sie, ohne sie zu achten, fragt sowenig nach ihrer Adelsechtheit wie ihre Frauen nach dem Ehering und die mitgebrachten Mädchen nach ihrer Jungfernschaft. Denn wer Pläsier gibt, auch eine Stunde nur die Langeweile, diese gräßlichste aller Fürstenkrankheiten, lindert, ist dieser amoralischen, von materialistischer Philosophie aufgelockerten Atmosphäre ohne viel Fragen willkommen. Wie die Dirnen duldet man sie gern, solange sie amüsieren und nicht gar zu frech räubern. Manchmal kriegt das Künstler- und Gaunerpack (etwa wie Mozart) einen erlauchten Fußtritt in den Hintern, manchmal rutschen sie aus dem Ballsaal ins Gefängnis und sogar, wie der kaiserliche Theaterdirektor Afflisio, bis hinab in die Galeeren. Die Gerissensten zecken sich fest, werden Steuereinnehmer, Kurtisanenliebhaber oder als gefälliger Gatte einer Hofhure sogar echte Edelmänner und Barone. Aber meist tun sie wohl, nicht zu warten, bis der Braten brenzlig wird, denn ihr ganzer Zauber beruht in ihrer Neuheit und ihrem Inkognito; biegen sie zu frech die Karten, greifen sie unmäßig tief in die Taschen, machen sie sich gar zu lange häuslich an einem Hofe, so kann plötzlich einer kommen, der ihnen den Mantel aufhebt und darunter das Diebsmal oder die Staupe des Sträflings zeigt. Nur häufiger Luftwechsel kann sie vom Galgen salvieren, darum kutschieren auch diese Glücksritter unablässig in Europa herum, Geschäftsreisende ihres dunklen Handwerks, Zigeuner von Hof zu Hof, und so dreht sich durch das ganze achtzehnte Jahrhundert ein einziges Gaunerkarussell mit denselben Gestalten von Madrid bis Petersburg, von Amsterdam bis Preßburg, von Paris bis Neapel; erst nennt man's Zufall, daß Casanova an jedem Spieltisch und bei jedem Höflein denselben Lumpenbrüdern begegnet, dem Talvis, dem Afflisio, dem Schwerin und Saint Germain, aber diese unablässige Wanderschaft bedeutet für die Adepten mehr Flucht als Vergnügen – nur in der Kurzfristigkeit sind sie sicher, nur durch Zusammenspiel können sie sich decken, denn sie alle zusammen bilden eine einzige Sippe, eine Freimaurerschaft ohne Kelle und Zeichen, den Abenteurerorden. Wo sie einander begegnen, halten sie, Gauner dem Gauner, die Leiter, einer schiebt den andern in die vornehme Gesellschaft hinein und legitimiert sich, indem er seinen Spielkumpan anerkennt; sie tauschen die Weiber, die Röcke, die Namen und nur eines nicht: den Beruf. Sie alle, die um die Höfe schmarotzen, Schauspieler, Tänzer, Musiker, Glücksritter, Huren und Goldmacher, sind mit den Jesuiten und Juden damals die einzigen Internationalen der Welt zwischen einem seßhaften, engstirnigen, kleingeistigen Hochadel und einem noch unfreien, dumpfen Bürgertum, ein modernes Zeitalter bricht an mit ihnen, eine neue Kunst der Ausbeuterei; sie plündern nicht mehr die Wehrlosen und berauben keine Straßenkutschen, sondern sie bluffen die

Eitlen und erleichtern die Leichtsinnigen. Diese neue Art Beutelschneiderei hat ein Bündnis gemacht mit dem Weltbürgertum und soignierten Manieren; statt nach alter Mordbrennerart, rauben sie mit gestochenen Karten und geschobenen Wechseln. Sie haben nicht mehr die plumpen Fäuste, die versoffenen Gesichter, die rüden Manieren der Soldatenkapitäne, sondern edel beringte Hände und eine gepuderte Perücke über der nachlässigen Stirn. Sie lorgnettieren und pirouettieren wie Tänzer, sprechen ein bravouröses Parlando wie Schauspieler, tun dunkel wie Erzphilosophen: kühn ihren unruhigen Blick verdeckend, schlagen sie am Spieltisch die Volte und schmieren den Frauen mit geistreicher Konversation ihre Liebestinkturen und falschen Juwelen an.

Nicht zu leugnen: ein gewisser Zug ins Geistige und Psychologische steckt in ihnen allen, der sie sympathisch macht, und einige unter ihnen reichen bis ins Geniale hinein. Die zweite Hälfte des achtzehnten Jahrhunderts bedeutet ihr Heldenzeitalter, ihre goldene Epoche, ihre klassische Periode; genau wie vordem unter Ludwig XV. eine glänzende Plejade die französischen Dichter und später in Deutschland der wunderbare Augenblick von Weimar die schöpferische Form des Genius in wenige und dauernde Gestalten zusammenfaßt, so glänzt damals das große Siebengestirn der sublimen Schwindler und unsterblichen Abenteurer sieghaft über die europäische Welt. Bald genügt ihnen nicht mehr der Griff in fürstliche Taschen, grob und großartig greifen sie ins Zeitgeschehen und drehen das riesige Rouletterad der Weltgeschichte. John Law, ein hergelaufener Ire, zerpulvert mit seinen Assignaten die französischen Finanzen, D'Eon, ein Zwitter von Mann und Weib, zweifelhaften Geschlechts und Rufs, leitet die internationale Politik, ein kleiner rundköpfiger Baron Neuhoff wird wahr und wahrhaftig König von Korsika, um dann freilich im Schuldturm zu enden; Cagliostro, ein sizilianischer Landbursche, der sein Leben lang nicht recht Lesen und Schreiben erlernte, dreht aus dem berüchtigten Halsband dem Königtum den Strick, der es erwürgt. Der alte Trenck, der tragischste von allen, weil Abenteurer ohne Unedelkeit, und der schließlich mit dem Kopf gegen die Guillotine rennt, tragiert mit roter Mütze den Heros der Freiheit, Saint Germain, der Magier ohne Alter, sieht den König von Frankreich demütig zu seinen Füßen und narrt noch heute mit dem Geheimnis seiner unentdeckten Geburt den Eifer der Wissenschaft. Alle haben sie mehr Macht in Händen als die Mächtigsten, sie blenden die Gelehrten, verführen die Frauen, sie plündern die Reichen und ziehen ohne Amt und Verantwortung heimlich die Fäden der politischen Marionetten. Und der letzte, nicht der schlechteste, unser Giacomo Casanova, der Historiograph dieser Gilde, der sie alle darstellt, indem er sich selber erzählt, rundet die Siebenzahl der Unvergessenen und Unvergeßlichen in ergötzlichster Weise –, jeder einzelne berühmter als alle Dichter, wirksamer als alle Politiker ihrer Zeit, kurzfristige Herren einer schon dem Untergang verschworenen Welt. Denn nur dreißig oder vierzig Jahre im ganzen dauert die Heldenzeit dieser großen Talente der Frechheit und mystischen Schauspielerei in Europa, dann zerstört sie sich selbst durch ihren vollendeten Typus, durch ihr vollkommenstes Genie, durch den wahrhaft dämonischen Abenteurer, Napoleon. Immer macht das Genie großartig Ernst, wo das Talent nur spielt, es begnügt sich nicht mit Episodenrollen, sondern fordert schöpferisch die ganze Bühne der Welt für sich allein. Wenn der kleine korsische Habenichts Bonaparte sich Napoleon nennt, so versteckt sich nicht wie bei Casanova-Seingalt, bei Balsamo-Cagliostro das Bürgerliche feig mehr hinter edelmännischer Maske, sondern herrisch tritt der Anspruch geistiger Überlegenheit vor die Zeit und heischt den Triumph als sein Recht, statt ihn listig zu erschleichen. Mit Napoleon, dem Genie all dieser Talente, dringt das Abenteurertum aus dem Vorzimmer der Fürsten in den Thronsaal; er beendet, indem er ihn vollendet, den Aufstieg des Illegitimen zur Höhe der Macht und setzt dem Abenteurertum die Krone Europas aufs Haupt.

3

BILDUNG UND BEGABUNG

> Man sagt, daß er ein Literat sei, aber mit einem an Kabalen reichen Geist,
> daß er in England und Frankreich gewesen ist, bei Kavalieren und Frauen
> unerlaubte Vorteile zog, da es immer seine Art war, auf Kosten anderer zu
> leben und leichtgläubige Leute für sich einzunehmen... wenn man mit
> besagtem Casanova sich vertraut macht, sieht man in ihm Unglauben,
> Betrug, Unzucht und Wollüstigkeit in schreckenserregender Art vereint.
>
> *— GEHEIMBERICHT DER VENEZIANISCHEN*
> *INQUISITION 1755*

Niemals leugnet Casanova, Abenteurer gewesen zu sein, im Gegenteil, mit vollen Backen rühmt er sich stolz, lieber den Narrenfänger als den Genarrten, lieber den Pelzscherer als den Geschorenen gespielt zu haben in einer Welt, die, wie schon der Lateiner weiß, allzeit gerne betrogen sein will. Aber nur eines lehnt er strikte ab, deshalb schon verwechselt zu werden mit den Galeerenbrüdern und Galgenschlingeln, die grob und geradeheraus die Taschen plündern, statt kultiviert und elegant den Dummen das Geld aus den Händen zu zaubern. Immer klopft er sich in den Memoiren sorgfältig den Mantel ab, wenn er eine Begegnung (und in Wahrheit Halbpartkompanie) mit den Falschspielern Afflisio oder Talvis zugestehen muß, denn obwohl er und sie sich da auf gleicher Ebene begegnen, so kommen sie doch aus anderen Welten,

Casanova von oben, aus der Kultur, und jene von unten, aus dem Nichts. Genauso, wie der ehemalige Student, Schillers ethischer Räuberhauptmann Karl Moor, seine Spießgesellen Spiegelberg und Schufterle verachtet, weil sie als rüdes und blutiges Handwerk treiben, was ihn ein verkehrt getriebener Enthusiasmus ergreifen ließ, so sondert sich auch Casanova immer energisch von dem Falschspielergesindel ab, das dem herrlichen, dem göttlichen Abenteurertum allen Adel und Anstand nimmt. Denn tatsächlich, eine Art Edelmannstitel fordert unser Freund Giacomo für die Abenteurerei, als eine sehr subtile Kunst will er die Komödiantenfreude des Scharlatans gewertet wissen. Hört man ihm zu, so bleibt dem Philosophen auf Erden keine andere sittliche Pflicht, als sich weidlich auf Kosten aller Dummen zu amüsieren, die Eitlen zu düpieren, die Einfältigen zu prellen, die Geizigen zu erleichtern, die Ehemänner zum Hahnrei zu machen, ja kurzweg als Abgesandter der göttlichen Gerechtigkeit alle Narrheit dieser Erde zu bestrafen. Betrug ist für ihn nicht nur Kunst, sondern eine übermoralische Pflicht, und er übt sie, dieser wackere Prinz Vogelfrei, mit blühweißem Gewissen und einer unvergleichlichen Selbstverständlichkeit.

Und wirklich, dies darf man Casanova glauben, daß er nicht bloß aus Geldnot und Arbeitsfaulheit Abenteurer geworden ist, sondern aus eingeborenem Temperament, aus unaufhaltsamem Genie. Von Vater und Mutter her mit Schauspielertum belastet, macht er sich die ganze Welt zur Bühne und Europa zur Kulisse; Bluffen, Blenden, Düpieren und Narren ist ihm wie weiland Eulenspiegel eine blutnatürliche Funktion, und er könnte nicht leben ohne die Karnevalsfreude an Maske und Spaß. Hundertmal hat er Gelegenheit, in brave Berufe sich einzupassen, aber keine Versuchung kann ihn halten, keine Lockung ihn im Bürgerlichen heimisch machen. Schenkt ihm Millionen, bietet ihm Amt und Würde, er wird sie nicht nehmen, sondern immer wieder zurückflüchten in sein urtümliches, heimatloses, flügelleichtes Element. So steht es ihm Rechtens zu, sich von den andern Glücksrittern mit einem gewissen Hochmut zu unterscheiden. Messer Casanova ist immerhin ehelich geboren und aus leidlich achtbarer Familie, seine Mutter, »la buranella« genannt, eine berühmte Cantatrice, die auf allen Opernbühnen Europas exzelliert, seines Bruders Francesco Namen findet man in jeder Kunstgeschichte und seine großen Schlachtenschinken noch heute in allen Galerien der Christenheit. Alle seine Verwandten betreiben hochanständige Berufe, tragen die respektable Toga des Advokaten, des Notars, des Priesters – man sieht also, er kommt durchaus nicht aus der Gosse, unser Casanova, sondern aus der gleichen künstlerisch angefärbten Bürgerschicht wie Mozart und Beethoven. Genau wie jene genießt er vortreffliche humanistische und europäische Sprachbildung, er lernt trotz allen Narrenspossen und früher Kenntnis des Weibes doch trefflich Latein, Griechisch, Französisch, Hebräisch, ein wenig Spanisch und Englisch – nur unser geliebtes Deutsch bleibt ihm dreißig Jahre lang ungekaut zwischen den Zähnen. In Mathematik exzelliert er ebenso wie in Philosophie, als Theologe hält er in einer venezianischen Kirche schon im sechzehnten Jahr seine Jungfernrede, als Violinist erfiedelt er sich ein Jahr lang im Theater San Samuele das tägliche Brot. Ob sein Rechtsdoktorat in Padua, das er mit achtzehn Jahren erworben haben will, rechtmäßig oder geflunkert war, über dies wichtige Problem liegen sich heute noch die illustren Casanovisten in den Haaren; jedenfalls hat er viel Akademisches gelernt, denn er kennt sich aus in Chemie, Medizin, Geschichte, Philosophie, Literatur und vor allem in den erträglicheren, weil dunkleren Wissenschaften, wie Astrologie, Goldmacherei, Alchimie. Dazu brilliert der hübsche, flinke Bursche noch in allen höfischen und körperlichen Künsten, in Tanzen, Fechten, Reiten, Kartenspielen wie nur irgendein vornehmer Kavalier, und nimmt man zu all diesem gut und geschwind Gelernten noch das Faktum eines geradezu phänomenalen Gedächtnisses, das innerhalb von siebzig Jahren keine Physiognomie vergißt, nichts Gehörtes, Gelesenes, Gesprochenes, Geschautes aus dem Erinnern verliert, so gibt das alles zusammen schon eine Qualität besonderen Ranges: beinahe einen Gelehrten, beinahe einen Dichter, beinahe einen Philosophen, beinahe einen Kavalier.

Ja, aber nur beinahe, und dieses »beinahe« markiert unbarmherzig die Fraktur für Casanovas vielfältiges Talent. Er ist alles beinahe, ein Dichter und doch nicht ganz, ein Dieb und doch kein professioneller. Er streift hart bis an die höchste geistige Sphäre, hart gleichfalls an die Galeere, aber keine einzige Begabung, keinen einzigen Beruf füllt er völlig aus. Als der vollendetste und universalste Dilettant weiß er viel von allen Künsten und Wissenschaften, sogar unglaublich viel, und nur ein Kleines fehlt ihm, um wirklich produktiv zu werden: der Wille, die Entschlossenheit und die Geduld. Ein Jahr hinter den Büchern, und man fände keinen bessern Juristen, keinen geistreicheren Geschichtsschreiber, er könnte Professor werden jeder Wissenschaft, aber Casanova denkt niemals daran, irgend etwas gründlich zu tun. Er will nichts sein, ihm genügt, alles nur zu scheinen: der Schein trügt ja die Menschen, und Betrügen bleibt für ihn die ergötzlichste Betätigung von allen. Er weiß, daß, um die Narren zu täuschen, nicht viel profunde Gelehrsamkeit sich als nötig erweist; in welcher Materie er nur ein Quentchen Kenntnis hat, da springt ihm sofort ein herrlicher Helfer bei: seine ganz kolossalische Unverfrorenheit. Stellt Casanova was für eine Aufgabe immer, niemals wird er zugeben, in diesem Fache ein Neuling zu sein, sofort wird er die allerernsteste, fachmännischste Miene aufsetzen, als geborener Schwindler geschickt lavieren, und sich fast immer mit Anstand auch aus der anrüchigsten Affäre ziehen. In Paris fragte ihn der Kardinal de Bernis, ob er etwas vom Lotteriewesen verstünde. Natürlich hat er keine blasse Ahnung, aber ebenso natürlich für den Mauldrescher, daß er ernst die Frage bejaht und vor einer Kommission mit seiner unerschütterlichen Suada Finanzprojekte entwickelt, als wäre er zwanzig Jahre schon gerissener Bankier. In Valencia fehlt der Text für eine italienische Oper: Casanova setzt sich nieder und dichtet ihn aus dem Handgelenk. Würde man ihm angeboten haben, auch die Musik zu schreiben, er kratzte sie zweifellos aus alten Opern geschickt zusammen. Bei der Kaiserin von Rußland erscheint er als Kalenderreformer und gelehrter Astronom, in Kurland inspiziert er als rasch improvisierter Fachmann die Bergwerke, der Republik Venedig empfiehlt er ein neues Verfahren zum Färben von Seide, in Spanien tritt er auf als Bodenreformer und Kolonisator, dem Kaiser Joseph II. überreicht er ein umfangreiches Elaborat gegen den Wucher. Für den Herzog von Waldstein dichtet er Komödien, der Herzogin von Urfé baut er den Baum der Diana und ähnliche alchimistische Gaunerstücke, der Madame Roumains öffnet er mit dem Schlüssel Salomons den Geldschrank, für die französische Regierung kauft er Aktien, in Augsburg figuriert er als portugiesischer Gesandter, in Bologna pamphletiert er über Medizin, in Triest schreibt er die Geschichte des polnischen Reiches und übersetzt die Ilias in Ottaverime – kurz, Hans Dampf in allen Gassen hat kein Steckenpferd, aber er weiß auf jedem zu reiten, das man ihm zwischen die Beine schiebt. Blättert man das Verzeichnis seiner nachgelassenen Schriften durch, so glaubt man, einen Universalphilosophen, einen neuen Leibniz erstanden. Da liegt ein dickleibiger Roman neben der Oper Odysseus und Circe, ein Versuch über die Kubusverdopplung, ein politischer Dialog mit Robespierre; und hätte von ihm jemand verlangt, theologisch das Dasein Gottes zu beweisen oder einen Hymnus auf die Keuschheit zu dichten, er hätte nicht zwei Minuten lang gezögert.

Immerhin, welche Begabung! In jede Richtung eingesetzt, in Wissenschaft, Kunst, Diplomatie, Geschäftstüchtigkeit, hätte sie genügt, Erstaunliches zu erreichen. Aber Casanova zersprengt bewußt seine Talente in den Augenblick, und der alles werden könnte, zieht vor, nichts zu sein, nichts – aber frei. Ihn beglückt Freiheit, Ungebundenheit, das lockere Schweifen unendlich intensiver, als Hausung und Heimstatt in irgendeinem Beruf. »Der Gedanke, mich irgendwo festzusetzen, war mir immer widerwärtig, ein verständiger Lebenswandel vollkommen gegen die Natur.« Sein wahrer Beruf, so fühlt er, ist: keinen Beruf zu haben, alle Metiers und Wissenschaften nur locker auszuproben und dann zu tauschen wie der Schauspieler Gewand und Rolle. Wozu auch sich festlegen: er will ja nichts haben und behalten, nichts gelten und nichts besitzen, denn nicht ein Leben, sondern Hunderte in dieser einen Existenz zu leben verlangt seine ungestüme Leidenschaft. »Mein größter Schatz ist«, sagt er stolz, »daß ich mein eigener Herr bin und nicht Angst vor dem Unglück habe« – eine männliche Devise, die diesen Tapfern mehr adelt als sein abgeborgter Chevalierstitel de Seingalt. Er denkt nicht daran, was die andern über ihn denken, er saust über ihre moralischen Hürden mit bezaubernder Sorglosigkeit hinweg; nur im Schwung, im Getriebensein spürt er die eigene Daseinslust, nie im Ruhen und behaglichen Rasten, und dank diesem leichten und ludrigen Dahin über alle Hemmungen, aus seiner Flugperspektive kommen ihm darum alle die braven Menschen recht lächerlich vor, die sich warm eingesponnen haben in ihre eine und immer dieselbe Beschäftigung: weder die Kriegsherren imponieren ihm, schnauzbärtig ihren Säbel klirrend und doch einknickend vor dem Anschrei ihres Generals, noch die Gelehrten, diese Holzwürmer, die Papier, Papier, Papier fressen aus einem Buch ins andere hinein, noch die Geldmenschen, ängstlich sitzend auf ihren Geldsäcken und schlaflos vor ihren Truhen – ihn lockt kein Stand, kein Land, kein Gewand. Keine Frau kann ihn in ihren Armen, kein Herrscher in seinen Grenzpfählen, kein Beruf in seiner Langeweile halten: auch hier bricht er kühn alle Bleidächer durch, lieber sein Leben wagend als es versauernd, übermütig im Glück und gleichmütig im Unglück, immer und überall aber voll Mut und Zuversicht. Denn Mut, das ist der rechte Kern von Casanovas Lebenskunst, die Begabung seiner Begabungen: er sichert nicht, sondern er wagt sein Leben; hier wirft sich einmal inmitten der Vielen und Vorsichtigen einer auf, der wagt, der alles wagt, sich selbst und jede Chance und jede Gelegenheit. Das Schicksal aber gibt den Frechen mehr als den Fleißigen, den Groben lieber als den Geduldigen, und so mißt es diesem einen Maßlosen mehr zu als sonst einem ganzen Geschlecht; es packt und wirft ihn auf und nieder, rollt ihn durch die Länder, schnellt ihn nach oben und stellt ihm im schönsten Sprunge das Bein. Es füttert ihn mit Frauen und narrt ihn am Spieltisch, es kitzelt ihn mit Leidenschaften und prellt ihn mit Erfüllungen: nie aber läßt es ihn los und in Langeweile fallen, immer findet und erfindet das Unermüdliche diesem Unermüdlichen, seinem rechten und spielwilligen Partner, neue Wendung und Wagnis. Und so wird dieses

Leben weit, farbig, vielfach, abwechslungsreich, phantastisch und bunt wie kaum eines in Jahrhunderten, und bloß, indem er es berichtet, wird er einer der unvergleichlichsten Dichter des Daseins, freilich nicht durch seinen Willen, sondern durch jenen des Lebens selbst.

4

PHILOSOPHIE DER OBERFLÄCHLICHKEIT

Ich habe als Philosoph gelebt.

— *CASANOVAS LETZTE WORTE*

Einer so breit ausströmenden Weite des Lebens entspricht freilich fast immer ein geringer seelischer Tiefgang. Um flink und behend wie Casanova auf allen Wassern tanzen zu können, muß man vor allem leicht sein wie Kork. Und so liegt, genau besehen, das Spezifikum seiner vielbewunderten Lebenskunst gar nicht in einer besonders positiven Tugend und Kraft, sondern vor allem in einem Negativum: in dem völligen Unbelastetsein von jeder ethischen und moralischen Hemmung. Weidet man dieses saftige, blutüberfüllte, leidenschaftstrotzende Stück Mensch psychologisch aus, so konstatiert man zunächst das restlose Fehlen aller sittlichen Organe. Herz, Lunge, Leber, Blut, Gehirn, Muskeln und nicht zum mindesten die Samenstränge, all das ist bei Casanova auf das kräftigste und normalste entwickelt, nur dort, an jenem seelischen Punkt, wo sich sonst sittliche Eigenheiten und Überzeugungen zum geheimnisvollen Gebilde des Charakters verdichten, überrascht einen bei Casanova ein vollkommenes Vakuum, ein luftleerer Raum, Null, nichts. Mit allen Säuren und Laugen, mit Lanzetten und Mikroskopen vermag man in diesem sonst erzgesunden Organismus nicht einmal ein Rudiment jener Substanz nachzuweisen, die man Gewissen nennt. Und damit erklärt sich das ganze Geheimnis von Casanovas Leichtigkeit und Genie: er hat, der Glückliche, nur Sinnlichkeit und keine Seele. Nichts von dem, was anderen Menschen heilig oder nur wichtig scheint, gilt ihm nur einen Skudo. Versucht, ihm moralische oder zeitliche Bindungen zu erklären – er wird sie ebensowenig verstehen wie ein Neger Metaphysik. Liebe zum Vaterland? – Er, der Weltbürger, der durch dreiundsiebzig Jahre kein eigenes Bett besitzt und immer nur im Zufall wohnt, er bläst auf Patriotismus. Ubi bene, ibi patria, wo er die Taschen am besten vollkriegt und die Weiber am leichtesten ins Bett, dort spreizt er behaglich die Beine unter den Tisch und fühlt sich zu Hause. Achtung vor Religion? – Er würde jede annehmen, sich beschneiden oder einen Chinesenzopf wachsen lassen, brächte ihm das Bekenntnis nur einen winzigen Happen Vorteil: denn wozu braucht einer Religion, der an kein Jenseits glaubt und nur an das warme, wilde, diesseitige Leben? »Dahinter gibt es wahrscheinlich nichts, oder man wird es schon zur rechten Zeit erfahren«, argumentiert er höchst uninteressiert und nonchalant – also strichweg mit allen metaphysischen Spinnweben! Carpe diem, genieße den Tag, fasse jeden Augenblick fest, saug ihn aus wie eine Traube und wirf die Treber vor die Säue – das ist seine einzige Maxime. Streng sich an die Sinnenwelt halten, an das Sichtbare, Erreichbare, jeder Minute mit Daumschrauben das Maximum an Süße und Wollust auspressen – so weit und nicht einen Zoll weiter treibt Casanova Philosophie, und deshalb kann er all die ethisch-bürgerlichen Bleikugeln, wie Ehre, Anstand, Pflicht, Scham und Treue, die den freien Auslauf ins Unmittelbare hindern, lachend hinter sich werfen. Denn Ehre? Was soll Casanova mit ihr anfangen? Er wertet sie nicht viel anders als der feiste Falstaff, der das Unzweifelhafte feststellt, man könne sie nicht essen und trinken, und als jener wackere englische Parlamentsmann, der einmal in voller Sitzung die Frage stellte, er höre immer vom Nachruhm sprechen, und er möchte doch endlich einmal wissen, was die Nachwelt schon für Englands Wohlstand und Wohlbehagen getan. Ehre läßt sich nicht genießen, sondern hemmt durch Pflichten und Verpflichtungen sogar noch den Genuß, ergo erweist sie sich als überflüssig. Denn nichts auf Erden haßt Casanova dermaßen wie Pflicht und Verpflichtung. Er erkennt keine anderen Pflichten an und will keine anderen kennen als die einzig bequemnatürliche, seinen braven, krafttätigen Leib mit Genuß zu füttern und den Frauen möglichst viel von dem gleichen Lustelixier zu spenden. Deshalb fragt er durchaus nicht, ob sein heißes Stück Dasein den anderen gut oder böse, süß oder sauer schmeckt, ob sie sein Verhalten als ehrlos oder schamlos ankreiden. Denn Scham – welch sonderbares Wort wiederum, welch unbegreifbarer Begriff! Diese Vokabel fehlt vollkommen in seinem Lebenslexikon. Mit der Nonchalance eines Lazzaroni läßt er sich vor versammeltem Publico munter die Hosen herunter, zeigt, lachend bis in die Augen hinauf, seine Sexualia, plaudert mit vollem Munde gemütlich aus, was ein anderer auch auf der Folter nicht zugeben würde, seine Gaunereien, seine Versager, seine Blamagen, seine geschlechtlichen Havarien und syphilitischen Kuren, weil ihm jedweder Nerv für ethische Unterschiede, jedes Organ für sittliche Komplexe vollkommen fehlt. Würde man ihm vorwerfen, falsch gespielt zu haben, er antwortete nur erstaunt: »Ja, ich habe doch damals kein Geld gehabt!« Würde man ihn beschuldigen, eine Frau verführt zu haben, er lachte bloß: »Ich habe sie doch gut bedient!« Nicht mit einem Wort fällt ihm jemals bei, sich zu entschuldigen, wackeren Bürgern die Ersparnisse aus der Tasche magnetisiert zu haben, im Gegenteil, er unterpolstert in den Memoiren noch seine Gaunereien mit dem zynischen Argument: »Man rächt die Vernunft, wenn man einen Dummkopf betrügt.« Er verteidigt sich nicht, er bereut nichts und nie, und statt am Aschermittwoch über sein verpfuschtes Leben zu klagen, das mit völligem Bankbruch in erbärmlichster Armut und Abhängigkeit endet, schreibt der alte zahnlose Dachs die frech-entzückenden Zeilen: »Ich würde mich für schuldig halten, wenn ich heute reich wäre. Aber ich habe nichts, ich habe alles verschwendet, und das tröstet und rechtfertigt mich.«

In eine Nußschale also geht die ganze Philosophie Casanovas bequem hinein, sie beginnt und endet mit der Vorschrift: ganz diesseitig leben, unbekümmert und spontan, sich nicht prellen zu lassen durch Aussichten auf ein allenfalls mögliches, doch höchst ungewisses Himmelreich. Irgendein sonderbarer Gott hat uns diesen Spieltisch Welt aufgestellt; wollen wir uns dort amüsieren, so müssen wir die Spielregeln akzeptieren, tel quel, ganz wie sie eben sind, ohne nach richtig oder falsch zu fragen. Und tatsächlich: nicht eine Sekunde seiner Zeit hat jemals Casanova mit dem theoretischen Nachdenken über das Problem verloren, diese Welt könnte oder sollte eigentlich anders sein. »Lieben Sie die Menschheit, aber lieben Sie sie so, wie sie ist«, sagte er im Gespräch zu Voltaire. Nur sich nicht einmengen in das fremde Geschäft des Weltschöpfers, der für diese sonderbare Angelegenheit die volle Verantwortung hat, nur nicht den alten Sauerteig aufrühren und sich damit die Hände beschmutzen, sondern viel einfacher: die Rosinen mit flinken Fingern herausklauben. Daß es den Dummköpfen schlecht geht, findet Casanova ganz in der Ordnung, den Klugen wiederum hilft zwar nicht Gott, aber es liegt nur an ihnen, sich selber zu helfen. Ist die Welt schon einmal so vertrackt eingestellt, daß die einen seidenbestrumpft in Karossen fahren und den andern unter ihren zerlumpten Fetzen der Magen kracht, je nun, dann kann für den Vernünftigen nur eine Aufgabe gelten: selber in die Karosse zu kommen.

Niemals wird er Entrüstung trommeln oder wie weiland Hiob an Gott unziemliche Fragen stellen nach dem Warum und Wieso: jedes Faktum nimmt er – ungeheure Ökonomie des Gefühls! – einfach als faktisch, ohne ihm den Zettel Gut oder Böse anzukleben. Daß die O'Morphi, ein kleines holländisches Dreckmensch von fünfzehn Jahren, heute noch verlaust in ihrem Bett liegt, freudigst bereit, ihre Jungfräulichkeit für zwei kleine Taler zu verkaufen, und dieselbe vierzehn Tage später als Mätresse des Allerchristlichsten Königs ihr Palais im Hirschpark hat, übersät mit Edelsteinen und bald Gemahlin eines gefälligen Barons, oder daß er selbst, gestern noch erbärmlicher Geigenspieler in einer venezianischen Vorstadt, am nächsten Morgen Stiefsohn eines Patriziers wird, Diamanten an den Fingern und ein reicher Jüngling, solche Dinge verzeichnet er als Kuriosa, ohne sich darüber aufzuregen. Mein Gott, so ist eben die Welt, völlig ungerecht und unberechenbar, und eben, weil sie ewig so sein wird, versuche man nicht, irgendein Gravitationsgesetz oder einen komplizierten Mechanismus für diese Rutschbahn zu konstruieren. Man kratze sich mit Nägeln und Fäusten das Beste heraus, voilà toute la sagesse, man sei bloß Philosoph für sich selbst, nicht für die Menschheit, und das heißt in Casanovas Sinn: stark, gierig, unbedenklich und ohne Rücksicht auf die nächste Stunde im Wellenspiel rasch die strömende Sekunde fassen und sie ausschöpfen bis zum letzten Rest. Nur was atmet, Lust mit Lust erwidert, was an die heiße Haut, mit Leidenschaft und Liebkosung antwortend, andrängt, nur dies dünkt diesem entschlossenen Antimetaphysikus wirklich real und interessant.

So reduziert sich Casanovas Weltneugier einzig auf das Organische, auf den Menschen: keinen Blick hat er vielleicht zeitlebens sinnend emporgehoben zum Sternengewölke, und schon die Natur bleibt ihm völlig indifferent: nie kann dieses eilfertige Herz an ihrer Ruhe und Grandiosität sich entzünden. Man blättere doch einmal die sechzehn Bände seiner Memoiren durch: da reist ein helläugiger, wachsinniger Mensch durch die schönsten Landschaften Europas, vom Posilip bis Toledo, vom Genfer See bis in die russischen Steppen, aber vergeblich wird man eine einzige Zeile der Bewunderung für die Schönheit dieser tausend Landschaften suchen: eine kleine schmutzige Magd im Winkel einer Soldatenspelunke scheint ihm wichtiger als alle Kunstwerke Michelangelos, ein Kartenspiel in schlecht gelüfteter Wirtsstube schöner als ein sorrentinischer Sonnenuntergang. Natur und Architektur, derlei bemerkt Casanova überhaupt nicht, weil ihm das Organ, dank dessen wir kosmisch verbunden sind, weil ihm die Seele vollkommen fehlt. Für ihn heißen Welt einzig die Städte mit ihren Galerien und Promenaden, wo abends die Karossen vorbeirollen, diese dunkel-schaukelnden Nester der schönen Frauen, wo Kaffeehäuser gefällig warten, in denen man eine Pharaobank zum Schaden der Neugierigen auflegen kann, wo Opern und Bordelle locken, in denen man sich rasch neues Nachtfleisch holt, Gasthöfe, in denen Köche in Saucen und Ragouts dichten und mit hellen und dunklen Weinen musizieren. Nur die Städte sind für diesen Lustmenschen Welt, dort wohnen die Frauen in der einzig ihm möglichen Form, in der Vielzahl, in wandelhaftem Plural, und innerhalb der Städte wiederum liebt er am meisten die Hofsphäre, den Luxus, weil dort das Wollüstige sich zum Künstlerischen sublimiert, denn, obzwar sinnlich wie nur einer, ist dieser breitbrüstige Bursche Casanova keineswegs ein grober Sinnenmensch. Eine Arie, kunstvoll gesungen, kann ihn bezaubern, ein Gedicht ihn beglücken, ein kultiviertes Gespräch wärmt erst richtig den Wein; mit klugen Männern über ein Buch zu reden, schwärmerisch an eine Frau gelehnt, vom Dunkel einer Loge her Musik zu lauschen, das steigert ihm zauberisch die Daseinslust. Aber täuschen wir uns darum nicht: diese Liebe zur Kunst reicht bei Casanova nie über das Spielhafte, die gefällige Dilettantenfreude hinaus. Der Geist muß für ihn dem Leben dienen, nie das Leben dem Geist: so achtet und betrachtet er die Kunst nur als Aphrodisiakum, als schmeichlerisches Mittel, die Sinne zu erregen, als feineres Vorvergnügen des groben Genusses im Fleische. Er wird gern ein Gedichtchen machen, um es mit einem Strumpfband einer begehrten Dame zu überreichen, er wird Ariost rezitieren, um sie in Feuer zu versetzen, über Voltaire und Montesquieu sehr geistreich mit Kavalieren plaudern, um sich intellektuell zu legitimieren und einen Handstreich auf ihre Börse geschickt zu maskieren – nie aber begreift dieser südländische Sensualist die Kunst, die Wissenschaft, sobald sie Selbstzweck und Weltsinn werden will. Aus Instinkt lehnt dieser Spielmensch die Tiefe ab, weil er nur Oberfläche will, Mensch der Minute und der raschen Verwandlung. Veränderung ist ihm das »Salz des Vergnügens« und Vergnügen wiederum der einzige Sinn der Welt.

Leicht also wie eine Eintagsfliege, leer wie eine Seifenblase und nur funkelnd vom Gegenlicht der Geschehnisse, so flirrt er hin durch die Zeit: kaum kann man sie jemals recht fassen und halten, diese unablässig sich ändernde Seelengestalt und noch weniger ihren Kern vom Charakter auslösen. Wie ist Casanova eigentlich, gut oder böse? Ehrlich oder verlogen, ein Held oder ein Lump? Nun – ganz, wie es die Stunde will: er färbt ab von den Umständen, er verwandelt sich mit den Verwandlungen. Gut bei Kasse, findet man keinen vornehmeren Kavalier als ihn. Mit bezauberndem Übermut, einer strahlenden Grandezza, liebenswürdig wie ein hoher Prälat und locker wie ein Page wirft er das Geld mit vollen Händen um sich – »Sparsamkeit war nie meine Sache« –, lädt überschwenglich, gleich einem hochgeborenen Gönner, den Fremdesten an seinen Tisch, schenkt ihm Dosen und Dukatenrollen, gewährt ihm Kredit und umsprüht ihn mit einem Feuerwerk von Geist. Schlottern aber die seidenen Pludertaschen leer, knistern im Portefeuille die unbezahlten Wechsel, dann würde ich jedem abraten, dem Galantuomo beim Kartenspiel Paroli zu halten. Nein, er ist kein guter Charakter und ist auch kein schlechter – er ist gar keiner. Er handelt weder moralisch noch unmoralisch, sondern naturhaft amoralisch: seine Entschließungen springen glattweg aus dem Gelenk, seine Reflexe aus den Nerven und Adern, völlig unbeeinflußt von Vernunft, Logik und Sittlichkeit. Eine Frau wittern, und die Ader hämmert schon wie toll, blindwütig rennt er vorwärts in der Richtung seines Temperaments. Einen Spieltisch sehen, und die Hand zuckt ihm in die Tasche: ohne daß er es weiß und will, klirrt sein Geld schon auf dem Tisch. Versetzt ihn in Zorn, und die Venen springen auf, als wollten sie platzen, bitterer Speichel gerinnt ihm im Mund, die Augen rollen ihr Rot heraus, die Faust krampft sich, und er schlägt blindwütig zu, er stößt in die Richtung seines Zorns, »comme un bue«, wie sein Landsmann und Bruder Benvenuto Cellini sagt, ein tollwütiger Stier. »Zur Selbstüberwindung bin ich nie imstande gewesen und werde es niemals sein.« Er denkt nicht nach und denkt nicht voraus; erst in der Not schießen ihm listige und oft geniale Eingebungen rettend zu, nie aber bereitet er planend, berechnend – dazu wäre er zu ungeduldig – auch nur die kleinste Aktion vor. Hundertmal kann man's in seinen Memoiren bestätigt finden, daß alle entscheidenden Handlungen, die dümmsten Possenstreiche wie die witzigsten Gaunereien, aus der gleichen Schußlinie einer plötzlich explodierenden Laune stammen, nie aus geistigem Kalkül. Mit einem Ruck wirft er eines Tages den Rock des Abbé ab, mit einem Spornstoß reitet er plötzlich als Soldat zur feindlichen Armee hinüber und gibt sich gefangen, er fährt nach Rußland oder Spanien einfach der Nase nach, ohne Stellung, ohne Empfehlung, ohne sich selbst gefragt zu haben, warum und wozu. Alle seine Entschlüsse kommen wie ungewollt losgeknallte Pistolenschüsse aus den Nerven, aus der Laune, aus einer angespannten Langeweile. Und wahrscheinlich dankt er nur dieser couragierten Planlosigkeit die Fülle des Erlebens, denn more logico, brav sich erkundigend und kalkulierend, wird man nicht Abenteurer und mit strategischem System kein so phantastischer Meister des Lebens.

Nichts fehlgängerischer darum als die sonderbare Mühe aller Dichter, unserm Casanova, sobald sie diesen heißen Triebmenschen als Helden einer Komödie oder Erzählung heranholen, so etwas wie eine wache Seele, ein Nachdenkliches oder gar Faustisch-Mephistophelisches einzubauen, ihm, dessen Reiz und Schwungkraft doch einzig aus dem Nichtnachdenken, der amoralischen Sorglosigkeit resultiert. Preßt ihm nur drei Tropfen Sentimentalität ins Blut, belastet ihn mit Wissen und Verantwortlichkeit, und schon ist er Casanova nicht mehr; kostümiert ihn düster-interessant, unterkellert ihn mit Gewissen, und schon steckt er in fremder Haut. Denn wenn etwas, so ist dieses lockere Weltkind nicht dämonisch, durchaus nicht: der einzige Dämon, der Casanova treibt, hat einen sehr bürgerlichen Namen und ein dickes, schwammiges Gesicht, er heißt höchst simpel: Langeweile. Unproduktiv von innen, muß er ohne Unterlaß Lebensmaterial heranraffen, aber dies sein unaufhörliches Alleshabenwollen liegt meilenweit ab vom Dämonischen des wirklichen Raffmenschen, eines Napoleon, der Land und Land und Königreich und Königreich begehrt aus Durst nach Unendlichkeit, oder eines Don Juan, der alle Frauen zu verführen sich gepeitscht fühlt, um die Welt der Frau, diese andere Unendlichkeit, als Alleinherrscher sein eigen zu wissen – der bloße Genußmensch Casanova sucht niemals so bergsteigerische Superlative, sondern nur die Kontinuität des Vergnügens. Nur nicht allein sein, nicht in diesem Frost von Leere einsam schauern, nur keine Einsamkeit! Man beobachte doch nur Casanova, wenn ihm das Spielzeug Unterhaltung fehlt, jede Art Ruhe wird dann sofort zur fürchterlichsten Unruhe. Er kommt abends in eine fremde Stadt: nicht eine Stunde hält es ihn in seinem Zimmer allein mit sich selbst oder einem Buch. Sofort schnuppert er nach allen Seiten, ob ihm nicht der Wind des Zufalls Amüsement bringt, die Magd allenfalls als Wärmflasche dienen könnte für die Nacht. Er wird unten in der Wirtsstube mit zufälligen Gästen zu plaudern beginnen, verdächtigen Falschspielern in jeder Spelunke Paroli halten, mit der erbärmlichsten Hure nächtigen, überall drängt ihn übermächtig die innere Leere dem Lebendigen, den Menschen zu, denn nur die Reibung mit andern entzündet seine Vitalität; mit sich selbst allein ist er wahrscheinlich einer der trübseligsten, gelangweiltesten Gesellen: man merkt es an seinen Schriften (mit Ausnahme der Memoiren) und weiß es von den einsamen Jahren in Dux, wo er die Langeweile »die Hölle« nannte, »die Dante zu schildern vergessen«. Wie ein Kreisel unablässig gepeitscht werden muß, sonst kollert er jämmerlich zu Boden, so braucht Casanova für seinen Schwung den spornenden Antrieb von außen: er ist (wie unzählig viele) Abenteurer aus Armut an produktiver Kraft.

Darum wird er immer, kaum daß die natürliche Spannung des Lebens aussetzt, die künstliche einschalten: das Spiel. Denn das Spiel wiederholt in genialer Verkürzung die Lebensspannung, es schafft künstliche Gefahr und Abbreviatur des Schicksals: Asyl darum aller Augenblicksmenschen, ewige Unterhaltung aller Müßigen. Dank dem Spiel läßt sich gleichsam im Wasserglas Ebbe und Flut des Gefühls stürmisch erregen und wird so unersetzbare Beschäftigung der innerlich Unbeschäftigten. Casanova ist ihm verfallen wie keiner. Sowenig er eine Frau sehen kann, ohne sie zu begehren, vermag er Geld auf einem Spieltisch umrollen sehen, ohne daß ihm die Finger aus der Tasche zucken; und selbst, wenn er im Bankhalter einen notorischen Plünderer erkennt, einen Kollegen im Falschspiel, so wagt er, obwohl er ihn verloren weiß, seinen letzten Dukaten. Nichts zeigt seine Spielversessenheit, seine maßlose, haltlose Hasardwütigkeit offensichtlicher, als daß er, obzwar selbst Plünderer, immer wieder sich plündern läßt, weil er auch der übelsten Chance nicht widerstehen kann. Nicht einmal, sondern zwanzig-, hundertmal verliert er die Beute mühsamer Prellerei an die immer neu herausgeforderte Chance des Kartenfalls. Aber gerade dies stempelt ihn ja zum wahrhaften und urtümlichen Spieler, daß er nicht spielt, um zu gewinnen (wie langweilig wäre das), sondern um zu spielen. Niemals sucht er die endgültige Entspannung, sondern dauerndes Gespanntsein, das ewige Abenteuer in der Abbreviatur von Schwarz und Rot, Karo und As, das zuckende Auf und Ab, in dem er erst seine Nerven spürt und seine Leidenschaft als strömend empfindet – wie Systole und Diastole, wie Aus- und Einatmen des feurigen Weltstoffs braucht er diese funkelnde Gegensätzlichkeit von Gewinst und Verlust am Spieltisch, das Erobern und Wegwerfen der Frauen, den Kontrast von Armsein und Reichsein, das ins Unendliche verlängerte Abenteuer. Und da selbst ein so kinohaft buntes Leben noch Intervalle hat an Plötzlichkeiten, Überraschungen und Wetterstürzen, füllt er diese leeren Pausen mit der künstlichen Spannung des Kartenfatums, und erst dank seinen tollwütigen Hasardwürfen erreicht er die plötzlichen Kurven von oben nach unten, diese schmetternden Niederstürze ins Nichts: heute noch die Taschen voll Gold, Grandseigneur, zwei Diener hinter der Karosse, und morgen die Diamanten rasch einem Juden verkauft und die Hosen – kein Scherz dies, man hat die Quittung gefunden! – im Leihhaus in Zürich versetzt. Aber genau so und nicht anders will ja dieser Erzabenteurer sein Leben – weit auseinandergefetzt von diesen plötzlichen Explosionen des Glücks und der Verzweiflung: um ihretwillen wirft er immer wieder sein ganzes vehementes Wesen als letzten und einzigen Einsatz dem Schicksal hin. Zehnmal steht er im Duell einen Zoll breit vor dem Tod, dutzendmal vor dem Zuchthaus oder der Galeere, Millionen strömen ihm zu und wieder fort, und er biegt nicht einmal die Hand, einen Tropfen zu halten. Aber gerade weil er immer sich hingibt und immer ganz an jedes Spiel, jede Frau, jeden Augenblick, jedes Abenteuer, gerade darum gewinnt, der als erbärmlicher Bettler in fremdem Ausgedinge stirbt, schließlich das Höchste: unendliche Fülle des Lebens.

5

HOMO EROTICUS

Verführt ich jemals? Nein, ich war zur Stelle.
Wenn just mit holder Zauberei Natur
Ihr Werk begonnen, auch verließ ich keine,
Denn ewig jeder dankbar blieb mein Herz.

— *ARTHUR SCHNITZLER, CASANOVA IN SPA*

Er dilettiert recht und meist schlecht in allen Künsten, schreibt stolperige Verse und narkotische Philosopheme, er kratzt mittelmäßig die Geige und konversiert bestenfalls wie ein Enzyklopädist. Trefflicher schon versteht er jene Spiele, die der Teufel erfunden und so da sind: Pharao, Karten, Biribi, Würfel, Domino, Bauernfängerei, Alchimie und Diplomatie. Aber als Magier und Meister exzelliert Casanova einzig im Liebesspiel. Hier binden sich in schöpferischer Chemie seine hundert verpfuschten und stückhaften Talente zum reinen Element des vollkommenen Erotikers, hier und nur hier hat dieser zweideutige Dilettant unwidersprechlich Genie. Sein Körper schon scheint sichtlich dem Dienst der Cythere zugeschaffen. Ausnahmsweise verschwenderisch, mit voller Faust hat die sonst sparsame Natur in den Tiegel gegriffen, um alles an Saft, Sinnlichkeit, Kraft und Schönheit zusammenzuraffen, damit den Frauen zur Freude wieder einmal ein rechter Mann entstehe, eine mâle, ein Mannskerl oder Männchen, ganz wie man's übersetzen will, ein vollwichtiges und doch federndes, ein hartes und doch heißes Exemplar dieses guten Geschlechts. Denn man geht fehl, Casanova, den Eroberer, physisch nach unserem schlankschmalen, modischen Schönheitstypus zu denken: dieser bel uomo ist kein Ephebe, durchaus nicht, sondern ein rechter Mannshengst mit Schultern des Farnesischen Herkules, Muskeln eines römischen Ringers, der braunen Schönheit eines Zigeunerburschen, der Stoßkraft und Frechheit eines Kondottiere und der Brünstigkeit eines wirrhaarigen Waldgottes. Metall sein Körper, strotzend von Überschuß und Kraft: viermalige Syphilis, zwei Vergiftungen, ein Dutzend Degenstiche, die grau-gräßlichen Jahre unter den Bleidächern und in stinkenden spanischen Kerkern, die plötzlichen Reisen von sizilianischer Hitze in moskowitischen Frost erschüttern keinen Zoll seiner phallischen Bereitschaft und Kraft. Wo immer und wann immer, es genügt der Funke eines Blicks, der physische Fernkontakt weiblicher Nähe, und schon flammt und funktioniert diese unbesiegbare Sexualitas. Ein ganzes emsiges Vierteljahrhundert bewährt er den sagenhaften Messer sempre pronto, den Herrn Allzeitbereit der italienischen Schwänke, lehrt unermüdlich die Frauen höhere Mathematik als die wackersten ihrer Liebhaber, und das ärgerliche Fiasko im Bett (dem Stendhal in seinem Traktat »l'Amour« die Wichtigkeit eines eigenen Kapitels zumißt) kennt er bis zum vierzigsten Jahre nur vom Hörensagen und Gerücht. Ein Körper, der nie ermattet, wenn die Begierde ihn aufruft, eine Begierde wiederum, die nie aussetzt, die wachnervig allem Weiblichen auflauert, eine Leidenschaft, die trotz wütigster Verschwendung nicht armt, ein Spieltrieb, der keinen Einsatz scheut – tatsächlich, selten hat die Natur einem Meister ein derart vollsaitiges Körperinstrument, eine solche viola d'amore zum Spiel für ein ganzes Leben anvertraut.

Aber Meisterschaft fordert zur rechten Bewährung noch besonderes Unterpfand: die völlige Hingabe, die restlose Konzentration. Nur der Monogam eines Triebs erreicht das Maximum in der Leidenschaft, nur völlige Zusammengefaßtheit in eine Richtung schafft vollendete Leistung; wie dem Musiker Musik, dem Dichter Gestaltung, dem Geizigen Geld, dem Sportwütigen Rekord, muß einem vollgültigen Erotiker die Frau, ihre Umwerbung, Begehrung und Besitz zum wichtigsten, nein zum einzigen Weltgut werden. Wegen der ewigen Eifersucht aller Leidenschaften widereinander darf er nur dieser einen und einzigen unter allen Passionen sich hingeben, einzig in ihr und in ihr allein Sinn und Unendlichkeit der Welt erfassen. Casanova, der ewig Untreue, bleibt sich treu in der Weibsleidenschaft. Bietet ihm den Dogenring von Venedig, die Schätze der Fuggers, Adelsbrief, Haus und Bestallung, Feldherrn- und Dichterruhm, er wird mit lockerer Hand diesen Firlefanz, diese dummen Wertlosigkeiten wegwerfen für den Duft einer neuen Haut, den unersetzbar süßen Anblick und Augenblick nachgiebigen Gewährens. Alle Verheißungen der Welt, Ehre, Amt und Würde, Zeit, bläst er weg wie Pfeifenrauch für ein Abenteuer, ja mehr noch, sogar für die bloße Möglichkeit eines Abenteuers. Denn dieser erotische Spielmensch braucht gar kein Verliebtsein für sein Begehren; schon die Ahnung, die knisternde, noch nicht faßbare Nähe eines Abenteuers, hitzt seine Phantasie. Von Hunderten bloß ein Beispiel: die Episode gleich zu Anfang des zweiten Bandes, wo Casanova in wichtigster Angelegenheit mit Eilpost nach Neapel reist. Da sieht er unterwegs in einem Gasthaus in einem Nachbarzimmer, in einem fremden Bett, bei dem ungarischen Hauptmann eine schöne Frau – nein, toller noch, er weiß ja damals noch nicht, ob sie schön ist, denn er hat die unter der Bettdecke Verborgene gar nicht gesehen. Er hat nur ein junges Lachen gehört, Lachen einer Frau, und schon beben ihm die Nüstern. Nichts weiß er von ihr, nicht, ob sie verlockend ist, ob schön oder häßlich, jung oder alt, willig oder abwehrend, frei oder schon gebunden, und doch, sofort wirft er mit dem Felleisen alle Pläne unter den Tisch, läßt die schon bereiten Pferde ausspannen und bleibt in Parma, nur weil ihn, den immer spiellüsternen Hasardeur, schon diese winzige und ganz ungestaltete Chance eines Abenteuers toll macht. So scheinbar sinnlos und so weise in seinem eigensten, natürlichsten Sinn handelt Casanova jederzeit und jedes Orts. Für eine Stunde mit einer unbekannten Frau wird er Tag oder Nacht, morgens oder abends unfehlbar zu jeder Torheit bereit sein. Wo er begehrt, schreckt ihn kein Preis, wo er erobern will, kein Widerstand. Um eine Frau wiederzusehen, jene deutsche Bürgermeisterin, die ihm anscheinend nicht besonders wichtig ist und von der er gar nicht weiß, ob sie ihn wird beglücken können, geht er mit frecher Stirn ungeladen und bewußt unerwünscht in Köln in eine fremde Gesellschaft, muß mit verbissenen Zähnen sich vom Gastgeber abkanzeln, von den anderen verlachen lassen; aber was fühlt, wenn er brünstig ist, der Hengst von den Prügeln, die auf ihn niederprasseln? Hungernd und frierend zwischen Ratten und Ungeziefer wird Casanova eine Nacht im eiskalten Kellerraum gern erdulden, winkt nur im Morgengrauen eine durchaus nicht bequeme Schäferstunde, er riskiert dutzendmal Degenstiche, Pistolenschüsse, Beschimpfungen, Erpressungen, Krankheiten, Erniedrigungen – und zwar nicht, was schon immerhin begreiflicher wäre, für eine Anadyomene, für eine einzig und wahrhaft Geliebte, sondern für Frau Jedermann, für Frau Irgendwer, für jede gerade erreichbare Frau, nur weil sie Frau ist, Spezies von jenem andersartigen und für ihn so begehrlichen Geschlecht. Jeder Kuppler, jeder Zuhälter kann den weltberühmten Verführer auf das bequemste ausrauben, jeder zugängliche Gatte oder gefällige Bruder ihn in die schmutzigsten Geschäfte reiten, sofern nur seine Sinne gereizt sind – aber wann wären sie es nicht, wann Casanovas erotischer Durst jemals vollkommen gestillt? Semper novarum rerum cupidus, allzeit neuer Beute gierig, vibrieren seine Lüste unablässig einem Unbekannten entgegen. Wie Sauerstoff, Schlaf und Bewegung braucht dieser männische Leib unablässig sein weich wollüstiges Bettfutter und der unstete Sinn die flirrende Spannung des Abenteuers. Keinen Monat, keine Woche, kaum einen Tag, nirgends und niemals kann er sich wohl fühlen ohne Frauen. Enthaltsamkeit heißt, aus Casanovas Vokabular übersetzt, ganz einfach: Stumpfsinn und Langeweile.

Kein Wunder, daß bei so robustem Appetit und beharrlichem Konsum die Qualität seiner Weiblichkeit nicht durchgängig vollwertig bleibt. Mit solch einem Kamelmagen der Sinnlichkeit wird man nicht Feinschmecker, kein Gourmet, sondern simpler Vielfraß, bloßer Gourmand. Darum bedeutet, Casanovas Geliebte gewesen zu sein, an sich durchaus noch keine besondere Empfehlung, denn man muß weder Helena noch Jungfrau und keusch, noch sonderlich geistvoll, wohlerzogen und verlockend sein, damit der hohe Herr sich herablasse; dem Leichtverführbaren genügt meist die bloße Tatsache, daß sie Frau ist, Weib, Vagina, polares Geschlechtswesen, von der Natur geformt, ihm seine Sinnlichkeit abzufüllen. Deshalb beliebe man gründlich abzuräumen mit etwa vorhandenen romantischen oder ästhetischen Vorstellungen dieses weitläufigen Hirschparks; wie immer bei dem professionellen, also wahllosen Erotiker erweist sich die Kollektion Casanovas als durchaus ungleichwertig und, weiß Gott, nicht durchweg als eine Schönheitsgalerie. Einige Gestalten zwar, zarte, süße, halbwüchsige Mädchengesichter, möchte man gezeichnet wissen von seinen malerischen Landsleuten Guido Reni und Raffael, einige auch von Rubens gemalt oder von Boucher mit zartem Rötel auf seidene Fächer hingedeutet, aber daneben, welche Gestalten auch, englische Gassenhuren, deren freche Fratze nur der grimmige Stift Hogarths wiedergeben könnte, zerluderte alte Hexen, die Goyas Grimm herausgefordert hätten, verseuchte Dirnengesichter im Stil des Toulouse-Lautrec, Bauernmenscher und Dienstboten, ein tolles Kunterbunt von Schönheit und Schmutz, Geist und Gemeinheit. Denn dieser Panerotiker hat in der Wollust rüde Geschmacksnerven, und der Radius seiner Begierde dehnt sich bedenklich weit ins Absonderliche und Abwegige. Casanovas Abenteuer beginnen bei Altersklassen, die in unseren reglementierten Zeiten ihn schonungslos mit dem Staatsanwalt in Konflikt brächten, und reichen hinauf bis zum grausen Gerippe, bis zu jener siebzigjährigen Ruine, der Herzogin von Urfé – die schauerlichste Schäferstunde, die wohl jemals ein

Mann im geschriebenen Wort der Nachwelt schamlos anvertraute. Durch alle Länder, durch alle Klassen wirbelt diese keineswegs klassische Walpurgisnacht; zarteste, reinste Gestalten, erglühend im Schauer erster Scham, vornehme Frauen, spitzenübersät und im Glanz ihrer Edelsteine, reichen dem Abhub der Bordelle, den Scheusalen der Matrosenschenken hastig die Hand zum Reigen, die zynische Bucklige, die perfide Hinkende, lasterhafte Kinder, brünstige Greisinnen, all das tritt sich die Füße im Hexentanz. Die Tante räumt der Nichte das noch warme Bett, die Mutter der Tochter, Kuppler schieben ihre Kinder, gefällige Ehemänner dem immer Begehrlichen die eigenen Frauen ins Haus, Soldatendirnen tauschen mit Edeldamen das gleiche geschwinde Vergnügen derselben Nacht – nein, man gewöhne sich's endlich ab, die Liebestaten Casanovas unbewußt in der Art der galanten Kupferstiche des Dix-huitième und mit anmutigen, amourösen Appetitlichkeiten zu illustrieren – nein, und siebenmal nein, man habe doch endlich den Mut, hier einmal die wahllose Erotik als Pandämonium der männlichen Sinnlichkeit zu sehen. Eine so unerschöpflich wahllose Libido wie die Casanovas geht über Stock und Stein und vor allem an nichts vorbei; ihn lockt das Abstruse nicht minder als das Alltägliche, es gibt keine Anomalie, die ihn nicht hitzte, keine Absurdität, die ihn ernüchterte. Verlauste Betten, verschmutzte Wäsche, zweifelhafte Gerüche, Kameradschaft mit Zutreibern, die Gegenwart heimlicher oder bestellter Zuschauer, gemeine Ausbeutungen und die üblichen Krankheiten, all das sind unfühlsame Kleinigkeiten für diesen göttlichen Stier, der, ein anderer Jupiter, Europa umarmen will, die ganze Weibwelt in jeder Form und Entformung, in jeder Gestalt und in jedem Gerippe – maßlos neugierig ebenso auf das Phantastische wie auf das Natürliche in seiner panischen und fast schon manischen Lust. Aber typisch für das Männliche dieser Erotik: so ständig und stürmisch ihre Blutwelle strömt, niemals überflutet sie dabei das natürliche Bett. Brüsk hält Casanovas Instinkt an der Geschlechtsgrenze inne. Ekel schüttelt ihn bei der Berührung eines Kastraten, mit dem Stock prügelt er Lustknaben weg; alle seine Umwegigkeiten und Perversionen gelten in merkwürdiger Treue nur immer der Weibwelt als seiner vollkommenen und eingeborenen Sphäre. Hier aber freilich kennt sein Furor keine Grenze, keine Hemmung und keinen Halt, wahllos, zahllos und ohne Unterlaß strahlt diese Begierde jeder entgegen mit der ewig trunkenen, von jeder neuen Frau neu berauschten Lustkraft eines griechischen Waldgottes.

Gerade aber dieses Panische, dieses Rauschhafte und Naturhafte seines Begehrens gibt Casanova unerhörte Macht über die Frauen, eine Beinahe-Unwiderstehlichkeit. Mit jähem Instinkt vom Blute her spüren

sie in ihm das Manntier, den brennenden, lodernden, ganz ihnen entgegen-
geschnellten Menschen, und sie lassen sich besitzen von ihm, weil er von
ihnen vollkommen besessen ist, sie fallen ihm zu, weil er ihnen verfallen
ist, und zwar nicht ihr, der einzelnen, sondern der Pluralität, der Frau in
ihnen, dem Gegensatz, dem andern Pol. Hier ist endlich einer, so fühlen
sie aus Intuition des Geschlechts, dem nichts wichtiger ist als wir, der
nicht wie die andern, müde von Geschäften und Pflichten, verdrossen und
ehemännisch, nur so zwischendurch und nebensächlich uns umwirbt,
sondern einer, der uns entgegenstürzt mit der vollen, wildbachhaften
Wucht seines Wesens, einer der nicht spart, sondern verschwendet, der
nicht zögert und wählt. Und wirklich, restlos weiß er sich hinzugeben: den
letzten Tropfen Lust aus seinem Leibe, den letzten Dukaten aus der
Tasche, alles wird er immer bereit sein, für eine jede, nur weil sie Frau ist
und in diesem Augenblick seinen Weibsdurst stillt, unbedenklich hinzuop-
fern. Denn Frauen glücklich zu sehen, selig überrascht, entzückt, lachend
und hingerissen, ist für Casanova Endgenuß alles Genießens. Er überhäuft,
solange er noch Geld hat, eine jede mit zärtlich gewählten Geschenken,
schmeichelt mit Luxus und Leichtsinn ihren Eitelkeiten, er liebt, sie üppig
zu kleiden, in Spitzen zu hüllen, ehe er sie nackt enthüllt, sie zu überraschen mit nie gesehenen Kostbarkeiten, sie zu überraschen mit Sturz-
wellen der Verschwendung und Flammenspiel der Leidenschaft – wirklich
ein Gott, ein schenkender Jupiter, der zugleich mit der Glut seiner Adern
auch mit goldenem Regen die Geliebte überströmt. Und daß er, auch
hierin Jupiter gleich, dann bald wieder in Wolken entschwindet – »ich
habe die Frauen rasend geliebt, aber ich habe ihnen stets die Freiheit
vorgezogen« –, das mindert nicht, nein, erhöht nur seinen Nimbus, denn
gerade durch das Gewitterhafte seines Einbruchs und Entschwindens
bleibt ihnen Erinnerung an diesen Einen und Außergewöhnlichen, das
unwiederholbare herrliche Abenteuer, und ernüchtert sich nicht wie bei
andern zu Gewohnheit und banaler Beischläferei. Jede dieser Frauen fühlt
instinktiv einen Mann wie diesen unmöglich als Gatten: nur als an den
Liebhaber, den Gott einer Nacht, wird sie sich seiner im Blute erinnern.
Obwohl er jede verläßt, wird keine ihn doch anders wollen, als er gewesen:
darum braucht Casanova nur genau so zu sein, wie er ist, also ehrlich in
seiner ungetreuen Leidenschaft, und er wird jede gewinnen.

Ich sagte eben: ehrlich, ein bei Casanova erstaunliches Wort. Aber es
hilft nichts: gerade im Liebesspiel muß man diesem abgestraften Falschspieler und gerissenen Gauner eine Art Redlichkeit zuerkennen. Casanovas Beziehung zu den Frauen ist wirklich ehrlich, weil bloß bluthaft,
bloß sinnlich. Beschämend, dies zu vermerken, aber immer beginnt ja die

Unwahrhaftigkeit in der Liebe erst mit der Einmengung höherer Gefühle. Der dumpfe brave Bursche Körper selbst lügt nicht, er übertreibt niemals seine Überspannungen und Begehrlichkeiten über das naturgemäß Erreichbare hinaus. Erst wenn der Geist und das Gefühl sich einmengen, sie, die ihrem beflügelten Wesen gemäß ins Grenzenlose führen, wird alle Leidenschaft übertreiblich und phantasiert Ewigkeiten in unsere irdischen Beziehungen hinein. Casanova, der nie über den Rand des Körperlichen hinaus schwelgt, hat es darum leicht, zu halten, was er verspricht, er gibt aus dem prachtvollen Magazin seiner Sinnlichkeit Lust gegen Lust, Leib gegen Leib, und gerät niemals in Seelenschuld. Darum fühlen sich auch seine Frauen post festum nicht in platonischen Erwartungen betrogen, denn gerade weil dieser scheinbar Frivole keine anderen Entzückungen als die Spasmen des Geschlechts von ihnen fordert, weil er sie nicht in Unendlichkeiten des Gefühls hinaufredet, wird er ihnen immer Ernüchterung ersparen. Es steht jedem frei, solche Art der Erotik niedere Liebe, bloß geschlechtliche, hauthafte, seelenlose und animalische zu nennen, aber man rüttle nicht an ihrer Redlichkeit. Denn handelt nicht wirklich dieser lockere Luftikus mit seinem offenen und kerzengeraden Habenwollen wahrhafter und wohltätiger an den Frauen als die romantischen Schwärmer? Während hinter Goethes und Byrons Lebensweg eine Unzahl Frauen als zerbrochene, verbogene, zerschellte Existenzen zurückbleiben, eben weil Naturen höherer und kosmischer Art in der Liebe unwillkürlich das Seelische einer Frau so ausweiten, daß sie dann, dieses feurigen Hauchs nicht mehr teilhaftig, ihre irdische Form nicht mehr finden, richtet die Zunderhitzigkeit Casanovas eigentlich herzlich wenig Seelenschaden an. Er schafft keine Niederbrüche, keine Verzweiflungen, er hat viele Frauen glücklich gemacht und keine hysterisch, alle kehren sie aus dem rein sinnlichen Abenteuer unbeschädigt in den Alltag zurück, entweder zu ihren Männern oder zu andern Geliebten. Er streift über sie alle nur wie ein tropischer Wind hinweg, daran sie aufblühen zu heißerer Sinnlichkeit. Er überglüht, aber versengt sie nicht, er erobert, ohne zu zerstören, er verführt, ohne zu verderben, und eben weil sich diese seine Erotik im festeren Gewebe der Epidermis abspielt und nicht im leichter zu beschädigenden der wirklichen Seele, zeitigen seine Eroberungen keine Katastrophen.

Seine Passion kennt als bloß erotische nicht die Ekstase der äußersten einmaligen Leidenschaft. Man beunruhige sich deshalb nicht, wenn er furchtbar verzweifelt tut, sobald Henriette oder die schöne Portugiesin ihn verläßt, er wird nicht zur Pistole greifen, und tatsächlich, zwei Tage später finden wir ihn schon bei einer andern oder in einem Bordell. Kann die Nonne C. C. nicht mehr von Murano ins Kasino kommen, und erscheint an ihrer Stelle die Klosterschwester M. M., so gelingt die Tröstung überraschend geschwind, jede eine ersetzt jede andere, und so hat man's nicht schwer, herauszufinden, daß er als echter Erotiker niemals vollkommen verliebt war in eine seiner vielen einzelnen Frauen, sondern in den ewigen Plural, in den unablässigen Wechsel, die Vielzahl der Abenteuer. Selbst glitscht ihm einmal das gefährliche Wort aus: »Schon damals fühlte ich dunkel, daß Liebe nur eine mehr oder weniger lebhafte Neugierde sei«, und diese Definition fasse man an, um ihn zu fassen, und breche das Wort Neugierde gut auseinander: Neu-Gierde, immer neue Gier nach immer Neuem, nach immer anderen Erfahrungen an immer anderen Frauen. Ihn reizt niemals das Individuum, sondern die Variante, die unablässig neue Kombination auf dem unerschöpflichen Schachbrett des Eros. Wie Einatmen und Ausatmen, so selbstverständlich und naturgemäß ist sein Nehmen und Lassen, und dies rein funktionelle Genießen erklärt, warum Casanova als Künstler eigentlich keine seiner tausend Frauen uns wahrhaft seelenplastisch macht: herzhaft gesagt, erregen alle seine Schilderungen den Verdacht, er habe allen seinen Geliebten gar nie recht ins Gesicht gesehen, sondern sie eben nur in certo punto, aus einer gewissen, höchst mittleren Perspektive betrachtet. Was ihn begeistert, ihn »entflammt«, sind nach echter Südländerart immer dieselben Dinge, die grobsinnlichen, bauerngewahrsamen, tastbar und in das Auge springenden Geschlechtsmomente des Weibes, immer und immer wieder (bis zum Überdruß) der »Alabasterbusen«, die »göttlichen Halbkugeln«, die »junonische Gestalt«, die immer wieder durch andern Zufall entblößten »geheimsten Reize«, genau dasselbe also, was einem geilen Gymnasiasten bei der Dienstmagd die Pupille kitzelt. So bleibt von den unzähligen Henrietten, Irenen, Babetten, Mariuccias, Ermelinen, Markolinen, Ignazias, Lucias, Esthers, Saras und Klaras (man müßte eigentlich den ganzen Kalender abschreiben!) nicht viel anderes zurück als ein fleischfarbenes Gelee warmer, wollüstiger Frauenkörper, ein bacchantisches Durcheinander von Ziffern und Zahlen, Leistungen und Begeisterungen – durchaus die Darstellungsart eines Berauschten am Morgen, der, schweren Kopfes aufwachend, nicht mehr weiß, was und wo und mit wem er nachtsüber getrunken. Er hat sie alle nur in der Haut genossen, in der Epidermis gefühlt, einzig im Fleische erkannt. Und so verrät uns deutsamer der präzise Maßstab der Kunst als das Leben selbst den ungeheuren Unterschied zwischen dem bloß Erotischen und dem wahrhaft Liebenden, zwischen dem, der alles gewinnt und nichts behält, und jenem, der weniges erringt, aber durch Seelenkraft dies Flüchtige zum Dauerhaften steigert.

Ein einziges Erlebnis Stendhals, dieses im Faktischen ziemlich tristen Liebeshelden, sondert mehr seelische Substanz durch Sublimierung ab als hier dreitausend Nächte, und in welche ekstatische Zonen des Geistes der Eros emporzuführen vermag, davon geben alle sechzehn Bände Casanovas weniger Ahnung als ein vierstrophiges Goethegedicht. Im höheren Sinn betrachtet, sind darum Casanovas Memoiren mehr ein statistisches Referat als Roman, mehr Feldzugserlebnis als Dichtung, eine Odyssee der Wanderungen im Fleische, eine Ilias der ewigen Mannesbrunst nach der ewigen Helena. Ihr Wert beruht auf Quantität, nicht auf Qualität, sie werden wertvoll durch die Varianten und nicht den Einzelfall, nur durch Vielform, nicht aber durch seelische Bedeutsamkeit.

Eben aber um der Fülle dieser Erlebnisse willen hat unsere Welt, die fast immer nur den Rekord registriert und selten die Seelenkraft mißt, Giacomo Casanova zum Symbol des phallischen Triumphators erhoben und mit dem kostbarsten Kranze ihres Ruhms, der Sprichwörtlichkeit, gekrönt. Ein Casanova, das heißt heute zu deutsch und in allen europäischen Sprachen: Ritter Unwiderstehlich, Frauenvielfraß, Meisterverführer, und repräsentiert im männlichen Mythos genau was Helena, Phryne, Ninon de Lenclos im weiblichen. Immer muß ja die Menschheit, um aus ihren Millionen Eintagslarven den unsterblichen Typus zu schaffen, dem allgemeinen Fall die Abbreviatur eines einzelnen Gesichts zuweisen, und so gelangt dieser venezianische Schauspielersohn zur unvermuteten Ehre, als Inkarnation des Liebeshelden für alle Zeiten zu gelten. Freilich muß er dies beneidenswerte Postament noch mit einem zweiten und sogar legendarischen Gefährten teilen; neben ihm steht, edleren Geblüts, dunklerer Art und dämonischer in der Erscheinung, sein spanischer Rivale Don Juan. Oftmals ist der latente Kontrast zwischen diesen beiden Mannesmeistern der Verführung angedeutet worden, doch sowenig sich die geistige Antithese Leonardo-Michelangelo, Tolstoi-Dostojewski, Plato und Aristoteles jemals erschöpft, weil jedes Geschlecht sie typologisch wiederholt, so ergiebig bleibt diese Gegenüberstellung der beiden Urformen der Erotik. Denn obgleich sie beide in gleiche Richtung vorstoßen, beide Habichte der Weiber, immer neu einbrechend in ihre scheue oder selig erschreckte Schar, so weist sie doch der seelische Habitus vollkommen verschiedener Rasse zu. Don Juan ist Hidalgo, Edelmann, Spanier und selbst in der Revolte noch Katholik im Gefühl. Als Pursangre-Spanier kreist sein ganzes Gefühlsdenken um den Begriff der Ehre, als mittelalterlicher Katholik gehorcht er unbewußt der kirchlichen Wertung aller Fleischlichkeit als »Sünde«. Außereheliche Liebe bedeutet (doppelt reizvoll darum), aus dieser transzendenten Perspektive der Christlichkeit gesehen, etwas

Teuflisches, Gottwidriges und Verbotenes, und das Weib, die Frau, das Instrument dieser Sünde. Ihr Wesen, ihr Dasein selbst schon ist Verführung und Gefährdung, darum auch die scheinbar vollkommenste Tugend beim Weibe nur eben Schein, Täuschung und Larve der Schlange. Don Juan glaubt keiner aus diesem Teufelsgeschlecht ihre Reinheit und Keuschheit, er weiß jede nackt unter ihren Kleidern, zugänglich der Verführung, und diese Hinfälligkeit des Weibes an mille e tre Beispielen zu entlarven, sich, der Welt und Gott zu beweisen, daß alle diese unnahbaren Doñas, diese scheingetreuen Gattinnen, die schwärmerischen Halbkinder, die gottverschworenen Bräute Christi, alle ohne Ausnahme ins Bett zu kriegen sind, nur anges à l'église und singes au lit, Engel bloß in der Kirche, aber unfehlbar alle äffisch sinnlich im Bett – dies und nur dies peitscht diesen Weibswütigen unablässig zur jedesmal neu leidenschaftlich wiederholten Tat der Verführung.

Nichts Dümmeres daher, als Don Juan, den Erzfeind des weiblichen Geschlechts, als amoroso, als Frauenfreund, als Liebhaber hinzustellen, denn niemals bewegt ihn je wahrhafte Liebe und Zuneigung zu einer von ihnen, sondern Urhaß der Männlichkeit treibt ihn dämonisch gegen das Weib. Sein Nehmen ist niemals ein Habenwollen für sich, immer nur ein Ihr-Wegnehmen-Wollen, ein Entreißen ihres Kostbarsten: der Ehre. Seine Lust springt nicht wie bei Casanova ab von den Samensträngen, sie stammt aus dem Gehirn, denn in jeder einzelnen will dieser seelische Sadist immer die ganze Weiblichkeit erniedrigen, beschämen und kränken; sein Genuß geschieht durchaus umwegig als ein phantastisches Vorausgenießen der Verzweiflung jeder geschändeten Frau, die er entehrt. Darum steigert sich der Jagdreiz (im Gegensatz zu Casanova, dem diejenige am besten taugt, die am raschesten aus ihren Kleidern fährt) für Don Juan am Maße der Schwierigkeit; je unnahbarer eine Frau, um so vollwertiger und beweiskräftiger für seine These dann der endgültige Triumph. Wo kein Widerstand, fehlt Don Juan jeder Antrieb: unmöglich, ihn sich wie Casanova in einem Bordell zu denken, ihn, den nur die diabolische Tat der Erniedrigung reizt, das In-die-Sünde-Stoßen, der einmalige und unwiederholte Akt des Ehebruchs oder der Nonnenentehrung. Hat er eine gehabt, so ist das Experiment erledigt, die Verführte nur noch Ziffer und Zahl im Register, für das er sich tatsächlich eine Art eigenen Buchhalter anstellt, seinen Leporello. Nie denkt er daran, zärtlich die Geliebte der letzten, der einzigen Nacht noch ein einziges Mal anzublicken, denn sowenig wie der Jäger beim abgeschossenen Wild, wird dieser professionelle Verführer nach beendigtem Experiment bei seinem Opfer bleiben, er muß weiter und weiter, immer andere jagen, möglichst viele, denn sein

Urtrieb – und dies erhebt seine luziferische Gestalt ins Dämonische – peitscht ihn unvollendbarer Mission und Leidenschaft zu, nämlich an allen Frauen und damit restlos seinen Weltbeweis von der Hinfälligkeit des Weibes zu führen. Eine Don-Juan-Erotik sucht und findet keine Ruhe und keinen Genuß; in einer Art Blutrache steht er als Mann ewig im Krieg gegen die Frau verschworen, und der Teufel hat ihm dafür die vollendetsten Waffen gegeben, Reichtum, Jugend, Adel, körperliche Anmut und das Wichtigste: vollkommene, eiskalte Fühllosigkeit.

Und tatsächlich denken die Frauen, sobald sie seiner kalten Technik verfallen sind, an Don Juan wie an den Teufel selbst, sie hassen mit aller Inbrunst ihrer gestrigen Liebe den betrügerischen Erzfeind, der am nächsten Morgen schon ihre Leidenschaft mit dem eiskalten Guß höhnischen Lachens überschüttet (Mozart hat es uns unsterblich gemacht). Sie schämen sich ihrer Schwäche, sie wüten, sie rasen, sie toben in ohnmächtigem Zorn gegen den Schurken, der sie belogen, betrogen, geprellt, und sie hassen in ihm das ganze männliche Geschlecht. Jede Frau, Doña Anna, Doña Elvira, sie alle, die tausendunddrei, die seinem berechnenden Drängen nachgegeben, bleiben für immer seelisch vergiftet in ihrer Weiblichkeit. Die Frauen hingegen, die Casanova sich hingegeben haben, danken ihm wie einem Gott, denn nicht nur nichts genommen hat er ihnen von ihren Gefühlen, nicht gekränkt in ihrer Weiblichkeit, sondern sie beschenkt mit einer neuen Sicherheit ihres Daseins. Gerade das, was der spanische Satanist Don Juan sie als Teufelsaugenblick zu verachten zwingt, das glühende Leib-in-Leib, das lodernde Sich-sinken-Lassen, eben das lehrt sie Casanova, der zärtliche Magister artium eroticarum, als den wahren Sinn, als die seligste Pflicht ihrer weibgeborenen Natur erkennen. Mit leichter und liebender Hand streift er gleichzeitig mit den Kleidern alle Verschüchterung, Verängstigung diesen Halbfrauen ab – sie werden erst ganz Frauen, sobald sie sich gegeben haben – er beglückt sie, indem er sich selber beglückt, er entschuldigt ihr Mitgenießen durch die eigene dankbare Ekstase. Denn jeder Genuß einer Frau wird Casanova erst vollkommen, sobald er ihn von seiner Partnerin in Nerv und Adern geteilt und mitempfunden weiß – »vier Fünftel des Genusses bestanden für mich immer darin, die Frauen glücklich zu machen« –, er braucht Gegenlust für seine Lust wie ein anderer Gegenliebe für seine Liebe, und seine herkulischen Leistungen wollen nicht so sehr den eigenen Leib, sondern den der umfangenen Frau erschöpfen und entzücken. Nie lockt ihn wie seinen spanischen Widerpart das grobe und sportliche Gehabthaben, sondern einzig das Gegebenhaben. Deshalb wird jede Frau, die sich ihm hingegeben, mehr Frau, weil wissender, wollüstiger und hemmungsloser, und

darum suchen sie auch sofort neue Gläubige dieses beglückenden Kults:
die Schwester führt die jüngere zur linden Opferung an den Altar, die
Mutter ihre Tochter dem zarten Lehrer zu, jede Geliebte drängt die
andere in den Ritus und Reigen des schenkenden Gottes. Genau aus
demselben unfehlbaren Instinkt der Weibschwesterschaft, mit dem jede
von Don Juan Verführte die neu Umworbene (immer vergeblich!) als vor
dem Feinde ihres Geschlechtes warnt, empfiehlt eifersuchtslos eine der
andern Casanova als den rechten Vergöttlicher ihres Geschlechtes, und so,
wie er über die einzelne Gestalt hinaus die Ganzheit des Weibes, lieben sie
über ihn hinweg die Ganzheit des leidenschaftlichen Mannes und
Meisters.

6

DIE JAHRE IM DUNKEL

> Wie oft habe ich in meinem Leben etwas getan, was mir selber zuwider
> war und was ich nicht begriff. Aber ich wurde durch eine geheime Macht
> getrieben, der ich bewußt keinen Widerstand leistete.
>
> — *CASANOVA IN DEN MEMOIREN*

Gerechterweise dürfen wir es den Frauen gar nicht vorwerfen, so widerstandslos dem großen Verführer verfallen zu sein: geraten wir doch selbst jedesmal, wenn wir ihm begegnen, in Versuchung, seiner lockenden und lodernden Lebenskunst zu erliegen. Denn es ist für keinen Mann leicht, Casanovas Memoiren ohne rabiaten Neid zu lesen, und in manchen ungeduldig unbefriedigten Augenblicken dünkt uns dieses Abenteurers tolle Existenz, sein mit vollen Händen zupackendes Raffen und Genießen, sein das ganze Dasein wild ansaugendes Epikureertum weiser und wirklicher als unser ephemeres Schweifen im Geiste, seine Philosophie lebensfülliger als alle mürrischen Lehren Schopenhauers und die steinkalte Dogmatik Vater Kants. Denn wie arm scheint unsere festgerammte, nur durch Verzicht gefestigte Existenz in solchen Sekunden, der seinen verglichen! Wir haben Vorurteile und Nachurteile, wir schleifen Kettenkugeln des Gewissens klirrend hinter jedem Schritt, Gefangene unserer selbst, und gehen darum mit schweren Füßen, indes dieses Leichtherz, dieser Leichtfuß alle Frauen faßt, alle Länder überfliegt und auf der sausenden Schaukel des Zufalls sich in alle Himmel und

417

Höllen schnellt. Kein wirklicher Mann kann, er leugne es nicht, die Memoiren Casanovas lesen, ohne sich stümperhaft zu fühlen gegen den illustren Meister der Lebenskunst, und manchmal, nein, hundertmal wollte man lieber er sein als Goethe, Michelangelo oder Balzac. Lächelt man anfangs ein wenig kühl über die Schöngeistereien und breiten Radamontaden dieses philosophisch verkleideten Filous, so ist man im sechsten, im zehnten, im zwölften Bande schon geneigt, ihn für den weisesten Menschen und seine Philosophie der Oberflächlichkeit für die klügste und bezauberndste aller Lehren zu halten.

Aber glücklicherweise bekehrt uns Casanova selbst von dieser vorzeitigen Bewunderung. Denn sein Register der Lebenskunst hat ein gefährliches Loch: er hat das Altern vergessen. Eine epikureische Genießertechnik wie die seine, einzig dem Sinnlichen zudrängend, ist ausschließlich auf junge Sinne, auf Saft und Kraft des Körpers aufgebaut. Und sobald die Flamme nicht mehr so munter im Blute brennt, verdampft sofort und erkaltet die ganze Philosophie des Genusses zu einem flauen, ungenießbaren Brei: nur mit frischen Muskeln, mit festen, weißblanken Zähnen kann man sich dermaßen des Lebens bemächtigen, aber wehe, wenn sie auszufallen beginnen und die Sinne versagen, dann versagt auch mit einemmal die gefällige, die selbstgefällige Philosophie. Für den groben Genußmenschen geht die Daseinskurve unfehlbar nach abwärts, denn der Verschwender lebt ohne Reserven, er verludert und verliert seine ganze Wärme an den Augenblick, indes der Geistmensch, der scheinbar Verzichtende, gleichsam in einem Akkumulator Wärme in beharrender Fülle in sich staut. Wer dem Geistigen sich verschworen hat, erfährt auch im Niederschatten der Jahre und oft bis in patriarchalische Zeit (Goethe!) Klärungen und Verklärungen; noch gekühlten Blutes steigert er das Dasein zu intellektuellen Erhellungen und Überraschungen, und für die verminderte Spannkraft des Leibes entschädigt das kühn aufschwingende Spiel der Begriffe. Der reine Sinnesmensch aber, den nur der Schwung der Geschehnisse innerlich in Strömung setzt, bleibt stehen wie ein Mühlrad im ausgetrockneten Bach. Altern ist für ihn Untergang ins Nichts statt Übergang in ein Neues; das Leben fordert, ein unerbittlicher Gläubiger, mit Zins zurück, was zu früh und zu rasch die ungebärdigen Sinne genommen. Und so endet auch Casanovas Weisheit mit seinem Glück, sein Glück mit seiner Jugend; er scheint nur weise, solange er schön, sieghaft und vollkräftig auftritt. Hat man ihn heimlich bis zu seinem vierzigsten Jahre beneidet, von seinem vierzigsten an bemitleidet man ihn.

Denn Casanovas Karneval, dieser bunteste aller venezianischen, endet vorzeitig und trist in einem melancholischen Aschermittwoch. Ganz langsam schleichen Schatten in seine vergnügliche Lebenserzählung wie Runzeln über ein alterndes Antlitz, immer weniger Triumphe hat er zu berichten, immer mehr Ärgerlichkeiten zu verzeichnen: immer häufiger wird er – natürlich jedesmal unschuldig – in Affären von geschobenen Wechseln, falschen Banknoten, verpfändeten Juwelen eingemengt, immer seltener an Fürstenhöfen empfangen. Aus London muß er bei Nacht und Nebel fliehen, knapp ein paar Stunden vor der Verhaftung, die ihn an den Galgen spedieren würde; aus Warschau jagt man ihn fort wie einen Verbrecher, in Wien und Madrid wird er ausgewiesen, in Barcelona vierzig Tage ins Gefängnis gesetzt, in Florenz wirft man ihn hinaus, in Paris weist ihn ein »lettre de cachet« an, unverzüglich die geliebte Stadt zu verlassen: niemand will Casanova mehr, jeder schiebt und schüttelt ihn ab wie eine Laus aus dem Pelz. Erstaunt fragt man sich zuerst, was der gute Junge verbrochen, daß mit einemmal sich die Welt zu ihrem einstigen Liebling dermaßen ungnädig und streng moralisch zeigt. Ist er bösartig geworden, betrügerisch, hat er seinen liebenswürdig suspekten Charakter geändert, daß sich alles von ihm so plötzlich abwendet? Nein, er ist derselbe geblieben, er wird immer derselbe bleiben, Blender und Scharlatan, Amüseur und Schöngeist bis zum letzten Atemzug, ihm beginnt nur das Element zu fehlen, das seine Schwungkraft so herrlich gestrafft und gespannt: sein Selbstbewußtsein, das sieghafte Gefühl des Jungseins. Wo er am meisten gesündigt, da wird er bestraft: zuerst verlassen die Frauen ihren Liebling, eine kleine jämmerliche Delila hat diesem Simson des Eros den Genickfang gegeben, das listige Luder, die Charpillon in London. Diese Episode, die herrlichste von allen seinen Memoiren, weil die wahrste, die menschlichste, bildet den Wendepunkt. Zum erstenmal wird der erprobte Verführer von einem Weib geprellt, und nicht zwar von einer edlen, unzugänglichen Frau, die aus Tugend sich ihm verweigert, sondern von einem gerissenen blutjungen Hürchen, das versteht, ihn toll zu machen, ihm das ganze Geld aus den Taschen zu locken und ihn trotzdem nicht einen Zoll breit an ihren ludrigen Leib heranzulassen. Ein Casanova, obwohl er bezahlt und überbezahlt, verächtlich zurückgewiesen, ein Casanova verschmäht und mitanschauen müssend, wie jene kleine Dirne gleichzeitig gratis ein dummes, freches Bürschchen, einen Friseurgehilfen mit all dem beglückt, was er mit gierigen Sinnen, mit Aufbietung von Geld, List und Gewalt vergebens erstrebt – das ist der Mordschlag für Casanovas Selbstbewußtsein, und von jener Stunde an wird sein triumphierendes Auftreten irgendwie unsicher und schwank. Vorzeitig, im vierzigsten Jahr, muß er erschrocken feststellen, daß der Motor, der ihm den sieghaften Vorstoß in die Welt gegeben, nicht mehr tadellos funktioniert, und zum erstenmal überkommt ihn Angst, steckenzubleiben: »Am meisten Kummer bereitete mir, daß ich einen Beginn von Abspannung eingestehen mußte, der gewöhnlich mit dem herannahenden Alter verbunden ist. Ich besaß nicht mehr jene sorglose Zuversicht, welche Jugend und Kraftbewußtsein verleihen.« Aber Casanova ohne Selbstzuversicht, Casanova ohne seine allzeitbereite, frauenberauschende Übermanneskraft, ohne Schönheit, ohne Potenz, ohne Geld, ohne das frech aufpochende, willensgewisse, siegsichere Paradieren als des Phallus und der Fortuna Liebling, was ist er noch, sobald er diesen Haupttrumpf im Weltspiel verloren? »Ein Herr von gewissem Alter«, erwidert er selbst melancholisch, »von dem das Glück nichts mehr wissen will und die Frauen erst recht nicht«, ein Vogel ohne Flügel, ein Mann ohne Männlichkeit, ein Liebhaber ohne Glück, ein Spieler ohne Kapital, ein trister gelangweilter Körper ohne Spannkraft und Schönheit. Zerblasen alle Fanfaren vom Triumph und der Alleinweisheit des Genießens: zum erstenmal schleicht sich das gefährliche Wörtchen »Verzicht« in seine Philosophie. »Die Zeit, wo ich Frauen verliebt gemacht habe, ist vorüber, ich muß entweder auf sie verzichten oder ihre Gefälligkeit erkaufen.« Verzichten, der unfaßbarste Gedanke für einen Casanova, wird grausam wahr, denn um Weiber zu kaufen, brauchte er Geld, das Geld aber schafften ihm immer nur die Weiber: der wundervolle Kreislauf stockt, das Spiel geht zu Ende, der langweilige Ernst beginnt auch für den Meister aller Abenteuer. Und so wird – alter Casanova, armer Casanova – der Genießer zum Schmarotzer, der Weltneugierige zum Spion, der Spieler zum Betrüger und Bettler, der heitere Gesellige zum einsamen Schreiber und Pasquillanten.

Erschütterndes Schauspiel: Casanova rüstet ab, der alte Held unzähliger Liebesschlachten, er wird vorsichtig und bescheiden, der göttliche Frechling und verwegene Spielmensch; ganz leise, ganz drückerisch und still tritt der große commediante in fortuna von der Bühne seiner Erfolge. Er legt die prunkvollen Kleider ab, »die meiner Lage nicht mehr entsprachen«, legt mit Ringen und Diamantschnallen und Dosen auch seinen herrlichen Hochmut ab, wirft seine Philosophie wie eine gestochene Karte unter den Tisch, beugt alternd den Nacken vor dem ehern unerbittlichen Gesetz des Lebens, demzufolge verblühte Dirnen zu Kupplerinnen, Spieler zu Falschspielern, Abenteurer zu Tellerleckern werden müssen. Seit ihm das Blut nicht mehr so warm im Leib umrollt, beginnt der alte Citoyen du monde plötzlich zu frieren inmitten seiner einst so geliebten Weltunendlichkeit und sich ganz sentimental nach Heimat zu sehnen. So senkt der ehemalige Stolze – armer Casanova, der nicht edel zu enden wußte! – reumütig das schuldige Haupt und bittet das venezianische

Governo kläglich um Verzeihung: er schreibt speichelleckerische Berichte an die Inquisitoren, verfaßt ein patriotisches Libell, eine »refutatione« der Angriffe auf die venezianische Regierung, in der er sich nicht zu schreiben schämt, die Bleidächer, in denen er geschmachtet, seien »Räume mit guter Luft« und geradezu ein Paradies der Humanität. Von diesen traurigsten Episoden seines Lebens steht nichts mehr in den Memoiren: sie enden vorzeitig und erzählen nicht mehr die Jahre der Schande. Er tritt ins Dunkel zurück, vielleicht, um ein Erröten zu verbergen, und fast freut man sich dessen, denn wie traurig parodiert dieser ausgebälgte Hahn, dieser ausgesungene Sänger den sieghaft Frohen, den wir so lange beneidet!

Und dann schleicht ein paar Jahre lang über die Merceria ein dicker sanguinischer Herr, nicht sehr edelmännisch gekleidet, horcht emsig, was die Venezianer reden, setzt sich in die Weinschänken, um die Verdächtigen zu beobachten, und skribelt abends langwierige Spionenberichte an die Inquisitoren. Angelo Pratolini sind diese unsauberen Informationen unterschrieben. Deckname eines begnadigten Lockspitzels und betulichen Spiönchens, das für ein paar Goldstücke fremde Menschen in dieselben Gefängnisse bringt, die er selbst in seiner Jugend gekannt und deren Schilderung ihn berühmt gemacht. Ja, aus dem schabrackenhaft aufgeputzten Chevalier de Seingalt, dem Liebling der Frauen, aus Casanova, dem funkelnden Verführer, ist Angelo Pratolini geworden, der nackte niedrige Angeber und Schuft; die einst diamantberingten Hände wühlen in schmutzigen Geschäften und spritzen Tintengift und -galle nach rechts und links, bis sogar Venedig sich des quengelnden Querulanten mit einem Fußtritt entledigt. Die Nachrichten schweigen über die nächsten Jahre, und niemand weiß, auf welchen traurigen Wegen dann noch das halb kaputte Wrack gefahren ist, ehe es endgültig in Böhmen scheitert; man weiß nur, noch einmal zigeunert der alte Abenteurer durch Europa, balzt vor den Aristokraten, scharwenzelt um die Reichen, versucht seine alten Künste: Falschspiel, Kabbala und Kuppelei. Aber die fördernden Götter seiner Jugend, Frechheit und Zuversicht, haben ihn verlassen, die Frauen lachen ihm höhnisch in die Runzeln hinein, er bringt es nicht mehr hoch, er fristet und frettet sich mühsam durch, Sekretär (und wahrscheinlich wieder Spion) beim Gesandten in Wien, kläglicher Skribler, unnützer, unerwünschter und von der Polizei immer bald wieder hinauskomplimentierter Gast aller europäischen Städte. In Wien will er schließlich eine Grabennymphe heiraten, um durch ihren einträglichen Beruf einigermaßen gesichert zu sein; auch dies mißlingt ihm. Schließlich liest der

steinreiche Graf Waldstein, ein Adept in den geheimen Wissenschaften,
den

>»poète errant de rivage en rivage
Triste jouet des flots et rebut de naufrage«

an einer Tafel in Paris, wo er sich einschmarotzt hat, mitleidig auf,
findet Spaß an dem gesprächigen, abgetakelten, aber immer noch
amüsanten Zyniker und nimmt ihn Gnaden halber als Bibliothekar, alias
Hofnarr, nach Dux mit; tausend Gulden Jahresgehalt, freilich immer schon
von den Gläubigern vorgepfändet, kaufen dies Kuriosum, ohne es zu über-
zahlen. Und dort in Dux lebt oder, besser gesagt, stirbt er dreizehn Jahre
lang.

In Dux taucht plötzlich seine Gestalt aus jahrelanger Verschattung,
Casanova oder vielmehr etwas, was an Casanova vage erinnert, seine
Mumie, eingetrocknet, dürr, spitz, nur durch die eigene Galle noch
konserviert, ein sonderbares Museumsstück, das der Herr Graf gern
seinen Gästen präsentiert. Ein ausgebrannter Krater, meinen sie, ein
amüsantes, ungefährliches, durch seine südländische Cholerik possierli-
ches Männchen, das in dem böhmischen Vogelbauer langsam an Langeweile zugrunde geht. Aber noch einmal narrt der alte Betrüger die Welt.
Denn während sie alle schon glauben, er sei abgetan und bloß Anwärter
auf Kirchhof und Sarg, baut er aus Erinnerung noch einmal sein Leben
und abenteuert sich listig hinein in die Unsterblichkeit.

7

BILDNIS DES ALTEN CASANOVA

Altera nunc rerum facies, me quaero, nec adsum,
Non sum, qui fueram, non putor esse: fui.

— *UNTERSCHRIFT SEINES ALTERSBILDNISSES*

1797, 1798 – der blutige Besen der Revolution hat Kehraus gemacht mit dem galanten Jahrhundert, die Köpfe des Allerchristlichsten Königs und der Königin liegen im Korb der Guillotine, und zehn Dutzend Fürsten und Fürstlein, mitsamt den venezianischen Herren Inquisitoren, hat ein kleiner korsischer General zum Teufel gejagt. Man liest nicht mehr die Enzyklopädie, Voltaire und Rousseau, sondern die hartgehämmerten Bulletins vom Kriegsschauplatz. Aschermittwoch staubt über Europa, die Karnevale sind zu Ende und das Rokoko, es ist vorbei mit den Reifröcken und gepuderten Perücken, den silbernen Schuhschnallen und Brüsseler Spitzen. Man trägt keine Samtröcke mehr, nur Uniform oder Bürgergewand.

Aber sonderbar, da hat einer die Zeit vergessen, ein uraltes Männchen ganz droben in Böhmens dunkelstem Winkel: wie der Herr Ritter Gluck in E. T. A. Hoffmanns Legende stapft dort am hellichten Tag ein farbiges Vogelmännchen mit Samtweste, vergoldeten Knöpfen, verschlissenem gelbem Spitzenkragen, seidenen Zwickelstrümpfen, geblümten Strumpfbändern und weißem Galafederhut vom Schloß Dux das buckelige Katzenpflaster hinab in die Stadt. Noch trägt das Kuriosum den Haarbeutel nach alter Sitte, schlecht gepudert zwar (man hat keine Bedienten mehr!), und die zittrige Hand stützt sich pompös auf einen altmodischen Rohrstock mit Goldspitze, wie man sie im Palais Royal Anno 1730 getragen. Wahrhaftig, es ist Casanova oder vielmehr seine Mumie, er lebt noch immer, trotz Armut, Ärger und Syphilis. Pergamenten die Haut, ein Hakenschnabel die Nase über dem zittrigen, speichelnden Mund, die buschigen Brauen struppig und weiß; all das muffelt schon nach Alter und Verwesung, nach Eingetrocknetsein in Galle und Bücherstaub. Einzig die pechschwarzen Augen haben die alte Unruhe noch, böse und spitz fahren sie unter den halbgeschlossenen Lidern vor. Aber er sieht nicht viel nach links und rechts, er grummelt und brummelt nur unwirsch vor sich hin, denn er ist nicht guter Laune, Casanova, nie mehr guter Laune, seit ihn das Schicksal auf diesen böhmischen Misthaufen geworfen. Wozu aufschauen, jeder Blick wäre zuviel für die dummen Gaffer, für diese breitmäuligen, deutschböhmischen Kartoffelfresser, die nie ihre Nase über ihren Dorfdreck hinaussteckten und ihn, den Chevalier de Seingalt, der seinerzeit dem Hofmarschall von Polen eine Kugel in den Bauch gejagt und vom Papst die goldenen Sporen eigenhändig empfangen, nicht einmal pflichtgemäß grüßen. Und ärgerlicher noch, auch die Frauen respektieren ihn nicht, sondern halten die Hände vor den Mund, damit nicht ein dickes dörfisches Lachen herausplatscht, und sie wissen, warum sie lachen, denn die Mägde haben's dem Pfarrer erzählt, daß der alte Gichtbruder ihnen gern unter die Röcke greift und in seinem Kauderwelsch das dümmste Zeug in die Ohren schwatzt. Aber noch besser dieser Pöbel immerhin als zu Hause das verdammte Dienergeschmeiß, dem er ausgeliefert ist, die »Esel, deren Fußtritt er dulden muß«, Feltkirchner vor allem, der Haushofmeister, und Widerholt, sein Dienstschwengel. Die Canaillen! Mit Absicht haben sie ihm gestern wieder Salz in die Suppe geschmissen und die Makkaroni verbrannt, aus seinem Isokameron das Porträt gerissen und auf das Klosett gehängt: sie haben es gewagt, die Lumpen, die kleine schwarzgefleckte Hündin Melampyge, ihm geschenkt von der Gräfin Roggendorf, zu schlagen, nur weil das süße Tierchen ein natürliches Bedürfnis in den Zimmern verrichtet hat. Oh, wo sind die guten Zeiten, da man derlei Dienstbotenbagage einfach in den Block gesperrt und solchem Pack die Knochen zu Butter geprügelt, statt derlei Insolenzen zu dulden. Aber heute ist ja dank diesem Robespierre die Canaille obenauf, die Jakobiner haben die Zeit versaut, und man ist selbst ein alter, armer Hund mit ausgebissenen Zähnen. Was hilft da klagen und knurren und murren den ganzen Tag – am besten, man speit auf den Pöbel, geht hinauf ins Zimmer und liest seinen Horaz.

Aber heute gilt aller Ärger nicht, wie eine Marionette zuckt und tappt die Mumie hastig von Zimmer zu Zimmer. Den alten Hofrock hat sie angezogen, den Orden umgetan und sich sauber gebürstet, jedes Stäubchen weg, denn für heute haben sich der Herr Graf angesagt, hochpersönlich kommen Seine Gnaden von Teplitz herüber und bringen den Prinzen de Ligne mit und noch ein paar adelige Herren, man wird französisch bei Tisch konversieren, und die neidische Dienstbotenbande wird mit knirschenden Zähnen ihm servieren müssen, mit krummem Rücken schön die Teller hinhalten, nicht wie gestern einen verpappten und versauten Fraß wie einem Hunde seine Knochen auf den Tisch schmeißen. Ja, er wird heute mittag an der großen Tafel sitzen mit den österreichischen Kavalieren, denn die wissen noch eine soignierte Konversation zu ästimieren und respektvoll zuzuhören, wenn ein Philosoph spricht, den selbst Herr Voltaire noch geruhte zu achten, und der einmal bei Kaisern und Königen allerhand gegolten. Wahrscheinlich, sobald die Damen sich zurückgezogen haben, wird der Herr Graf und der Herr Prinz höchstpersönlich mich bitten, aus einem gewissen Manuskript vorzulesen, ja, bitten werden sie mich, Herr Feltkirchner, Sie Dreckmaul – bitten wird mich der hochgeborene Herr Graf Waldstein und der Herr Feldmarschall Prince de Ligne, daß ich aus meinen einzig interessanten Erlebnissen wieder ein Kapitelchen vorlese, und ich werde es vielleicht tun – vielleicht! denn ich bin ja nicht der Serviteur des Herrn Grafen und zu Gehorsam verpflichtet, ich gehöre nicht zum Dienstbotengeschmeiß, ich bin Gast und Bibliothekar und stehe au pair mit ihnen – nun, ihr wißt ja nicht einmal, was das heißt, ihr Jakobinergesindel. Aber ein paar Anekdoten werde ich ihnen erzählen, cospetto! – ein paar im deliziösen Genre meines Lehrers, des Herrn Crébillon, oder ein paar pfefferige von der venezianischen Sorte – nun, wir sind doch Edelleute unter uns und verstehn uns auf Nuancen. Man wird lachen und schwarzdunklen schweren Burgunder trinken wie am Hof Seiner Christlichen Majestät, wird von Krieg, Alchimie und Büchern plaudern, und vor allem von einem alten Philosophen sich etwas über Welt und Weiber erzählen lassen.

Aufgeregt huscht er durch die geöffneten Säle, der kleine, dürre, böse Vogel, die Augen funkelnd vor Medisance und Übermut. Er putzt die pierres de strass – die echten Edelsteine hat längst ein englischer Jude –, die sein Ordenskreuz einrahmen, pudert sorgfältig das Haar und übt (bei diesen Banausen vergißt man ja alle Manieren) die alte Art der Reverenzen und Verbeugungen vom Hofe Ludwigs XV. vor dem Spiegel. Freilich, der Rücken knackt schon bedenklich, nicht ungestraft hat man den alten Karren dreiundsiebzig Jahre lang auf allen Postkutschen kreuz und quer durch Europa geschleppt, und weiß Gott, wieviel Saft haben die Frauen aus einem geholt. Aber wenigstens da oben im Gehirnkasten ist der Witz noch nicht ausgeronnen, man wird die Herren noch zu amüsieren wissen und vor ihnen gelten. Mit schnörkelig gerundeter, ein wenig zittriger Schrift kopiert er noch ein Willkommgedichtchen in französischer Sprache für die Princesse de Recke auf ein rauhliches Büttenblatt, malt ferner eine pompöse Dedikation auf sein neues Lustspiel für die Liebhaberbühne: auch hier in Dux hat man nicht verlernt, was sich gehört, und weiß als Kavalier eine literarisch interessante Assemblee respektvoll zu empfangen.

Und tatsächlich, wie jetzt die Karossen angerollt kommen und er mit seinen gichtischen Füßen krumm die hohen Stufen hinabstapft, da werfen der Herr Graf und seine Gäste den Dienern lässig die Mütze hin, Mäntel und Pelze, ihn aber umarmen sie nach Edelmannsart, präsentieren ihn den mitgeladenen Herren als den zelebren Chevalier de Seingalt, rühmen seine literarischen Verdienste, und die Damen wetteifern, ihn als Tischnachbar zu haben. Noch sind nicht die Schüsseln abgeräumt und gehen die Pfeifen die Runde, so erkundigt sich schon, ganz wie er's vorausgewußt, der Prinz nach den Fortschritten seiner unvergleichlich spannenden Lebenserzählung, und unisono bitten Herren und Damen, doch aus diesen zu zweifelloser Zelebrität bestimmten Memoiren ein Kapitel vorzulesen. Wie dem liebenswürdigsten aller Grafen, seinem gnädigen Wohltäter, einen Wunsch versagen? Eilfertig klappert der Herr Bibliothekarius hinauf in sein Zimmer und holt aus den fünfzehn Folianten denjenigen mit dem zurechtgelegten Seidenstreif: das Haupt- und Kabinettstück, eins der wenigen, das die Gegenwart von Damen nicht zu scheuen braucht, die Entweichung aus den Bleikammern von Venedig. Wie oft und wem allen hat er dieses unvergleichliche Abenteuer schon vorgetragen, dem Kurfürsten von Bayern, von Köln, dem englischen Adelskreis und dem Warschauer Hof, aber sie sollen sehen, daß ein Casanova anders erzählt als dieser lederne Preuße, der Herr von Trenck, von dem man soviel Aufhebens machte mit seinen Prisons. Denn er hat neuerdings ein paar Wendungen eingefügt, ganz großartig überraschende Komplikationen, und zum Schluß ein superb wirkendes Zitat aus dem göttlichen Dante. Stürmischer Applaus lohnt die Vorlesung, der Graf umarmt ihn und schiebt dabei mit der linken Hand eine Rolle Dukaten heimlich in seine Tasche, die er, der Teufel weiß es, gut brauchen kann, denn wenn ihn auch die ganze Welt vergißt, seine Gläubiger setzen ihm nach bis hierher in den fernsten Pontus. Sieh da, wahrhaftig, ein paar dicke Tränen laufen ihm über die Wangen, wie jetzt noch die Prinzessin ihn gütig beglückwünscht und alle ihm zutrinken auf die baldige Vollendung des illustren Meisterwerks!

Aber am nächsten Tage, o weh, klirren die Pferde schon ungeduldig ins Geschirr, die Kaleschen warten am Tor, denn die hohen Herrschaften verreisen nach Prag, und obwohl der Herr Bibliothekar dreimal zarte Andeutungen machte, er hätte daselbst allerlei dringende Geschäfte, nimmt ihn niemand mit. Er muß zurückbleiben in dem riesigen, kalten, zugigen Steinkasten von Dux, ausgeliefert dem frechen böhmischen Dienergesindel, das, kaum daß der Staub hinter den Rädern des Herrn Grafen sich duckt, schon wieder sein albernes Grinsen zwischen die Ohren steckt. Barbaren ringsum, kein Mensch mehr, der französisch und italienisch, von Ariost und Jean-Jacques zu reden wüßte, und man kann doch nicht immer Briefe schreiben an diesen eingebildeten Aktenhengst, den Herrn Opiz in Czaslau, und die paar gütigen Damen, die ihm noch die Ehre der Korrespondenz gönnen. Wie grauer Rauch, dumpf und schläfrig, liegt wieder die Langeweile über den unbehausten Zimmern, und die gestern vergessene Gicht zerrt mit verdoppelter Grimmigkeit in den Beinen. Mürrisch zieht Casanova die Hofkleider aus und seinen dickwollenen türkischen Schlafrock über die frierenden Knochen, mürrisch kriecht er hin zu dem einzigen Asyl der Erinnerungen, an den Schreibtisch: geschnittene Federn warten neben den aufgehäuften weißen Folioblättern, erwartungsvoll knistert das Papier. Und da setzt er sich stöhnend hin und schreibt mit seiner zittrigen Hand weiter und weiter – gesegnete Langeweile, die ihn treibt! – die Historia seines Lebens.

Denn hinter dieser totenschädeligen Stirn, hinter dieser mumiendürren Haut lebt frisch und blühend wie weißes Nußfleisch hinter beinerner Schale ein geniales Gedächtnis. In diesem kleinen Knochenraum zwischen Stirn und Hinterhaupt ist noch alles intakt und sauber aufgestapelt, was dieses funkelnde Auge, diese breiten, atmenden Nüstern, diese harten, gierigen Hände in tausend Abenteuern gierig an sich gerafft, und die gichtknolligen Finger, die dreizehn Stunden im Tage den Gänsekiel rennen lassen (»dreizehn Stunden, und sie vergehen mir wie dreizehn Minuten«), entsinnen sich noch all der glatten Frauenleiber, die sie jemals genießerisch überstreift. Auf dem Tisch liegen, bunt durcheinander, die halb vergilbten Briefe seiner einstigen Geliebten, Notizen, Haarlocken, Rechnungen und Angedenken, und wie über erloschener Flamme noch silbern der Rauch, so schwebt hier unsichtbare Wolke zärtlichen Dufts von den verblaßten Erinnerungen. Jede Umarmung, jeder Kuß, jede Hingabe entschwingt dieser farbigen Phantasmagorie – nein, solche Beschwörung des Vergangenen ist keine Arbeit, das ist Lust – »le plaisir de se souvenir ses plaisirs«. Die Augen glänzen dem gichtischen Greis, die Lippen zucken in Eifer und Erregung, halblaute Worte spricht er vor sich hin, neuerfundene und halberinnerte Dialoge, unwillkürlich ahmt er ihre Stimmen von einst nach und lacht selbst über die eigenen Scherze. Er vergißt Essen und Trinken, Armut, Elend, Erniedrigung und Impotenz, allen Jammer und die Scheusäligkeit des Alters, während er sich im Spiegel seiner Erinnerungen träumend verjüngt, Henriette, Babette, Therese schweben lächelnd heran, beschworene Schatten, und er genießt ihre nekromantische Gegenwart vielleicht mehr als die erlebte. Und so schreibt er und schreibt, abenteuert mit Finger und Feder, wie einst mit dem ganzen glühenden Leib, tappt auf und nieder, rezitiert, lacht und weiß von sich selber nicht mehr.

Vor der Tür stehen die Dienertölpel und grinsen sich an: »Mit wem lacht er da drinnen, der alte welsche Narr?« Feixend deuten sie, seine Verschrobenheiten zu verspotten, mit dem Finger an die Stirn, poltern die Treppe hinunter zum Wein und lassen den Alten in seinem Dachzimmer allein. Niemand weiß von ihm mehr in der Welt, die Nächsten nicht und nicht die Fernsten. Er haust, der alte zornige Habicht, da droben in seinem Turm von Dux wie auf der Spitze eines Eisberges, ungeahnt und ungekannt; und als endlich Ende Juni 1798 das alte zermürbte Herz kracht und man den elenden, von tausend Frauen einst glühend umarmten Leib einscharrt in die Erde, weiß das Kirchenbuch nicht einmal mehr seinen rechten Namen. »Casaneus, ein Venezianer« schreiben sie ein, einen falschen Namen, und »Vierundachtzig Jahre alt«, eine falsche Lebenszahl, so unbekannt ist er den Nächsten geworden. Niemand kümmert sich um sein Grabmal, niemand um seine Schriften, vergessen modert der Leib, vergessen modern die Briefe, vergessen wandern irgendwo die Bände seines Werkes in diebischen und doch gleichgültigen Händen herum; und von 1798 bis 1822, ein Vierteljahrhundert, scheint niemand so tot wie dieser Lebendigste aller Lebendigen.

8

GENIE DER SELBSTDARSTELLUNG

Es kommt nur darauf an, Mut zu haben.

— VORREDE

Abenteuerlich sein Leben, abenteuerlich auch seine Auferstehung. Am 13. Dezember 1820 – wer weiß von Casanova noch? – erhält der renommierte Verlagsbuchhändler Brockhaus den Brief eines höchst unbekannten Herrn Gentzel, ob er die »Geschichte meines Lebens bis zum Jahre 1797«, verfaßt von einem ebenso unbekannten Signor Casanova, veröffentlichen wolle. Der Buchhändler läßt sich jedenfalls die Folianten kommen, sie werden von Fachleuten durchgelesen: man kann sich denken, wie sie begeistert sind. Daraufhin wird das Manuskript sofort erworben, übersetzt, wahrscheinlich gröblich entstellt, mit Feigenblättern überklebt und für den Gebrauch adjustiert. Beim vierten Bändchen skandaliert der Erfolg schon dermaßen laut, daß ein findiger Pariser Pirat das deutsch übersetzte französische Werk abermals ins Französische rückübersetzt – also doppelt verballhornt –; nun wird Brockhaus seinerseits ehrgeizig, schießt der französischen Übersetzung eine eigene französische Rückübersetzung in den Rücken – kurz, Giacomo, der Verjüngte, lebt wieder so lebendig als nur je in allen seinen Ländern und Städten, nur sein Manuskript wird feierlich begraben im Eisenschrank der Herren Brockhaus, und Gott und Brockhaus wissen vielleicht allein, auf welchen Schleichwegen und Diebswegen sich die Bände in den dreiundzwanzig

Jahren umgetrieben, wieviel davon verloren, verstümmelt, kastriert, gefälscht, verändert wurde; als rechtes Casanova-Erbe riecht die ganze Affäre penetrierend nach Geheimnis, Abenteuer, Unredlichkeit und Schiebung, aber welch erfreuliches Wunder schon dies, daß wir diesen frechsten und vollblütigsten Abenteuerroman aller Zeiten überhaupt besitzen!

Er selbst, Casanova, hat nie ernstlich an das Erscheinen dieses Monstrums geglaubt. »Seit sieben Jahren tue ich nichts anderes als meine Erinnerungen schreiben«, beichtet einmal der rheumatische Eremit, »und es ist für mich allmählich ein Bedürfnis geworden, die Sache zu Ende zu bringen, obwohl ich sehr bereue, sie angefangen zu haben. Aber ich schreibe in der Hoffnung, daß meine Geschichte niemals das Licht der Öffentlichkeit erblicken werde, denn abgesehen davon, daß die niederträchtige Zensur, dieses Löschhorn des Geistes, den Druck niemals erlauben würde, so hoffe ich in meiner letzten Krankheit so vernünftig zu sein und alle meine Hefte vor meinen Augen verbrennen zu lassen.« Glücklicherweise ist er sich treu geblieben, Casanova, und niemals vernünftig geworden, und sein »sekundäres Erröten«, wie er einmal sagt, nämlich das Erröten darüber, daß er nicht erröte, hat ihn nicht gehindert, kräftig in die Palette zu greifen und Tag für Tag zwölf Stunden mit seiner schönen, runden Schrift immer neue Foliobogen voll zu fabulieren. Waren diese Erinnerungen doch »das einzige Heilmittel, um nicht wahnsinnig zu werden oder vor Ärger zu sterben – vor Ärger über die Unannehmlichkeiten und täglichen Scherereien von Seiten der neidischen Halunken, die sich zusammen mit mir auf dem Schlosse des Grafen Waldstein befinden«.

Als Fliegenklappe gegen die Langeweile, als Heilmittel gegen intellektuelle Verkalkung, ein bescheidenes Motiv, beim Zeus, um Memoiren zu verfassen; aber mißachten wir die Langeweile nicht als Impuls und Impetus der Gestaltung. Den Don Quichotte verdanken wir den öden Kerkerjahren des Cervantes, die schönsten Blätter Stendhals den Jahren seines Exils in den Sümpfen von Civitavecchia; nur in der Camera obscura, dem künstlich verdunkelten Raum, entstehen die farbigsten Bilder des Lebens. Hätte Graf Waldstein den guten Giacomo nach Paris oder Wien mitgenommen, wacker gefüttert und ihn Frauenfleisch riechen lassen, hätte man ihm die Honneurs d'esprit in den Salons erwiesen, so wären diese ergötzlichen Erzählungen bei Schokolade und Sorbett verplaudert worden und niemals in Tinte geronnen. Aber der alte Dachs sitzt und friert allein im böhmischen Pontus, und so erzählt er gleichsam schon rückgewendet aus dem Totenreich. Seine Freunde sind gestorben, seine Abenteuer vergessen, niemand erweist ihm mehr Achtung und Ehre, niemand hört ihm zu, so übt der alte Zauberer, einzig um sich selbst zu beweisen, daß er lebt oder wenigstens gelebt hat – »vixi, ergo sum« –, noch einmal die Kabbalistenkunst, vergangene Gestalten zu beschwören. Hungrige nähren sich vom Bratenduft, Invalide des Krieges und des Eros vom Erzählen der eigenen Abenteuer. »Ich erneuere das Vergnügen, indem ich mich daran erinnere. Und ich verlache vergangene Not, denn ich fühle sie nicht mehr.« Nur sich selbst rückt Casanova den bunten Guckkasten Vergangenheit, dies Kinderspielzeug des Greises, zurecht, er will eine elende Gegenwart vergessen durch farbige Erinnerung. Mehr will er nicht, und gerade diese vollkommene Gleichgültigkeit gegen alles und alle gibt seinem Werke einzig psychologischen Wert als Selbstdarstellung. Denn wer sonst sein Leben erzählt, tut es fast immer zweckhaft und gewissermaßen amphitheatralisch; er stellt sich auf eine Bühne, der Zuschauer gewiß, übt sich unbewußt eine besondere Haltung, einen interessanten Charakter ein. Berühmte Männer sind niemals bedenkenfrei in ihrer Selbstdarstellung, denn ihr Lebensbild ist von vorneweg schon konfrontiert mit einem bereits in der Phantasie oder dem Erlebnis zahlloser Menschen vorhandenen; so sind sie wider ihren Willen gezwungen, ihre eigene Darstellung heranzustilisieren an die schon ausgeformte Legende. Sie müssen, die Berühmten, um ihres Ruhmes willen Rücksicht nehmen auf ihr Land, ihre Kinder, auf die Moral, Ehrfurcht und Ehre – immer ist darum, wer vielen schon angehört, vielfach gebunden. Casanova aber darf sich den Luxus radikalster Hemmungslosigkeit leisten, ihn besorgen keine familiären, keine ethischen, keine sachlichen Bedenken. Seine Kinder hat er als Kuckuckseier in fremde Nester gesteckt, die Frauen, mit denen er schlief, faulen längst unter italienischer, spanischer, englischer, deutscher Erde, ihn selbst beengt kein Vaterland, keine Heimat, keine Religion – zum Teufel, wen sollte er da schonen: am wenigsten sich selbst! Was er erzählt, kann ihm nichts mehr nützen, kann ihm nichts mehr schaden. »Warum«, fragt er sich darum, »sollte ich nicht wahr sein? Sich selbst täuscht man niemals, und ich schreibe nur für mich selber.«

Wahr sein, das heißt aber für Casanova nicht etwa tiefwühlend und selbstgrüblerisch sich gebärden, sondern ganz einfach: hemmungslos, rücksichtslos, schamlos sein. Er zieht die Kleider aus, macht sich behaglich und nackt, taucht den abgestorbenen Leib noch einmal ins warme Geström der Sinnlichkeit, klatscht und platscht munter und frech in seinen Erinnerungen, höchst gleichgültig um vorhandene oder imaginäre Zuschauer. Nicht wie ein Literat, ein Feldherr, ein Dichter erzählt er seine Abenteuer sich selber zur Ehre, sondern wie ein Strolch seine Messerstechereien, eine wehmütig alternde Kokotte ihre Liebesstunden, also vollkommen ohne Schamhemmung und Bedenken. »Non erubesco evangelium«, ich erröte nicht über mein Bekenntnis, steht als Motto unter seinen »Précis de ma vie«, er bläst weder die Backen auf, noch schielt er reumütig in die Zukunft: er erzählt direkt und gerade aus dem Mund heraus. Kein Wunder darum, daß sein Buch eins der nacktesten und natürlichsten der Weltgeschichte wurde, von einer geradezu wahrhaft antikischen Offenheit im Amoralischen. Aber mag es grobsinnlich wirken und für zartsinnige Gemüter manchmal allzu sichtbar phallische Muskeln mit der Eitelkeit eines selbstzufriedenen Athleten spielen lassen – tausendmal besser doch dieses unverschämte Paradieren als ein feiges Weg-Eskamotieren oder eine lendenlahme Galanterie in eroticis. Man vergleiche doch einmal die andern erotischen Traktate seiner Zeit, die rosenfarbenen, moschussüßlichen Frivolitäten eines Grécourt, Crébillon oder den Faublas, wo der Eros ein bettelhaftes Schäferkleidchen trägt und Liebe als lüsternes Chassé-Croisé erscheint, ein galantes Spielchen, bei dem man weder Kinder noch die Syphilis kriegt, mit diesen geraden, exakten, von gesunder und üppiger Genußfreude überschwellenden Schilderungen, um ihre Menschlichkeit und elementare Natürlichkeit ganz einwerten zu können. Bei Casanova erscheint die männliche Liebe nicht als zartblaues Wässerchen, in dem Nymphen ihre Füße spielend kühlen, sondern als ungeheuer naturhafter Strom, der die Welt spiegelt auf seiner Fläche und gleichzeitig in seinem Grund allen Schlamm und Schmutz der Erde mitschleppt – wie kein anderer Selbstdarsteller zeigt er das Panische und Wildüberschwellende des männlichen Geschlechtstriebs. Hier kommt endlich einer, der den Mut hatte, die Vermengtheit von Fleisch und Geist in der männlichen Liebe aufzuzeigen, nicht nur die sentimentalischen Affären, die zimmerreinen Liebschaften zu erzählen, sondern auch die Abenteuer der Hurengassen, die nackten und bloß hauthaften Geschlechtlichkeiten, das ganze Labyrinth des Sexus, das jeder wirkliche Mann durchschreitet. Nicht daß die andern großen Autobiographen, daß Goethe oder Rousseau in ihren Selbstdarstellungen geradewegs unwahrhaftig wären, aber es gibt auch eine Unwahrhaftigkeit durch Halberzählen und Verschweigen, und die beiden schweigen mit bewußter oder wegschielender Vergeßlichkeit sorgfältig die minder appetitlichen, die rein sexuellen Episoden ihres Liebeslebens tot, um sich einzig über die seelisch durchfärbten, die sentimentalen oder leidenschaftlichen Liebeleien mit den Klärchen und Gretchen zu verbreiten. Damit sublimieren sie aber unbewußt das lebensechte Bildnis der männlichen Erotik: Goethe, Tolstoi, selbst der sonst nicht prüde Stendhal gleiten rasch und mit schlechtem Gewissen hinweg über unzählige bloße Bettabenteuer und die Begegnungen mit der venus vulgivaga, der irdischen, allzu irdischen Liebe, und hätte man nicht diesen frech-aufrichtigen, herrlich-schamlosen Kerl Casanova, der hier allerhand Vorhänge hebt, so fehlte der Weltliteratur ein vollkommen ehrliches und durchaus komplexes Bild der männlichen Geschlechtlichkeit. Bei ihm sieht man endlich einmal das ganze sexuelle Triebwerk der Sinnlichkeit in Funktion, die Welt im Fleische auch dort, wo sie schmierig, schlammig, sumpfig wird. Casanova sagt in sexualibus nicht nur die Wahrheit, sondern – unausmeßbarer Unterschied! die ganze Wahrheit seiner Liebeswelt allein ist wahr wie die Wirklichkeit.

Casanova wahr? – ich höre die Philologen entrüstet aufrücken von ihren Stühlen, haben sie doch in den letzten fünfzig Jahren Maschinengewehrfeuer nach seinen historischen Böcken geschossen und manche fette Lüge zur Strecke gebracht. Aber gemach nur, gemach! Zweifellos hat der gerissene Falschspieler, dieser berufsmäßige Lügenpeter und Radamonteur auch in seinen Memoiren die Karten etwas künstlich gemischt, il corrige la fortune, und gibt dem oft schwerfälligen Zufall geschwindere Beine. Er schmückt, garniert, pfeffert und würzt sein aphrodisisches Ragout mit allen Ingredienzien einer durch Entbehrung aufgepulverten Phantasie, vielleicht sogar, ohne es immer selbst zu wissen. Nein – einen Fanatiker der Einzelwahrheit, einen verläßlichen Historiker darf man in ihm nicht suchen, und je genauer die Wissenschaft unserm guten Casanova auf die Finger paßt, um so tiefer kommt er in die Kreide. Aber alle diese kleinen Schwindeleien, chronologischen Irrtümer, Mystifikationen und Windbeuteleien, diese willkürlichen und oft sehr begründeten Vergeßlichkeiten zählen nichts gegen die ungeheure und geradezu einzige Wahrhaftigkeit der Lebenstotalität in diesen Memoiren. Zweifellos hat Casanova von dem unbestreitbaren Recht des Künstlers, Zeitliches und Räumliches zusammenzuziehen und Geschehnisse sinnlicher zu machen, im einzelnen reichlich Gebrauch gemacht – aber was tut's gegen die ehrliche, offene, augenklare Art, mit der er sein Leben und seine Zeit als Ganzes ansieht. Nicht er allein, sondern ein Jahrhundert steht plötzlich springlebendig auf der Bühne, wirbelt in dramatischen, von Kontrasten knisternden, elektrisch geladenen Episoden alle Schichten und Stände der Gesellschaft, der Nationen, alle Landschaften und Sphären kunterbunt durcheinander, ein Sittenbild und Unsittenbild ohnegleichen. Denn der scheinbare Defekt, daß er nicht profund in die Tiefe hinablotet, macht seine Schauart so dokumentarisch für das Kulturelle; Casanova zieht nicht aus der Fülle begrifflich die Wurzel und entsinnlicht dadurch die Summe der Erscheinungen, nein, er läßt alles locker, ungeordnet, in dem lebensechten Nebeneinander des Zufalls, ohne zu sortieren, zu kristallisieren. Alles liegt bei ihm auf der einen und gleichen Linie der Wichtigkeit, sobald es ihn nur amüsiert – das einzige Werturteil seiner Welt! – er kennt kein Groß und Klein, weder im Moralischen noch im Wirklichen, kein Gut und Böse. Darum wird er das Gespräch mit Friedrich dem Großen nicht um ein Haar ausführlicher oder ergriffener schildern als zehn Seiten vorher das Gespräch mit einer kleinen Hure, mit gleicher Sachlichkeit und Gründlichkeit das Bordell in Paris beschreiben wie den Winterpalast der Kaiserin Katharina. Ihm erscheint ebenso belangreich, wieviel hundert Dukaten er im Pharao gewonnen oder wie oft er in einer Nacht mit seiner Dubois oder Helene Sieger blieb, als die Konversation mit Herrn Voltaire der Literaturgeschichte zu bewahren – keinem Ding der Welt hängt er moralische oder ästhetische Gewichte an, und darum bleibt sie dermaßen herrlich im natürlichen Äquilibrium. Gerade, daß Casanovas Memoiren intellektuell nicht viel mehr sind als die Notizen eines klugen Durchschnittsreisenden durch die interessantesten Landschaften des Lebens, macht zwar kein Philosophikum aus ihnen, aber zugleich einen historischen Baedeker, einen Cortigiano des 18. Jahrhunderts und eine amüsante Chronique scandaleuse, einen vollkommenen Querschnitt durch den Alltag eines Weltalters. Durch niemand besser als durch Casanova kennt man das Tägliche und damit Kulturelle des 18. Jahrhunderts, seine Bälle, Theater, Kaffeehäuser, Feste, Gasthöfe, Spielsäle, Bordelle, Jagden, Klöster und Festungen. Man weiß durch ihn, wie man reiste, speiste, spielte, tanzte, wohnte, liebte, sich amüsierte, die Sitten, die Manieren, die Sprechart und Lebensweise. Und zu dieser unerhörten Fülle der Tatsachen, der praktisch sachlichen Realitäten tritt dann noch dieser ganze wirbelnde Tumult von Menschenfiguren, genug, um zwanzig Romane zu füllen und eine, nein zehn Generationen von Novellisten zu verproviantieren. Welche Fülle: Soldaten und Fürsten, Päpste und Könige, Strolche und Falschspieler, Kaufleute und Notare, Kastraten, Zutreiber, Sänger, Jungfrauen und Dirnen, Schriftsteller und Philosophen, Weise und Narren, die ergötzlichste und reichhaltigste Menschen-Menagerie, die jemals ein einzelner in den Pferch eines Buches zusammengetrieben. Hunderte von Novellen und Dramen danken seinem Werk ihre besten Gestalten sowie Situationen, und noch bleibt dieses Bergwerk unerschöpft: wie aus dem Forum Romanum zehn Generationen sich Steine holten für neuen Bau, werden noch einige literarische Geschlechter von diesem Erzverschwender Fundament und Figuren sich borgen.

Darum hilft es nichts, die Nase zu rümpfen über seine zweideutige Begabung oder moralisch zu tun wegen seiner gesetzwidrigen irdischen Konduite oder gar ihm seine philosophischen Läppereien beckmesserisch anzukreiden – es hilft nichts, es hilft nichts, dieser Giacomo Casanova gehört nun einmal zur Weltliteratur, ebenso wie der Galgenbruder Villon und allerhand andre dunkle Existenzen, und wird unzählige moralische Dichter und Richter überdauern. Wie im Leben, so hat er auch post festum alle gültigen Gesetze der Ästhetik ad absurdum geführt, den Katechismus der Moral frech unter den Tisch geschmissen, denn durch die Dauer seiner Wirkung ist bezeugt, daß man nicht sonderlich begabt, fleißig, wohlanständig, edel und erhaben sein müsse, um in die heiligen Hallen der literarischen Unsterblichkeit einzudringen. Casanova hat bewiesen, daß man den amüsantesten Roman der Welt schreiben kann, ohne Dichter, das vollendetste Zeitbild, ohne Historiker zu sein, denn jene letzte Instanz fragt nie nach dem Wege, sondern nach der Wirkung, nicht nach der Sittlichkeit, sondern der Kraft. Jedes vollkommene Gefühl vermag produktiv zu werden, Schamlosigkeit ebenso wie Scham, Charakterlosigkeit wie Charakter, Bosheit wie Güte, Moral wie Unmoral: entscheidend für Verewigung wird niemals die Seelenform, sondern die Fülle eines Menschen. Nur Intensität verewigt, und je stärker, vitaler, einheitlicher und einmaliger ein Mensch lebt, um so vollkommener bringt er sich zur Erscheinung. Denn die Unsterblichkeit weiß nichts von Sittlich und Unsittlich, von Gut und Böse; sie mißt nur Werke und Stärke, sie fordert Einheit und nicht Reinheit der Menschen, Beispiel und Gestalt. Moral ist ihr nichts, Intensität alles.

STENDHAL

Qu'ai-je été? Que suis-je? Je serais
bien embarrassé de le dire.

— *STENDHAL, HENRI BRULARD*

9

LÜGENLUST UND WAHRHEITSFREUDE

Am allerliebsten trüge ich eine Maske und änderte meinen Namen.

— *BRIEF*

Wenige haben mehr gelogen und leidenschaftlicher die Welt mystifiziert als Stendhal, wenige besser und profunder die Wahrheit gesagt.

Seine Maskenspiele und Irreführungen zählen nach Regimentern. Noch ehe man ein Buch aufschlägt, springt die erste schon vom Umschlag oder aus der Vorrede entgegen, denn niemals bekennt sich der Autor Henri Beyle schlicht und simpel zu seinem wirklichen Namen. Bald legt er sich eigenmächtig ein Adelsprädikat zu, bald verkleidet er sich als »César Bombet« oder fügt seinen Initialen H. B. ein geheimnisvolles A. A. bei, wohinter kein Teufel das höchst bescheidene »ancien auditeur«, zu gut deutsch: ehemaliger Staatsauditor, vermuten dürfte; nur im Pseudonym, in der Falschmeldung fühlt er sich sicher. Einmal maskiert er sich als österreichischer Pensionist, ein andermal als »ancien officier de cavalerie«, am liebsten mit dem seinen Landsleuten rätselhaften Namen Stendhal (nach einem kleinen preußischen Städtchen, das unsterblich wurde durch seine Karnevalslaune). Setzt er ein Datum, so kann man schwören, es stimmt nicht, erzählt er in der Vorrede zur »Chartreuse de Parme«, dieses Buch sei 1830, und zwar zwölfhundert Meilen weit von Paris, geschrieben, so hindert diese Eulenspiegelei nicht, daß er diesen Roman in Wirklichkeit 1839, und zwar mitten in Paris verfaßte. Auch in den Tatsächlichkeiten stolpern die Widersprüche munter durcheinander. In einer Selbstbiographie berichtet er pompös, er sei bei Wagram, Aspern und Eylau auf dem Schlachtfeld gewesen; kein Wort davon ist wahr, denn unwiderleglich beweist das Tagebuch: er saß zu ebenderselben Stunde noch behaglich in Paris. Einigemal redete er von einem langen und wichtigen Gespräch mit Napoleon, aber, Verhängnis! im nächsten Band liest man bedeutend glaubhafter das Geständnis: »Napoleon unterhielt sich nicht mit Narren meiner Art.« So muß man bei Stendhal jede einzelne Behauptung mit vorsichtigen Fingern anfassen und am mißtrauischsten seine Briefe, die er, angeblich aus Furcht vor der Polizei, prinzipiell falsch datiert und jedesmal mit einem andern Pseudonym unterzeichnet. Promeniert er gemächlich in Rom, so gibt er als Absendeort gewiß Orvieto an, schreibt er angeblich aus Besançon, so war er wirklich an jenem Tage in Grenoble, manchmal ist die Jahreszahl, meist der Monat irreführend eingesetzt und fast regelmäßig die Unterschrift. Aber das war nicht, wie manche meinen, bloße Furcht vor dem schwarzen Kabinett der österreichischen Polizei, die ihn zu solchen Narrenspielen trieb, sondern eine eingeborene, urtümliche Lust am Bluffen, In-Verwunderung-Setzen, Sich-Verstellen, Sich-Verstecken. Stendhal wirbelt Mystifikationen und Pseudonyme wie ein funkelndes Florett meisterlich um die eigene Person, nur damit kein Neugieriger ihm zu nah herankomme, und niemals hat er aus dieser seiner leidenschaftlichen Neigung zum Düpieren und Intrigieren ein Hehl gemacht. Als ein Freund ihn einmal erbittert in einem Briefe beschuldigt, er habe infam gelogen, notiert er seelenruhig an den Rand des Anklageschreibens »vrai« – »richtig! stimmt!« Mit munterer Stirn und ironischem Vergnügen schwindelt er in seine Amtszeugnisse falsche Dienstjahre, loyale Gesinnungen bald gegen die Bourbons, bald gegen Napoleon, in all seinen Schriften, den gedruckten und privaten, wimmeln die Unstimmigkeiten wie Fischlaich im Sumpf. Und die letzte seiner Mystifikationen ist – Rekord aller Lügenhaftigkeit! – auf ausdrücklich testamentarischen Wunsch sogar in Marmor gemeißelt, in seinen Leichenstein auf dem Montmartrefriedhof. Dort steht noch heute die Irreführung zu lesen: Arrigo Beyle, Milanese, als letzte Ruhestatt dessen, der gutfranzösisch Henri Beyle getauft und (zu seinem Ärger!) in der bittern Provinzstadt Grenoble geboren war. Selbst dem Tod wollte er sich noch in Maske präsentieren: noch für ihn hat er sich romantisch kostümiert.

Aber dennoch und trotzdem: wenige Menschen haben der Welt so viel bekennerische Wahrheit über sich selbst gegeben wie dieser Meisterkünstler der Verstellung. Stendhal wußte gebotenenfalls mit der gleichen Vollendung wahr zu sein, mit der er zu lügen liebte. Mit einer zunächst verblüffenden, ja oft erschreckenden und dann erst überwältigenden Rückhaltlosigkeit hat er, erstmalig kühn, gewisse allerintimste Erlebnisse und Selbstbeobachtungen laut und gerade herausgesprochen, die andere bereits an der Schwelle des Bewußtseins hastig verschleiern oder wegeskamotieren. Denn Stendhal hat genausoviel Mut, ja Frechheit sogar, zur Wahrheit wie zur Lüge, er springt da wie dort mit einer famosen Unbedenklichkeit über alle Hürden der Gesellschaftsmoral, er pascht durch alle Grenzen und Wegschranken der innern Zensur; scheu im Leben, timid vor den Frauen, wird er sofort couragiert, sobald er die Feder nimmt; dann hindern ihn keine »Hemmungen«, im Gegenteil: wo überall er solche Widerstände in sich findet, packt er sie an, holt sie aus sich heraus, um sie mit der größten Sachlichkeit zu anatomisieren. Gerade, was ihn am meisten im Leben hemmte, das bemeistert er am besten in der Psychologie. Intuitiv hat er derart mit echtem Genieglück um 1820 schon einige der raffiniertesten Schließen und Schlösser der Seelenmechanik aufgeknackt, die erst hundert Jahre später die Psychoanalyse mit ihren komplizierten und kunstreichen Apparaten zerlegte und rekonstruierte – sein eingeborener und gymnastisch geübter Psychologenmut springt gleich um ein Jahrhundert mit einem Satz der geduldig vordringenden Wissenschaft voraus. Und dabei verfügt Stendhal über keine andern Laboratorien als die eigene Beobachtung: sein einziges Instrument ist und bleibt eine schneidend harte, sehr spitz geschliffene Neugier. Er beobachtet, was er fühlt, und was er fühlt, das spricht er wiederum frank und frech aus, und, je kühner, desto besser, je intimer, desto leidenschaftlicher. Seine schlimmsten, seine verkrochensten Gefühle durchforscht er am liebsten: ich erinnere nur, wie oft und wie fanatisch er sich des Hasses gegen seinen Vater rühmt, wie er höhnisch berichtet, er habe sich einen ganzen Monat vergebens bemüht, bei seiner Todesnachricht Schmerz zu empfinden. Die peinlichsten Geständnisse seiner sexuellen Hemmungen, seine fortwährenden Mißerfolge bei Frauen, die Krisen seiner maßlosen Eitelkeit, das legt er so sachlich exakt und ausgezirkelt vor den Leser hin wie eine Generalstabskarte: so findet man bei Stendhal gewisse Mitteilungen privatester und subtilster Aufrichtigkeit klinisch kalt beschrieben, die vor ihm niemals ein Mensch die Kehle hochkommen ließ oder gar der Indiskretion des Drucks überantwortete. Das ist seine Tat: im durchsichtig klaren, egoistisch eiskalten Kristall seiner Intelligenz sind einige der kostbarsten Erkenntnisse der Seele für immer festgefroren und der Nachwelt erhalten geblieben. Ohne diesen sonderbarsten Meister in der Verstellung wüßten wir

weniger Wahrheit vom Weltall der Gefühle und seiner Unterwelt. Denn
wer nur einmal gegen sich aufrichtig gewesen, war es immer. Wer sein
eigenes Geheimnis erraten, der hat es für alle erkannt.

10

BILDNIS

Tu es laid, mais tu as de la physiognomie.

— *DER ONKEL GAGNON ZU DEM JUNGEN HENRI BEYLE*

Dämmerung in der kleinen Mansarde der Rue Richelieu. Zwei Wachskerzen brennen auf dem Schreibtisch, seit Mittag schreibt Stendhal an seinem Roman. Jetzt wirft er die Feder mit einem Ruck weg: genug für heute! Nun sich auffrischen, ausgehen, gut speisen, in Gesellschaft, an heiterem Gespräch, an Frauen sich beleben!

Er macht sich bereit, fährt in den Rock, rückt das Toupet zurecht: jetzt noch rasch einen Blick in den Spiegel! Er sieht sich an, und sofort schneidet eine sardonische Falte die Mundwinkel schief: nein, er gefällt sich nicht. Welch ein unfeines, grobes Bulldoggengesicht, rundlich, rot, feistbürgerlich, ach, wie widerlich dick und knollig lagert die breitgenüsterte Nase quer inmitten dieser Provinzvisage! Zwar die Augen, sie wären so übel nicht, klein, schwarz, funkelnd, voll unruhigen Neugierlichts, aber sie sitzen zu tief und zu klein unter den dicken Brauen der schweren, quadratischen Stirn: als le Chinois, den Chineser, haben sie ihn um ihretwillen seinerzeit im Regiment schon verspottet. Was ist noch gut in diesem Gesicht? Stendhal blickt sich ingrimmig an. Nichts ist gut, nichts zart, geistlinig lebendig, alles schwer und vulgär, bitterböseste Bourgeoisie, und dabei der kugelige, in braunem Bart gerahmte Kopf vielleicht noch das Beste an diesem unbequemen Korpus; denn gleich kinnabwärts kröpft sich, zu knapp geraten, der Hals, und tiefer hinab wagt er lieber gar nicht zu schauen, denn er haßt seinen dummen bombastischen Wanst und die zu kurz gestreckten unschönen Beine, die derart mühsam diese ganze schwere Masse Henri Beyle tragen, daß ihn die Schulkameraden immer den »wandelnden Turm« nannten. Noch immer sucht Stendhal im Spiegel nach irgendeinem Trost. Die Hände allenfalls, ja, die können gelten, frauenhaft zart, sehr geschmeidig mit den spitzen, glattpolierten Fingernägeln, aus ihnen spricht noch ein wenig Geist und Adel, und auch die Haut, die mädchenempfindliche und linde, sie verriete zärtliche Gesinnung, ein wenig Noblesse und Feingefühl. Aber wer sieht, wer bemerkt an einem Manne solche feminine Kleinigkeiten? Frauen fragen immer nur nach Gesicht und Figur, und die sind, er weiß es fünfzig Jahre schon, unrettbar plebejisch. Einen Tapeziererkopf hat Augustin Filon seine Visage genannt und Monselet ihn als »Diplomaten mit einem Drogistengesicht« gekennzeichnet; aber selbst solche Begutachtung scheint ihm zu freundschaftlich, denn Stendhal urteilt jetzt selbst, verdrossen in das unbarmherzige Spiegelglas starrend: »Macellaio italiano«: Gesicht eines italienischen Fleischhackers.

Aber wäre er wenigstens, dieser fettleibige massive Körper, brutal und maskulin! – Es gibt ja Frauen, die zu breiten Schultern Zutrauen haben und denen ein Kosak in mancher Stunde besser dient als ein Dandy. Doch niederträchtigerweise, er weiß es, ist diese derbe, bäurische Figur, diese Rotfülligkeit des Bluts bei ihm nur Attrappe, eine Falschmeldung des Fleisches. Unter diesem Koloß Mann flimmert und vibriert ein Nervenbündel subtilster, ja fast krankhafter Empfindlichkeit, als ein »monstre de sensibilité« haben ihn alle Ärzte bestaunt. Und eine solche Schmetterlingspsyche – Verhängnis! –, eingenäht in soviel Fülle und Fett: irgendein Nachtmahr muß in der Wiege Leib und Seele vertauscht haben, denn wie friert und zittert bei jeder Erregung die krankhaft überempfindliche Psyche unter ihrer grobschlächtigen Hülle. Ein offenes Fenster im Nebenraum, und schon rieseln scharfe Schauer über die feindurchäderte Haut, eine zufallende Tür, und sofort zucken die Nerven in wildem Riß, ein schlechter Geruch, und ihm wird schwindlig, die Nähe einer Frau, und er wird verworren, ängstlich oder aus Verkehrtangst grob und unanständig. Unverständlich diese Mischung! Wozu soviel Fleisch, soviel Fett, soviel Wanst, soviel plumpes fuhrmännisches Knochenwerk um ein so spinnfeines und verletzliches Gefühl, wozu ein dermaßen dumpfer, uninteressanter, klotziger Leib um eine so komplizierte und reizbare Seele?

Stendhal wendet sich vom Spiegel ab. Dies Exterieur ist unrettbar, er weiß es seit seiner Jugend. Da kann selbst ein solcher Zauberkünstler von

Schneider nicht helfen, der ihm ein Mieder unter die Weste eingebaut hat, das den Hängebauch geschickt nach oben preßt, und famose Kniehosen aus Lyoner Seide fertigte, damit die lächerliche Kurzbeinigkeit verdeckt sei; nichts hilft auch das Haarmittel, das ein manneskräftiges Braun über die längst ergrauten Koteletten dunkelt, nichts die elegante Perücke, die den glatzigen Schädel schützt, nichts die goldbordierte Konsulatsuniform und die fein polierten, flimmernden Nägel. Diese Mittel und Mittelchen stützen und putzen nur ein wenig auf, sie verbergen das Fett und den Verfall, aber doch: keine Frau wird sich nach ihm umwenden auf den Boulevards, keine mit der ergriffenen Ekstase, wie Madame de Rénal seinem Julien oder Madame de Chasteller seinem Lucien Leuwen, ihm jemals in die Augen sehen. Nein, nie haben sie ihn beachtet, schon als jungen Leutnant nicht, und wie jetzt erst, da die Seele im Speck steckt und das Alter ihm die Stirne schrundet. Vorbei, verspielt! Mit solch einem Gesicht hat man kein Frauenglück, und es gibt kein anderes!

So bleibt nur eines: klug sein, geschmeidig, geistig-anziehend, interessant, die Aufmerksamkeit vom Gesicht ablenken nach innen, blenden und verführen durch Überraschung und Rede! »Les talents peuvent consoler de l'absence de la beauté«, Geschicklichkeit kann allenfalls die Schönheit ersetzen. Vom Geiste her muß man bei solch unglücklicher Physiognomie die Frauen packen, da man ihre Sinne ästhetisch nicht anzuwärmen vermag. Also melancholisch tun bei den Sentimentalen, zynisch bei den Frivolen und manchmal umgekehrt, immer wachsam sein und immer geistreich. »Amusez une femme et vous l'aurez.« Klug jede Schwäche fassen, Hitze vortäuschen, wenn man selbst kalt ist, und Kälte, wenn man glüht, durch den Wechsel verblüffen, durch Tricks verwirren, immer zeigen, daß man anders ist als die andern. Und vor allem keine Chance vergeuden, kein Fiasko scheuen, denn manchmal vergessen die Frauen eines Mannes Gesicht, küßte doch in sonderbarer Sommernacht selbst Titania einstmals einen Eselskopf.

Stendhal setzt den modischen Hut auf, nimmt die gelben Handschuhe und probiert ein kaltes, mokantes Lächeln in den Spiegel hinein. Ja, so muß er heute abend bei Madame de T. auftreten, ironisch, zynisch, frivol und steinkalt: es gilt zu frappieren, zu interessieren, zu blenden, das Wort wie eine blitzende Maske über diese ärgerliche Physiognomie zu stülpen. Nur stark verblüffen, gleich mit dem ersten Ruck die Aufmerksamkeit an sich reißen, das ist das beste, die innere Mutlosigkeit verbergen hinter lauten Gascognaden. Wie er die Treppe hinabsteigt, hat er sich schon ein knallendes Entrée ersonnen: er wird sich heute im Salon vom Diener anmelden lassen als Herr Kaufmann Cäsar Bombet und dann erst selbst eintreten, einen geschwätzig lautrednerischen Wollhändler mimen, niemanden zu Wort kommen lassen und von seinen imaginären Geschäften so lange brillant und frech erzählen, bis die lachende Neugier ihm restlos gehört und die Frauen sich an sein Gesicht gewöhnen. Dann noch ein Feuerwerk von Anekdoten, starken und lustigen, die ihnen die Sinne auflockern, eine dunkle Ecke, die hilfreich seine Leiblichkeit verschattet, ein paar Gläser Punsch: und vielleicht, vielleicht finden ihn um Mitternacht dann die Frauen doch charmant.

11
FILM SEINES LEBENS

1799.

Die Postkutsche von Grenoble nach Paris hält zum Pferdewechsel in Némours. Aufgeregte Gruppen, Plakate, Gazetten: der junge General Bonaparte hat gestern in Paris der Republik den Genickfang, dem Konvent den Fußtritt gegeben und sich zum Konsul gemacht. Alle Reisenden debattieren ereifert, nur ein sechzehnjähriger Bursche, breitschultrig, rotbackig, bezeigt wenig Aufmerksamkeit. Was schert ihn die Republik oder Konsulate, er fährt nach Paris, angeblich, um in der École Polytechnique zu studieren, aber in Wahrheit, um der Provinz zu entrinnen, Paris zu erleben, Paris, Paris! Und sofort füllt sich die ungeheure Schale dieses Namens mit buntem Geström von Träumen. Paris, das heißt Luxus, Eleganz, Beschwingtheit, Antiprovinz, Freiheit, und vor allem Frauen, viele Frauen. Irgendeine junge, schöne, zarte, elegante (vielleicht jener Victorine Cably ähnlich, jener Schauspielerin in Grenoble, die er schüchtern von ferne geliebt) wird er plötzlich auf eine romantische Weise kennenlernen, er wird sie retten aus dem zerschmetterten Kabriolett, indem er sich den durchbrennenden Pferden entgegenwirft, irgend etwas Großes, so träumt er, wird er für sie tun, und sie wird seine Geliebte sein.

Die Postkutsche holpert weiter und zerrädert unbarmherzig diese vorzeitigen Träumereien. Kaum wirft der Knabe einen Blick auf die Landschaft, kaum spricht er zu seinen Begleitern ein Wort. Endlich hält der

Postillion am Schlagbaum. Dröhnend rollen die Räder über die buckligen Straßen, in die engen, schmutzigen, überhohen Häuserschluchten hinein, dumpfig vom Geruch ranziger Speisen und schweißiger Armut. Erschreckt sieht der Enttäuschte sein Traumland an. Das also ist Paris, »ce n'est donc que cela?« Nichts als das ist Paris? Immer wieder wird er dies Wort später wiederholen: nach dem ersten Gefecht, beim Übergang der Armee über den St. Bernhard, in der ersten Liebesnacht. Immer wird diesem unmäßigen romantischen Verlangen die Wirklichkeit schal und flau erscheinen nach so überschwenglichen Träumen.

Sie laden ihn ab vor einem gleichgültigen Hotel in der Rue Saint-Dominique. Dort in einer Mansarde des fünften Stockes, eine Luke statt des Fensters, rechte Brutstätte zorniger Melancholie, haust der kleine Henri Beyle nun ein paar Wochen, ohne einen Blick in seine Mathematikbücher zu tun. Stundenlang trottet er auf den Straßen, sieht den Frauen nach: wie sind sie doch verführerisch in der neurömischen Mode der Nacktheit, wie entgegenkommend scherzen sie mit ihren Verehrern, wie wissen sie zu lachen, anlockend und leicht; aber er wagt sich an keine heran, der linkische dumme Junge im grünen Provinzüberrock, sehr wenig elegant und noch weniger verwegen. Nicht einmal zu den geldgefälligen Mädchen, die um die Öllaternen billig streichen, traut er sich hin und beneidet verbissen die kühneren Kameraden. Er hat keinen Freund, keine Gesellschaft, keine Arbeit: mürrisch träumt er in Erwartung romantischer Abenteuer durch die schmutzigen Straßen, so ganz in sich verloren, daß er manchmal in Gefahr gerät, von einem Wagen überrannt zu werden.

Endlich, niedergemürbt, ausgehungert nach Rede, Wärme und Vertraulichkeit, macht er Besuch bei seinen Verwandten, den reichen Darus. Sie sind nett zu ihm, laden ihn ein, ziehen ihn in ihr schönes Haus, aber – Erbsünde für Henri Beyle! – sie stammen aus der Provinz, und das verzeiht er ihnen nicht; sie leben bürgerlich, reich und behäbig, indes seine Börse fadenscheinig schlottert, und das erbittert ihn. Verdrossen, schweigsam, linkisch, ihr geheimer Feind, sitzt er mit ihnen bei Tisch, sein brennendes Verlangen nach Zärtlichkeit versteckend hinter muffiger und ironischer Bockigkeit: ein unangenehmer, undankbarer Patron, wie wahrscheinlich die alten Darus heimlich konstatieren. Spät abends kommt dann, abgehetzt, müde und verschlossen, aus dem Kriegsministerium der Heros der Familie, Pierre (später Graf) Daru, die rechte Hand des allmächtigen Bonaparte. Seiner innersten Neigung nach wäre der Kriegsmann lieber Kollege dieses kleinen Dichters (den er, weil er sich so schweigsam vermauert, für einen linkischen Dummkopf hält, und vor allem ungebildet wie einen Karpfen); denn er übersetzt in seinen Mußestunden Horaz, schreibt philosophische Abhandlungen und wird späterhin, wenn er einmal die Uniform ablegt, eine Geschichte Venedigs verfassen, jetzt aber lebt er wichtigeren Aufgaben im Schatten Bonapartes. Ein nimmermüdes Arbeitstier, verfaßt er Tag und Nacht im Geheimkabinett des Generalstabs Pläne, Berechnungen und Briefe, niemand weiß, zu welchem Zweck. Der kleine Henri haßt ihn gerade darum, weil er ihm nach vorwärts helfen will, denn er will nicht nach vorwärts, er will zu sich selbst.

Aber eines Tages ruft Pierre Daru den Faulenzer; er solle sofort mit in das Kriegsministerium, er habe eine Stelle für ihn. Unter der Karbatsche Darus muß nun der kleine feiste Henri Briefe, Briefe, Briefe, Referate und Berichte schreiben von zehn Uhr morgens bis ein Uhr nachts, daß ihm die Finger krachen. Noch weiß er nicht, wozu all diese wütige Schreiberei dient, aber bald wird die Welt es wissen. Ahnungslos schafft er mit an dem italienischen Feldzuge, der mit Marengo beginnt und mit einem Kaiserreich schließt; endlich erzählt der »Moniteur« das Geheimnis: der Krieg ist erklärt. Der kleine Henri Beyle atmet auf, gottlob! jetzt muß dieser Quälgeist Daru abrücken ins Hauptquartier, vorbei die öde Brieffuchserei. Er atmet auf; lieber Krieg als noch weiterhin dies Schrecklichste auf der Welt, als die beiden Dinge, die er am meisten haßt: Arbeit und Langeweile.

1800, Mai. Nachhut der italienischen Armee Bonapartes bei Lausanne.

Ein paar Kavallerieoffiziere drängen ihre Pferde zusammen und lachen, daß die Federbüsche auf ihren Tschakos wackeln. Ein possierlicher Anblick: da hockt auf einer widerspenstigen Mähre, wie ein Affe ungeschickt angekrallt, ein kurzbeiniger dicker Junge, halb Zivil, halb Militär, und rauft mit dem bockigen Vieh, das den Sonntagsreiter durchaus den Boden küssen lassen will. Sein riesiger Pallasch, schief um den Bauch gebunden, schlenkert immer gegen die Kruppe und kitzelt das arme Roß, bis es schließlich steigt und in höchst unbeabsichtigtem Galopp den tristen Kavalleristen quer über Äcker und Gräben schüttelt.

Die Offiziere amüsieren sich königlich. »Reit hin«, kommandiert endlich mitleidig der Kapitän Burelvillers seinem Burschen, »und hilf diesem Demian!« Der Bursche galoppiert scharf nach, karbatscht der fremden Mähre ein paar Saftige über, bis sie stille steht, dann packt er die Zügel und schleppt den Neuling heran, das Gesicht krebsrot von Zorn und Scham. »Was wollen Sie von mir?« fragt er erregt den Kapitän: der ewige Phantast träumt schon von Arretierung oder Duell. Aber der spaßmütige Kapitän wird sofort, als er hört, daß es sich da um einen Vetter des allmächtigen Daru handelt, sehr höflich, bietet ihm seine Gesellschaft an und fragt den zweifelhaften Rekruten, wo er bisher sich umgetrieben. Henri errötet: diesen Banausen kann man doch nicht eingestehen, daß man in Genf tränenden Auges vor dem Haus gestanden, in dem Jean-Jacques Rousseau geboren wurde. So tut er forsch und frech, spielt den Kühnen in einer so ungeschickten Weise, daß er ihnen allen gefällt. Die Offiziere lehren ihn zunächst kameradschaftlich die hohe Kunst, beim Reiten die Zügel richtig zwischen zweiten und dritten Finger zu fassen, den Säbel gerade umzuschnallen, und sonst noch ein paar Geheimnisse des Kommiß. Und sofort fühlt sich Henri Beyle als Soldat und Held.

Er fühlt sich als Held oder zumindest, er erlaubt nicht, daß jemand anderer an seiner Courage zweifelt. Er wird sich lieber die Zunge abbeißen, als eine ungeschickte Frage tun oder einen Seufzer Angst aus den Lippen lassen. Nach dem weltberühmten Übergang über den St. Bernhard wendet er sich lässig im Sattel und fragt den Kapitän beinahe verächtlich seine ewige Frage: »War das alles?« Wie er bei Fort Bard ein paar Kanonen brummen hört, tut er abermals erstaunt: »Ist das der Krieg, nichts als das?« Immerhin, er hat Pulver gerochen, eine Art Jungfräulichkeit vor dem Leben ist nun verloren, ungeduldiger spornt er das Pferd, rasch hinab nach Italien, nun die andere noch verlieren, und über die kurzfristigen Abenteuer des Kriegs den unendlichen des Eros entgegen.

1801, Mailand. Korso an der Porta Orientale.

Der Krieg hat die Piemonteser Frauen aufgeweckt aus ihrer Gefangenschaft. Seit die Franzosen im Lande sind, fahren sie täglich in ihren niederen Karossen die blitzenden Straßen unter dem blauen Himmel entlang, lassen anhalten, plaudern mit ihren Liebhabern oder ihren Cicisbeos, lächeln den jungen frechen Offizieren nicht ungern in die Augen und spielen mit Fächern und Blumen deutsames Spiel.

In den schmalen Schatten gedrückt, sieht sehnsüchtig ein siebzehnjähriger Unteroffizier zu den eleganten Frauen hinüber. Ja, Henri Beyle ist plötzlich sous-off bei den Sechserdragonern geworden, ohne eine einzige Bataille mitgemacht zu haben; als Cousin des allmächtigen Daru erreicht man ja allerhand. Über der Stirn weht und wedelt vom blanken Metall der schwarze Roßhaarschweif der französischen Dragoner, hinter seinem weißen Kavalleriemantel klirrt schreckhaft mächtig der große Säbel, an den Stulpen seiner Stiefel klingeln die Sporen: wahrhaftig, er sieht martialisch aus, der kleine dicke, feiste Junge von vorgestern.

Eigentlich sollte er, statt hier am Korso herumzuschlendern und täglich das Pflaster mit dem Pallasch abzuklappern und die Frauen sehnsüchtig anzuschauen, bei seiner Kompagnie stecken und die Österreicher hinter den Mincio jagen helfen. Aber schon der Siebzehnjährige liebt das Vulgäre nicht, er hat bereits entdeckt, daß »höchst wenig Geist dazu nötig ist, um einen Säbelhieb zu dreschen«. Wenn man der Cousin des großen Daru ist, bleibt man lieber, statt groben Kommißdienst abzuschnurren, in der blitzblanken Etappe Mailand, denn im Biwak gibt es keine so schönen Frauen zu beschwören und vor allem keine Scala, die göttliche Scala mit ihren Opern Cimarosas, mit den sublimen Sängerinnen. Dort, und nicht in einem Zelt irgendwo in einem oberitalienischen Sumpfnest, schlägt Henri Beyle sein eigentliches Hauptquartier auf. Immer ist er der erste am Abend, wenn die Logen in den fünf Stockwerken der Scala sich allmählich erleuchten, die Damen eintreten »più che seminuda«, mehr als halbnackt unter der leichten Seide, und sich Uniformen glitzernd über ihre blanken Schultern beugen. Ach, wie sie schön sind, die italienischen Frauen, wie heiter und gefällig und wie beglückt sie es genießen, daß Bonaparte fünfzigtausend junge Burschen nach Italien gebracht hat zum Schmerz und zur Entlastung der Mailänder Ehemänner!

Aber leider, noch immer hat keine von ihnen allen daran gedacht, unter diesen fünfzigtausend sich Henri Beyle aus Grenoble zu erwählen. Wie sollten sie es auch wissen, die üppige Angela Pietragrua, die rundliche Tuchhändlerstochter, die gern ihre weiße Büste vor den Gästen enthüllt und ihre Lippen an den Schnurrbärten der Offiziere wärmt, daß dieser kleine Rundkopf mit den funkelnden und eng gekniffenen schwarzen Augen – »il Cinese«, den Chineser nennt sie ihn spaßhaft und ein wenig gleichgültig – in sie verliebt ist, daß er von ihr, der doch gar nicht Hartherzigen, Tag und Nacht wie von einem unerreichbaren Idol träumt und sie, die dickliche Bürgergesponsin, durch seine romantische Liebe einmal unsterblich machen wird? Freilich, er kommt jeden Abend Pharao spielen mit den andern Offizieren, sitzt stumm und scheu in der Ecke und erblaßt, wenn sie zu ihm spricht. Aber hat er jemals ihre Hand gedrückt, leise das Knie an das ihre geschoben oder ihr jemals einen Brief geschrieben oder ein »mi piace« geflüstert? Andere Deutlichkeiten gewöhnt von französischen Dragoneroffizieren, beachtet die vollbusige Angela den kleinen Unteroffizier kaum, und so versäumt der Ungeschickte ihre Gunst, ohne zu ahnen, wie gern und willig sie ihre Liebe jedem Begehrlichen zuteilt. Denn trotz seinem großen Pallasch, seinen Stulpenstiefeln ist Henri Beyle noch immer so schüchtern wie in Paris und der timide Don Juan noch immer jungfräulich. Jeden Abend nimmt er sich vor, den großen Sturm zu wagen, er schreibt sich sorgfältig in sein Notizbuch die Lehren älterer

Kameraden, wie man handgreiflich die Tugend einer Frau überwindet, aber kaum in der Nähe der geliebten, göttlichen Angela, wird der theoretische Casanova sofort kopfscheu, verwirrt sich und errötet wie ein Mädchen. Um ein ganzer Mann zu werden, beschließt er, endlich seine Jungfräulichkeit zu opfern. Irgendeine Mailänder Professionelle (»Ich habe ganz vergessen, wer und wie sie war«, schreibt er später in seine Aufzeichnungen) bietet sich ihm als Altar, aber leider erwidert sie seine Erstlingsgabe mit einer bedeutend unedleren, sie gibt dem Franzosen die Krankheit zurück, die angeblich die Leute des Connétable von Bourbon nach Italien gebracht und die seitdem die französische heißt. Und so opfert der Diener des Mars, der den linden Dienst der Venus suchte, noch jahrelang dem strengen Gotte Merkur.

1803, Paris. Wieder in einer Mansarde des fünften Stockes, wieder in Zivil.

Der Säbel ist fort, die Sporen und Schnüre, das Leutnantspatent in die Ecke geschmissen. Er hat genug bekommen vom Soldatenspielen, genug zum Erbrechen – »J'en suis soûl.« Kaum daß die Narren ihm zumuteten, ernstlich Garnisondienst zu machen in schmierigen Dörfern, sein Pferd zu striegeln und Gehorsam zu leisten, hat Henri Beyle Reißaus genommen. Nein, Gehorsam zu leisten ist nicht dieses Eigenwilligen Sache, sein höchstes Glück, »niemandem zu befehlen und niemandes Untergebener zu sein«. So hat er dem Minister ein Brieflein geschrieben mit seiner Demission und gleichzeitig eins an den strenggeizigen Vater, er möchte mit etwas Geld herausrücken, und der Vater, den Henri in seinen Büchern auf das saftigste verleumdet hat (und der seinen Sohn wahrscheinlich in derselben ungeschickten und verhaltenen Weise liebt wie jener die Frauen), der »father«, der »bâtard«, wie ihn Henri in seinen Aufzeichnungen immer höhnisch nennt, sendet wirklich allmonatlich Geld. Nicht viel allerdings, aber doch genug, daß man sich einen leidlichen Anzug machen lassen kann, pompöse Krawatten kaufen und weißes Schreibpapier, um darauf Komödien zu dichten. Denn neuer Entschluß: Henri Beyle will nicht mehr Mathematik studieren, sondern dramatischer Dichter werden.

Zunächst tut er dies in der Weise, daß er häufig in die Comédie Française geht, um bei Corneille und Molière zu lernen. Dann zweite Erfahrung, sehr wichtig für einen zukünftigen Dramatiker: man muß Kenntnis der Frauen gewinnen, man muß lieben, geliebt werden, eine »belle âme«, eine schöne Seele, eine »âme aimante« finden. Er macht also der kleinen Adèle Rebouffet den Hof und genießt die romantische Lust des unglücklichen Liebhabers bis zur Neige; glücklicherweise tröstet ihn die üppige Mutter (wie er im Tagebuch notiert) einige Male in der Woche auf irdische Weise. Das ist amüsant und lehrreich, aber immerhin noch nicht die rechte, die schwärmerische, die große Liebe. So sucht er unentwegt das erhabene Idol. Schließlich fesselt Louason, eine kleine Schauspielerin an der Comédie Française, seine immer brodelnde Leidenschaft und duldet seine Huldigungen, ohne zunächst mehr zu erlauben. Aber nie liebt Henri besser, als wenn eine Frau sich ihm verweigert, denn er liebt nur das Unerreichbare, und bald steht der Zwanzigjährige in Flammen.

1803, Marseille. Überraschende Verwandlung, unglaublich fast.

Ist das wirklich Henri Beyle, Exleutnant der Napoleonischen Armee, Pariser Dandy und gestern noch Dichter? Ist er das wirklich, dieser schwarz beschürzte Kommis in dem engen Erdgeschoß der Firma Meunier & Cie, Kolonialwaren en gros & en détail, der da auf dem Schreibbock sitzt in dieser schmuddeligen Gasse links am Hafen von Marseille, in diesem dumpf nach Öl und Feigen riechenden Gewölbe? Ist es wirklich die sublime Seele, die gestern noch in Versen die erhabensten Gefühle reimte, die da heute Rosinen und Kaffee, Zucker und Mehl verschleißt, Mahnungen an die Kunden schreibt, auf Zollämtern mit den Beamten schachert? Jawohl, er ist es, der Rundkopf, der Hartkopf. Hat sich Tristan als Bettler verkleidet, um der geliebten Isolde zu nahen, und haben Königstöchter das Pagenkleid angetan, nur um dem trauten Ritter in den Kreuzzug zu folgen – er, Henri Beyle, hat Heroischeres vollbracht, er ist Kommis geworden in einem Kolonialwarengeschäft, Bäckergehilfe und Ladenschwengel, um seine Louason zu begleiten, die hier ans Theater in Marseille engagiert ist. Was tut es, tagsüber sich mit Zucker und Mehl die Finger zu stauben, wenn man abends eine Schauspielerin aus dem Theater abholen und als Geliebte ins Bett führen kann?

Herrliche Zeit, herrliche Erfüllung! Aber leider wird einem Romantiker nichts gefährlicher, als seinen Idealen allzu nahe zu kommen. Man entdeckt dann, daß Marseille, die erträumte Südstadt, eigentlich genauso provinzlerisch ist unter den lärmenden Gesten der Meridionalen wie Grenoble und seine Straßen so stinkig und schmutzig wie jene von Paris. Und selbst, wenn man mit der Göttin seines Herzens lebt, kann man die enttäuschende Erfahrung machen, daß diese Göttin zwar noch immer schön, aber herzlich dumm ist, und man wird anfangen, sich zu langweilen. Schließlich wird man sogar froh sein, wenn eines Tages der Göttin am Theater gekündigt wird und sie als Wolke nach Paris entschwebt: man wird von einer Illusion geheilt sein, um sich unermüdlich morgen die nächste zu suchen.

1806, Braunschweig. Abermaliger Kostümwechsel.

Wiederum Uniform, aber nicht mehr das grobe Kommiß des »sousoff«, das nur Ansehen findet bei Marketenderinnen und Nähmamsellen. Jetzt sausen die Hüte der deutschen Honoratioren respektvoll von den Köpfen, wenn der Intendant-Stellvertreter der Großen Armee, Monsieur l'intendant Henri Beyle, mit Herrn von Strombeck oder irgendeinem andern illustren Vertreter der Braunschweiger Gesellschaft durch die Straßen schreitet. Aber nein, es ist ja nicht mehr Henri Beyle, man beliebe, eine kleine Korrektur zu machen: seit er in Deutschland ist und in so würdiger Stellung, unterzeichnet er: Herr von Beyle, »Henri de Beyle«. Zwar hat ihm Napoleon nicht den Adel verliehen, nicht einmal eine kleine Ehrenlegion oder sonstigen Knopflochschmuck; aber Henri Beyle, ein geschwinder Beobachter, merkt, daß die braven Deutschen auf Titel fliegen wie Finken auf den Leim; und man will doch nicht in der adeligen Gesellschaft, wo einen allerhand hübsche und appetitliche Blondinen zum Tanz locken, als banaler Bürger gelten: zwei solche Buchstaben aus dem Alphabet zaubern zur pompösen Uniform noch einen besonderen Nimbus.

Peinliche Missionen sind eigentlich Herrn Beyle zugedacht. Er soll noch sieben Millionen Kriegskontributionen aus dem weidlich geplünderten Sprengel herauskratzen, Ordnung halten und organisieren; er tut es anscheinend geschickt und geschwind mit der linken Hand, die rechte aber hält er sich frei, um Billard zu spielen und das Jagdgewehr einzuschießen, und für noch zartere Vergnügung. Denn auch in Deutschland gibt es angenehme Weiblichkeit. Gegen ein blondes und adeliges Minchen kann er seine platonischen Liebesbedürfnisse entladen, und die gröberen entlastet die gefällige Freundin eines Freundes, mit dem schönen Namen Knabelhuber geziert, tröstend des Nachts: so hat sich's Henri wieder bequem gemacht. Ohne Neid auf alle Marschälle und Generale, die an der Sonne von Austerlitz und Jena ihr Süppchen kochen, sitzt er still im Schatten des Krieges, liest Bücher, läßt sich deutsche Verse übersetzen und schreibt wieder wunderschöne Briefe an seine Schwester Pauline, immer wissender, immer meisterlicher sich zum Lebenskünstler entfaltend, nachzüglerischer Tourist auf allen Schlachtfeldern, intellektueller Dilettant aller Künste und immer mehr frei und sich selber nahe, je weiter er die Welt kennen und je besser er sie beobachten lernt.

1809, Wien, 31. Mai. Schottenkirche, dunkel und halb leer,
frühmorgendlich.

In der ersten Bank knien in schwarzen, ärmlichen Trauerkleidern ein paar alte Männlein und Weiblein: die Verwandten des guten Papa Haydn aus Rohrau. Daß die französischen Brandkugeln plötzlich in sein geliebtes Wien sausten, hat den braven, den windschiefen zittrigen Greis zu Tode erschreckt: der Komponist der Volkshymne ist patriotisch gestorben mit den gestammelten Worten: »Gott erhalte Franz den Kaiser!«, und sie haben den kindleichten Leib von dem kleinen Haus in der Gumpendorfer Vorstadt, mitten im Tumult der einrückenden Armee, ganz eilig und hastig auf den Gottesacker führen müssen. Nun halten nachträglich die Musiker Wiens in der Schottenkirche ihrem Meister feierliche Totenmesse. Eine stattliche Anzahl hat sich ihm zu Ehren aus den okkupierten Häusern herausgewagt; vielleicht steht unter ihnen auch der kleinbeinige Sonderling mit dem wirren, fahrigen Löwenhaupt, der Herr van Beethoven, vielleicht singt unter den Buben im Chor droben ein kleiner zwölfjähriger Bub aus dem Lichtental, der Franz Schubert heißt. Aber niemand hat jetzt des andern acht, denn plötzlich tritt in voller Uniform ein anscheinend hoher französischer Offizier herein, begleitet von einem zweiten Herrn im gestickten Galakleid der Akademie. Alle schrecken sie unwillkürlich auf: wollen am Ende die französischen Eindringlinge verbieten, daß man dem guten sanften Vater Haydn hier eine letzte Ehrung bringt? Nein, durchaus nicht: Herr von Beyle, Auditor der Grande armée, erscheint vollkommen privat, er hat irgendwo im Quartier gehört, das Requiem Mozarts sei angesetzt für diese Feier. Und um Mozart oder Cimarosa zu hören, würde dieser zweifelhafte Kriegsknecht hundert Meilen zu Pferde reiten, denn ihm gelten vierzig Takte dieser geliebten Meister mehr als eine pompöse, welthistorische Bataille mit vierzigtausend Toten. Behutsam tritt er in die Kirchenbank und hört auf die jetzt langsam einsetzende Musik. Sonderlich sagt ihm das Requiem nicht zu, er findet es »zu geräuschvoll«, es ist nicht »sein« Mozart, der flügelleichte, unbeschwerte; immer, wo die Kunst die ganz klare und sanghafte Linie überschreitet, wo sie sich über die menschliche Stimme emporwagt in die wilderen und ungezügelten der ewigen Elemente, wird sie ihm fremd. Auch abends, im Kärntnertor-Theater, der »Don Juan« wird ihm erst langsam verständlich, und wenn der Nachbar im Raume, der Herr van Beethoven (von dem er nichts weiß), einmal den Boreas seines Temperamentes gegen ihn anbrausen ließe, würde Stendhal nicht minder erschrecken vor diesem heiligen Chaos als sein großer Dichterbruder in Weimar, als der Herr von Goethe.

Die Messe ist zu Ende. Heiterer Miene tritt Henri Beyle, blitzend in Uniform und Übermut, aus der Kirche und schlendert den Graben entlang; bezaubernd findet er diese schöne, saubere Stadt Wien und ihre Menschen, die gute Musik machen, ohne darum schon so hart und grüblerisch zu verschroten wie droben im Nordland die andern Deutschen. Eigentlich sollte er jetzt in sein Amt gehen und für die Verproviantierung der Grande armée sorgen, aber das scheint ihm von minderer Wichtigkeit. Vetter Daru arbeitet ja wie ein Pferd, und den Sieg wird Napoleon schon erfechten: Gott sei Dank, daß er solche Käuze schuf, denen die Arbeit Spaß macht: man kann auf ihre Kosten gut leben. So zieht Cousin Beyle, von Jugend auf virtuos geübt in der Teufelskunst der Undankbarkeit, das bequemere Amt vor, Madame Daru in Wien über die Arbeitswütigkeit ihres Gatten zu trösten. Kann man sich besser gegen einen Wohltäter revanchieren, als daß man wohltätig ist gegen seine Frau mit Gefühl und Zärtlichkeit? Sie reiten zusammen hinaus in den Prater, allerhand Intimitäten spinnen sich an im zerschossenen Lusthaus. Sie besehen die Galerien, die Schatzkammern und die schönen Landschlösser des Adels, bis nach Ungarn hinaus sausen sie in gutgefederten Kaleschen, indes die Soldaten bei Wagram sich die Schädel einschlagen und der wackere Gatte Daru Tinte schwitzt. Der Nachmittag gehört der Liebe, der Abend dem Kärntnertor-Theater, am liebsten Mozart und immerdar Musik: allmählich begreift der sonderbare Mensch unter dem Intendantenrock, daß für ihn in der Kunst der Sinn und die Süße alles Lebens liegt.

1810 bis 1812, Paris. Glanzjahre des Kaiserreichs.

Es wird immer herrlicher. Man hat Geld und kein Amt, man ist – weiß Gott, ohne Verdienst! – dank zarter Frauenhände Mitglied des Staatsrats und Verwalter des Kronmobiliars geworden. Aber Napoleon bedarf glücklicherweise nicht ernstlich seiner Staatsratgeber, sie haben Zeit und können viel spazierengehen – nein: spazierenfahren! Denn Henri Beyle, die Börse gut gepolstert von diesen plötzlichen Funktionärsgeldern, lenkt jetzt sein eigenes, lackfrisch funkelndes Kabriolett, er speist im Café de Foy, beschäftigt den ersten Schneider, hat ein Verhältnis mit seiner Cousine und hält sich (Ideal seiner Jugend!) außerdem eine Tänzerin aus, namens Bereyter. Wie sonderbar, daß man mit dreißig Jahren mehr Glück hat bei den Frauen als mit zwanzig, wie unerklärlich, daß sie leidenschaftlicher werden, je kühler man tut; jetzt beginnt auch Paris, das dem armen Studiosus so häßlich erschien, ihm langsam zu gefallen; wahrhaftig, das Leben wird schön. Und das Schönste: man hat Geld, und man hat Zeit, so viel Zeit sogar, daß man zu seinem Vergnügen, nur eigentlich, um sich an das geliebte Italien zu erinnern, ein Buch aus jener Welt schreibt, eine »Histoire de la peinture«. Ach, kunsthistorische Werke schreiben, das ist ja ein so angenehmes, unverbindliches Vergnügen, besonders, wenn man's, wie Henri Beyle, sich so bequem macht, sie zu drei Vierteln einfach aus andern Büchern abzuschreiben und bloß den Rest mit Anekdoten und Drolerien locker aufzufüllen: doch welches Glück schon, bloß als Genießer dem Geistigen nahe zu sein! Vielleicht, denkt Henri Beyle, könnte man einmal, wenn man alt wird, Bücher schreiben, um sich die verlorene Zeit und die Frauen in Erinnerung einzufangen. Aber wozu schon jetzt: das Leben ist noch viel zu reich, zu füllig und zu schön, um es am Schreibtisch zu versäumen!

1812 bis 1813.

Kleine Störung: Napoleon führt wieder einmal Krieg, diesmal ein paar tausend Meilen weit. Aber Rußland, das abenteuerlich ferne Land, lockt den ewig neugierigen Touristen: welch einzige Gelegenheit, sich einmal auch den Kreml und die Moskowiter anzusehen und auf Staatskosten nach Osten zu rutschen, selbstverständlich in der Nachhut, behaglich und ohne Gefahr, so wie seinerzeit in Italien, Deutschland und Österreich. Tatsächlich, er bekommt eine große Mappe von Marie Luise mit, gefüllt mit Briefen an den großen Gemahl, er wird feierlich beauftragt, in Eilkarossen und bepelzten Schlitten Geheimpost bis Moskau zu bringen. Da der Krieg in der Nähe gesehen – Beyle weiß es aus Erfahrung – ihm immer sterbenslangweilig wird, nimmt er sich privatim einiges zum persönlichen Amüsement mit, eine Kopie der zwölf Manuskriptbände der »Histoire de la peinture« in grünem Maroquinband und sein seit Jahren begonnenes Lustspiel; denn wo arbeitet man für sich besser als im Hauptquartier? Schließlich wird ja auch Talma nach Moskau kommen und die Große Oper, man wird sich nicht allzusehr langweilen und dann: eine neue Variante, die polnischen, die russischen Frauen...

Beyle hält unterwegs nur Station, wo es Schauspiel gibt: auch im Krieg, auch auf der Reise kann er Musik nicht entbehren, allerorts muß die Kunst ihm Gefährtin sein. Aber erstaunlicheres Schauspiel noch erwartet ihn in Rußland: Moskau eine brennende Metropole der Welt, ein Panorama, wie seit Nero kein Dichter es großartiger erschaut hat. Nur fertigt Henri Beyle keine Oden bei diesem pathetischen Anlaß, und seine Briefe verbreiten sich wenig über dieses unangenehme Ereignis. Längst ist diesem subtilen Genießer das militärische Gekatzbalge der Welt nicht

457

mehr so wichtig wie zehn Takte Musik oder ein kluges Buch: das feine Beben des Herzens erschüttert ihn mehr als die Kanonade von Borodino, und er hat nur noch wenig Sinn für andere Historie als die seines eigenen Lebens. So fischt er sich aus dem Riesenbrand einen schön gebundenen Voltaire heraus und gedenkt ihn mitzunehmen: souvenir de Moscou. Aber diesmal tritt selbst den Etappenschwärmern der Krieg mit seinen Frostbeinen kräftig auf die Zehen. An der Beresina hat der Auditor Beyle noch Zeit (als der einzige Offizier in der Armee, der an derlei Dinge denkt), sich tadellos zu rasieren, dann aber eiligst über die einkrachende Brücke, sonst geht es an den Kragen. Das Tagebuch, die »Histoire de la peinture«, der schöne Voltaire, das Pferd und der Pelz und der Mantelsack bleiben den Kosaken. Nur mit zerrissenen Kleidern am Leib, schmutzig, gehetzt, die Haut von Kälte zerrissen, rettet er sich nach Preußen. Und sein erster Atemzug ist wieder die Oper: wie andere ins Bad, stürzt er sich gleich in Musik, um sich zu erfrischen. So wird für Henri Beyle der russische Feldzug, die Vernichtung der Großen Armee, nicht viel mehr als ein Intermezzo zwischen zwei Abenden, der »Clemenzia di Tito« in Königsberg bei der Rückkehr und dem »Matrimonio secreto« in Dresden, bei dem Auszug ins Feld.

1814 bis 1821, Mailand.

Wiederum Zivil, Henri Beyle hat genug, endgültig genug vom Krieg. Eine Schlacht sieht von der Nähe aus wie die andere, man sieht in jeder dasselbe, »nämlich nichts«. Er hat genug von allen Aufgaben und Ämtern, von Vaterländern und Schlächtereien, von Papieren und Offizieren. Mag Napoleon in seiner »Courromanie« seiner wütigen Kriegskrankheit, noch einmal Frankreich erobern: gut, er tue so, aber ohne den Sukkurs fortan des Herrn Auditor Beyle, der nichts anderes mehr will als keinem befehlen und keinem gehorchen, der nichts begehrt als das Natürlichste und doch Allerschwerste: endlich, endlich sein eigenes Leben zu führen.

Schon vor drei Jahren, zwischen zweien der üblichen Napoleonskriege, zweitausend Franken in der Tasche, war er, selig und froh wie ein Kind, zum Urlaub hinabgesaust nach Italien: schon hat jenes Heimweh nach seiner eigenen Jugend begonnen, das den alternden Beyle bis zur letzten Stunde nie mehr verläßt — und seine Jugend heißt Italien: Italien und Angela Pietragrua, die er timid und scheu als kleiner Unteroffizier geliebt und an die er nun mit einmal unbezwinglich denken muß, seit die Kutsche die alten Pässe niederrollt. Abends kommt er an in Mailand. Rasch den Staub von Gesicht und Hand, andere Kleider über und hin in die Heimat des Herzens, in die Scala, Musik zu hören. Und wirklich, nach seinem eigenen Wort: »Musik erweckt die Liebe.«

Am nächsten Morgen schon eilt er zu ihr, läßt sich melden, sie erscheint, noch immer schön, begrüßt ihn höflich, aber fremd. Er stellt sich vor: Henri Beyle, der Name sagt ihr nichts. Nun beginnt er zu erinnern, an Joinville und die andern Kameraden. Endlich erhellt sich das geliebte, tausendmal geträumte Gesicht zu einem Lächeln. »Ah, ah, Ella è il cinese« (»Ach, Sie sind der Chineser«) – der verächtliche Spitzname ist alles, was Angela Pietragrua von ihrem romantischen Liebhaber noch weiß. Allerdings, nun ist Henri Beyle nicht siebzehn und kein Brackenburg mehr: kühn und gierig gesteht er seine Leidenschaft von damals und heute. Sie erstaunt: »Ja, warum haben Sie mir das nicht gesagt?« Sie hätte ihm doch gern die Kleinigkeit gewährt, die einer großmütigen Frau so wenig kostet, aber glücklicherweise bleibt dazu noch Zeit, und bald kann der Romantiker, elf Jahre zu spät freilich, in seine Hosenträger das Datum jenes Liebessiegs über Angela Pietragrua, 21. September, halb zwölf Uhr mittags, einsticken lassen.

Dann aber haben sie ihn noch einmal nach Paris zurückgetrommelt. Noch einmal, zum letztenmal, 1814, muß er für diesen kriegswütigen Korsen Provinzen verwalten, das Vaterland verteidigen, aber glücklicherweise – ja glücklicherweise, denn der schlechte Franzose Henri Beyle ist todfroh, daß die Kriegsführerei, und sei es auch mit einer Niederlage, glücklich ein Ende hat – rücken die drei Kaiser in Paris ein. Jetzt kann er endlich und endgültig nach Italien fahren, für immer frei von jedem Amt und Vaterland. Herrliche Jahre, einzig der Musik hingegeben, den Frauen, dem Gespräch, dem Schreiben, der Kunst. Jahre mit Geliebten, freilich mit solchen, die einen schändlich betrügen, wie die allzu freigebige Angela, oder aus Keuschheit ablehnen, wie die schöne Mathilde. Aber doch Jahre, in denen man immer mehr sein eigenes Selbst fühlt und erkennt, an jedem Abend in der Scala sich die Seele neu in Musik reinbadet, manchmal ein Gespräch genießt mit dem edelsten Dichter der Zeit, Herrn von Byron, und von Neapel bis Ravenna alle Schönheit des Landes, allen Reichtum der kunstgeistig Gebildeten, in sich einsammeln kann. Niemand hörig, niemand im Wege, sein eigener Herr und bald sein eigener Meister: unvergleichliche Jahre der Freiheit! »Evviva la Libertà!«

1821, Paris.

Evviva la Libertà? Nein, es tut nicht mehr gut, in Italien von der Freiheit zu reden, die österreichischen Herren und Behörden verschnupfen sich gefährlich bei diesem Wort. Man soll auch keine Bücher schreiben, denn selbst, wenn sie blank plagiiert sind, wie die »Briefe über Haydn«, oder zu drei Vierteln andern Autoren abgeschrieben, wie die »Geschichte der italienischen Malerei« und »Rom, Florenz, Neapel«, so streut man doch, ohne es zu wissen, zwischen die Blätter allerhand Salz und Pfeffer, die die österreichische Obrigkeit in der Nase kitzeln, und bald wird der gestrenge Zensurbeamte Wabruschek (man könnte keinen schöneren Namen erfinden, aber so heißt er wirklich, weiß Gott!) dem Polizeiminister Sedlnitzky in Wien »unzählige tadelnswerte Stellen« darin reportieren. Derart kommt man, Freigeist und Freizügler, leicht in Gefahr, von den Österreichern für einen Karbonaro genommen zu werden, von den Italienern für einen Spion – also besser, man macht sich, wieder um eine Illusion ärmer, auf die Sohlen. Und ferner: für Freiheit ist noch eines nötig, nämlich Geld und dieser Bastard von Vater (Beyle tituliert ihn selten höflicher) hat jetzt endgültig erwiesen, was für ein dummer Narr er gewesen, indem er nicht einmal ein kleines, bescheidenes Rentchen seinem Rabensohn hinterließ. Wohin also? In Grenoble erstickt man, mit den schönen, bequemen Spazierfahrten im Kriegsnachtrab ist es leider vorbei, seit die bourbonischen Birnenköpfe feist und faul auf den Münzen kleben. Also zurück nach Paris, zurück in die Mansarde und nun zur Arbeit gemacht, was bisher bloß Vergnügen und dilettierendes Behagen war: Bücherschreiben, Bücher, Bücher.

1828, Paris. Salon bei Madame de Tracy, Gattin des Philosophen.

Mitternacht. Die Kerzen fast niedergebrannt. Die Herren spielen Whist, Madame de Tracy, eine ältere Dame, plaudert auf dem Sofa mit einer Marquise und ihrer Freundin. Aber sie hört nicht recht hinein ins Gespräch, immer wieder spitzt sie unruhig das Ohr. Von dort rückwärts, aus dem andern Zimmer beim Kamin, kommt allerhand verdächtiges Geräusch, ein scharfes Frauenlachen und das sonor dunkle Grölen eines Herren, dann wieder empörte Ausrufe »Mais non, c'est trop«, dann wieder ausbrechend und rasch zurückgerissen dieses eigentümliche Gelächter. Madame de Tracy wird nervös: das ist gewiß wieder der abscheuliche Beyle, der den Damen Pfeffer serviert. Ein kluger, feinfühliger Mensch doch sonst, extravagant und amüsant, aber der Umgang mit Schauspielerinnen, mit dieser italienischen Madame Pasta vor allem, hat ihm die Manieren verdorben. Sie entschuldigt sich und trippelt hastig hinüber, etwas Anstand zu gebieten. Richtig, da steht er, ganz in den Schatten des Kamins geduckt, wohl um das Embonpoint zu verbergen, ein Glas Punsch in der Hand, und funkelt Anekdoten, bei denen ein Musketier erröten würde. Die Damen scheinen fluchtbereit, sie lachen und protestieren, bleiben aber doch, von dem famosen Erzähler gefaßt, immer wieder neugierig und angeregt zurück. Wie ein Silen sieht er aus, rot und feist, mit glitzernden Augen, gutmütig und klug; jetzt, da Madame de Tracy naht, bricht er hastig ab unter ihrem strengen Blick, und die Damen nutzen die gute Gelegenheit, lachend Reißaus zu nehmen.

Bald verlöschen die Lichter, die Diener geleiten mit tropfenden Kronleuchtern die Gäste die Treppe hinab: drei, vier Wagen warten, die Damen steigen ein mit ihren Männern, Beyle bleibt allein und mißmutig zurück. Keine nimmt ihn mit, keine lädt ihn ein. Zum Anekdotenerzählen ist er noch gut genug, sonst gilt er nichts mehr bei den Frauen. Die Gräfin Curial hat ihm den Laufpaß gegeben; eine Tänzerin zu halten wie einst, mangelt das Geld: man wird langsam alt. Mißmutig trottet er durch den Novemberregen seiner Hausung in der Rue Richelieu zu; was tut's, wenn die Kleider beschmutzt werden, noch ist der Schneider nicht bezahlt. Überhaupt, er seufzt tief, das Beste im Leben ist vorbei, man sollte eigentlich ein Ende machen. Unwirsch klettert er (auch das Atmen wird jetzt schon seinem Kurzhals manchmal schwer) die Treppe hinauf ins oberste Stockwerk, zündet das Licht an, blättert in Papieren und Rechnungen. Triste Bilanz! Aufgezehrt das Vermögen, die Bücher tragen nichts, von »Amour« sind jetzt nach Jahren glatt siebenundzwanzig Exemplare verkauft (»Man möchte es ein heiliges Buch nennen, weil kein Mensch daran zu rühren wagt«, hatte ihm gestern sein Verleger zynisch gesagt). So bleiben fünf Franken Rente am Tag, vielleicht viel für einen hübschen frischen Jungen, aber erbärmlich wenig für einen dickleibigen älteren Herrn, der die Frauen und die Freiheit liebt. Am besten, man machte Schluß. Henri Beyle nimmt einen Foliobogen und schreibt zum viertenmal in diesem melancholischen Monat sein Testament: »Ich Unterzeichneter vermache meinem Vetter Romain Colomb, was ich in meinem Hotel, 71, Rue Richelieu, besitze. Ich wünsche direkt auf den Friedhof übergeführt zu werden, die Kosten meines Begräbnisses sollen nicht mehr als dreißig Francs ausmachen.« Und als Nachschrift noch: »Ich bitte Romain Colomb um Verzeihung für alle Unannehmlichkeiten, die ich ihm bereite, und ich ersuche vor allem, nicht traurig zu sein wegen dieses unvermeidlichen Vorfalls.«

»Wegen dieses unvermeidlichen Vorfalls« – morgen werden die Freunde die vorsichtige Phrase verstehen, wenn man sie herrufen wird und die Kugel statt im Armeerevolver zwischen den Gehirnknochen steckt. Aber glücklicherweise ist Henri Beyle heute müde, er wartet noch einen Tag mit dem Selbstmord, und am nächsten Morgen kommen die Freunde und heitern ihn auf. Beim Herumstreifen im Zimmer sieht einer ein weißes Folioblatt auf dem Tisch. »Julien« überschrieben. Was das bedeutet, fragt er neugierig; ach, er wollte einen Roman schreiben, antwortet Stendhal. Sie sind sehr begeistert, die Freunde, sprechen dem Melancholischen Mut zu, und wirklich, er beginnt mit dem Werke. Der Titel »Julien« wird gestrichen und ersetzt durch einen, der später unsterblich wird, durch »Le Rouge et le Noir«. Tatsächlich, seit jenem Tag ist es mit Henri Beyle zu Ende, ein anderer hat begonnen für ewige Dauer: er heißt Stendhal.

1831, Civitavecchia. Neue Verwandlung.

Kanonenboote geben feierlich eine Salve, Wimpel wehen eilfertig Salut, da jetzt ein dickleibiger Herr in der pomphaften französischen Diplomatenuniform aus dem Dampfer steigt. Respekt! − dieser Herr, gestickte Weste, galonierte Hose, ist der Konsul von Frankreich, Herr Henri Beyle. Wieder einmal hat ihm ein Umsturz in den Sattel geholfen, wie einstmals der Krieg, jetzt die Julirevolution. Nun lohnt es sich, Liberaler gewesen zu sein, unentwegte Opposition getrieben zu haben gegen die dummen Bourbonen: dank emsiger Frauenfürsprache ist man sofort zum Konsul ernannt worden im geliebten Süden, eigentlich in Triest, aber leider hat Herr von Metternich dort den Verfasser ärgerlicher Bücher nicht für wünschenswert erklärt und das Visum verweigert. So hat man, weniger erfreulich, in Civitavecchia Frankreich zu vertreten, aber immerhin, es ist Italien, und man bekommt fünfzehntausend Franken Gehalt.

Muß man sich schämen, nicht gleich zu wissen, wo Civitavecchia auf der Landkarte liegt? Durchaus nicht: von allen italienischen Städten wohl das erbärmlichste Nest, ein kalkweißer böser Brutkessel, in dem afrikanische Hitze ihr Fieber kocht, ein enger versandeter Hafen aus altrömischen Segelschiffstagen, eine ausgemergelte Stadt, öde, langweilig und leer, »man krepiert vor Langeweile«. Am besten gefällt Henri Beyle an dieser Deportiertenstation die Landstraße nach Rom, weil sie nur siebzehn Meilen lang ist, und Herr Beyle entschließt sich sofort, sie häufiger zu nützen als seine Würden. Eigentlich sollte er arbeiten, Berichte felbern, Diplomatie treiben, auf seinem Posten sitzen, aber die Esel im Auswärtigen Amt lesen seine Exposés ja gar nicht, wozu Geist an diese Sitzkünstler verschwenden − so pelzt man lieber alle Akten dem Schuft Lysimachus Caftangliu Tavernier auf, seinem Unterbeamten, einem bösartigen Biest, das ihn haßt und dem er die Ehrenlegion verschaffen muß, damit der Lump über seine häufigen Absenzen das Maul hält. Denn auch hier nimmt Henri Beyle seinen Dienst lieber leicht: einen Staat, der einen Dichter in so abscheuliche Sümpfe setzt, zu betrügen, scheint ihm Ehrenpflicht für einen ehrlichen Egoisten; tut man nicht wirklich besser, mit klugen Menschen in Rom die Galerien zu besehen, unter allerlei Vorwänden nach Paris zu rasseln, als hier langsam und sicher zu verblöden? Kann man denn immer zu dem einen Antiquar, diesem Herrn Bucci, gehen und immer mit denselben öden Halbadeligen schwätzen? Nein, da spricht man lieber mit sich selbst. Man kauft sich aus alten Bibliotheken ein paar Bände Chroniken und schreibt die schönsten als Novellen heraus, man erzählt sich mit fünfzig Jahren, die man nun alt geworden ist, wie man in der Seele jung geblieben. Ja, das ist das Rechte: um die Zeit zu vergessen, blickt man in sich selbst zurück, und so fern scheint dem wohlbeleibten Konsul der schüchterne Knabe von einst, den er schildert, daß er im Schreiben glaubt, »Entdeckungen über einen Anderen zu machen«. So schreibt Henri Beyle, alias Stendhal, seine Jugend, schreibt sie in Chiffren, damit niemand ahne, wer dieser H. B., dieser Henri Brulard gewesen sei, in dicke Hefte hinein und vergißt sich selbst, den alle vergessen haben, in dem tröstlich-trügerischen Kunstspiel der Selbstverjüngung.

1836 bis 1839, Paris.

Noch einmal – wunderbar! – Auferstehung, noch einmal Rückkehr ins Licht. Gott segne die Frauen, alles Gute kommt von ihnen – sie haben so lange in den famosen Comte de Molé, der nun Minister geworden ist, hineingeschmeichelt, bis er beliebt hat, die Augen über das staatsfeindliche Faktum zu schließen, daß Herr Henri Beyle, der doch eigentlich Konsul in Civitavecchia ist, seinen dreiwöchigen Urlaub ganz frech und still auf drei Jahre gedehnt hat und nicht daran denkt, auf seinen Posten zurückzukehren. Ja, drei Jahre sitzt der Konsul statt in seinen Sümpfen behaglich in Paris, läßt unten den griechischen Gauner statt seiner schuften und hier sich sein Gehalt auszahlen, er hat Zeit und gute Laune, kann wieder in Gesellschaft gehen, noch einmal, sehr schüchtern schon, eine Liebschaft versuchen. Er kann tun, was ihm beliebt, und vor allem, was ihm nun das Schönste im Leben scheint: in seinem Hotelzimmer auf und ab gehen und einen Roman diktieren, »Die Kartause von Parma«. Denn mit einem fetten Staatsgehalt ohne Dienst kann man sich den Luxus leisten, gegen den Strich zu schreiben, einen Roman ohne Zuckerwerk und Resedenduft, denn man ist ja endlich frei. Und es gibt keinen andern Himmel auf Erden für Henri Beyle als die Freiheit.

Aber dieser Himmel kracht bald ein. Der wackere und nachsichtige

Minister Domte de Molé, sein Protektor – es wäre Zeit, ihm ein Denkmal
zu errichten! –, wird gestürzt, ein neuer Pharao kommt ins Auswärtige
Amt, ein Soldatenmarschall Soult, der von einem Stendhal nichts weiß,
nur einen Herrn Konsul Henri Beyle in der Rangliste findet, der Frankreich im Kirchenstaat zu vertreten bezahlt wird und statt dessen seit drei
Jahren vergnüglich in den Pariser Theatern herumsitzt. Der Herr General
wundert sich erst, dann empört er sich über den faulen Beamten, der sich
leben läßt, statt Akten zu kümmeln. Sofort poltert ein strenges Edikt,
ohne Aufschub abzureisen. Henri Beyle zieht mürrisch die Uniform an
und den Dichter Stendhal aus: müde, unwillig muß in der brennenden
Sommerhitze der Vierundfünfzigjährige wieder hinab ins Exil; und er fühlt
es: zum letztenmal.

1841, Paris, 22. März.

Ein umfänglicher, schwerleibiger Mann schleppt sich mühsam über
den geliebten Boulevard. Aber wo ist die gute Zeit, da er hier noch nach
Frauen Ausschau hielt, kokett wie ein Dandy den zierlichen Stock in der
Hand pirouettierend: jetzt stützt sich der zitternde Arm bei jedem Schritt
auf das feste Holz. Wie ist er alt geworden, Stendhal, im letzten Jahre, die
früher funkelnden Augen liegen schlaff unter schweren und bläulich
verschatteten Lidern, Nervenrisse zucken quer um die Lippen. Vor ein
paar Monaten hat ihn zum erstenmal der Schlag getroffen, grimmige
Rückerinnerung an jenes erste Liebesgeschenk in Mailand; und sie haben
ihn zur Ader gelassen, mit Salben und Mixturen gequält, und schließlich
hat das Ministerium die Rückkehr von Civitavecchia doch dem Kranken
bewilligt. Aber was hilft jetzt Paris, was der begeisterte Aufsatz Balzacs
über die »Chartreuse de Parme«, was der zaghaft erste Knospen anset-
zende Ruhm einem Mann, den schon »einmal das Nichts gestreift«, an
dem der Tod bereits seine Knochenfinger probiert. Müde schlurft der
triste Schatten weiter zu seiner Wohnung, kaum aufblickend zu den flinken, funkelnden Equipagen, den müßig schwätzenden Spaziergängern, den
raschelnden Kokotten – ein langsam sich fortschiebender schwarzer Fleck
Traurigkeit im flirrenden Lichterspiel der abendlich überfüllten Straße.

Plötzlich ein Auflauf, neugieriges Gedränge: der dicke Herr ist knapp
vor der Börse zusammengebrochen und liegt nun da, die Augen starr
vorgequollen, blau das Gesicht: der zweite, der tödliche Schlag hat ihn
gerührt. Man reißt dem schwach Röchelnden den würgenden Kragen ab,
trägt ihn in die Pharmazie und dann hinauf in sein kleines Hotelzimmer,
das übersät ist mit zahllosen Papieren, Notizen, angefangenen Werken

und Tagebuchheften. Und in einem von ihnen steht das sonderbar voraus-
bewußte Wort: »Ich finde nichts Lächerliches dabei, auf der Straße zu
sterben, insofern man es nicht mit Absicht tut.«

1842. Die Kiste.

Eine riesige Holzkiste holpert, billiges Frachtgut, von Civitavecchia
quer durch Italien nach Frankreich. Man schleppt sie zu Romain Colomb,
Stendhals Vetter und Testamentsvollstrecker, der aus Pietät (denn wer
kümmert sich noch um den Verstorbenen, dem die Zeitungen gerade
sechs Zeilen Nekrolog zusparten!) eine Gesamtausgabe der Werke dieses
Sonderlings herausgeben möchte. Er läßt die Kiste aufhämmern – o Gott,
was für Mengen Papier und wie kraus beschrieben mit Chiffren und
Geheimzeichen, welcher Wust eines gelangweilten Schreibmenschen! Ein
paar der bequemsten und bestgeschriebenen Arbeiten fischt er heraus und
kopiert sie, dann ermüdet selbst dieser Getreueste. Auf den Roman
»Lucien Leuwen« schreibt er ein resigniertes »Rien à faire«: »nichts damit
anzufangen« auch die Selbstbiographie, der »Henri Brulard«, wird als
untauglich zurückgestellt, und dabei bleibt es jahrzehntelang. Was nun
anfangen mit dem ganzen »fatras«, mit diesem unbrauchbaren Wust,
diesem Zettelkram? Colomb packt alles wieder ein in die Kiste und sendet
sie zu Crozet, Stendhals Jugendfreund, Crozet schickt sie wieder hinüber
in die Bibliothek von Grenoble zur letzten Ruhestatt. Dort werden,
gemäß uraltem Bibliotheksbrauch, Zettel mit Zahlen auf jeden Faszikel
geklebt, kräftig gestempelt und registriert: Requiescant in pace! Sechzig
Foliobände, das Lebenswerk und selbstgestaltete Leben Stendhals, stehen,
amtlich versargt, nun in der großen Totenkammer der Bücher und können
unbehelligt Staub ansetzen. Denn vier Jahrzehnte fällt es niemand ein,
sich die Finger an den schlafenden Folianten zu beschmutzen.

1888, Paris, November.

Das Volk vermehrt sich, die Stadt wuchtet ins Weite, Paris zählt
bereits acht Millionen Beine, die aber nicht immer laufen wollen: so plant
die Omnibusgesellschaft eine neue Linie nach dem Montmartre. Ein
ärgerliches Hindernis liegt leider quer im Wege, der Cimetière, der Montmartrefriedhof; nun, die Technik weiß Rat wider solchen Übelstand, man
wird eben einen Brückensteg für die Lebendigen über die Toten hinbauen.
Dabei kann man freilich nicht umhin, ein paar Gräber umzugraben, und
bei dieser Gelegenheit findet man in der vierten Reihe Nummer elf ein

ganz verlassenes und verkommenes Grab mit kurioser Inschrift: »Arrigo Beyle, Milanese, visse, scrisse, amò.« Ein Italiener auf diesem Friedhof? Sonderbare Inschrift, sonderbarer Mann! Zufällig kommt aber irgendeiner vorbei und entsinnt sich, daß es einmal einen französischen Schriftsteller Henri Beyle gab, der so falschmelderisch bestattet sein wollte. Man gründet rasch ein Komitee, sammelt ein bißchen Geld, eine neue Marmortafel für den alten Grabspruch zu kaufen. Und so glänzt plötzlich der verschollene Name wieder über dem vermoderten Leib, 1888, nach sechsundvierzig Jahren der Vergessenheit.

Und kurioser Zufall, im gleichen Jahre, da man sich seines Grabes entsinnt und noch einmal den Leib aus der Tiefe holt, kramt ein junger polnischer Sprachlehrer, Stanislas Stryienski, der, nach Grenoble verschlagen, sich dort maßlos langweilt, einmal in der Bibliothek herum, sieht allerhand alte, verstaubte, handgeschriebene Folianten in der Ecke stehen, fängt darin zu lesen und sie zu dechiffrieren an. Je mehr er liest, um so interessanter wird ihm die Lektüre; er sucht, er findet einen Verleger; das Tagebuch, die Selbstbiographie Henri Brulard, der Lucien Leuwen treten ans Licht und damit zum erstenmal der wirkliche Stendhal. Mit Begeisterung erkennen seine wahren Zeitgenossen die brüderliche Seele, denn nicht seinen wirklichen und zeitnahen hatte er sein Werk zugedacht, sondern jenen der kommenden, der nächsten Generation. »Je serai célèbre vers 1880«, steht mehrmals in seinen Büchern, damals ein hilfloses Wort ins Leere, nun eine überraschende Wirklichkeit. Zur gleichen Weltstunde, da sein Leib exhumiert wird aus der Erde, erhebt sich sein Werk aus dem Schatten der Vergänglichkeit: genau bis auf das Jahr hat der sonst so Unglaubwürdige seine Auferstehung verkündet, Dichter immer und in jedem seiner Worte, in diesem einen aber auch Prophet.

12

EIN ICH UND DIE WELT

Il ne pouvait plaire, il était trop différent

Die schöpferische Zwiespältigkeit ist in Henri Beyle bereits von den Eltern hineingeboren; schon in ihnen passen zwei ungleichartige Hälften schlecht zusammen. Chérubin Beyle – man denke bei diesem Vornamen nicht an Mozart, beileibe nicht! – der Vater oder der »bâtard«, wie ihn Henri, sein erbitterter Sohn und Feind, immer boshafterweise nennt, repräsentiert vollumfänglich den zähen, geizigen, hartklugen, ganz zu Geld versteinerten Provinzbourgeois, wie ihn Flaubert und Balzac mit zorniger Faust an die Wand der Literatur geschleudert haben: von ihm erbt Henri Beyle nicht nur die Statur, die massig-fettleibige, sondern auch die egoistische Selbstbesessenheit in Hirn und Blut. Henriette Gagnon, die Mutter dagegen, kommt vom romanischen Süden her und auch psychologisch betrachtet aus Romanen. Sie könnte von Lamartine gedichtet sein oder von Jean-Jacques Rousseau sentimentalisiert: eine zärtlich-musikalische, gefühlsschwelgerische, südsinnliche Natur. Ihr, der Frühverstorbenen, dankt Henri Beyle seine Leidenschaft im Eros, den Überschwang im Gefühl, die schmerzliche und fast weibische Sensibilität der Nerven. Von diesen beiden widersetzlichen Strömungen im Blut unablässig hin und her gerissen, schwankt dies sonderbare Erzeugnis zwiespältiger Charaktere ein Leben lang zwischen Vatererbe und Muttererbe, zwischen Realismus und Romantik: immer wird er darum zwiefältig sein und doppelweltig, der künftige Dichter Henri Beyle.

Sympathetisch entscheidet sich der kleine Henri schon früh: er liebt die Mutter (ja sogar, wie er selbst zugibt, mit gefährlich passionierter Frühreife leidenschaftlicher Art), er haßt eifersüchtig und verächtlich den »father« mit einem spanisch kalten, zynisch verschlossenen, inquisitorisch nachspürenden Haß: kaum irgendwo findet die Psychoanalyse einen tadelloseren Ödipuskomplex literarisch hingelegt als in den ersten Seiten von Stendhals Selbstbiographie, im »Henri Brulard«. Aber diese vorzeitige Spannung wird jählings durchgerissen, denn die Mutter stirbt dem Siebenjährigen weg, und den Vater betrachtet der Knabe innerlich als gestorben, sobald er, sechzehnjährig, mit der Postkutsche Grenoble verläßt: von diesem Tage an meint er ihn mit Schweigen, mit Haß und Verachtung in sich erledigt und begraben. Jedoch selbst mit Lauge überschüttet, mit Löschkalk von Geringschätzung übergossen, bleibt der zähe, rechenkalte, sachliche Bürgervater Beyle noch fünfzig Jahre lang unter Henry Beyles Haut lebendig und geistert weiter in seinem Blut; fünfzig Jahre schlagen sich die Ahnen seiner beiden Seelenrassen, die Beyles und die Gagnons, der sachliche Geist und der romantische, noch unaufhörlich in ihm herum, ohne daß einer vermöchte, den andern vollkommen unterzukriegen. In einer Minute ist Stendhal seiner Mutter rechter Sohn, in der nächsten, oft in derselben noch, Sohn seines Vaters, bald schüchterntimid, bald steinhart-ironisch, bald schwärmerisch-romantisch, bald wieder mißtrauisch-rechnerisch – sogar in dem flitzenden Intervall von Sekunde zu Sekunde schießen Heiß und Kalt zischend ineinander. Gefühl überschwemmt die Vernunft, Intellekt wieder staut brüsk die Empfindung. Niemals gehört dieses Gegensatzprodukt ganz der einen, nie ganz der andern Sphäre; und selten sind im ewigen Kriege zwischen Geist und Gefühl schönere Schlachten geschlagen worden als die große psychologische Bataille, die wir Stendhal nennen.

Gleich vorausgenommen aber sei: keine Entscheidungsschlacht, keine Vernichtungsschlacht. Stendhal ist nicht besiegt worden, nicht zerrissen von seinen Gegensätzen: vor jedem wahrhaft tragischen Schicksal schützt diese epikureische Natur eine gewisse ethische Indolenz, eine kalt beobachtende wachsame Neugierde. Ein Leben lang weicht dieser wache wesentliche Geist allen zerstörenden, allen dämonischen Mächten vorsichtig aus, denn das erste Gebot seiner Klugheit heißt Selbsterhaltung, und so wie er im faktischen, im Napoleonischen Kriege allezeit verstand, in der Nachhut zu bleiben, abseits vom Schuß, so wählt auch in seiner Seelenschlacht Stendhal lieber den gesicherten Standpunkt des Beobachters als den entschlossenen des Auf-Tod-und-Leben-Kämpfers. Ihm fehlt vollkommen jene letzte moralische Selbstpreisgabe eines Pascal, eines Nietzsche, eines Kleist, die jeden ihrer Konflikte zwanghaft zur Lebensentscheidung erhoben; er, Stendhal, begnügt sich, während er seinen Zwiespalt gefühlsmäßig erleidet, ihn von seiner geistigen Sicherung her als ästhetisches Schauspiel zu genießen. Darum wird sein Wesen von seinen Gegensätzen niemals vollkommen durchrüttelt, und er haßt nicht einmal ernstlich diese seine Zweiheit, ja er liebt sie sogar. Er liebt seinen diamantschneidenden, präzisen Intellekt als etwas sehr Kostbares, weil er ihm die Welt verständlich macht. Aber andererseits liebt Stendhal auch den Überschwang seines Gefühls, seine Hypersensibilität, weil sie ihn absondert von der Dumpfheit und Stumpfheit des gemeinen Alltags. Ebenso kennt er auch von beiden Wesensenden die verbundene Gefahr, jene des Intellekts, gerade die erhabensten Augenblicke zu erkälten, zu ernüchtern, und jene des Gefühls, zu weit ins Verschwommene und Unwahrhaftige zu verlocken und damit die Klarheit zu zerstören, die ihm Lebensbedingnis ist. So möchte er am liebsten jeder der beiden Seelenarten die Eigenschaft der andern zulernen: unablässig bemüht sich Stendhal, sein Gefühl intelligenzhaft klarzumachen, die Vernunft wiederum zu verleidenschaftlichen – ein ganzes Leben lang romantischer Intellektualist und intellektueller Romantiker in ebenderselben gespannten und empfindlichen Haut.

Jede Formel Stendhals ergibt also immer eine zweistellige Zahl, niemals runde Einheit: nur in dieser Doppelweltigkeit erfüllt er sich ganz. Immer dankt er seine stärksten Augenblicke dem Ineinander und Nebeneinander seines urtümlichen Gegensatzes. »Lorsqu'il n'avait pas d'émotion, il était sans esprit«, sagt er einmal von sich, das heißt: er kann nicht gut denken, ohne gefühlsmäßig erregt zu sein, aber er kann wiederum nicht exakt fühlen, ohne den eigenen erregten Herzschlag sofort zu messen. Er vergöttert einerseits die Träumerei als die kostbarste Bedingung seines Lebensgefühls (»ce que j'ai le plus aimé, était la rêverie«) und kann doch nicht leben ohne ihr Gegenspiel, ohne die Wachheit (»Si je ne vois pas clair, tout mon monde est anéanti«). Genau wie Goethe einmal von sich bekennt, daß das, was man gemeinhin Genuß nenne, »für ihn immer zwischen Sinnlichkeit und Verstand schwebe«, so empfindet Stendhal nur dank der feurigen Durchmischung von Geist und Blut die sinnvolle Schönheit der Welt. Er weiß, daß nur der ständigen Reibung seiner Kontraste die seelische Elektrizität entstammt, jenes Prickeln und Funkeln in den Nervenbahnen, jene knisternde, spannende und aufstachelnde Lebendigkeit, die wir heute noch spüren, kaum daß wir ein Buch, ein Blatt Stendhals berühren; nur dank dieses Überspringens der Vitalität von Pol zu Pol genießt er die Kraftwärme, die schöpferische und lichtschaffende seines

Wesens, und sein immer wacher Selbststeigerungsinstinkt setzt alle Leidenschaft daran, sich diese Weitspannung zu erhalten. Unter seinen zahlreichen außerordentlichen Beobachtungen in psychologicis äußert er einmal die vortreffliche, ebenso wie unsere Körpermuskeln ständiger Gymnastik bedürfen, um nicht zu erschlaffen, müßten auch die psychischen Kräfte unablässig geübt, gesteigert und durchgebildet werden: diese Vervollkommnungsarbeit hat Stendhal mit beharrlicherer Konsequenz als irgendein anderer geübt. Er hegt und pflegt beide Enden seines Wesens unablässig für den Erkenntniskampf mit der gleichen Liebe wie ein Künstler sein Instrument, wie ein Soldat seine Waffe; unablässig ist er mit dem Training seines seelischen Ichs beschäftigt. Um die Hochspannung des Gefühls, den »érectisme morale«, latent zu erhalten, heizt er seine Expansionsfähigkeit allabendlich in der Oper durch Musik an und agitiert sich noch als älterer Herr gewaltsam in immer neue Verliebtheiten hinein. Um seinem Gedächtnis, bei dem er Spuren von Schwäche wahrnimmt, zur Exaktheit zu verhelfen, legt er sich besondere Exerzitien auf, er schleift, wie jeden Morgen sein Rasiermesser, am Strange der Selbstbeobachtung seine Wahrnehmungsfähigkeit. Er sorgt mit Büchern und Gesprächen alltäglich für Zufuhr von »ein paar Kuben neuer Ideen«, er füllt, er erregt, er spannt und zügelt sich zu immer subtilerer Intensität; unablässig schärft er seinen Verstand, unablässig schmeidigt er sein Gefühl.

Dank dieser wissenden und raffinierten Technik der Selbstvervollkommnung erreicht Stendhal intellektuell sowohl als sensuell einen ganz ungewöhnlichen Grad seelischer Feinfühligkeit. Man muß schon jahrzehnteweit in der Weltliteratur zurückwandern, um ein ähnlich zartempfindliches und zugleich scharfgeistiges Sensorium zu finden, eine so dünnhäutige, nervenbebende Sinnlichkeit bei so wasserklarem und wasserkaltem Verstand. Aber freilich, nicht ungestraft hat man seine Nervenspitzen derart zart und vibrierend, dermaßen wissend und wollüstig knapp unter der Haut; Feinheit bedingt immer leichte Verletzlichkeit, und was für die Kunst Gnade, wird für die Künstler fast immer zur Lebensnot. Wie leidet dieses überorganisierte Wesen Stendhal an seiner Umwelt, wie steht er fremd und verdrossen inmitten einer larmoyanten und pathetischen Zeit! Ein solches intellektuelles Taktgefühl muß jede Ungeistigkeit als Beleidigung, eine so romantische Seele die Dickhäuterei, die ethische Trägheit des Durchschnitts als einen Alpdruck empfinden; wie die Prinzessin im Märchen unter hundert Daunen und Decken die Erbse, so spürt Stendhal schmerzhaft jedes falsche Wort, jede verlogene Geste. Alles falsch Romantische, alles plump Übertreibliche, alles feig Verschwommene wirkt auf seinen wissenden Instinkt wie kaltes Wasser auf einen kranken Zahn. Denn sein Gefühl für Aufrichtigkeit und Natürlichkeit, sein geistiges Kennertum leidet gleicherweise am Zuviel und Zuwenig in jeder fremden Empfindung – »mes bêtes d'aversion, ce sont le vulgaire et l'affecté« – an dem Banalen ebenso wie am Preziösen. Eine einzige Phrase, zu übersüßt mit Gefühl oder aufgequollen in pathetischer Hefe, kann ihm ein Buch verderben, eine ungeschickte Bewegung das schönste erotische Abenteuer. Einmal betrachtet er ergriffen eine Napoleonische Schlacht: das mörderische Durcheinander, durchschüttert vom Donner der Kanonen, überglüht vom unverhofften Farbenspiel eines Sonnenunterganges in blutigen Wolken, wirkt auf seine künstlerische Seele unwiderstehlich wie ein Nervenrausch. Er steht da und zittert erregt in mitfühlenden Schauern. Da fällt es unglückseligerweise einem General neben ihm ein, dieses überwältigende Schauspiel mit einem großspurigen Wort zu bezeichnen »Eine Gigantenschlacht!« sagt er wohlgefällig zu seinem Nachbar, und sofort zerschmettert dieses eine plumppathetische Wort für Stendhal jede Möglichkeit der Mitempfindung. Hastig eilt er weg, den Tölpel verfluchend, erbittert, enttäuscht, beraubt; immer, wenn sein hyperempfindlicher Gaumen den geringsten Beigeschmack von Phrase oder Verlogenheit im Ausdruck eines Gefühls spürt, revoltiert sein Taktgefühl. Unklares Denken, überschwengliche Rede, jedes Affichieren und Auswalzen der Empfindung verursacht diesem Sensibilitätsgenie sofort ästhetischen Brechreiz: darum kann er auch so wenig von aller Zeitgenossenkunst goutieren, weil sie damals besonders süß-romantisch (Chateaubriand) und pseudoheroisch (Victor Hugo) drapiert ist, darum erträgt und verträgt er so wenig Menschen. Aber diese exzessive Überempfindlichkeit wendet sich nicht minder gegen ihn selbst. Überall, wo er sich bei der winzigsten Empfindungsabweichung, bei einem unnötigen Crescendo, bei einem Hinüber ins Sentimentale oder bei einer feigen Verschwommenheit und Unehrlichkeit ertappt, schlägt er sich selbst wie ein strenger Schullehrer auf die Finger. Sein immer wacher und unerbittlicher Verstand schleicht ihm nach bis in die abseitigsten Träumereien und reißt ihm rücksichtslos alle Schamhüllen fort. Selten hat sich ein Künstler derart gründlich zur Ehrlichkeit erzogen, selten ein Seelenbeobachter so grausam seine geheimsten Abwege und Labyrinthe überwacht.

Weil er sich dermaßen kennt, weiß Stendhal selbst besser als jeder andere, daß diese übermäßige Sensibilität in Nerven und Geist sein Genie, seine Tugend ist und seine Gefahr. »Ce que ne fait qu'effleurer les autres me blesse jusqu'au sang«: was die anderen nur leise anstreift, das verletzt ihn, den Überempfindlichen bis aufs Blut. Und darum empfindet Stendhal die »Andern«, »les autres«, instinkthaft von Jugend an als den polaren

Gegensatz zu seinem Ich, als Angehörige einer fremden Seelenrasse. Dieses Anderssein hat schon ganz früh der kleine linkische Knabe in Grenoble an sich gespürt, wenn er seine Mitschüler in gedankenloser Frohheit herumpoltern sah, und noch schmerzlicher hat dies später der frischgebackene Unteroffizier Henri Beyle in Italien erfahren, der, neidisch und hilflos, sie nachzuahmen, die andern Offiziere bewunderte, wie sie die Mailänder Weiber kirre zu machen und großsprecherisch selbstbewußt ihre Säbel zu rasseln verstanden. Aber damals hatte er sich seines Zarterseins, seiner Verlegenheit und Feinfühligkeiten noch als eines männlichen Defektes, als einer kläglichen Minderwertigkeit geschämt. Jahrelang hat er versucht – höchst lächerlich und vergeblich! –, seine Natur zu vergewaltigen, dem lauten Pöbel laut nachzuprahlen, nur um diesen grobschlächtigen Gesellen ähnlich zu scheinen und ihnen zu imponieren. Erst allmählich, sehr mühsam, sehr schmerzhaft, entdeckt der Emotive in seinem unheilbaren Anderssein einen melancholischen Reiz: der Psychologe erwacht. Stendhal ist allmählich auf sich neugierig geworden und beginnt sich zu entdecken. Zunächst konstatiert er nur, daß er anders ist als die meisten, feiner organisiert, empfindlicher, hellhöriger. Keiner ringsum fühlt so leidenschaftlich, keiner denkt so klar, keiner ist so sonderbar gemischt, daß er fähig ist, allorts das Feinste zu fühlen und trotzdem nicht das geringste im Praktischen zu erreichen. Zweifellos, es muß noch andere Menschen dieser merkwürdigen Spezies »être supérieur« geben, denn wie könnte er sonst Montaigne verstehen, diesen herben, grundklugen und für alles Breite, Grobe verächtlichen Geist, wenn es nicht seiner Art gemäß wäre, wie Mozart zu fühlen, wenn nicht gleiche Leichtigkeit der Seele in ihm waltete. So beginnt etwa mit dreißig Jahren Stendhal erstmalig zu ahnen, er sei nicht ein mißglücktes Exemplar Mensch, vielmehr ein besonderes, zugehörig jener seltenen, sehr edlen Rasse der »êtres privilégiés«, die da und dort eingesprengt in den verschiedensten Nationen, Rassen und Vaterländern ihr Vorkommen haben wie Edelsteine in gemeinen Konglomeraten. Er fühlt sich bei ihnen beheimatet (nicht bei den Franzosen, er wirft diese Zugehörigkeit weg wie ein zu eng gewordenes Kleid), in einem andern, unsichtbaren Vaterlande, bei Menschen mit viel feineren Seelenorganen und klügeren Nerven, die niemals sich zusammenrotten zu plumpen Haufen und geschäftigen Klüngeln, sondern nur ab und zu einen Boten in die Zeit senden. Ihnen allein, diesen »happy few«, diesen hellhörigen und feinäugigen, diesen geschwinden Verstehern, die lesen können ohne Unterstreichungen und jeden Wink und Augenblick aus Instinkt des Herzens verstehen – ihnen allein schreibt er, über sein eigenes Jahrhundert hinweg, seine Bücher zu, ihnen allein verrät er in Spiegelschrift die Geheimnisse seines Gefühls. Was schert ihn, seit er endlich verachten gelernt, der grobe lautsprecherische Pöbel ringsum, dem nur dick aufgetragene, grelle Plakatschrift in die Augen fällt, dem nur scharf Überwürztes und schmalzig Gekochtes mundet? »Que m'importent les autres?«, was liegt mir an den andern, läßt er stolz seinen Julien sagen. Nein, sich nicht schämen, daß man in einer derart entcanaillierten, einer so vulgären Welt keinen Erfolg hat; »l'égalité est la grande loi pour plaire«, man muß über den gleichen Leisten gespannt sein, um diesem Pack sich anzupassen, aber Gott sei Dank, man ist ein »être extraordinaire«, ein »être supérieur«, ein einzelner, ein Sonderfall, ein Individuum, ein differenziertes Wesen und kein Herdenhammel. Alle die äußeren Erniedrigungen, das Zurückbleiben in der Karriere, die Blamagen bei den Frauen, die vollständige Erfolglosigkeit in der Literatur, das genießt Stendhal seit der Entdeckung seiner Sonderheit als Beweis seiner Überlegenheit. Sieghaft schlägt sein Minderwertigkeitsgefühl um in hellen Hochmut, jenen herrlich, heiteren und sorglosen Hochmut Stendhals. Mit Absicht hält er sich jetzt immer weiter weg von jeder Gemeinschaft und kennt nur noch eine Sorge, »de travailler son caractère«, seinen Charakter, seine seelische Physiognomie markanter herauszuarbeiten. Nur Besonderheit hat Wert in einer so amerikanisierten, einer solchen Taylor-System-Welt, »il n'y a pas d'intéressant que ce qui est un peu extraordinaire«: also seien wir besonders, beharren, bestärken wir gerade das Korn Seltsamkeit in uns! Kein holländischer Tulpennarr hat jemals eine Kreuzung kostbarster Art behutsamer gezüchtet als Stendhal seine Zwiespältigkeit und Sonderheit; er konserviert sie in einer eigenen geistigen Essenz, die er den »Beylismus« nennt, einer Philosophie, die nichts anderes meint als die Kunst, den Henri Beyle im Henri Beyle unverändert zu erhalten. Nur um sich stärker zu isolieren von allen andern, tritt er in bewußte Opposition zu seiner Zeit und lebt wie sein Julien: »en guerre avec toute la société«. Als Dichter verachtet er die schöne Form und proklamiert das Bürgerliche Gesetzbuch zur wahren ars poetica, als Soldat höhnt er den Krieg, als Politiker ironisiert er die Geschichte, als Franzose verspottet er die Franzosen: überall zieht er Gräben und Stacheldrähte zwischen sich und die Menschen, nur damit sie nicht nahe an ihn herankommen können. Selbstverständlich bringt er sich damit um jede Karriere, er versäumt als Soldat, als Diplomat, als Literat jeden Erfolg, aber das mehrt nur seinen Stolz; »Ich bin kein Herdenvieh, also bin ich nichts«; nein, nur nichts sein für diese Pöbelgeister, ein Nichts bleiben vor diesen Nichtsen. Er ist glücklich, nirgends hineinzupassen, in keine ihrer Klassen, ihrer Rassen, ihrer Stände und Vaterländer, begeistert, als zweibeiniges Paradox auf seinen eigenen Füßen seinen eigenen Weg zu wandern, statt inmitten dieser servilen Diensthammel die breite Straße zum Erfolg zu trotten. Lieber zurückbleiben, lieber außen stehen, allein stehen. Aber frei bleiben. Und dieses Freibleiben, Sich-frei-Machen von allen Zwängen und Beeinflussungen hat Stendhal genial verstanden. Muß er ab und zu aus Notdurft einen Beruf annehmen, eine Uniform tragen, so gibt er von sich nur genau das her, was unumgänglich nötig ist, um nicht von der Krippe gejagt zu werden, und keinen Zoll und kein Quentchen mehr. Wirft ihm sein Vetter den Husarenrock um, er fühlt sich deswegen keineswegs als Soldat; schreibt er Romane, so verschreibt er sich darum noch nicht der fachmännischen Schriftstellerei; muß er die gestickte Borte des Diplomaten tragen, so setzt er innerhalb der Amtsstunden irgendeinen Herrn Beyle an den Schreibtisch, der mit dem wirklichen Stendhal nur die Haut, den runden Bauch und die Knochen gemein hat. Aber weder an die Kunst noch an die Wissenschaft und am wenigsten an das Amt gibt er jemals einen Teil seines wirklichen Wesens her, und tatsächlich hat zeitlebens nie einer seiner Dienstkameraden geahnt, daß er in der gleichen Kompanie mit dem größten Dichter Frankreichs exerzierte oder am gleichen Schreibtisch Akten schob. Und selbst seine illustren Kollegen der Literatur (außer Balzac) sahen in ihm nichts als einen amüsanten Causeur, einen Exoffizier, der gelegentliche Sonntagsritte über ihre Äcker unternahm. Vielleicht hat nur Schopenhauer von all seinen Zeitgenossen in einer ähnlich hermetisch geistigen Isoliertheit gewirkt und gelebt wie sein großer Bruder in psychologicis, Stendhal.

Ein letzter Teil jener einzigartigen Substanz Stendhals bleibt also immer abseits, und dieses merkwürdige Element chemisch zu ergründen, bedeutet Stendhals einzig wirkliche und intensive Betätigung. Niemals hat er das Eigensüchtige, das Autoerotische solcher introvertierten Lebenseinstellung geleugnet, im Gegenteil, er rühmt sich seiner Selbstischkeit und tauft sie demonstrativ mit einem neuen herausfordernden Namen: Egotismus. Egotismus — kein Druckfehler dies und beileibe nicht zu verwechseln mit seinem plebejischen, derbfäustigen Bastardbruder, dem Egoismus. Denn Egoismus will grob alles an sich raffen, was andern gehört, er hat gierige Hände und die verzerrte Fratze des Neids. Er ist mißgünstig, ungroßmütig, unersättlich, und selbst die Beimischung geistiger Triebe vermag ihn nicht zu erlösen von seiner phantasielosen Gefühlsbrutalität. Stendhals Egotismus dagegen will niemandem etwas nehmen, er läßt mit einer aristokratischen Hochmütigkeit den Geldraffern ihr Geld, den Ehrgeizigen ihre Ämter, den Strebern ihre Orden und Fähnchen, den Literaten die Seifenblasen ihres Ruhms — mögen sie damit glücklich sein! Er lächelt ihnen von oben herab verächtlich zu, wie sie um Katzengold ihre Hälse recken und servil ihre Rücken biegen, sich mit Titeln behängen und mit Würden bespicken, wie sie sich zusammenplustern zu Gruppen und Grüppchen und vermeinen, die Welt zu regieren – habeant! habeant! lächelt er ironisch ihnen zu, ohne Neid, ohne Habgier: mögen sie sich die Taschen vollsacken und die Bäuche füllen! Stendhals Egotismus ist nur leidenschaftliche Defensive, er betritt niemandes Revier, aber läßt auch niemanden über die eigene Schwelle, er hat einzig den Ehrgeiz, innerhalb des Menschen Henri Beyle einen vollkommen isolierten Raum zu schaffen, eine Brutzelle, in der die tropisch seltene Pflanze der Individualität sich ungehemmt entfalten kann. Denn Stendhal will seine Ansichten, seine Neigungen, seine Entzückungen einzig nur aus sich selber züchten und einzig für sich allein; ihm erscheint völlig gleichgültig und gewichtslos, wieviel ein Buch, ein Geschehnis allen andern gilt; er ignoriert hochmütig, wie sich ein Faktum auswirkt ins Zeitgenössische, Welthistorische oder gar in die Ewigkeit: schön nennt er ausschließlich, was ihm gefällt, richtig, was er augenblicklich als zugemessen erachtet, verächtlich, was er verachtet; und ihn beunruhigt keineswegs, mit dieser seiner Meinung vollkommen vereinzelt zu stehen, im Gegenteil, Einsamkeit beglückt und bestärkt sein Selbstgefühl: »Que m'importent les autres!« Die Devise Juliens gilt auch in aestheticis für den echten und gelernten Egoisten.

»Aber«, unterbricht hier vielleicht ein unbedachter Einwand – »wozu ein so pompöses Wort Egotismus für diese Selbstverständlichkeit aller Selbstverständlichkeiten? Das ist doch das Allernatürlichste, daß man schön nennt, was man für schön befindet, und sein Leben einzig nach seinem persönlichen Gutdünken zurechtmacht!« Gewiß, so möchte man meinen, aber genau gesehen, wem gelingt es, restlos unabhängig zu fühlen, unabhängig zu denken? Und wer selbst von jenen, die ihre Meinung über ein Buch, ein Bild, ein Ereignis aus scheinbar eigener Wertung formen, hat dann noch den Mut, sie konsequent zu wagen gegen eine ganze Zeit, gegen eine ganze Welt? Wir sind alle in höherem Maße unbewußt beeindruckt, als wir uns zugestehen: die Luft der Zeit steckt in unseren Lungen, in der Herzkammer selbst, unsere Urteile und Ansichten reiben sich an unzählig viel gleichzeitigen und schleifen an ihnen unmerklich ihre Spitzen und Schärfen ab, durch die Atmosphäre schwingen unsichtbar wie Radiowellen die Suggestionen der Massenmeinung. Der natürliche Reflex des Menschen ist also keineswegs die Selbstbehauptung, sondern die Anpassung der eigenen an die Zeitmeinung, Kapitulation an das Majoritätsgefühl. Wäre die Mehrheit, die überwältigende, der Menschheit nicht pflaumenweich anpasserisch, verzichteten ihre Millionen nicht aus

Instinkt oder Trägheit auf private, persönliche Anschauung, längst stände die gigantische Maschinerie still. So bedarf es jedesmal ganz besonderer Energien, eines empörerisch emporgestrafften Mutes – und wie wenige kennen ihn! –, um diesem geistigen Druck von Millionen Atmosphären seinen isolierten Willen entgegenzustemmen. Ganz seltene und wohlgeprobte Kräfte müssen schon in einem Individuum zusammenwirken, damit es sich seiner Eigenheit erwehre: eine sichere Weltkenntnis, eine rapide Scharfsichtigkeit des Geistes, eine souveräne Verachtung aller Rudel und Rotten, eine kühne und amoralische Unbedenklichkeit und vor allem Mut, dreimal Mut, eine unerschütterliche, fest im Sattel sitzende Courage zur eigenen Überzeugung.

Diesen Mut hat Stendhal gehabt, der Egotist aller Egotisten: es tut der Seele wohl, zu sehen, wie kühn er vorprellt gegen seine Zeit, einer gegen alle, wie er mit flirrenden Finten und brüsken Attacken ohne andern Panzer als seinen blitzenden Hochmut sich durch ein halbes Jahrhundert schlägt, oft verletzt, aus vielen heimlichen Wunden blutend, aber aufrecht bis zum letzten Augenblick, und ohne ein Zollbreit Eigenheit und Eigenwilligkeit preiszugeben. Opposition ist sein Element, Selbständigkeit seine Wollust. Man lese nur an hundert Beispielen nach, wie verwegen, wie frech dieser unentwegte Frondeur der allgemeinen Meinung Paroli bietet, wie kühn er sie herausfordert. In einer Epoche, da alles von Schlachten schwärmt, da man in Frankreich, wie er sagt, »den Begriff des Heldenmuts unverweigerlich mit dem Tambourmajor verbindet«, schildert er Waterloo als ein unübersichtliches Durcheinander chaotischer Kräfte; er bekennt hemmungslos ein, daß er sich während des Russischen Feldzuges (den die Historiographen als Epopöe der Weltgeschichte preisen) persönlich gräßlich gelangweilt habe. Er scheut sich nicht, festzustellen, daß ihm eine Reise nach Italien, um seine Geliebte wiederzusehen, wichtiger war als das Schicksal seines Vaterlandes, und eine Arie Mozarts interessanter als eine politische Krise. »Il se fiche d'être conquis«, er schert sich den Teufel darum, daß Frankreich von fremden Truppen besetzt wird, denn, längst Wahleuropäer und Kosmopolit, kümmert er sich nicht eine Minute lang um die tollen Pirouetten des Kriegsglücks, um die modischen Meinungen, um Patriotismen (»le ridicule le plus sôt«) und Nationalismen, sondern einzig um die Verwahrheitlichung und Verwirklichung seiner geistigen Natur. Und dies sein Persönliches betont er so selbstherrlich und zärtlich inmitten der furchtbaren Lawinenstürze der Weltgeschichte, daß man, seine Tagebücher lesend, manchmal bezweifelt, ob er tatsächlich mit seiner Person bei all diesen historischen Kalendertagen Zeuge gewesen. Aber in gewissem Sinn war auch Stendhal gar nicht dabei, selbst wenn er quer durch den Krieg ritt oder im Amtssessel saß, er war immer nur bei sich selbst; niemals fühlte er sich aus Mittuerei, aus Mitdenkerei zur seelischen Teilnahme an Geschehnissen verpflichtet, die ihn seelisch nicht bewegten, und ebenso wie Goethe in seinen Annalen an welthistorischen Tagen nur die Lektüre aus dem Chinesischen, so notiert Stendhal in den welterschütterndsten Stunden seines Zeitalters einzig seine privatesten Wichtigkeiten: die Geschichte seiner Zeit und die seine haben gleichsam ein anderes Alphabet und andere Vokabeln. Darum wird Stendhal ein ebenso unzuverlässiger Zeuge für seine Umwelt wie ein unübertrefflicher für seine Eigenwelt; für ihn, den vollkommenen, den preiswürdigsten und unübertrefflichen Egotisten reduziert sich alles Geschehnis ausschließlich und einzig auf den Affekt, den das einmalige und unwiederbringliche Individuum Stendhal-Beyle vom Weltlauf erfährt und erleidet; nie vielleicht hat ein Künstler für sein Ich beharrlicher, radikaler und fanatischer gelebt und es kunstvoller zum Eigen-Ich entwickelt als dieser heroische Selbstling und überzeugte Egotist.

Aber gerade durch diese eifersüchtige Abschließung, dies sorgfältige Abgekorkte und hermetisch Verstöpselte ist die Essenz Stendhal so unvermindert und unvermischt mit ihrem eigennatürlichen Arom uns erhalten geblieben. In ihm, der nicht angefärbt ist vom Farbstoff seiner Epoche, können wir den Menschen par excellence, das ewige Individuum in einem raren und subtilen Exemplar psychologisch vollkommen losgelöst beobachten. Tatsächlich hat aus seinem ganzen französischen Jahrhundert kein Werk und Charakter sich so formelhaft frisch, so neu und unberührt erhalten; weil er die Zeit von sich abwehrte, wirken seine Werke zeitlos, weil er nur sein innerstes Leben lebte, wirkt er so lebendig. Je mehr ein Mensch seiner Zeit lebt, um so mehr stirbt er mit ihr. Je mehr ein Mensch in sich von seinem wahren Wesen verhält, um so mehr bleibt von ihm erhalten.

13

DER KÜNSTLER

A vrai dire, je ne suis moins que sûr d'avoir quelque talent pour me faire lire. Je trouve quelquefois beaucoup de plaisir à écrire. Voilà tout.

— *STENDHAL AN BALZAC*

An nichts gibt Stendhal, der eifersüchtigste Selbstbewahrer der Literatur, sich vollkommen hin, keinem Menschen, keinem Beruf, keinem Amt. Und wenn er Bücher, Romane, Novellen, psychologische Werke schafft, so schreibt er einzig sich in diese Bücher hinein: auch diese Leidenschaft dient ausschließlich seiner Eigenlust. Stendhal, der in seinem Nachruf als größte Leistung seines Lebens rühmt, »nie etwas getan zu haben, was ihm nicht Vergnügen machte«, war Künstler nur genau so lange, wie dieses Metier ihm Anregung bot, er dient der Kunst nur insoweit, wie sie seinem letzten Zwecke dient: seinem »diletto«, seinem Behagen, seiner Selbstfreude. Es irren also alle jene gröblich, die, weil Stendhal der Welt inzwischen als Dichter wichtig geworden, bei ihm selbst ein ähnliches Wichtignehmen seiner Kunst vermuten: mein Gott, wie hätte dieser Unabhängigkeitsfanatiker sich entrüstet, als einer vom dichterischen Clan, als Berufsschriftsteller zu gelten; und nur vollkommen eigenmächtig und in absichtlicher Entstellung von Stendhals Letztem Willen hat sein Testamentsvollstrecker diese literarische Überwertung in Stein gemeißelt. »Scrisse, amò, visse«, hämmerte er in den Marmor, indes das Testament ausdrücklich andere Reihenfolge verfügte:

»visse, scrisse, amò«, denn Stendhal, seinem Wahlspruch getreu, hatte mit dieser Reihenfolge verewigt wissen wollen, daß er das Leben dem Schreiben voransetzte; ihn dünkte Genießen wichtiger als Schaffen und die ganze Schriftstellerei nichts als eine amüsante Komplementärfunktion seiner Selbstentfaltung, irgendeines von den vielen tonischen Mitteln gegen die Langeweile. Man kennt ihn schlecht, wenn man nicht erkennt: Literatur war diesem passionierten Lebensgenießer nur eine gelegentliche, keineswegs die entscheidende Ausdrucksform seiner Persönlichkeit.

Freilich, als junger Mensch, frisch angelangt in Paris, idealisch tumb, hatte auch er einmal Dichter werden wollen, natürlich ein berühmter Dichter, aber welcher Siebzehnjährige will das nicht? Er bosselt damals ein paar philosophische Aufsätze, schreibt an einer nie vollendeten Komödie in Versen; dann vergißt er vierzehn Jahre lang vollkommen die Literatur, sitzt im Sattel oder am Schreibtisch, promeniert auf den Boulevards, hofiert melancholisch vergebens geliebte Frauen und kümmert sich bei weitem mehr um Malerei und Musik als um die Schreiberei. 1814, in einem Augenblick der Geldknappheit, ärgerlich, daß er sogar seine Pferde verkaufen muß, felbert er hastig unter fremdem Namen ein Buch hin: »Das Leben Haydns« oder vielmehr, er stiehlt den Text frech seinem italienischen Verfasser, dem armen Carpani, der später Zeter und Mordio schreit gegen diesen unbekannten Herrn Bombet, von dem er sich dermaßen überraschend geplündert sieht. Dann klittert er wieder eine Geschichte der italienischen Malerei, gleichfalls aus andern Büchern, zusammen, streut ein paar Anekdoten hinein, und teils weil es ihm Geld bringt, teils weil er daran Spaß findet, die Feder laufen zu lassen und die Welt mit allerhand Pseudonymen zu narren, improvisiert er heute als Kunsthistoriker, morgen als Nationalökonom (»Un complot contre les industrielles«), übermorgen als Literarästhetiker (»Racine et Shakespeare«) oder als Psychologe (»De l'amour«) ein paar Bücher. Schreiben, so erkennt er bei diesen zufälligen Versuchen bald, ist gar nicht so schwer. Wenn man klug ist und einem die Gedanken flink an die Lippe schießen, besteht zwischen Schreiben und Konversieren eigentlich wenig Unterschied, noch weniger zwischen Reden und Diktieren (denn die Form läßt Stendhal dermaßen gleichgültig, daß er seine Bücher entweder mit Bleistift hinschmiert oder locker aus dem Handgelenk diktiert) – er empfindet also Literatur bestenfalls als ein nettes Sonderlingsamüsement. Schon daß er sich niemals bemüßigt fühlt, seinen wahren Namen Henri Beyle über seinen Produkten figurieren zu lassen, beweist zur Genüge seine Gleichgültigkeit gegen alle Ambition.

Erst mit vierzig Jahren setzt er sich häufiger zur Arbeit hin. Warum?

Weil er ehrgeiziger geworden ist, leidenschaftlicher, kunstverliebter? Nein, durchaus nicht, nur weil man korpulenter wird, weil man – leider! – weniger Erfolg hat bei den Frauen, bedeutend weniger Geld und bedeutend mehr überflüssige, unausfüllbare Zeit; kurzum, weil man Surrogate braucht: »Pour se désennuyer«, um sich nicht zu langweilen. Wie die Perücke das einstmals dichte und wirrige Haar, so ersetzt jetzt für Stendhal der Roman das Leben, er kompensiert die Verminderung der realen Abenteuer durch allerhand gestaltete Träumereien; schließlich findet er das Schreiben sogar amüsant und sich selbst einen angenehmeren und geistvolleren Gesprächspartner als alle Plattredner in den Salons. Ja, Romaneschreiben ist wirklich, vorausgesetzt, daß man es nicht allzu ernst nimmt und sich nicht die Finger mit Schweiß und Ehrgeiz schmutzt wie diese Pariser Literaten, ein sehr munteres, sauberes, nobles Vergnügen, würdig eines Egotisten, ein elegant unverbindliches Geistspiel, an dem der alternde Mann mehr und mehr Reiz findet. Sehr mühevoll ist die Sache ja nicht: man diktiert einen Roman in drei Monaten ohne Konzept irgendeinem billigen Kopisten in die Feder, vergeudet also nicht allzuviel Mühe und Zeit. Außerdem kann man sich dabei den Spaß machen, seinen Feinden heimlich Spottschweife anzubinden, die Pöbelhaftigkeit der Welt zu ironisieren; man kann hinter einer Maske, ohne sich zu verraten, die zartesten Regungen seiner Seele beichten, indem man sie fremden Jünglingen zuschiebt. Man kann leidenschaftlich sein, ohne sich zu kompromittieren, und als alter Mann wie ein Knabe träumen, ohne sich selbst zu beschämen. So wird Stendhals Schaffen zum Genießen und allmählich des gelernten Genießers privateste und verborgenste Selbstentzückung. Aber niemals hat Stendhal das Empfinden, große Kunst oder gar Literaturgeschichte zu machen. »Je parlais des choses que j'adore et je n'avais jamais pensé à l'art de faire un roman« gesteht er offen zu Balzac; er denkt nicht an die Form, an die Kritik, an das Publikum, die Zeitungen und die Ewigkeit, er denkt als tadelloser Egotist im Schreiben einzig an sich und sein Pläsier. Und schließlich, ganz, ganz spät, gegen die Fünfzig, macht er eine sonderbare Entdeckung: man kann mit Büchern sogar Geld verdienen. Und das spornt sein Behagen: denn immer bleibt Henri Beyles äußerstes Ideal Einsamkeit und Unabhängigkeit.

Allerdings: die Bücher haben keinen rechten Erfolg, der Magen des Publikums gewöhnt sich nicht an so trocken zubereitete, ohne Öl und Sentimentalität geschmalzte Kost, und er muß sich zu den eigenen Gestalten noch ein Publikum ausdenken, ganz rückwärts wo, in einem anderen Jahrhundert, eine Elite, die »happy few«, eine Generation von 1890 oder 1900. Aber die zeitgenössische Gleichgültigkeit kränkt Stendhal nicht sehr ernstlich: im letzten sind diese Bücher ja nur Briefe, an ihn selbst adressiert. »Que m'importent les autres?«, Stendhal schreibt nur für sich. Der alternde Epikureer hat sich eine neue, letzte und zarteste Lust erfunden: bei zwei Kerzen an seinem Holztisch oben in der Mansarde zu schreiben oder zu diktieren, und dieses intime, ganz innerliche Selbstgespräch mit seiner Seele und seinen Gedanken wird ihm am Ende seines Lebens wichtiger als alle Frauen und Freuden, als das Café Foy, als die Diskussionen in Salons, selbst als die Musik. Der Genuß in der Einsamkeit und die Einsamkeit im Genuß, dieses sein erstes und ältestes Urideal, entdeckt sich der Fünfzigjährige endlich in der Kunst.

Eine späte Freude allerdings, eine abendrötliche und schon umwölkt von Resignation. Denn Stendhals Dichtung setzt zu spät ein, um sein Leben noch schöpferisch zu bestimmen, sie beendet, sie musikalisiert nur sein langsames Sterben. Mit dreiundvierzig Jahren beginnt Stendhal seinen ersten Roman »Le Rouge et le Noir« (ein früherer »Armance« zählt nicht ernstlich mit), mit fünfzig Jahren den »Lucien Leuwen«, mit vierundfünfzig den dritten, die »Chartreuse de Parme«. Drei Romane erschöpfen seine literarische Leistung, drei Romane, die, vom motorischen Zentrum her gesehen, nur einer sind, drei Variationen eines und desselben Ur- und Elementarerlebnisses: der Seelengeschichte von Henry Beyles Jugend, die der Alternde nicht in sich absterben lassen, sondern immer wieder erneuern will. Alle drei könnten sie den Titel seines Nachfahren und Verächters Flaubert führen: »L'éducation sentimentale« – »Die Erziehung des Gefühls«.

Denn alle diese drei Jünglinge, Julien, der mißhandelte Bauernsohn, Fabrizio, der verzärtelte Marquis, und Lucien Leuwen, der Bankiersohn, treten mit der gleichen glühenden und maßlosen Idealität in ein erkaltendes Jahrhundert hinein, Schwärmer sie alle für Napoleon, für das Heroische, für das Große, für die Freiheit; alle suchen sie aus dem Überschwang des Gefühls zuerst eine höhere, geistigere, beschwingtere Form, als sie das wirkliche Leben verstattet. Alle drei tragen sie ein verworrenes, unberührtes Herz voll verhaltener Leidenschaft den Frauen entgegen. Und alle drei werden sie grausam erweckt durch die schneidende Erkenntnis, daß man inmitten einer Frostwelt und Widerwelt sein heißes Herz verstecken, sein Schwärmertum verleugnen müsse; ihr reiner Anlauf zerschellt an der Kleinlichkeit und Bürgerangst der »Andern«, jener ewigen Feinde Stendhals. Allmählich lernen sie die Schliche ihrer Gegner, die Geschicklichkeit der kleinen Ränkespiele, die gerissenen Berechnungen, sie werden raffiniert, lügnerisch, weltmännisch und kalt. Oder noch ärger: sie werden klug, so rechenklug und egoistisch wie der alternde Stendhal, sie werden brillante Diplomaten, Geschäftsgenies und superbe Bischöfe; kurzum, sie paktieren mit der Wirklichkeit und passen sich ihr an, sobald sie aus ihrem wahren Seelenreich, dem der Jugend und reinen Idealität, sich schmerzhaft verstoßen fühlen.

Um dieser drei Jünglinge willen, oder vielmehr um des jungen verschollenen Menschen willen, der einmal heimlich in seiner Brust geatmet, um »sa vie a vingt ans«, um sich, den Zwanzigjährigen, noch einmal leidenschaftlich zu erleben, hat der fünfzigjährige Henri Beyle diese Romane geschrieben. Als ein wissender, kühler und enttäuschter Geist erzählt er in ihnen die Jugend seines Herzens, als kunstwissender, klarer Intellektualist schildert er die ewige Romantik des Anbeginns. So vereinen die Romane wunderbar den Urgegensatz seines Wesens; hier ist mit der Klarheit des Alters die edle Verwirrung der Jugend gestaltet und Stendhals Lebenskampf zwischen Geist und Gefühl, zwischen Realismus und Romantik sieghaft ausgefochten in drei unvergeßlichen Schlachten, jede so dauerhaft dem Gedächtnis der Menschheit wie Marengo, Waterloo und Austerlitz.

Diese drei Jünglinge, obzwar verschiedenen Schicksals, anderer Rasse und anderen Charakters, sind Brüder im Gefühl: ihr Schöpfer hat ihnen das Romantische seines Naturells vererbt und zu entfalten gegeben. Und ebenso sind ihre drei Gegenspieler einer; der Graf Mosca, der Bankier Leuwen und der Comte de la Môle, sie sind abermals Beyle, aber der ganz zu Geist kristallisierte Intellektualist, der späte, der kluggewordene alte Mann, in dem von den Röntgenstrahlen der Vernunft allmählich alle Idealitäten ausgebrannt und vertilgt sind. Diese drei Gegenspieler zeigen symbolisch, was das Leben aus dem Jüngling schließlich macht, wie der »exalté en tout genre se dégoûte et s'éclaire peu à peu« (Henri Beyle über sein eigenes Leben). Das heroische Schwärmertum ist abgestorben, nun ersetzt die triste Überlegenheit der Taktik und Praktik den zauberischen Rausch, eine kalte Spiellust die elementare Leidenschaft. Sie regieren die Welt, Graf Mosca ein Fürstentum, der Bankier Leuwen die Börse, der Graf de la Môle die Diplomatie, aber sie lieben nicht die Marionetten, die an ihren Schnüren tanzen, sie verachten, eben weil sie zu nah, zu deutlich ihre Erbärmlichkeit kennen, die Menschen. Noch vermögen sie Schönheit und Heroismus nachzufühlen, aber nachzufühlen nur, und würden alle ihre Erfüllungen tauschen gegen die dumpfe, wirre, ungeschickte Sehnsüchtigkeit der Jugend, die nichts erlangt und ewig alles erträumt. Wie Antonio, der kaltwissende, kluge Adelsmensch neben Tasso, dem jungen und glühenden Dichter, so stehen diese Prosaisten des Daseins halb hilfreich und halb feindlich, halb verächtlich und im geheimsten doch neidisch dem jugendlichen Rivalen entgegen wie der Geist dem Gefühl, wie die Wachheit dem Traum.

Zwischen diesen beiden ewigen Polen des männlichen Schicksals, der knabenhaft wirren Sehnsucht nach Schönheit und dem sichern, ironisch überlegenen Willen zur realen Macht, kreist die Stendhalsche Welt. Den Jünglingen, den scheu und brennend Begehrenden, treten Frauen entgegen, sie fangen ihre brausende Sehnsucht auf in klingender Schale, sie besänftigen durch die Musik ihrer Güte die zornige Unerlöstheit ihres Verlangens. Rein lassen sie ihr Gefühl entlodern, diese milden, selbst in der Leidenschaft noch edlen Frauen Stendhals, die Madame de Rênal, die Madame de Chasteller, die Duchezza di Sanseverina; aber selbst heilige Hingabe kann ihren Geliebten nicht die erstlingshafte Reinheit der Seele bewahren, denn bei jedem Schritt ins Leben treten diese jungen Menschen tiefer in den Morast der menschlichen Gemeinheit. Ihnen entgegen, dem erhebenden, die Seele süß ausweitenden Element der heroischen Frauen, steht hier wie immer die gemeine Wirklichkeit, das pöbelhaft Praktische, das schlangenkluge, schlangenkalte Gezücht der kleinen Intriganten, der Streber – der Menschen kurzweg, wie sie Stendhal in seinem Verachtungsgrimm gegen das Mittelmäßige zu sehen beliebt. Während er die Frauen aus der romantischen Optik seiner Jugend verklärt, als alter Mann noch immer verliebt in die Liebe, stößt er gleichzeitig mit dem ganzen aufgestauten Zorn den Klüngel der niedern Schächer in die Handlung wie zur Schlachtbank hinein. Aus Dreck und Feuer formt er diese Richter, Staatsanwälte, Ministerchen, Paradeoffiziere, Salonschwätzer, diese kleinen Klatschseelen, klebrig und nachgiebig jeder einzelne wie Kot, aber: ewiges Verhängnis! all diese Nullen zusammengereiht schwellen zu Zahl und Überzahl, und wie immer auf Erden, gelingt es ihnen, das Sublime zu erdrücken. So wechselt innerhalb seines epischen Stils die tragische Melancholie des unheilbaren Schwärmers mit der dolchhaft zustoßenden Ironie des Enttäuschten. Die wirkliche Welt hat Stendhal in seinen Romanen mit dem gleichen Haß geschildert wie die idealisch imaginäre mit der schwelenden Glut seiner Leidenschaft, Meister in dieser und jener Sphäre, doppelweltig und heimisch in Geist und Gefühl.

Gerade das aber verleiht den Romanen Stendhals ihren besonderen Reiz und Rang, daß sie Spätwerke sind, jugendlich im Gefühl und wissend überlegen im Gedanklichen. Denn nur Distanz vermag Sinn und Schönheit jeder Leidenschaft schöpferisch zu erklären. »Un homme dans les transports de la passion ne distingue pas les nuances« – der Ergriffene selbst weiß im Augenblick der Ergriffenheit nicht um die Nuancen seiner Empfindung; er kann vielleicht lyrisch und hymnisch seine Ekstasen ins

Uferlose rollen lassen, nie aber sie erklären und episch deuten. Die wahrhafte, die epische Analyse fordert immer Klarsichtigkeit, beruhigtes Blut,
wachen Verstand, ein Schon-über-der-Leidenschaft-Sein. Stendhals
Romane nun haben herrlich dieses gleichzeitig Innen und Außen; hier
schildert gerade an der Grenze zwischen Aufstieg und Abklang der Männlichkeit ein Künstler *wissend* das Gefühl; er fühlt seine Leidenschaft nochmals ergriffen nach, aber er *versteht* sie schon und ist befähigt, sie von
innen heraus zu dichten, von außen her zu begrenzen. Und dies allein
bedeutet ja im Romane Stendhals Antrieb und tiefste Lust, das Innere, das
Inwendige seiner neugespielten Leidenschaft zu betrachten – das äußerliche Geschehnis dagegen, das technisch Romanhafte gilt dem Künstler
herzlich gering, und er schludert es ziemlich improvisatorisch herunter (er
gesteht selbst, am Ende eines Kapitels nie gewußt zu haben, was im
nächsten geschehen solle). Einzig vom innern Wellengang her haben seine
Werke Kunstkraft und Bewegtheit. Sie sind am schönsten dort, wo man
merkt, daß sie seelisch mitgefühlt sind, und am unvergleichlichsten, wo
Stendhals eigene scheue und verdeckte Seele den Worten und Taten seiner
Lieblinge einströmt, wo er seine Menschen leiden läßt an der eigenen
Zwiefalt. Die Schilderung der Schlacht von Waterloo in der »Chartreuse
de Parme« ist eine solche geniale Abbreviatur seiner ganzen italienischen
Jugendjahre: wie er selbst nach Italien, so zieht sein Julien zu Napoleon,
um auf den Schlachtfeldern das Heroische zu finden, aber Zug um Zug
entreißt ihm die Wirklichkeit seine idealistischen Vorstellungen. Statt
klirrender Reiterattacken erlebt er das sinnlose Durcheinander der
modernen Schlacht, statt der Grande Armée findet er eine Rotte fluchen-
der, zynischer Kriegsknechte, statt der Helden den Menschen, gleich
mittelmäßig und dutzendhaft unter dem bunten wie dem gewöhnlichen
Rock. Solche Augenblicke der Ernüchterung sind einzig meisterlich bei
ihm belichtet: wie in unserm irdischen Weltraum die Ekstatik der Seele
immer wieder an der exakten Wirklichkeit zuschanden wird, das hat kein
Künstler zu vollendeterer Intensität gebracht. Nur, wo er seinen
Menschen von seinem eigensten Erlebnis gibt, wird er Künstler über
seinen Kunstverstand hinaus: »Quand il était sans émotion, il était sans
esprit.«

Doch sonderbar: gerade dieses Geheimnis seines Mitfühlens will
Stendhal, der Romanschriftsteller, um jeden Preis verbergen. Er schämt
sich, von einem zufälligen und am Ende ironischen Leser erraten zu lassen,
wieviel seiner Seele er nackt macht in diesen imaginären Juliens, Luciens
und Fabrizios. Darum stellt Stendhal sich in seinen epischen Werken
absichtlich steinkalt, er frostet absichtlich seinen Stil: »Je fais tous les

efforts, pour être sec.« Lieber hart scheinen als larmoyant, lieber kunstlos als pathetisch, lieber Logik als Lyrik! So hat er das inzwischen bis zum Erbrechen durchgekaute Wort in die Welt gesetzt, er lese jeden Morgen vor der Arbeit das Bürgerliche Gesetzbuch, um sich gewaltsam an den trockenen und sachlichen Stil zu gewöhnen. Aber Stendhal meinte damit beileibe nicht Trockenheit als sein Ideal: in Wahrheit suchte er mit seiner »amour exagéré de la logique«, mit seiner Klarheitsleidenschaft einzig den unbemerkbaren Stil, der hinter der Darstellung gleichsam verdunstet: »Le style doit être comme un vernis transparent: il ne doit pas altérer les couleurs ou les faits et pensées, sur lesquels il est placé.« Das Wort soll sich nicht lyrisch mit kunstvollen Koloraturen, den »fiorituri« der italienischen Oper, vordrängen, im Gegenteil, es soll hinter dem Gegenständlichen verschwinden, es soll wie der gutgeschnittene Anzug eines Gentleman unauffällig bleiben und nur die Seelenbewegung exakt deutlich zum Ausdruck bringen. Denn Deutlichkeit, darum geht es Stendhal vor allem: sein gallischer Klarheitsinstinkt haßt jedes Verschwommene, Vernebelte, Dickaufgequollene, und vor allem jenen selbstgenießerischen Sentimentalismus, den Jean-Jacques Rousseau in die französische Literatur importierte. Er will Klarheit und Wahrheit auch im verworrensten Gefühl, Helligkeit hinab bis in die verschattetsten Labyrinthe des Herzens. »Écrire«, Schreiben heißt für ihn »anatomiser«, also die gemengte Empfindung zerlegen in ihre Bestandteile, die Hitze messen nach ihren Graden, die Leidenschaft klinisch beobachten wie eine Krankheit. Nur wer seine Tiefen klar mißt, genießt mannhaft und wahrhaft seine eigene Tiefe, nur wer seine Verwirrung beobachtet, kennt die Schönheit des eigenen Gefühls. So übt Stendhal nichts lieber als die alte Persertugend, mit wachem Geist zu überdenken, was das ekstatische Herz im schwärmerischen Rausche verrät: mit der Seele ihr seligster Diener, bleibt er mit seiner Logik gleichzeitig Herr seiner Leidenschaft.

Sein Herz erkennen, durch den Verstand das Geheimnis der Leidenschaftlichkeit steigern, indem man sie ergründet: das ist die Formel Stendhals. Und genau wie er empfinden seine Seelensöhne, seine Helden. Auch sie wollen sich nicht düpieren lassen vom blinden Gefühl; sie wollen es überwachen, belauschen, ergründen, analysieren, sie wollen ihr Gefühl nicht nur *fühlen*, sondern zugleich *verstehen*. Ständig prüfen sie sich mißtrauisch, ob ihre Emotion echt sei oder falsch, ob hinter ihr nicht noch versteckt eine andere, noch tiefere Empfindung sich berge. Wenn sie lieben, stellen sie immer zwischendurch das Schwungrad ab und überprüfen den Zähler nach dem Druck der Atmosphären, unter dem sie stehen. Unablässig fragen sie sich: »Liebe ich sie schon? Liebe ich sie noch? Was fühle ich in dieser Empfindung, und warum fühle ich nicht mehr? Ist meine Neigung echt oder erzwungen, oder berede ich mich nur zu ihr, oder schauspielere ich mir etwas vor?« Ständig haben sie die Hand am Puls ihrer Wallungen, sie merken sofort, wenn nur einen Takt lang die Fieberkurve der Erregung stockt. Selbst an den reißendsten Stromschnellen des Geschehens unterbricht das ewige »pensait-il«, »disait-il à soi même«, dies »dachte er«, dies »sagte er sich« den ungeduldigen Gang der Erzählung; zu jedem Muskelgriff, zu jedem Nervenriß suchen sie wie Physiker oder Physiologen intellektuellen Kommentar. Ich wähle da als Beispiel die Darstellung jener berühmten Liebesszene aus »Le Rouge et le Noir«, um darzulegen, wie kopfhaft, wie hellsichtig überwach Stendhal seine Gestalten selbst in dem doch hitzigen Augenblick einer jungfräulichen Hingabe sich gebärden läßt; Julien wagt sein Leben, um nachts ein Uhr mit einer Leiter neben dem offenen Fenster der Mutter zu Fräulein de la Môle einzusteigen – ein Akt passionierter Berechnung, von romantischem Herzen ersonnen. Aber mitten in ihrer Leidenschaft werden beide sofort Verstand. »Julien war sehr verlegen, er wußte nicht, wie sich benehmen, er empfand durchaus keine Liebe. In seiner Verlegenheit meinte er, kühn sein zu müssen, und versuchte, sie zu umarmen. ›Pfui‹, sagte sie und stieß ihn zurück. Mit der Abweisung war er sehr zufrieden, beeilte sich, einen Blick um sich zu werfen.« So intellektuell bewußt, so kaltwach denken Stendhals Helden noch inmitten ihrer verwegensten Abenteuer. Und nun lese man den Fortgang der Szene, wie schließlich nach allen Überlegungen inmitten der Erregung, die Hingabe des stolzen Mädchens an den Sekretär ihres Vaters erfolgt. »Es kostete Mathilde eine Anstrengung, ihn zu duzen. Und da dieses Du ohne Zärtlichkeit gesagt war, bereitete es Julien kein Vergnügen; er stellte verwundert fest, daß er noch nichts von Glück empfand. Um dieses Gefühles doch teilhaftig zu werden, nahm er schließlich Zuflucht zur Überlegung: er sah sich in der Gunst eines jungen Mädchens, das sonst nie ohne Einschränkung lobte. Dank dieser Überlegung schaffte er sich ein Glück, das der befriedigten Eitelkeit entsprang.« Dank – »einer Überlegung« also, dank einer »Feststellung«, ganz ohne Zärtlichkeit, ohne jeden hitzigen Elan verführt dieser Zerebralerotiker die romantisch Geliebte, sie wiederum sagt sich unmittelbar après wörtlich: »Ich muß doch mit ihm sprechen, das gehört sich, man spricht mit seinem Geliebten.« Ward je in solcher Laun' ein Weib gefreit? muß man da mit Shakespeare fragen; hat je vor Stendhal ein Schriftsteller gewagt, derart kaltsinnig in einem Verführungsaugenblick Menschen sich kontrollieren und selbst berechnen zu lassen, und Menschen dazu, die wie alle Stendhalschen Charaktere durchaus keine Fischnaturen sind? Aber hier sind wir schon der innersten Technik seiner psychologischen Darstellungskunst nahe, die selbst die Hitze noch in ihre Wärmegrade zerlegt, das Gefühl in seine Impulse spaltet. Nie betrachtet Stendhal eine Leidenschaft en bloc, sondern immer in ihren Einzelheiten, er verfolgt ihre Kristallisation durch die Lupe, ja sogar durch die Zeitlupe; was im realen Raum als einzige stoßhafte, spasmische Bewegung abrollt, zerteilt sein genialer analytischer Geist in infinitesimal viele Zeitmoleküle, er verlangsamt vor unserem Blick künstlich die psychische Bewegung, um sie uns geistig einsichtiger zu machen. Die Romanhandlung Stendhals spielt also (dies ihre Neuheit!) ausschließlich innerhalb der psychischen und nicht der irdischen Zeit. Mit ihm wendet sich die epische Kunst zum erstenmal (und dies eine Entwicklung vorausahnend) der Erhellung der unbewußten Funktionshandlungen zu; »Le Rouge et le Noir« eröffnet den »roman expérimental«, der später die Seelenwissenschaft der Dichtung endgültig verbrüdert. Manche Passagen in Stendhals Romanen erinnern tatsächlich an die Nüchternheit eines Laboratoriums oder die Kühle eines Schulraums; aber nichtsdestominder ist der passionierte Kunstfuror bei Stendhal genauso schöpferisch wie bei Balzac, nur ins Logische verschlagen, in eine fanatische Klarheitssucht, in einen Willen zum Hellsehertum der Seele. Seine Weltgestaltung ist ihm nur Umweg zur Seelenerfassung, im ganzen rauschenden Weltall fesselt seine hitzige Neugier nichts als die Menschheit und in der Menschheit immer wieder nur der einzige, der ihm unergründliche Mensch, der Mikrokosmos Stendhal. Diesen einen zu ergründen, ist er Dichter geworden, und Gestalter nur, um ihn zu gestalten. Obwohl durch Genie einer der vollkommensten Künstler, hat Stendhal persönlich nie der Kunst gedient; er bedient sich ihrer bloß als des feinsten und geistigsten Instruments, um die Schwingung der Seele zu messen und in Musik zu verwandeln. Nie war sie ihm Ziel, immer nur Weg zu seinem einzigen und ewigen Ziele: zur Entdeckung des Ichs, zur Lust seiner Selbsterkennung.

14

DE VOLUPTATE PSYCHOLOGICA

Ma véritable passion est celle de connaître et d'éprouver. Elle n'a jamais été
satisfaite.

Ein braver Bürger nähert sich einmal in einer Gesellschaft
Stendhal und fragt höflich-gesellig den fremden Herrn nach
seinem Berufe. Sofort huscht ein maliziöses Lächeln um den
Zynikermund, die kleinen Augen funkeln übermütig-frech, und mit
gespielter Bescheidenheit antwortet er: »Je suis observateur du cœur
humain«, Beobachter des menschlichen Herzens. Eine Ironie gewiß, aus
Freude am Bluff einem staunenden Bourgeois zugeblitzt, aber doch mengt
sich dieser spaßenden Versteckenspielerei ein gut Stück Aufrichtigkeit bei,
denn in Wahrheit hat Stendhal ein ganzes Leben lang nichts so zielhaft
und planmäßig getrieben wie die Beobachtung seelischer Tatsachen.

Stendhal hat wie wenige sie gekannt, die magische Psychologenlust:
»voluptas psychologica« und beinahe lasterhaft dieser Genießerleiden-
schaft des Geistmenschen gefrönt; aber wie beredt ist sein feiner Rausch
von den Geheimnissen des Herzens, wie leicht, wie herzaufhebend seine
Kunst der Psychologie! Aus klugen Nerven nur, aus feinhörigen, klarsichtigen Sinnen schiebt hier Neugier ihre Fühler vor und saugt mit einer
subtilen Lüsternheit das süße geistige Mark aus den lebendigen Dingen.
Nichts braucht dieser elastische Intellekt griffig anzufassen, nie preßt er
gewaltsam Phänomene zusammen und bricht ihnen die Knochen, um sie
einzurenken in das Prokrustesbett eines Systems; Stendhals Analysen

haben das Überraschende und Beglückende jäher Entdeckungen, das Frische und Erfreuliche zufälliger Begegnungen. Seine männische, edelmännische Beutelust ist viel zu stolz, um Erkenntnissen keuchend und schwitzend nachzujagen, sie mit Koppel und Meuten von Argumenten zu Tode zu hetzen; er haßt das unappetitliche Handwerk, die Fakten umständlich zu entweiden und in ihren Eingeweiden als Haruspex zu wühlen: niemals bedarf seine Feinempfindlichkeit, sein Fingerspitzengefühl für ästhetische Werte brutalen gierigen Griffs. Das Arom der Dinge, die schwebende Aura ihrer Essenz, ihre ätherleichte geistige Entstrahlung verrät diesem Gaumengenie schon vollkommen Sinn und Geheimnis ihrer innern Substanz, aus winzigster Regung erkennt er ein Gefühl, aus der Anekdote die Geschichte, aus dem Aphorisma einen Menschen; ihm genügt schon das verschwindendste, das kaum faßbare Detail, das »raccourci«, eine herzblattgroße Wahrnehmung, und er weiß, daß eben diese minimalen Beobachtungen, die »petits faits vrais«, in der Psychologie die entscheidenden sind. »Il n'y a d'originalité et de vérité que dans les détails«, sagt schon sein Bankier Leuwen, und Stendhal selbst rühmt stolz die Methode eines Zeitalters, »das die Details liebt, und mit Recht«, vorahnend schon das nächste kommende Jahrhundert, das nicht mehr mit leeren und schweren, mit weitmaschigen Hypothesen Psychologie treiben, sondern aus den molekularen Wahrheiten der Zelle und des Bazillus sich den Körper, aus minuziöser Belauschung, aus den Oszillationen und Nervenschwingungen sich seelische Intensitäten errechnen wird. Zur gleichen Stunde, da die Nachfahren Kants, da Schelling, Hegel e tutti quanti auf ihren Kathedern noch taschenspielerisch das ganze Weltall unter ihren Professorenhut zaubern, weiß dieser Einsame schon, daß die Zeit der hochtürmigen Philosophen-Dreadnoughts, der Gigantensysteme, endgültig abgetan ist und nur die Torpedos der unterseeboothaft anschleichenden kleinen Beobachtungen den Ozean des Geistes beherrschen. Aber wie einsam treibt er diese kluge Erratekunst inmitten der einseitigen Fachleute und abseitigen Dichter! Wie steht er allein, wie geht er ihnen allen voraus, den biedern und schulkräftigen Seelenforschern von damals, wie läuft er ihnen voraus dadurch, daß er keine mit Bildung vollgepackten Hypothesen am Rücken mitschleppt – »je ne blâme ni approuve, j'observe« –, Erkenntnis treibend als Spiel, als Sport, nur sich selber zur wissenden Freude! Wie sein Geistbruder Novalis, gleich ihm voran aller Philosophie durch dichterischen Sinn, liebt er nur den »Blütenstaub« der Erkenntnis, diese zufällig hergewehten, aber vom innersten Sinn alles Organischen durchdrungenen Pollen, in denen keimhaft die wurzelausgreifenden weiten Systeme hypothetisch enthalten sind. Immer beschränkt sich Stendhals Beobachtung auf die winzigen, nur mikroskopisch wahrnehmbaren Veränderungen, auf die knappe Sekunde der ersten Kristallisation des Gefühls. Nur dort spürt er lebensnah jene Brautstunde von Leib und Seele, die großspurig die Scholastiker das Welträtsel nennen: gerade im Minimum von Wahrnehmung wittert er das Maximum von Wahrheit. So scheint seine Psychologie vorerst Denkfiligran, eine Kleinkunst, ein Spielen mit Subtilitäten, aber er hat die unerschütterliche (und richtige) Überzeugung, daß die winzigste exakte Wahrnehmung bedeutsamere Einsicht schenkt in die Triebwelt der Gefühle als jede Theorie. »Le cœur se fait moins sentir que comprendre«; die Wissenschaft von der Seele hat keinen andern sichern Zugang ins Dunkel als diese zufällig abgesprengten Wahrnehmungen. »Il n'y a de sûrement vrai que les sensations.« So genügt es, »ein Leben lang aufmerksam fünf bis sechs Ideen zu betrachten«, und schon deuten sich – nie aber diktatorisch, sondern nur individuell – Gesetze an, eine geistige Ordnung, die zu begreifen oder bloß zu erahnen Lust und Leidenschaft jeder echten Psychologie bedeutet.

Solcher kleiner hilfreicher Beobachtungen hat Stendhal unzählige gemacht, knappe und einmalige Entdeckungen, von denen manche seitdem axiomatisch, ja grundlegend geworden sind für jede künstlerische Seelenauslegung. Aber Stendhal wertet diese seine Funde selbst niemals aus, er wirft die Ideen, die ihm zublitzen, lässig hin auf das Papier, ohne sie zu ordnen oder gar systematisch zu schichten: in seinen Briefen, seinen Tagebüchern und Romanen kann man diese fruchtkräftigen Körner verstreut finden, dem Zufall des Gefundenwerdens sorglos anvertraut. Sein ganzes psychologisches Werk besteht in summa aus zehn bis zwanzig Dutzend Sentenzen und Romanpartien: selten nimmt er sich die Mühe, nur ein paar zusammenzubündeln, niemals aber vermörtelt er sie zu einer wirklichen Ordnung, zu einer geschlossenen Theorie. Selbst die einzige Monographie einer Leidenschaft, die er zwischen zwei Buchdeckeln uns gegeben, jene über die Liebe, ist eine Olla podrida von Fragmenten, Sentenzen und Anekdoten: vorsichtig nennt er die Studie auch nicht »L'amour«, »Die Liebe«, sondern »De l'amour« »Über die Liebe«, oder man übersetzte noch besser: »Einiges über die Liebe«. Höchstens ein paar Grundunterscheidungen zeichnet er an, lockern Gelenks, die amour-passion, die Liebe aus Leidenschaft, die amour-physique, die amour-goût, oder skizziert eine rasche Theorie ihres Werdens und Vergehens, aber wirklich mit Bleistift nur (wie er das Buch ja tatsächlich schrieb). Er beschränkt sich auf Andeutungen, Vermutungen, unverpflichtende Hypothesen, die er mit amüsanten Anekdoten plaudernd durchflicht, denn Stendhal wollte keineswegs Tiefdenker, Zu-Ende-Denker, Für-andere-

Denker sein, niemals nimmt er sich die Mühe, das zufällig Begegnete weiter zu verfolgen. Die solide Fleißarbeit des Durchdenkens, des Auswalzens und Ausbauens überläßt dieser lässige »touriste« im Europa der Seele großmütig und nonchalant den Kärrnern und Klebern, und tatsächlich hat ja ein ganzes französisches Geschlecht die meisten Motive paraphrasiert, die er leichter Hand präludierte. Aus seiner berühmten Theorie der Kristallisation in der Liebe (die das Bewußtwerden des Gefühls mit jenem »rameau de Salzbourg«, jenem längst aus Salzwasser gesättigten Ast in der Lauge des Bergwerkwassers vergleicht, der innerhalb einer Sekunde plötzlich sichtbare Kristalle ansetzt) resultieren allein Dutzende psychologischer Romane, aus seiner einen, flüchtig hingestrichelten Bemerkung über den Einfluß der Rasse und des Milieus auf den Künstler hat sich Taine eine dickleibige, schweratmende Hypothese geholt. Stendhal selbst aber, den Nichtarbeiter, den genialen Improvisator, reizt die Psychologie niemals über das Fragment, über das Aphorisma hinaus. Schüler darin seiner französischen Ahnen Pascal, Chamfort, La Rochefoucauld, Vauvenargues, die gleichfalls aus Respektgefühl für das beflügelte Wesen aller Wahrheit ihre eigenen Einsichten niemals zusammendrängen zu einer dicken, auf breitem Gesäß seßhaften Wahrheit. Er wirft nur losen Gelenks seine Erkenntnisse von sich, gleichgültig, ob sie den Menschen konvenieren oder nicht, ob sie heute schon als wahr gelten oder erst in hundert Jahren. Er sorgt sich nicht, ob sie ihm bereits jemand vorausgeschrieben hat oder andere sie ihm nachschreiben werden: er denkt und beobachtet ebenso mühelos und naturhaft, wie er atmet, spricht und schreibt. Mitläufer zu suchen war niemals dieses Freidenkers Sache und Sorge; schauen und immer tiefer schauen, denken und immer klarer denken, ist ihm Glücks genug.

Wie Nietzsche hat er nicht nur guten Denkmut, sondern gelegentlich auch einen sehr bezaubernden Denkübermut; er ist stark und verwegen genug, mit der Wahrheit auch zu spielen und die Erkenntnis zu lieben mit einer fast fleischlichen Wollüstigkeit. Wie moussiert und perlt, schaumig und leicht, dieser Geist von überquellendem Lebensgefühl, und doch sind diese einzelnen Aphorismen nur immer lose Tropfen seines seelischen Reichtums, zufällig über den Rand gesprühte; die eigentlichste Fülle Stendhals aber bleibt immer innen bewahrt, kühl und feurig zugleich, im geschliffenen Kelche, den erst der Tod zerschmettert. Aber schon diese abgesprengten Tropfen haben die helle und beschwingende Rauschkraft des Geistigen; sie beleben wie guter Champagner den lässigen Schlag des Herzens und erfrischen das dumpfe Lebensgefühl. Seine Psychologie ist nicht Geometrie eines gutgeschulten Gehirns, sondern konzentrierte

Essenz eines Daseins: das macht seine Wahrheiten so wahr, seine
Einsichten so hellsichtig, seine Erkenntnisse so weltgültig, und vor allem
gleichzeitig einmalig und dauerhaft – denn kein Denkfleiß weiß jemals das
Lebendige derart vollsinnlich zu fassen wie der unbekümmerte Denkmut
einer souveränen Natur. Ideen und Theorien sind wie Schatten des home-
rischen Hades immer nur lose Schemen, gestaltloser Spiegelschein: erst
wenn sie vom Blut eines Menschen getrunken haben, gewinnen sie
Stimme und Gestalt und vermögen zur Menschheit zu sprechen.

15

SELBSTDARSTELLUNG

Qu'ai-je été? Que suis-je?
Je serais bien embarrassé de le dire.

Für seine erstaunliche Meisterschaft der Selbstdarstellung hat Stendhal keinen andern Lehrmeister als sich selbst gehabt. »Pour connaître l'homme il suffit de s'étudier soi-même: pour connaître les hommes il faut les pratiquer«, sagt er einmal und fügt sofort bei, die Menschen kenne er nur von Büchern her, alle seine Studien habe er einzig an sich selbst unternommen. Immer geht Stendhals Psychologie von ihm selber aus. Immer zielt sie einzig auf ihn selbst zurück. Aber in diesem Weg rund um ein Individuum ist die ganze Seelenweite des Menschlichen umschlossen.

Den ersten Schulgang der Selbstbeobachtung macht Stendhal in seiner Kindheit durch. Verlassen von der frühverstorbenen Mutter, die er leidenschaftlich liebte, sieht er nur Feindliches und Fremdgeistiges rings um sich. Er muß seine Seele verleugnen und verstecken, daß man sie nicht bemerke, und lernt früh mit dieser ständigen Verstellung »die Kunst der Sklaven«, zu lügen. In die Ecke geduckt, nutzt er die Zeit seines Schmollens und Grollens, den Vater, die Tante, den Lehrer, alle seine Quäler und Herrscher zu belauschen, und der Haß schleift seine Blicke zu grimmiger Schärfe; er wird, ehe in seinem weltlichen und sachlichen Studium, kundig in psychologicis, durch notgedrungene Gegenwehr, durch den Zwang seines Mißverstandenseins.

Der zweite Kursus des so gefährlich Vorgebildeten dauert länger, eigentlich sein ganzes Leben lang: die Liebe, die Frauen werden seine hohe Schule. Man weiß längst – und er selbst leugnet das melancholische Faktum nicht –, daß Stendhal als Liebhaber kein Heros war, kein Eroberer und am wenigsten der Don Juan, als den er sich gern zu kostümieren pflegte. Mérimée berichtet, Stendhal nie anders als verliebt gesehen zu haben, leider fast immer unglücklich verliebt. »Mon attitude générale était celle d'un amant malheureux« – fast immer hatte ich Unglück in der Liebe, muß er eingestehen und sogar dies, »daß wenig Offiziere der Napoleonischen Armee so wenig Frauen besessen hätten wie er«. Dabei haben ihm sein breitschultriger Vater, seine warmblütige Mutter eine sehr drängende Sinnlichkeit vererbt: »un tempérament de feu«, aber wenn auch sein Temperament ungeduldig jede prüft, ob sie für ihn »ayable« sei, blieb Stendhal zeitlebens Liebesritter von ziemlich trauriger Gestalt. Zu Hause, am Schreibtisch, fern vom Schuß exzelliert dieser typische Vorlustgenießer in erotischer Strategik (»loin d'elle il a l'audace et jure de tout oser«), er schreibt in sein Tagebuch bis auf die Stunde rechnerisch genau, wann er seine momentane Göttin zu Fall bringen werde (»In two days I could have her«), aber kaum in ihrer Nähe, wird der Would-be-Casanova sofort zum schüchternen Gymnasiasten; der erste Sturmlauf endet regelmäßig (er gesteht es selbst) mit einer intimen Blamage des Mannes vor der schon nachgiebigen Frau. Er wird »timide et sôt«, wenn seine Galanterie aktiv werden müßte, zynisch, wenn er zärtlich sein sollte, und sentimentalisch in der Sekunde der Attacke, kurzum, er versäumt und verpaßt über Kalkulationen und Unfreiheiten die schönsten Gelegenheiten, und aus Verlegenheit wieder, aus der Angst, sentimental zu scheinen und »d'être dupe«, verbirgt der unzeitgemäße Romantiker seine Zartheit »sous le manteau de hussard«, unter dem Husarenmantel einer lauten, brüsken Grobheit und Kosakendeutlichkeit. Daher seine »fiascos« bei Frauen, diese geheime und schließlich von Freunden ausgeplauderte Verzweiflung seines Lebens. Nichts hat Stendhal zeitlebens so sehr ersehnt als handgreifliche Liebestriumphe (»L'amour a toujours été pour moi la plus grande des affaires ou plutôt la seule«), und vor niemandem, vor keinem Philosophen, keinem Dichter, nicht einmal vor Napoleon verrät er so viel wirklichen Respekt wie vor seinem Onkel Gagnon oder seinem Vetter Martial Daru, die unzählige Frauen besaßen, ohne irgendwelche geistige oder psychologische Kunstgriffe anzuwenden – oder vielleicht ebendarum, denn Stendhal kommt allmählich zur Erkenntnis, nichts hindere dermaßen den positiven Erfolg bei Frauen, wie wenn man sich selbst zu sehr mit Empfindung engagiere; »man hat nur Erfolge bei Frauen, wenn man sich nicht mehr Mühe gibt, sie zu haben, als eine Partie Billard zu gewinnen«, redet er sich schließlich ein. »J'ai trop de sensibilité pour avoir jamais le talent de Lovelace«; über kein Problem hat er dauerhafter, intensiver nachgedacht. Und gerade dieser seiner nervösen und mißtrauischen Selbstanatomie vom Erotischen her dankt er (und wir mit ihm) den vollkommenen Einblick in das feinste Faserwerk seiner Empfindungen. Nichts habe ihn, erzählt er selbst, dermaßen zur Psychologie erzogen, wie die amourösen Mißerfolge, die geringe Zahl seiner Eroberungen (die er im ganzen mit sechs oder sieben beziffert); hätte er wie andere Glück in der Liebe gehabt, nie wäre er genötigt gewesen, so beharrlich der Frauenpsyche, ihren feinsten, zartesten Emanationen nachzulauschen: an den Frauen hat Stendhal seine Seele überprüfen gelernt, auch hier schult eine Zurückgedrängtheit den Beobachter zum vollendeten Kenner.

Daß diese systematische Selbstbeobachtung Stendhals dann aber außergewöhnlich früh zur Selbstdarstellung führt, hat noch einen besonderen und höchst sonderbaren Grund: Stendhal hat ein schlechtes – oder besser gesagt, ein sehr eigenwilliges und kapriziöses Gedächtnis, jedenfalls ein unverläßliches, und deshalb läßt er den Bleistift nie aus der Hand. Ununterbrochen notiert und notiert er: an den Rand der Lektüre, auf lose Blätter, auf Briefe, vor allem in sein Tagebuch. Seine Furcht, wichtige Erlebnisse zu vergessen und so die Kontinuität seines Lebens (dieses einzigen Kunstwerkes, an dem er planhaft und dauerhaft arbeitet) zu unterbrechen, bewirkt, daß er jede Gefühlserregung, jedes Geschehnis immer sofort schriftlich fixiert. Er schreibt auf einen Brief der Gräfin Curial, einen erschütternden, von Schluchzen zerfetzten Liebesbrief, mit der steinernen Sachlichkeit eines Registrators das Datum, wann ihr Verhältnis begonnen und wann es geendet, er notiert, wann und um wieviel Uhr er Angela Pietragrua endlich besiegte; oft hat man den Eindruck, er beginne erst zu denken mit der Feder in der Hand. Dieser nervösen Graphomanie danken wir schließlich sechzig oder siebzig Bände Selbstdarstellung in allen erdenkbaren dichterischen, brieflichen und anekdotischen Äußerungen (noch heute kaum zur Hälfte publiziert). Nicht ein eitler oder exhibitionistischer Bekenntnisdrang, sondern die egoistische Angst, auch nur einen Tropfen jener nie wieder beschaffbaren Substanz Stendhal in seinem undichten Gedächtnis versickern zu lassen, hat uns eigentlich die Biographie Stendhals so vollkommen konserviert.

Diese Sonderbarkeit seines Gedächtnisses hat Stendhal wie alles, was ihm gehörte, mit einer hellseherischen Deutlichkeit analysiert. Zunächst stellte er fest, daß sein Erinnerungsvermögen erzegotistisch ist. »Je manque absolument de mémoire pour ce qui ne m'intéresse pas.« Darum behält er so wenig vom Außerseelischen, keine Zahlen, keine Daten, keine Fakten, keine Orte; er vergißt von wichtigsten historischen Ereignissen alle Einzelheiten vollkommen; er merkt sich bei Frauen oder Freunden (selbst bei Byron und Rossini) nicht, wann er ihnen begegnet ist; aber fern, diesen Defekt zu leugnen, gibt er ihn unbedenklich zu: »je n'ai de prétention à la véracité qu'en ce qui touche mes sentiments«. Nur insoweit einmal seine Empfindung getroffen war, übernimmt Stendhal die Garantie für sachliche Wahrhaftigkeit; ausdrücklich »protestiert« er in einem seiner Werke »er vermesse sich niemals, die Realität der Dinge zu schildern, sondern einzig den Eindruck, den sie ihm hinterließen« (»je ne prétends pas peindre les choses en elles-mêmes, mais seulement leur effet sur moi«). Nichts beweist also deutlicher, daß für Stendhal die Geschehnisse an sich, »les choses en elles-mêmes«, gar nicht existent werden, sondern nur insoweit, als sie sich in Seelenerregung auswirken: dann freilich setzt dies absolut einseitige Gefühlsgedächtnis mit einer Schärfe ohnegleichen ein, und der vollkommen unsicher ist, ob er Napoleon jemals gesprochen, und nicht weiß, ob er sich an den Übergang über den Großen Sankt Bernhard wirklich erinnert oder bloß an einen Kupferstich, ebenderselbe Stendhal erinnert sich der flüchtigen Geste einer Frau, eines Tonfalls, einer Bewegung mit Diamantklarheit, insofern er einmal innerlich von ihr erregt gewesen. Überall, wo das Gefühl unbeteiligt blieb, lagern reglose dunkle Nebelschichten oft über Jahrzehnte – und sonderbarer noch, auch wo das Gefühl wiederum allzu vehement einsetzte, auch da ist bei Stendhal das Erinnerungsvermögen zerstört. Hundertemal und gerade in den spannendsten Augenblicken seines Lebens (bei der Schilderung des Alpenüberganges, der Reise nach Paris, der ersten Liebesnacht) wiederholt er die Feststellung: »Ich habe daran keine Erinnerung mehr, die Empfindung war zu vehement.« Außerhalb dieser also eng begrenzten Gefühlssphäre ist Stendhals Gedächtnis (und damit auch seine Künstlerschaft) niemals einwandfrei: »Je ne retiens que ce qui est peinture humaine. Hors de là je suis nul«: einzig seelenbetonte Eindrücke halten bei Stendhal dem Vergessen stand. Darum vermag dieser entschiedenste Egozentriker selbstbiographisch niemals Weltzeuge zu sein; er kann sich eigentlich nicht zurück*denken*, er kann sich nur zurück*fühlen*. Auf dem Umweg über den Reflex in seiner Seele – nicht also direkt – rekonstruiert er sich den tatsächlichen Ablauf »il invente sa vie«: statt zu finden, erfindet, erdichtet er sich die Tatsachen aus der Erinnerung des Gefühls. So eignet seiner Selbstbiographie etwas Romanhaftes sowie seinen Romanen etwas Selbstdarstellerisches; man erwarte sich nie von ihm eine so rundumschlossene Darstellung seiner Eigenwelt, wie etwa Goethe sie in »Dichtung und

Wahrheit« gegeben. Auch als Autobiograph muß Stendhal naturgemäß Fragmentariker, Impressionist sein. Tatsächlich beginnt er sein Selbstbildnis nur mit lockern, zufälligen Strichen und Notizen in jenem »Journal«, seinem durch Jahrzehnte fortgeführten Tagebuch, das er selbstverständlich nur zum Eigengebrauch bestimmt. Nur notieren zunächst, nur festhalten die kleinen Erregungen, solange sie noch heiß sind, solange sie in der Hand unruhig pochen wie das Herz eines gefangenen Vogels! Nur sie nicht wegflattern lassen, alles haschen und halten, nicht dem Gedächtnis vertrauen, diesem unruhigen Fluß, der alles in seinem Laufe verschiebt und verströmt! Nicht sich scheuen, Belangloses, bloßes Kinderspielzeug der Sinne, kunterbunt in die große Truhe zu schichten: wer weiß, vielleicht beugt der Erwachsene sich gerade am liebsten über das Kuriose und Banale seines verschollenen Herzens. Darum ist es ein genialer Instinkt, der den Jüngling diese kleinen Blitzbilder des Gefühls sorgfältig sammeln und bewahren läßt; der gereifte Mann, der gelernte Psychologe, der überlegene Künstler wird sie später dankbar und kennerisch einordnen in das große Gemälde seiner Jugendgeschichte, jener Autobiographie, die er »Henri Brulard« nennt, diesen wunderbaren und romantischen Spätblick auf seine Kindheit.

Denn spät erst wie seine Romane unternimmt Stendhal den geistigen Aufbau seiner Jugend in bewußtem, autobiographischem Werke. Auf den Stufen von San Pietro in Montorio in Rom sitzt ein alternder Mann und sinnt über sein Leben nach. Ein paar Monate noch und er wird fünfzig Jahre sein: vorbei, endgültig vorbei die Jugend, die Frauen, die Liebe. Nun wäre es wohl an der Zeit, zu fragen: »Wer war ich? Wer bin ich gewesen?« Vorbei die Zeit, da das Herz sich durchforschte, um bereiter, schlagkräftiger zu werden für Aufschwung und Abenteuer: nun verlangt die Stunde schon, ein Fazit zu ziehen, zurückzuschauen. Und abends, kaum daß Stendhal von der Abendgesellschaft beim Gesandten gelangweilt zurückkehrt (gelangweilt, denn man erobert keine Frauen mehr und ist müde geworden alles lockern Konversierens), beschließt er plötzlich: »Ich muß mein Leben aufschreiben! Und wenn das getan ist, in zwei oder drei Jahren, werde ich vielleicht endlich wissen, wie ich gewesen: heiter oder melancholisch, geistreich oder ein Dummkopf, mutig oder feig, und vor allem ein Glücklicher oder ein Unglücklicher.«

Ein leichter Vorsatz, eine gewaltige Aufgabe! Denn Stendhal hat sich vorgenommen, in diesem »Henri Brulard« (den er in Chiffren niederschreibt, um sich allfälligen Neugierigen unkenntlich zu machen) »simplement vrai«, »einfach wahr« zu sein; aber wie schwer ist, er weiß es, das Wahrsein, dies Wahrbleiben wider sich selbst! Wie sich zurechtfinden in dem schattenhaften Labyrinth der Vergangenheit, wie unterscheiden zwischen Irrlicht und Licht, wie den Lügen entkommen, die verlarvt hinter jeder Windung des Weges zudringlich warten! Stendhal, der Psychologe, erfindet da – erstmalig und vielleicht als einziger eine geniale Methode, von der Falschmünzerei der allzu gefälligen Erinnerung sich nicht prellen zu lassen, nämlich mit fliegender Feder zu schreiben, nicht nachzulesen, nicht nachzudenken (»je prends pour principe, de ne pas me gêner et d'effacer jamais«). Die Scham, die Bedenken also einfach überrennen; überraschend aus sich hervorbrechen mit seinen Geständnissen, ehe der Selbstrichter, der Zensor innen aufwacht. Nicht malerisch arbeiten, sondern wie ein Momentphotograph! Immer die urtümliche Wallung in ihrer charakteristischen Bewegung festhalten, ehe sie eine künstliche theatralische Pose annimmt. Stendhal schreibt seine Selbsterinnerungen mit fliegender Feder, in einem Ruck, und tatsächlich, ohne jemals die Blätter wieder zu überlesen, um Stil, um Einheitlichkeit, um methodische Plastik so vollkommen unbekümmert, als wäre das Ganze nur ein Privatbrief an seinen Freund: »J'écris ceci sans mentir, j'espère sans me faire illusion, avec plaisir comme une lettre à un ami.« An diesem Satz ist jedes Wort wichtig: Stendhal schreibt seine Selbstdarstellung, »wie er hofft«, wahrhaft, »ohne sich Illusionen zu machen«, »mit Vergnügen«, und »wie einen Privatbrief«, und dies, »um nicht kunsthaft zu lügen wie Jean-Jacques Rousseau«. Bewußt opfert er die Schönheit seiner Memoiren der Aufrichtigkeit, die Kunst der Psychologie.

In der Tat, rein artistisch gesehen, bedeutet der »Henri Brulard«, ebenso wie seine Fortsetzung, die »Souvenirs d'un égotiste« eine dubiose Kunstleistung: dazu sind beide zu eilfertig, zu lässig, zu planlos hingespritzt. Was Stendhal an Erinnerungsfakten gerade in die Finger kommt, wirft er blitzschnell in das Buch hinein, gleichgültig, ob sie an jene Stelle hinpassen oder nicht. Genau wie in seinen Notizbüchern nachbart das Sublimste mit dem Seichtesten, abwegige Allgemeinheiten mit den intimsten Personalien. Aber gerade diese Ungezwungenheit, dies Sicherzählen in Hemdsärmeln verrät allerhand Aufrichtigkeiten, von denen jede einzelne seelendokumentarischer wirkt als sonst ein Folioband. Geständnisse jener entscheidenden Art wie das berüchtigte über seine gefährliche Neigung zur Mutter, den tierischen tödlichen Haß gegen den Vater, solche bei andern feig in die Winkel des Unterbewußtseins verkrochene Augenblicke wagen sich nicht heraus, sobald ein Zensor Zeit hat, sie zu überwachen: diese intimsten Dinge sind – man kann es nicht anders sagen – durchgepascht in der Sekunde absichtsvoll erzwungener moralischer Unachtsamkeit. Nur durch dieses geniale Psychologensystem, daß

Stendhal seinen Empfindungen niemals Zeit läßt, sich auf »schön« oder »moralisch« zu frisieren, hat er sie wirklich gepackt, wo sie am kitzligsten sind, wo sie anderen, Plumperen, Langsameren aufschreiend wegspringen: nackt, vollkommen seelennackt und noch völlig schamlos stehen diese ertappten Sünden und Sonderlichkeiten plötzlich auf glattem Papier und starren zum erstenmal Menschenblicken in die Augen. Welch wunderbare, tragisch wilde Beängstigungen, welche dämonisch urmächtigen Zorngefühle brechen da aus einem winzigen Kinderherzen auf! Kann man die Szene vergessen, wie der kleine Henri, als die ihm verhaßte Tante Seraphie stirbt (»einer der beiden Teufel, die auf meine arme Kindheit losgelassen waren« – der andere war der Vater), wie das verbitterte, ureinsame Kind »in die Knie fällt und Gott dankt«. Und knapp daneben (bei Stendhal verschränken sich die Gefühle labyrinthisch vielfältig) jene kleine Bemerkung, daß selbst dieser Teufel einmal die erotische Frühreife des Kindes eine (genau beschriebene) Sekunde lang reizte. Kaum hat man jemals vor Stendhal gespürt, wie vielfach der Mensch geschichtet ist, wie das Konträrste und Widerspaltigste an den äußersten Nervenenden sich berührt, wie schon die unflügge Kinderseele das Gemeine und das Erhabenste, Brutalität und Zartheit in ganz dünnen Lagen, Blatt über Blatt zusammengefaltet enthält; und gerade mit diesen ganz zufälligen achtlosen Entdeckungen beginnt eigentlich erst die Analytik in der Selbstbiographie.

Denn gerade diese Lässigkeit, diese Indifferenz gegen Form und Architektur, gegen Nachwelt und Literatur, gegen Moral und Kritik, das herrlich Private und Selbstgenießerische dieses Versuchs macht Henri Brulard zu einem unvergleichlichen Seelendokument. In seinen Romanen wollte Stendhal immerhin noch Künstler sein; hier ist er nur Mensch und Individuum, beseelt von Neugier nach sich selbst. Sein Selbstbildnis hat den unbeschreiblichen Reiz des Fragmentarischen und die spontane Wahrheit des Improvisierten; man kennt Stendhal niemals zu Ende aus seinem Werke und nicht aus seiner Selbstbiographie. Unablässig fühlt man sich von neuem herangelockt, seine Rätselhaftigkeit zu enträtseln, im Erkennen ihn zu verstehen, im Verstehen ihn zu erkennen. So wirkt seine zwielichtfarbene, heißkalte, von Nerv und Geist vibrierende Seele noch heute leidenschaftlich ins Lebendige weiter; indem er sich selbst gestaltete, hat er seine Neugierlust und Seelenseherkunst in ein neues Geschlecht hineingestaltet und uns alle die funkelnde Freude des Selbstbefragens und Selbstbelauschens gelehrt.

16
GEGENWART DER GESTALT

Je serai compris vers 1900.

— STENDHAL

Stendhal hat ein ganzes Jahrhundert, das neunzehnte, übersprungen, er startet im Dixhuitième, im groben Materialismus bei Diderot und Voltaire und landet mitten in unserem Zeitalter der Psychophysik, der Wissenschaft gewordenen Seelenkunde. Es hat, wie Nietzsche sagt, »zweier Geschlechter bedurft, um ihn irgendwie einzuholen, um einige der Rätsel nachzuraten, die ihn entzückten«. Erstaunlich wenig an seinem Werk ist veraltet und erkaltet, ein gut Teil seiner vorausgenommenen Entdeckungen längst Gemeingut und manche seiner Prophezeiungen noch munter im Flusse der Erfüllung. Lange zurück hinter seinen Zeitgenossen, hat er sie schließlich alle überflügelt mit Ausnahme Balzacs, denn so antipodisch sie auch im Kunstwirken sich gegenüberstehen, nur diese beiden, Balzac und Stendhal, haben ihre eigene Epoche über sich hinaus gestaltet, Balzac, indem er die Schichtung und Umschichtung, die soziologische Übermacht des Geldes, den Mechanismus der Politik über die damalig geltenden Verhältnisse ins Monströse vergrößerte ¬; Stendhal wiederum, indem er »mit seinem vorwegnehmenden Psychologenauge, mit seinem Tatsachengriff« das Individuum zerkleinerte und nuancierte. Die Entwicklung der Gesellschaft hat Balzac recht gegeben, die neue Psychologie Stendhal. Balzacs Weltrevision hat die moderne Zeit vorausgeahnt, Stendhals Intuition den modernen Menschen.

Denn Stendhals Menschen, das sind wir von heute, geübter im Selbstbetrachten, geschulter in Psychologie, bewußtseinsfreudiger, moralunbefangener, durchnervter, selbstneugieriger, müde aller kalten Erkenntnistheorien und nur gierig nach Erkenntnis des eigenen Wesens. Für uns ist der differenzierte Mensch kein Monstrum mehr, kein Sonderfall, als den sich der einsam unter Romantiker geratene Stendhal noch empfand, denn die neuen Wissenschaften der Psychologie und Psychoanalyse haben uns seitdem allerhand feine Instrumente in die Hand gespielt, Geheimes zu erlichten und Verflochtenes zu zerlegen. Doch wieviel hat dieser »merkwürdig vorausahnende Mensch« (abermals nennt ihn so Nietzsche!) von seiner Postkutschenzeit her und aus seiner Napoleonsuniform schon mit uns gewußt, wie spricht sein Nichtdogmatismus, sein frühes Wahleuropäertum, sein Abscheu vor der mechanischen Vernüchterung der Welt, sein Haß gegen alles pompös Massenheroische das Wort uns vom Munde! Wie scheint sein heller Hochmut über die sentimentalen Gefühlsblähungen seiner Zeit berechtigt, wie gut hat er seine Weltstunde in der unsern erkannt! Unzählig die Spuren und Wege, die er mit seinem abseitigen Experimentieren der Literatur eröffnete: Dostojewskis »Raskolnikow« wäre undenkbar ohne seinen Julien, Tolstois Schlacht bei Borodino ohne das klassische Vorbild jener ersten wirklichkeitsechten Darstellung von Waterloo, und an wenig Menschen hat sich Nietzsches ungestüme Denkfreude so völlig erfrischt wie an seinen Worten und Werken. So sind sie endlich zu ihm gekommen die »âmes fraternelles«, die »êtres supérieurs«, die er zeitlebens vergeblich suchte, ein spätes Vaterland, jenes, das seine freie Kosmopolitenseele einzig anerkannte, nämlich »die Menschen, die ihm ähnlich sind«, hat ihm für immer das Bürgerrecht und die Bürgerkrone verliehen. Denn keiner seiner Generation, es sei denn Balzac, der einzige, der ihn brüderlich gegrüßt, steht uns heute so zeitgenössisch nah im Geist und Gefühl: durch das psychologische Medium des Drucks, durch kaltes Papier fühlen wir atemnah und vertraut seine Gestalt, unergründlich, obzwar er wie wenige sich ergründet, schwankend in Widersprüchen, phosphoreszierend in Rätselfarben, Geheimstes gestaltend und Geheimstes verhaltend, in sich vollendet und doch nicht beendet, aber immer lebendig, lebendig, lebendig. Denn gerade die Abseitigen ihrer Stunde ruft die nächste am liebsten in ihre Mitte. Gerade die zartesten Schwingungen der Seele haben die weiteste Wellenlänge in der Zeit.

TOLSTOI

Es gibt nichts, was so stark wirkt und alle Menschen in die gleiche Stimmung zwingt wie ein Lebenswerk und zuletzt ein ganzes Menschenleben.

— *23. MÄRZ 1894, TAGEBUCH*

n Styka

VORKLANG

Nicht die moralische Vollkommenheit ist wichtig, zu der man gelangt,
sondern der Prozeß der Vervollkommnung.

— ALTERSTAGEBUCH

»Es lebte ein Mann im Lande Uz. Derselbe war schlecht und recht
gottesfürchtig und mied das Böse, und seines Viehs waren siebentausend
Schafe, dreitausend Kamele, fünfhundert Eselinnen und viele des Gesin-
des. Und er war herrlicher denn alle, die gegen Morgen wohnten.«

So beginnt die Geschichte Hiobs, der mit Zufriedenheit gesegnet war
bis zur Stunde, da Gott die Hand gegen ihn hob und ihn mit Aussatz
schlug, damit er aufwache aus seinem dumpfen Wohlbehagen und sich die
Seele quäle. So beginnt auch die geistige Geschichte Leo Nikolajewitsch
Tolstois. Auch er war »obenan gesessen« unter den Mächtigen der Erde,
reich und gemächlich wohnend im altererbten Haus. Sein Körper strotzte
von Gesundheit und Kraft, das Mädchen, das er liebend begehrte, durfte
er heimführen als Gattin, und sie hat ihm dreizehn Kinder geboren. Seiner
Hände und Seele Werk ist ins Unvergängliche gewachsen und leuchtet
über die Zeit: ehrfürchtig beugen sich die Bauern von Jasnaja Poljana,
wenn der mächtige Bojar an ihnen vorübersprengt, ehrfürchtig beugt sich
der Erdkreis vor seinem rauschenden Ruhm. Wie Hiob vor der Prüfung, so
bleibt auch Leo Tolstoi nichts mehr zu wünschen, und einmal schreibt er

in einem Briefe das verwegenste Menschenwort: »Ich bin restlos glücklich.«

Und plötzlich über Nacht hat all dies keinen Sinn mehr, keinen Wert. Die Arbeit widert den Arbeitsamen an, die Frau wird ihm fremd, die Kinder gleichgültig. Nachts steht er auf vom zerwühlten Bett, wandert wie ein Kranker ruhelos auf und nieder, bei Tag sitzt er dumpf mit schlafender Hand und starren Auges vor seinem Arbeitstisch. Einmal geht er hastig treppauf und schließt sein Jagdgewehr in den Schrank, damit er die Waffe nicht gegen sich selber wende: manchmal stöhnt er, als springe ihm die Brust, manchmal schluchzt er wie ein Kind im verfinsterten Zimmer. Er öffnet keinen Brief mehr, empfängt keine Freunde: scheu blicken die Söhne, verzweifelt die Frau auf den mit einmal verdüsterten Mann.

Was ist Ursache dieser plötzlichen Wandlung? Frißt Krankheit heimlich an seinem Leben, ist Aussatz über seinen Leib gefallen, Unglück von außen ihm zugestoßen? Was ist ihm geschehen, Leo Nikolajewitsch Tolstoi, daß der Mächtigste aller plötzlich so arm wird an Freude und der Gewaltigste des russischen Landes so tragisch verdüstert?

Und furchtbarste Antwort: Nichts! Nichts ist ihm geschehen, oder eigentlich – furchtbarer noch: – das Nichts. Tolstoi hat das Nichts erblickt hinter den Dingen. Etwas ist zerrissen in seiner Seele, ein Spalt hat sich nach innen aufgetan, ein schmaler schwarzer Spalt, und zwanghaft starrt das erschütterte Auge hinein in dies Leere, dieses Andere, Fremde, Kalte und Unfaßbare hinter unserem eigenen warmen, durchbluteten Leben, in das ewige Nichts hinter dem flüchtigen Sein.

Wer einmal in diesen unnennbaren Abgrund geblickt, der kann den Blick nicht mehr abwenden, dem strömt das Dunkel in die Sinne, dem erlischt Schein und Farbe des Lebens. Das Lachen im Munde bleibt ihm gefroren, nichts kann er mehr greifen, ohne dies Kalte zu fühlen, nichts kann er mehr schauen, ohne dies andere mitzudenken, das Nihil, das Nichts. Welk und wertlos fallen die Dinge aus dem eben noch vollen Gefühl; Ruhm wird zum Haschen nach Wind, Kunst ein Narrenspiel, Geld eine gelbe Schlacke und der eigene atmende gutgesunde Leib Hausung der Würmer: allen Werten entsaugt diese schwarz unsichtbare Lippe Saft und Süße. Die Welt erfrostet, wem einmal mit aller Urangst der Kreatur dieses furchtbare, fressende, nächtige Nichts sich aufgetan, der »Maelstrom« Edgar Allan Poes, der alles mit sich reißende, der »gouffre«, der Abgrund Pascals, dessen Tiefe tiefer ist als alle Höhe des Geistes.

Vergebens dawider alles Verhüllen und Verstecken. Es hilft nichts, daß man dies dunkle Saugen dann Gott nennt und heiligspricht. Es hilft nichts, daß man mit Blättern des Evangeliums das schwarze Loch überklebt: solches Urdunkel durchschlägt alle Pergamente und verlöscht die Kerzen der Kirche, solche Eiskälte von den Polen des Weltalls läßt sich nicht wärmen am lauen Atem des Worts. Es hilft nichts, daß man, um diese tödlich lastende Stille zu überschreien, laut zu predigen beginnt, so wie Kinder im Walde ihre Angst übersingen. Kein Wille, keine Weisheit erhellt mehr dem einmal Erschreckten das verdüsterte Herz.

Im vierundfünfzigsten Jahre seines weltwirkenden Lebens hat Tolstoi zum erstenmal dem großen Nichts ins Auge geblickt. Und von dieser Stunde an bis zu jener seines Absterbens starrt er unerschütterlich in dieses schwarze Loch, in dies unfaßbare Innerliche hinter dem eigenen Sein. Aber selbst dem Nichts entgegengewendet, bleibt der Blick eines Leo Tolstoi noch schneidend klar, der wissendste und geistigste Blick eines Menschen, den unsere Zeit erlebt. Nie hat ein Mann mit so riesenhafter Kraft den Kampf mit dem Unnennbaren, mit der Tragik der Vergängnis aufgenommen, keiner entschlossener der Frage des Schicksals an den Menschen die Frage der Menschheit nach ihrem Schicksal entgegengestellt. Keiner hat diesen leeren und die Seele ansaugenden Blick des Jenseitigen furchtbarer erlitten, keiner ihn großartiger ertragen, denn hier hält ein männliches Gewissen dieser schwarzen Pupille den klaren, kühnen und energisch beobachtenden Blick des Künstlers entgegen. Nie, nicht eine Sekunde hat Leo Tolstoi feige vor dem Tragischen des Daseins das Auge gesenkt oder geschlossen, dies wachsamste, wahrhaftigste und unbestechlichste Auge unserer neueren Kunst: nichts Großartigeres darum als dieser heroische Versuch, selbst dem Unbegreifbaren noch einen bildnerischen Sinn und dem Unabwendbaren seine Wahrheit zu geben.

Dreißig Jahre, vom zwanzigsten bis zum fünfzigsten, hat Tolstoi schaffend gelebt, sorglos und frei. Dreißig Jahre, vom fünfzigsten bis zum Ende, lebt er nur noch dem Sinn und der Erkenntnis des Lebens. Er hat es leicht gehabt, bis er die unermeßliche Aufgabe sich stellte: nicht nur sich selbst, sondern die ganze Menschheit durch sein Ringen um Wahrheit zu retten. Daß er sie unternahm, macht ihn zum Helden, zum Heiligen fast. Daß er ihr erlag, zum menschlichsten aller Menschen.

17

BILDNIS

Mein Gesicht war das eines gewöhnlichen Bauern.

Überwaldetes Antlitz: mehr Dickicht als Lichtung, jeden Eingang abwehrend zur inneren Schau. Breit und im Winde wehend, drängt der strömende Patriarchenbart bis hoch hinein in die Wangen, überflutet für Jahrzehnte die sinnliche Lippe und deckt die braunrissige Holzrinde der Haut. Vor die Stirn buschen sich fingerdick und wie Baumwurzeln verfilzt mächtige Augenbrauen, über dem Haupte schäumt, graue Meerflut, die unruhige Gischt der dicht zerrütteten Strähnen: überall wirrt und wuchert in tropischer Üppigkeit dies urweltliche Wachstum von panisch ergossenem Haar. Genau wie beim Moses des Michelangelo, dem Bildnis des männlichsten Mannes, wird vom Antlitz Tolstois zunächst nichts dem Zublick gewahr als die weißschäumige Welle riesigen Gottvaterbartes.

So wird man genötigt, um das Nackte und Wesenhafte so überkleideten Gesichts mit der Seele zu erkennen, dies Dickicht des Barts von seinen Zügen wegzuroden (und die Jugendbilder, die bartlosen, helfen sehr solcher plastischen Enthüllung). Man tut's und erschrickt. Denn unverkennbar, unleugbar: dieses adeligen Geistmenschen Gesicht ist im Grundriß grob gefügt und nicht anders denn das eines Bauern. Eine niedrige Hütte, rußig und verraucht, eine rechte russische Kibitka hat hier der Genius sich gewählt für Wohnsitz und Werkstatt; kein griechischer Demi-

urg, ein lässig ländlicher Schreiner hat dieser weiten Seele die Hausung
gezimmert. Plump gehobelt, grobfaserig wie Spaltholz die niedrigen Quer-
balken der Stirne über winzigen Augenfenstern, die Haut nur Erde und
Lehm, fettig und ohne Glanz. Mitten in dem dumpfen Geviert eine Nase
mit weiten, offenen Tiernüstern, breit und breiig wie von einem Fausthieb
hingeplättet, hinter struppigem Haar ungeformte lappige Ohren, zwischen
einstürzenden Wangenhöhlen ein dicküppiger, mürrischer Mund:
durchaus amusische Formen, grobe und fast gemeine Gewöhnlichkeit.

Schatten und Düsternis überall, Niederung und Schwere in diesem
tragischen Werkmannsgesicht, nirgends ein aufstrebender Schwung, ein
flutendes Licht, ein kühn geistiger Aufstieg wie jene Marmorkuppel von
Dostojewskis Stirn. Nirgends bricht Licht ein, strahlt Glanz auf – wer es
leugnet, der verschönert, der lügt: nein, unrettbar bleibt dies ein niedres,
versperrtes Gesicht, kein Tempel, sondern ein Gefangenhaus der Gedanken, lichtlos und dumpfig, unheiter und häßlich, und früh weiß er schon
selbst, der junge Tolstoi, um seine verlorene Physiognomie. Jede Anspie-
lung auf sein Äußeres »ist ihm unangenehm«; er bezweifelt, daß es jemals
»irdisches Glück für einen Menschen geben könnte, der eine so breite
Nase, so dicke Lippen und kleine graue Augen hat«. Darum versteckt der
Jüngling schon früh seine verhaßten Züge hinter dieser dichten Maske
schwärzlichen Barts, den spät, sehr spät erst das Alter durchsilbert und
ehrfürchtig macht. Nur das letzte Jahrzehnt lockert das düstere Gewölk,
erst im Herbstabendlicht fällt ein vergütigter Strahl von Schönheit über
diese tragische Landschaft.

In niederem, dumpfem Gelaß hat der ewig wandernde Genius bei
Tolstoi Herberge genommen, in einer russischen Jedermanns-Physiogno-
mie, hinter der man alles vermuten möchte, nur den Geistmenschen, den
Dichter, den Gestaltenden nicht. Als Knabe, als Jüngling, als Mann, selbst
als Greis, immer wirkt Tolstoi bloß wie irgendeiner von vielen. Er paßt in
jeden Rock, unter jede Mütze: mit solch einem anonymen allrussischen
Antlitz kann man ebenso einem Ministertisch präsidieren wie betrunken
in einer Vagabundenkneipe spielen, Weißbrot auf dem Markt kaufen oder
im seidenen Meßkleid des Metropoliten das Kreuz über die kniende
Menge erheben: nirgends, in keinem Berufe, in keinem Gewande, an
keinem russischen Orte fiele dies Antlitz als ein unverkennbares auf. Als
Student sieht er aus wie zwölf auf ein Dutzend, als Offizier wie irgendein
Säbelträger, als Landedelmann wie irgendein Krautjunker. Fährt er im
Wagen neben dem weißbärtigen Diener, so muß man schon sehr gründlich
die Photographie abfragen, welcher der beiden Alten am Kutschbock

eigentlich der Graf ist und welcher der Kutscher; zeigt ihn ein Bild im Gespräch mit den Bauern, und wüßte man's nicht, keiner würde erraten, daß dieser Lew inmitten des Dorfklüngels ein Graf ist und sonst noch millionenmal mehr als all die Grigors und Iwans und Iljas und Pjotrs um ihn herum. Als wäre dieser eine alle zugleich, als hätte diesmal der Genius nicht die Maske eines besonderen Menschen genommen, sondern sich verkleidet als Volk, so gänzlich anonym, so allrussisch wirkt sein Gesicht. Gerade, weil er ganz Rußland enthält, trägt Tolstoi kein eigenes, sondern nur das russische Antlitz.

Darum enttäuscht zunächst sein Anblick fast alle, die ihn erstmalig sehen. Meilenweit sind sie mit der Bahn und von Tula dann im Wagen herübergekommen, nun harren sie im Empfangsraum ehrfürchtig des Meisters; jeder erwartet innerlich überwältigende Gegenwart, und die Seele formt ihn voraus als mächtigen, majestätischen Mann mit flutendem Gottvaterbart, hochragend und stolz, Gigant und Genie in einer Gestalt. Schon drückt Schauer der Erwartung jedem die Schultern herab, schon duckt sich der Blick unwillkürlich vor der Riesengestalt des Patriarchen, zu der er im nächsten Augenblick aufschauen soll. Da öffnet sich endlich die Türe, und siehe: ein kleines untersetztes Männchen tritt so behende, daß der Bart weht, mit fast laufenden Schritten herein, hält inne und steht freundlich lächelnd vor dem überraschten Gast. Munter, mit schneller Stimme plaudert er ihn an, aus leichtem Gelenk bietet er jedem die Hand. Und sie nehmen die Hand, im tiefsten Herzen erschreckt: Wie? dieses freundlich-gemütliche Männchen, dieses »flinke Väterchen im Schnee«, dies wäre wirklich Leo Nikolajewitsch Tolstoi? Der Vorschauer von Majestät verfliegt; ein wenig ermutigt wagt sich die Neugier empor an sein Gesicht.

Aber plötzlich stockt den Aufschauenden das Blut. Wie ein Panther ist hinter den buschigen Dschungeln der Brauen ein grauer Blick auf sie losgesprungen, jener unerhörte Blick Tolstois, den kein gemaltes Bild verrät und von dem einzig doch jeder spricht, der jemals dem Gewaltigen ins Antlitz gesehen. Ein Messerstoß, stahlhart und funkelnd, nagelt dieser Blick jeden Menschen fest. Unmöglich, sich noch zu rühren, sich ihm zu entwinden, ein jeder muß hypnotisch gefesselt dulden, daß dieser Blick ihn bis ganz tiefinnen durchdringt. Gegen Tolstois ersten Blickstoß gibt es keine Gegenwehr: wie ein Schuß durchschlägt er alle Panzer der Verstellung, wie Diamant zerschneidet er alle Spiegel. Niemand – Turgenjew, Gorki und hundert andere haben es bezeugt – kann lügen vor diesem penetrant durchbohrenden Blicke Tolstois.

Aber nur eine Sekunde stößt dieses Auge so hart und prüfend zu. Dann taut die Iris wieder auf, glänzt grau, flirrt von verhaltenem Lächeln oder gütigt sich zu weichem, wohltuendem Glanz. Wie Wolkenschatten über Wasser spielen alle Verwandlungen des Gefühls über diese magischen und ruhelosen Pupillen ständig dahin. Zorn kann sie aufsprühen lassen in einem einzigen kalten Blitz, Unmut sie frosten zu eisklarem Kristall, Güte sie warm übersonnen, Leidenschaft sie entbrennen. Sie können lächeln von innerem Licht, diese geheimnisvollen Sterne, ohne daß der harte Mund sich rührte, und sie können, wenn Musik sie schmelzend macht, »strömend weinen« wie die eines Bauernweibes. Sie können Helligkeit aus sich holen von geistiger Genugtuung und plötzlich trüb abdunkeln, überschattet von Melancholie, und sich entziehen und undurchdringlich sein. Sie können beobachten, kalt und unbarmherzig, können schneiden wie ein chirurgisches Messer und durchleuchten wie Röntgenfeuer und sofort dann wieder überrieselt sein vom flirrenden Reflex spielender Neugier – alle Sprachen des Gefühls sprechen sie, diese »beredtesten Augen«, die je aus einer Menschenstirn geleuchtet. Und wie immer findet ihnen Gorki das schillerndste Wort: »In seinen Augen besaß Tolstoi hundert Augen.«

In diesen Augen, und einzig dank ihnen, hat Tolstois Antlitz Genie. Alle Lichtkraft dieses Blickmenschen erscheint in ihrer Tausendfalt restlos gesammelt wie Dostojewskis, des Denkmenschen, Schönheit in der marmornen Wölbung seiner Stirn. Alles andere in Tolstois Gesicht, Bart und Busch, das ist nichts als Umhüllung, Schutzraum und Schale für die eingesenkte Kostbarkeit dieser magisch-magnetischen Lichtsteine, die Welt in sich ziehen und Welt aus sich strahlen, das präziseste Spektrum des Universums, das unser Jahrhundert gekannt. Nichts wuchert so winzig, daß diese Linsen es nicht noch versichtlichen könnten: pfeilhaft wie der Habicht können sie niederstoßen auf jede Einzelheit und vermögen doch zugleich alle Weiten des Weltalls panoramisch zu umrunden. Sie können aufbrennen in die Höhe des Geistigen und ebenso im Dunkel der Seele hellsichtig schweifen wie im oberen Reich. Sie haben Glut und Reinheit genug, diese Funkkristalle, um in Ekstase zu Gott emporzublicken, und haben den Mut, selbst dem Nichts, dem medusischen, prüfend in das versteinernde Antlitz zu sehen. Nichts wird diesem Auge unmöglich, nur eines vielleicht: tatlos zu sein, zu dösen, zu dämmern, die reine ruhende Freude, das Glück und die Gnade des Traums. Denn zwanghaft muß, kaum daß das Lid sich auftut, dieses Auge auf Beute gehen, unbarmherzig wach, unerbittlich illusionslos. Es wird jeden Wahn durchstoßen, jede Lüge entlarven, jeden Glauben zertrümmern: vor diesem Wahrauge wird alles nackt. Furchtbar darum immer, wenn er diesen stahlgrauen Dolch gegen sich selber zückt: dann stößt seine Schneide mörderisch hart bis ins innerste Herz.

Wer ein solches Auge hat, der sieht wahr, dem gehört die Welt und alles Wissen. Aber man wird nicht glücklich mit solchen ewig wahren, ewig wachen Augen.

18

VITALITÄT UND IHR WIDERSPIEL

Ich wünsche lange, sehr lange zu leben, und der Gedanke an den Tod erfüllt mich mit einer kindlichen poetischen Scheu.

— JUGENDBRIEF

Elementare Gesundheit. Der Körper gezimmert für ein Jahrhundert. Feste markdurchsättigte Knochen, knorrige Muskeln, wirkliche Bärenkraft: auf dem Boden liegend, kann der junge Tolstoi einen schweren Soldaten mit einer Hand in die Luft stemmen. Elastische Sehnen: ohne Anlauf überspringt er turnerisch leicht die höchste Schnur, er schwimmt wie ein Fisch, reitet wie ein Kosak, mäht wie ein Bauer – Müdigkeit kennt dieser eiserne Leib nur vom Geistigen her. Jeder Nerv straff bei äußerster Vibrationsfähigkeit, gleichzeitig biegsam und hart wie eine Toledaner Klinge, jeder Sinn helltönig und flink. Nirgendwo eine Bresche, eine Lücke, ein Riß, ein Manko, ein Defekt im Ringwall der Lebenskraft, und niemals gelingt darum ernstlicher Krankheit je Einbruch in den gequaderten Leib: Tolstois unglaubhafte Physis bleibt verbarrikadiert gegen jede Schwäche, vermauert gegen das Alter.

Vitalität ohne Beispiel: alle Künstler der Neuzeit erscheinen neben dieser bartrauschend biblischen, dieser bäurisch-barbarischen Männlichkeit wie Weiber oder Weichlinge. Selbst die ihm nahe kamen an Dauer des Schöpferischen bis in patriarchalische Zeit, selbst ihnen altert müde der

Körper unter dem ausfahrenden jägerischen Geist. Goethe (ihm horoskopisch bruderhaft durch denselben Lebenstag, den 28. August, und durch schaffende Weltsicht bis ins gleichfalls dreiundachtzigste Jahr), Goethe, er sitzt mit sechzig, längst winterscheu und verfettet, bei ängstlich verschlossenem Fenster, Voltaire kritzelt, verknöchert und mehr schon ausgebälgter böser Vogel als Mensch, am Schreibpult Papier um Papier, Kant klappert steif und mühsam, eine mechanische Mumie, seine Königsberger Allee entlang, da jener, Tolstoi, der strotzende Greis, den rotgefrorenen Leib noch prustend ins Eiswasser taucht, im Garten robotet und beim Tennis flink hinter den Bällen flitzt. Den Siebenundsechzigjährigen verlockt noch die Neugier, Radfahren zu lernen, mit Siebzig saust er in Schlittschuhen über die spiegelnde Bahn, mit Achtzig spannt er tagtäglich die Muskeln in turnerischer Bemühung; und zweiundachtzigjährig, einen Zoll vor dem Tode, zuckt er seiner Stute noch sausend die Peitsche über, wenn sie nach zwanzig Werst scharfen Galopps anhält oder bockt. Nein, vergleichen wir nicht: das neunzehnte Jahrhundert weiß kein Widerspiel ähnlich urweltlicher Vitalität.

Schon reichen die Wipfel in die Himmel der Patriarchenjahre, und noch ist keine Wurzel gelockert an dieser bis zur letzten Faser mit Saft durchströmten russischen Rieseneiche. Scharf das Auge bis zur Todesstunde: vom Pferd aus verfolgt der neugierige Blick den winzigsten Käfer, der aus den Borken kriecht, ohne Fernglas den Falken im Flug. Hellhörig das Ohr, lustsaugend die breiten, fast tierischen Nüstern: eine Art Trunkenheit überkommt den pilgernden Weißbart noch immer im Frühjahr, wenn plötzlich der scharfe Dung, vermengt mit dem Ruch auftauender Erde, ihn durchdringt, und achtzig einstige Frühlinge spürt er noch deutlich erinnernd, jeden mit seinem bestimmten Aufschwall, seinem ersten ausströmenden Wurf in diesem einen Duftandrang; so stark, so erschütternd spürt er's, daß die Lider ihm plötzlich überströmen. Quer und schwer durch den nassen Boden stapfen in pfundwuchtigen Bauernstiefeln die sehnigen Weidmannsbeine des Greises, nie entnervt sich die Hand im Zittern des Alters, die Schrift seines Abschiedsbriefes zeigt keine andern Lettern als die großen kindlichen der Knabenjahre. Und herrlich unerschüttert wie seine Sehnen und Nerven bewährt sich der Geist: noch überspielt sein Gespräch alle andern, ein unheimlich präzises Gedächtnis besinnt jedes verlorene Detail. Noch zuckt bei jedem Widerspruch dem Uralten Zorn in die Brauen, noch rundet Lachen ihm dröhnend die Lippe, noch formt sich bildnerisch die Sprache, noch strömt bedrängend das Blut. Als dem Siebzigjährigen bei einer Diskussion über die »Kreutzersonate« jemand vorwirft, in seinem Alter habe man es leicht, die Sinnlichkeit abzuschwören, da blitzt stolz und zornig das Auge des knorrigen Greises, dies sei nicht richtig, »das Fleisch ist noch mächtig, noch muß ich kämpfen und ringen«.

Nur eine so unerschütterliche Vitalität erklärt ein dermaßen unermüdbares Schöpfertum: kein einziges wirklich braches Jahr steht leer inmitten der sechzig seines Weltwerkes. Denn nie ruht sein bildnerischer Geist, nie schläft oder dämmert behaglich dieser herrlich wache und regsame Sinn. Wirkliches Kranksein kennt Tolstoi bis ins Alter nicht, Müdigkeit ficht den Zehnstundenarbeiter nie ernstlich an; niemals bedürfen die Sinne, die allzeit paraten, einer Steigerung. Nie benötigen sie einer Stimulierung durch Reizmittel, durch Wein oder Kaffee; nie heizt er sich ein durch Feuriges oder Fleischgenuß – im Gegenteil: so gesund, so prall gespannt, so randvoll strotzen diese zuchtvollen Sinne, daß ein allerleisestes Berühren sie schon ins Schwingen, ein Tropfen schon zum Überschwellen bringt. Bei all seiner massiven Gesundheit ist Tolstoi gleichzeitig ein »Dünnhäuter« – wie wäre er Künstler sonst ohne diese höchste Irritabilität! –, nur behutsam darf die Klaviatur seiner durchaus gesunden Nerven angetastet werden, denn gerade die Vehemenz ihres Rückschlags macht jede Emotion zur Gefahr. Darum fürchtet er (ganz wie Goethe, wie Plato) die Musik, denn sie erregt zu stark die geheimnisvoll tiefe Woge seines Gefühls. »Musik wirkt furchtbar auf mich«, bekennt er, und wirklich, indes seine Familie freundlich zuhörend um das Klavier sitzt, beginnt es unheimlich um seine Nüstern zu zucken; die Brauen ziehen sich abwehrend zusammen, er empfindet »einen sonderbaren Druck im Halse« – und plötzlich wendet er sich brüsk ab und geht zur Tür hinaus, denn die Tränen strömen ihm über. »Que me *veut* cette musique«, sagt er einmal, ganz erschrocken von seiner eigenen Überwältigung. Ja, er spürt, sie will etwas von ihm, sie droht etwas aus ihm herauszuholen, das er entschlossen ist nie herzugeben; etwas, was er versteckt hält ganz unten im Geheimschrank der Gefühle, und nun quillt das auf in mächtiger Gärung und droht die Dämme zu überschwellen. Irgendein Übergewaltiges, vor dessen Kraft und Übermaß er sich fürchtet, beginnt sich zu regen, widerwillig spürt er sich tief innen, ganz tief innen, von der Woge der Sinnlichkeit angefaßt und in abwegige Strömung gerissen. Er aber haßt (oder er fürchtet) um eines wahrscheinlich nur ihm bekannten Übermaßes willen die eigene Blutüberfüllung: darum verfolgt er ja auch »das« Weib mit einem für einen gesunden Menschen unnatürlichen, anachoretischen Haß. »Unschädlich« erscheint die Frau ihm nur, »solange sie von den Aufgaben der Mutterschaft erfüllt ist, im Stande der Sittsamkeit oder in der Vénérabilité des Alters« – also jenseits der Geschlechtlichkeit, die er »als eine schwere Schuld des Leibes sein ganzes Leben empfunden hat«. Das Weib wie die Musik bedeuten diesem Antigriechen, diesem künstlichen Christen, diesem Gewaltmönch das Böse schlechthin, weil beide durch Sinnlichkeit »von den uns angeborenen Eigenschaften des Mutes, der Entschlossenheit, der Vernunft, des Gerechtigkeitsgefühls« ablenken, weil sie uns, wie Pater Tolstoi später predigen wird, »zur Sünde der Fleischlichkeit« führen. Auch die Frauen »wollen etwas von ihm«, das er sich herzugeben weigert; auch sie rühren an etwas Gefährliches, das er aufzuwecken sich fürchtet – und was, dies zu erraten, gehört nicht viel Geist: an seine eigene ungeheuerliche Sinnlichkeit. Musik – da lockert sich das Band des Willens: schon reckt »das Tier« sich auf. Die Frauen – schon röhrt das blutgierige Geheul der Meute und rüttelt an den eisernen Gitterstäben. Nur an Tolstois rasender Mönchsangst, an seinem zelotischen Schauer selbst vor der gesundheiteren, nackt-natürlichen Sinnlichkeit kann man die verborgen panische Männischkeit, die Tiermenschenbrunst in ihm ahnen, die in der Jugend sich noch frei in wildesten Exzessen austobte – einen »unermüdlichen Hurer« nennt er sich Tschechow gegenüber –, um dann gewalttätig durch fünfzig Jahre in Kellergewölben vermauert zu bleiben, vermauert, aber nicht begraben; daß dieses Übergesunden Sinnlichkeit lebenslang ein Übermaß blieb, hat in seinem streng sittlichen Werk nur eines verraten: eben diese seine Angst, seine wüstenväterische, überchristliche, gewaltsam die Augen wegdrehende, polternde Angst vor »dem Weibe«, vor der Versucherin – in Wahrheit aber vor dem eigenen und anscheinend maßlosen Gelüst.

Immer fühlt man das und überall: vor nichts fürchtet sich Tolstoi mehr als vor sich selbst, vor seiner Bärenkraft. Dem manchmal trunkenen Glück über seine Übergesundheit schattet unaufhaltsam ein Grauen vor dem Tierisch-Hemmungslosen der Sinne nach. Gewiß hat er sie gebändigt wie kein zweiter, aber er weiß: man ist nicht ungestraft Russe, also Volksmensch des Übermaßes, Fanatiker der Exzesse, Knecht der Extreme. Darum müdet seine Willensklugheit den eigenen Körper nieder, darum beschäftigt er ständig die Sinne, läßt sie auslaufen, gibt ihnen ungefährliche Spiele, Luftfutter und Lustfutter. Er rackert die Muskeln ab durch berserkerische Anstrengung mit Sense und Pflug, macht sie matt durch gymnastische Spiele; um sie zu entgiften, sie unschädlich zu machen, drängt er seine Kraftgefahren aus dem privaten Leben hinaus in die Natur, und dort entströmt dann überschwenglich, was im Binnendasein der Wille energisch verhält. Seiner Leidenschaften Leidenschaft war darum die Jagd: da können alle Sinne sich ausschwelgen, die hellen wie die dunklen. Der vorapostolische Tolstoi berauscht sich am schweißigen Geruch der Pferde, an der Aufregung tollkühnen Reitens, des nervenspannenden Hetzens und Zielens, an der Angst sogar (unfaßbar dies für den späteren Mitleidsfanatiker), an der Qual des niedergerissenen, blutigen, mit brechenden Augen aufstarrenden Wilds. »Ich empfinde ein wahrhaftes Wonnegefühl bei dem Leiden des verendenden Tieres«, gesteht er, als er einem Wolf mit wuchtigem Stockhieb den Schädel einschmettert, und bei diesem triumphierenden Aufschrei der Blutlust ahnt man erst alle die brutalen Instinkte, die er ein Leben lang (außer in den tollwütigen Jahren der Jugend) in sich niedergehalten hat. Noch zur Zeit, da er aus moralischer Überzeugung der Jagd längst entsagt hat, zucken ihm immer unwillkürlich die Hände schußgierig auf, wenn er einen Hasen im Felde aufspringen sieht. Aber er zwingt diese wie jede andere Lust beharrlich entschlossen nieder; schließlich begnügt seine sinnliche Freude am Körperlichen sich mit dem bloßen Anschauen und Nachbilden des Lebendigen – aber welch eine vehemente und wissende Freude noch immer! Glückseliges Lachen schiebt ihm jedesmal breit die Lippen auseinander, wenn er an einem schönen Pferde vorbeikommt; beinahe wollüstig klopft und tätschelt er ihm den warmen seidigen Bug und läßt sich voll die pochende tierische Wärme in die Finger gleiten: alles rein Animalische begeistert ihn. Er kann stundenlang mit verzückten Augen den Tanz junger Mädchen nur um der Anmut der gelockerten Leiber willen betrachten; und wenn ihm ein schöner Mann, eine Frau begegnet, so bleibt er stehen, vergißt sich im Gespräch, nur um sie besser anzustaunen und begeistert auszurufen: »Wie wunderbar ist es doch, wenn der Mensch schön ist!« Denn er liebt den Körper als das Gefäß des lebendigen Lebens, als fühlende Fläche des Lichts, als Hülle des heiß strömenden Blutes, er liebt ihn in all seiner warm wogenden Fleischlichkeit als den Sinn und die Seele des Lebens.

Ja, er liebt als der leidenschaftlichste Animalist der Literatur seinen Körper wie der Künstler sein Instrument; er liebt den Leib als die naturhafteste Form des Menschen und sich selbst in seinem elementaren Körper mehr als in seiner brüchigen und doppelzüngigen Seele. Er liebt ihn in allen Formen und Zeiten von Anfang bis zu Ende, und der erste Bewußtseinsbericht dieser autoerotischen Leidenschaft reicht – kein Schreibfehler dies! – zurück bis in sein zweites Lebensjahr! In das zweite Lebensjahr – dies will betont sein, damit man begreift, wie kieselhell und linienscharf bei Tolstoi jede Erinnerung unter dem Geström der Zeit sichtbar bleibt. Während Goethe und Stendhal kaum bis zum siebenten oder achten Jahre sich deutlich zurückbesinnen, empfindet Tolstoi als Zweijähriger schon mit genauso konzentrisch gesammelter Vielfalt aller Sinne wie der spätere Künstler. Man lese diese Schilderung seines ersten

Körperempfindens: »Ich sitze in einer Holzbadewanne, ganz eingehüllt in den mir neuen, aber nicht unangenehmen Geruch einer Flüssigkeit, mit der man meinen Körper reibt. Es wird wohl Kleienwasser gewesen sein, das ich höchstwahrscheinlich bekam; die Neuheit des Eindrucks wirkt auf mich, und ich bemerke zum erstenmal wohlgefällig meinen kleinen Körper mit den vorn an der Brust sichtbaren Rippen und die glatten dunklen Wangen, die aufgestreckten Ärmel meiner Pflegerin und auch das warme, dampfende Kleienwasser und seinen Geruch, am stärksten aber das Gefühl der Glätte, das die Wanne in mir hervorrief, sooft ich mit meiner kleinen Hand darüberfuhr.«

Nachdem man dies gelesen, zerlege und ordne man diese Kindheitserinnerungen nach ihren sensuellen Zonen, um die universelle Wachheit der Sinne richtig zu bestaunen, mit der Tolstoi schon in der winzigen Larve des Zweijährigen die Umwelt erfaßt: er *sieht* die Wärterin, er *riecht* die Kleie, er *unterscheidet* schon den neuartigen Eindruck, er *fühlt* die Wärme des Wassers, er *hört* das Geräusch, er *tastet* die Glätte der Holzwand, und all diese gleichzeitigen Wahrnehmungen der verschiedenen Nervenstränge münden in die einmütig »wohlgefällige« Selbstbetrachtung des Körpers als der einzig fühlsamen Fläche aller Lebensempfindungen. Dann begreift man, wie früh hier Saugnäpfe der Sinne sich schon an das Dasein anklammern, wie mächtig und wie präzise bewußt der vielfältige Eindrang der Welt bei dem Kinde Tolstoi sich bereits in deutliche Impressionen umsetzt, und mag nun ermessen, wie erst der Erwachsene jeden Eindruck subtilisieren und andererseits steigern wird. Da wird dies kleine spielhaftkindische Wohlbehagen an dem winzigen Eigenleib in der engen Wanne sich notwendig ausweiten zu einer wilden und beinahe wütigen Daseinslust, die genau wie das Kind Außen und Innen, Welt und Ich, Natur und Leben vermengt in ein einziges hymnisches Rauschgefühl. Und tatsächlich, dieser Rausch der Identität mit dem All überkommt den Vollerwachsenen manchmal wie eine große Trunkenheit; man lese nur, wie der schwere Mann sich manchmal aufhebt und hinausgeht in den Wald, die Welt anzublicken, die ihn ausgewählt hat unter Millionen, sie mächtiger und wissender zu fühlen als alle andern, wie er plötzlich mit ekstatischer Gebärde die Brust spannt und die Arme aus sich schleudert, als könnte er in der anbrausenden Luft das Unendliche fassen, das ihn innen bewegt; oder wie er, nicht minder erschüttert vom Winzigsten ebenso wie von der kosmischen Fülle der Natur, sich niederbeugt, eine einzige zertretene Distel zärtlich geradezufalten oder das flirrende Spiel einer Libelle leidenschaftlich zu betrachten, und dann, von Freunden beobachtet, rasch sich seitlings wendet, um die Träne nicht zu verraten, die ihm die Augen überströmt. Kein Dichter der Gegenwart, auch Walt Whitman nicht, hat die physische Lust der irdischen, der fleischlichen Organe so stark empfunden, wie dieser russische Mensch mit seiner Sinnenbrünstigkeit Pans und der großen Allgegenwart eines antikischen Gottes. Und man begreift sein stolz-überschwengliches Wort: »Ich selbst bin Natur.«

Unerschütterlich, selbst ein Weltall im Weltall, wurzelt also dieser massige weitwipflige Mann in seiner moskowitischen Erde: nichts, meint man, könnte darum seine mächtige Weltlichkeit erschüttern. Aber die Erde, selbst sie bebt manchmal, vom Seismos berührt, und so taumelt manchmal, media in vita, mitten aus seiner Sicherheit Tolstoi empor. Mit einem Mal wird das Auge starr, die Sinne schwanken und greifen ins Leere. Denn irgend etwas ist in sein Blickfeld getreten, das er nicht fassen kann, etwas, was außen bleibt von der warmen Leibes- und Lebensfülle, etwas, was er nicht versteht, so sehr auch alle Nerven sich spannen – unfaßbar bleibend für ihn, den Sinnenmenschen, weil nicht Ding dieser Erde, ein Stoff, den er nicht ansaugen und amalgamieren kann, etwas, was verweigert, sich antasten, abwägen, einordnen zu lassen in das allzeit durstige Weltgefühl. Denn wie den Schreckgedanken fassen, der plötzlich den runden Raum der Erscheinung zerschneidet, wie sich's ausdenken, daß diese strömenden, atmenden Sinne einmal stumm sein könnten und taub, die entfleischte Hand ohne Gefühl, daß dieser nackte gute Leib, jetzt noch durchwärmt vom Geström des Blutes, Wurmfraß werden könnte und steinkaltes Skelett? Wie, wenn das auch in ihn einbräche, heute oder morgen, dieses Nichts, dieses Schwarze, dieses Dahintersein, dieses nicht Abzuwehrende, wenn es einbräche, das Unsinnlich-Gegenwärtige, in ihn, der eben noch strotzt von Säften und Mächten? Immer wenn Tolstoi der Gedanke an die Vergänglichkeit überfällt, stockt ihm das Blut. Die erste Begegnung geschieht dem Kinde: man führt ihn zur Leiche der Mutter, da liegt etwas kalt und starr, das gestern noch Leben war. Achtzig Jahre lang kann er den Anblick nicht vergessen, den er damals sich noch nicht in Gefühl und Gedanken zu erläutern vermag. Aber einen Schrei stößt das fünfjährige Kind aus, einen entsetzten, gellenden Schrei und flüchtet in toller Panik aus dem Zimmer, alle Erinnyen der Angst hinter sich her. Immer fällt so stoßhaft, so erdrosselnd der Todesgedanke über ihn her, wie sein Bruder stirbt, sein Vater, seine Tante: immer fährt sie ihm kalt über das Genick, diese eisige Hand, und reißt ihm die Nerven entzwei.

1869, noch vor der Krise, aber nur knapp ihr voraus, schildert er das weiße Entsetzen, la blanche terreur, eines solchen Überfalls. »Ich versuchte mich niederzulegen, aber kaum hingestreckt, reißt mich ein Entsetzen wieder empor. Es ist eine Angst, eine Angst wie vor dem Erbrechen, irgend etwas zerreißt mein Dasein in Stücke, ohne es aber ganz zu zerreißen. Ich versuche, noch einmal zu schlafen, aber der Schrecken war da, rot, weiß, irgend etwas zerreißt in mir und hält mich dennoch zusammen.« Das Furchtbare ist geschehen: ehe der Tod auch nur einen Finger in Tolstois Leibe hat, vierzig Jahre vor seinem wirklichen Tode, ist sein Vorgefühl schon in die Seele des Lebendigen gedrungen, nie mehr ganz zu verjagen. Große Angst sitzt nachts an seinem Bette, sie frißt an der Leber seiner Lebensfreude, sie hockt zwischen den Blättern seiner Bücher und zernagt die angefaulten schwarzen Gedanken.

Man sieht: übermenschlich wie seine Vitalität ist Tolstois Todesangst. Zaghaft wäre es, sie noch Nervenfurcht zu nennen, vergleichbar etwa der neurasthenischen eines Novalis, der melancholischen Überschattung Lenaus, der Phobie Edgar Allan Poes, dem mystischen Wollustgrauen – nein, hier bricht ein ganz tierisch-nackter, ein barbarischer Terror heraus, ein krasses Entsetzen, ein Angstorkan, eine Panik des aufgeschmetterten Lebenssinns. Nicht wie ein mannhaft-heroischer Geist erschrickt Tolstoi vor dem Tode, sondern gleichsam von rotglühendem Eisen gebrandmarkt und nun lebenslänglich Sklave dieses Grauens zuckt er auf, gell schreiend, unbeherrscht: seine Angst entlädt sich als durchaus bestialische Schreck-explosion, als Schock – die menschgewordene Urangst aller Kreatur. Er will sich nicht anfassen lassen von diesem Gedanken, er will nicht, er weigert sich und spreizt wie ein Gewürgter abwehrend die Gelenke; denn, vergessen wir nicht, Tolstoi wird vollkommen unvermutet inmitten einer maßlosen Sicherheit überfallen. Diesem moskowitischen Bären fehlt ja zwischen Tod und Leben jede Überleitung – der Tod ist für einen so elementar Gesunden absoluter Fremdstoff, indes für den mittleren Menschen sonst gewöhnlich sich zwischen Tod und Leben eine oft began-gene Brücke spannt: die Krankheit. Die andern, die Durchschnittsfünfzig-jährigen, haben alle oder die meisten schon ein Stück Tod in sich latent, sein Nahsein ist ihnen kein vollkommenes Außen, keine Überraschung mehr: darum schauern sie nicht so unbeherrscht vor seinem ersten energi-schen Griff. Ein Dostojewski etwa, der mit verbundenen Augen, der Salve gewärtig, am Pfahl gestanden und in epileptischen Krämpfen jede Woche hinschlägt, sieht als Leidgewöhnter dem Todesgedanken gefaßter ins Auge als der völlig Ahnungslose, der strotzend Gesunde; so fällt ihm auch der Schlagschatten jener vollkommen aufgelösten, beinahe schimpflichen Angst nicht so eisig ins Blut wie Tolstoi, der bei dem ersten Nahegefühl des Gedankens Tod schon zu schlottern beginnt. Ihm, der nur in der Überfülle sein Ich, in dem »Trunkensein von Leben« das Leben einzig voll-wertig empfindet, bedeutet die leiseste Verminderung der Vitalität eine

Art Krankheit (mit sechsunddreißig Jahren nennt er sich einen »alten Mann«). Eben zufolge dieser Empfindlichkeit trifft ihn der Todesgedanke durch und durch wie ein Schuß. Nur wer so vital das Dasein empfindet, kann absolut komplementär das Nichtsein mit solcher Intensität fürchten; gerade weil sich hier eine wahrhaft dämonische Lebenskraft gegen eine ebenso dämonische Todesangst aufreckt, entsteht bei Tolstoi eine solche Gigantomachie zwischen Sein und Nichtsein, die größte vielleicht der Weltliteratur. Denn nur Riesennaturen leisten riesigen Widerstand: ein Herrenmensch, ein Willensathlet wie Tolstoi kapituliert nicht ohne weiteres vor dem Nichts – sofort nach dem ersten Schock rafft er sich auf, reißt die Muskeln zusammen, um den plötzlich aufgesprungenen Feind zu besiegen: nein, eine prallvolle Vitalität wie die seine gibt sich nicht kampflos besiegt. Kaum erholt von dem ersten Schrecken, verschanzt er sich in Philosophie, zieht die Brücken hoch und überschüttet den unsichtbaren Feind mit Katapulten aus dem Arsenal seiner Logik, um ihn wegzutreiben. Verachtung ist seine erste Gegenwehr: »Ich kann mich für den Tod nicht interessieren, hauptsächlich aus dem Grunde, weil er, solange ich lebe, nicht existiert.« Er nennt ihn »unglaubwürdig«, behauptet hochfahrend, daß er »nicht den Tod fürchte, sondern nur die Todesfurcht«, er versichert unablässig (durch dreißig Jahre!), daß er ihn nicht fürchte, nicht angstvoll an ihn denke. Aber er täuscht niemanden, nicht einmal sich selbst. Kein Zweifel: der Wall der seelisch-sinnlichen Sicherheit ist beim ersten Ansturm jener Angstneurose schon durchbrochen, und Tolstoi kämpft vom fünfzigsten Jahr nur noch auf Trümmern seines einstigen vitalen Selbstvertrauens. Er muß, Schritt um Schritt zurückweichend, zugeben, daß der Tod nicht bloß »ein Gespenst« sei, »eine Vogelscheuche«, sondern ein höchst respektabler Gegner, den man nicht mit bloßen Worten einschüchtern könne. Und so versucht Tolstoi, ob es nicht möglich wäre, auch innerhalb der unvermeidlichen Vergängnis noch weiter zu existieren, und da man gegen den Tod kämpfend nicht zu leben vermag, mit ihm zu leben.

Erst dank dieser Nachgiebigkeit beginnt eine zweite und nun fruchtbare Phase Tolstois in seinem Verhältnis zum Tode. Er »sträubt sich nicht mehr« gegen sein Vorhandensein, er gibt sich nicht mehr dem Wahn hin, ihn mit Sophismen wegzuhalten – so versucht er, ihn in sein Dasein einzuordnen, seinem Lebensgefühl zu amalgamieren, sich abzuhärten gegen das Unvermeidliche, sich an ihn zu »gewöhnen«. Der Tod ist unbesiegbar, das muß der Lebensriese zugeben, nicht aber die Angst vor dem Tode: so wendet er alle Kraft nun bloß gegen jene Furcht. Wie die spanischen Trappisten allnächtlich in Särgen schlafen, um jede Schrecknis in sich abzutöten, so übt Tolstoi in hartnäckigen täglichen Exerzitien des Willens sich autosuggestiv ein unablässiges Memento mori ein; er zwingt sich, beständig und »mit aller Kraft seiner Seele« an den Tod zu denken, ohne vor ihm zu erschrecken. Jede Tagebuchnotiz beginnt er fortab mit den mystischen drei Buchstaben W. i. l. (»Wenn ich lebe«), jeder Monat verzeichnet durch Jahre die Selbsterinnerung: »Ich nähere mich dem Tode.« Er gewöhnt sich, ihm ins Auge zu sehn. Gewöhnung aber erledigt die Fremdheit, besiegt die Furcht – so wird in dreißig Jahren Widerstreit mit dem Tode aus dem Außensein ein Innensein, aus dem Feinde eine Art Freund. Er zieht ihn an sich heran, in sich herein, macht den Tod zum seelischen Bestandteil seines Lebens und damit die ursprüngliche Angst »gleich Null« – »man braucht nicht über ihn nachzudenken, man muß ihn aber immer vor sich sehen. Das ganze Leben wird dann festlicher, wichtiger und wahrhaft fruchtbarer und freudiger«. Aus der Not ist eine Tugend geworden – Tolstoi hat (ewige Rettung des Künstlers!) seine Angst überwunden, indem er sie objektiviert; er hat den Tod und die Todesangst von sich weg entfernt, indem er sie in andere, in seine Geschöpfe hineingestaltet. So wird, was anfangs vernichtend schien, nur Vertiefung des Lebens und höchst unerwarteterweise die großartigste Steigerung seiner Kunst: dank seiner angstvollen Durchforschung, des tausendmaligen Voraussterbens in der Phantasie, wird gerade dieser leidenschaftlichste Vitalist zum wissendsten Darsteller des Sterbens, zum Meister aller, die jemals den Tod gebildet. Angst, immer ist sie, die der Wirklichkeit vorauseilende, sie, die phantasiebeflügelte, immer ist sie ja schöpferischer als das stumpfe und dumpfe Gesundsein – wie aber erst eine so schauernde, panische, jahrzehntelang wache Urangst, der heilige Horror und Stupor eines Gewaltigen! Ihr zum Dank kennt Tolstoi alle Symptome des leiblichen Verlöschens, jeden Zug, jedes Zeichen, den der Grabstichel des Thanatos einzeichnet in das vergehende Fleisch, jeden Schauer und Schreck der versinkenden Seele: mächtig fühlt der Künstler sich angerufen von dem eigenen Wissen. Das Sterben des Iwan Iljitsch mit seinem gräßlich heulenden »Ich will nicht«, »Ich will nicht«, das erbärmliche Verlöschen von Lewins Bruder, die vielfältigen Lebensloslösungen in den Romanen, die »Drei Tode« – all dieses hinabgebeugte Lauschen über den äußersten Rand des Bewußtseins, Tolstois größte psychologische Leistungen, undenkbar wären sie ohne jenes katastrophale Erschüttertsein, diese Durch-und-durch-Aufgewühltheit selbsterlittenen Grausens; um diese hundert Tode zu schildern, mußte Tolstoi seinen eigenen Tod bis in die feinsten Faserungen des Gedankens hundertmal in der zerrütteten Seele vorgelebt, nachgelebt, mitgelebt haben: nur die vorahnende Angst hat seine Kunst vom Flächigen, vom bloßen Anschauen und Abmalen der Realität, in die Tiefe des Wissens getrieben; nur sie hat ihn nach rubens-sinnlicher Wirklichkeitsfülle auch dies von innen vorbrechende, gleichsam metaphysische Rembrandt-Licht inmitten der tragischen Verschattung gelehrt. Einzig, weil Tolstoi den Tod vehementer als alle inmitten des Lebens vorausgelebt, hat er ihn wie kein zweiter für uns alle lebendig gemacht.

Jede Krise ist ein Geschenk des Schicksals an den schaffenden Menschen: so entsteht, genau wie in Tolstois Kunst, auch in seiner welt-geistigen Haltung schließlich ein neues und höheres Gleichmaß. Die Gegensätze durchdringen einander, der furchtbare Streit der Lebenslust mit ihrem tragischen Widerpart weicht einer weisen und harmonischen Verständigung. Ganz im Sinne Spinozas ruht das endlich beruhigte Gefühl in reiner Schwebe zwischen Furcht und Hoffnung der letzten Stunde: »Es ist nicht gut, sich vor dem Tode zu fürchten; es ist nicht gut, ihn zu wünschen. Man muß den Waagbalken so stellen, daß der Zeiger gerade steht und keine Schale überwiegt: das sind die besten Bedingungen des Lebens.«

Die tragische Dissonanz ist endlich harmonisiert. Der Greis Tolstoi hat keinen Haß mehr wider den Tod und keine Ungeduld ihm entgegen; er flieht ihn nicht mehr, er bekämpft ihn nicht mehr: er träumt ihn bloß in linden Meditationen, wie ein Künstler ahnend plant an unsichtbar schon gegenwärtigem Werke. Und gerade die letzte, die lang gefürchtete Stunde schenkt ihm darum vollendete Gnade: ein Sterben, groß wie sein Leben, das Werk seiner Werke.

19

DER KÜNSTLER

Es gibt kein wahres Vergnügen außer jenem, das dem Schaffen entspringt.
Man kann Bleistifte, Stiefel, Brot und Kinder, das heißt Menschen erzeugen, ohne Schaffen gibt es kein wahres Vergnügen, keines, das nicht mit
Angst, Leid, Gewissensbissen und Scham verbunden wäre.

— *BRIEF*

Jedes Kunstwerk erreicht erst dann die höchste seiner Stufen, sobald man sein künstliches Gewordensein vergißt und sein Dasein als Wirklichkeit empfindet. Bei Tolstoi ist diese erhabene Täuschung oftmals vollendet. Nie wagt man, so sinnlich wahrhaft treten sie an uns heran, zu vermuten, diese Erzählungen seien erfabelt, ihre Gestalten erfunden. Ihn lesend, meint man nichts anderes getan zu haben, als durch ein offenes Fenster in die reale Welt hineinzusehen.

Gäbe es darum nur Künstler von Tolstois Art, so ließe man sich leicht zu der Meinung verleiten, Kunst sei etwas ungemein Einfaches, Dichten nichts anderes als ein genaues Nacherzählen der Wirklichkeit, ein Durchpausen ohne höhere geistige Mühe, und man benötige dazu seinem eigenen Wort gemäß »nur eine negative Eigenschaft: nicht zu lügen«. Denn mit einer überwältigenden Selbstverständlichkeit, der naiven Natürlichkeit einer Landschaft, steht rauschend und reich dieses Werk vor unseren Blicken, noch einmal Natur, so wahrhaft wie die andere. Alle jene geheimnisvollen Mächte des Furors, der gebärenden Brunst, der phospho-

525

reszierenden Visionen scheinen in Tolstois Epik überflüssig und abwesend: kein trunkener Dämon, sondern ein nüchterner klarer Mann, so meint man, habe durch sein bloß sachliches Anschauen, durch beharrliches Nachzeichnen anstrengungslos ein Duplikat der Wirklichkeit angefertigt.

Aber hier betrügt eben die Vollkommenheit des Künstlers den dankbar genießenden Sinn, denn was wäre schwieriger als Wahrheit, was mühsamer als Klarheit? Die Urschriften bieten Zeugnis, daß Leo Tolstoi durchaus kein mit Leichtigkeit Beschenkter gewesen, sondern einer der erhabensten, geduldigsten Arbeiter, und seine ungeheuren Fresken der Welt sind ein kunst- und mühevolles Mosaik aus unzähligen, kleinfarbigen Steinchen von Millionen minuziöser Einzelbeobachtungen. Siebenmal ist das ungeheure zweitausendseitige Epos »Krieg und Frieden« abgeschrieben worden, die Skizzen und Notizen dazu füllten hohe Kasten. Jede Kleinigkeit im Historischen, jedes Detail im Sinnlichen ist sorgfältig dokumentiert: um der Schilderung der Schlacht von Borodino sachliche Präzision zu geben, umreitet Tolstoi zwei Tage lang mit der Generalstabskarte das Schlachtfeld, fährt meilenweit mit der Bahn, von irgendeinem noch lebenden Kriegsteilnehmer ein winzig ausschmückendes Detail zu erfahren. Er durchackert alle Bücher, durchstöbert die Bibliotheken, er fordert sogar von adeligen Familien und Archiven verschollene Dokumente und private Briefe ein, nur um noch ein Körnchen Wirklichkeit aufzuraffen. So sammeln sich in Jahren und Jahren die kleinen Quecksilberkügelchen von zehntausend, hunderttausend winzigen Beobachtungen, bis sie allmählich fugenlos ineinanderrinnen, runde, reine, vollkommene Form. Und nun erst nach beendigtem Kampf um die Wahrheit beginnt das Ringen um die Klarheit. Wie Baudelaire, der lyrische Artist, jede Zeile seines Gedichts, so feilt und putzt und poliert, so hämmert und ölt und schmeidigt Tolstoi mit der Fanatik des fehllosen Künstlers seine Prosa. Ein einziger überhängender Satz, ein nicht ganz einschnappendes Adjektiv inmitten des Zehntausend-Seiten-Werkes kann ihn dermaßen beunruhigen, daß er entsetzt der abgesandten Korrektur an den Setzer in Moskau nachtelegraphiert, die Druckmaschinen zu stoppen, damit er den Tonfall jener unzulänglichen Silbe noch abändern könne. Diese erste Druckfassung wird dann abermals zurückgeworfen in die geistige Retorte, noch einmal eingeschmolzen, noch einmal geformt – nein, wenn irgendeines Kunst, so war gerade diese des scheinbar Allernatürlichsten nicht mühelos. Durch sieben Jahre arbeitet Tolstoi acht Stunden, zehn Stunden am Tag – kein Wunder darum, daß selbst dieser gesundnervigste Mann nach jedem seiner großen Romane psychisch zusammenbricht; der Magen versagt plötzlich, die Sinne taumeln trüb, und er muß hinaus in die absolute Einsamkeit, ganz weit weg von aller Kultur, in die Steppe zu den Baschkiren, um dort in Hütten zu wohnen und mit einer Kumyßkur das seelische Gleichgewicht wieder zu erlangen. Gerade dieser homerische Epiker, dieser naturhafteste, wasserhelle, beinahe volkstümlich primitive Erzähler, verbirgt einen ungeheuer ungenügsamen und gequälten Künstler (gibt es andere?). Aber Gnade aller Gnaden – die Mühsamkeit des Schaffens bleibt unsichtbar im vollendeten Dasein des Werkes. Gleichsam von ewig her, ursprungslos, alterslos wie Natur erscheint Tolstois als Kunst gar nicht mehr fühlbare Prosa inmitten unserer Zeit und zugleich jenseits aller Zeiten. Nirgends trägt sie die erkennbare Präge bestimmter Epoche; kämen einzelne seiner Novellen ohne Namen ihres Bildners einem erstmalig zur Hand, niemand wagte zu bestimmen, welches Jahrzehnt, ja Jahrhundert sie geschaffen, derart bedeuten sie absolutes zeitloses Erzählen. Die Volkslegenden von den »Drei Greisen« oder »Wieviel Erde braucht der Mensch« könnten gleichzeitig mit Ruth und Hiob, ein Millennium vor Erfindung des Druckes und im Anfang der Schrift erfabelt sein, Iwan Iljitschs Todeskampf, »Polikei« oder »Leinwandmesser« gehören ebenso dem neunzehnten wie dem zwanzigsten und dreißigsten Jahrhundert an, denn nicht die zeitgenössische Seele findet hier zeitseelischen Ausdruck, wie bei Stendhal, Rousseau, Dostojewski, sondern die primitive, allzeitige, die keiner Verwandlung unterliegende – das irdische Pneuma, Urfühlen, Urangst, Ureinsamkeit des Menschen vor der Unendlichkeit. Und genau wie innerhalb des absoluten Raumes der Menschheit, so hebt innerhalb des relativen der Schaffensdauer seine gleichmäßige Meisterschaft die Zeit auf. Tolstoi hat seine erzählende Kunst nie erlernen müssen und nie verlernt, sein naturhaftes Genie kennt weder Fortschritt noch Rückschritt. Die Landschaftsschilderungen des Vierundzwanzigjährigen in den »Kosaken« und jener strahlend unvergeßliche Ostermorgen in der »Auferstehung«, sechzig Jahre, ein rauschendes Menschenalter später geschrieben, atmen ein und dieselbe unverwelkliche unmittelbare, mit allen Nerven fühlsame Frische der Natur, dieselbe plastische, mit den Fingern faßbare Anschaulichkeit der anorganisch-organischen Welt. In Tolstois Kunst gibt es also weder Lernen noch Verlernen, weder Abstieg noch Übergang, sondern ein Halbjahrhundert lang bewährt sie gleiche sachliche Vollendung; wie Felsen vor Gott, ernst und dauerhaft, starr und unabänderlich in jeder Linie, so stehen seine Werke innerhalb der weichen und veränderlichen Zeit.

Aber gerade dank dieser ebenmäßigen und darum gar nicht persönlichbetonten Vollendung spürt man des Künstlers mitatmendes Dabeisein in seinem Kunstwerk kaum: nicht als der Erdichter einer Phantasiewelt erscheint Tolstoi, sondern bloß als Berichter unmittelbarer Wirklichkeit. Tatsächlich, man hat manchmal eine Art Scheu, Tolstoi Dichter zu nennen, poète, denn Dichter, dies schwingende Wort, meint unwillkürlich ein Andersgeartetsein, eine gesteigerte Form des Menschlichen, ein geheimnisvoll mit Mythus und Magie Verbundensein. Tolstoi dagegen ist keineswegs ein »höherer« Typus Mensch, sondern ein vollkommen diesseitiger, kein überirdischer, sondern Inbegriff aller Irdischkeit. Nirgends überschreitet er die enge Zone des Faßlichen, Sinnenklaren, Handgreiflichen; innerhalb dieses Maßes aber, welche Vollkommenheit! Er hat keine andern, keine musischen und magischen Eigenschaften über die gewöhnlichen hinaus, diese aber in unerhörter Verstärktheit: er funktioniert nur seelisch intensiver, er sieht, hört, riecht, empfindet deutlicher, klarer, weitreichender, wissender als der normale Mensch, er erinnert sich länger und logischer, er denkt rascher, kombinatorischer und präziser, kurz, jede menschliche Eigenschaft bildet sich in dem einzig vollkommenen Apparat seines Organismus mit verhundertfachter Intensität als in einer gewöhnlichen Natur heraus. Aber niemals überschwebt Tolstoi – (und deshalb wagen so wenige zu ihm das Wort: »Genie«, das bei Dostojewski selbstverständliche) – die Schranke der Normalität, niemals erscheint Tolstois Dichten vom Dämon, vom Unbegreiflichen beseelt. Wie vermag diese erdgebundene Phantasie jenseits »des sachlichen Gedächtnisses« etwas zu erfinden, was außerhalb des Gemeinmenschlichen nicht schon vorhanden wäre, immer wird darum seine Kunst fachlich, sachlich, deutlich, menschlich verbleiben, eine Taglichtkunst, eine potenzierte Wirklichkeit; darum meint man, wenn er erzählt, nicht einen Künstler, sondern die Dinge selbst sprechen zu hören. Menschen und Tiere treten aus seinem Werk wie aus ihrer eigenen warmen Wohnstatt; man fühlt, kein passionierter Dichter drängt hinter ihnen, der sie hetzt und hitzt, etwa wie Dostojewski seine Gestalten immer mit der Fieberpeitsche knutet, daß sie heiß und schreiend in die Arena ihrer Leidenschaften stürzen. Wenn Tolstoi erzählt, hört man seinen Atem nicht. Er erzählt, wie Bergbauern eine Höhe emporklimmen: langsam, gleichmäßig, stufenhaft, Schritt für Schritt, ohne Sprünge, ohne Ungeduld, ohne Ermüdung, ohne Schwäche; daher auch unser unerhörtes Beruhigtsein des Mit-ihm-Gehens. Man schwankt, man zweifelt, man ermüdet nicht, man steigt Schritt für Schritt an seiner ehernen Hand die großen Bergblöcke seiner Epen empor, und Stufe um Stufe wächst mit erweitertem Horizonte der Überblick. Langsam nur entrollen sich die Geschehnisse, erst allmählich erhellt sich die Fernsicht, aber all dies geschieht mit der unausbleiblichen uhrhaften Gewißheit, die bei einem morgendlichen Sonnenaufgang Zoll um Zoll aus der Tiefe eine Landschaft emporleuchten läßt. Tolstoi erzählt ganz unbetont einfach, wie jene Epiker der ersten Zeiten, die Rhapsoden und Psalmisten und Chronisten ihre Mythen erzählten, als noch die Ungeduld nicht unter den Menschen war, die Natur noch nicht getrennt von ihren Geschöpfen, keine humanistische Rangordnung Mensch und Tier, Pflanzen und Steine hochmütig unterschied und der Dichter dem Kleinsten und Gewaltigsten noch gleiche Ehrfurcht und Göttlichkeit gab. Für ihn besteht kein Unterschied zwischen dem heulenden Zucken eines verreckenden Hundes und dem Tode eines ordenbeladenen Generals oder dem Hinfall eines vom Wind zerknickten, absterbenden Baumes. Schönes und Häßliches, Tierisches und Pflanzliches, Reines und Unreines, Magisches und Menschliches, all dies sieht er mit dem gleichen malerischen und doch durchseelenden Blick – man spielte mit dem Wort, wollte man unterscheiden, ob er den Menschen vernatürlicht oder die Natur vermenschlicht. Keine Sphäre innerhalb des Irdischen bleibt ihm darum verschlossen, sein Gefühl gleitet aus dem rosigen Leib eines Säuglings in das schlotternde Fell eines abgetriebenen Stallpferdes und aus dem Kattunrock eines Dorfweibs in die Uniform des erlauchtesten Feldherrn, in jedem Leib, in jeder Seele gleich wissend und bluthaft daheim mit einer unbegreiflichen Sicherheit allergeheimster, fleischhaftester Wahrnehmung. Oft haben Frauen erschrocken gefragt, wie dieser Mann ihre verdecktesten und nicht mitzuerlebenden Körpergefühle gleichsam unter der Haut herausschildern konnte, das drückende Ziehen in der Brust von quellender Milch bei Müttern oder die wohltuend rieselnde Kälte über den zum erstenmal auf dem Ball entblößten Armen eines jungen Mädchens. Und wenn den Tieren eine Stimme gegeben wäre, ihr Staunen ins Wort zu treiben, so würden sie fragen, dank welcher unheimlichen Intuition er die quälende Lust eines Jagdhundes beim nahen Geruch der Wildschnepfe oder die nur in Bewegung gekleideten Instinktgedanken eines Vollbluthengstes am Start erraten konnte – man lese die Schilderung jener Jagd in »Anna Karenina« –, Detailwahrnehmungen von einer visionären Präzision, die alle Experimente der Zoologen und Entomologen von Buffon bis Fabre schildernd vorausnehmen. Tolstois Exaktheit in der Beobachtung ist an keine Abstufungen innerhalb des Irdischen gebunden: er hat keine Vorliebe in seiner Liebe. Napoleon ist seinem unbestechlichen Blick nicht mehr Mensch als der letzte seiner Soldaten und dieser letzte wiederum nicht wichtiger und wesenhafter als der Hund, der ihm nachläuft, und der Stein wiederum, den dieser mit den Pfoten tritt. Alles im Kreise des Irdischen, Mensch und Masse, Pflanzen und Tiere, Männer und Frauen, Greise und Kinder, Feldherrn und Bauern strömen als sinnliche Schwingung mit derselben kristallenen Lichtgleichmäßigkeit in seine Organe ein, um ihnen ebenso ordnungshaft zu entströmen. Das gibt seiner Kunst etwas vom Ebenmaß der allzeit wahrhaftigen Natur und seiner Epik jenen meerhaft monotonen und doch großartigen Rhythmus, der immer wieder den Namen Homers beschwört.

Wer so viel und so vollkommen sieht, braucht nichts zu erfinden, wer dermaßen dichterisch beobachtet, nichts zu erdichten. Absoluter Wachkünstler im Gegensatz zu Dostojewski, dem Visionär, braucht er die Schwelle des Wirklichen nirgends zu überschreiten, um an das Außerordentliche zu gelangen; er holt nicht Geschehnisse aus einem überweltlichen Phantasieraum heran, sondern gräbt nur in gemeine Erde, in den gewöhnlichen Menschen seine kühnen und verwegenen Stollen hinab. Und im Menschlichen wiederum kann Tolstoi sich's erübrigen, abwegige und pathologische Naturen zu betrachten oder gar über sie hinaus wie Shakespeare und Dostojewski geheimnisvoll neue Zwischenstufen zwischen Gott und Tier, Ariels und Aljoschas, Kalibans und Karamasows zu erzaubern. Schon der alltäglichste, der banalste Bauernbursche wird in jener nur von ihm erreichten Tiefe Geheimnis: ihm genügt als Einstieg in die profundesten Schächte seiner Seelenreiche schon ein simpler Bauer, ein Soldat, ein Trunkenbold, ein Hund, ein Pferd, ein Irgendetwas, gewissermaßen das billigst vorkömmliche Menschenmaterial, keine kostbaren subtilen Seelen: diesen vollkommen durchschnittlichen Gestalten aber zwingt er ein seelisch Unerhörtes ab, und zwar nicht, indem er sie verschönt, sondern indem er sie vertieft. Sein Kunstwerk spricht nur diese eine Sprache der Wirklichkeit – dies seine Grenze –, sie aber vollkommener, als vor ihm ein Dichter sie gesprochen dies seine Größe. Für Tolstoi sind Schönheit und Wahrheit ein und dasselbe.

So ist er – um es nochmals und deutlicher zu sagen – der sehendste aller Künstler, aber kein Seher, der vollendetste aller Wirklichkeitsberichter, aber kein erfinderischer Dichter. Nicht durch die Nerven wie Dostojewski, nicht durch Visionen wie Hölderlin oder Shelley holt sich Tolstoi seine raffiniertesten Wahrnehmungen heran, sondern einzig durch die koordinierte Aktion seiner radial wie das Licht ausschwingenden Sinne. Wie Bienen schwärmen sie ständig aus, ihm immer neuen farbigen Staub der Beobachtung zu bringen, der dann, in leidenschaftlicher Sachlichkeit gegoren, sich zum goldflüssigen Seim des Kunstwerks formt. Nur sie, seine wunderbar gehorsamen, hellsichtigen, hellhörigen, starknervigen und doch feintastenden, seine auswägenden, überempfindlichen und fast tierisch witternden Sinne bringen ihm von jeder Erscheinung jenes beispiellose Material an sinnlicher Substanz zu, das dann die geheimnisvolle Chemie dieses flügellosen Künstlers genauso langsam in Seele umsetzt, wie ein Chemiker ätherische Stoffe aus Pflanzen und Blüten geduldig destilliert. Immer resultiert die ungeheure Einfachheit des Erzählers Tolstoi aus einer ungeheuren und gar nicht nachrechenbaren Vielfalt von Myriaden Einzelbeobachtungen. Wie ein Arzt beginnt er zunächst mit einer Generalaufnahme, einer Inventur aller körperlichen Eigenheiten bei dem einzelnen, ehe er den epischen Destillationsprozeß auf die ganze Welt seiner Romane anwendet. »Sie können sich gar nicht vorstellen«, schreibt er einmal einem Freunde, »wie schwer mir diese vorbereitende Arbeit fällt, die Notwendigkeit, erst einmal das Feld durchzupflügen, auf dem ich dann gesonnen bin zu säen. Es ist furchtbar schwer, zu denken und immer wieder zu überdenken, was sich alles ereignen kann mit allen erst werdenden Personen des in Aussicht genommenen, sehr umfangreichen Werkes. Es ist furchtbar schwer, die Möglichkeiten so vieler Aktionen zu bedenken, um aus diesen dann ein Millionstel zu wählen.« Und da dieser mehr mechanische als visionäre Prozeß bei jeder einzelnen Person sich wiederholt, berechne man, wie viele Staubkörner in dieser Geduldmühle zerrieben und neu gebunden werden müssen. Jede Einzelheit, jeder Mensch resultiert aus tausend Einzelheiten, jede Einzelheit aus weiteren Infinitesimalen, denn mit der kalten und unbeirrbaren Gerechtigkeit einer Vergrößerungslinse durchforscht er jedes charakterologische Symptom. Im Holbein-Stil, Strich am Strich, wird etwa ein Mund gestaltet, die Oberlippe von der Unterlippe abgegrenzt mit all ihren individuellen Anomalien, jedes Zucken der Winkel bei gewissen seelischen Affekten genau notiert, die Art des Lächelns wie der Zornfalte zeichnerisch gemessen. Dann erst wird die Farbe dieser Lippe langsam eingemalt, ihre Fleischigkeit oder Feste mit unsichtbarem Finger angefühlt, das kleine Dunkel von Schnurrbart, der sie umschattet, wissend eingestichelt – dies ergibt jedoch erst die Rohform, die bloß fleischliche der Lippengestaltung, und sie wird ergänzt nun durch ihre charakteristische Funktion, durch die Rhythmik des Sprechens, den typischen Ausdruck der Stimme, die organisch als eine besondere diesem besonderen Mund angeglichen wird. Und so wie eine Lippe, wird im anatomischen Atlas seiner Darstellung Nase, Wange, Kinn und Haar mit einer fast beängstigend genauen Akribie festgestellt, ein Detail mit dem andern auf das genaueste verzahnt, und all diese Beobachtungen, die akustischen, phonetischen, optischen und motorischen, werden im unsichtbaren Laboratorium des Künstlers dann noch einmal gegeneinander ausgewogen. Erst aus dieser phantastischen Summe von Detailbeobachtungen zieht dann der ordnende Künstler die Wurzel, die verwirrende Fülle wird durch das Sieb der auslesenden Wahl gedrückt – so steht einer verschwenderischen Beobachtung eine sehr sparsame Verwertung der Resultate entgegen.

Denn erst, wenn alles Sinnliche geradezu geometrisch präzise festsitzt, die Physis vollendet, beginnt der Golem, der visuell konstruierte Mensch zu sprechen, zu atmen, zu leben. Immer ist bei Tolstoi die Seele, Psyche, der göttliche Schmetterling in dem tausendmaschigen Netz spinndünner Beobachtungen gefangen. Bei Dostojewski, dem Hellseher, seinem genialen Gegenspieler, setzt die Individuation genau gegenteilig ein: bei der Seele. Ihm ist die Seele das Primäre, und der Körper liegt nur lose und leicht wie ein Insektenkleid um ihren durchleuchtenden feurigen Kern. In den seligsten Sekunden kann sie ihn sogar durchbrennen und aufsteigen, auffliegen in den Äther des Gefühls, in die reine Ekstase. Bei Tolstoi, dem Klarseher, dem Wachkünstler aber kann die Seele niemals fliegen, ja nicht einmal völlig frei atmen, immer bleibt hartschalig und schwer der Körper um die Seele gehängt. Darum können auch die Beschwingtesten seiner Geschöpfe nie auf zu Gott, nie sich ganz aus dem Irdischen schwingen und weltfrei werden; sondern mühsam wie Lastträger, Schritt für Schritt, gleichsam den eigenen Leib auf den Rücken gehängt, steigen sie keuchend Stufe um Stufe zur Heiligung und Reinigung empor, immer wieder ermüdend an ihrer schweren Last und Irdischkeit. Immer sind wir bei diesem flügellosen, humorlosen Künstler daran schmerzhaft erinnert, daß wir auf enger Erde leben und von Tod umgrenzt sind, daß wir nicht fliehen können und nicht entfliehen, daß wir umringt sind media in vita von dem andrängenden Nichts. »Ich wünsche Ihnen mehr geistige Freiheit«, hat einmal seherisch Turgenjew Tolstoi geschrieben. Genau dies wünscht man seinen Menschen, etwas mehr geistige Freiheit, etwas mehr seelische Flugkraft, ein Hinwegkönnen aus dem Sachlichen und Leiblichen oder zumindest ein Träumenkönnen von reineren, klareren Welten.

Herbstkunst, so möchte man sie darum nennen: jede Kontur hebt sich messerschneideklar und scharf vom hügellosen Horizont russischer Steppe, und der bittere Duft von Welken und Vergängnis drängt von falben Wäldern her. In Tolstois Landschaft fühlt man immer herbstlich: bald wird es Winter sein, bald tritt der Tod in die Natur, bald werden alle Menschen und ebenso der ewige Mensch in uns ausgelebt haben. Eine Welt ohne Traum, ohne Wahn, ohne Lüge, eine furchtbar leere Welt und sogar eine Welt ohne Gott – den erfindet sich Tolstoi erst später aus Lebensräson, wie Kant aus Staatsräson, in seinen Kosmos hinein –, sie hat kein anderes Licht als ihre unerbittliche Wahrheit, nichts als ihre Klarheit, die gleichfalls unerbittliche. Vielleicht drückt bei Dostojewski der Seelenraum zunächst noch düsterer, schwärzer und tragischer als diese ebenmäßige Kalthelligkeit, aber Dostojewski zerschneidet manchmal seine Nächtigkeit mit Blitzen rauschartiger Verzückung, für Sekunden zumindest fahren die Herzen in visionäre Himmel empor. Die Kunst Tolstois dagegen kennt keine Trunkenheit und keinen Trost, sie ist immer bloß heilig-nüchtern, durchsichtig und unberauschend wie Wasser – in alle Tiefen kann man dank ihrer wunderbaren Durchsichtigkeit hinabblicken, aber dies Erkennen tränkt niemals die Seele mit voller Entrückung und Entzückung. Sie macht ernst und nachdenklich wie Wissenschaft mit ihrem steinernen Licht, mit ihrer bohrenden Sachlichkeit, aber sie macht nicht glücklich, die Kunst Tolstois.

Wie aber hat er selbst, der Wissendste aller, dies Gnadenlose und Ernüchternde seines strengen Augenwerks empfunden, einer Kunst ohne den vergütigenden Goldglanz des Traums, ohne die Gnade der Musik! Und im tiefsten hat er sie niemals geliebt, weil sie weder ihm noch den andern einen beglückenden, bejahenden Sinn des Lebens zu schenken wußte. Denn wie furchtbar hoffnungslos gebärdet sich das ganze Dasein vor dieser unbarmherzigen Pupille: die Seele ein zuckender kleiner Körpermechanismus inmitten der umhüllenden Raumstille des Todes, die Geschichte ein sinnloses Chaos zufallsmäßig fallender Fakten, der fleischerne Mensch ein wandelndes Skelett, für kurze Frist nur in die warme Hülle des Lebens gekleidet, und dies ganze unerklärbar ordnungslose Getriebe zwecklos wie laufendes Wasser oder welkendes Laub. Ist es da wirklich so unverständlich, daß nach dreißig Jahren Schattenbildens Tolstoi plötzlich von seiner Kunst sich abwendet? Daß er sich sehnt nach einer Auswirkung seines Wesens, die jene Schwere entkettet und andern das Leben erleichtert, nach einer Kunst, »die in den Menschen höhere und bessere Gefühle erweckt«? Daß auch er einmal an die silberne Lyra der Hoffnung rühren will, die schon bei leisester Schwingung in der Brust der Menschheit gläubig zu tönen beginnt, daß ihn Heimweh faßt nach einer Kunst, die löst, erlöst von dem dumpfen Druck aller Irdischkeit? Aber vergebens! Die grausam klaren, die wachen und überwachen Augen Tolstois können das Leben, wie es ist, niemals anders als todüberschattet, dunkel und tragödisch erblicken; nie wird unmittelbar von dieser Kunst, die nicht zu lügen weiß und nicht lügen will, ein wahrhafter Seelentrost ausgehen können. So mag dem Alternden der Wunsch erwacht sein, da er das wirkliche reale Leben nicht anders als tragisch zu sehen und darzustellen vermochte, *das Leben selbst zu ändern*, die Menschen besser zu machen, *ihnen Tröstung zu geben durch ein sittliches Ideal*. Und tatsächlich, in seiner zweiten Epoche findet Tolstoi, der Künstler, nicht mehr Genüge daran, das Leben einfach darzustellen, sondern er sucht bewußt seiner

Kunst einen Sinn, eine ethische Aufgabe, indem er sie in den Dienst der Versittlichung und Erhebung der Seele stellt. Seine Romane, seine Novellen wollen nun nicht bloß mehr die Welt abbilden, sondern neubilden und »erzieherisch« wirken; in jener Epoche beginnt Tolstoi eine besondere Art Kunstwerke, die »ansteckende« werden wollen, das heißt, den Leser durch Beispiele vor dem Unrecht warnen, durch Vorbilder im Guten bestärken; der spätere Tolstoi erhebt sich aus dem bloßen Dichter des Lebens zum Richter des Lebens.

Diese zweckmäßige doktrinäre Tendenz macht sich schon in der »Anna Karenina« bemerklich. Bereits hier sind die Sittlichen und Unsittlichen im Schicksal voneinander geschieden. Wronski und Anna, die Sinnenmenschen, die Ungläubigen, die Egoisten ihrer Leidenschaft werden »bestraft« und in die Fegefeuer der Seelenunruhe geworfen, Kitty und Lewin dagegen erhoben in die Läuterungen; zum erstenmal versucht hier der bislang unbestechliche Darsteller Partei zu nehmen für oder gegen seine eigenen Geschöpfe. Und diese Tendenz, lehrbuchhaft die Hauptglaubensartikel zu unterstreichen, gleichsam mit Ausrufungszeichen und Anführungszeichen zu dichten, diese doktrinäre Nebenabsicht drängt immer ungeduldiger vor. In der »Kreutzersonate«, in der »Auferstehung« verhüllt schließlich nur noch dünnes dichterisches Kleid die nackte Moraltheologie, und die Legenden dienen (in herrlicher Form!) dem Prediger. Kunst wird für Tolstoi allmählich nicht mehr Endzweck, Selbstzweck, sondern er vermag »die schöne Lüge« nur noch zu lieben, sofern sie der »Wahrheit« dient, aber nun nicht mehr wie vordem der Wahrhaftmachung des Wirklichen, der sinnlich-seelischen Realität, sondern einer – wie er meint – höheren, geistigen, der religiösen Wahrheit, die ihm seine Krise offenbarte. »Gute« Bücher nennt Tolstoi fortan nicht die vollendet gestalteten, sondern einzig diejenigen (gleichgültig gegen ihren artistischen Wert), die »das Gute« befördern, die den Menschen geduldiger, sanfter, christlicher, humaner, liebevoller gestalten helfen, so daß der brave und banale Berthold Auerbach ihm wichtiger scheint als der »Schädling« Shakespeare. Immer mehr gleitet das Richtmaß aus den Händen des Künstlers Tolstoi in jene des sittlichen Doktrinärs: der Menschheitsschilderer, der unvergleichliche, tritt bewußt und ehrerbietig zurück vor dem Menschheitsverbesserer, dem Moralisten.

Aber die Kunst, unduldsam und eifersüchtig wie alles Göttliche, rächt sich an dem, der sie verleugnet. Wo sie dienen soll, unfrei einer angeblich höheren Macht unterordnet, entzieht sie sich ungestüm selbst dem Meister, und gerade an jenen Stellen, wo Tolstoi doktrinär gestaltet, ermattet und blaßt sofort die elementare Sinnlichkeit seiner Figuren; ein graues kaltes Licht von Verstand nebelt herein, man holpert und stolpert über logische Weitschweifigkeiten und tastet sich nur mühsam dem Ausgang entgegen. Mag er auch später verächtlich seine »Kindheitserinnerungen«, »Krieg und Frieden«, seine Meisternovellen aus moralischem Fanatismus »schlechte, nichtige, gleichgültige Bücher« nennen, weil sie nur ästhetischen Anspruch, also »einen Genuß niederer Art« – höre es, Apoll! – befriedigen, in Wahrheit bleiben doch sie seine Meisterwerke und die zielbewußten moralischen seine brüchigen. Denn je mehr sich Tolstoi seinem »sittlichen Despotismus« hingibt, je weiter er sich von dem Urelement seines Genies, der Sinnenwahrhaftigkeit, entfernt, um so ungleichmäßiger wird er als Künstler: wie Antäus hat er alle Kraft von der Erde. Wo Tolstoi ins Sinnliche sieht mit seinen herrlichen diamantscharfen Augen, bleibt er bis ins letzte Greisenalter genial, wo er ins Wolkige, ins Metaphysische tastet, mindert sich in erschreckender Weise sein Maß. Und es ist beinahe erschütternd, zu sehen, mit welcher Gewaltsamkeit ein Künstler durchaus ins Geistige schweben und fliegen will, dem es vom Schicksal einzig bestimmt war, mit schwerem Schritt auf unserer harten Erde zu gehen, sie zu ackern und zu pflügen, sie zu erkennen und zu schildern wie kein anderer unserer Gegenwart.

Tragischer Zwiespalt dies, urewig wiederholt in allen Werken und Zeiten: was das Kunstwerk erhöhen sollte, die überzeugte und überzeugen wollende Gesinnung, vermindert zumeist den Künstler. Die wahre Kunst ist egoistisch, sie will nichts als sich selbst und ihre Vollendung. Nur an sein Werk darf der reine Künstler denken, nicht an die Menschheit, der er es zubestimmt. So ist auch Tolstoi so lange am größten als Künstler, als er ungerührten, unbestechlichen Auges die Sinnenwelt gestaltet. Sobald er der Mitleidige wird, helfen will, verbessern, führen und belehren durch sein Werk, verliert seine Kunst an ergreifender Kraft, und er selbst wird durch sein Schicksal erschütterndere Gestalt als all seine Gestalten.

2 0

SELBSTDARSTELLUNG

Unser Leben erkennen, heißt sich selbst erkennen.

— *AN RUSSANOW, 1903*

Unerbittlich ist dieser strenge Blick gegen die Welt gerichtet, unerbittlich streng auch gegen sich selbst. Tolstois Natur duldet keine Undeutlichkeit, kein Vernebeltes und Verschattetes weder im Innen noch Außen der irdischen Welt: so kann, der als Künstler gewöhnt ist, den genauesten Umriß in der Linie eines Baumes oder in der zuckenden Bewegung eines aufschreckenden Hundes zwanghaft präzise zu sehen, auch sich selbst nie ertragen als ein dumpf und undeutlich Gemengtes. Unwiderstehlich darum, unablässig und von frühester Zeit an wendet sich sein elementarer Forschungsdrang gegen sich selbst: »Ich will mich durch und durch kennenlernen«, schreibt der Neunzehnjährige in sein Tagebuch. Ein wahrheitsfanatischer Mensch wie Tolstoi kann gar nicht anders als ein leidenschaftlicher Autobiograph sein.

Aber Selbstdarstellung entspannt sich im Gegensatz zur Weltdarstellung niemals vollkommen durch einmalige Leistung im Kunstwerk. Das eigene Ich läßt sich durch Verbildlichung niemals vollkommen abspalten, weil einmalige Betrachtung das ständig wandelhafte Ich nicht erledigt. Darum wiederholen die großen Selbstdarsteller ihr Eigenbildnis das ganze Leben entlang. Alle beginnen sie, Dürer, Rembrandt, Tizian, ihre frühesten Jugendwerke vor dem Spiegel und lassen sie erst mit sinkender Hand, weil sie an der eigenen physischen Gestalt ebenso das Beharrend-Beständige wie das Fließende der Verwandlung reizt. Genauso kommt der große Wirklichkeitszeichner Tolstoi mit seiner Selbstdarstellung niemals zu Rande. Kaum hat er sich dargetan in, wie er meint, definitiver Gestalt, sei es als Nechljudow, als Saryzin oder Pierre oder Lewin, so erkennt er im beendigten Werke das eigene Antlitz nicht mehr; um die erneute Form zu fassen, muß er noch einmal beginnen. Aber ebenso unermüdlich, wie Tolstoi, der Künstler, nach seinem Seelenschatten hascht, flieht sein Selbst weiter in seelischer Flucht, immer neue und unvollendbare Aufgegebenheit, die zu bezwingen der Willensriese sich immer neu angelockt fühlt. Dadurch entsteht kein Werk innerhalb dieser sechzig Jahre, das nicht in irgendeiner Gestalt Tolstois eigenen Umriß enthielte, und nicht eines, das allein für sich die Weite dieses Mannes umfaßte; erst als Summe ergeben alle seine Romane, Novellen, Tagebücher und Briefe seine Selbstdarstellung, dann aber auch das vielfältigste, wachsamste und kontinuierlichste Eigenbildnis, das in unserem Jahrhundert ein Mensch hinterlassen hat.

Denn niemals kann dieser Nichterfinder, er, der immer nur Erlebtes und Wahrgenommenes wiederzugeben befähigt ist, sich selbst, den Lebenden, den Wahrnehmenden aus dem Blickfeld ausschalten. Unablässig, zwanghaft, oft gegen seinen Willen und immer jenseits seines Wachwillens muß er sich bis zur Erschöpfung durchforschen, belauschen, erklären, »Wache halten« über sein eigenes Leben. Und so steht sein autobiographischer Furor nicht einen Augenblick stille, sowenig wie der Herzhammer in seiner Brust, die Gedanken unter seiner Stirn: dichten heißt für ihn immer, sich selbst richten und berichten. Es gibt darum keine Form der Selbstdarstellung, die Tolstoi nicht geübt hätte, die rein mechanische Tatsachenrevision der Erinnerung, die pädagogische, die moralische Kontrolle, die sittliche Anklage und die seelische Beichte, also Selbstdarstellung als Selbstbändigung und Selbstanfeuerung, Autobiographie als einen ästhetischen Akt und religiösen – nein, man wird nicht fertig, alle die Formeln, Motive seiner Selbstdarstellungen einzeln abzuschildern. Wir kennen den Siebzigjährigen aus seinem Tagebuch nicht minder als den Achtzigjährigen, wir wissen seine Jugendleidenschaften, seine Ehetragödie, seine intimsten Gedanken ebenso archivarisch genau wie seine banalsten Handlungen, denn, auch hier ganz Gegensatz zu Dostojewski, der »mit geschlossenen Lippen« lebte, verlangte Tolstoi, sein Dasein »bei offenen Türen und Fenstern« zu führen. Wir kennen jeden Wink und Schritt von ihm, jede flüchtigste und belangloseste Episode seiner achtzig Jahre genauso, wie wir sein physisches Bildnis von unzähligen Reproduktionen kennen, beim Schustern und im Gespräch mit den Bauern, zu Pferde und beim Pfluge, am Schreibtisch und beim Lawn-Tennis, mit der Frau, den Freunden, der Enkelin, im Schlafe sogar und im Tode. Und diese so unvergleichliche leibgeistige Darstellung und Selbstdokumentierung erscheint überdies noch gleichsam gegengezeichnet von den unzähligen Erinnerungen und Aufzeichnungen seiner ganzen Umgebung, von Frau und Tochter, von Sekretären und Reportern und zufälligen Besuchern: ich glaube, man könnte die Wälder von Jasnaja Poljana noch einmal aufbauen aus dem zu Tolstoi-Erinnerungen verholzten Papier. Nie hat ein Dichter bewußt so offen gelebt, selten sich einer mitteilsamer den Menschen aufgetan. Seit Goethe haben wir keine durch innere und äußere Beobachtung derart restlos dokumentierte Gestalt wie die seine.

Dieser Selbstbeobachtungszwang Tolstois reicht so weit zurück wie sein Bewußtsein selbst. Er beginnt schon im rosig umtapsenden Kinderleib lange vor der Sprache und endet erst im dreiundachtzigsten Jahr auf dem Totenbett, da das gewollte Wort die Sprache nicht mehr zwingt. Innerhalb dieses riesigen Raumes vom Schweigen des Anfangs bis zum Schweigen des Endes aber gibt es keinen Augenblick ohne Rede und Schrift. Mit neunzehn Jahren bereits, kaum der Schule entwachsen, kauft der Student sich ein Tagebuch. »Ich habe nie ein Tagebuch geführt«, schreibt er gleich auf die ersten Blätter, »weil ich den Nutzen eines solchen nicht absah, jetzt aber, wo ich mit der Entwicklung meiner Fähigkeiten beschäftigt bin, werde ich nach dem Tagebuch imstande sein, dem Gang meiner Entwicklung zu folgen; das Tagebuch soll Regeln für das Leben enthalten, und im Tagebuch müssen auch meine künftigen Handlungen vorgezeichnet sein.« Ganz kaufmännischer Art legt er sich zuvörderst ein Konto seiner Pflichten an, ein Soll und Haben von Vorsätzen und Leistungen. Über das eingebrachte Kapital seiner Person ist der Neunzehnjährige sich bereits vollkommen im klaren. Er konstatiert gleich bei der ersten Selbstinventur, daß er ein »besonderer Mensch« sei, mit einer »besonderen« Aufgabe: aber gleichzeitig stellt der Halbknabe schon unbarmherzig fest, welches ungeheure Willensmaß er noch aufbringen müsse, um seiner zur Trägheit, zur Sprunghaftigkeit und Sinnlichkeit neigenden Natur eine wirklich moralische Lebensleistung abzuzwingen. So schafft er sich selbst einen Kontrollapparat jeder Tagesleistung, um kein Quentchen seiner Kraft zu verlieren: das Tagebuch dient also zunächst als Stimulans, um sich pädagogisch zu durchschauen und – immer muß man das Tolstoi-Wort wiederholen – »Wache zu halten über das eigene Leben«. Mit unbarmherziger Schonungslosigkeit resümiert der Knabe z. B. das

Ergebnis eines Tages: »Von 12 bis 2 mit Bigitschew, zu offen gesprochen, eitel, selbstbetrügerisch. Von 2 bis 4 Gymnastik: wenig Standhaftigkeit und Geduld. Von 4 bis 6 zu Mittag gegessen und unnötige Einkäufe gemacht. Zu Hause nicht geschrieben: Faulheit; ich habe mich nicht entschließen können, ob ich zu Wolkonskij fahren soll; dort wenig gesprochen: Feigheit. Habe mich schlecht benommen: Feigheit, Eitelkeit, Unbedachtsamkeit, Schwäche, Faulheit.« So früh, so rücksichtslos hart faßt sich schon die Knabenhand an die Gurgel, und dieser stählerne Griff läßt sechzig Jahre nicht ab; genau wie der Neunzehnjährige hat der zweiundachtzigjährige Tolstoi noch die Karbatsche für sich bereit, genau so zieht er sich im Alterstagebuch die Schimpfworte »feig, schlecht, träge« über, wenn der ermüdete Leib nicht vollkommen der spartanischen Disziplin des Willens pariert.

Aber fast ebenso zeitig wie der frühreife Moralist verlangt auch der Künstler in Tolstoi schon nach eigenem Bildnis, und mit dreiundzwanzig Jahren beginnt er – Unikum in der Weltliteratur! – eine dreibändige Selbstbiographie. Spiegelblick ist Tolstois erster Blick. Noch hat der Jüngling nichts von der Welt erfahren und bereits wählt er sich dreiundzwanzigjährig das einzige Erlebnis, die eigene Kindheit, als Objekt. Genauso naiv, wie der zwölfjährige Dürer den Silberstift faßt, um sein mädchenschmales, von Erfahrung noch nicht zerfaltetes Kindergesicht auf ein zufälliges Blatt zu zeichnen, versucht aus Spielneugierde der flaumbärtige damalige Leutnant Tolstoi, als Artillerist verschlagen in eine kaukasische Festung, sich seine »Kindheit«, »Knabenjahre« und »Jünglingsjahre« zu erzählen. Für wen er schreibt, denkt er damals nicht und am wenigsten an Literatur, Zeitungen, Öffentlichkeit. Er gehorcht instinkthaft einem Drängen nach Selbstklärung durch Darstellung, und dieser dumpfe Trieb ist von keiner Zweckabsicht erhellt und noch weniger – wie er später fordern wird – »vom Licht der sittlichen Forderung erleuchtet«. Der kleine Offizier im Kaukasus aquarelliert aus Neugier und Langeweile sich die Bilder seiner Heimat und Kindheit auf das Papier; er weiß noch nichts von der später bei Tolstoi vorbrechenden Heilsarmeegeste, der »Beichte« und einem Willen »zum Guten«, noch müht er sich, die »Scheußlichkeiten seiner Jugend« grell warnend zu plakatieren – nein, niemandem zu Nutz, einzig aus dem naiven Spieltrieb eines halben Knaben, der eben nichts anderes erlebt hat als dies, wie er »aus einem kleinen Kind herüberglitt«, beschreibt der Dreiundzwanzigjährige seine Handvoll Dasein, die ersten Eindrücke, Vater, Mutter, die Verwandten, die Erzieher, Menschen, Tiere und Natur. Wie sternweit ist noch dies sorglose Fabulieren von der abgründigen Analyse des bewußten Schriftstellers Leo Tolstoi, der um seiner Stellung willen sich verpflichtet fühlen wird, vor der Welt als Büßer, vor den Künstlern als Künstler, vor Gott als Sünder und vor sich selbst als Beispiel der eigenen Demut zu stehen; der da erzählt, ist nichts als frischer Junker, der sich inmitten einer Fremdheit nach der warmen Umgebung des Heimischen, nach der Güte längst entschwundener Gestalten sehnt. Als dann das Unerwartete geschieht und jene absichtslose Selbstbiographie ihm einen Namen macht, unterläßt Leo Tolstoi sofort die Fortsetzung, die »Mannesjahre«; der namhafte Schriftsteller findet den Ton des Namenlosen nie wieder zurück, niemals ist auch dem reifen Meister ein so rein bildnerisches Selbstporträt mehr gelungen. Und es dauert – bei Tolstoi werden alle Zahlen weit wie das russische Land – ein Halbjahrhundert, bis der vom Jüngling spielhaft aufgenommene Gedanke einer vollständigen systematischen Selbstdarstellung den Künstler wieder beschäftigt. Aber wie hat sich dann, seiner Wandlung ins Religiöse zufolge, die Aufgabe gewandelt; wie alle seine Gedanken, so wendet Tolstoi auch das Bildnis seines Lebens einzig der ganzen Menschheit zu, damit sie an seiner »Seelenwäsche« sich selber säubere. »Eine möglichst wahrhaftige Beschreibung des eigenen Lebens besitzt großen Wert von jedem Menschen und muß für die Menschen von großem Nutzen sein«, so kündigt er programmatisch die neue Selbstschau an, und umständlich trifft der Achtzigjährige alle Vorbereitungen für diese entscheidende Rechtfertigung; aber kaum begonnen, läßt er vom Werke, obwohl er noch immer »eine solche völlig wahrheitsgetreue Selbstbiographie für nützlicher hält... als all das künstlerische Geschwätz, das zwölf Bände meiner Werke füllt und dem die Menschen von heute eine ganz unverdiente Bedeutung zuschreiben«. Denn sein Maßstab für Wahrhaftigkeit ist mit der Erkenntnis des eigenen Daseins an den Jahren gewachsen, er hat die ganze vieldeutige, abgründige und verwandlungsfähige Form alles Wahrseins erkannt, und wo der Dreiundzwanzigjährige wie über spiegelglatte Flächen mit dem Schneeschuh sorglos hinwegsaust, da schreckt später der verantwortungsvoll Gewordene, der wissende Wahrheitssucher entmutigt zurück. Ihm bangt vor den »Unzulänglichkeiten, vor den Unehrlichkeiten, die sich jeder Eigengeschichte unvermeidlich einschleichen«, er befürchtet, »daß, wenn sie auch keine direkte Lüge wäre, solche Selbstbiographie doch zur Lüge würde durch falsch eingesetzte Lichter, durch eine bewußt hingelenkte Helligkeit auf das Gute und Verdunkeln dessen, was darin übel war«. Und er gesteht offen: »Dann wieder, als ich beschloß, die nackte Wahrheit hinzuschreiben und keine Schlechtigkeit meines Lebens zu verhehlen, erschrak ich vor der Wirkung, die eine solche Autobiographie haben müsse.« Aber beklagen wir nicht übermäßig diesen Verlust, denn aus den Niederschriften jener

Zeit, etwa der »Beichte«, wissen wir genau, daß für Tolstois Wahrheitsbedürfnis seit seiner religiösen Krise immer unvermeidlich jeder Wille zur Darstellung eine fanatische und flagellantische Lust an der Selbstgeißelung geworden war und jedes Geständnis in eine krampfige Selbstbeschimpfung umschlug. Dieser Tolstoi der letzten Jahre wollte sich längst nicht mehr darstellen, sondern nur demütigen vor den Menschen, »Dinge sagen, die er sich selber einzugestehen schämte«, und so wäre diese endgültige Selbstdarstellung mit ihrer gewaltsamen Anprangerung seiner angeblichen »Niedrigkeiten« und Sünden wahrscheinlich eine Verzerrung der Wahrheit geworden. Zudem können wir sie vollkommen entbehren, weil wir ja eine andere, und zwar lebenumfassende, zeitumspannende Autobiographie Tolstois ohnehin besitzen, die vollständigste vielleicht, die außer Goethe ein Dichter von sich gegeben, in der Summe seiner Werke, Briefe und Tagebücher. Der kleine Adelsleutnant Olenin in den »Kosaken«, der aus der Moskauer Melancholie und Unbeschäftigtheit in Beruf und Natur flüchtet, um dort sich selber zu finden, ist bis in jeden Faden seines Anzugs, jede Falte seines Gesichtes getreu der junge Artilleriekapitän Tolstoi; der grüblerische, schwerblütige Pierre Besuchow in »Krieg und Frieden« und sein späterer Bruder, der gottsuchende, glühend um den Sinn des Daseins bemühte Landjunker Lewin in »Anna Karenina« sind bis ins Physische unverkennbar Tolstoi am Vorabend seiner Krise. Niemand wird unter der Kutte des »Vater Sergius« das Ringen des Berühmten um Heiligkeit, im »Teufel« den Widerstand des alternden Tolstoi gegen ein sinnliches Abenteuer verkennen und in dem Fürsten Nechljudow, dieser merkwürdigsten seiner Figuren (sie durchschreitet sein ganzes Werk) die tief verborgene Wunschgestalt seines Wesens, den Ideal-Tolstoi, dem er all seine Absichten und ethischen Taten auflädt. Und gar jener Saryzin in »Das Licht leuchtet in der Finsternis« trägt eine so dünne Verkleidung und verrät Tolstoi so vollkommen in jeder Szene seiner häuslichen Tragödie, daß noch heute der Schauspieler immer seine Maske nimmt. Eine so weite Natur wie Tolstoi war eben genötigt, sich in eine ganze Fülle von Gestalten zu verteilen; ganz wie Goethes Gedicht bedeutet Tolstois Prosa nichts anderes als eine einzige, quer durch ein ganzes Leben hin fortgesetzte, Bild an Bild sich ergänzende große Konfession, so daß es innerhalb dieser vielfältigen Seelenwelt kaum eine einzige leere, unerforschte Stelle gibt, eine terra incognita; alle sozialen, alle familiären, alle epischen wie literarischen, zeitlichen wie metaphysischen Fragen werden erörtert; seit Goethe haben wir niemals so vollzählig und erschöpfend die geistig-sittliche Funktion eines irdischen Dichters gekannt. Und weil Tolstoi innerhalb dieser scheinbar übermenschlichen Menschlichkeit genau wie

Goethe, doch durchaus den normalen, den gesunden Menschen darstellt, das vollendete Exemplar der Gattung, das ewige Ich und das universale Wir, so empfinden wir – abermals wie bei Goethe – seine Biographie als eine vollendete Form des sich vollendenden Lebens.

21

KRISE UND VERWANDLUNG

Das wichtigste Ereignis im Leben eines Menschen ist der Augenblick, wo er sich seines Ichs bewußt wird; die Folgen dieses Ereignisses können die wohltätigsten oder die schrecklichsten sein.

— NOVEMBER 1898

Jede Gefährdung wird zu Gnade, jede Hemmung zu Hilfe und Heiltrieb im Schöpferischen, weil sie unbekannte Kräfte der Seele gewaltsam herausfordert; nichts wird einer dichterischen Existenz gefährlicher als Zufriedenheit und ebene Bahn. Tolstois Weltlauf kennt nur ein einziges Mal solche selbstvergessene Entspannung, dies Glück des Menschen, diese Gefahr des Künstlers. Nur einmal inmitten seiner Pilgerschaft zu sich selbst schenkt sich seine ungenügsame Seele Rast, sechzehn Jahre innerhalb eines dreiundachtzigjährigen Daseins; einzig die Zeit von seiner Vermählung bis zum Abschluß der beiden Romane »Krieg und Frieden« und »Anna Karenina« lebt Tolstoi mit sich und seinem Werke in Frieden. Dreizehn Jahre (1865 bis 1878) verstummt auch das Tagebuch, dieser Büttel seines Gewissens, Tolstoi, der Glückliche, in sein Werk Verlorene, beobachtet nicht sich mehr, sondern einzig die Welt. Er fragt nicht, weil er zeugt, sieben Kinder und die zwei mächtigsten epischen Werke: damals und nur damals allein lebt Tolstoi wie alle andern Sorglosen im bürgerlich ehrenhaften Egoismus der Familie, glücklich, zufrieden, weil von der »schrecklichen Frage nach dem Warum«

befreit. »Ich grüble nicht mehr über meine Lage (alles Grübeln ist vorbei) und wühle nicht mehr in meinen Empfindungen – in den Beziehungen zu meiner Familie fühle ich nur und reflektiere nicht. Dieser Zustand gewährt mir außerordentlich viel geistige Freiheit.« Die Selbstbeschäftigung hemmt nicht das innerlich strömende Gestalten, der unerbittliche Wachtposten vor dem moralischen Ich tritt schläfernd zurück und läßt dem Künstler freie Bewegung, vollsinnliches Spiel. Er wird berühmt in jenen Jahren, Leo Tolstoi, er vervierfacht sein Vermögen, er erzieht seine Kinder und weitet sein Haus, aber sich am Glück zu befriedigen, am Ruhm sich zu sättigen, an Reichtum sich zu mästen, ist diesem moralischen Genie auf die Dauer nicht erlaubt. Von jeder Gestaltung wird er immer zurückkehren zu seinem ureigentlichen Werke der vollkommenen Selbstgestaltung, und da kein Gott ihn aufruft in der Not, wird er selbst ihr entgegengehen. Da kein Außen ihm ein Schicksal schenkt, wird er sich von innen seine Tragik erschaffen. Denn immer will sich das Leben – und wie erst ein so gewaltiges! – in der Schwebe halten. Setzt weltseitig der Zustrom des Schicksals aus, so höhlt von innen der Geist sich neue springende Quelle, damit der Kreislauf des Daseins nicht versiege. Was Tolstoi in der Nähe des fünfzigsten Jahres erfährt, seinen Zeitgenossen zu unerklärbarer Überraschung, nämlich seine plötzliche Abkehr von der Kunst, seine Hinwendung auf das Religiöse, dieses Phänomen betrachte man durchaus nicht als außerordentliches – vergebens sucht man nach einer Anormalität in der Entwicklung dieses allergesündesten Menschen – außerordentlich entäußert sich daran nur, wie immer bei Tolstoi, die Vehemenz der Empfindung. Denn die Umschaltung, die Tolstoi im fünfzigsten Jahre seines Lebens vornimmt, veranschaulicht nichts anderes als einen Vorgang, der dank geringerer Plastizität bei den meisten Männern unsichtbar bleibt: die unvermeidliche Anpassung des leibgeistigen Organismus an das nahende Alter, das *Klimakterium des Künstlers.*

»Das Leben blieb stehen und wurde unheimlich«, so formuliert er selbst den Anfang seiner Seelenkrise. Der Fünfzigjährige hat jenen kritischen Punkt erreicht, wo die produktive Formkraft des Plasmas nachzulassen beginnt und die Seele droht, in Erstarrung überzugehen. Nicht mehr so bildnerisch drängen die Sinne, die Farbkraft der Eindrücke verblaßt wie jene des eigenen Haares, jene zweite Epoche beginnt, die gleichfalls uns von Goethe vertraute, da das warme Sinnenspiel sich zur Kelter der Begriffe sublimiert, Gegenstand zur Erscheinung, Bildnis zum Symbol wird. Wie jede profunde Verwandlung des Geistes leitet auch hier zunächst ein leises Unbehagen des Leibes solche Umgeburt ein. Eine geistige Kälteangst, eine entsetzliche Verarmungsfurcht schauert jählings über die beunruhigte Seele, und der feinnervige Seismograph des Körpers verzeichnet sofort herannahende Erschütterung (die mystischen Krankheiten Goethes bei jeder Verwandlung!). Aber – und hier betreten wir kaum durchlichtetes Gebiet – indes die Seele diesen Angriff vom Dunkel her noch nicht zu deuten weiß, hat im Organismus schon selbsttätig die Gegenwehr begonnen, eine Umstellung im Psycho-Physischen, ohne Wissen, ohne Willen des Menschen, aus der undurchdringlichen Vorsorge der Natur. Denn genau wie den Tieren noch lange vor dem Kälteeinbruch plötzlich ein warmes Winterhaar um den Leib sich legt, so wächst auch der menschlichen Seele im Zeitpunkt des ersten Altersüberganges, kaum daß der Zenit überschritten, ein neues geistiges Schutzkleid, eine dichte, defensive Deckhülle. Diese profunde Umstellung vom Sinnlichen ins Geistige, ausgehend vielleicht vom Zellwerk der Drüsen und hinvibrierend bis in die letzten Schwingungen schöpferischer Produktion, diese klimakterische Epoche formt sich als seelische Erschütterung genauso blutbedingt und krisenhaft wie die Pubertät selbst aus, wenn auch – heran, ihr Psychoanalytiker und Psychologen! – kaum in den körperlichen Grundspuren erlauscht, geschweige denn in den geistigen beobachtet. Bei den Frauen bestenfalls, wo das Phänomen der Geschlechtsrückbildung gröber und klinischer in beinahe greifbaren Formen zutage tritt, mögen einzelne Beobachtungen gesammelt sein; vollkommen unerforscht dagegen harrt noch die mehr geistige der männlichen Umschaltung und ihre seelischen Konsequenzen der psychologischen Durchlichtung. Denn das Mannesklimakterium ist fast einhellig die Lieblingszeit der großen Konversionen, der religiösen, der dichterischen und verstandesmäßigen Sublimierungen, Schutzkleid sie alle um das schwächer durchblutete Sein, geistiger Ersatz für verminderte Sinnlichkeit, verstärktes Weltgefühl für abklingendes Selbstgefühl, verebbende Lebenspotenz. Vollkommen komplementär der Pubertät, gleich lebensgefährlich bei den Gefährdeten, gleich vehement bei den Vehementen, gleich produktiv bei den Produktiven, leitet solcherart das Mannesklimakterium eine andersfarbige schöpferische Seelenepoche ein, einen neuen geistigen Johannestrieb zwischen Aufstieg und Niederstieg. Bei jedem bedeutenden Künstler begegnen wir diesem unausweichlichen Krisenaugenblick, bei keinem freilich mit solch erdaufwühlender, vulkanischer und beinahe vernichtender Impetuosität wie bei Tolstoi. Vom realen Raum aus betrachtet, von bequemer Objektivität her, geschieht ja Tolstoi in seinem fünfzigsten Jahr eigentlich nichts anderes als das Altersgemäße: eben, daß er sich altern fühlt. Das ist alles, sein ganzes Erlebnis. Ein paar Zähne fallen aus, das Gedächtnis dunkelt ab, manchmal schatten Mattigkeiten in die Gedanken: alltägliches Phänomen eines Fünfzigjährigen. Aber Tolstoi, dieser Vollmensch, diese nur im Strömen und Überströmen erfüllte Natur fühlt sich bei dem ersten Anhauch von Herbstlichkeit sofort schon welk und todesreif. Er vermeint, »nicht mehr leben zu können, wenn man nicht trunken ist vom Leben«; eine neurasthenische Depression, eine ratlose Verstörung überkommt den übergesunden Mann. Er kann nicht schreiben, er kann nicht denken – »Ich schlafe geistig und kann nicht aufwachen, mir ist nicht wohl, ich bin mutlos« –; wie eine Kette schleppt er »die langweilige und platte Anna Karenina« zu Ende, sein Haar färbt sich plötzlich grau, Falten zerschneiden die Stirn, der Magen revoltiert, die Gelenke werden schwach. Stumpf brütet er vor sich hin und sagt, »daß ihn nichts mehr freue, daß vom Leben nichts mehr zu erwarten sei, daß er bald sterben werde«, er »strebt mit allen Kräften fort vom Leben«, und knapp hintereinander verzeichnet das Tagebuch die zwei schneidenden Eintragungen »Todesfurcht« und dann wenige Tage später »Il faudra mourir seul«. Tod aber – ich habe es in der Darstellung seiner Vitalität auszuführen versucht – bedeutet diesem Lebensriesen den schrecklichsten aller Schreckgedanken, darum schauert er sofort zusammen, sobald nur ein paar Nähte seines ungeheuren Bündels Kraft sich zu lockern scheinen.

Allerdings, der geniale Selbstdiagnostiker irrt nicht vollkommen, wenn er mit den Nüstern Verhängnis wittert, denn tatsächlich, etwas von dem ursprünglichen Tolstoi stirbt endgültig ab in dieser Krise. Bisher hatte Tolstoi niemals die Welt nach ihrem metaphysischen Sinn gefragt, er hat sie nur betrachtet wie der Künstler sein Modell; folgsam hatte sie sich ihm gegenübergestellt, wenn er ihr Bildnis zeichnete, und sich streicheln lassen und fassen von seinen schöpferischen Händen. Plötzlich ist diese naive Freude, dieses rein bildnerische Anschauen ihm unmöglich. Die Dinge geben sich ihm nicht mehr ganz, er spürt, sie verstecken etwas vor ihm, ein Hintersich, irgendeine Frage; zum erstenmal empfindet dieser klarstsehende Mensch das Sein als ein Geheimnis, er ahnt einen Sinn, den er nicht fassen kann mit den bloß äußern Sinnen – zum erstenmal versteht Tolstoi, daß, dies Hintergründige zu begreifen, ein neues Instrument ihm not tue, ein wissenderes, ein bewußteres Auge, ein Denkauge. Beispiele mögen diese innere Umwandlung sinnfälliger erläutern. Hundertmal hat Tolstoi im Kriege Menschen sterben sehen und ohne Frage nach Recht und Unrecht ihr Verbluten geschildert als Maler, als Dichter, als spiegelnde Pupille bloß, als formenempfindliche Netzhaut. Jetzt sieht er in Frankreich den Kopf eines Verbrechers von der Guillotine niederpoltern, und sofort empört eine sittliche Macht in ihm sich gegen die ganze Menschheit. Tausendemal ist er, der Herr, der Barin, der Graf, an seinen Dorfbauern vorbeigeritten und hat gleichgültig, indes sein Pferd im Galopp ihnen die Röcke überstaubte, demütig-sklavischen Gruß als ein Selbstverständliches hingenommen. Jetzt bemerkt er zum erstenmal ihre Barfüßigkeit, ihre Armut, ihr verschrecktes rechtloses Dasein und wirft sich zum erstenmal die Frage in die Brust, ob er selbst ein Recht habe, angesichts ihrer Notdurft und Mühe sorglos zu bleiben. Unzähligemal sauste sein Schlitten in Moskau Scharen frierender Bettler entlang, ohne daß er den Kopf oder die geringste Aufmerksamkeit ihnen zuwendete; Armut, Elend, Unterdrückung, Militär, Gefängnisse, Sibirien waren ihm so natürliche Fakta gewesen wie Schnee im Winter und Wasser im Faß; jetzt plötzlich, bei einer Volkszählung, erkennt der Erweckte die furchtbare Lage des Proletariats als eine Anklage gegen seinen Überfluß. Seit er Menschliches nicht mehr als bloßes Material empfindet, das man »zu studieren und zu beobachten« hat, stürzt die ruhige, malerische Ordnung des Daseins über seiner Seele zusammen; er kann nicht mehr kaltbildnerisch ins Leben schauen, sondern muß unablässig fragen nach Sinn und Widersinn, er fühlt alles Humane nicht mehr von sich aus, egozentrisch oder introvertiert, sondern sozial, brüderlich, extrovertiert: das Bewußtsein der Gemeinschaft mit jedem und allem hat ihn »befallen« wie eine Krankheit. »Man muß nicht denken – es ist zu schmerzhaft«, stöhnt er auf. Aber seit einmal dieses Auge des Gewissens aufgebrochen, wird ihm das Leiden der Menschheit, die Urqual der Welt von jetzt ab unabänderlich alleigenste Angelegenheit. Gerade aus dem mystischen Schrecken vor dem Nichts erhebt sich ein neuer schöpferischer Schauer vor dem All, erst aus seiner vollkommenen Selbstaufgebung erwächst dem Künstler die Aufgabe, noch einmal und nun in moralischen Maßen seine Welt zu erbauen. Wo er Tod vermeint, waltet das Wunder der Wiedergeburt: jener Tolstoi ist erstanden, den nicht nur als Künstler, sondern als menschlichsten der Menschen eine Menschheit verehrt.

Aber damals, unmittelbar in der schmetternden Stunde des Zusammenbruchs, in jenem ungewissen Augenblick vor dem »Erwachen« (wie Tolstoi später, getröstet, seinen beunruhigenden Zustand nennt), ahnt der Überraschte in der Verwandlung noch nicht den Übergang. Ehe dies andere neue Auge des Gewissens in ihm aufbricht, fühlt er sich völlig blind, nur Chaos rundum und weglose Nacht. »Wozu denn leben, wenn das Leben so furchtbar ist?« fragt er die ewige Frage des Ekklesiastes. Wozu sich mühen, wenn man doch nur ackert für den Tod? Wie ein Verzweifelter tastet er im verfinsterten Weltgewölbe die Wände ab, um irgendwo einen Ausgang zu finden, eine Selbstrettung, einen Funken Licht, einen Sternglanz Hoffnung. Und erst, wie er sieht, daß niemand von außen ihm Hilfe und Erleuchtung bringt, gräbt er sich selbst einen Minengang, planhaft und systematisch, Stufe um Stufe. 1879 schreibt er die folgenden »unbekannten Fragen« auf ein Blatt Papier:

- a. Wozu leben?
- b. Welche Ursache hat meine Existenz und die jedes anderen?
- c. Welchen Zweck hat mein Dasein und jedes andere?
- d. Was bedeutet jene Spaltung in Gut und Böse, welche ich in mir fühle, und wozu ist sie da?
- e. Wie soll ich leben?
- f. Was ist der Tod – wie kann ich mich retten?

»Wie kann ich mich retten? Wie soll ich leben?« das ist Tolstois furchtbarer Schrei, von der Kralle der Krise ihm heiß aus dem Herzen gerissen. Und dieser Schrei gellt nun durch dreißig Jahre, bis die Lippen versagen. Die gute Botschaft, die von den Sinnen kam, er glaubt sie nicht mehr, die Kunst gibt keinen Trost, die heiße Trunkenheit der Jugend ist grausam ernüchtert, von allen Seiten strömt Kälte heran. Wie kann ich mich retten? Immer gieriger wird dieser Schrei, denn es kann doch nicht sein, daß dieses scheinbar Sinnlose nicht doch einen Sinn hätte. Vernunft allein reicht nur aus, das Lebendige, nicht aber den Tod zu wissen, darum tut eine neue, eine andere Seelenkraft not, das Unfaßbare zu erfassen. Und da er in sich selbst, dem Ungläubigen, dem Sinnesmenschen, sie nicht findet, da wirft er sich, media in vita, inmitten seines Weges plötzlich demütig hin auf die Knie vor Gott, schleudert sein Weltwissen, das ihn fünfzig Jahre unendlich beglückte, verächtlich von sich und bittet ungestüm um einen Glauben: »Schenke mir ihn, Herr, und laß mich den andern helfen, ihn zu finden.«

22

DER KÜNSTLICHE CHRIST

Mein Gott, wie schwer ist es, zu leben nur vor Gott – zu leben, wie
Menschen gelebt haben, die in einem Schacht verschüttet waren und die
wußten, daß sie niemals herauskommen und niemand je erfahren würde,
wie sie dort gelebt haben. Aber man muß, man muß so leben, weil nur
solch ein Leben ein Leben ist. Hilf mir, Herr!

— *TAGEBUCH, NOVEMBER 1900*

»Schenke mir einen Glauben, Herr«, schreit Tolstoi verzweifelt auf
zu seinem bisher geleugneten Gott. Aber es scheint, dieser Gott
gewährt sich jenen nicht, die allzu ungestüm nach ihm verlangen.
Denn leidenschaftliche Ungeduld, sein Erzlaster, Tolstoi trägt es bis in den
Glauben hinein. Nicht genug, einen Glauben zu verlangen, nein, sofort
muß er ihn haben, über Nacht fertig und handlich wie eine Axt, um das
ganze Dickicht seiner Zweifel auszuroden, denn der adelige Herr,
gewohnt, flink umsprungen zu sein von seinen Dienern, verwöhnt auch
von den hellsichtigen, hellhörigen Sinnen, die ihm jede Wissenschaft der
Welt mit Lidschlagschnelligkeit vermitteln, er will nicht geduldig warten,
der unbeherrschte, launische, eigenwillige Mann. Er will nicht warten,
mönchisch versenkt in beharrliches Lauschen auf die allmähliche Durch-
filterung des obern Lichts – nein, sofort soll es wieder tagklar sein in der
verdunkelten Seele. Mit einem einzigen Sprung, mit einem Ruck will sein
impetuoser, alle Hindernisse überjagender Geist zum »Sinn des Lebens«

vorpreschen – »Gott wissen«, »Gott denken«, wie er beinahe frevlerisch zu sagen sich vermißt. Den Glauben, das Christlichwerden und Demütigsein, das In-Gott-Wohnen hofft er genauso flink und eilfertig erlernen zu können, wie er jetzt mit grauen Haaren Griechisch und Hebräisch lernt, plötzlicher Pädagoge, Theologe oder Soziologe innerhalb von sechs Monaten, bestenfalls eines raschen Jahres.

Aber wo findet man derart plötzlich einen Glauben, trägt man in sich selbst kein Samenkorn Gläubigkeit? Wie wird man über Nacht mitleidig, gütig, demütig, sanft franziskanisch, wenn man fünfzig Jahre nur mit dem schonungslosen Auge des Betrachters, als bewußter, urrussischer Nihilist die Welt gewertet und darin einzig sich selber als wichtig und wesentlich empfunden? Wie biegt man solchen steinharten Willen mit einem einzigen Handgriff in nachgiebige Menschenliebe um, wo lernt, wo erlernt man den Glauben, das Sichselbstverlieren an eine höhere und überweltliche Macht? Selbstverständlich bei jenen, die den Glauben schon haben oder zumindest vorgeben, ihn zu besitzen, sagt sich Tolstoi: bei der Mater orthodoxa, der Kirche. Sofort (denn er läßt sich keine Zeit, der ungeduldige Mann) wirft sich Leo Tolstoi ins Knie vor den Ikonen, fastet, pilgert in die Klöster, diskutiert mit Bischöfen und Popen und zerblättert das Evangelium. Drei Jahre müht er sich, strenggläubig zu sein: aber die Kirchenluft weht ihm leeren Weihrauch und Frost in die schon frierende Seele, bald schlägt er enttäuscht für immer die Tür zu zwischen sich und der rechtgläubigen Lehre; nein, die Kirche hat den rechten Glauben nicht, erkennt er, oder vielmehr: sie hat die Wasser des Lebens versickern lassen, vergeudet, verfälscht. So sucht er weiter: vielleicht wissen die Philosophen, die Denklehrer mehr von diesem unheimlichen »Sinn des Lebens«. Und sofort beginnt berserkerwütig und fieberhaft Tolstoi, kreuz und quer durcheinander alle Philosophen aller Zeiten zu lesen (viel zu rasch, sie zu verdauen, zu begreifen), Schopenhauer zuerst, den ewigen Beischläfer jeder Seelenverdüsterung, dann Sokrates und Plato, Mohammed, Konfuzius und Laotse, die Mystiker, die Stoiker, die Skeptiker und Nietzsche. Aber bald schlägt er die Bücher zu. Auch diese haben ja kein anderes Medium der Weltsicht als das seine, den überscharfen, schmerzhaft schauenden Verstand, auch sie nur Ungeduldige zu Gott hin und nicht Ruhende in Gott. Sie schaffen Systeme für den Geist, aber keinen Frieden einer beunruhigten Seele, sie geben Wissen, aber keinen Trost.

Und wie ein gequälter Kranker, an dem die Wissenschaft versagte, mit seinem Gebrest zu den Wurzelweibern und Dorfbadern, so geht Tolstoi, geht der geistigste Mensch Rußlands im fünfzigsten Jahre seines Lebens zu den Bauern, zum »Volk«, um von ihnen, den Unbelehrten, endlich den rechten Glauben zu lernen. Ja, sie, die Unbelehrten, die von der Schrift nicht Verwirrten, sie, die Armen und Gequälten, die ohne Klage roboten, die sich stumm wie Tiere in einen Winkel legen, wenn der Tod aus ihnen wächst, sie, die nicht zweifeln, weil sie nicht denken, sancta simplicitas, die heilige Einfalt, sie müssen doch irgendein Geheimnis haben, sonst könnten sie nicht derart ergeben und ohne Empörung den Nacken beugen. Sie müssen etwas wissen in ihrer Dumpfheit, was die Weisheit nicht weiß und der schneidende Geist, und dem zu Dank sie, die Zurückgebliebenen im Verstande, uns voraus sind mit der Seele. »Wie wir leben, ist es falsch, wie sie leben, ist es richtig« – darum tritt Gott aus ihrem geduldigen Dasein sichtbar empor, indes der Geist, der Wissensdrang mit seiner »müßigen, wollüstigen Gier«, von der wahren Lichtquelle des Herzens entfernt. Hätten sie nicht einen Trost, nicht innen ein magisches Heilkraut, sie könnten nicht so heiter eine derart erbärmliche Existenz ertragen: irgendeinen Glauben müssen sie verbergen, und eine Ungeduld überkommt den unbändigen Mann, dieses Arkanum ihnen abzulernen. Von ihnen, nur von ihnen, dem »Gottvolk«, beredet sich Tolstoi, kann man einzig das »richtige« Leben kennenlernen, das große Geduldigsein und Sichergeben in das harte Dasein und den noch härteren Tod.

Also heran an sie, ganz dicht hinein in ihr Leben, das Gottgeheimnis ihnen abzulauschen! Herunter mit dem Adelsrock und die Muschikbluse an, weg vom Tisch mit den leckeren Speisen und überflüssigen Büchern: nur die unschuldigen Kräuter und die sanfte Milch der Tiere soll von nun an den Leib nähren, nur die Demut, die Dumpfheit den faustisch wühlenden Geist. So stellt sich Leo Nikolajewitsch Tolstoi, Herr von Jasnaja Poljana und noch mehr: Herr im Geiste über Millionen, im fünfzigsten Jahre seines Lebens selbst an den Pflug, trägt auf breitem Bärenrücken die Wassertonne vom Brunnen und mäht in der Mitte seiner Bauern mit unermüdlichem Arbeitstrotz das Getreide. Die Hand, die »Anna Karenina« und »Krieg und Frieden« geschrieben, fädelt jetzt die Pechahle in selbstgeschnittene Schuhsohlen, fegt den Schmutz aus der Stube und näht sich selber das eigene Kleid. Nur nahe heran, nur rasch, nur eng heran zu den »Brüdern« – mit einem einzigen Willensruck hofft so Leo Tolstoi, »Volk« zu werden und damit »Gottes-Christ«. Er geht hinab in das Dorf zu den halb noch Leibeigenen (bei seiner Annäherung fassen sie verlegen an die Mützen), er ruft sie ins Haus, wo sie mit ihren plumpen Schuhen ungeschickt über die spiegelnden Parkette wie über Glas gehen und aufatmen, daß der »Barin«, der gnädige Herr, nicht Böses mit ihnen vorhat, nicht, wie sie fürchteten, abermals Zins und Pacht erhöht, sondern – sonderbar: sie schütteln verlegen ihre Köpfe – gerade mit ihnen über

Gott sprechen will, immer über Gott. Sie erinnern sich, die guten Bauern von Jasnaja Poljana, so hat er's schon einmal gemacht, da hatte er's mit der Schule, der Herr Graf, und ein Jahr lang (dann langweilte es ihn) gab er den Kindern persönlich Unterricht. Aber was will er jetzt? Mißtrauisch hören sie ihm zu, denn tatsächlich wie ein Spion drängt der verkleidete Nihilist an das »Volk« heran, die für seinen Feldzug zu Gott notwendige Strategie auszukundschaften.

Aber nur der Kunst und dem Künstler werden diese gewaltsamen Erkundungen zum Nutzen – die schönsten seiner Legenden dankt Tolstoi ländlichen Dorferzählern, und seine Sprache versinnlicht und versaftigt sich herrlich am naiv bildnerischen Bauernwort –, doch das Geheimnis der Einfalt erlernt sich nicht. Hellseherisch hat Dostojewski noch vor der pathetischen Krise, schon beim Erscheinen der »Anna Karenina«, von Tolstois Spiegelbild Lewin gesagt: »Solche Menschen wie Lewin, mögen sie auch mit dem Volke leben, solange sie wollen, werden doch nie Volk werden: Eigendünkel und Willenskraft, mögen sie noch so launenhaft sein, genügen nicht, um den Wunsch, zum Volke herabzusteigen, zu erfassen und auszuführen.« Mit psychologischem Kernschuß trifft der geniale Visionär damit in das Zentrum der Tolstoischen Willensverwandlung, den Gewaltakt entlarvend, die nicht aus eingeborener, bluthafter Liebe, sondern aus Seelennot begonnene Brüderlichkeit Tolstois mit dem Volk. Denn, mag er noch so willenstätig dumpf und bäurisch tun, nie kann sich der Intellektualist Tolstoi eine enge Muschikseele statt seiner weiten und weltumfassenden Daseinsdeutung einpflanzen, nie ein solcher Wahrheitsgeist sich zu einer verworrenen Köhlergläubigkeit völlig hinabzwingen. Es genügt nicht, sich plötzlich hinzuwerfen in der Zelle wie Verlaine und zu beten: »Mon Dieu, donnez-moi de la simplicité«, und schon blüht das silberne Reis der Demut in der Brust. Man muß immer erst sein und werden, was man bekennt: weder die Bindung mit dem Volke durch das Mysterium des Mitleids noch die Befriedung des Gewissens durch vollgläubige Religiosität lassen sich ruckhaft aufschalten in einer Seele wie ein elektrischer Kontakt. Den Bauernrock zu nehmen, Kwaß zu trinken, Felder zu mähen, alle diese äußern Formen der Gleichsetzung mögen sich spielhaft leicht, spielhaft sogar im doppelten Sinne, erfüllen – nie aber läßt sich der Geist abdumpfen, die Wachheit eines Menschen willkürlich niederschrauben wie eine Gasflamme. Leuchtkraft und Wachsamkeit seines Geistes bleibt das eingeborene, unabänderliche Maß eines jeden Menschen; sie ist Macht über seinen Willen und darum jenseits unseres Willens, ja sie flammt nur noch ungestümer und unruhiger empor, je mehr sie sich bedroht fühlt in ihrer souveränen Pflicht wachsamer Helligkeit.

Denn sowenig man durch spiritistische Spiele sich auch nur eine Stufe über sein eingeborenes Erkenntnismaß hinüberturnen kann zu höherem Wissen, sowenig vermag der Intellekt kraft eines plötzlichen Willensaktes auch nur eine einzige Stufe in die Einfalt zurückzutreten.

Unmöglich, daß Tolstoi, dieser wissende und weitsichtige Geist, nicht bald selber erkannt hat, daß ein Abdumpfen seiner geistigen Kompliziertheit zu einer Nitschewo-Einfalt selbst einem so ungeheuerlichen Willen wie dem seinen über Nacht nicht möglich war. Kein anderer als er selbst hat (allerdings später) das wunderbare Wort gesagt: »Gegen den Geist mit Gewalt vorzugehen, ist wie das Einfangen von Sonnenstrahlen; womit man sie auch zudecken will, immer kommen sie obenauf.« Auf die Dauer konnte er sich nicht täuschen darüber, wie wenig sein schroffer, streiterischer, rechthaberischer Herrenintellekt einer ständigen dumpfen Demut fähig war: nie haben jemals auch die Bauern ihn wirklich für einen der Ihren genommen, weil er ihr Kleid anzog und ihre Gewohnheiten äußerlich teilte, nie hat die Welt diesen Akt anders als eine Verkleidung verstanden. Gerade seine Allernächsten, seine Frau, seine Kinder, die Babuschka, seine wirklichen Freunde (nicht die professionellen Tolstoianer) beobachten von Anfang an mißtrauisch und unmutig dieses krampfige, gewalttätige Hinabwollen des »großen Dichters des Russenvolkes« (so ruft Turgenjew vom Sterbebett ihn zur Rückkehr in die Kunst auf) in eine ihm naturwidrige Sphäre der Ungeistigkeit. Die eigene Gattin, das tragische Opfer seiner Seelenkämpfe, sagt damals zu ihm das allerüberzeugendste Wort: »Früher sagtest du, du seist unruhig, weil du den Glauben nicht hättest. Warum bist du jetzt nicht glücklich, da du sagst, ihn zu haben?« – ein ganz einfaches und unwiderlegliches Argument. Denn nichts deutet bei Tolstoi nach seiner Konversion zum Volksgotte an, daß er in diesem seinem Glauben Seelengelassenheit gefunden habe; im Gegenteil, immer hat man das Gefühl, er rette, sobald er von seiner Lehre spricht, eine Unsicherheit der Überzeugung in eine schreiende Gewißheit hinein. Alle Akte und Worte Tolstois gerade in jener Zeit der Bekehrung haben einen unangenehmen Schreiton, etwas Ostentatives, Gewaltsames, Zänkisches, Zelotisches. Seine Christlichkeit posaunt wie eine Fanfare, seine Demut schlägt Pfauenrad, und wer feinere Ohren hat, spürt eben in der Übertreiblichkeit seiner Selbsterniedrigung etwas vom alten Tolstoi-Hochmut, nur umgewandelt jetzt in einen Verkehrtstolz auf die neue Demut. Man lese doch nur die berühmte Stelle seiner Beichte, in der er seine Bekehrung »beweisen« will, indem er sein eigenes früheres Leben bespeit und verunglimpft: »Ich habe im Kriege Menschen getötet, ich habe Duelle ausgefochten, ich vergeudete im Kartenspiel das den Bauern abgepreßte

Vermögen und züchtigte sie grausam, ich hurte mit leichtsinnigen Weibern und betrog die Männer. Lüge, Raub, Ehebruch, alle Art Trunkenheit und Brutalität, jede Schandtat beging ich, nicht ein Verbrechen gab es, das ich unterließ.« Und damit niemand diese angeblichen Verbrechen ihm als dem Künstler entschuldige, fährt er fort in seiner lärmenden Gemeindebeichte: »Während dieser Zeit begann ich zu schriftstellern aus Eitelkeit, Gewinnsucht und Hochmut. Um den Ruhm und Reichtum zu erzwingen, war ich gezwungen, das Gute in mir zu unterdrücken und mich zur Sünde zu erniedrigen.«

Furchtbar bekennerische Worte dies, gewiß, und erschütternd in ihrem moralischen Pathos. Aber doch, Hand aufs Herz, hat es jemals irgend jemanden gegeben, der wirklich Leo Tolstoi, weil er im Krieg pflichtgemäß seine Batterie bediente oder als stark potenter Mann innerhalb seiner Junggesellenzeit sich geschlechtlich auslebte, auf Grund dieser Selbstanklagen »als einen niedrigen und sündigen Menschen« verachtet hat, als eine »Laus«, wie er sich selbst in fanatischer Erniedrigungslust bezeichnet? Drängt sich nicht eher der Verdacht auf, hier erfinde sich ein überreiztes Gewissen um jeden Preis Sünden aus einem Hochmut der Demut, hier wolle – ähnlich wie der Hausknecht im Raskolnikow jenen Mord sich zuerfindet – eine geständniswütige Seele gar nicht vorhandene Verbrechen als »das Kreuz auf sich nehmen«, um sich als Christ zu »beweisen«? Offenbart nicht gerade dieses Sichbeweisenwollen, dieses krampfige, pathetische, marktschreierische Sicherniedrigen Tolstois das Nichtvorhandensein oder Nochnichtvorhandensein einer gelassenen, ebenmäßig atmenden Demut in dieser erschütterten Seele und vielleicht sogar eine gefährlich verschobene Verkehrteitelkeit? Jedenfalls: *demütig* gebärdet sich diese Demut nicht, im Gegenteil, nichts Leidenschaftlicheres läßt sich denken als dieser Asketenkampf gegen die Leidenschaft: kaum erst einen kleinen, noch ungewissen Funken Glauben in der Seele, will der Ungeduldige sofort die ganze Menschheit damit entzünden, jenen germanischen Barbarenfürsten ähnlich, die, eben erst das Haupt vom Taufwasser genetzt, sofort die Axt nahmen, um ihre bislang heiligen Eichen zu fällen. Wenn Glauben ein Ruhen in Gott bedeutet, dann war dieser herrlich Ungeduldige niemals ein geduldig Gläubiger, dieser Glühende und Ungenügsame niemals ein Christ: nur wenn man grenzenlose Gier nach Religiosität schon Religion nennt, darf dieser Gottsucher, dieser ewig unberuhigte, unter den Gläubigen gelten.

Eben durch dieses nur halbe Gelingen und ungewisse Erreichen einer Überzeugung aber wächst die Krise Tolstois symbolisch über das Individualerlebnis hinaus, ewig denkwürdiges Beispiel, daß es auch dem willenskräftigsten Menschen nicht gegeben ist, die Urform seiner Natur ruckhaft zu verändern, das ihm eigentümliche Wesen durch einen Energieakt ins Gegenteil umzustülpen. Die zugewiesene Form unseres Lebens duldet Verbesserungen, Abschleifungen, Zuspitzungen, und wohl vermag ethische Leidenschaft das Sittliche, Moralische in uns dank bewußter und zäher Arbeit zu steigern, nie aber die Grundlinien unserer Charakterzeichnung einfach wegzuradieren und unser Fleisch und unsern Geist nach einer andern architektonischen Ordnung aufzubauen. Wenn Tolstoi meint, man könne sich »den Egoismus abgewöhnen wie das Rauchen«, oder man vermöchte die Liebe sich »zu erobern«, den Glauben zu »erzwingen«, so widerspricht bei ihm selbst ein durchaus bescheidenes Resultat einer ungeheuerlichen und fast manischen Anstrengung. Denn nichts bezeugt, daß Tolstoi, der Zornmensch, »dessen Augen blitzen, sobald man ihm nur leise widerspricht«, zufolge seiner Gewaltkonversion damals sofort ein gütiger, sanfter, liebevoller, sozialer Christ, ein »Diener Gottes«, ein »Bruder« seiner Brüder geworden sei. Seine »Wandlung« hat wohl seine Ansichten, seine Meinungen, seine Worte verändert, nicht aber seine innerste Natur – »nach dem Gesetz, wonach du angetreten, so mußt du sein, dir kannst du nicht entfliehen« (Goethe) –; die gleiche Unheiterkeit und Qualsucht überschattet seine Unruhseele vor und nach dem »Erwachen«: Tolstoi war nicht geboren zum Zufriedensein. Gerade um seiner Ungeduld willen hat Gott ihm den Glauben nicht sofort »geschenkt«, er muß noch dreißig Jahre, bis in die letzte Lebensstunde unablässig ringen. Sein Damaskus vollendet sich nicht an einem Tag, nicht in einem einzigen Jahr: bis zum erlöschenden Atemzuge wird Tolstoi an keiner Antwort Genüge finden, an keinem Glauben sich befrieden und das Leben bis zum letzten Augenblick als großartig-grauenhaftes Geheimnis empfinden.

So wird Tolstoi auf seine Frage nach dem Sinn »des Lebens« keine Antwort, sein Ansprung gegen Gott, der gierig gewaltsame, ist mißlungen. Aber dem Künstler ist ja allezeit eine Rettung gegeben, wenn er eines Zwiespalts nicht Meister wird – er kann seine Not aus sich in die Menschheit werfen und seine Seelenfrage in eine Weltfrage verwandeln, und so steigert auch Tolstoi den egoistischen Schreckensschrei seiner Krise »Was wird aus mir?« in den gewaltigeren »Was wird aus uns?« Da er seinen eigenen eigenwilligen Geist nicht überzeugen kann, will er die andern überreden. Da er sich selbst nicht zu ändern vermag, versucht er die Menschheit zu ändern. Alle Religionen aller Zeiten sind so entstanden, alle Weltverbesserungen haben sich (Nietzsche, der Durchschauendste, weiß es) aus der »Selbstflucht« eines einzigen in seiner Seele bedrohten Menschen geformt, der, um die verhängnisvolle Frage von der eigenen

Brust abzuwälzen, sie zurück gegen alle wirft, Wesensunruhe in Weltunruhe verwandelnd. Er ist kein frommer und franziskanischer Christ geworden, niemals, dieser großartig leidenschaftliche Mann mit den unbelügbaren Augen, mit dem harten und heißen Herzen des Zweifels, aber er hat eben aus dem Wissen um die Qual des Unglaubens den fanatischesten Versuch unserer Neuzeit unternommen, die Welt aus nihilistischer Not zu erretten, sie gläubiger zu machen, als er jemals selber war. »Die einzige Rettung aus der Verzweiflung des Lebens ist das Hinaustragen seines Ichs in die Welt«, und dieses gequälte wahrheitsgierige Ich Tolstois wirft darum, was ihn als furchtbare Frage überfiel, der ganzen Menschheit als Warnruf und Lehre entgegen.

23

DIE LEHRE UND IHR WIDERSINN

Ich bin einer großen Idee nahegekommen, deren Verwirklichung ich mein
ganzes Leben opfern könnte. Diese Idee ist die Gründung einer neuen
Religion, der Religion Christi, aber von Glaubenssätzen und Wunden
befreit.

— *JUGENDTAGEBUCH, 5. MÄRZ 1855*

Als Grundstein dieser seiner Lehre, seiner »Botschaft« an die
Menschheit setzt Tolstoi das Wort des Evangeliums »Widerstrebet nicht dem Bösen« und gibt ihm die schöpferische Auslegung: »Widerstrebet nicht dem Bösen mit Gewalt.«

In diesem Satz liegt latent die ganze Tolstoische Ethik: diesen steinernen Katapult hat der große Kämpfer mit der ganzen oratorischen und
ethischen Vehemenz seines schmerzüberspannten Gewissens so wuchtig
gegen die Wand des Jahrhunderts gestoßen, daß noch heute die Erschütterung nachschwingt im halb geborstenen Gebälk. Unmöglich, die Seelen-
wirkung dieses Wurfs in ihrer ganzen Tragweite auszumessen: die
freiwillige Waffenstreckung der Russen nach Brest-Litowsk, die non-résis-
tance Gandhis, der pazifistische Anruf Rollands inmitten des Krieges, der
heroische Widerstand unzähliger einzelner Namenloser gegen die Verge-
waltigung des Gewissens, der Kampf gegen die Todesstrafe – alle diese
isolierten und scheinbar zusammenhanglosen Akte des neuen Jahrhunderts danken Leo Tolstois Botschaft den energetischen Antrieb. Wo

immer heute Gewalt verneint wird, sei es als Mittel, als Waffe, als Recht oder vorgeblich göttliche Einrichtung, bestimmt, was immer, unter welch immer einem Vorwande zu schützen, Nationen, Religionen, Rasse, Eigentum, allüberall, wo eine human gerichtete Sittlichkeit sich auflehnt, Blut zu vergießen – überall empfängt noch heute jeder sittliche Revolutionär von Tolstois Autorität und Inbrunst eine brüderlich bestätigende Kraft. Allorts, wo ein unabhängiges Gewissen statt der erkalteten Formeln der Kirche, der herrschgierigen Forderung des Staates, einer eingerosteten und schematisch funktionierenden Justiz die letzte Entscheidung nur dem brüderlichen Menschheitsempfinden als der einzig moralischen Instanz zuweist, darf es sich auf die vorbildliche Luthertat Tolstois berufen, der die Menschen im Menschlichen anruft, daß jeder in jedem Falle nur »mit dem Herzen« richte.

Welches »Böse« aber, dem wir zu widerstreben haben, ohne Gewalt anzuwenden, meint nun Tolstoi? Nichts anderes als sie selbst, die absolute Gewalt, mag sie ihre Muskeln hinter dem pathetischen Kleiderkram von Volkswirtschaft, nationaler Prosperität, völkischer Aspirationen und kolonialer Expansionen verstecken, mag sie noch so geschickt Machttrieb und Bluttrieb des Menschen zu philosophischen und vaterländischen Idealen umfälschen – wir dürfen uns nicht täuschen lassen: selbst in den verlockendsten Sublimierungen dient Gewalttätigkeit immer statt der Verbrüderung der Menschheit bloß der gesteigerten Selbstbehauptung einer einzelnen Gruppe und verewigt damit die Verungleichung der Welt. Jede Gewalt meint Besitz, ein Haben und Mehrhabenwollen, darum beginnt alle Ungleichheit für Tolstoi beim Eigentum. Nicht umsonst hat der junge Adelige Stunden mit Proudhon in Brüssel verbracht: noch vor Marx postuliert Tolstoi, als der damals radikalste aller Sozialisten: »Das Eigentum ist die Wurzel alles Übels und aller Leiden, und die Gefahr eines Zusammenstoßes liegt zwischen denen, die Eigentum im Überfluß, und denen, die keines haben.« Denn um sich zu erhalten, muß der Besitz notwendigerweise defensiv und sogar aggressiv werden. Gewalt ist notwendig, um Eigentum zu erraffen, notwendig, um Besitz zu vergrößern, notwendig, um ihn zu verteidigen. So schafft das Eigentum sich den Staat zu seinem Schutze, der Staat zu seiner Selbstbehauptung wiederum organisierte Formen brachialer Gewalt, die Armee, die Justiz, »das ganze Zwingsystem, das nur dient, das Eigentum zu schützen«, und wer sich dem Staate einordnet und ihn anerkennt, wird mit seiner Seele diesem Machtprinzip hörig. Ohne es zu ahnen, dienen nach Tolstois Auffassung selbst die scheinbar unabhängigen, die geistigen Menschen im modernen Staate einzig der Besitzerhaltung einiger weniger, sogar die Kirche Christi, die »in ihrer wahren Bedeutung staatsaufhebend war«, wendet sich »mit lügnerischen Lehren« von ihrer eigensten Pflicht ab. Die Künstler wiederum, sie, die freigeborenen berufenen Anwälte des Gewissens, Verteidiger des Menschenrechts, schnitzen an ihren elfenbeinernen Türmchen und »schläfern das Gewissen ein«. Der Sozialismus versucht Arzt zu sein am Unheilbaren, die Revolutionäre, die einzigen, die in richtiger Erkenntnis die falsche Weltordnung von Grund auf zersprengen wollen, gebrauchen fehlhafterweise selbst das mörderische Mittel ihrer Gegner und verewigen das Unrecht, indem sie das Prinzip des »Bösen« unangetastet lassen, ja noch heiligen: die Gewalt.

Falsch und morsch also im Sinn dieser anarchistischen Forderungen das Fundament des Staates und unserer gegenwärtig gültigen Gesellschaftsordnung: vehement weist darum Tolstoi alle demokratischen, philanthropischen, pazifistischen und revolutionären Verbesserungen der Regierungsform als vergeblich und unzulänglich zurück. Denn keine Duma, kein Parlament und am wenigsten eine Revolution erlösen die Nation vom »Bösen« der Gewalt: ein Haus auf schwankem Grund kann nicht gestützt werden, man kann es nur verlassen und sich ein anderes erbauen. Der moderne Staat aber ruht auf dem Machtgedanken, nicht auf der Brüderlichkeit: folglich ist er für Tolstoi unwiderruflich zum Einsturz verurteilt, und alles soziale und liberale Flickwerk verlängert nur seinen Todeskampf. Nicht die staatsbürgerliche Beziehung zwischen Volk und Regierung, sondern *die Menschen selbst müssen geändert werden:* statt der gewaltsamen Zusammenpressung durch die Staatsmacht muß eine innigere seelische Bindung durch Brüderlichkeit jeder Völkergemeinschaft Festigkeit geben. Insolange aber diese religiöse, diese ethische Bruderschaft noch nicht die gegenwärtige Form des Zwangsbürgers ersetzt, so lange erklärt Tolstoi eine wahre Sittlichkeit nur möglich im unsichtbaren Geheimnisraum des Individualgewissens. Da der Staat identisch ist mit Gewalt, so darf sich ein ethischer Mensch nicht mit dem Staate identifizieren. Was not tut, ist eine religiöse Revolution, ein Sichlossagen jedes Gewissensmenschen von jeder Gewaltgemeinschaft. Darum stellt sich Tolstoi selbst mit entschlossenem Ruck außerhalb der Staatsformen und deklariert sich sittlich für unabhängig von jedem Pflichtgebot außer dem seines Gewissens. Er aberkennt sich »eine ausschließliche Zugehörigkeit zu irgendeinem Volke und Staate oder eine Untertanenschaft unter irgendeine Regierung«; er stößt sich freiwillig aus der orthodoxen Kirche, er verzichtet aus Prinzip auf den Appell an Justiz oder irgendeine statuierte Einrichtung der gegenwärtigen Gesellschaft, nur um nicht den Finger des »Teufels Gewaltstaat« zu fassen. Man lasse sich darum nicht durch die evangelische Sanftheit seiner Brüderlichkeitspredigten, durch die Überfärbung mit einer christlich-demütigen Diktion, die Anlehnung an das Evangelium hinwegtäuschen über das vollkommen Staatsfeindliche seiner Sozialkritik. Seine Staatslehre ist die erbittertste Antistaatslehre und seit Luther der vollkommenste Bruch eines einzelnen Menschen mit dem neuen Papismus, dem Unfehlbarkeitsgedanken des Eigentums. Selbst Trotzki und Lenin sind theoretisch nicht um einen Schritt über das »Alles muß geändert werden« Tolstois hinausgegangen, und genau wie Jean-Jacques Rousseau, der »ami des hommes«, mit seinen Schriften der Französischen Revolution die Minengänge höhlte, aus denen sie dann das Königtum in die Luft schmetterte, so hat kein Russe wuchtiger die Grundfesten der zaristischen, der kapitalistischen Ordnung erschüttert und sturmreif gemacht als dieser Radikalrevolutionär, dem man bei uns, durch den patriarchalischen Bart und eine gewisse Öligkeit der Doktrin getäuscht, einzig als Sanftmutsapostel anzusehen beliebt. Allerdings: genau wie Rousseau über die Sansculotten, hätte Tolstoi sich zweifellos über die Methodik des Bolschewismus entrüstet, denn er haßte Parteien – »welche der Parteien auch siegt, sie müßte, um ihre Macht zu erhalten, nicht nur alle vorhandenen Gewaltmittel anwenden, sondern noch neue erfinden«, steht prophetisch in seinen Schriften – aber eine aufrichtige Geschichtsdarstellung wird einmal bezeugen, daß er ihr bester Wegbereiter gewesen, daß alle Bomben aller Revolutionäre nicht dermaßen unterhöhlend und autoritätserschütternd in Rußland gewirkt haben, wie die offene Auflehnung dieses Einzigen und Größten gegen die scheinbar unüberwindbaren Mächte seiner Heimat: den Zaren, die Kirche und den Besitz. Seit dieser Genialste aller Diagnostiker den unterirdischen Baufehler unserer Zivilisationskonstruktion entdeckte, nämlich, daß unser Staatsgebäude nicht auf Humanität, auf Menschengemeinschaft, sondern auf Brutalität, auf Menschenbeherrschung beruht, hat er seine ungeheure ethische Stoßkraft dreißig Jahre lang in immer wieder erneuten Attacken gegen die russische Weltordnung geworfen, Winkelried der Revolution, ohne sie zu wollen, sozialer Dynamit, zersprengende, zerstörende elementarische Urkraft, und unbewußt damit Repräsentant seiner russischen Mission. Denn zwanghaft muß alles russische Denken, um aufzubauen, vorerst radikal und bei den Wurzeln zerstören – nicht zufällig bleibt keinem seiner Künstler erspart, zuvor in die schwärzesten Schächte des lichtlosesten, weglosesten Nihilismus niederzustürzen, um dann erst aus brennendster, ekstatischer Verzweiflung sich inbrünstig wieder neue Gläubigkeiten zu erzwingen; nicht wie wir Europäer, in zaghaften Verbesserungen, in pietätvoll aufpfropfender Vorsicht, sondern brüsk wie ein

Holzfäller mit dem rechten Niederreißemut der gefährlichen Experimente geht der russische Denker, der russische Dichter, der russische Tatmensch auf die Probleme los. Ein Rostopschin zögert nicht, um der Idee des Sieges willen, Moskau, dies miraculum mundi, bis auf die Hausschwellen niederzubrennen, und ebensowenig Tolstoi – hierin Savonarola gleich – das ganze Kulturgut der Menschheit, Kunst, Wissenschaft, auf den Scheiterhaufen zu verbannen, nur damit eine neue und bessere Theorie gerechtfertigt sei. Mag sein, nie ist sich vielleicht der religiöse Träumer Tolstoi der praktischen Konsequenzen seines Bildersturms bewußt geworden, nie hat er wahrscheinlich durchzurechnen gewagt, wieviel irdische Existenzen der plötzliche Einsturz solch eines himmelweiten Weltgebäudes mit sich reißen würde – er hat einzig mit aller Seelenkraft und Starrnäckigkeit seiner Überzeugung an den Säulen des sozialen Staatsgebäudes gerüttelt. Und wenn ein solcher Simson seine Fäuste reckt, neigt und beugt sich auch das riesigste Dach. Darum bleiben alle nachzüglerischen Debatten, inwieweit Tolstoi bolschewistischen Umsturz gebilligt oder befeindet hätte, überflüssig gegen das nackte Faktum, daß nichts die russische Revolution geistig so sehr gefördert hat wie die fanatischen Bußpredigten Tolstois gegen Überfluß und Besitz, die Petarden seiner Broschüren, die Bomben seiner Pamphlete. Keine Kritik der Zeit, auch jene Nietzsches nicht, der als Deutscher doch immer nur auf die Gebildeten zielte und schon durch seine dichterisch-dionysische Diktion sich jeden Masseneinfluß versperrte, hat derart seelenaufwühlend und glaubensumstürzend in die breite Volksmasse gewirkt; und wider seinen Wunsch und Willen steht Tolstois Herme für alle Zeiten im unsichtbaren Pantheon der großen Revolutionäre, der Machtumstürzer und Weltverwandler.

Wider seinen Wunsch und Willen: denn Tolstoi hat deutlich seine christlich-religiöse Revolution, seinen Staatsanarchismus von jeder aktiven und gewalttätigen abgesondert. Er schreibt in den »Reifen Ähren«: »Wenn wir Revolutionären begegnen, täuschen wir uns häufig in der Meinung, daß wir und sie uns berühren. Sie und auch wir rufen: keinen Staat, kein Eigentum, keine Ungleichheit und vieles andere. Dennoch besteht da ein großer Unterschied: für den Christen gibt es keinen Staat – jene aber wollen den Staat vernichten. Für den Christen gibt es kein Eigentum – jene wollen es abschaffen. Für den Christen sind alle gleich – sie wollen die Ungleichheit zerstören. Die Revolutionäre kämpfen mit der Regierung von außen, das Christentum *kämpft aber gar nicht*, es zerstört die Fundamente des Staates von innen.« Man sieht, Tolstoi wollte nicht den Staat mit Gewalt vernichtet wissen, sondern durch die Passivität unzähliger Einzelner, langsam in seiner Autorität geschwächt, indem sich Molekül nach Molekül, ein Individuum nach dem andern seiner Umklammerung so lange entzieht, bis endlich der Staatsorganismus infolge Entkräftung sich selbst auflöst. Der schließliche Effekt aber bleibt doch der gleiche: Zerstörung aller Autorität, und dieser Anstrengung hat Tolstoi ein Leben lang leidenschaftlich gedient. Allerdings wollte er zugleich eine neue Ordnung, eine Staatskirche dem Staat, eine humanere, brüderlichere Lebensreligion begründen, das altneue und urchristliche, das tolstoi-christliche Evangelium. Aber bei der Wertung dieser aufbauenden geistigen Leistung muß – Redlichkeit über alles! – mit dem Messer ein Schnitt gemacht werden zwischen dem genialen Kulturkritiker, dem irdischen Augengenie Tolstoi und dem verwaschenen, unzulänglichen, launenhaften, inkonsequenten Moralisten, dem Denker Tolstoi, der in einem pädagogischen Anfall nicht mehr wie in den sechziger Jahren bloß die Bauernjungen von Jasnaja Poljana in die Schule treiben, sondern ganz Europa das große Abc des einzig »richtigen« Lebens, »die« Wahrheit mit einem erschreckenden Maß von philosophischer Leichtfertigkeit eindrillen will. Kein Respekt beugt sich tief genug vor Tolstoi, solange er, der unbeflügelt Geborene, in seiner Sinnenwelt verharrt und mit seinen genialen Organen die Struktur des Menschlichen zerlegt; aber sobald er flughaft frei ins Metaphysische will, wo seine Sinne nicht mehr zupacken, sehen und saugen können, wo all diese sublimen Fangarme zwecklos im Leeren tasten, da erschrickt man geradezu über seine geistige Unbehilflichkeit. Nein, nicht vehement genug kann hier abgegrenzt werden: Tolstoi als theoretischer, als systematischer Philosoph war eine ebenso bedauerliche Selbsttäuschung wie Nietzsche, sein Polargenie, als Komponist. Genau wie Nietzsches Musikalität, die innerhalb der Sprachmelodik herrlich produktive, in selbständiger Tonsphäre, also kompositorisch, beinahe kläglich versagt, so stockt der eminente Verstand Tolstois sofort, wenn er über die sinnlich kritische Sphäre ins Theoretische, ins Abstrakte sich hinüberwagt. Man kann bis ins einzelne Werk hinein diese Scheide und Niete abtasten; in seinem sozialen Pamphlet »Was sollen wir tun« z. B. schildert der erste Teil augensinnlich, erfahrungsgemäß die Elendsquartiere Moskaus mit einer Meisterschaft, daß einem der Atem in den Lungen stockt. Niemals oder kaum jemals ist Sozialkritik genialer am irdischen Objekt demonstriert worden als in der Darstellung jener Elendsstuben und verlorener Menschen: aber kaum, daß im zweiten Teil der Utopist Tolstoi von der Diagnose zur Therapie übergeht und sachliche Verbesserungsvorschläge dozieren will, wird sofort jeder Begriff nebulos, die Konturen verwaschen, die Gedanken treten sich in ihrer Hast auf die Füße. Und diese Konfusion steigert sich von Problem zu Problem, je kühner Tolstoi sich vorwagt. Und weiß Gott, er wagt sich weit vor! Ohne jede philosophische Schulung, mit einer erschreckenden Ehrfurchtslosigkeit greift er in seinen Traktaten nach allen ewig unauflöslichen Fragen, die mit Sternketten im Unerreichbaren hangen, und »löst« sie wie Gelatine leichtflüssig auf. Denn genau wie der Ungeduldige während seiner Krise einen »Glauben« sich überwerfen wollte, rasch wie einen Pelzrock, Christ und Demütiger werden über Nacht, so läßt er in diesen Welterziehungsschriften »im Handumdrehen einen Wald wachsen«; und der 1878 noch selbst verzweifelt aufschrie: »Unsinn ist unser ganzes Erdenleben«, hat drei Jahre später schon seine Universaltheologie mit der Lösung aller Welträtsel für uns fertig. Selbstverständlich muß jeder Widerspruch bei solchen übereilten Konstruktionen einen Geschwinddenker stören, darum doziert Tolstoi beharrlich mit verstopften Ohren, jede Inkonsequenz überrennend und mit einer verdächtigen Hast sich selbst die restlose Lösung zubilligend. Was für ein unsicherer Glaube, der unablässig sich verpflichtet fühlt zu »beweisen«, was für ein unlogisches, unstrenges Denken, dem, sobald die Argumente fehlen, immer ein Bibelwort zur rechten Zeit sich einstellt als letzte und ausschließliche Unwiderlegbarkeit! Nein, nein, nein man kann es nicht energisch genug feststellen: die lehrhaften Traktate Tolstois gehören (trotz einiger unvermeidbar genialer Einzelheiten) – corraggio, corragio! – zu den unangenehmsten Zelotentrakten der Weltliteratur, sie sind ärgerliche Beispiele eines überhastet konfusen, hochmütig eigenwilligen und – was bei dem Wahrheitsmenschen Tolstoi geradezu erschütternd wirkt – sogar unehrlichen Denkens.

Denn tatsächlich, der allerwahrhaftigste Künstler, der edle und vorbildliche Ethiker Tolstoi, dieser große und fast heilige Mann, spielt als theoretischer Denker schlechtes und unredliches Spiel. Um die ganze geistunendliche Welt in seinem philosophischen Sack unterzubringen, beginnt er mit einem groben Taschenspielerkunststück, und zwar: vorerst alle Probleme derart zu versimpeln, bis sie dünn und handlich wie Kartenblätter werden. Er statuiert also höchst einfach zunächst einmal »den« Menschen, daraufhin »das« Gute, »das« Böse, »die« Sünde, »die« Sinnlichkeit, »die« Brüderlichkeit, »den« Glauben. Dann mischt er die Karten munter durcheinander, zückt »die« Liebe als Trumpf, und siehe, er hat gewonnen. In einem Weltstündchen ist das ganze Weltspiel, das unendlich und unlösbare, von Millionen Menschengeschlechtern gesuchte, auf dem Schreibtisch von Jasnaja Poljana gelöst, und der alte Mann staunt auf, seine Augen sind kindlich erhellt, beglückt lächeln seine greisen Lippen, er staunt und staunt, »wie einfach doch alles ist«. Unerklärlich fürwahr, daß alle Philosophen, alle Denker, die seit tausend Jahren in tausend Särgen in tausend Ländern liegen, so kraus und quälerisch ihre Sinne abmühten, statt zu merken, daß »die« ganze Wahrheit doch längst sonnenklar im Evangelium stand, vorausgesetzt freilich, daß man es wie er, Leo Nikolajewitsch, im Jahre des Herrn 1878 »zum erstenmal seit achtzehnhundert Jahren richtig verstand« und endlich die göttliche Botschaft von der »Übertünchung« gereinigt hatte. (Wahrhaftig, wortwörtlich sagt er so frevelhafte Worte!) Aber nun ist es zu Ende mit allen den Mühen und Plagen – nun müssen doch die Menschen erkennen, wie ungeheuer einfach das Leben zu leben ist: was stört, wirft man glattweg unter den Tisch, man schafft Staat, Religion, Kunst, Kultur, das Eigentum, die Ehe einfach ab, damit ist »das« Böse und »die« Sünde für immer erledigt; und wenn nun jeder einzelne mit eigner Hand die Erde pflügt und das Brot bäckt und seine Stiefel schustert, dann gibt es keinen Staat mehr und keine Religionen, nur das reine Reich Gottes auf Erden. Dann ist »Gott die Liebe und die Liebe der Zweck des Lebens«. Also weg mit allen Büchern, nicht mehr denken, nicht mehr geistig schaffen, es genügt »die« Liebe, und schon morgen kann alles verwirklicht sein, »wenn die Menschen nur wollten«.

Man scheint zu übertreiben, wenn man den nackten Inhalt der Tolstoischen Welttheologie wiedergibt. Aber leider ist's er selbst, der in seinem Proselyteneifer so ärgerlich übertreibt. Wie schön, wie klar, wie unwidersprechlich ist sein Lebensgrundgedanke, das Evangelium der Gewaltlosigkeit: Tolstoi fordert von uns allen Nachgiebigkeit, eine geistige Demut. Er mahnt uns, um den unausweichlichen Konflikt zwischen der immer steigenden Ungleichheit der sozialen Schichten zu vermeiden, *der Revolution von unten zuvorzukommen, indem wir sie freiwillig von oben beginnen* und durch rechtzeitige urchristliche Nachgiebigkeit die Gewalt ausschalten. Der Reiche soll seinen Reichtum, der Intellektuelle seinen Hochmut preisgeben, die Künstler ihren elfenbeinernen Turm verlassen und durch Verständlichkeit sich dem Volke nähern, wir sollen unsere Leidenschaften, unsere »tierische Persönlichkeit« bezähmen und statt der Gier, zu nehmen, die heiligere Fähigkeit des Gebens in uns entwickeln. Erhabene Forderungen, gewiß, uralt geheischte von allen Evangelien der Welt, ewige Forderungen, weil um des Aufstiegs der Menschheit willen ewig wieder neu zu heischende. Aber Tolstois maßlose Ungeduld begnügt sich nicht wie jene religiösen Naturen, sie als moralische Höchstleistung des einzelnen zu postulieren; er verlangt, der herrisch Ungeduldige, zornig diese Sanftmut sofort und von allen. Er fordert, daß wir auf sein religiöses Kommando hin sofort alles aufgeben, hingeben, preisgeben, womit wir gefühlsmäßig verbunden sind; er heischt (ein Sechzigjähriger) von den jungen Menschen Enthaltsamkeit (die er als Mann selbst nie geübt), von den Geistigen

Gleichgültigkeit, ja Verachtung der Kunst und Intellektualität (der er selbst sein ganzes Leben gewidmet); und um uns nur ganz rasch, ganz blitzschnell zu überzeugen, an wie Nichtiges unsere Kultur sich verliert, demoliert er mit wütigen Faustschlägen unsere ganze geistige Welt. Nur um uns die vollkommene Askese verlockender zu machen, bespeit er unsere ganze gegenwärtige Kultur, unsere Künstler, unsere Dichter, unsere Technik und Wissenschaft, er greift zu knüppeligster Übertreibung, zu faustdicken Unwahrheiten, und zwar beschimpft und erniedrigt er immer zuerst sich selbst, um freien Anlauf zur Attacke gegen alle andern zu haben. So kompromittiert er die edelsten ethischen Absichten durch eine wilde Rechthaberei, der keine Übersteigerung zu maßlos, keine Täuschung zu plump ist. Oder glaubt wirklich jemand, Leo Tolstoi, den ein Leibarzt täglich behorchte und begleitete, betrachte tatsächlich die Heilkunde und die Ärzte als »unnötige Dinge«, das Lesen als eine »Sünde«, die Reinlichkeit als »überflüssigen Luxus«? Hat er, dessen Werke ein Regal füllen, wirklich als ein »unnützer Schmarotzer«, als »Blattlaus« sein Leben verbracht, wirklich in der parodistisch übertreiblichen Weise, wie er selbst es folgendermaßen schildert? »Ich esse, schwatze, höre zu, ich esse wieder, schreibe und lese, das heißt, ich rede und höre wieder zu, dann esse ich abermals, spiele, esse und rede wieder, dann esse ich nochmals und gehe ins Bett.« Ist tatsächlich solcherart »Krieg und Frieden« und »Anna Karenina« entstanden? Bedeutet ihm wirklich, ihm, dem die Tränen überströmen, kaum daß einer Sonaten Chopins spielt, die Musik wie bornierten Quäkern nichts als des Teufels Dudelsack? Hält er wirklich Beethoven für einen »Verführer zur Sinnlichkeit«, Shakespeares Dramen für »zweifellosen Unsinn«, Nietzsches Werk für ein »grobspuriges, sinnlos emphatisches Geschwätz«? Oder Puschkins Werke nur »dafür gut, um als Zigarettenpapier für das Volk zu dienen«? Ist ihm die Kunst, der er herrlicher als irgendeiner gedient, tatsächlich nur ein »Luxus müßiger Menschen« und der Schneider Grischa und der Schuhmacher Pjotr ihm in Wahrheit höhere ästhetische Instanz als ein Urteil Turgenjews oder Dostojewskis? Glaubt er ernstlich, er, der selbst »ein unermüdlicher Hurer in seiner Jugend war« und dann im Ehebett noch dreizehn Kinder zeugte, nun würde auf einmal, von seinen Appellen gerührt, jeder Jüngling ein Skopze werden und sich das Geschlecht verschneiden? Man sieht: er, Tolstoi, übertreibt wie ein Tollwütiger und übertreibt aus schlechtem Gewissen, damit man nicht merke, daß er sich's mit seinen »Beweisen« doch zu billig gemacht hat. Manchmal allerdings scheint eine Ahnung, daß dieser lärmende Nonsens sich gerade durch sein Unmaß erledige, ihm selbst im kritischen Untergrund seines Bewußtseins gedämmert zu haben, »ich hege

wenig Hoffnung, daß man meine Beweise akzeptiert oder auch nur ernst
diskutiert«, schreibt er einmal und hat in fürchterlicher Weise recht, denn
sowenig man zu Lebzeiten mit diesem angeblich Nachgiebigen diskutieren
konnte – »Man kann Leo Tolstoi nicht überzeugen«, seufzt seine Frau, und
»seine Eigenliebe erlaubt ihm niemals, einen Fehler einzugestehen«,
berichtet seine beste Freundin –, so unsinnig täte man, Beethoven, Shakespeare gegen Tolstoi ernstlich zu verteidigen: wer Tolstoi liebt, wendet
sich am besten dort ab, wo der alte Mann zu offenkundig seine logische
Blöße enthüllt. Nicht eine Sekunde hat irgendein ernst zu nehmender
Mensch daran gedacht, auf diese theologischen Ausbrüche Tolstois hin
tatsächlich zweitausend Jahre Kampfes um Durchgeistigung des Lebens
plötzlich abzudrehen wie einen Gashahn und unsere heiligsten Werte auf
den Müllhaufen zu werfen. Denn unser Europa, dem eben erst ein Nietzsche als Denker zugeboren war, dem einzig die Geistfreude unsere
schwere Erde wahrhaft wohnlich macht, dieses Europa hatte, weiß Gott,
nicht Lust, sich plötzlich auf ein moralisches Kommando hin prompt
verbauern, versimpeln und mongolisieren zu lassen, gehorsam in die
Kibitka zu kriechen und eine herrliche Geistvergangenheit als »sündigen«
Irrtum abzuschwören. Es war und wird immer respektvoll genug sein, den
vorbildlichen Ethiker Tolstoi, den heroischen Anwalt des Gewissens, nicht
zu verwechseln mit seinen verzweifelten Versuchen, eine Nervenkrise in
Weltanschauung, eine Klimakteriumsangst in Nationalökonomie umzuset-
zen, immer werden wir unterscheiden zwischen den großartigen moralischen Impulsen, die dem heldischen Leben dieses Künstlers entwuchsen,
und dem bauernzornigen Kulturexorzismus des in Theorie geflüchteten
Greises. Tolstois Ernst und Sachlichkeit hat in unvergleichlicher Weise das
Gewissen unserer Generation vertieft, seine depressiven Theorien aber
stellen ein einziges Attentat auf die Freudigkeit des Daseins dar, ein
mönchisch asketisches Rückstoßenwollen unserer Kultur in ein nicht
mehr rekonstruierbares Urchristentum, ersonnen von einem Nichtmehr-
Christen und darum überchristlichen Menschen. Nein, wir glauben nicht,
daß »die Enthaltsamkeit das ganze Leben bestimmt«, daß wir unserer
durchaus diesseitigen Weltleidenschaft das Blut aus den Adern zapfen
sollen und uns einzig mit Pflichten und Bibelsprüchen bebürden: wir
mißtrauen einem Deuter, der nichts weiß von der zeugenden kraftbele-
benden Macht der Freude, als einem bewußten Verarmer und Verdunkler
unserer freien Sinnenspiele und des sublimsten und seligsten: der Kunst.
Wir wollen nichts von den Errungenschaften des Geistes und der Technik,
nichts von unserem abendländischen Erbe wieder hergeben, nichts: nicht
unsere Bücher, unsere Bilder, unsere Städte, unsere Wissenschaft, keinen

Zoll und kein Gran unserer sinnlichen, sichtbaren Wirklichkeit für irgendein Philosophem, und am wenigsten für ein rückschrittliches, depressives, das uns in die Steppe und geistige Dumpfheit zurückdrängte. Für keine himmlische Seligkeit tauschen wir die verwirrende Fülle unseres Daseins von heute gegen irgendeine enge Einfachheit: wir wollen frech lieber »sündig« sein als primitiv, lieber leidenschaftlich als dumm und bibelbrav. Darum hat Europa das ganze Bündel der soziologischen Tolstoi-Theorien einfach in den literarischen Aktenschrank gelegt, respektvoll vor seinem vorbildlichen ethischen Willen, aber doch weggelegt für heute und immer. Denn selbst in seiner höchsten religiösen Form, selbst getragen von einem so herrlichen Geiste, kann Rückläufiges und Reaktionäres nie schöpferisch werden, und was aus persönlicher Verwirrung der Seele stammt, niemals die Weltseele entwirren. Nochmals und endgültig darum: der stärkste kritische Umpflüger unserer Zeit, ist Tolstoi nicht mit einem Korn Sämann unserer europäischen Zukunft geworden und hierin ganz Russe, ganz Genius seiner Rasse und seines Geschlechts.

Denn gewiß ist dies Sinn und Sendung des letzten russischen Jahrhunderts gewesen, mit einer heiligen Unruhe und rücksichtslosem Leidensdrang alle moralischen Tiefen aufzuwühlen, alle sozialen Probleme anzugraben und zu entblößen bis an ihre Wurzeln, und unendlich beugt sich unsere Ehrfurcht vor der kollektiven Geistesleistung seiner genialen Künstler. Wenn wir manches tiefer durchfühlen, wenn wir vieles entschlossener erkennen, wenn die Probleme der Zeit und die ewigen des Menschen uns ansehen mit strengerem, tragischerem und unbarmherzigerem Blick als vordem, so danken wir dies Rußland und der russischen Literatur, ihr auch alle die schöpferische Unruhe zum Neuwahren über die alte Wahrheit hinaus. Alles russische Denken ist Gärung des Geistes, dehnende, aufsprengende Macht, aber nicht Klärung des Geistes wie jenes Spinozas, Montaignes und einiger Deutscher; es hilft herrlich mit an der seelischen Ausweitung der Welt, und kein Künstler der Neuzeit hat uns derart die Seele umgepflügt und aufgewühlt wie Tolstoi und Dostojewski. Aber eine Ordnung, eine neue, haben sie beide uns nicht schaffen helfen, und wo sie ihr eigenes Chaos, das seelisch abgründige, als Weltsinn abzureagieren suchen, da lösen wir uns von ihrer Lösung. Denn beide, Tolstoi und Dostojewski, retten sich aus dem eigenen Schrecken über den aufgetanen, unüberbrückbaren Nihilismus, aus einer Urangst in eine religiöse Reaktion hinein, beide klammern sich, um nicht in ihren inneren Abgrund zu stürzen, sklavisch an das christliche Kreuz und verwölken in einer Stunde die russische Welt, da Nietzsches reinigender Blitz alle alten ängstlichen Himmel zerschlägt und dem europäischen Menschen den Glauben an seine Macht und Freiheit wie einen heiligen Hammer in die Hände legt.

Phantastisches Schauspiel: Tolstoi und Dostojewski, diese beiden mächtigsten Menschen ihres Vaterlandes, beide schrecken sie plötzlich auf, von apokalyptischen Schauern gepackt, aus ihrem Werke, und erheben beide dasselbe russische Kreuz, beide Christus anrufend und jeder einen andern, als Retter und Erlöser einer sinkenden Welt. Wie zwei rasende mittelalterliche Mönche stehen sie jeder auf seiner Kanzel, feindlich widereinander im Geist wie im Leben – Dostojewski, Erzreaktionär und Verteidiger der Autokratie, Krieg predigend und Terror, rasend im Machtrausch der übersteigerten Kraft, Knecht des Zaren, der ihn in den Kerker geworfen, Anbeter eines imperialistischen, welterobernden Heilands. Und ihm gegenüber Tolstoi, gleich fanatisch verhöhnend, was jener preist, ebenso mystisch anarchisch wie jener mystisch servil, den Zaren als Mörder, die Kirche, den Staat als Diebe anprangernd, den Krieg verfluchend, aber gleichfalls Christus auf der Lippe und das Evangelium in Händen – beide aber rückschrittlerisch die Welt in Demut und Dumpfheit zurücktreibend aus einem geheimnisvollen Terror der erschütterten Seele. Irgendein prophetisches Ahnen muß in den beiden gewesen sein, daß sie ihre apokalyptische Angst so schreiend über ihr Volk hinschütten, ein Ahnen von Weltuntergang und Jüngstem Gericht, ein seherisches Wissen, daß die russische Erde unter ihren Füßen trächtig war der ungeheuersten Erschütterung – denn was, wenn nicht dies, schafft Armut und Sendung des Dichters, daß er prophetisch das Feurige in der Zeit und den Donner im Gewölke vorausfühle, daß er gespannt und zerquält sei vom Kreißen der Umgeburt? Bußrufer alle beide, zornige und liebeswütige Propheten, stehen sie tragisch umleuchtet am Tor eines Weltuntergangs, noch einmal versuchend, das Ungeheure abzuwehren, das schon in den Lüften schwingt, alttestamentarisch gigantische Gestalten, wie sie unser Jahrhundert nicht mehr gesehen.

Aber nur zu ahnen vermögen sie das Werdende, nicht den Weltlauf zu wenden. Dostojewski verhöhnt die Revolution, und knapp hinter seinem Leichenzuge springt die Bombe auf, die den Zaren zerreißt. Tolstoi geißelt den Krieg und fordert die irdische Liebe: noch grünt nicht viermal die Erde über seinem Sarg, und der fürchterlichste Brudermord schändet die Welt. Seine Gestalten, die selbstgeschmähten seiner Kunst, überdauern die Zeit, aber seine Lehre zerbläst der erste Anhauch und Wind. Den Zusammenbruch seines Gottesreiches, er hat ihn nicht mehr erlebt, aber wohl noch geahnt, denn im letzten Jahr seines Lebens, er sitzt ruhig im

Kreise der Freunde, bringt ihm der Diener einen Brief, er öffnet ihn und liest:

»Nein, Leo Nikolajewitsch, ich kann nicht mit Ihnen darin übereinstimmen, daß die menschlichen Beziehungen allein durch die Liebe verbessert werden können. Das vermögen nur wohlerzogene, immer satte Leute zu sagen. Was wollen Sie aber jenen gegenüber vorbringen, die von Kindheit auf hungern und ihr ganzes Leben hindurch unter dem Joch von Tyrannen schmachten? Sie werden kämpfen und sich bemühen, die Sklaverei loszuwerden. Und ich sage es Ihnen am Vorabende Ihres Todes, Leo Nikolajewitsch, die Welt wird noch im Blute ersticken, und man wird mehr als einmal nicht nur die Herren, ohne Unterschied des Geschlechtes, sondern auch ihre Kinder erschlagen und in Stücke reißen, damit die Erde auch von diesen nichts Schlimmes mehr zu gewärtigen habe. Ich bedaure, daß Sie diese Zeit nicht mehr erleben werden, damit Sie selbst Augenzeuge Ihres Irrtums sein könnten. Ich wünsche Ihnen einen friedlichen Tod.«

Niemand weiß, wer diesen wetterleuchtenden Brief geschrieben. War es Trotzki, Lenin oder irgendeiner der namenlosen Revolutionäre, die in der Schlüsselburg vermoderten: wir werden es nie erfahren. Aber vielleicht hat in diesem Augenblick Tolstoi schon gewußt, daß seine Lehre Rauch und Vergeblichkeit wider die Wirklichkeit gewesen, daß die wirre und wilde Leidenschaft allezeit mächtiger sein wird unter den Menschen als die brüderliche Güte. Sein Antlitz wurde – so erzählen die Zeugen – ernst in diesem Augenblick. Er nahm das Blatt und ging damit nachdenklich in sein Zimmer, eine Schwinge der Ahnung kühl um das alternde Haupt.

24
DER KAMPF UM
VERWIRKLICHUNG

Es ist leichter, zehn Bände Philosophie zu schreiben, als einen einzigen
Grundsatz in der Praxis durchzuführen.

— TAGEBUCH 1847

Im Evangelium, das Leo Tolstoi in jenen Jahren so beharrlich durchblättert, wird er nicht ohne Erschütterung das prophetische Wort gelesen haben: »Wer Wind sät, wird Sturm ernten«, denn dies Schicksal erfüllt sich nun in seinem eigenen Leben. Niemals wirft ohne Sühne ein einziger Mensch, und am wenigsten ein gewaltiger, seine geistige Unruhe in die Welt: tausendfältig schwillt im Rückstoß der Aufruhr wider die eigene Brust. Heute, da längst die Diskussion ausgekühlt ist, vermögen wir gar nicht mehr zu ermessen, welche fanatische Erwartung im ersten Anruf die Botschaft Tolstois in der russischen und darüberhin in der ganzen Welt entzündete: ein Seelenaufruhr muß es gewesen sein, gewaltsame Erweckung eines ganzen Volksgewissens. Vergebens, daß die Regierung, von solch umstürzender Wirkung erschreckt, die polemischen Schriften Tolstois hastig verbietet, in Schreibmaschinenkopien schleichen sie von Hand zu Hand, sie werden eingeschmuggelt dank ausländischer Ausgaben; und je kühner Tolstoi die Elemente der bisherigen Ordnung, den Staat, den Zaren, die Kirche angreift, je glühender er eine bessere Weltordnung für die Mitmenschheit postuliert, um so strömender wendet sich das jeder Heilsbotschaft offene Herz der Menschheit ihm entgegen.

Denn trotz Eisenbahn, Radio und Telegraph, trotz Mikroskop und aller technischen Magie hat unsere sittliche Welt sich genau dieselbe messianische Erwartung eines höheren moralischen Zustandes bewahrt wie in den Tagen Christi, Mohammeds oder Buddhas; unaustilgbar lebt und bebt in der ewig wunderwilligen Massenseele eine immer wieder erneute Sehnsucht nach einem Führer und Lehrer. Immer darum, wenn ein Mensch, ein einzelner, sich mit einer Verheißung an die Menschheit wendet, rührt er an den Nerv dieser Glaubenssehnsüchtigkeit, und eine unendliche aufgestaute Opferbereitschaft pocht jedem entgegen, der den Mut auf sich nimmt, aufzustehen und das verantwortlichste Wort zu wagen: »Ich weiß um die Wahrheit.«

So wenden sich aus ganz Rußland Millionen Seelenblicke zu Ende des Jahrhunderts Tolstoi entgegen, kaum daß er seine apostolische Botschaft ankündigt. Die »Beichte«, für uns längst bloß noch ein psychologisches Dokument, berauscht die gläubige Jugend wie eine Verkündigung. Endlich, so jubeln sie, hat einmal ein Gewaltiger und Freier und überdies der größte Dichter Rußlands als Forderung ausgesprochen, was bisher nur die Enterbten klagten, die halb Leibeigenen heimlich flüsterten: daß die gegenwärtige Ordnung der Welt ungerecht, unmoralisch und darum unhaltbar sei und eine neue, bessere Form gefunden werden müsse. Ein unverhoffter Impuls ist allen Unzufriedenen geworden, und zwar nicht von einem der professionellen Fortschrittsphraseure, sondern von einem unabhängigen und unbestechlichen Geiste, dessen Autorität und Ehrlichkeit niemand zu bezweifeln wagt. Mit seinem eigenen Leben, mit jeder Handlung seines offensichtlichen Daseins will, so hören sie, dieser Mann beispielgebend vorausgehen, er will als Graf seine Vorrechte, als reicher Mann sein Eigentum lassen und als erster der Besitzenden und Großen demütig sich einordnen in die unterschiedslose Werkgemeinschaft des arbeitenden Volkes. Bis zu den Ungebildeten, zu den Bauern und Analphabeten wandert die Botschaft von dem neuen Heiland der Enterbten, schon scharen sich die ersten Jünger zusammen, die Sekte der Tolstoianer beginnt buchstabengläubig ihres Lehrers Wort zu erfüllen, und hinter ihnen erwacht und wartet die unübersehbare Masse der Bedrückten. So glühen Millionen Herzen, Millionen Blicke Tolstoi, dem Verkünder entgegen und blicken gierig auf jeden Akt, jede Tat seines weltbedeutsam gewordenen Lebens. »Doch dieser hat gelernt, er wird uns lehren.«

Aber sonderbar, Tolstoi scheint ursprünglich gar nicht wahrzunehmen, welche Wucht von Verantwortung er sich zulastet. Selbstverständlich ist er klarsichtig genug, um zu empfinden, daß man eine solche Lebenslehre als Verkünder nicht nur in kalten Lettern auf dem Papier stehenlassen, sondern beispielhaft inmitten der eigenen Existenz verwirklichen müsse. Aber – und dies ist der Irrtum seines Anfangs – er meint, schon genug getan zu haben, wenn er die Durchführbarkeit seiner neuen sozialen und ethischen Forderungen in seiner Lebenshaltung nur symbolisch andeutet und ab und zu ein Zeichen prinzipieller Bereitschaft gibt. Er kleidet sich also wie ein Bauer, um den äußern Unterschied zwischen Herrn und Knecht unsichtbar zu machen; er arbeitet auf dem Felde mit Sense und Pflug und läßt sich dabei von Rjepin malen, damit jedermann schwarz auf weiß gewahren könne: Arbeit im Felde, grobe, ehrliche Arbeit um das Brot empfinde ich nicht als Schande, und niemand muß sich ihrer schämen, denn seht! ich selbst, Leo Tolstoi, der, wie ihr alle wißt, derlei nicht nötig hätte und den seine geistige Leistung vollkommen entschuldigte, ich nehme sie freudig auf mich. Er überträgt, um mit der »Sünde« des Eigentums nicht länger die Seele zu beflecken, seinen Besitz, sein Hab und Gut (damals schon mehr als eine halbe Million Rubel) an die Frau und Familie und weigert sich, von seinen Werken weiterhin noch Geld oder Geldeswert zu empfangen. Er gibt Almosen und dem fremdesten, niedersten Menschen, der ihn anspricht, seine Zeit in Besuchen und Briefen; er nimmt sich jedes Unrechts und jeder Ungerechtigkeit auf Erden mit brüderlich helfender Liebe an. Aber dennoch, bald muß er erkennen, daß noch mehr von ihm gefordert wird, denn die große grobe Masse der Gläubigen, jenes »Volk« eben, das er mit allen Sinnen seiner Seele sucht, hat kein Genügen an jenen geistig gedachten Symbolen der Demütigung, sondern fordert mehr von Leo Tolstoi: die völlige Entäußerung, das restlose Aufgehen in seinem Elend und Unglück. Wahrhaft Gläubige und Überzeugte schafft immer nur die Märtyrertat – und immer steht darum am Anfang jeder Religion ein Mann der vollkommenen Selbsthingabe – niemals aber die bloß andeutende, die versprechende Haltung. Und alles, was Tolstoi bisher tat, um seine Lehre in ihrer Erfüllbarkeit zu bekräftigen, war nie mehr als bloß Geste der Erniedrigung, ein religiös demütiger Symbolakt, vergleichbar etwa jenem, den die katholische Kirche dem Papst oder den strenggläubigen Kaisern auferlegt, daß sie am Gründonnerstage, also einmal im Jahre, zwölf Greisen die Füße waschen. Damit wird bekundet und vor dem Volke gezeigt, daß selbst die niedrigste Handhabung auch die Höchsten der Erde nicht erniedrige. Aber sowenig der Papst oder die Kaiser Österreichs und Spaniens durch diesen einmal jährlichen Akt der Bußübung sich ihrer Macht begeben und wirklich zu Badeknechten werden, sowenig wird der große Dichter und Adelsherr durch die eine Stunde mit Pfriem und Leisten zum Schuster, durch die zwei Stunden Feldarbeit schon zum Bauern, durch die Vermögensübertragung an seine Hausgenossen zum wirklichen Bettler. Tolstoi demonstrierte zuerst nur die *Erfüllbarkeit* seiner Lehre, aber er erfüllt sie nicht. Gerade aber dies hatte das Volk, dem Symbole (aus einem tiefen Instinkt) nicht genügen und das nur ein vollkommenes Opfer zu überzeugen vermag, von Leo Tolstoi erwartet, denn immer legen die ersten Anhänger ihres Meisters Lehre viel buchstabengenauer und strenger und wortwörtlicher aus als der Lehrer selbst. Darum jene profunde Enttäuschung, da sie, zu dem Propheten der freiwilligen Armut pilgernd, bemerken müssen, daß genau wie auf den andern Adelssitzen, die Bauern von Jasnaja Poljana weiterhin im Elend sielen, er aber, Leo Tolstoi, ganz wie vordem die Gäste als Graf im Herrenhaus herrschaftlich empfängt und somit immer noch der »Klasse von Menschen« angehört, »die durch allerlei Kunstgriffe dem Volk das Notwendige rauben«. Jene laut angekündigte Vermögensübertragung wird ihnen nicht eingängig als tatsächlicher Verzicht, sein Nichtmehrhaben nicht als Armut, sehen sie doch weiterhin den Dichter im Vollgenuß aller bisherigen Bequemlichkeit, und selbst die Stunde Ackern und Schustern vermag sie keineswegs zu überzeugen. »Was ist das für ein Mensch, der das eine predigt und das andere tut?«, murrt entrüstet ein alter Bauer, und härter noch äußern sich die Studenten und wirklichen Kommunisten über dies zweideutige Schwanken zwischen Lehre und Tat. Allmählich ergreift die Enttäuschung über seine halbe Haltung gerade die überzeugtesten Anhänger seiner Theorien: Briefe und oft pöbelhafte Angriffe mahnen immer vehementer, entweder sich zu dementieren oder endlich die Lehre wortwörtlich und nicht nur in symbolischen Gelegenheitsbeispielen zu erfüllen.

Aufgeschreckt durch diesen Anruf, erkennt Tolstoi endlich selbst, welch ungeheuren Anspruch er herausgefordert, und daß kein Diktum, sondern nur ein Faktum, nicht agitatorische Exempel, sondern nur vollkommene Umformung der Lebensführung seine Botschaft verlebendigen könne. Wer als Sprecher und Versprechender auf öffentlicher Tribüne steht, auf der höchsten des neunzehnten Jahrhunderts, erhellt vom grellen Scheinwerferlicht des Ruhms, überwacht von Millionen Augenpaaren, der muß auf alles private und konziliante Leben endgültig Verzicht leisten, der darf seine Gesinnung nicht bloß gelegentlich andeuten durch Symbole, sondern braucht als gültigen Zeugen die wirkliche Opfertat: »Um von den Menschen gehört zu werden, muß man die Wahrheit durch Leiden erhärten, noch besser durch den Tod.« So wächst Tolstoi für sein persönliches Dasein eine Verpflichtung entgegen, die der apostolische Doktrinär niemals geahnt. Mit Schauern, verstört, seiner Kraft nicht gewiß, bis in die unterste Seelentiefe verängstigt, nimmt Tolstoi das Kreuz auf sich, das er sich mit seiner Lehre aufgeladen, nämlich von nun an mit jeder Handlung seines Daseins restlos seine sittlichen Forderungen zu verbildlichen und inmitten einer spottfreudigen und geschwätzigen Welt ein heiliger Diener seiner religiösen Überzeugung zu sein.

Ein Heiliger: das Wort ist ausgesprochen, aller lächelnden Ironie zu Trotz. Denn gewiß scheint zunächst der Heilige in unserer ernüchterten Zeit vollkommen absurd und unmöglich, ein Anachronismus verschollenen Mittelalters. Aber nur die Embleme und die kultische Umschalung eines jeden seelischen Typs unterliegen der Vergängnis; jeder Typus selbst kehrt folgerichtig und zwanghaft immer wieder zurück in jenem unabsehbaren Spiel der Analogien, das wir Geschichte nennen. Immer und in jeder Epoche werden Menschen ein heiliges Dasein versuchen müssen, weil das religiöse Gefühl der Menschheit diese höchste Seelenform immer wieder neu benötigt und erschafft; nur wird ihre Vollführung sich äußerlich wandeln müssen am Wandel der Zeit. Unser Begriff von der Durchheiligung des Daseins kraft geistiger Inbrunst hat nichts mehr zu tun mit den holzschnitthaften Figuren der Legenda aurea und der Säulenstarre der Wüstenväter, denn wir haben die Gestalt des Heiligen längst abgelöst von dem Spruch theologischer Konzile und päpstlicher Konklaven – »heilig« bedeutet für uns heute einzig heroisch im Sinne der vollkommenen Hingabe des Daseins an eine religiös durchlebte Idee. Nicht um einen Zollstrich dünkt uns die intellektuelle Ekstase, die weltverleugnende Einsamkeit des Gott-Töters von Sils-Maria oder die erschütternde Bedürfnislosigkeit des Diamantschleifers von Amsterdam geringer, als die Ekstase eines fanatischen Dornengeißlers; selbst jenseits alles Wundertums, bei Schreibmaschine und elektrischem Licht, mitten in unseren querschnittigen, helligkeitserfüllten, menschendurchfluteten Städten ist der Geistheilige als der Blutzeuge des Gewissens auch heute noch möglich; nur tut es uns nicht mehr not, diese Wunderbaren und Seltenen als göttlich Unfehlbare und irdisch Unanfechtbare zu betrachten, sondern im Gegenteil: wir lieben diese großartigen Versucher, diese gefährlich Versuchten gerade in ihren Krisen und Kämpfen und am tiefsten nicht trotz, sondern eben in ihrer Fehlbarkeit. Denn unser Geschlecht will seine Heiligen nicht mehr als Gottesgesandte eines überirdischen Jenseits verehren, sondern gerade als die allerirdischsten unter den Menschen.

Darum ergreift bei dem ungeheuren Versuche Tolstois um die vorbildliche Form seines Lebens uns gerade am meisten sein Schwanken, und daß er in letzter Erfüllung menschlich versagt, scheint uns erschütternder, als sein Heiligsein uns gewesen wäre. Hic incipit tragoedia! Im Augenblicke, da Tolstoi die heroische Aufgabe unternimmt, aus den zeitlich konventionellen Lebensformen herauszutreten und nur die zeitlosen seines Gewissens zu verwirklichen, wird sein Leben notwendigerweise tragisches Schauspiel, größer als irgendeines, das wir seit Friedrich Nietzsches Empörung und Untergang gesehen. Denn eine solche gewaltsame Ablösung aus allen eingewachsenen Beziehungen der Familie, der Adelswelt, des Eigentums, der Zeitgesetze kann nie geschehen, ohne ein tausendgliedriges Nervengeflecht zu zerfetzen, ohne sich selbst und seine Nächsten auf das schmerzhafteste zu verwunden. Aber Tolstoi fürchtet keineswegs den Schmerz, im Gegenteil sogar, als echter Russe und darum Extremist dürstet er geradezu nach wirklicher Qual als dem sichtlichen Beweis seiner Wahrhaftigkeit. Er ist längst müde der Gemächlichkeit seines Daseins; das flache Familienglück, der Ruhm seiner Werke, die Ehrfurcht seiner Mitmenschen ekeln ihn an – unbewußt sehnt sich der schöpferische Mensch in ihm nach gespannterem vielfältigerem Schicksal, nach einer tieferen Vermischung mit den Urkräften der Menschheit, nach Armut, Not und dem Leiden, dessen schöpferischen Sinn er seit seiner Krise zum erstenmal erkennt. Er möchte, um die Reinheit seiner Demutslehre apostolisch zu bezeugen, das Leben des niedrigsten Menschen führen, ohne Haus, ohne Geld, ohne Familie, beschmutzt, verlaust, verachtet, vom Staat verfolgt, von der Kirche verstoßen. Er möchte im eigenen Fleisch und Bein und Hirn erleben, was er als die wichtigste und einzige seelenträchtige Form eines wahren Menschen in seinen Büchern geschildert: den Heimatlosen, Besitzlosen, den der Wind des Schicksals wie ein Herbstblatt vor sich hinjagt. Tolstoi verlangt – und hier baut die große Künstlerin Geschichte wieder eine ihrer genialen und ironischen Antithesen – aus innerstem Willen eigentlich genau nach dem Schicksal, das seinem Gegenspieler Dostojewski, diesem aber wider seinen Willen, verhängt gewesen. Denn Dostojewski erlebt alles an offensichtlichem Leiden, an Grausamkeit und Haß des Geschicks, was Tolstoi aus pädagogischem Prinzip, aus Märtyrergier gewaltsam erleben möchte. Dostojewski klebt die echte, quälende, brennende, freudenaussaugende Armut wie ein Nessushemd an, als Heimatloser schleppt er sich über alle Länder der Erde, Krankheit zerspellt seinen Körper, die Soldaten des Zaren binden ihn an den Todespfahl und werfen ihn in die Gefängnisse Sibiriens – alles, was Tolstoi zur Demonstration seiner Lehre als Märtyrer dieser Lehre durchaus erleben möchte, das ist jenem verschwenderisch zugeteilt, indes dem nach äußern, sichtbaren Leiden dürstenden Tolstoi nicht ein Tropfen Verfolgung und Armut zufällt.

Denn keine weltüberzeugende Bestätigung und Sichtbarmachung seines Leidenswillens will jemals Tolstoi gelingen. Überall sperrt ihm ein höhnisches und ironisches Schicksal den Weg zum Märtyrertum. Er möchte arm sein, sein Vermögen an die Menschheit schenken, nie mehr Geld aus seinen Schriften und Werken ziehen, aber seine Familie erlaubt ihm nicht, arm zu sein; wider seinen Willen wächst das große Vermögen ständig in seiner Hausgenossen Hand. Er möchte einsam sein; aber der Ruhm überflutet sein Haus mit Reportern und Neugierigen. Er möchte verachtet sein, aber je mehr er sich selber beschimpft und erniedrigt, je gehässiger er sein eigenes Werk herabsetzt und seine Aufrichtigkeit verdächtigt, um so ehrfürchtiger hängen die Menschen ihm an. Er möchte das Leben eines Bauern führen, in niederen rauchigen Hütten, unbekannt und ungestört, oder als Pilger und Bettler über die Straßen irren, aber die Familie umhüllt ihn mit Pflege und schiebt zu seiner Qual alle Bequemlichkeiten der Technik, die er öffentlich mißbilligt, bis in sein Zimmer hinein. Er möchte verfolgt sein, eingesperrt und geknutet – »es ist mir peinlich, in Freiheit zu leben« –, aber mit Sammetpfötchen weichen die Behörden ihm aus und begnügen sich damit, einzig seine Anhänger zu knuten und nach Sibirien zu schicken. So greift er zum Äußersten und beschimpft schließlich den Zaren, um endlich bestraft, verschickt, verurteilt zu werden, endlich einmal öffentlich die Revolte seiner Überzeugung zu büßen; jedoch Nikolaus II. entgegnet dem Beschwerde führenden Minister: »Ich bitte, Leo Tolstoi nicht anzurühren, ich habe nicht die Absicht, einen Märtyrer aus ihm zu machen.« Dies aber, gerade dies, Märtyrer seiner Überzeugung, wollte Tolstoi in den letzten Jahren durchaus werden, und gerade dies gestattet ihm das Schicksal nicht, ja, es entfaltet eine geradezu boshafte Fürsorge gegen diesen Leidenswilligen, daß ihm nur kein Leid geschehe. Wie ein Rasender, irrsinnig in seiner Gummizelle, so schlägt er im unsichtbaren Gefängnis seines Ruhms um sich; er bespeit seinen eigenen Namen, er schneidet dem Staat, der Kirche und allen Mächten grimmige Fratzen – aber man hört ihm höflich zu, den Hut in der Hand, und schont ihn als einen hochgeborenen und ungefährlichen Irren. Niemals gelingt ihm die sichtliche Tat, der endgültige Beweis, das ostentative Märtyrertum. Zwischen seinen Willen zur Kreuzigung und die Verwirklichung hat der Teufel den Ruhm gestellt, der alle Schläge des Schicksals auffängt und das Leiden nicht an ihn herankommen läßt.

Warum aber – so fragt ungeduldig das Mißtrauen aller seiner Anhänger und höhnisch der Spott seiner Gegner –, warum zerreißt Leo Tolstoi nicht mit entschlossenem Willen diesen peinlichen Widerspruch? Warum fegt er nicht das Haus rein von Reportern und Photographen, warum duldet er den Verkauf seiner Werke durch die Familie, warum gibt er statt dem eigenen immer wieder dem Willen seiner Umgebung nach, die in vollkommener Mißachtung seiner Forderungen unentwegt Reichtum, Behagen als höchste Güter der Erde anspricht? Warum handelt er nicht endlich eindeutig und klar nach dem Gebot seines Gewissens? Tolstoi hat selbst den Menschen auf diese furchtbare Frage nie geantwortet und niemals sich entschuldigt, im Gegenteil, keiner der müßigen Schwätzer, die mit schmutzigen Fingern auf den taghellen Widerspruch zwischen Wille und Wirksamkeit hindeuteten, verurteilte die Halbheit seines Handelns oder vielmehr seines Nichthandelns härter als er selbst. 1908 schreibt er in sein Tagebuch: »Wenn ich von mir als von einem Fremden reden hörte: ein Mensch, der in Luxus lebt, alles, was er kann, den Bauern nimmt, sie verhaften läßt und dabei das Christentum bekennt und predigt, Fünfkopekenstücke als Almosen austeilt und sich bei all seinen gemeinen Handlungen hinter seine liebe Frau verkriecht – ich würde mich nicht bedenken, einen solchen Menschen als Schuft zu bezeichnen! Und eben das müßte auch mir gesagt werden, damit ich mich von den Eitelkeiten der Welt lossage und nur der Seele lebe.« Nein, einen Leo Tolstoi brauchte niemand über seine moralischen Zweideutigkeiten aufzuklären, er zerriß sich selbst täglich die Seele an ihnen. Wenn er sich, im Tagebuch, die Frage ins Gewissen stößt, rotglühenden Brandstahl: »Sag, Leo Tolstoi, lebst du nach den Grundsätzen deiner Lehre?«, so antwortet die ingrimmige Verzweiflung: »Nein, ich sterbe vor Scham, ich bin schuldig und verdiene Verachtung«. Er war sich vollkommen darüber klar, daß nach seinem Glaubensbekenntnis zur Entbehrung logisch und ethisch nur eine einzige Lebensform für ihn möglich war: sein Haus zu verlassen, seinen Adelstitel, seine Kunst aufzugeben und als Pilger über die russischen Straßen zu ziehen. Zu diesem letzten notwendigsten und einzig überzeugenden Entschluß hat sich der Bekenner jedoch niemals aufraffen können. Aber gerade dies Geheimnis seiner letzten Schwäche, diese Unfähigkeit zum prinzipiellen Radikalismus, will mir Tolstois letzte Schönheit bedeuten. Denn Vollkommenheit ist immer nur jenseits des Menschlichen möglich; jeder Heilige, selbst der Apostel der Sanftmut, muß hart sein können, er muß die fast übermenschliche, die inhumane Forderung an die Jünger stellen, daß sie Vater und Mutter, Weib und Kind gleichgültig hinter sich lassen um der Heiligkeit willen. Ein konsequentes, ein vollkommenes Leben läßt sich immer nur im luftleeren Raum eines abgelösten Individuums verwirklichen, nie in Bindung und Verbindung: darum führt zu allen Zeiten der Weg des Heiligen in die Wüste als die ihm einzig gemäße Hausung und Heimstatt. So müßte auch Tolstoi, sofern er die äußersten Konsequenzen seiner Lehre tätig verwirklichen will, wie von Kirche und Staat sich auch aus dem engeren, wärmeren und haftenderen

Kreise der Familie loslösen: zu diesem brutalen, rücksichtslosen Gewaltakt aber fehlt dem allzu menschlichen Heiligen dreißig Jahre lang die Kraft. Zweimal war er geflohen, zweimal zurückgekehrt, denn der Gedanke, seine verstörte Frau könnte Selbstmord begehen, lähmt ihm in letzter Stunde den Willen, er kann sich nicht entschließen – dies seine geistige Schuld und seine menschliche Schönheit! –, einen einzigen Menschen aufzuopfern für seine abstrakte Idee. Lieber als sich mit den Kindern zu entzweien und die Gattin in den Selbstmord zu treiben, duldet er stöhnend das drückende Dach einer nur körperlichen Gemeinsamkeit; verzweifelt gibt er in entscheidenden Fragen, wie jener des Testaments und des Bücherverkaufes, seiner Familie nach und nimmt es eher auf sich, selbst zu leiden, als anderen Leiden zu verursachen. Er bescheidet sich schmerzlich, lieber ein brüchiger Mensch statt ein felsenharter Heiliger zu sein.

Denn auf sich und sich allein häuft er derart vor der Öffentlichkeit allen Anschein der Lauheit und Halbschlächtigkeit. Er weiß, jeder Bube darf nun seiner spotten, jeder Aufrichtige ihn bezweifeln, jeder seiner Anhänger ihn richten, aber dies und gerade *dies* wird nun Tolstois großartige Dulderart in all diesen dunklen Jahren, daß er mit hartverschlossenen Lippen die Beschuldigung der Zweideutigkeit hinnimmt, ohne sich jemals zu entschuldigen. »Möge meine Lage vor den Menschen falsch sein, vielleicht ist gerade das nötig«, schreibt er 1898 erschüttert in sein Tagebuch, und langsam beginnt er den besonderen Sinn seiner Prüfung zu erkennen, nämlich, daß dieses sein Märtyrertum ohne Triumph, dieses Unrechtleiden ohne Gegenwehr und Entschuldigung für ihn längst ein grimmigeres und gewichtigeres geworden ist, als ein Märtyrertum am Markte, jenes andere theatralische, gewesen wäre, das er vom Schicksal jahrelang ersehnt. »Ich wünschte oft, zu leiden und Verfolgung zu erdulden, aber das bedeutet, daß ich faul war und andere für mich arbeiten lassen wollte, dadurch daß sie mich quälen, während ich bloß zu leiden hätte.« Der ungeduldigste aller Menschen, der gern mit einem Ruck in die Qual hineingesprungen wäre und in überschwenglicher Büßerlust sich hätte verbrennen lassen am Opferpfahl seiner Überzeugung, erkennt, daß ihm als viel härtere Prüfung das Brennen am langsam schwelenden Feuer auferlegt ist: die Mißachtung der Uneingeweihten und die ewige Unruhe des eigenen wissenden Gewissens. Denn welch unaufhörliche Gewissensfolter für einen so wachen und unbelügbaren Selbstbeobachter, sich täglich neu eingestehen zu müssen, daß er, der irdische Mensch Leo Tolstoi, in seinem eigenen Haus und Leben nicht imstande ist, die ethischen Forderungen zu erfüllen, die der Apostel Leo Tolstoi an eine Millionenmenschheit stellt, und daß er trotzdem, seines eigenen Versagens bewußt, nicht innehält, weiter und weiter diese Lehre zu predigen! Daß er, der längst sich selbst nicht mehr glaubt, von den andern immer noch Gläubigkeit und Zustimmung fordert! Hier schwärt die Wunde, die eitrige Stelle in Tolstois Gewissen. Er weiß, daß die Mission, die er auf sich genommen, längst eine Rolle geworden ist, ein Schauspielstück der Demut, unablässig der Welt neu vorgespielt; sich selbst hat Tolstoi nie belogen, und eben daß er um seine Halbschlächtigkeiten und Posen genauer wußte als selbst seine erbittertsten Feinde, gerade das hat sein Leben zu einer intimen Tragödie gemacht. Wer wissen oder nur ahnen will, bis zu welchem Maße des Selbstekels und der Selbstzerschmetterung diese gequälte, und wahrheitswütige Seele sich gepeinigt hat, der lese jene Novelle, die man erst im Nachlaß gefunden hat, den »Vater Sergius«. Genau wie die heilige Therese, von ihren Visionen erschreckt, ihren Beichtvater ängstlich fragt, ob diese Verkündigungen wirklich von Gott und nicht vielleicht von seinem Widerpart, dem Teufel, ihr zugesandt seien, um ihren Hochmut herauszufordern, so fragt sich Tolstoi in jener Novelle, ob sein Lehren und Tun vor den Menschen wirklich göttlichen, also ethischen und hilfreichen Ursprungs sei oder nicht vom Teufel der Eitelkeit stamme, von Ruhmsucht und Freude am Weihrauch. In sehr durchsichtiger Verhüllung schildert er in jenem Heiligen seine eigne Situation in Jasnaja Poljana: wie zu ihm selbst die Gläubigen, die Neugierigen, die Pilger der Bewunderung, wandern zu jenem wundertätigen Mönch Hunderte Büßer und Verehrer. Aber gleich Tolstoi selbst fragt sich inmitten des Tumults seiner Anhänger, dieser Doppelgänger seines Gewissens, ob er, den alle als Heiligen verehren, tatsächlich heiligen Herzens lebe; er fragt sich: »In welchem Maße geschieht, was ich tue, Gott zuliebe und inwieweit nur um der Menschen willen?« Und zerschmetternd antwortet Tolstoi sich selbst durch Vater Sergius:

> »Er fühlte in der Tiefe seiner Seele, daß der Teufel sein Wirken um Gottes willen durch ein anderes, nur auf den Ruhm bei den Menschen abgesehenes, vertauscht hatte. Er fühlte das; denn wie es ihm früher wohlgetan hatte, wenn man ihn nicht aus seiner Einsamkeit aufstörte, so war ihm jetzt diese Einsamkeit eine Qual. Er fühlte sich durch die Besucher belästigt, sie machten ihn müde, doch in seinem innersten Herzen freute er sich über sie, freute sich über die Lobpreisungen, mit denen sie ihn überhäuften. Es blieb ihm immer weniger Zeit zu seelischer Stärkung und Gebet, mitunter dachte er, er sei einem Platze ähnlich, an dem eine Quelle gesprudelt hatte, eine schwache Quelle lebendigen Wassers, die aus ihm und

durch ihn strömte; jetzt aber kann sich das Wasser nicht mehr ansammeln, wenn die Dürstenden herandrängen und einander stoßen, und sie haben alles zerstampft, es ist nur Schmutz übriggeblieben... Es war jetzt keine Liebe mehr in ihm, keine Demut und auch keine Reinheit.«

Kann man furchtbarere Verurteilung sich erdenken als diese schneidende Selbstzurückweisung, die jede mögliche Vergötterung für immer erledigen soll? Mit diesem Bekenntnis zertrümmert Tolstoi für immer das für Lesebücher schon gestanzte Klischee des heiligen Mannes von Jasnaja Poljana; wie erschüttert zeigt sich das zerfleischte Gewissen eines brüchigen, unsicheren Menschen, der unter der Last seiner selbst aufgeladenen Verantwortung zusammenbricht, statt der Aureole des Heiligen. Die Bewunderung einer Welt, die scharwenzelnde Verhimmelung seiner Jünger, die Pilgerzüge jedes einzelnen Tags, all diese lärmenden und berauschenden Zustimmungen vermochten diesen mißtrauischen Geist, dieses unbestechliche Gewissen darüber nicht zu täuschen, wieviel Theatralisches in diesem literarisch aufgezogenen Christentum, wieviel Ruhmsucht in den eigenen Demütigungen versteckt war. Doch unersättlich in seiner Grausamkeit gegen sich selbst, bezweifelt in dieser symbolischen Autopsie Tolstoi die Ehrlichkeit sogar seines ersten Willens. Ganz ängstlich fragt er weiter durch seines Doppelgängers Mund: »Aber war nicht wenigstens eine ehrliche Absicht, Gott zu dienen, vorhanden?« Doch abermals schlägt die Antwort alle Pforten der Heiligkeit zu. »Ja, sie war vorhanden, aber alles ist beschmutzt und von Ruhm überwuchert. Es gibt keinen Gott für einen, der so gelebt hat wie ich um des Ruhmes vor den Menschen willen.« Er hat den Glauben vertan durch zu viel Reden und Tragieren der Gläubigkeit. Die Theaterpose vor der versammelten Literatur Europas, die pathetischen Gemeindebeichten statt einer schweigenden Demut, dies hat, so fühlt und bekennt hellseherisch Tolstoi, ihm seine vollkommene Heiligung unmöglich gemacht. Erst wenn er der Welt, dem Ruhm, der Eitelkeit entsagt, wird Vater Sergius, sein Gewissensbruder, sich seinem Gotte nähern; und es ist sein Wort, wenn er ihn sehnsüchtig am Ende seiner Irrfahrten sagen läßt: »Ich will ihn suchen.«

»Ich will ihn suchen« – nur dies Wort enthält Tolstois wahrsten Willen –, sein wirkliches Schicksal: kein Gottfinder zu sein, nur Gottsucher. Er ist kein Heiliger gewesen, kein welterlösender Prophet, nicht einmal ein vollkommen eindeutig ehrlicher Gestalter seines Lebens: er ist immer Mensch geblieben, großartig in manchen Augenblicken und in den nächsten wieder unwahrhaftig und eitel. Ein Mensch mit Schwächen, Unzulänglichkeiten und Zweideutigkeiten, aber immer dieser Fehler

580

tragisch bewußt und mit einer Leidenschaftlichkeit ohnegleichen um Vollendung bemüht. Kein Heiliger, aber ein heiliger Wille, kein Gläubiger, aber eine titanische Glaubenskraft, Bildnis nicht des Göttlichen, das still gefaßt und beendet in sich ruht, sondern Symbol einer Menschheit, die nie befriedigt rasten darf auf ihrem Wege, sondern unablässig ringen muß um reinere Gestaltung, jede Stunde und jeden Tag.

25

EIN TAG AUS DEM LEBEN
TOLSTOIS

In der Familie ist mir traurig zumute, weil ich die Empfindungen meiner Angehörigen nicht teilen kann. Alles, was sie freut, die Schulprüfungen, der Erfolg in der Welt, die Einkäufe, alles das halte ich für ein Unglück und Übel für sie selbst, darf es aber nicht sagen. Ich darf es ja freilich und tue es auch, aber meine Worte werden von niemandem erfaßt.

— TAGEBUCH

So bilde ich mir dank der Zeugnisse seiner Freunde und nach seinem eigenen Wort aus tausend einen einzigen Tag Leo Tolstois.

Frühmorgens: Der Schlaf fließt langsam ab von den Lidern des alten Mannes, er erwacht, sieht sich um – Morgenlicht färbt schon die Fenster, es wird Tag. Aus dunkler Verschattung taucht das Denken empor und als erstes Gefühl, das erstaunt beglückte: Ich lebe noch. Gestern abend, wie allnachts, hat er sich hingestreckt auf sein Bett, mit der demütigen Ergebung, sich nicht wieder zu erheben. Bei der flackernden Lampe hat er noch in sein Tagebuch vor das Datum des werdenden Tages die drei Buchstaben geschrieben: W. i. l., »Wenn ich lebe«, und wunderbar, noch einmal ist ihm die Gnade des Daseins geschenkt, er lebt, atmet noch, er ist gesund. Wie einen Gruß Gottes saugt er mit aufgetaner Lunge die Luft und mit grauen gierigen Augen das Licht: wunderbar, man lebt noch, man ist gesund. Dankbar steht er auf, der alte Mann, macht sich nackt, der Guß eiskalten Wassers rötet gut den wohlerhaltenen Leib. Mit turnerischer Lust beugt er, bis die Lunge stöhnt und die Gelenke knacken, den Oberkörper auf und nieder. Dann zieht er Hemd und Hausrock um die rotgescheuerte Haut, stößt die Fenster auf und fegt eigenhändig die Stube, wirft die krachenden Holzscheite ins flink aufprasselnde Feuer, sein eigener Diener, sein eigener Knecht.

Dann hinab in die Frühstücksstube. Sophia Andrejewna, die Töchter, der Sekretär, ein paar Freunde sind schon zur Stelle, im Samowar brodelt der Tee. Auf einem hohen Tablett bringt der Sekretär ihm den bunten Wust von Briefen, Zeitschriften, Büchern entgegen, bespickt mit Frankaturen aus vier Erdteilen. Mißmutig blickt Tolstoi auf den papiernen Turm. »Weihrauch und Belästigung«, denkt er im stillen; »Verwirrung jedenfalls! Man sollte mehr allein sein mit sich selbst und mit Gott, nicht immer Nabel des Weltalls spielen, sich all das fernhalten, was stört, verwirrt, was eitel, hoffärtig, ruhmsüchtig und unwahr macht. Besser, man schaufelte all das in den Ofen, um sich nicht zu verzetteln, nicht sich die Seele mit Hochmut zu verstören.« Aber die Neugier ist mächtiger, er durchblättert doch die gehäufte, wirre Vielfältigkeit von Bitten, Anklagen, Betteleien, geschäftlichen Anträgen, Besuchsankündigungen und loser Schwätzerei mit raschen knisternden Fingern. Ein Brahmane schreibt aus Indien, er hätte Buddha falsch verstanden, ein Verbrecher aus dem Zuchthaus erzählt seine Lebensgeschichte und will Rat, junge Menschen wenden sich an ihn in ihrer Verwirrung, Bettler in ihrer Verzweiflung, alle drängen sie demütig zu ihm, wie sie sagen, als dem einzigen, der ihnen helfen könnte, an das Gewissen der Welt. Die Runzeln auf der Stirn schneiden sich tiefer: »Wem kann ich helfen«, denkt er, »ich, der mir selbst nicht zu helfen weiß; von einem Tage zum andern gehe ich irre und suche mir neuen Sinn, um dieses unergründliche Leben zu ertragen, und rede großspurig von der Wahrheit, um mich zu täuschen. Was Wunder, daß sie da alle kommen und schreien: Leo Nikolajewitsch, lehre du uns das Leben! Lüge ist, was ich tue, Großtuerei und Gaukelspiel, in Wahrheit bin ich längst ausgeschöpft, weil ich mich verschwende, weil ich mich fortgieße an alle die tausend und aber tausend Menschen, statt mich in mir selber zu sammeln, weil ich rede und rede und rede, statt mich auszuschweigen und mein innerstes wahrstes Wort in der Stille zu hören. Aber ich darf die Menschen in ihrem Vertrauen nicht enttäuschen, ich muß ihnen antworten.« Einen Brief hält er länger und liest ihn zweimal, dreimal: den eines Studenten, der ihn ingrimmig schmäht, daß er Wasser predige und Wein trinke. Es sei Zeit, daß er endlich sein Haus verlasse, sein Eigentum an die Bauern gebe und Pilgrim werde auf den Straßen Gottes. »Er hat recht«, denkt Tolstoi, »er spricht mein Gewissen. Aber, wie ihm erklären, was ich mir selber nicht erklären kann, wie mich verteidigen, da er mich anklagt in meinem eigenen Namen?« Diesen einen Brief nimmt er mit sich, um ihn gleich zu beantworten, nun er aufsteht, in sein Arbeitszimmer zu gehen. An der Tür kommt der Sekretär noch nach und erinnert, zu Mittag habe sich der Korrespondent der »Times« angesagt für ein Interview: ob er ihn empfangen wolle. Tolstois Gesicht verfinstert sich. »Immer diese Zudringlichkeit! Was wollen sie denn von mir: nur in mein Leben gaffen. Was ich sage, steht in meinen Schriften; jeder, der lesen kann, vermag sie zu verstehen.« Aber irgendeine eitle Schwäche gibt doch rasch nach. »Meinetwegen«, sagt er, »aber nur für eine halbe Stunde.« Und kaum, daß er die Schwelle des Arbeitszimmers überschreitet, murrt schon das Gewissen: »Warum habe ich schon wieder nachgegeben; immer noch, mit grauen Haaren, eine Spanne vor dem Tode handle ich noch eitel und liefere mich aus an Menschengeschwätz, immer wieder werde ich schwach, wenn sie gegen mich andringen. Wann werde ich endlich lernen, mich zu verbergen, mich zu verschweigen! Hilf mir, Gott, hilf mir doch!«

Endlich allein mit sich im Arbeitszimmer. An den nackten Wänden hängen Sense, Rechen und Beil, auf dem gebohnten Grund steht fest, mehr Klotz als Ruhestatt, ein schwerer Sessel vor dem plumpen Tisch; eine Zelle, halb mönchisch, halb bäurisch. Vom letzten Tage liegt noch der Aufsatz halbfertig auf dem Tisch, »Gedanken über das Leben«. Er überliest seine eigenen Worte, streicht, ändert, setzt wieder an. Immer wieder stockt die rasche, übergroß kindliche Schrift. »Ich bin zu leichtfertig, ich bin zu ungeduldig. Wie kann ich über Gott schreiben, wenn ich mich über den Begriff noch nicht klar fühle, wenn ich selbst noch nicht fest stehe, und meine Gedanken schwanken von einem Tage zum andern? Wie soll ich deutlich sein und jedem verständlich, wenn ich über Gott spreche, den unaussprechlichen, und über das Leben, das ewig unverständliche? Was ich da unternehme, geht über meine Kraft. Mein Gott, wie sicher war ich früher, da ich dichterische Werke schrieb, den Menschen das Leben darbot, wie Er es vor uns hingestellt hat und nicht so, wie ich, ein alter, verwirrter, suchender Mann, mir wünsche, daß es wahrhaft sei. Ich bin kein Heiliger, nein, ich bin es nicht und sollte nicht die Menschen lehren; ich bin nur einer, dem Gott hellere Augen und bessere Sinne als Tausenden zugetan, damit er seine Welt rühme. Und vielleicht war ich wahrer und besser damals, als ich nur der Kunst diente, die ich jetzt so unsinnig verfluche.« Er hält inne und blickt sich unwillkürlich um, als könnte ihn jemand belauschen, wie er nun aus einer versteckten Lade die Novellen holt, an denen er jetzt heimlich arbeitet (denn öffentlich hat er ja die Kunst als eine »Überflüssigkeit«, eine »Sünde« verhöhnt und ernied-

rigt). Da sind sie, die heimlich geschriebenen, vor den Menschen
versteckten Werke, »Hadschi Murat«, »Der gefälschte Coupon«; er blättert
sie an und liest ein paar Seiten. Das Auge wird wieder warm. »Ja, das ist gut
geschrieben«, fühlt er, »das ist gut! Daß ich seine Welt schildere, nur dazu
hat mich Gott gerufen, nicht daß ich seine Gedanken verrate. Wie schön
ist die Kunst, wie rein das Schaffen und wie qualvoll das Denken! Wie war
ich glücklich damals, als ich jene Blätter schrieb, mir selber rannen die
Tränen nieder, als ich den Frühlingsmorgen im ›Eheglück‹ schilderte, und
noch nachts kam Sophia Andrejewna herein, mit brennenden Augen, und
umarmte mich: beim Abschreiben mußte sie innehalten und mir danken,
und wir waren glücklich die ganze Nacht, das ganze Leben. Aber ich kann
jetzt nicht mehr zurück, ich darf die Menschen nicht mehr enttäuschen,
ich muß weiter auf dem begonnenen Weg, weil sie von mir Hilfe erhoffen
in ihrer Seelennot. Ich darf nicht innehalten, meine Tage sind gezählt.« Er
seufzt auf und schiebt die geliebten Blätter wieder in das Versteck der
Lade zurück; wie ein Lohnschreiber, stumm, ärgerlich schreibt er weiter
an dem theoretischen Traktat, die Stirn zerfurcht und das Kinn so tief
gebückt, daß der weiße Bart manchmal raschelnd über das Papier
mitstreift.

Endlich Mittag! Genug getan für heute! Weg die Feder: er springt auf
und wirbelt mit seinen flinken, kleinen Schritten die Treppe hinab. Dort
hält schon der Reitknecht Delire, die Lieblingsstute, bereit. Ein Ruck in
den Sattel, und schon strafft sich die beim Schreiben gebückte Gestalt, er
scheint größer, stärker, jünger, lebendiger, als er, aufrecht sitzend, leicht
und locker wie ein Kosak auf dem schmalhufigen Pferde gegen den Wald
sprengt. Der weiße Bart wellt und weht im Sausen des Windes, weit und
wollüstig öffnet er die Lippen, um den Brodem der Felder stärker in sich
einzusaugen, Leben, das lebendige, im alternden Leib zu fühlen, und die
Wollust des gerüttelten Blutes rauscht ihm warm und süß durch die Adern
bis zu den Fingerspitzen und in die dröhnende Muschel des Ohres. Wie er
jetzt in den jungen Wald einreitet, hält er plötzlich an, um zu sehen, noch
einmal zu sehen, wie an der lenzlichen Sonne die klebrigen Knospen
aufgebrochen schimmern und ein dünnes, zittriges Grün, zart wie Sticke-
rei, in den Himmel halten. Mit scharfem Schenkeldruck drängt er das
Pferd zu den Birken, sein Falkenauge beobachtet erregt, wie eine hinter
der andern, vor und zurück, ein mikroskopisches Paternosterwerk, die
Ameisen die Borke entlangziehen, die einen, beladen schon, mit dickem
Bauch, die andern noch das Baummehl fassend mit ihren winzigen Fili-
granzangen. Minutenlang steht er reglos begeistert, der greise Patriarch,
und blickt auf das Winzige im Ungeheuren, Tränen strömen ihm warm in

den Bart. Wie wunderbar das ist, seit mehr als siebzig Jahren immer
wieder neu wunderbar, dieser Gottesspiegel der Natur, still und sprechend
zugleich, ewig von andern Bildern erfüllt, allzeit belebt und weiser in
seiner Stille als alle Gedanken und Fragen. Unter ihm schnaubt ungeduldig
das Pferd. Tolstoi erwacht aus seiner sinnenden Versunkenheit, drückt der
Stute kräftig die Schenkel an die Flanken, um nun im Sausen des Windes
nicht bloß das Kleine und Zärtliche, sondern auch Wildheit und Leidenschaft der Sinne zu fühlen. Und er reitet und reitet und reitet, glücklich
und gedankenlos, reitet zwanzig Werst, bis schon glänzender Schweiß die
Flanke der Stute weiß überschäumt. Dann lenkt er sie heimwärts in
ruhigem Trab. Seine Augen sind ganz licht, seine Seele leicht, er ist glücklich und froh wie als Knabe in denselben Wäldern, auf demselben seit
siebzig Jahren vertrauten Weg, der alte, uralte Mann.

Aber in der Nähe des Dorfes verfinstert sich plötzlich das übersonnte
Gesicht. Sein fachmännischer Blick hat die Felder geprüft: hier liegt
inmitten seines Gutsbereiches eins schlecht gehalten, verwahrlost, der
Zaun abgefault und zur Hälfte wahrscheinlich verheizt, der Boden nicht
gepflügt. Zornig reitet er heran, Auskunft zu fordern. Aus der Türe tritt
barfüßig, mit versträhntem Haar und geducktem Blick eine schmutzige
Frau; zwei, drei kleine, halbnackte Kinder drängen ängstlich nach an
ihrem zerschlissenen Rock, und von rückwärts aus der niederen, rauchigen
Hütte quäkt noch ein viertes. Gerunzelter Stirn forscht er nach dem
Grund der Verwahrlosung. Die Frau flennt zusammenhanglose Worte, seit
sechs Wochen sei ihr Mann im Gefängnis, verhaftet wegen Holzdieb-
stahls. Wie sollte sie sorgen ohne ihn, den Starken und Fleißigen, und er
habe es doch nur aus Hunger getan, der Herr wisse ja selbst: die schlechte
Ernte, die hohen Steuern, die Pacht. Die Kinder, ihre Mutter flennen
sehend, beginnen mitzuheulen, hastig greift Tolstoi in die Tasche und
reicht, um jede weitere Erörterung abzuschneiden, ihr ein Geldstück hin.
Dann reitet er rasch, ein Flüchtling, davon. Sein Antlitz ist düster, seine
Freude verflogen. »Das also geschieht auf meinem – nein, auf dem Grunde,
den ich meiner Frau und meinen Kindern geschenkt habe. Aber warum
verstecke ich immer feig hinter meine Frau Mitwissen und Schuld? Ein
Lügenspiel vor der Welt, nichts sonst war jene Vermögensüberweisung;
denn genau, wie ich selbst von Bauernfron satt geworden bin, saugen jetzt
die Meinen aus dieser Armut ihr Geld. Ich weiß doch: von dem Neubau
des Hauses, in dem ich sitze, ist jeder Ziegel aus dieser Leibeigenen
Schweiß gebacken, ihr steingewordenes Fleisch, ihre Arbeit. Wie durfte
ich meiner Frau und meinen Kindern schenken, was mir nicht gehörte, die
Erde jener Bauern, die sie pflügen und bestellen. Schämen muß ich mich

vor Gott, in dessen Namen ich, Leo Tolstoi, immer Gerechtigkeit den Menschen predige, ich, dem täglich fremdes Elend in die Fenster sieht.« Ganz zornig ist sein Antlitz geworden und verdunkelt sich noch mehr, wie er jetzt an den steinernen Säulen vorbei in den »Herrensitz« einreitet. Der livrierte Lakai und der Reitknecht stürzen aus der Tür, um ihm vom Pferd zu helfen. »Meine Sklaven«, höhnt ingrimmig von innen die selbstanklägerische Scham.

Im weiträumigen Speisezimmer erwartet ihn schon die lange Tafel, blühweiß gedeckt und mit Silbergeschirr: die Gräfin, die Töchter, die Söhne, der Sekretär, der Hausarzt, die Französin, die Engländerin, ein paar Nachbarn, ein revolutionärer Student, als Hauslehrer angestellt, und dann jener englische Reporter: der breite Menschenbrei brodelt heiter durcheinander. Jetzt freilich, da er eintritt, bricht sofort ehrfürchtig das Lärmen ab. Ernst, adelshöflich begrüßt Tolstoi die Gäste und setzt sich an den Tisch, ohne ein Wort zu sprechen. Wie der livrierte Diener ihm jetzt seine erlesenen vegetarischen Gerichte hinstellt – Spargel, fremdländische Ware, auf das zärtlichste zubereitet –, muß er denken an die zerschlissene Frau, die Bäuerin, der er zehn Kopeken geschenkt. Finster sitzt er und sieht in sich hinein. »Wenn sie doch nur verstehen wollten, daß ich nicht so leben kann und will, umringt von Lakaien, vier Gänge zu Mittag, auf Silber mit allen Überflüssigkeiten, indes die anderen nicht das Nötigste haben; sie wissen doch alle, daß ich nur dies eine Opfer von ihnen begehre, nur dies eine, daß sie den Luxus lassen, diese schändliche Sünde an der von Gott gleichgewollten Menschheit. Aber sie, die meine Frau ist und meine Gedanken teilen sollte wie mein Bett und mein Leben, sie steht als Feind gegen meine Gedanken. Ein Mühlstein ist sie an meinem Hals, eine Gewissenslast, die mich hinabzieht in ein falsches, verlogenes Leben; längst sollte ich die Stricke zerschneiden, mit denen sie mich binden. Was habe ich noch mit ihnen zu tun? Sie stören mich in meinem Leben, und ich störe sie in dem ihren. Überflüssig bin ich hier, eine Last für mich und sie alle.«

Unwillkürlich feindselig hebt er den Blick aus seinem Zorn und sieht sie an, Sophia Andrejewna, seine Frau. Mein Gott, wie ist sie alt geworden und grau, auch ihr queren Falten die Stirn, auch ihr zerreißt Gram den verfallenen Mund. Und eine weiche Welle überflutet plötzlich des alten Mannes Herz. »Mein Gott«, denkt er, »wie sieht sie düster, wie sieht sie traurig aus, sie, die ich als junges, lachendes, unschuldiges Mädchen in mein Leben nahm. Ein Menschenalter, vierzig, fünfundvierzig Jahre leben wir nun zusammen, als ein Mädchen habe ich sie genommen, ich schon halb verbrauchter Mann, und sie hat mir dreizehn Kinder geboren. Meine

Werke hat sie schaffen helfen, meine Kinder gesäugt, und ich, was habe ich aus ihr gemacht? Eine verzweifelte, fast wahnsinnige, überreizte Frau, der man die Schlafmittel versperren muß, damit sie nicht ihr Leben wegwirft, so unglücklich wurde sie durch mich. Und da, meine Söhne, ich weiß, sie mögen mich nicht, und da, meine Töchter, denen zehre ich die Jugend weg, und da, die Sekretäre, die jedes Wort aufschreiben und jedes meiner Worte aufpicken wie Spatzen den Pferdemist; schon haben sie den Balsam und Weihrauch im Kasten bereit, um meine Mumie für das Museum der Menschheit zu erhalten. Und dort dieser englische Laffe wartet schon mit dem Notizbuch, wie ich ihm ›das Leben‹ erklären werde – eine Sünde gegen Gott und gegen die Wahrheit ist dieser Tisch, dieses Haus, gräßlich geheimnislos und ohne Reinheit, und ich Lügner sitze behaglich in dieser Hölle und fühle mich warm und wohl, statt aufzuspringen und meinen Weg zu gehen. Es wäre besser für mich, es wäre besser für sie, wenn ich schon tot wäre: ich lebe zu lange und nicht wahr genug: längst ist meine Zeit schon gekommen.«

Wieder bietet ihm der Lakai einen Gang, süße Früchte, mit Milchschaum umrundet, in Eis gekühlt. Mit zorniger Handbewegung schiebt er die Silberschüssel zur Seite. »Ist das Essen nicht gut?« fragt ängstlich Sophia Andrejewna, »ist es zu schwer für dich?«

Aber Tolstoi antwortet nur bitter: »Das ist ja für mich das Schwere, daß es so gut ist.«

Die Söhne blicken verdrossen, die Frau befremdet, der Reporter angestrengt: man sieht, er will das Aphorisma behalten.

Endlich ist das Essen zu Ende, sie stehen auf und gehen in den Empfangsraum. Tolstoi debattiert mit dem jungen Revolutionär, der trotz aller Ehrfurcht ihm kühn und lebendig widerspricht. Tolstois Auge blitzt auf, er spricht wild, stoßhaft, beinahe schreiend; noch packt ihn jede Diskussion, wie früher die Jagd und das Tennisspiel, mit unbändiger Leidenschaft. Mit einem Mal ertappt er sich in seiner Wildheit, zwingt sich zur Demut, dämpft gewaltsam die Stimme: »Aber vielleicht irre ich mich, Gott hat seine Gedanken unter die Menschen verstreut, und niemand weiß, ob es die seinen oder die eigenen sind, die er ausspricht.« Und um abzulenken, muntert er die anderen auf: »Gehen wir ein wenig in den Park.«

Aber zuvor noch ein kleiner Halt. Unter der uralten Ulme, gegenüber der Schloßtreppe, an dem »Baum der Armen«, warten die Besucher aus dem Volk, die Bettler und Sektierer, die »Finsteren« auf Tolstoi. Zwanzig Meilen sind sie hergepilgert, Rat zu holen oder etwas Geld. Sonnverbrannt, müde, mit verstaubten Schuhen stehen sie da. Wie der »Herr«, der

»Barin«, nun naht, beugen sich einige russisch bis zur Erde. Mit raschem, wehendem Schritt tritt Tolstoi auf sie zu. »Habt ihr Fragen?« »Ich wollte fragen, Erlaucht...« »Ich bin nicht erlaucht, niemand ist erlaucht als Gott«, fährt Tolstoi ihn an. Das Bäuerlein dreht erschrocken die Mütze, endlich haspelt es umständliche Fragen heraus, ob wirklich die Erde nun den Bauern gehören sollte, und wann er sein Stück Feld für sich bekommen werde? Tolstoi antwortet ungeduldig, alles Unklare erbittert ihn. Dann kommt ein Förster an die Reihe mit allerhand Gottesfragen. Ob er lesen könne, fragt ihn Tolstoi, und als er bejaht, läßt er die Schrift »Was sollen wir tun?« holen und verabschiedet ihn. Dann drängen Bettler heran, einer nach dem andern. Rasch fertigt Tolstoi sie mit einem Fünfkopekenstück ab, ungeduldig schon. Wie er sich umwendet, bemerkt er, daß der Journalist ihn während der Verteilung photographiert hat. Wieder verdüstert sich sein Gesicht: »So bilden sie mich ab, Tolstoi, den Gütigen, bei den Bauern, den Almosenspender, den edlen, hilfreichen Mann. Aber der mir ins Herz sehen könnte, der wüßte, ich war nie gut, ich versuchte bloß, das Gutsein zu lernen. Nichts als mein Ich hat mich wahrhaft beschäftigt. Ich war nie hilfreich, in meinem ganzen Leben habe ich nicht die Hälfte dessen an die Armen verschenkt, was ich früher in Moskau in einer einzigen Nacht bei den Karten verspielte. Nie ist es mir eingefallen, Dostojewski, von dem ich wußte, daß er hungerte, die zweihundert Rubel zu schicken, die ihn erlöst hätten für einen Monat oder vielleicht für immer. Und dennoch dulde ich, daß man mich feiert und rühmt als den edelsten Menschen, und weiß innen doch genau, daß ich erst im Anfang des Anfanges stehe.«

Es drängt ihn schon zu dem Spaziergang im Park, und so ungeduldig läuft das flinke alte Männchen mit dem flatternden Bart, daß die anderen kaum folgen können. Nein, jetzt nicht viel reden mehr: nur die Muskeln fühlen, die Geschmeidigkeit der Sehnen, ein wenig hinblicken auf das Tennisspiel der Töchter, die Unschuld des flinken körperlichen Spiels. Interessiert folgt er jeder Bewegung und lacht stolz bei jedem gelungenen Schlag, seine düstere Laune lockert sich auf, er plaudert und lacht, mit helleren beruhigteren Sinnen wandert er durch das weicher duftende Moos dahin. Aber dann wieder zurück in das Arbeitszimmer, ein wenig lesen, ein wenig ruhen: manchmal fühlt er sich schon recht müde, und die Beine werden ihm schwer. Wie er so allein liegt auf dem wachsledernen Sofa, die Augen geschlossen, und sich matt spürt und alt, denkt er im stillen: »Es ist doch gut so: wo ist die Zeit, die schreckliche, da ich mich noch vor dem Tode fürchtete wie vor einem Gespenst, mich vor ihm verstecken und verleugnen wollte. Jetzt habe ich keine Angst mehr, ja, ich fühle mich wohl, ihm so nahe zu sein.« Er lehnt sich zurück, die Gedanken schwärmen in der Stille. Manchmal zeichnet er mit dem Bleistift rasch ein Wort auf, dann bückt er lange und ernst vor sich hin. Und es ist schön, das Antlitz des alten Mannes, umwölkt von Sinnen und Traum, allein mit sich und mit seinen Gedanken.

Abends dann noch einmal hinab in den gesprächigen Kreis: ja, die Arbeit ist getan. Freund Goldenweiser, der Pianist, fragt, ob er etwas vorspielen dürfe. »Gern, gern!« Tolstoi lehnt am Klavier, die Hände über die Augen geschattet, damit niemand sehe, wie die Magie des verbundenen Klangs ihn ergreife. Er lauscht, die Lider geschlossen und tiefatmender Brust. Wunderbar, die Musik, die so laut verleugnete, wunderbar strömt sie ihm zu, alles Weiche auflockernd, sie macht nach all den schweren Gedanken die Seele wieder lind und gut. »Wie durfte ich sie schmähen, die Kunst«, denkt er still in sich hinein. »Wo ist Tröstung, wenn nicht bei ihr? Alles Denken verdüstert, alles Wissen verstört, und Gottes Gegenwart, wo anders fühlen wir sie deutlicher denn in des Künstlers Bild und Wort? Brüder seid ihr mir, Beethoven und Chopin, ich fühle eure Blicke jetzt ganz in mir ruhn, und der Menschheit Herz schlägt in mir auf: Verzeiht mir, ihr Brüder, daß ich euch schmähte.« Das Spiel endet mit einem hallenden Akkord, alle applaudieren, und Tolstoi nach einem kleinen Zögern gleichfalls. Alle Unrast in ihm ist genesen. Mit einem sanften Lachen tritt er in den versammelten Kreis und freut sich guten Gesprächs; endlich weht etwas wie Heiterkeit und Stille um ihn, der vielfältige Tag scheint vollkommen geendet.

Aber noch einmal, ehe er zu Bett geht, schreitet er hinein in sein Arbeitszimmer. Ehe der Tag endet, wird Tolstoi mit sich noch letztes Gericht halten, wird, wie immer, Rechenschaft von sich fordern für jede Stunde sowie für sein ganzes Leben. Aufgeschlagen liegt das Tagebuch, das Auge des Gewissens blickt ihn aus den leeren Blättern an. Tolstoi besinnt sich jeder Stunde des Tages und hält Gericht. Er gedenkt der Bauern, des selbstverschuldeten Elends, an dem er vorbeigeritten, ohne anders zu helfen als mit kleiner, erbärmlicher Münze. Er erinnert sich, ungeduldig gewesen zu sein mit den Bettlern, und der bösen Gedanken gegen seine Frau. All diese Schuld zeichnet er auf in sein Buch, das Buch der Anklage, und mit grimmigem Stift vermerkt er das Urteil »wieder träge gewesen, seelenlahm. Nicht genug Gutes getan! Noch immer habe ich nicht gelernt, das Schwere zu tun, die Menschen um mich zu lieben statt der Menschheit: hilf mir, Gott, hilf mir!«

Dann noch das Datum des nächsten Tages und das geheimnisvolle »W. i. l.«, Wenn ich lebe. Nun ist das Werk vollbracht, wieder ein Tag zu Ende gelebt. Gedrückter Schulter geht er hinüber ins Nachbarzimmer, der alte Mann, legt die Bluse, die klotzigen Stiefel ab und wirft den Leib nieder, den schweren Leib ins Bett und denkt, wie immer, zuerst an den Tod. Noch flügeln Gedanken, die farbigen Falter, unruhig über ihn hin, aber mählich verlieren sie sich wie Schmetterlinge im Walde immer tieferen Dunkels. Schon mattet der Schlummer ganz nah nieder...

Da plötzlich – er schreckt auf –, war das nicht ein Schritt? Ja, er hört einen Schritt nebenan, leise und schleicherisch, einen Schritt im Arbeitszimmer, und schon springt er auf, lautlos, halbnackt, und preßt die brennenden Augen an das Schlüsselloch. Ja, es ist Licht im Nachbarzimmer, jemand ist mit einer Lampe hineingetreten und wühlt in seinem Schreibtisch, blättert im geheimsten Tagebuch, um die Worte zu lesen, die Zwiesprache seines Gewissens: Sophia Andrejewna, seine Frau. Auch in seinem letzten Geheimnis belauert sie ihn, nicht mit Gott selbst lassen sie ihn allein; überall, überall in seinem Hause, in seinem Leben, in seiner Seele ist er umstellt von der Gier und der Neugier der Menschen. Seine Hände zittern vor Wut, schon greift er an die Klinke, die Türe plötzlich aufzureißen und loszufahren auf die eigene Frau, die ihn verraten. Aber im letzten Augenblick bezähmt er seinen Zorn: »Vielleicht ist auch dies mir als Prüfung auferlegt.« So schleppt er sich wieder zurück auf das Lager, stumm, ohne Atem, wie in einen ausgeronnenen Brunnen in sich selber hinablauschend. Und so liegt er noch lange wach, Leo Nikolajewitsch Tolstoi, der größte und mächtigste Mann seiner Zeit, verraten in seinem eigenen Hause, zerquält von Zweifeln und frierend vor Einsamkeit.

2 6

ENTSCHEIDUNG UND VERKLÄRUNG

Um an die Unsterblichkeit zu glauben, muß man hier ein unsterbliches
Leben leben.

—TAGEBUCH, 6. MÄRZ 1896

1900. Als Zweiundsiebzigjähriger hat Leo Tolstoi die Schwelle des
Jahrhunderts überschritten. Aufrecht im Geiste und doch schon
legendarische Gestalt geht der heroische Greis seiner Vollendung
entgegen. Milder als vordem leuchtet das Antlitz des alten Weltwanderers
aus dem verschneiten Bart und wie durchscheinendes Pergament, überschrieben mit zahllosen Runzeln und Runen, die mählich gilbende Haut.
Ein ergeben geduldiges Lächeln nistet jetzt gern um die beschwichtigte
Lippe, seltener bäumt sich die buschige Braue im Zorn, nachsichtiger und
abgeklärter mutet er an, der alte zornige Adam. »Wie gütig er geworden
ist!« staunt der eigene Bruder, der ihn ein Leben lang immer nur als
Aufbrausenden und Unbezähmbaren gekannt, und wirklich, die starke
Leidenschaft beginnt abzuklingen, er hat sich müde gerungen und müde
gequält: ein neuer Glanz von Güte übersonnt sein Antlitz im letzten
Abendlicht. Ergreifend, nun das einstmals so düstere zu betrachten: es ist,
als hätte die Natur achtzig Jahre lang nur deshalb so gewaltsam darin
gewirkt, damit endlich in dieser letzten Form seine eigenste Schönheit
offenbar werde, die große, wissende und verzeihende Hoheit des Greises.
Und in dieser verklärten Gestalt nimmt die Menschheit Tolstois äußere

Erscheinung in ihr Gedächtnis. So werden Geschlechter und Geschlechter noch ehrfürchtig sein ernstes und ruhendes Antlitz in der Seele bewahren.

Erst das Alter, das sonst das Bildnis heroischer Menschen mindert und zerstückt, gibt seinem verdüsterten Gesicht vollkommene Majestät. Härte ist Hoheit geworden, Leidenschaft zu Güte und allbrüderlichem Begreifen. Und wirklich, nur Frieden will der alte Kämpfer, »Frieden mit Gott und den Menschen«, Frieden auch mit seinem bittersten Feind, mit dem Tod. Vorbei ist, gnädig vergangen die grause, die panische, die tierische Angst vor dem Sterben, beruhigten Blicks, in guter Bereitschaft sieht der uralte Mann der nahen Vergängnis entgegen. »Ich denke daran, daß es möglich sei, daß ich morgen nicht mehr leben werde, jeden Tag suche ich mich diesem Gedanken vertrauter zu machen und gewöhne mich immer mehr an ihn.« Und wunderbar: seit dieser Angstkrampf von dem lange Verstörten gewichen ist, sammelt sich wieder der bildnerische Sinn. Wie Goethe, der Greis, gerade im letzten Abendlicht noch heimkehrt von wissenschaftlicher Zerstreuung zu seinem »Hauptgeschäft«, so wendet Tolstoi, der Prediger, der Moralist im unwahrscheinlichen Jahrzehnt zwischen dem siebzigsten und achtzigsten Jahre noch einmal sich der Kunst, der lange verleugneten, zu: noch einmal ersteht im neuen Jahrhundert der gewaltigste Dichter des vergangenen Jahrhunderts und ebenso herrlich wie einst. Den ungeheuren Bogen seines Daseins kühn überwölbend, besinnt der Greis ein Erlebnis seiner Kosakenjahre und entformt ihm das iliadische Gedicht »Hadschi Murat«, klirrend von Waffen und Krieg – eine Heldenlegende, einfach und groß erzählt wie in seinen vollkommensten Tagen. Die Tragödie vom »Lebenden Leichnam«, die meisterlichen Erzählungen »Nach dem Ball«, »Kornej Wasiljew« und viele kleine Legenden bezeugen glorreich die Rückkehr und Reinigung des Künstlers vom Unmut des Moralisten; nirgends ahnte man in diesen Spätwerken eines Greises zerfaltete, müdegeschriebene Hand: unbestechlich und unbeirrbar wägt der graue Blick des Uralten das ewig erschütternde Schicksal der Menschen. Der Richter des Daseins ist wieder Dichter geworden, und ehrfürchtig beugt sich in seinen wunderbaren Altersbekenntnissen der einst vermessene Lebenslehrer vor der Unerforschlichkeit des Göttlichen: die ungeduldige Neugier nach den letzten Lebensfragen mildert sich zu einem demütigen Lauschen in die immer näher rauschende Welle der Unendlichkeit. Er ist wahrhaft weise geworden, Leo Tolstoi, in den letzten Jahren seines Daseins, aber noch nicht müde; unablässig, ein urweltlicher Bauer, durchwerkt er, bis der Stift den erkaltenden Händen entsinkt, im Tagebuch den unerschöpflichen Acker der Gedanken.

Denn noch darf der Unermüdliche nicht ruhen, dem als Sinn vom

Schicksal auferlegt ist, bis zum äußersten Augenblick um die Wahrheit zu ringen. Eine letzte, die heiligste Arbeit wartet noch der Vollendung, und sie gilt nicht mehr dem Leben, sondern seinem eigenen nahenden Tod; ihn würdig und vorbildlich zu gestalten, wird dieses gewaltigen Bildners letzte Lebensmühe sein, an sie wendet er großartig die gesammelte Kraft. An keinem seiner Kunstwerke hat Tolstoi so lange und leidenschaftlich geschaffen, wie an seinem eigenen Tod: als ein echter und ungenügsamer Künstler, will er gerade diese letzte und allermenschlichste seiner Taten rein und makellos der Menschheit übermitteln.

Dieses Ringen um einen reinen, einen lügenlosen, einen vollkommenen Tod wird die Entscheidungsschlacht im siebzigjährigen Kriege des Friedlosen um die Wahrhaftigkeit und gleichzeitig die opfervollste – denn sie geht gegen sein eigenes Blut. Eine letzte Tat ist noch zu vollbringen, der er sein Leben lang mit einer uns jetzt erst erklärbaren Scheu immer wieder ausgewichen: die endgültige und unwidersprechliche Loslösung von seinem Eigentum. Immer und immer, darin seinem Kutusow ähnlich, der die entscheidende Schlacht gern vermeiden will und in stetem strategischen Rückzug den furchtbaren Gegner zu besiegen hofft, war Tolstoi vor der endgültigen Verfügung über sein Vermögen zurückgeschreckt und vor seinem drängenden Gewissen in die »Weisheit des Nichthandelns« geflüchtet. Jeder Versuch, auf das Recht an seinen Werken auch über sein Leben hinaus zu verzichten, hatte den erbittertsten Widerstand der Familie gefunden, den mit einer brutalen Handlung gewaltsam zu überwinden er zu schwach und in Wahrheit zu menschlich war; so hatte er jahrelang sich beschränkt, persönlich kein Geld zu berühren und von seinen Einnahmen keinen Gebrauch zu machen. Aber – so klagt er sich selbst an – »diesem Ignorieren lag der Umstand zugrunde, daß ich prinzipiell alles Eigentum verneinte und aus falschem Schamgefühl vor den Menschen mich um mein Eigentum nicht kümmerte, damit man mich nicht der Inkonsequenz beschuldige«. Immer wieder, nach den verschiedensten fruchtlosen Versuchen, deren jeder eine Tragödie im engsten Kreise der Seinen zeitigt, schiebt er die klare und bindende Entscheidung über sein Vermächtnis von sich selbst weg und in einen unbestimmten Zeitpunkt hinaus. Aber 1908, im achtzigsten Jahre, da die Familie das Jubiläum zu einer mit reichlichem Kapital unternommenen Gesamtausgabe benutzt, ist es dem öffentlichen Feinde alles Eigentums nicht mehr möglich, tatenlos zu bleiben; im achtzigsten Jahre muß sich Leo Tolstoi mit offenem Visier dem Entscheidungskampf stellen. Und so wird Jasnaja Poljana, der Pilgerort Rußlands, hinter verschlossenen Türen der Schauplatz eines Kampfes zwischen Tolstoi und den Seinen, der um so grimmiger und gräßlicher ist, als er um ein Kleinliches geht, um Geld, und von dessen Grauenhaftigkeit selbst die grellen Schreie des Tagebuches nur unzulängliche Ahnung geben. »Wie schwer ist es doch, sich von diesem schmutzigen, sündigen Eigentum loszumachen«, stöhnt er auf in diesen Tagen (25. Juli 1908), denn an diesem Eigentum zerrt mit verkrallten Nägeln die halbe Familie. Szenen aus Kolportageromanen ärgster Art, erbrochene Läden, durchwühlte Schränke, belauschte Gespräche, Versuche der Entmündigung, wechseln mit tragischesten Augenblicken, mit Selbstmordversuchen der Frau und Fluchtdrohungen Tolstois: die »Hölle von Jasnaja Poljana«, wie er sie nennt, öffnet ihre Pforten. Aber gerade aus dieser äußersten Qual findet Tolstoi schließlich eine äußerste Entschlossenheit. Endlich, ein paar Monate vor seinem Tode, entschließt er sich um der Reinheit und Redlichkeit dieses Todes willen, keine Zweideutigkeiten und Unklarheiten mehr zu dulden und ein Testament der Nachwelt zu hinterlassen, das undeutbar sein geistiges Eigentum der ganzen Menschheit überweist. Noch tut eine letzte Lüge not, um diese letzte Wahrhaftigkeit zu vollbringen. Da er im Haus sich belauscht und überwacht fühlt, reitet der Zweiundachtzigjährige zu scheinbar gleichgültigem Spazierritt in den Nachbarwald von Grumont, und dort, auf einem Baumstumpf – dramatischester Augenblick unseres Jahrhunderts –, unterschreibt Tolstoi in Gegenwart dreier Zeugen und der ungeduldig schnaubenden Pferde endlich jenes Blatt, das seinem Willen gültige Kraft und Geltung über sein Leben hinaus bezeugt.

Nun ist die Fußfessel hinter ihn geworfen, und er glaubt die entscheidende Tat getan. Aber die schwerste, die wichtigste und notwendigste wartet noch seiner. Denn kein Geheimnis hält stand in diesem menschendurchflackerten Hause des redseligen Gewissens, bald ahnt es die Frau, bald weiß es die Familie, daß Tolstoi heimliche Verfügung getroffen. Sie spüren dem Testament nach in Kästen und Schränken, durchforschen das Tagebuch, um eine Fährte zu finden, die Gräfin droht mit Selbstmord, wenn der verhaßte Helfer Tscherkow nicht seine Besuche einstelle. Da erkennt Tolstoi: hier inmitten von Leidenschaft, Gewinngier und Haß und Unruhe kann er sein letztes Kunstwerk, den vollendeten Tod, nicht gestalten; und Angst überkommt den greisen Mann, die Familie könnte ihn »in geistiger Hinsicht um jene kostbaren Minuten bringen, die vielleicht die herrlichsten sind«. Und mit einmal bricht aus der untersten Tiefe seines Gefühls wieder jener Gedanke auf, daß er um der Vollendung willen, wie das Evangelium fordert, Weib und Kinder lassen müsse, Besitz und Gewinn um der Heiligung willen. Zweimal war er schon geflohen, 1884 zum erstenmal, aber auf halbem Wege gebrach ihm die Kraft. Damals zwang er sich, heimzukehren zu seiner Frau, die in den Wehen lag und noch in derselben Nacht ihm ein Kind gebar – dieselbe Tochter Alexandra, die ihm nun zur Seite steht, sein Vermächtnis beschützt und bereit ist, ihm Helferin zu werden für den letzten Weg. Dreizehn Jahre später, 1897, bricht er zum zweitenmal aus und hinterläßt seiner Frau jenen unsterblichen Brief, mit der Darlegung seines Gewissenszwanges: »Ich beschloß zu fliehen, erstens, weil mich dieses Leben mit den zunehmenden Jahren immer mehr bedrückt und ich mich immer heftiger nach Einsamkeit sehne, und zweitens, weil die Kinder nun herangewachsen sind und meine Gegenwart im Haus nicht mehr nötig ist... Die Hauptsache ist, daß – ähnlich wie die Inder in die Wälder entfliehen, wenn sie einmal das sechzigste Jahr erreicht haben – jeder religiöse Mensch im Alter den Wunsch fühlt, seine letzten Jahre Gott zu weihen und nicht dem Scherz und Spiel, dem Klatsch und dem Tennissport. So sehnt sich auch meine Seele nun, da ich in mein siebzigstes Jahr eingetreten bin, mit aller Macht nach Ruhe und Einsamkeit, um mit meinem Gewissen in Harmonie zu leben oder – wenn das nicht restlos gelingt – doch dem schreienden Mißverhältnis zwischen meinem Leben und meinem Glauben zu entfliehen.« Aber auch damals war er zurückgekehrt, aus überwogender Menschlichkeit. Noch war seine Kraft zu sich selbst nicht stark, der Ruf noch nicht mächtig genug. Aber nun, dreizehn Jahre nach jener zweiten, zweimal dreizehn Jahre nach jener ersten Flucht, hebt schmerzhafter als jemals das ungeheure Ziehen in die Ferne an, mächtig und magnetisch fühlt das eiserne Gewissen sich angerissen von der unerforschlichen Macht. Im Juli 1910 schreibt Tolstoi in das Tagebuch die Worte: »Ich kann nichts anderes außer Fliehen, und daran denke ich jetzt ernstlich, nun zeige dein Christentum. C'est le moment ou jamais. Hier bedarf doch keiner meiner Anwesenheit. Hilf mir, mein Gott, belehre mich, ich möchte nur eins, nicht meinen, nur Deinen Willen tun. Ich schreibe dies und frage mich: Ist es wirklich auch wahr? Spiele ich mich nicht nur so vor Dir auf? Hilf! Hilf! Hilf!« Aber immer noch zögert er, immer hält ihn die Angst um das Schicksal der andern zurück, immer erschrickt er selbst über seinen sündhaften Wunsch und horcht doch, schauernd über die eigene Seele gebeugt, ob nicht ein Anruf kommen wolle von innen, eine Botschaft von oben, die unwiderstehlich gebietet, wo der eigene Wille noch zögert und zagt. Gleichsam auf den Knien, im Gebet vor dem unerforschlichen Willen, dem er sich hingegeben und dessen Weisheit er vertraut, beichtet er im Tagebuch seine Angst und seine Unruhe. Wie ein Fieber ist dieses Warten im entzündeten Gewissen, wie ein einziges ungeheures Zittern dies Horchen im erschütterten Herzen. Und schon meint er sich ungehört vom Schicksal und dem Sinnlosen hingegeben.

Da, in der rechten und richtigsten Stunde, bricht eine Stimme in ihm auf, das uralte: »Stehe auf und erhebe dich, nimm Mantel und Pilgerstab!« der Legende. Und er rafft sich auf und schreitet seiner Vollendung entgegen.

2 7

DIE FLUCHT ZU GOTT

Gott kann man sich nur allein nähern.

— TAGEBUCH

Am 28. Oktober 1910, sechs Uhr morgens mag es sein, zwischen den Bäumen hängt noch stockdunkle Nacht, umschleichen ein paar Gestalten in sonderbarer Weise das Schloßhaus von Jasnaja Poljana. Schlüssel knacken, Türen klinken diebisch auf, im Stallstroh schirrt der Kutscher ganz vorsichtig, daß nur kein Lärm geschehe, die Pferde an den Wagen, in zwei Zimmern geistern unruhige Schatten, tappen mit abgeblendeten Taschenlaternen nach allerhand Paketen, öffnen Laden und Schränke. Dann gleiten sie durch lautlos aufgedrückte Türen, stolpern flüsternd durch das kotige Wurzelwerk des Parks. Dann rollt leise ein Wagen, den Weg vor dem Hause vermeidend, rückwärts zum Parktor hinaus.

Was geschieht da? Sind Einbrecher in das Schloß gedrungen? Umstellt endlich die Polizei des Zaren die Wohnung des allzu Verdächtigen, um eine Untersuchung vorzunehmen? Nein, niemand ist eingebrochen, sondern Leo Nikolajewitsch Tolstoi bricht wie ein Dieb, nur von seinem Arzt begleitet, aus dem Gefängnis seines Daseins. Der Ruf ist an ihn ergangen, ein Zeichen, unwiderleglich und entscheidend. Abermals hat er nachts die Frau überrascht, wie sie heimlich und hysterisch seine Papiere durchwühlt, und da ist plötzlich stahlhart und stoßhaft der Entschluß in

ihm aufgesprungen, sie zu verlassen, »die seine Seele verlassen hat«, zu fliehen, irgendwohin, zu Gott hin, zu sich selbst, in den eigenen, ihm zugemessenen Tod. Plötzlich hat er über das Arbeitshemd den Mantel
gestülpt, eine grobe Mütze aufgesetzt, die Gummischuhe angezogen,
nichts anderes von seinem Eigentum mitnehmend, als was der Geist
braucht, um sich der Menschheit zu übermitteln: das Tagebuch, Bleistift
und Feder. Am Bahnhof kritzelt er noch einen Brief an seine Frau, sendet
ihn heim durch den Kutscher: »Ich habe getan, was Greise meines Alters
gewöhnlich tun, ich verlasse dieses weltliche Leben, um meine letzten
Lebenstage in Abgeschiedenheit und Stille zu verbringen.« Dann steigen
sie ein, und auf der schmierigen Bank eines Dritte-Klasse-Wagens sitzt, in
den Mantel gehüllt, nur von seinem Arzt begleitet, Leo Tolstoi, der
Flüchtling zu Gott.

Aber Leo Tolstoi, so nennt er sich nicht mehr. Wie weiland Karl der
Fünfte, Herr zweier Welten, freiwillig die Insignien der Macht von sich
legte, um sich einzugraben in den Sarg des Eskorials, so hat Tolstoi wie
sein Geld, das Haus und den Ruhm, auch seinen Namen hinter sich geworfen; T. Nikolajew nennt er sich jetzt, erfundener Name eines, der sich ein
neues Leben erfinden will und den reinen und richtigen Tod. Gelöst
endlich alle Bande, nun kann er der Pilger sein auf fremden Straßen,
Diener der Lehre und des aufrichtigen Worts. Im Kloster Schamardino
nimmt er noch Abschied von seiner Schwester, der Äbtissin: zwei greise
gebrechliche Gestalten sitzen beisammen inmitten von milden Mönchen,
von Ruhe und rauschender Einsamkeit verklärt; wenige Tage später
kommt die Tochter nach, das Kind, geboren in jener ersten mißlungenen
Fluchtnacht. Aber auch hier in der Stille duldet es ihn nicht, er fürchtet
erkannt, verfolgt, erreicht zu werden, noch einmal zurückgerissen in dieses
unklare, unwahre Dasein im eigenen Haus. So weckt er, abermals von
unsichtbarem Finger berührt, am 31. Oktober um vier Uhr morgens plötzlich die Tochter und drängt, weiterzufahren, irgendwohin, nach Bulgarien,
nach dem Kaukasus, ins Ausland, irgendwohin, wo der Ruhm und die
Menschen ihn nicht mehr erreichen, nur endlich in die Einsamkeit, hin zu
sich selber, hin zu Gott.

Aber der furchtbare Widerpart seines Lebens, seiner Lehre, der Ruhm,
sein Qualteufel und Versucher, noch läßt er sein Opfer nicht. Die Welt
erlaubt nicht, daß »ihr« Tolstoi sich, seinem ureigenen, wissenden Willen
gehöre. Kaum sitzt der Gejagte im Coupé, die Mütze tief in die Stirn
gedrückt, und schon hat einer der Reisenden den großen Meister erkannt,
schon wissen es alle im Zuge, schon ist das Geheimnis verraten, schon
drängen außen an die Wagentür Männer und Frauen, ihn zu sehen. Die

Zeitungen, die sie mit sich führen, bringen spaltenlange Berichte von dem
kostbaren Tier, das dem Kerker entflohen, schon ist er verraten und
umstellt, noch einmal, zum letztenmal steht der Ruhm auf Tolstois Weg
zur Vollendung. Die Telegraphendrähte neben dem sausenden Zug surren
von Botschaften, alle Stationen sind verständigt von der Polizei, alle
Beamten mobilisiert, zu Hause bestellen sie bereits Extrazüge, und die
Reporter jagen von Moskau, von Petersburg, von Nishnij-Nowgorod, von
allen vier Flanken des Windes ihm nach, dem flüchtigen Wild. Der heilige
Synod entsendet einen Priester, um den Reuigen zu fassen, und plötzlich
steigt ein fremder Herr ein in den Zug, kommt wieder und wieder in
immer neuer Maske an dem Coupé vorbei, ein Detektiv: – nein, der Ruhm
läßt seinen Sträfling nicht entfliehen. Leo Tolstoi soll und darf nicht allein
mit sich sein, die Menschen dulden nicht, daß er sich selber gehöre und
seine Heiligung erfülle.

Schon ist er umstellt, schon ist er umringt, kein Dickicht, in das er sich
werfen kann. Wenn der Zug an die Grenze kommt, wird mit höflich gelüf-
tetem Hut ein Beamter ihn begrüßen und ihm den Übertritt verweigern;
wo immer er ausrasten will, wird der Ruhm sich ihm gegenübersetzen,
breit, vielmündig und lärmend: nein, er kann nicht entkommen, die Kralle
hält ihn fest. Aber da plötzlich bemerkt die Tochter, wie den greisen
Körper des Vaters ein kalter Schauerfrost schüttelt. Erschöpft lehnt er
sich an die harte Holzbank. Schweiß bricht aus allen Poren des Zitternden
und tropft von der Stirn. Ein Fieber, aufgebrochen aus seinem Blute,
Krankheit ist über ihn gekommen, um ihn zu retten. Und schon hebt der
Tod seinen Mantel, den dunklen, ihn zu decken vor den Verfolgern.

In Astapowo, einer kleinen Bahnstation, müssen sie haltmachen, der
Todkranke kann nicht mehr weiter. Kein Gasthof, kein Hotel, kein fürstli-
cher Raum, ihn zu bergen. Beschämt bietet der Stationsvorsteher sein
Dienstzimmer an im einstöckigen Holzhaus des Bahngebäudes (Wall-
fahrtsstätte seitdem für die russische Welt). Man führt den Kälteschau-
ernden hinein, und plötzlich ist alles wahr, was er geträumt; da ist das
kleine Zimmer, niedrig und dumpf, voll Dunst und Armut, das eiserne
Bett, das kärgliche Licht der Petroleumlampe – meilenweit weg mit einem
Mal der Luxus und die Bequemlichkeit, vor der er geflohen ist. Im Sterben, im letzten Augenblick wird alles genau, wie sein innerster Wille
gewollt: rein, schlackenlos, ein erhabenes Symbol fügt der Tod sich vollkommen seiner Künstlerhand. In wenigen Tagen türmt sich der großartige
Bau dieses Sterbens empor, erhabene Bekräftigung seiner Lehre, nicht
mehr zu unterwühlen von der Mißgunst der Menschen, nicht mehr zu
stören und zu zerstören in seiner urirdischen Einfachheit. Vergebens, daß

draußen vor der verschlossenen Tür der Ruhm atemlos, mit lechzenden Lefzen lauert, daß die Reporter und Neugierigen, die Spione und Polizisten und Gendarmen, der vom Synod abgesandte Priester, die vom Zaren bestimmten Offiziere drängen und warten: ihre grelle und schamlose Geschäftigkeit vermag nichts mehr gegen diese unzerstörbare letzte Einsamkeit. Nur die Tochter hält Wache, ein Freund und der Arzt, stille und demütige Liebe umgibt ihn mit Schweigen. Auf dem Nachttisch liegt das kleine Tagebuch, sein Sprachrohr zu Gott, aber die fiebrigen Hände vermögen den Stift nicht mehr zu halten. So diktiert er aus jagender Lunge, mit verlöschender Stimme der Tochter noch seine letzten Gedanken, nennt Gott »jenes unbegrenzte All, von dem sich der Mensch als einen begrenzten Teil fühlt, seine Offenbarung in Stoff, Zeit und Raum« und verkündigt, daß die Vereinigung dieser irdischen Wesen mit dem Leben anderer Wesen einzig durch die Liebe geschehe. Zwei Tage vor seinem Tode spannt er noch alle seine Sinne, die obere Wahrheit, die unerreichbare, zu fassen. Dann erst schattet mählich die Dunkelheit über dieses strahlende Gehirn.

Draußen drängen die Menschen neugierig und frech. Er fühlt sie nicht mehr. Vor den Fenstern späht, von Reue gedemütigt, durch die Tränen ihrer strömenden Augen Sophia Andrejewna, seine Frau, herein, die ihm achtundvierzig Jahre verbunden war, um nur von ferne noch einmal sein Antlitz zu sehen: er erkennt sie nicht mehr. Immer fremder werden dem hellsichtigsten aller Menschen die Dinge des Lebens, immer dunkler und stockender rollt das Blut durch die brechenden Adern. In der Nacht des vierten Novembers rafft er sich noch einmal auf und stöhnt: »Aber die Bauern – wie sterben denn die Bauern?« Noch wehrt sich das ungeheure Leben gegen den ungeheuren Tod. Erst am 7. November kommt das Sterben über den Unsterblichen. Hin sinkt das weißumloderte Haupt in die Kissen, die Augen verlöschen, die wissender als alle die Welt gesehen. Und nun erst weiß der ungeduldige Sucher endlich die Wahrheit und den Sinn alles Lebens.

AUSKLANG

Der Mensch ist gestorben, aber sein Verhältnis zur Welt wirkt fort auf die
Menschen und nicht nur so wie im Leben, sondern weit stärker, und seine
Wirkung steigert sich an seiner Vernünftigkeit und Liebe und wächst wie
alles Lebende ohne Pause und ohne Ende.

— BRIEF

Einen menschheitlichen Menschen hat Maxim Gorki einmal Leo
Tolstoi genannt: unübertreffliches Wort. Denn er war Mensch
mit uns allen, geformt aus dem gleichen brüchigen Lehm und
behaftet mit denselben irdischen Unzulänglichkeiten, aber tiefer um sie
wissend, schmerzlicher an ihnen leidend. Nicht als ein andersartiger, ein
höherer denn die andern seines Weltalters ist Leo Tolstoi gewesen, nur
mehr Mensch als die meisten, sittlicher, hellsinniger, wacher und leidenschaftlicher – gleichsam ein erster und klarster Abdruck jener unsichtbaren Urform in des Weltkünstlers Werkstatt.

Dieses Bildnis des ewigen Menschen aber, von dem ein schattenhafter
und oftmals schon unkenntlicher Entwurf uns allen zugrunde liegt,
inmitten unserer vermengten Welt möglichst vollkommen zu entäußern,
erwählt sich Tolstoi als eigentliche Lebenstat – eine nie beendbare, nie
völlig erfüllbare und doppelt heldische darum. Er hat den Menschen
gesucht in der äußersten Erscheinung dank einer unvergleichlichen Wahrhaftigkeit der Sinne, er hat ihn gesucht im Geheimnisraum des eigenen

Gewissens, hinabdringend in Tiefen, die man nur erreicht, indem man sich verwundet. Mit einem grimmigen Ernst, mit einer unbarmherzigen Härte hat dieses vorbildlich ethische Genie rückhaltlos sich die Seele aufgewühlt, um jenes unser vollkommenes Urbild aus seiner irdischen Kruste zu befreien und der ganzen Menschheit ihr edleres und gottähnlicheres Antlitz zu zeigen. Nie ruhend, nie sich befriedend, nie seiner Kunst die arglose Freude des bloßen Formenspiels gönnend, arbeitet dieser unerschrockene Bildner achtzig Jahre an diesem großartigen Werke der Selbstvervollkommnung durch Selbstdarstellung. Seit Goethe hat kein Dichter derart sich selbst und gleichzeitig den ewigen Menschen offenbar gemacht.

Aber nur scheinbar hat dieser heroische Wille zur Weltversittlichung durch Prüfung und Prägung der eigenen Seele mit dem Atem dieses einmaligen Menschen geendet – unentwegt gestaltend und fortgestaltend wirkt der mächtige Impuls seines Wesens ins Lebendige weiter. Noch sind als Zeugen seiner Irdischkeit manche zur Stelle, die erschauernd in dies stahlgrau schneidende Auge geblickt, und doch ist längst schon der Mensch Tolstoi zum Mythos geworden, sein Leben eine hohe Legende der Menschheit und sein Kampf wider sich selbst ein Beispiel für unser und jedes Geschlecht. Denn alles aufopfernd Gedachte, alles heldisch Vollbrachte ist auf unserer engen Erde immer für alle geleistet, an jeder Größe eines Menschen gewinnt die Menschheit neues und größeres Maß. Nur an dem Selbstbekenntnis der inbrünstig Wahren ahnt der suchende Geist seine Grenzen und Gesetze. Nur dank der Selbstgestaltung seiner Künstler wird die Seele der Menschheit irdisch erfaßbar, der Genius Gestalt.